DuMont Dokumente:

eine Sammlung von Originaltexten,
Dokumenten und grundsätzlichen Arbeiten
zur Kunstgeschichte, Archäologie,
Musikgeschichte und Geisteswissenschaft

Karl Gutbrod

DuMont's Geschichte der frühen Kulturen der Welt

Unter Mitwirkung von

Marcel Brion,
Jan G. P. Best, Ingeborg Bolz, Gerhard Bosinski,
Edith Dittrich, Margarete Dohrn-Ihmig,
Hans-Eckart Joachim, Sibylle v. Reden

Verlag M. DuMont Schauberg

Für Krista und Jochen

© 1975 Verlag M. DuMont Schauberg, Köln
Druck: Kölnische Verlagsdruckerei GmbH, Köln
Buchbinderische Verarbeitung: Boss-Druck, Kleve

Printed in Germany   ISBN 3-7701-0784-5

Inhalt

5

6

I Lebendige Archäologie

Von Marcel Brion

Die Bedeutung der Gräber

Archäologie ist die Wissenschaft vom Leben. Man kann in dieser Feststellung einen inneren Widerspruch erblicken. Wenn man erlebt, wie geheimnisvolle Ruinen aus der Erde ans Tageslicht steigen, erscheint der Archäologe als jemand, der sich mit dem Tod beschäftigt: er gräbt die Trümmer von Tempeln und anderen Bauwerken aus, öffnet Gräber, rollt Mumienbinden auf und macht Bestandsaufnahmen von Grabbeigaben und -schätzen. Aber aus den Vorkehrungen, welche der Mensch getroffen hat, um den Leib zu erhalten und diesem im Jenseits ein Leben, das dem irdischen ähnlich ist, zu ermöglichen, erhalten wir umfassende Kenntnisse über Lebensart und Gedankenwelt längst versunkener Völker.

Im allgemeinen erhielten sich in den Nekropolen am getreuesten die Formen und Bilder des Lebens, weil die natürliche Scheu vor dem Bereich des Todes oft die Gräber vor den Verheerungen schützte, denen die Wohnungen der Lebenden zum Opfer fielen, zum anderen, weil die Anlagen, die tief in den Fels eingelassen oder unter einer dicken Erdschicht versteckt sind, ihnen jene Unberührtheit sicherten, welche den Städten und Tempeln nicht gewährt wurde.

J. J. BACHOFEN wies darauf hin, welch große Rolle Technik und Kunst der Bestattung in der gesamten Kulturgeschichte spielen. Es gibt Völker, die ihre irdischen Wohnungen nur sehr primitiv und wenig dauerhaft errichteten, die Wohnungen der Toten aber mit allen nur denkbaren materiellen und magischen Mitteln bedachten, um ihren Bewohnern die Ruhe im Tod zu sichern.

Die Gewohnheit, den Toten vertraute Gegenstände mitzugeben, überlieferten uns bereits aus den frühesten Zeiten Feuersteinwerkzeuge, Halsketten aus Tierzähnen und Muscheln, Kettenanhänger aus Knochen und ›Kommandostäbe‹. In einzelnen Gegenden Europas war diese Tradition bis ins Mittelalter lebendig. So fand man in den Wikingergräbern in Gokstad und Oseberg zahlreiche Schlitten und Sessel mit geschnitzten Ornamenten an Bord der Schiffe, welche den Seeleuten als letzte Bleibe mitgegeben wurden, nachdem sie ihnen während des Lebens Heimat und Begleiter auf ihren kühnen Fahrten gewesen waren. Über ihnen wölbten sich mächtige Stein- und Erdhügel.

Die Gräber von Monte Albán in Mexiko mit ihrem märchenhaften Schmuck eröffneten uns einen unerwarteten Einblick in die gesellschaftliche Struktur des vorkolumbianischen Amerika. Die Entdeckung CARTERS und CARNAVONS brachte das Grab Tutanchamuns mit seiner großartigen Ausstattung zutage, das, im Unterschied zu der Mehrzahl der ägyptischen Gräber, nicht ausgeraubt worden war. Die Kulturen Innerasiens wurden erst durch die Entdeckung und Erforschung der Grabstätten in den Jahren 1924/25 bekannt. Die Gräberanlage von Ugra (Ulan-Bator) in der mongolischen Volksrepublik ist ebenso aufregend für die Phantasie des Laien wie aufschlußreich für den Gelehrten. In den Grabhügeln von Noin Ula in der nördlichen Mongolei war eine Fülle der verschiedenartigsten Schätze angehäuft: chinesisches Kunstgut, skythische Goldschmiedearbeiten, iranischer Schmuck, Vasen, welche die Feinheit griechischer Kunst zeigen, daneben kostbare Gewebe, die trotz ihrer zweitausendjährigen Lagerung noch nichts von der Frische ihrer Farben eingebüßt haben. Ferner gab es Wollstickereien auf Filzunterlagen, die man nur mit der größten Schwierigkeit einem bestimmten Kulturraum zuzuweisen vermag, da sie einerseits von der Kunst der Steppenvölker, andererseits von China her beeinflußt sind, ja in ihren phantastischen Darstellungen von Tieren und Ungeheuern sogar sumerische Züge aufweisen.

Die Gräber des Altai, die 1929 durch eine russische Expedition untersucht wurden, ließen vor den Augen der erstaunten Archäologen Mythen aus uralter Zeit erstehen. Jede Grabanlage bestand aus einem großen Mittelsaal mit einer Art Vorhalle. Der Saal, in welchem die sterbliche Hülle des Häuptlings ruhte, eines jener Könige, die wie Attila oder Dschingis Khan Völkermassen auf ihren kriegerischen Wanderungen in Bewegung setzten, war geplündert. Die Schätze, welche Räuber weggeschleppt hatten, können wir uns nur annähernd vorstellen. Die Vorhalle blieb glücklicherweise unberührt, weil die Plünderer, durch ihre Beute zufriedengestellt, Gegenstände von geringerem Wert nicht beachteten. Dort lagen sechs Pferdeskelette mit vollem Zaum- und Sattelzeug. Mit Gold beschlagene Lederzügel

schmückten die Gebeine, über den Schädeln lagen goldene Masken, die den Pferden das Aussehen phantastischer greifen- oder rentierartiger Wesen verliehen. Welcher Überlieferung entspricht diese bizarre Verwandlung? Nichts aus früheren Funden, kein Wort überlieferten Textes erlaubte uns eine Deutung dieser einzigartigen Sitte; es ist nicht einmal möglich, die Rasse festzustellen, welcher der Tote angehörte. Immerhin ist eine Datierung des Grabes auf den Beginn der christlichen Ära vertretbar.

Anderenorts dagegen können wir den Begräbnisplätzen alle Einzelheiten über Leben und Kultur untergegangener Völker entnehmen. Was wüßten wir von den alten Ägyptern, wenn wir nicht die Bilder hätten, wie sie in leichten Barken auf dem Nil oder auf den Teichen ihrer Luxusvillen fahren, wie sie ihre Feste feiern beim Klang von Musikinstrumenten, die von blinden Musikern gespielt werden, wie sie den Bewegungen brauner Tänzerinnen zuschauen, wie sie das Flußpferd im Schilf der Sümpfe jagen? Wir sehen zahme Affen unter ihrem Sessel spielen, Katzen, die, an einem Stuhlbein angebunden, einen Fisch verzehren, Köche am Herd. Wir erleben den Alltag auf dem Land mit Aussaat und Ernte, das Treiben am Strom, aus dem Fischer volle Netze ziehen, sehen Schiffsleute, die singend die langen Ruder führen, oder das Atelier eines Bildhauers, in dem gerade die Statue einer Prinzessin entsteht, wobei die Gehilfen und Lehrlinge lernbegierig und begeistert zuschauen. Eine Inschrift kündet: »Das ist sie! Ihr fehlt nur noch die Sprache!«

Die Archäologen legten mühevoll lange Strecken unter der Erde zurück, sie krochen durch enge Gänge, stiegen auf unsicheren Balken über dunkle Schächte, bis sie sich plötzlich Aug in Auge der Wirklichkeit gegenüber fanden. Wer das Glück hat, der Eröffnung eines Grabes beizuwohnen, in dem alles so frisch und unberührt ist, als wären die Gegenstände darin erst gestern aufgestellt worden und nicht vor 5000 Jahren, der vergißt die Zeit. Das Leben selbst ist gegenwärtig.

Häufig staunt der Archäologe über die Ähnlichkeit mancher Funde mit Schöpfungen unserer Zeit. Vor einem kretischen Fresko rief der Finder aus: »Das ist ja eine Pariserin!« — ein Name, der ihr blieb. Oft ist freilich Skepsis angebracht vor antiken Stücken, die noch nicht identifiziert werden konnten: ein allzu guter Erhaltungszustand, die Herstellungsweise oder die geringe künstlerische Qualität mahnen zur Vorsicht. Dies alles müssen wir in Betracht ziehen, um zu verstehen, wie lebendig der Gegenstand der Archäologie ist.

Funde und schriftliche Überlieferungen

Die Funde ermöglichen uns, schriftliche Überlieferungen nachzuprüfen; häufig ersetzen sie diese auch. Sie geben ein Bild, wie die Menschen in alten Zeiten lebten. Die schriftlichen Berichte enthalten in der Regel wenig von der Atmosphäre und den allgemeinen Umständen, welche die Ereignisse erst im richtigen Licht erscheinen lassen. Von den Schriftstellern wurde nur festgehalten, was sie unmittelbar interessierte oder was bei den zeitgenössischen Lesern Verständnis finden konnte. Um die ganze Bedeutung eines historischen Berichtes zu erfassen, sind zahlreiche Einzelkenntnisse, die nur durch die Ausgrabungen vermittelt werden können, vonnöten. Selbst bei den genauer bekannten geschichtlichen Epochen erleben wir immer wieder, daß die Ausgrabungen neue Aspekte ermöglichen, die die schriftlichen Quellen nicht enthüllen. Kaum eine Zeit war uns so vertraut, wie das 1. Jahrhundert n. Chr. im italienischen Raum. Dennoch wußte vor den letzten Ausgrabungen in Ostia, Rom und Pompeji niemand zu sagen, welche Rolle die orientalischen Kulte damals im Westen spielten.

Ein bezeichnendes Beispiel für die Zusammenarbeit zwischen Archäologie und schriftlicher Überlieferung sind die Entdeckungen auf Ithaka. Zu den umstrittenen Fragen der Homer-Forschung gehört die genaue Bestimmung der Insel des Odysseus. DÖRPFELD versuchte, in Abweichung von der früher allgemeinen Ansicht, nachzuweisen, das homerische Ithaka sei mit der Insel Leukas identisch. Nun brachten aber archäologische Grabungen auf Ithaka außer anderen bemerkenswerten Funden auf einem Tontäfelchen das Fragment einer Weihinschrift zutage, die dem Odysseus gewidmet ist. Der Schluß liegt nahe, daß der seefahrende Abenteurer auf seiner Heimatinsel zu einer Art Schutzgottheit oder Genius geworden war, zu einem mit übernatürlichen Kräften begabten Heros, an den sich die Bewohner von Ithaka wandten, wenn sie eines Mittlers zwischen sich und der Gottheit bedurften.

Welche Bedeutung man diesem zeitlich nicht datierbaren Fund auch beimessen mag, jedenfalls geht aus ihm hervor, daß Odysseus auf der Insel, als deren König er gilt, in der Vorstellung der Bevölkerung einen überwirklichen Charakter annahm. Die Wissenschaftler, die Dörpfelds Hypothese nicht folgten, unterbauen mit diesem Argument ihre Theorien.

Alles, was wir über das ägyptische, das mesopotamische und hethitische Schrifttum wissen, verdanken wir Ausgrabungen. Als Beispiel sei die Entdeckung des über die Expansion der Assyrer Aufschluß gebenden Archivs von Kültepe in Kleinasien, der Archive von El Amarna, der Bibliothek von Ugarit sowie der Tontafeln von Lachis, der Hauptstadt Davids, genannt. Der Fund der Orakel-Knochen von Anyang im oberen Honan ermöglichte, die bis dahin unbekannte Zeit des alten China unter den

Shang- und Chou-Dynastien zu erforschen. Die Sinologen haben die Inschriften auf diesen Knochen entziffert, deren geheimnisvolle Formeln, Sätze aus dem ›Buch der Wandlungen‹, das Vorhandensein eines religiösen Schrifttums in einer Epoche nachweisen, für die man bisher die Kenntnis der Schrift bezweifelte.

Auch auf die Heilkunde der einzelnen Völker gaben die archäologischen Funde wertvolle Hinweise. Schädeltrepanationen wurden bereits im westeuropäischen Neolithikum durchgeführt. ELLIOT SMITH spezialisierte sich auf die medizinische Untersuchung ägyptischer Mumien; er machte aufsehenerregende Entdeckungen. Zum Beispiel stellte er die Diagnose der Krankheit des Pharao Merenptah, der die Israeliten durch das Rote Meer verfolgte und mit seinen Soldaten zugrundeging, als die Wogen sich über ihnen schlossen. Die Bibel berichtet, »das Herz des Pharao sei verhärtet« gewesen und spielt damit offensichtlich auf seinen Charakter, nicht dagegen auf sein Kreislaufsystem an. Um so erstaunlicher ist es, daß die Untersuchung der Mumie ergab, daß Merenptah an einem Leiden erkrankt war, welches das Herz verhärtete, ihm die Spannkraft nahm und sich auf den Charakter auswirkte. Der Befund entspricht genau der biblischen Darstellung.

Was die Ausgrabungen für die Kunstgeschichte bedeuten, liegt auf der Hand. Nach jeder Entdeckung müssen wir unser Urteil revidieren und unsere Kenntnisse überprüfen. Die Museen sind angefüllt mit Schätzen, welche die Archäologen dem ägyptischen Sand, dem mesopotamischen Schlamm, den Dschungeln Indiens und den Urwäldern Südamerikas entrissen. Die Kunstwerke geben Aufschluß über Denkweise, Brauchtum und Ästhetik eines Volkes; bisweilen kann daher ein Spatenstich ein ganzes Kapitel der Menschheitsgeschichte eröffnen. Welchem Wandel die Anschauungen eines Volkes im Lauf der

Jahrhunderte unterworfen waren, zeigt nicht nur die große Kunst — Architektur, Plastik und Malerei —, sondern ebenso die angewandte Kunst. Die Entwicklung der Keramik in Sparta beispielsweise erlaubt genaue Rückschlüsse auf die politische Entwicklung. Im 8. und 7. Jahrhundert v. Chr. blühten in dieser Stadt die Künste. Vom Ende des Jahrhunderts an versiegte die schöpferische Kraft zusehends; die kriegerischen Vorhaben nahmen jetzt alle Gedanken und Kräfte der Gemeinschaft in Anspruch. Die Kunst in Sparta blieb auf der archaischen Stufe stehen. Diese Erstarrung des geistigen Lebens bestätigen die Ausgrabungen der Tempel der Artemis Orthia, der Athene Chalcicus und des sogenannten Helena- und Menelaos-Heiligtums. Die vielversprechenden Ansätze auf dem Gebiet der Bildhauerei kamen nicht zur Entwicklung. Die Statuetten wurden grob und unförmig, die Weihegaben beschränkten sich schon bald auf Kriegerfigürchen aus Blei, die Vorläufer der Zinnsoldaten.

Auch unsere religionsgeschichtlichen Erkenntnisse fußen auf archäologischen Entdeckungen. Durch Grabungen kamen Tempelruinen, Götterbilder, Weih- und Opfergaben, Kultgerät und gelegentlich Gebetstexte, Anrufungen, Hymnen, Beschwörungen und rituelle Vorschriften ans Tageslicht. Die Archäologie bildet eine überaus wichtige Ergänzung der Geschichtsforschung. Sie ist alles andere als eine trockene Bücherwissenschaft, wie mancher sich vorstellt, dem lange Diskussionen über eine Tonscherbe lächerlich vorkommen.

Wissenschaft und Abenteuer

Die abenteuerliche Seite der Archäologie ist von zweitrangiger Bedeutung, aber sie darf doch nicht außer acht gelassen werden. Das Erlebnis des Wissenschaftlers, der ein Stück Vergangenheit aufdeckt, das durch Zufall erhalten blieb, ist mit keinem anderen vergleichbar. Die Entdeckung der in dem Laufgraben von Dura Europos erstickten Soldaten war ebenso erschütternd wie die Ausgrabung der Leichname von Pompeji. Bei der Brandkatastrophe von Tepe Hissar im Iran versuchten die Bewohner, ihre wertvollsten Schätze in Sicherheit zu bringen; ein junger Mann, dessen Leichnam man in der Nähe einer Treppe fand, hielt eine Onyxvase im Arm, das einzige, das er retten wollte. Anderswo fand man eine Tänzerin, die bei der Eroberung der Stadt von den eindringenden Feinden getötet wurde und deren Skelett ihren ganzen Besitz an Schmuck trägt. Um den Hals von vier jungen nubischen Sklaven, die im Grab ihres Herrn erdrosselt wurden, lag noch die tödliche Schlinge. Im Ton einer Vase aus dem 5. oder 4. vorchristlichen Jahrtausend ist noch der Daumenabdruck des Töpfers sichtbar. Die Überreste eines kretischen Opfermahls lagen so am Boden, wie sie ein Erdbeben verschüttet hatte. Die Fußspuren der Sklaven, die eine ägyptische Grabkammer vermauerten, sind noch im Sand eines unterirdischen Ganges zu erkennen. Im Hof des ›Weißen Tempels‹ von Uruk fand man eine Einfriedung, die wahrscheinlich für die Opfertiere bestimmt war und in deren getrocknetem Schlamm zwischen Altar und Opfertisch zahlreiche Spuren der Schafe zu sehen waren, die man dort zusammentrieb; dazwischen erkennt man, so deutlich, als stammten sie vom Vortage, die Spuren menschlicher Füße, vermutlich von den Hirten oder den Schlächtern.

Man könnte unzählige ähnliche Beispiele anführen. Diese Szenen beleuchten die Seite der Archäologie, die besonders die Phantasie anspricht. Auch derjenige, den die geschichtliche Bedeutung der Entdeckung der Königsgräber von Ur nicht interessiert, wird von der feierlichen Bestattung eines Königs erschüttert sein: Wagen rollen in das Grabgewölbe hinab; Soldaten formieren sich hinter den Pferdeknechten, dahinter folgten die Harfner. Ehrendamen richten noch einmal ihren kunstvollen Kopfputz aus Gold und Lapislazuli. Alle warten auf das Zeichen, den Betäubungstrank zu trinken, der sie im Gefolge des toten Herrschers in die andere Welt bringt. Einer Ehrenjungfrau blieb keine Zeit mehr, ihr goldenes Haarnetz überzuziehen, sie trägt es im Gürtel — ein Detail, das dem gewaltigen Schauspiel etwas Ergreifendes verleiht.

Die Geschichte der Kultur zu schreiben, ermöglichte erst die Archäologie. Das wird uns heute um so bewußter, als neue Entdeckungen bisher völlig unbekannte Kulturzentren erschlossen.

Man gewinnt langsam Klarheit über den lebhaften Kulturaustausch zwischen weitentfernten Gebieten in frühgeschichtlicher Zeit. Das Bestehen von Verbindungen zwischen Mesopotamien, Elam und dem Indus-Tal im 4. Jahrtausend ist durch die Ausgrabung von ähnlichen Tonwaren und Siegeln nachgewiesen. Sie zeigen eine Verwandtschaft von Sitten, Glaubensvorstellungen und künstlerischen Formen. Der Fund von ägäischen Vasen in Vinča in Bulgarien brachte den Beweis für Handelsbeziehungen zwischen Mitteleuropa und Kreta in einer Zeit, in der solche Verbindungen für unmöglich gehalten wurden. Die Arbeiten einer französischen Mission in Afghanistan förderten zahlreiche Kunstwerke zutage, die nicht nur, wie der Gandhara-Stil, hellenistischen Einfluß aufweisen, sondern viel weitläufigere Einwirkungen. Der Einfluß sumerischer Kunst auf die Steppenvölker, das Weiterleben mesopotamischer Motive auf hunnischem und skythischem Schmuck, von persischen Themen auf den chinesischen Ordos-Bronzen, die erstaunliche Ähnlichkeit der Motive auf einer Harfe aus Ur und auf einem Beil aus Kelermes am Kuban vermitteln uns Vorstellungen von den weitverzweigten Handelsverbindungen, durch die künstlerische Ideen und Formen von Land zu Land weitergegeben wurden.

Zu den erregendsten Problemen der Archäologie gehören auch die vorgeschichtlichen Riesensteinmonumente der west- und nordeuropäischen Megalithkulturen. Die Diskussion um ihren Ursprung, ihre Erbauer und ihre Bedeutung ist noch immer in vollem Gange. Die Einschaltung modernster physikalischer und chemischer Methoden in die prähistorische Forschung in den letzten beiden Jahrzehnten, die soviele neue Erkenntnisse und Überraschungen brachte, hat die Rätsel um berühmte Heiligtümer wie Stonehenge in Südengland, die gigantischen Megalith-Tempel von Malta, die Steingräber und Alleen der Bretagne und zahlreiche andere urzeitliche Denkmäler ähnlicher Art, die sich vom westmittelmeerischen Raum bis hinauf nach Skandinavien finden, eher vermehrt als vermindert.

Wir müssen uns damit abfinden, nicht alles zu wissen. Die Archäologie lehrt uns Bescheidenheit und Vorsicht. Es wäre vermessen, zu glauben, daß eines Tages alle Rätsel gelöst sein werden. Jedoch in Anbetracht des Fortschritts der archäologischen Arbeitsmethoden, der Erweiterung der Kenntnisse auf allen wissenschaftlichen Gebieten, der materiellen Hilfsmittel, welche die Industrie der Wissenschaft zur Verfügung stellt — in Form neuer Aus-

rüstung, die den Ausgrabungsvorgang erleichtern und verkürzt —, darf man die Lösung gewisser brennender Fragen erwarten. Die archäologischen Arbeiten in China, Zentralasien und Indien werden manche Probleme klären. Jeden Tag erfolgt ein neuer Schritt, der uns der Erkenntnis der Wahrheit näherbringt, denn einerseits öffnen sich immer mehr bisher unzugängliche Gebiete der archäologischen Durchdringung, andererseits geben sich die Wissenschaftler nicht mehr mit dem zufrieden, was sie an der Oberfläche finden, sondern dringen in immer größere Tiefen vor und suchen unter den Schichten alter Kulturen solche von noch älteren aufzuspüren. Enttäuschungen und Irrtümer, die es in dieser Wissenschaft ebenso wie in jeder anderen gibt, stehen in keinem Verhältnis zu den großartigen Erfolgen und den durch die Ausgrabungen gewonnenen Erkenntnissen.

Die Kühnheit mancher Hypothesen steht nicht im Widerspruch zu dem langsamen Fortschreiten der Arbeiten mit Hacke und Spaten bei der eigentlichen Grabungsarbeit. Wenn auch die Phantasie bisweilen den Entdeckungen vorauseilt, so ist dieser »sechste Sinn« des Archäologen, eine Art Ahnungsvermögen, eine der wichtigsten Eigenschaften, welche den Mann vom Fach auszeichnen und deren Vorbild HEINRICH SCHLIEMANN mit seiner schöpferischen Intuition war.

1 Die neuen Techniken

Die Mittel, welche die Wissenschaft den Archäologen für die Auffindung, Grabung und Datierung der Funde an die Hand gibt, ermöglichen genauere und sichtbare Angaben in einem Bereich, in dem lange rein empirisch vorgegangen wurde. Die Zeiten, in denen der Archäologe nur von einem Zeichner und einem Photographen begleitet wurde, falls er nicht eine dieser Tätigkeiten selbst ausübte, gehören der Vergangenheit an. Alle Zweige der modernen Wissenschaft tragen zur archäologischen Forschung bei, und wenn auch Intuition und Erfahrung des Ausgräbers wertvolle Faktoren bleiben, so sind die Mittel zur Auffindung und Untersuchung, welche uns die Physik und Chemie zur Verfügung stellen, doch immer entscheidender geworden. Die Luftphotographie erreicht unzugängliche Plätze und sieht auf der Erdoberfläche vieles, was das Auge nicht erkennt. Auch die Unterwasserforschung, als eine der neuen Techniken, bewies, was sie auch in großen Tiefen zu leisten vermag. Flugzeug und Tauchgerät sind nur zusätzliche Hilfsmittel, dagegen führten die elektrischen und elektronischen Methoden zu Ergebnissen, zu denen der Archäologe allein mit seinem Wissen und seinem Scharfsinn niemals gelangt wäre. Sie dienen der Auffindung und Prüfung von Fundstätten, der Untersuchung von Ablagerungen, um die Art der ›unsichtbaren‹ Gegenstände an Hand der Spuren, die sie hinterließen, zu bestimmen, der Methode zur Datierung dieser Gegenstände nach ihrem Gehalt an Fluor oder C^{14} und nach dem Magnetismus bei gebranntem Ton, schließlich der Chronologie von Holzsubstanz. Wir werden daher diese modernen Verfahren kurz betrachten.

Die technischen Mittel werden für die örtliche Bestimmung von Gegenständen und die Feststellung ihrer Art verwendet. Die Wünschelrute und das Pendel des Strahlenmessers wurden gelegentlich mit Erfolg eingesetzt, ihre Zuverlässigkeit ist jedoch zu gering, als daß man ihnen unbedingt vertrauen könnte. Dagegen haben der elektro-magnetische Detektor und die Methode der äquipotentiellen Linien hervorragende und einwandfreie Ergebnisse erbracht.

Elektro-magnetische Methode und äquipotentielle Kurven

Die ersten Erfahrungen in der Aufspürung von metallenen Gegenständen unter der Erdoberfläche mit Hilfe des elektro-magnetischen Detektors wurden 1947 in Senlis gemacht. Damals versuchte man, ein militärisches Minensuchgerät dem friedlichen Gebrauch dienstbar zu machen. Man prüfte mit diesem Gerät den Untergrund der Kathedrale Notre-Dame in Paris nach metallischen Gegenständen. Mit Kreide konnte man auf den Bodenfliesen die genaue Lage der Bleisärge aufzeichnen. Dieses Gerät reagiert auf jeden Metallgegenstand, dessen Art und Beschaffenheit nicht näher festzustellen ist, durch das Ausschlagen eines Zeigers auf einem Zifferblatt sowie durch ein eigentümliches Knacken, das zunimmt, je mehr man sich dem betreffenden Gegenstand nähert. Da das Gerät einen Nagel oder eine alte Konservenbüchse in gleicher Weise aufnimmt wie einen Gegenstand von archäologischem Interesse, bleibt die erfolgreiche Anwendung vielen Zufällen unterworfen. Die Versuche in Senlis ergaben, daß das Suchgerät auch auf gebrannten Ton reagiert, und zwar um so stärker, je älter der betreffende Gegenstand ist. Neuzeitliche Ziegelsteine rufen fast keine Reaktion hervor. »Man ist mit elektromagnetischen Suchgeräten in der Lage, Form und Umriß von Ziegelmauern, vor allem die Grundrisse antiker Bauwerke, die in unseren Wäldern und Feldern außerordentlich zahlreich sind und nach der Zerstörung keinerlei Oberflächenspur hinterlassen haben, zu bestimmen.« Gestein mit Eisengehalt beeinflußt wie das Metall selbst die Apparate und erschwert die Arbeit der Archäologen.

Die Methode der äquipotentiellen Kurven wurde zum erstenmal 1946 in England bei den Ausgrabungen einer neuzeitlichen Stätte angewandt. Technisch weiterentwikkelt ermöglichte sie Vorgeschichtsforschern die wichtige Entdeckung des mexikanischen ›Tepexpan-Menschen‹. Die Beschreibung des äußerst komplizierten Potentiometers ist hier nicht möglich. Interessant sind die Ergebnisse, die man in England damit erzielte.»Die Methode wurde zur genauen Lokalisierung einer Reihe jungsteinzeitlicher oder älterer Anlagen in Dorchester, nahe bei Oxford, angewandt, von denen man an der Erdoberfläche keinerlei Spuren wahrnehmen konnte, deren annähernde Lage man jedoch auf Grund von Luftaufnahmen kannte. Vor Beginn der Grabungen gelang es, den Grundriß von zehn deutlich voneinander unabhängigen Stätten so genau zu umreißen, daß auf Probeeinschnitte verzichtet werden konnte.«

Chemische Analyse und geologische Ermittlungen

Art und Form von Objekten, die der Zerstörung anheimgefallen sind, können unter gewissen Voraussetzungen wirklichkeitsgetreu herausgearbeitet werden, beispielsweise in den Gräbern von Ur die Gestalt der Ochsen, die vor den königlichen Wagen gespannt waren, die Holzkisten in vorgeschichtlichen Gräbern Schlesiens oder hölzerne Särge in Ägypten, die längst verrottet sind. In Pompeji wurden die Leichname,

die in den heißen Lavaströmen verbrannt waren, durch Ausgießen der Hohlräume mit Gips naturgetreu abgeformt.

Die chemische Veränderung der Erde durch eine Auflösung der in ihr beigesetzten Leichname hilft dem Forscher, wenn er den Inhalt eines Grabes ergründen will, das er leer vorfindet. Unter bestimmten Umständen, vor allem in stark wassergetränktem Boden, zersetzt sich das Eiweiß des Leibes und verwandelt sich in Fett, das durch das Ammoniak des Gärungsprozesses in Ammoniakseife, sogenanntes Leichenfett oder Fettwachs, übergeht. Es kann sich ein unlöslicher, seifiger Kalk bilden, der die Auffindung der Fettsäure, durch die er entstanden ist, ermöglicht. In einem Grab, in dem das Skelett nicht erhalten ist, vor allem in saurem Boden, kann man durch die Feststellung von Fettsäure nicht nur die Lage eines oder mehrerer Leichname bestimmen, sondern darüber hinaus, selbst wenn das Vorkommen relativ gering ist, auf dem Grund, auf dem die Substanz verteilt ist, die Umrisse menschlicher oder tierischer Körper abzeichnen.

In ähnlicher Weise ergibt die Untersuchung von Speiseresten in vorgeschichtlichen Tongefäßen Aufschluß über die damalige Ernährung. Spuren von Blütenstaub, die beim Einatmen in den Nasenlöchern eines Mammuts oder Rentieres hängenblieben, lassen Rückschlüsse auf die Art der Vegetation jener Zeit und Gegend zu. Auf ähnliche Weise konnte beispielsweise das Vorkommen von Kiefer und Birke nach der dritten Eiszeit im Zentralmassiv Frankreichs nachgewiesen werden, während sie das Pariser Becken erst um etwa 8000 v. Chr. erreichten. Mit Hilfe der verschiedensten chemischen Analysen oder geologischen Ermittlungen, sucht der Archäologe Klarheit über das Alter seiner Fundgegenstände zu gewinnen. Bisher war die Untersuchung der Abfolge einzelner Schichten, die Stratigraphie, beinahe die einzige Methode, die sichere Rückschlüsse zuließ. Man ging davon aus, daß ein Fund aus der gleichen Zeit stamme wie die geologische Schicht, in der man ihn fand. Dies trifft aber nicht immer zu. Durch ungeschickte oder wenig gewissenhafte Ausgräber, ebenso durch Zufälle, kann folgenschwere Unordnung in der Schichtenfolge entstehen.

In den meisten Fällen, zum Beispiel in Mesopotamien oder dem vordynastischen Ägypten, gibt die Lagerung der Gegenstände in dieser oder jener Schicht höchstens Aufschluß über die Abfolge der Funde, erlaubt also nur eine relative und keine sichere Datierung. Deshalb bemüht sich die Wissenschaft um eine Methode, welche die Zeitbestimmung eines Fundes mit einem Minimum an Irrtümern ermöglicht.

Die Datierung von fossilen Knochenresten auf Grund ihres Fluorgehaltes wurde schon im 19. Jahrhundert durch die französischen Chemiker FOURCROY und VAUQUELIN und später durch den Engländer MIDDLETON entwickelt, die von der Tatsache ausgingen, daß Knochen und Zähne im Boden Fluor-Ionen des Grundwassers absorbieren. Da der Rhythmus der Fluorisierung bekannt ist, kann man am Fluorgehalt feststellen, wie lange ein Knochen oder Zahn in der Erde lagen.

Leider ist diese Methode nur beschränkt anwendbar, denn der Fluorgehalt schwankt gebietsweise sehr; in tropischen Ländern ist sie beispielsweise nicht möglich. Man versuchte, mit dieser Methode das Alter verschiedener Knochenfunde aus derselben Lagerung zu bestimmen, nachdem die Untersuchung der geologischen Schichten ergebnislos blieb. Es ergab sich, daß man in der Gegend, in welcher der Fluorgehalt gering ist, jungsteinzeitliche und römische Knochenfunde nicht unterscheiden kann. In England führte die Analyse von bronzezeitlichen Knochen aus Essex, einem an Fluor reichen Gebiet, und von solchen der mittleren Altsteinzeit aus Kent, wo dieses Element weniger stark im Grundwasser vorhanden ist, zu gleichen Resultaten.

Radiokarbon-Methode

Die neuen Techniken sind folgende: die Messung der Menge an C^{14}; die Messung der Deklination und Inklination des erdmagnetischen Feldes bei gebranntem Ton; die Datierung von Lavamassen und von Ablagerungen, die vor allem den Geologen interessieren; die Pollenanalyse und schließlich die Altersfeststellung von Holz mit Hilfe der Jahresring-Chronologie. Alle diese Methoden wurden neu entwickelt und erreichten schnell eine erstaunliche Vollkommenheit.

Die Datierung organischer Reste mittels der Radiokarbon-Methode, die 1947 von dem amerikanischen Chemiker W. F. LIBBY veröffentlicht und 1948 experimentell erprobt wurde, ist heute allgemein anerkannt. Kohlenstoff 14, allgemein C^{14} geschrieben, ist ein durch kosmische Höhenstrahlung entstandenes, radioaktives Isotop, dessen Erzeugung und Zerfall in der Atmosphäre im Gleichgewicht steht, so daß der Anteil an C^{14} immer gleichbleibend ist.

Die von der Erde aufgenommene und ungefähr gleichmäßig verteilte kosmische Strahlung erzeugt jährlich 9,8 Kilogramm radioaktiven Kohlenstoff zusätzlich zu der auf der Erde vorhandenen Menge an C^{14}, die auf 80 Tonnen geschätzt wird. Da der Zerfall des C^{14} dem Zuwachs entspricht, bleibt die Gesamtmenge von 80 Tonnen ziemlich unverändert bestehen. Jede organische Materie hat einen konstanten C^{14}-Anteil. Da nach dem Absterben des Organismus kein C^{14} aus der Luft nachgeliefert wird, kann nach Messung des heute noch vorhandenen Anteils an C^{14} dessen Alter errechnet werden.

»Die Radioaktivität des Kohlenstoffs, deren Stärke in einem lebenden Wesen gleichbleibt, da sie dauernd erneuert wird, nimmt im Laufe der Jahrhunderte in einer toten organischen Substanz, etwa in der Holzkohle, gleichmäßig ab; sie sinkt auf die Hälfte ihrer ursprünglichen Stärke nach einem Zeitraum von weniger als 6000 Jahren ab. Nach weiteren 6000 Jahren ist noch ein Viertel, wieder nach 6000 Jahren ein Achtel der ursprünglichen Stärke vorhanden.«

Die ersten Versuche mit C^{14} wurden an bereits datierten oder leicht datierbaren archäologischen Funden vorgenommen; so untersuchte LIBBY Balken aus Zypressen- und Akazienholz aus ägyptischen Gräbern der 1. Dynastie, den Gräbern des Snefru in Medum und des Djoser in Saqqara. Anschließend wurden Gegenstände aus jüngerer Zeit untersucht, ein Stück der Grabbarke von Sesostris III., ein Sargbett der Ptolemäer. Die Übereinstimmung zwischen den historisch bekannten Daten und den mit Hilfe des C^{14}-Gehaltes ermittelten war überraschend. ABBÉ BREUIL konnte die Malereien von Lascaux mittels einer Analyse von Holzkohleresten auf etwa 13 600 Jahre v. Chr. datieren. Mit der Radiokarbon-Methode kann ein Zeitraum bis zu 50 000 Jahren vor der Gegenwart erfaßt werden, wobei sich jedoch die allgemeine Tendenz zeigte, daß Messungen von Objekten, die älter sind als 1000 v. Chr., ein zu junges Alter ergeben. Diese möglichen Abweichungen fallen aber nicht so ins Gewicht, zumal sie mit Hilfe der Dendrochronologie berichtigt werden können.

Die Untersuchung des C^{14}-Gehaltes unterliegt allerdings einer Beschränkung: sie ist nur an organischen Resten durchführbar, die durch kosmische Strahlen radioaktiv geworden sind, und sie erfordert eine relativ große Menge an Substanz, soll die Analyse Erfolg haben. Eine Messung benötigt mindestens 16 Gramm Kohlenstoff; wenigstens zwei Messungen müssen durchgeführt werden. Handelt es sich um pflanzliche Reste wie Flechtwerk (Stroh) oder Körbe, Schilfrohr oder Körner, sind 200 Gramm erforderlich, 500 Gramm für Untersuchungen von Geweih, Horn oder Krallen. »Die erforderliche Menge schwankt je nach dem Kohlenstoffgehalt; von Zähnen — nur der Schmelz kann verwendet werden —, Elfenbein und karbonisiertem Knochen braucht man 2,2 Kilogramm, und von Muscheln 700 Gramm, vorausgesetzt, daß sie in gutem Erhaltungszustand sind .... Ein Knochen kann nur dann verwendet werden, wenn er in frischem Zustand karbonisiert wurde; ist er völlig verbrannt, wie die Mehrzahl aus prähistorischen Einäscherungen, wird er wertlos; der Kohlenstoff ist verschwunden.«

Ziehen wir in Betracht, daß die Radioaktivität des Kohlenstoffs erst seit wenigen Jahrzehnten untersucht wird, so sind die bereits gewonnenen Ergebnisse erstaunlich. Den Archäologen stehen heute mehr als 100 Institute für Radiokarbon-Datierungen zur Verfügung.

Erdmagnetisches Verfahren — Archäomagnetismus

Bei gebranntem Ton ist die C^{14}-Methode nicht anwendbar. Man konnte diesen bis vor kurzem nur nach dem Alter der geologischen Schicht einordnen, wurde er nicht zusammen mit sicher datierbaren Gegenständen gefunden. Heute vermögen wir mit Hilfe der thermoremanenten Magnetisierung aus der jeweiligen Zusammensetzung eines eisenhaltigen Tones die Richtung des erdmagnetischen Feldes am Tage des Brandes festzustellen.

Da die Schwankungen des erdmagnetischen Feldes bekannt sind, das sich von

Jahr zu Jahr verändert, konnte man anhand von archäologisch datiertem Tonmaterial und durch Messung der Deklination und Inklination des erdmagnetischen Feldes zu jener Zeit eine Vergleichstabelle für die vor- und frühgeschichtliche Zeit aufstellen. Der Magnetismus eines Tongegenstandes ermöglicht es, sein Alter durch Vergleich mit den Stärkeschwankungen des erdmagnetischen Feldes zu bestimmen. Die Methode wurde von E. THELLIER entdeckt und ausgearbeitet. Thellier nahm die Ideen FOLGHERAITERS auf, der von datierten italienischen Tonobjekten aus dem 5. Jahrhundert v. Chr. bis zum 2. Jahrhundert n. Chr. ausging, wodurch eine sehr breite Vergleichsskala gegeben war. Da der Winkel bekannt sein mußte, in dem das Gefäß im Brennofen zur Erdachse stand, verwandte man zunächst Tongefäße, die in aufrechter Stellung gebrannt waren. So konnte man die Neigungen der Magnetlinien auf der angenommenen horizontalen Fläche beim Brand bestimmen. Man dehnte die Untersuchungen auf etruskische und griechische Gefäße, auf Terra sigilata und auf pompejanische Keramiken aus. Der Versuch ergab für die etruskischen Gefäße eine schwache und südliche Neigung (Südpol unter dem Horizont); bei den griechischen Stücken schwankte die Neigung je nach den Epochen: schwach und südlich im 7. Jahrhundert, keine Neigung im 6. Jahrhundert, nördlich und ziemlich stark (20 Grad) im 4. Jahrhundert. Die aretinische Keramik aus dem 1. Jahrhundert v. Chr. zeigte eine noch nördlichere Neigung, nämlich 60 Grad; auf mehr als 65 Grad gelangte Thellier bei den pompejanischen Tongefäßen vom Beginn des 1. Jahrhunderts n. Chr.

1939 konstruierte Thellier einen noch präziseren Meßapparat, 1950 erschien sein Buch ›Les Problèmes du Géomagnetisme‹, in dem er seine zwanzigjährige Erfahrung zusammenfaßt.

Grundsätzlich müssen Alter und Brennstellung eines sicher datierten Vergleichsgegenstandes bekannt sein. Für die Stellung sind Tongefäße am instruktivsten, die am Brandort selbst gefunden wurden. Die Brandbedingungen lassen sich nur aus der Art des Ofens und der zu einer bestimmten Zeit üblichen Technik erschließen. Vertikales und horizontales Brennen geben verschiedene Ergebnisse.

Jahresring-Chronologie (Dendrochronologie) und Unterwasser-Archäologie

Eine Methode, die in vielen Fällen zu überzeugenden und sicheren Ergebnissen führt, ist die Jahresring-Chronologie, durch die das Alter eines Holzstücks nach seinen Wachstumsringen festgestellt wird. Vor etwa 100 Jahren untersuchte CH. BABBAGE erstmals nicht nur die Zahl, sondern auch die Art der Jahresringe; ihre unterschiedliche Breite entspricht dem klimatischen Wechsel, den Feuchtigkeits- und Dürreperioden. Man konnte durch Untersuchung lebender kalifornischer Mammutbäume, die ein Alter bis zu 4000 Jahren erreichen, und durch Auszählung von Jahresringen abgestorbener Bäume einen Zeitraum von etwa 7000 Jahren zurückverfolgen. Durch den Vergleich der Jahresringe von Bäumen, die sich zeitlich überschneiden, wurde mittels bestimmter Zeitmarken eine Art Baumring-Kalender erstellt. Anhand dieser Tabelle wurden Holzbalken in den indianischen Pueblos von Colorado ziemlich genau auf das Jahr 750 datiert.

In Europa gelang mit Hilfe der Dendrochronologie die Zeitbestimmung der Wikingergräber in Norwegen, der frühgeschichtlichen Siedlungen in Buchau am Federsee, der Fundstätten von Thayngen in der Schweiz u. a. Die Methode wird laufend weiter ausgebaut.

Die Schwierigkeiten, denen die Unterwasser-Archäologie ausgesetzt ist, sind groß: die Begrenzung der Tauchtiefe und der Tauchzeit, die Behinderung bei der Arbeit im Wasser und vor allem die Schicht von Schlamm und Kalkablagerungen, welche die Objekte überlagert. Trotzdem haben die Unterwasser-Archäologen bei der Bergung gestrandeter oder gesunkener Schiffe erstaunliche Erfolge erzielt. Auch die Erforschung untergegangener Städte wird heute in Angriff genommen. Die Unterwasser-Archäologie kam auf, als Wissenschaftler bei Mahdia in Nordafrika, unweit von Karthago, auf die Ladung eines römischen Schiffes stießen. Es enthielt von Sulla in Griechenland erbeutete Kunstwerke. Ein Taucher hatte von großen Kanonen berichtet, die er auf dem Meeresgrund in etwa 40 Meter Tiefe gesehen habe; daraufhin begann man 1908 mit einer Reihe von Untersuchungen, die sich bis 1913 hinzogen und 1949 wieder aufgenommen wurden. Die »großen Kanonen« waren über 4 m hohe Säulen — im ganzen etwa sechzig —, die heute mehrere Säle des Musée du Bardo in Tunis füllen. Außerdem barg man Marmor- und Bronzestatuen, Vasen, Leuchter und Bruchstücke griechischer Inschriften-Stelen, die allem Anschein nach als Ballast geladen waren.

2 Die Grabungen

Die Entdeckung der Fundstätte

Eine Kuh tappt in ein Loch und bricht sich ein Bein. Der Besitzer ist untröstlich, aber bei der Betrachtung der Unfallstelle bemerkt er, daß es sich um den Einbruch in ein Gewölbe handelt; staunend stellt er fest, daß sich unter seinem Feld Grabstätten und Ruinen befinden. Beim Einsturz eines ausgewaschenen Steilhanges an einem Flußufer treten Gefäße und Metallgegenstände zutage und führen zur Entdeckung einer bisher unbekannten Kultur. Araber lesen Steine für einen Grabbau zusammen und stoßen dabei auf eine Statue; die herbeigerufenen Archäologen bringen an dem verlassenen Platz die Ruinen einer antiken Hauptstadt zum Vorschein, die Jahrtausende hindurch ein kultureller und politischer Mittelpunkt war. Ein kretischer Bauer findet zwischen den Schollen seines Feldes etwas Hellglänzendes, einen großen Goldring mit einem gravierten Stein, den Ring des Minos; der Schmuck wandert von Hand zu Hand und verschwindet am Ende; man hatte jedoch rechtzeitig einen Abdruck des Steines gemacht: an der Fundstelle wird gegraben, und ein neues Kapitel minoischer Geschichte beginnt.

Es gäbe noch viele Anekdoten dieser Art. Der Zufall steht sehr oft am Anfang großer Entdeckungen und in der Archäologie besonders. Während manche Orte das Andenken an ihre frühere Größe bewahren, andere bis heute fortbestehen und erfolgreiche Ausgrabungen verhindern, da ganze Stadtviertel niedergerissen werden müßten, sind wieder andere vom Erdboden verschwunden, ausgeraubt, durch feindliche Einfälle zerstört und von ihren Bewohnern verlassen. Seit Jahrtausenden besiedelte Plätze wurden infolge Klimawechsels, wegen Malaria oder nach dem Versanden der Kanäle aufgegeben. Die Natur ergriff wieder Besitz von den Stätten, nachdem der Mensch ihnen den Rücken gekehrt hatte. Sand verwehte die Königreiche Zentralasiens; die Wüste legte sich über die Hauptstädte der Pharaonen; der Urwald verschlang Paläste und Tempel; Städte versanken im Schlamm der Sümpfe; Dschungel überwucherte die Tempel der Maya, der Wald die skulpturengeschmückten Pyramiden von Yucatán.

Andere Orte sind nicht völlig verlassen; zwar ist die frühere Siedlung verschwunden, aber nicht weit von ihr lebt in dem Namen eines Dorfes das Andenken des Herrschers, der vor 5000 Jahren die Stadt errichten ließ. Vor dem Archäologen trat der Philologe, angelockt durch die Ähnlichkeit der Bezeichnung, auf den Plan. Häufig bewahren auch die Bewohner des Dorfes die Erinnerung an tausendjährigen Ruhm, von dem es keine sichtbare Spur mehr gibt. Man raunt von vergrabenen Schätzen, und nur die Furcht vor Geistern, welche den Hort behüten, hält ab, den Boden aufzugraben. Bis Ende 1936 war der Zugang zu einer Höhle auf Kreta, einer der reichhaltigsten Fundstellen, unmöglich, weil angeblich Geister sie bewachten. Es kommt auch vor, daß die Einwohner Baumaterial für ihre Häuser aus benachbarten Ruinen verwenden, kostbare Reliefs, Stücke von Statuen oder Steinplatten. Nicht selten wurden wertvolle Bruchstücke zu Kalk verbrannt und die Spuren einer alten Anlage für immer verwischt. Ein mesopotamischer Bauer besserte ohne Skrupel seine Hütte mit Ziegeln aus, die den Stempel des Königs Aannepadda von Ur tragen. Bewohner der Gegend des heutigen Mossul, die Kalkplatten räuberten, waren die eigentlichen Entdekker der Ruinen von Ninive, und auf die Ziegeldiebe von Hilleh geht im Grunde die Auffindung von Babylon zurück.

Gleichgültigkeit und Übereifer der Einheimischen sind unter Umständen gleich verhängnisvoll. Mißtrauen gegenüber den fremden Wissenschaftlern führt häufig zur Geheimhaltung wichtiger Fundstellen. In islamischen Ländern genügt das Vorhandensein eines Dorffriedhofes, um jede Grabung zu verhindern; mehr als einmal zerstörten Fanatiker herrliche Statuen, als sie gerade der Erde entrissen waren. Oft stehen die Eigentümer eines Geländes der wissenschaftlichen Arbeit uninteressiert oder ablehnend gegenüber. Wenn sie dann erleben, daß die Fremden keine Mühe scheuen, um Tonnen von Sand zu bewegen, wenn sie Freudenrufe beim Fund scheinbar wertloser Steine oder Tonscherben hören, wenn sie merken, daß die Funde gut bezahlt werden, ändert sich ihre Haltung. Aufkäufer europäischer und orientalischer Händler, die Antiquitätenschmuggler, umstreifen das Arbeitsfeld der Ausgräber und bieten oft höhere Prämien als die Archäologen. Die Uninteressiertheit der ortsansässigen Arbeiter verwandelt sich in Eifer, der förderlich ist, wenn er im Rahmen seiner Aufgabe bleibt, verheerend, wenn er die unter wissenschaftlicher Leitung entdeckten Gegenstände heimlich wegschafft und für sich auswertet. In Ägypten und Italien sind die Bauern oft heimliche Raubgräber, die auf eigene Rechnung Schätze suchen, ohne sich im geringsten um wissenschaftliche Belange zu kümmern. Reliefs werden aus Gräbern herausgerissen, Statuen absichtlich zerbrochen, um ihre Identifizierung zu verhindern.

Die Entdeckung einer Fundstätte ist, wie erwähnt, sehr häufig eine Sache des Zufalls. Seltener führten alte Texte, die eine Stadt an dieser oder jener Stelle erwähnen, zu interessanten Ergebnissen. Auch Berichte von Reisenden und ihre Beschreibungen von Ruinen geben wertvolle Unterlagen. Für den Fachmann ist der geringste Anhaltspunkt bedeutsam; beispielsweise verrät üppiger Pflanzenwuchs in einem Ödland, daß Erdaufschüttungen vorliegen müssen, andererseits deuten unfruchtbare, andersgefärbte Geländestellen auf das Vorhandensein von unterirdischen Ziegel- oder Steinbauten. Eine geringe Erhebung im Sand, die vielleicht nur in den Stunden bemerkbar ist, in denen die Sonnenstrahlen lange Schatten werfen, also bei Sonnenaufgang und Sonnenuntergang, kann ein Hinweis auf eine darunter verborgene Mauer sein. Die Beobachtung vom Flugzeug aus gewann in der archäologischen Forschung außerordentliche Bedeutung. Auf Luftaufnahmen sind häufig Einzelheiten zu erkennen, die das menschliche Auge direkt nicht wahrnehmen kann. Schon 1906 waren aufschlußreiche Photographien der Ruinen von Stonehenge gelungen. 1920 bediente sich TH. WIEGAND dieser Methode für seine Forschungen in Palästina und im Sinai-Gebiet. Zur gleichen Zeit lieferte auch die französische Militärfliegerei in Syrien und Mesopotamien der Archäologie wichtige Aufschlüsse.

1929 konnte durch Luftbilder die Bedeutung von Simbabwe, der geheimnisvollen Ruinenstadt Rhodesiens, aufgezeigt werden. Keine noch so eingehende Beschreibung beispielsweise der rätselhaften Tempel auf Malta mit dem ovalen Doppelheiligtum der Mnaidra vermag die Genauigkeit einer Luftaufnahme zu ersetzen. Die Fälle, in denen dieser neue Weg archäologischer Beobachtung wertvolle Resultate erbrachte, sind zahlreich. Oberst LINDBERG entdeckte auf diese Weise die bis dahin unbekannten Tempel von Yucatán; eine Expedition in Peru bediente sich eines eigens für die Aufnahmen in den Anden konstruierten Flugzeugs bei ihren Forschungen. Ihnen gelang es, die große peruanische Mauer mit ihren Forts, die der chinesischen Mauer merkwürdig ähnelt, die verlassenen Städte aus der Vor-Inka-Zeit sowie jene unerklärlichen Riesenscharrbilder in der Wüste von Nazca zu entdecken, die möglicherweise kosmischen Beobachtungen dienten.

In Algerien wurde mit Hilfe von Luftaufnahmen ein 750 km langes Grabensystem festgestellt, die vordere Linie des Grenzwalls der Römer mit Verteidigungsanlagen aller Art, die die Nomaden von den reichen Besitztümern und fruchtbaren Feldern der römischen Niederlassungen fernhalten sollten. Die Befestigungen mit den vorgeschobenen Feldstellungen, den Wachttürmen und Siedlungen, in deren Umkreis die Soldaten in ruhigen Zeiten das Land bestellten, verrieten eine großartige Planung. 1947 fanden russische Archäologen mit Hilfe des Flugzeugs in Zentralasien Spuren vor- und frühgeschichtlicher Siedlungen, deren Existenz bisher unbekannt war.

Wie sind die Spuren alter Kulturen zu erkennen, wenn sie unter bewachsenem Boden liegen? Die Botanik kam der Archäologie zur Hilfe, indem sie die Ursachen und Erscheinungsformen eines unterschiedlichen Wachstums untersuchte. Überreste, die nicht die geringste Bodenerhebung hinterließen und über die der Pflug gegangen ist, sind von der Erde aus nicht sichtbar. Vom Flugzeug aus aber bemerkt der Beobachter, und die Kamera hält es fest, daß der Kulturboden verschiedene Farben aufweist. Es erwies sich, daß die Stärke der Vegetation, vor allem bei Kulturpflanzen, von der Tiefe der Oberflächenfeuchtigkeit des Bodens abhängt. Diese Tiefe ist größer, wenn an einer Stelle ein Graben ausgehoben war, der sich nach und nach wieder mit Erde füllte. Sie ist geringer, wenn sich unter der Erde Mauern oder Steinanhäufungen befinden. Die Vegetation über einem antiken Platz ist dementsprechend üppiger oder karger als auf dem angrenzenden Gelände. Die Umrisse ehemaliger Gräben oder Ausschachtungen werden in der Regel in einer dunkleren, die einstigen Mauerwerke in einer helleren Färbung des Pflanzenwuchses sichtbar. Die Stärke dieser Kontraste hängt von zahlreichen Faktoren ab, von der Struktur des Untergrundes, der Art der Vegetation und der Jahreszeit der Beobachtung.

Große Erfolge brachte in den letzten zwanzig Jahren ein Verfahren, bei dem die

Erkundung des Geländes durch Luftaufnahmen mit geophysischen Erduntersuchungen und der Verwendung modernster technischer Mittel Hand in Hand ging. Die Fondazione LERICI in Mailand stellte sich die Aufgabe, die riesige etruskische Nekropole von Tarquinia zu erforschen. Da die Zahl der Gräber zu groß ist, um jedes einzelne auszuheben, mußte ein Weg gefunden werden, diejenigen Kammern auszumachen, die Malereien oder wertvolle Beigaben enthielten und nicht im Lauf der Jahrhunderte seit der Römerzeit ausgeraubt worden waren. Durch Luftaufnahmen wurde die Lage der Gräber festgestellt, dann wurden die Decken der einzelnen Gräber durchbohrt, und durch die Löcher führte man eine Sonde mit einem von Lerici konstruierten winzigen Photoapparat, der sich im Kreis dreht, ein. Blitzlichtaufnahmen zeigten, ob das Grab leer war oder seine Freilegung sich lohnte. Die Ergebnisse des Zusammenspiels verschiedener Techniken und Arbeitsmethoden übertrafen alle Erwartungen.

Die Entdeckung der Häfen und Wälle von Tyros in den Jahren 1935—36 bestätigte, was man von der Luftbeobachtung antiker Anlagen unter Wasser erwartete, vor allem, wenn sie Hand in Hand mit Unterwasser-Erkundungen geht. Überraschende Erfolge ergaben sich auf der Krim, wo ein russischer Archäologe die Lage des antiken Chersonesos erforschte; Taucher fanden die alte Stadt ganz in der Nähe des heutigen Cherson. Mit Hilfe einer Spezialkamera wurden die Ruinen, Türme, Mauern, Straßen und die Burg photographiert.

Beginn und Durchführung der Grabungsarbeiten

Nach der Erkundung des Grabungsplatzes, den vorbereitenden Untersuchungen, der Aufteilung des Feldes und der Einteilung der verschiedenen Gruppen beginnen die Ausgrabungsarbeiten, die sich nach der Art des Geländes und des Objekts richten. Ein steinernes Hünengrab, ein unter üppiger tropischer Vegetation versteckter Maya-Tempel, ein vom Sand verschütteter ägyptischer Tempel oder ein mesopotamisches Tell aus Ziegelsteinen verlangen unterschiedliches Vorgehen. Die Aufgabe ist wesentlich einfacher, wenn es sich um einen nur einmal bebauten Platz handelt und nicht um Schuttberge, in denen sich die Reste verschiedener Schichten übereinandertürmen, oft sogar vermischen. Bei übereinanderliegenden Kulturschichten muß man sich darüber klar sein, daß die Schichten nicht säuberlich voneinander abgesondert und auf den ersten Blick genau zu unterscheiden sind. In der Geologie liefert die Beschaffenheit eines Geländes eindeutige Anhaltspunkte. In der Archäologie kann es der Fall sein, daß die Fundamente eines Tempels aus einer späteren Schicht nicht nur die früheren durchziehen, sondern bis auf den gewachsenen Boden hinabreichen. Bei der Feststellung, was den einzelnen Epochen angehört, stößt man auf beträchtliche Schwierigkeiten. Der Eigentümer eines antiken Hauses kann Sammler von älteren Kunstgegenständen gewesen sein. Gegenstände, die zweitausend Jahre älter sind als die Ruinen des Gebäudes, dürfen nicht zu der Annahme verleiten, daß sie immer im Gebrauch waren, ebensowenig wie die Sammlung eines zeitgenössischen Ägyptologen nicht zu dem Schluß berechtigt, ägyptische Handwerkstechniken seien noch im 20. Jahrhundert lebendig. Die Freilegung muß daher äußerst vorsichtig erfolgen. Den Sand fortzuräumen, wie etwa in El Amarna, ist verhältnismäßig einfach gegenüber der Bergung von Ziegeln, die durch die Trockenheit zu Staub zerfallen oder durch große Feuchtigkeit zu einer

Schlammschicht verschmolzen sind. Auch das Herauslösen von Mauerwerk aus dem Erdreich geht nicht immer leicht vonstatten. Die Notwendigkeit, freigelegte Teile sogleich in den Gesamtplan einzutragen, verzögert die Arbeit. Wenn der Ausgräber auf mehrere übereinanderliegende Kulturschichten stößt und die oberen zerstören muß, um an die tieferliegenden zu gelangen, sind Beschreibung, Vermessung und Photographie das einzige, was übrigbleibt. Wenn eine im Augenblick unwichtig scheinende Einzelheit übergangen wird, kann dies die wissenschaftliche Erkenntnis stark beeinträchtigen. Die Technik der Freilegung variiert natürlich auch nach der persönlichen Vorliebe des Grabungsleiters. Manche bevorzugen senkrechte Einschnitte in die Erde, die wesentlich rascher gehen als eine horizontale Abgrabung, die ihrerseits den Vorteil hat, mehr Einzelgegenstände in ihrer ursprünglichen Lage aufzuzeigen. Am günstigsten ist es, die Erde schichtweise abzuheben und dabei die geringfügigsten Bodenveränderungen zu untersuchen, was beispielsweise bei der Ausgrabung des Heiligtums der Artemis Orthia in Sparta von größter Bedeutung war. Als besonders wichtig gilt, von jeder abgehobenen Erdschicht eine Probe aufzubewahren. Ein bekannter Archäologe geht so weit, Hacke und Spaten als viel zu grobe Werkzeuge anzusehen: um für die eigentliche Ausgrabungsarbeit jedes Risiko einer Beschädigung von Gegenständen zu vermeiden, solle man sich »einer Art Brotmesser ohne Spitze« bedienen. Ein solches Vorgehen ist allerdings nur dann möglich, wenn man keine Rücksicht auf Zeit und Geld zu nehmen hat. Jeder Grabung vorausgehen müssen eine möglichst ausführliche und vollständige Vermessung, die Beschreibung und die photographische Aufnahme und Skizzierung des Geländes in seinem ursprünglichen Zustand.

Oft besteht ein größeres wissenschaftliches Interesse an der Lage eines Gegenstandes als an diesem selbst. Bevor man beispielsweise einen Sarkophag anrührt, muß er aus allen möglichen Blickwinkeln photographiert und die Lage auch des kleinsten Details aufgezeichnet werden, mitunter eine Arbeit von mehreren Wochen Dauer. Die Position der Gegenstände zueinander im Rahmen des Ganzen ist der sicherste Anhaltspunkt für die Datierung und Einstufung. Nur wenn die Ausgrabung völlige Klarheit über die geologische Besonderheit der Fundstätte, die ursprüngliche Form des gewachsenen Bodens und über Herkunft und Anordnung der aufeinanderfolgenden Objekte erbracht hat, sind zuverlässige Rückschlüsse über ihre geschichtliche Bedeutung möglich. Das Unwiderrufliche einer Ausgrabung verlangt eine genaue Aufzeichnung jeder Etappe.

»Wenn Fundgegenstände in ein Museum überführt sind, ist für den Ausgräber ein für allemal die Quelle seiner Erkenntnisse verstopft; und wenn er den gesamten Grabinhalt nicht an Ort und Stelle durch Aufnahmen und Beschreibungen festgehalten hat, ist dieses Versäumnis ebenso zu verurteilen wie die Zerstörung der Gegenstände selbst. Er kann seinem Museum vier Bronzefiguren ohne jeden künstlerischen Wert und ohne jede Originalität zuführen, deren Wert für die Wissenschaft darin bestanden hätte, daß man sie in den vier Ecken der Grabkammer fand, wo sie die bösen Geister von Nord, Süd, Ost und West verjagen sollten. Den Glauben eines Priesters verriet eine magische Osiris-Statuette, die er unter seinem Bett als Schutz vor dem Bösen vergrub; ein zu hastiger Schlag mit der Spitzhacke kann dieses Bildwerk freilegen, aber zugleich alle Spuren von dem Standplatz des Bettes verwischen. Damit aber wird der kleine Gott ebenso wertlos, wie die Tausende anderer, die sich auf den

Regalen unserer Museen aneinanderreihen. Eine Pfeilspitze im Staub eines königlichen Skeletts stellte sich als Todesursache heraus, eine Tatsache, die uns verborgen geblieben wäre, wenn eine ungeschickte Hand den Staub aufgewirbelt und zerstreut hätte.«

Als Beispiel für die Gewissenhaftigkeit, die ein Archäologe bei der Untersuchung und Beschreibung einer Fundstätte walten lassen muß, zitiert WEIGALL die ihm von einem Ethnologen gestellte Frage, die in ägyptischen Gräbern gefundene Schädel betraf, deren Photographien er veröffentlicht hatte. Die Wiedergaben zeigten, daß einige Vorderzähne fehlten; der Ethnologe wollte wissen, ob man diese in der Grabkammer fand oder ob sie schon beim Tode des Betreffenden gefehlt hatten. Diese geringfügige Tatsache war von Bedeutung, da bestimmte afrikanische Stämme aus magischen oder ästhetischen Gründen sich bisweilen Zähne ausbrechen. Diese Sitte scheint auf altägyptische Gewohnheit zurückzugehen; für den Spezialisten wäre deshalb die Beantwortung der Frage wichtig gewesen. Weigall mußte zugeben, daß er diese Einzelheit nicht beachtet hatte, da er, in der Sorge, das Grab könnte ausgeplündert werden, es schneller als gewöhnlich ausgeräumt hatte.

Das Kuratorium des Britischen Museums verfaßte für Reisende, die der Versuchung ausgesetzt sind, auf eigene Faust Nachforschungen archäologischer Art anzustellen, ein Buch, das ihnen wertvolle Ratschläge erteilt, ihnen aber auch ihre Verpflichtungen vor Augen führt. Die noch heute bestehende Unsicherheit in der Etruskologie hat ihre Ursachen nicht in der geringen Zahl von Funden, sondern darin, daß man sich lange Zeit darauf beschränkte, die Gräber auszuräumen und ihren Inhalt Museen oder privaten Sammlungen zuzuführen, ohne sich um wissenschaftliche Rückschlüsse zu kümmern, zu denen jede einzelne Entdeckung hätte beitragen können.

Die Archäologie darf sich nicht auf Mutmaßungen verlassen. Der Zufall der Entdeckungen und die mögliche Fruchtbarkeit von Hypothesen entbinden sie ebensowenig wie jede andere Wissenschaft davon, sich auf feste Tatsachen zu stützen. Der Archäologe muß daher über Kenntnisse verfügen, die das Durchschnittsmaß weit übersteigen. Wenn auch in den meisten Fällen eine Zusammenarbeit mehrerer Fachleute möglich ist, so muß sich ein Archäologe dennoch in der Geologie, der Biologie, der Völkerkunde und der Botanik auskennen. Wenn er darüberhinaus nicht chemische Kenntnisse besitzt, kann es ihm gehen wie dem, der eine Bronzehacke zur Reinigung in eine Flüssigkeit tauchte und mit ansehen mußte, wie sie sich zersetzte und vor seinen Augen verschwand. Er muß es im Zeichnen von Plänen mit einem Architekten und in der Geländeaufnahme mit einem Topographen aufnehmen können. Er sollte in der Lage sein, beschädigte Maschinen zu reparieren, mit den eingeborenen Hilfskräften in ihrer Sprache zu sprechen, alte Inschriften zu entziffern, zu kopieren, zu photographieren und Abzüge herzustellen. Zu seiner Aufgabe gehört auch das Messen von Skeletten und die Klassifizierung von Schädeln und Knochenbildungen, Arbeiten eines Anthropologen.

Für die Archäologie ist das Studium der Tonwaren eines der aufschlußreichsten Hilfsmittel. Der britische Archäologe FLINDERS PETRIE entdeckte an der Lippung eines bestimmten Gefäßtyps den Ausgangspunkt der Datierungsfolge, die uns heute eine chronologische Ordnung der prädynastischen Perioden Ägyptens ermöglicht. Eine noch so bescheidene Tonscherbe wird überraschend beredt für denjenigen, der die Mittel und Voraussetzungen kennt, um sie zu identifizieren. »Ein schlecht gebranntes oder an der Sonne getrocknetes Gefäß ist an den Bruchstellen porös, bröckelig und von gleichmäßiger Färbung; ein gut gebranntes ist hart und hat saubere Bruchstellen, vorausgesetzt, die Tonmasse war gut durchgeknetet. Der Bruch kann von einheitlicher Färbung sein, wenn das Stück langsam und bei regelmäßigem Feuer oder in einem Schmelztiegel gebrannt wurde, das heißt in einem abgeschlossenen, regulierbaren Ofen. Stark gebrannte Stücke aus frühen Epochen weisen Feuermale auf. Die Innenseite des Materials ist schwarz oder fast schwarz, die Färbung wird zum Rand hin schichtweise schwächer. Große Gefäße mit sehr dünnen Wandungen sind stets gut gebrannt. Mineralische Beimischungen der Tonmasse sind feststellbar, zum Beispiel Unreinheiten in der Tonerde, glitzernde Quarzteilchen und ähnliches; doch muß man sorgfältig zwischen zufälligen Beimischungen wie kleinen Kieseln und beabsichtigten wie Sand oder Kalk, welche die Tonmasse geschmeidiger machen, unterscheiden.«

Die Arbeit des Archäologen ist entsagungsvoll und schwierig. Wiederholt wurden Wissenschaftler von Eingeborenen getötet oder gingen an Krankheiten und Entbehrungen zugrunde; sie erlagen der Hitze in der ägyptischen Wüste oder dem Fieber in Indien und Mittelamerika. Ihr Beruf verlangt eine körperliche und geistige Ausdauer, die alle Hindernisse überwindet. Als einziger Europäer unter Eingeborenen, als Wächter von Schätzen, die Begehrlichkeit erwecken, müssen sie für ihre Arbeiter eine unbestrittene Autorität bleiben und ihre Augen überall haben, ohne einen Augenblick in ihrer Wachsamkeit nachzulassen. Wenn sie alles, was aus Büchern und Vorlesungen lernbar ist, aufgenommen haben, müssen sie darüber hinaus alle echten menschlichen Tugenden beweisen, die nicht erlernbar sind: Mut, Geduld, Uneigennützigkeit sowie die Kunst, Menschen zu führen, zugleich gütig und streng, gerecht und fordernd zu sein. Hätten die Besucher eines Museums oder die Leser, die zerstreut einen Zeitungsbericht über eine archäologische Expedition überfliegen, eine Vorstellung davon, was es für Mühen kostet, der Wissenschaft ein neues Ergebnis zu liefern, das in ihren Augen im Vergleich zu dem Aufwand gering und lächerlich erscheint, dann würden sie das Werk dieser Forscher höher einschätzen und ihnen mit allen zur Verfügung stehenden Mitteln behilflich sein. Kein Gegenstand ist als Zeugnis nebensächlich. Was im Augenblick unwichtig erscheint, kann vielleicht morgen zum Schlüssel einer neuen archäologischen Erkenntnis werden. Die Keramikfunde von 1898 von Phylakopi auf der Insel Melos blieben unbeachtet; dreizehn Jahre später erhielten sie große Bedeutung, als die Grabungen von 1911 bisher unbekannte Gefäße ans Tageslicht brachten.

Das andere Beispiel ist noch eigenartiger und zeigt die Bedeutung der Zusammenarbeit von Chemikern und Ausgräbern.»Das Ningal-Heiligtum und der Palast bilden auf dem Hügel von Qatna in Syrien eine Einheit, vergleichbar mit dem Tempel und Palast des Salomo auf dem Zionshügel. Nach dem Zustand des Schuttes in den Häusern von Qatna zu schließen, muß dort ein heftiger Brand gewütet haben. Asche und verkohlte Balken bilden stellenweise eine 1 m hohe Schicht. Schon die ersten Untersuchungen ließen Unterschiede in der Zusammensetzung erkennen. Die Steine wiesen verschiedene Feuereinwirkungen auf. Da Kalkstein bei 700 Grad ausglüht, Gold bei 1000 Grad schmilzt und Basalt bei 1300 Grad, konnte man eine Art Temperaturskala aufstellen und die Hitzeentwicklung in den verschiedenen Räumen während der Brandkatastrophe bestimmen. Die körnige Form der beiden letztgenannten Materialien verriet, daß die erforderlichen Temperaturen erreicht waren. Eine Salzsäurelösung ermöglichte Aufschluß über den Ausglühungsgrad des Kalksteins.

So konnte man isothermische Kurven aufstellen, welche die Brandzone abgrenzten. Die höchste Temperatur, die den Basalt schmolz, herrschte im ›Saal der großen Vase‹, die niedrigste im südlichen und nördlichen Vorhof, in dem der Kalkstein nicht ausgeglüht ist. Daraus folgerten wir, daß die geräumigen Vorplätze keine Dächer hatten, während der ›Saal der großen Vase‹ einem Glutofen glich. Beide Annahmen wurden im Verlauf der Grabungen bestätigt. Eine so hohe Temperatur, daß Basalt schmolz, war nur durch einen heftigen Luftzug erklärbar, der wie ein Blasebalg wirkte. Diese Hypothese wurde bestätigt durch die Auffindung von Türen, die eine starke Luftzufuhr ermöglichten. Zu mikroskopischen Kügelchen geformtes Gold fand man im Allerheiligsten des Tempels. In den Zonen niederer Temperatur wurden Teile von Blattgold entdeckt, mit dem zweifellos das verkohlte Zedernholzwerk verkleidet war.«

Neben dem Materialzustand ergeben die Maßverhältnisse wichtige Aufschlüsse. Die Engländer entwickelten daraus eine Methode, die sogenannte ›praktische Metrologie‹. Ihr liegt der Gedanke zugrunde, daß gewisse Zahlen in bestimmten Epochen und Ländern feste Größen, Konstanten, sind, sei es, daß sie magische oder religiöse Bedeutung haben, sei es, daß sie von natürlichen Maßen hergeleitet sind und vom Menschen für verschiedene Zwecke angewendet wurden. Die Schlußfolgerungen sind höchst interessant, wie das folgende Beispiel zeigt. »Wenn man von einem modernen Maschinenteil wissen möchte, ob er französischer oder englischer Herkunft ist, genügt es im allgemeinen, einige Maße nachzuprüfen, und man weiß sofort, ob der Konstrukteur Meter oder englische Einheiten zugrunde legte. FLINDERS PETRIE stellte bei seinen Grabungen fest, daß bestimmte Maße an Tempeln und Palästen immer wiederkehren und daß andere in verschiedenen Vervielfachungen vorkommen oder, mit anderen Worten, durch die gleiche Zahl teilbar sind. Die Frage erhob sich, ob hier ein Zufall vorliege oder ob es sich um das Ergebnis einer feststehenden, aber unbekannten Größe handle. Wenn es ein Normalmaß für Baumeister und Handwerker gegeben hat, so mußte es nach seinen Überlegungen meist in exakten Zahlen angewendet worden sein, wie beispielsweise bei dem Tempel in Jerusalem, für den Ezechiel genaue Angaben in Ellen gab. An allen von ihm gefundenen Bauwerken und an zahlreichen anderen nahm Petrie millimetergenaue Messungen vor und stellte fest, daß es tatsächlich örtliche Maßeinheiten gab, in die man die gemessenen Längen teilen konnte. Vergleicht man diese Maßeinheiten mit den heute in Gebrauch befindlichen, so ergaben sich überraschende Übereinstimmungen, die nur durch geschichtliche Überlieferung erklärt werden können. Bei den Untersuchungen der Säulen des elamischen Tempels von Susa fand man, daß Elle und Fuß als Ziegelmaß in Persien um 1150 v. Chr. in Gebrauch waren. Die gleichen Maße finden wir in Ägypten bereits in der Zeit des Cheops, im ganzen Byzantinischen Reich und in Europa.«

Wohin gehören die Funde?

Wenn an Ort und Stelle alle Beobachtungen und Messungen durchgeführt sind, taucht die Frage auf, ob man die gefundenen Gegenstände wegschaffen soll, eine Frage, die von größter Bedeutung ist. Noch heute diskutieren die Gelehrten darüber, ob es richtiger ist, die Dinge an ihrem Fundort zu belassen oder in ein Museum zu überführen. Eine verbindliche Lösung gibt es nicht. Grundsätzlich ist es vorzuziehen, sofern keine Gefährdung damit verbunden ist, daß sie an Ort und Stelle bleiben. Mit modernen Verkehrsmitteln sind die entferntesten und unzugänglichsten Gegenden erreichbar. Ein Gegenstand, aus seinem architektonischen oder geistigen Zusammenhang herausgerissen, büßt seine eigentliche Bedeutung ein. Wer beispielsweise ägyptische Statuen in ihren Tempeln sah und sie dann mit denen in Museen vergleicht, empfindet die Profanierung. Ein Götterbild als Sehenswürdigkeit verliert seinen wesentlichen Sinn. Nur bei Gefährdung der Funde durch Klima oder die Begehrlichkeit der Menschen sollten sie ins Museum überführt werden. Bedauerlicherweise kommt es vor, daß Besitzer von Altertümern Kunstwerke zerstückeln, um höhere Einnahmen zu erzielen. So wurde zum Beispiel die berühmte Inschrift des Amenophis-Grabes in Theben, einer der wichtigsten Textfunde aus dem Anfang der 18. Dynastie, vor einigen Jahren stückweise an verschiedene Museen verkauft. Die Wissenschaftler setzten sich dafür ein, die Fragmente wieder zusammenzubringen; man fand aber nicht mehr alle Einzelteile. Auch die wunderbaren Grabreliefs des Haremheb aus Saqqara sind in London, Wien, Bologna, Alexandria und Kairo verstreut.

Natürlich sind Gegenstände von handlicher Größe eine Versuchung für Diebe. Manche großartigen Stücke wurden auch aus Dummheit oder Bosheit von Einheimischen zerstört, ohne Gewinnabsicht, nur um den Fremden Schaden zuzufügen. Bei dem Gedanken, daß ein Meisterwerk des Aton-Kultes in El Amarna, ein Bodenbelag, von den Bewohnern des benachbarten Dorfes verwüstet wurde, weil sie mit dem Wächter der Ruinen im Streit lagen und ihm Unannehmlichkeiten bereiten wollten, schätzt man die Einrichtung von Museen, in denen die Kunstwerke, auch wenn sie einen Teil ihrer Lebensnähe verlieren, zumindest erhalten bleiben. Man diskutiert viel darüber, daß EARL THOMAS ELGIN Kunstwerke aus dem Parthenon entfernte, und manche verurteilten diese Tat als Wandalismus. Wahrscheinlich aber verdanken die Skulpturen ihre Erhaltung nur dieser Verschleppung. Im Britischen Museum können zudem die Fragmente des Panathenäen-Zuges ohne Mühe besichtigt werden, während die im Tempel belassenen Reste praktisch unsichtbar sind und wir sie eigentlich nur von Abgüssen her kennen.

Man erregt sich häufig über das ›Ausrauben‹ eines Landes, aus dem antike Kunstschätze fortgeschafft wurden, aber man darf nicht übersehen, daß dieses Ausrauben oftmals das einzige Mittel war, sie zu retten, zumal ein Kunstwerk nicht ausschließliches Eigentum des Volkes ist, auf dessen Heimatboden es entstand, sondern dem Kulturschatz der gesamten Menschheit gehört. Stets sollte man als wichtigsten Gesichtspunkt das allgemeine Interesse voranstellen und danach allein die Maßnahmen zur Erhaltung und Sicherung der Funde treffen. Während früher die europäischen Gelehrten die Erlaubnis hatten, die von ihnen gefundenen Gegenstände mitzunehmen, ist man jetzt bestrebt, sie in dem Land, in dem sie entdeckt wurden, zu behalten. Alle Regierungen schufen Gesetze, welche die Rechte der Ausgräber einschränken. Obwohl diese Gesetze von verständlichen nationalen Interessen bestimmt sind, bringen sie mitunter der Wissenschaft empfindliche Nachteile. Als zum Beispiel eine große Nachfrage nach Bronzen aus Luristan einsetzte, erließ die Regierung des Iran für die Ausgräber so einengende Bestimmungen und setzte der Ausfuhr so große Hindernisse entgegen, daß auch die Forschung eingeengt wurde. Die Errichtung nationaler Museen ist zwar begrüßenswert, aber für den Studierenden ist es schwierig, nach Ankara zu fahren, um hethitische Altertümer zu sehen oder nach Bagdad, um die Ergebnisse der letzten mesopotamischen Ausgrabungen zu besichtigen.

Man mag dem entgegenhalten, Abgüsse und Kopien könnten der Arbeit des Studierenden genügen. Das ist richtig und sollte sich noch mehr einbürgern. Eine Organisation wie die UNESCO müßte die Initiative ergreifen und in allen großen Städten Sammlungen von Abgüssen und Kopien einrichten. Die Auswahl müßte sorgfältig und systematisch vorgenommen werden und hervorragende Meisterwerke sowie besonders typische Stücke umfassen und dürfte nicht, wie das häufig in Museen der Fall ist, ein Durcheinander von mehr oder minder beziehungslos nebeneinanderstehenden Originalen sein. Der konservative Nationalismus wäre dann kein Hindernis mehr für die Verbreitung der Kenntnisse.

Es ist Pflicht des Archäologen, eine Grabung zu Ende zu führen. Ein unvollständig durchforschtes Gelände führt leicht zu Irrtümern aller Art für die nachfolgenden Forscher. Aus dem gleichen Grund ist es unerläßlich, die Ergebnisse zu veröffentlichen, da sonst die besten Ausgrabungen sinnlos und ergebnislos bleiben. »Ein nicht veröffentlichtes Ausgrabungsergebnis ist eine Vergeudung von Zeit und Geld, das größte Verbrechen, das ein Archäologe begehen kann; denn wenn ein Platz einmal durchforscht ist, ist es zu spät, ihn noch einmal zu untersuchen. Es ist besser, den Einheimischen zu erlauben, dort zu graben, wo sie es für gut halten, und ihnen nachher ihre Beute abzukaufen, als eine Expedition zu dulden, die nicht genaue Rechenschaft über ihre Ergebnisse ablegt.«

Wenn eine Grabung beendet ist, müssen die Stücke, die ins Museum und in wissenschaftliche Sammlungen kommen, wegbefördert werden. Neue Schwierigkeiten entstehen, da häufig die Gegenstände sehr zerbrechlich sind und der Transport zu vernichten droht, was die Erde Jahrtausende hindurch erhalten hat. Schreibtafeln aus

getrockneter Erde beispielsweise erfordern eine besonders sorgfältige Behandlung. Die Gelehrten, denen man die Täfelchen aus dem gerade entdeckten Archiv von El Amarna zum Kauf anbot, hielten diese für Fälschungen; auf Grund ihrer Nachlässigkeit zerfiel bei jedem Transport die Hälfte der Tafeln zum größten Schaden der Wissenschaft zu Staub.

Die Kisten mit dem Grabungsgut müssen oft aus der Einsamkeit der Wüste oder des Urwaldes weite Wege bis zum nächsten Verladeort zurücklegen. Bei sehr großen Gegenständen kann eine Zerlegung der Stücke erforderlich sein. Im assyrischen Dur Scharrukin wurde 1929 ein riesiger geflügelter Stier gefunden, der von Amerika angekauft wurde. Er sollte auf einem Flußboot bis nach Basra gebracht werden, um dort auf einen Frachter umgeladen zu werden. Für den 19 km langen Weg bis zum Tigris verfügte man nur über einen Drei-Tonnen-Lastwagen, der unter dem Gewicht des größten Teilstücks von 15 Tonnen im Sand steckenblieb, glücklicherweise so nah am Flußufer, daß man versuchen konnte, vom Schiff aus mit Hilfe eines Seils das Fahrzeug aus dem Sand herauszuziehen. Zum Entsetzen aller aber wurde das Boot durch die unbewegliche Masse dieses ›Cherubs‹ aufs Land gezogen. Bekannt ist die Katastrophe, bei der ein Floß, das einen Teil der Flachreliefs aus Dur Scharrukin auf dem Tigris transportierte, auseinanderbrach und die Last mit in die Tiefe des Flusses nahm, aus der sie nicht geborgen werden konnte. Wenn man bedenkt, daß diese Flöße nach uralter Bauweise aus leichten Balken bestehen, die auf aufgeblasenen Tierfellen ruhen, ist man erstaunt, daß die zahlreichen Kolosse der assyrischen Kunst, die wir in unseren Museen bewundern, die Flußreise überstanden haben. Trotz allem sind die Gefahren, denen die Gegenstände auf dem Transport ausgesetzt sind, nicht zu vergleichen mit denen, die ihnen an Ort und Stelle drohen. Einer der herrlichen Flügelstiere von Ninive wurde von Einheimischen verstümmelt; ein Bauer zertrümmerte den Kopf der Figur, um damit seine Mauer zu flicken, ein anderer verkaufte den Rest für drei Shilling sechs Pence an eine Kalkfabrik, die ihn verbrannte.

Bibliographie

R. J. C. Athinson, *Mèthodes électriques prospection en archéologie*, 1952
Du Mesnil du Buisson, *La Technique des Fouilles archéologiques*, Paris 1934
Gloc, *Prinziple and Methods of Tree-Ring-Analysis*, Washington 1937
Hallam Movius, ›Le C^{14}. La datation des matériaux archéologiques et géologiques par leur contenu en carbone radioactif‹, in: A. Laming, *La Découverte du Passé*, Paris 1952
J. S. Pendlebury, *Tell el Amarna*, London 1936
Weigall, *The Glory of the Pharaos*, London o. J.

II Von den Anfängen des Menschen und der Kultur

In einem Buch über die frühen Kulturen stellt sich zu Beginn die Frage, was wir unter Kultur verstehen. Kultur im weiteren Sinn ist der Inbegriff dessen, was der Mensch zur Bewältigung der Natur erdacht und dauerhaft erschaffen hat, sowohl in seiner Lebensführung, der Regelung der zwischenmenschlichen Beziehungen wie in der Entfaltung seiner geistigen Kräfte. Durch den Geist unterscheidet sich der Mensch von den Tieren.

Anfänge einer ersten Kultur, einer Urkultur, finden wir von dem Zeitpunkt an, in dem sich der Übergang vom Tier zum Menschen vollzogen hatte. Dieser Übergang ist historisch durch den Nachweis der Schaffung zweckmäßig hergestellter Geräte erbracht, denn in ihnen zeigen sich erste Ansätze logischen Denkens, nämlich Werkzeuge zur Existenzsicherung herzustellen. In fortschreitendem Maße entwickelte sich dann die Fähigkeit zur Abstraktion, zum Denken in Begriffen und die Ausbildung eines Kommunikationssystems. Entscheidend für die geistige Entfaltung war der freie, gestaltende Gebrauch der Hände, für den die dauernde aufrechte Körperhaltung Voraussetzung war. Die Hand war das ausführende Organ des vom Hirn gesteuerten Willens.

Wir können die geistigen Fähigkeiten des Menschen der Steinzeit nur an dem ablesen, was von seiner Tätigkeit erhalten geblieben ist, aus den Funden steinerner Werkzeuge, aus den Spuren der Jagd, aus Feuerstellen, später aus Malereien oder Gravierungen, aus Skulpturen, Ornamenten und Bestattungsformen.

1 Der Ursprung des Menschen

Wann fand der Übergang vom Tier zum Menschen statt? Die Forschungen und Ausgrabungen der letzten Jahrzehnte in Süd- und Ostafrika haben das Datum dieses Zeitpunktes immer weiter zurückgeschoben. Das viel reichere Fundmaterial hat die Erkenntnisse wesentlich vertieft und das Bild der Abstammungsgeschichte des Menschen stark verändert. Unser heutiges Wissen ist jedoch kein endgültiges; neue Funde werden neue Fortschritte zeitigen. Das bestätigen auch die Entdeckungen im Nordosten Äthiopiens von Ende 1974, die den Ursprung des Menschen vielleicht um weitere Hunderttausende von Jahren zurückverlegen.

Um eine Vorstellung von der Chronologie der erdgeschichtlichen Abschnitte zu geben, in denen sich die klimatischen und geologischen Verhältnisse so gestalteten, daß sich die Hominiden, die Menschenartigen (Affen) und schließlich der Urmensch entwickeln konnten, fügen wir

Tabellen ein, die sich aus Gründen der Übersichtlichkeit und des besseren Verständnisses auf die wichtigsten Fachbegriffe beschränken. Vor etwa 70 Millionen Jahren begann die Gruppe der jüngsten geologischen Schichtenfolge, das Känozoikum (Erdneuzeit) mit den beiden Formationen Tertiär und Quartär (s. S. 33 oben).

Im *Tertiär* vollzogen sich auf der Erde die geologischen Veränderungen, die noch jetzt ihr Bild bestimmen. Es entstanden durch Auffaltungen die europäischen Gebirge, der Himalaya, die nord- und südamerikanischen Kordilleren und der Atlas. Das Klima, das zunächst gleichmäßig subtropisch warm war, kühlte am Ende des Tertiär stark ab und ähnelte dem heutigen.

Die Flora mit Palmen, Feigen und anderen tropischen Gewächsen verschwand in Mitteleuropa. Für unsere Betrachtung sind von den Formationen des Tertiär das *Miozän,* das etwa 26 Millionen Jahre andauerte, und das *Pliozän* (bis etwa 2,25 Millionen vor heute) von Bedeutung (siehe S. 33 unten).

Das *Quartär* ist die jüngste und zugleich kürzeste der geologischen Formationen und begann nach heutiger Ansicht vor etwa 2,25 Millionen Jahren. Man unterteilt das Quartär in die Abschnitte: *Pleistozän* (des am meisten Neuen) und *Holozän* (das ganz Neue). Letzteres reicht bis zur Gegenwart. Das Pleistozän (früher Diluvium genannt) ist die Epoche der Eiszeit, in der

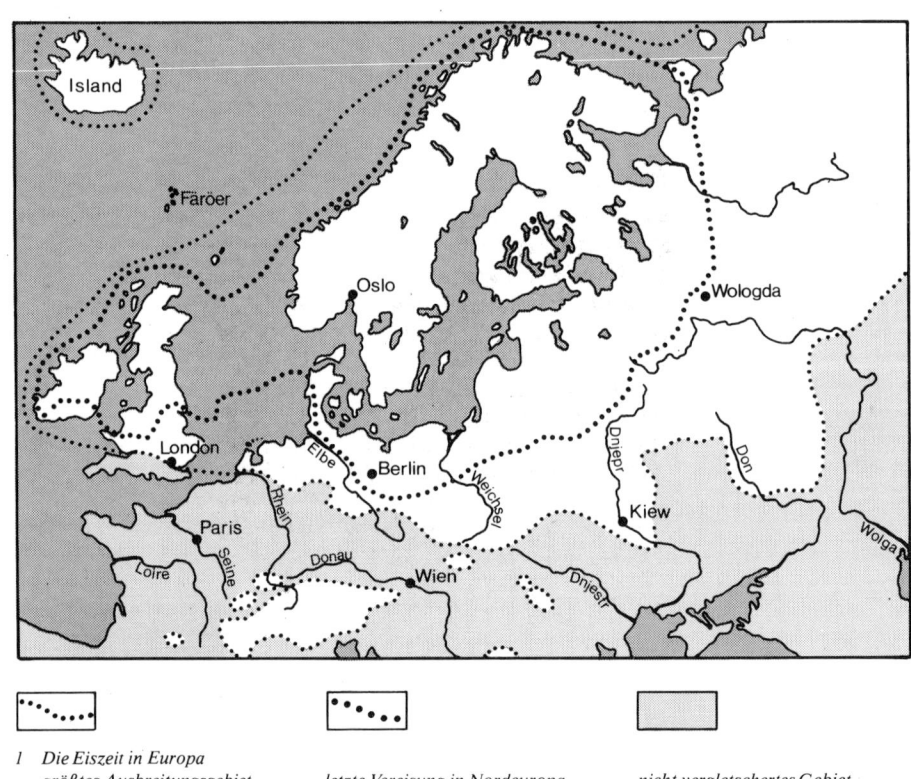

1 *Die Eiszeit in Europa*
   größtes Ausbreitungsgebiet   *letzte Vereisung in Nordeuropa*   *nicht vergletschertes Gebiet*

Unterabteilungen	Abschnitte	Kaltzeiten	Warmzeiten	Jahre vor heute	Archäologische Perioden
Jung-Pleistozän	Oberes	4. Eiszeit (Würm)		27000 ±1000	Jungpaläolithikum
	Mittleres			90000 ±10000	
	Unteres		Elm	130000 ±20000	
Mittel-Pleistozän	Oberes	3. Eiszeit (Riß)			Altpaläolithikum
	Mittleres				
	Unteres		Holstein	350000 ±100000	
Alt-Pleistozän	Oberes	2. Eiszeit (Mindel)			
	Unteres		Cromer?		
Früh-Pleistozän	Villa Franchium	1. Eiszeit? (Günz)			
			Tegelen	2,25 Mill. ±0,75	

Gliederung des Pleistozäns (nach Hansjürgen Müller-Beck; verändert)

Ära	Formation	Abteilung	Jahrmillionen vor heute	Bemerkungen
	Quartär	Holozän (Alluvium)	0,01	Erdgeschichtliche Gegenwart
Käno-zoikum		Pleistozän (Diluvium)	2,25 ±1	Homo sapiens Hominiden Pflanzen und Tiere des Eiszeitalters
	Tertiär	Pliozän Miozän	28 ±3	Die Pflanzen- und Tierwelt nähert sich den Formen der Gegenwart
		Oligozän Eozän Paleozän	68 ±3	

Die geologische Gliederung des Känozoikums (nach Hansjürgen Müller-Beck)

| | | HOLOZÄN 10 000 | GIBBONS | GORILLA | AUSTRALIDE | NEGRIDE |

2   Die Abstammung des Menschen, stammesgeschichtliches Beziehungsschema

Vereisungen (Glaziale) mit Warmzeiten (Interglaziale) und mit diesen verbunden Gletscherbildung und -rückgang abwechselten. Während der relativ kurzen Vereisungen bedeckten Gletscher und Inlandeis ein Viertel bis ein Drittel der Erdoberfläche; heute ist nicht einmal ein Dreißigstel dauernd vereist. In den Kaltzeiten, in denen erhebliche Wassermassen durch Gletscher und Eis gebunden waren, lag der Meeresspiegel bis zu 200 m tiefer als normal; in den Warmzeiten stieg das Meer und drang weit ins Festland vor. Die weltweiten Klimaschwankungen wirkten sich einschneidend auf die Lebenswelt aus. Die Knochenfunde von Mammut, Steppenelefant, Höhlenbär und Wisent aus der Kaltzeit, von Wildelefanten, Flußpferd, Auerochsen, Säbelkatzen und Affen aus den Warmzeiten geben eine Vorstellung von der Fauna in Europa. Auf der südlichen Halbkugel, vor allem in Afrika, waren die Vergletscherungen, obwohl Klimaschwankungen nicht ausblieben, von geringerer Auswirkung.

Nach dieser kurzen Übersicht über die neuere Zeit der Erdgeschichte wenden wir uns der Frage des Ursprungs des Menschen zu. Wie erwähnt, haben sich die Meinungen und Datierungen durch die Forschungsergebnisse der letzten Jahrzehnte, vor allem die der sechziger Jahre, wesentlich geändert.

Aus der Familie der Primaten, der höchsten Ordnung der Säugetiere, spaltete sich im Miozän, also im Tertiär, vor über 20 Millionen Jahren ein Zweig ab, der in der Entwicklung schließlich zu den *Pongiden,* den *Menschenaffen,* führte, und ein anderer, aus dem sich die *Hominiden, die Menschenartigen,* entwickelten. In diesem Zweig erfolgte der Übergang vom Tier zum Mensch durch eine Gattung, deren Vertreter man *Australopithecinen* nennt. Sie werden heute als Urmenschen einge-

stuft. Australopithecus heißt Südaffe, eine Bezeichnung, die den Wandel der Einordnung dieses Wesens vom Affen zum Menschen verdeutlicht. Schädel und Knochen des Australopithecus wurden bisher nur in Süd- und Ostafrika gefunden. Die wichtigsten Entdeckungen der letzten Jahre gelangen dem Vorgeschichtsforscher LOUIS S. B. LEAKEY und seiner Familie in Ostafrika, vor allem in der Oldoway-Schlucht am Ostrand der Serengeti und in der Gegend des Rudolf-Sees im Norden Kenias. Zusammen mit den Funden in Transvaal, der nördlichsten Provinz Südafrikas, deren Fundstätten Sterkfontein, Makapansgat u. a. vor kurzem erneut untersucht wurden, liegen bis jetzt Reste von mehr als hundert Individuen vor, die auf Grund ihrer stratigraphischen Lage eine ungefähre zeitliche Einordnung des Australopithecus ermöglichen. Der Übergang vom Tier zum Menschen *(TMÜ)* muß sich schon im Pliozän, dem letzten Abschnitt des Tertiärs, also vor mehr als 3,5 Millionen Jahren vollzogen haben. Manche Forscher nehmen sogar an, daß die Anfänge des Australopithecus 4—5 Millionen Jahre zurückreichen. Es gilt als gesichert, daß der Australopithecus africanus Geräte aus Knochen und Steinen herstellte.

Die Entwicklung der Hominiden, der Urmenschen, führte zu den Frühmenschen, den *Euhominen* (echtenMenschen), die Europa, Afrika und Asien bewohnten und die die Fähigkeit zum logischen Denken, zum Leben in Verbänden fortschreitend ausbildeten und die Technik der Geräteherstellung immer weiter verbesserten. Im Pleistozän, der ersten Stufe des Quartärs, unterscheidet man drei Gruppen der Gattung ›Mensch‹.

1. Die *Archanthropinen,* früher als Pithecanthropus-Sinanthropus-Gruppe bezeichnet, heute auch unter dem Begriff *Homo*

erectus zusammengefaßt. Zu ihnen zählt auch der Homo heidelbergiensis, im übrigen ist es eine weithin asiatische Gruppe.

2. die *Paläanthropinen* oder *Neandertal*-Gruppe, genannt nach dem Fund im Neandertal 1856. Schädel dieses Typus wurden außer in Europa in Vorderasien ausgegraben.

3. die *Neanthropinen* mit den Gruppen *Homo praesapiens* (Steinheim, Swanscombe (Südengland) und *Homo sapiens* (der mit Vernunft begabte Mensch).

Die vorausgegangenen Ausführungen sollen als Grundlage für das Verständnis der ersten Kulturen und ihrer Träger dienen. Wann kann man überhaupt von Kultur sprechen, wie sie in den einleitenden Sätzen definiert wurde? Über die geistigen Kräfte der Menschen und ihre Lebensbewältigung vermögen wir Rückschlüsse nur aus dem zu ziehen, was von ihrer Tätigkeit erhalten geblieben ist. Das sind zunächst nur steinerne *Werkzeuge*. Verdichten sich Fundinventare zu größeren Einheiten, bezeichnet man sie als *Industrie*, mehrere Komplexe von Werkzeugindustrien als *Kultur*. Da die ältesten Funde trotz lokaler Unterschiede eine große Gleichförmigkeit aufweisen, werden sie als Zeugnisse einer Urkultur der damals besiedelten Erdteile aufgefaßt.

2 Archäologische Gliederung

Nach der Art des hauptsächlich verwendeten Materials unterscheidet man in der Vor- und Frühzeit drei Kulturstufen: die *Steinzeit*, die *Bronzezeit* und die *Eisenzeit*.

Die Steinzeit wird in das *Paläolithikum* (palaios = alt, lithos = Stein), also *Alt*-steinzeit, das *Mesolithikum (Mittelsteinzeit)* und das *Neolithikum (Jungsteinzeit)* gegliedert.

Die Altsteinzeit ist die längste Kulturstufe; sie beginnt geologisch mit dem Ende des Tertiärs (Pliozän) und dauert an bis zum Ende des Eiszeitalters, also während des ganzen Pleistozäns, von etwa 3 Millionen Jahren bis 10 000 Jahre vor heute. Das ist die Zeit, in der die Australopithecinen, die Archanthropinen und Paläanthropinen lebten und der Homo sapiens, der heutige Mensch, auftrat. In dieser unvorstellbar langen Periode verlief die geistige Evolution des Menschen sehr langsam.

Wir erwähnten, daß der Nachweis der Schaffung von zweckmäßig hergestellten Geräten die Wissenschaft veranlaßte, den Australopithecus als Urmenschen einzustufen. Die frühesten Werkzeuge, die man bisher fand, sind *Geröllgeräte* aus harten, handlichen Steinen, an denen durch Absplitterung ein Ende ein- oder zweiseitig geschärft oder zugespitzt wurde. Nach den neuesten Untersuchungen von R. LEAKEY stammen die ältesten bekannten Geräte

3 Geröllgeräte von Koobi Fora am Ostufer des Rudolf-Sees

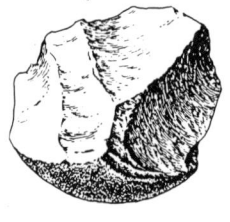
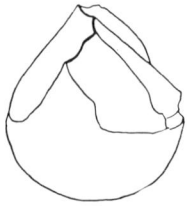

vom Ostufer des Rudolf-Sees; ihr Alter wird auf etwa 2,6 Millionen Jahre datiert. Es handelt sich um Hau- oder Hackmesser (choppers) und Abschläge. Ähnliche Werkzeuge aus der Oldoway-Schlucht gaben diesem Komplex den Namen *Oldoway-Kultur*. Die Geröllgeräte gehören geologisch dem oberen Pliozän bis zum Altpleistozän an, historisch der frühen Altsteinzeit, d. h. dem Zeitraum zwischen 2,6 Millionen bis etwa 600 000 Jahre vor heute. Die Träger dieser Kulturen waren die Australopithecinen und die Archanthropinen. Geröllindustrien wurden außer in Süd- und Ostafrika auch in Nordafrika, Europa (in Mauer bei Heidelberg, in Köln und in Ungarn) sowie in Asien gefunden. Die Formen wurden im Lauf der Jahrhunderttausende immer mehr verbessert.

4 *Faustkeil, 19 cm lang*

Die Faustkeilkulturen des Altpaläolithikums

Da Frankreich der Ausgangspunkt der Altsteinzeitforschung ist, wurden die Kulturen dieses Zeitraums nach den ersten Fundorten dort benannt und gegliedert, eine Einteilung, die auch für außereuropäische Bereiche maßgebend blieb.

Die älteste Faustkeilkultur wird als *Abbevillien* (früher Chelléen) nach der Stadt Abbeville an der Seine bezeichnet. Typisch sind roh bearbeitete Feuersteinknollen mit unregelmäßigen Kanten, die auf einem Amboßstein zugeschlagen wurden. Sie haben meist Handgröße und sind vorn verjüngt und verdünnt. Sie gehören dem Altpleistozän an, der Zeit um 600 000 bis 500 000 vor heute, und ihre Hersteller müssen Archanthropinen, der Homo erectus, gewesen sein. Ähnliche Industrien fand man in Nord- und Ostafrika, sowie in Südwestasien.

Dem Abbevillien folgte die Faustkeilkultur des *Acheuléen*, genannt nach Saint-Acheul, einem Vorort der Stadt Amiens. Die Doppelseiter des Acheuléen wurden aus dem groben Faustkeil des Abbevillien entwickelt und mit Holz oder Röhrenknochen zurechtgeschlagen. Sie sind bis zu 20 cm lang und haben ovale, herzförmige und dreieckige Formen. Aus dieser Zeit gibt es neben Faustkeilen exakt retuschierte Abschlaggeräte: Spitzen, Schaber, Kratzer

5 *Ovaloider Faustkeil*

37

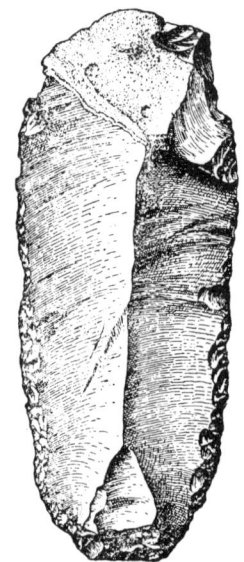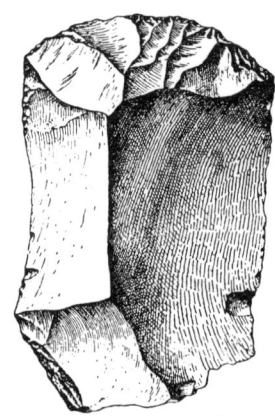

6 *Spitzschaber, Kratzer, Klinge*

und Klingen. Acheuléen-Industrien kommen außer in Europa in Nord- und Südostafrika, in Vorderasien und Indien vor. In der Eiszeit, als Kälteperioden mit Warmzeiten wechselten, waren die Tiere, um zu überleben, gezwungen, wärmere Gebiete aufzusuchen. Die Menschen als Großwildjäger folgten ihnen und nahmen so allmählich von ganz Afrika, Süd- und Westeuropa, vom Kaukasus, Vorderasien, von Asien bis Indonesien Besitz. Das Acheuléen läßt sich vom ausgehenden Altpleistozän durch das ganze Mittlere Pleistozän bis zum Jungpleistozän nachweisen, von etwa 500 000 bis 100 000 Jahre vor heute; es umfaßt also die längste Spanne des Eiszeitalters. Seine Träger waren weiter entwickelte Archanthropinen, zu denen in Europa noch der *Steinheimer-Mensch* (nach dem Fundort Steinheim a. d. Murr, 30 km nördlich Stuttgart), der wahrscheinlich der älteste Vertreter der Neanthropinen war, und der von Swanscombe in Südengland gehören.

Das Moustérien

Die dritte Stufe der frühen Werkzeugkulturen ist das *Moustérien*, das seinen Namen von dem Ort Le Moustier im Dep. Dordogne erhielt. Das Moustérien gehört geologisch dem Jungpleistozän an, der Zeit von etwa 100 000 bis 40 000 Jahre vor heute. Archäologisch ist es dem letzten Abschnitt des Altpaläolithikums zuzurechnen. Unter dem Begriff Moustérien sind mehrere Phasen der Entwicklung und verschiedene Untergruppen, die regional bedingte Abweichungen aufweisen, zu einer übergeordneten Einheit zusammengefaßt. Träger dieser Kultur waren vor allem die Paläanthropinen, die *Neandertal-Gruppe*.

Ausgrabungen in Qafzeh (südlich Nazareth) in Israel, die seit 1965 regelmäßig durchgeführt werden, brachten allerdings eine Moustérien-Kultur zutage, die nach den Schädel- und Skelettfunden unzweifelhaft von Menschen der Homo sapiens-Gruppe stammt.

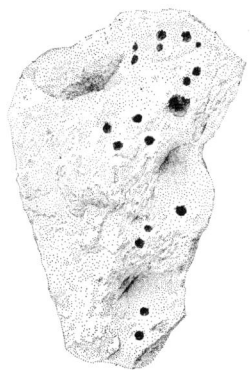

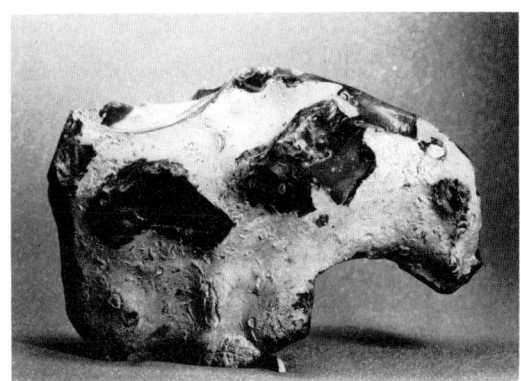

7 *Dreieckiger Grab-*
Stein aus La Ferrassie

8 *Bärenfigur von Hamburg-Wittenbergen, 20 cm hoch*

Reste der Neandertaler wurden an vielen Orten Europas von Gibraltar über Frankreich, Deutschland, Italien, die Tschechoslowakei, Ungarn bis Griechenland, auf der Krim und in Usbekistan, sowie in Nordafrika und Vorderasien entdeckt. Der Neandertaler war 150 bis 160 cm groß, hatte starke Augenwülste, eine flache Stirn und kein ausgebildetes Kinn. Die Kapazität seines langgezogenen Schädels übertraf die des heutigen Menschen. Die Neandertaler lebten von der Großwildjagd, kannten den Gebrauch des Feuers und pflegten eindeutige Bestattungsrituale und Opferbräuche. Sie hatten also abstrakte Vorstellungen im Bereich des Übersinnlichen. Man vertrat bis vor kurzem die Meinung, daß erst der *Homo sapiens*, der unmittelbare Vorfahre des heutigen Menschen, das Bedürfnis gehabt habe, seine Vorstellungen von den unsichtbaren Kräften der Welt in künstlerischen Uraussagen auszudrücken. Neuerdings ist man geneigt, schon dem Neandertaler, vielleicht sogar dessen Vorgänger, diese Fähigkeit zuzusprechen. In Le Moustier, bei Narbonne, in Bize (Dep. Aude) und in der Umgebung Hamburgs wurden kleine Steinskulpturen gefunden, an deren darstellendem Charakter wohl nicht zu zweifeln ist, auch wenn eine allgemeine

wissenschaftliche Anerkennung noch fehlt. Die Werkzeuge des Neandertalers sind überwiegend Abschlaggeräte, Schaber und Spitzen, die sehr fein gearbeitet und ausgezeichnet retuschiert sind. Der Neandertaler starb etwa 40 000 Jahre vor heute aus, zu einem Zeitpunkt, der auch als das Ende des Altpaläolithikums gilt.

Das Jungpaläolithikum
(Jüngere Altsteinzeit)

Das Jungpaläolithikum ist die zweite Stufe des Paläolithikums, der Altsteinzeit. Die Dreiteilung der Steinzeit in Altsteinzeit (Paläolithikum), Mittelsteinzeit (Mesolithikum) und Jungsteinzeit (Neolithikum) ist *eine* Stufe des Dreiperiodensystems der

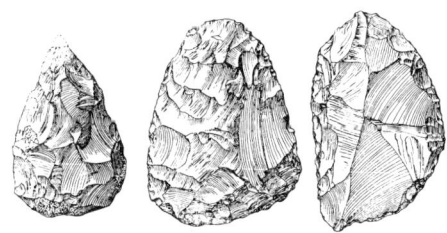

9 *Geräte des westeuropäischen Moustérien*

39

Vorgeschichte: der Stein-, Eisen- und Bronzezeit.

Das Jungpaläolithikum gehört also zur Altsteinzeit. Geologisch reicht es vom letzten Glazial bis zum Ende der Eiszeit, d. h. von etwa 40 000 bis 10 000 Jahre vor heute. In dieser relativ kurzen Zeitspanne, gemessen an der vorhergehenden, äußerst langsamen Evolution, entwickelte der Mensch die geistigen Eigenschaften, die ihn befähigten, sich mit seiner Umwelt und ihren Erscheinungen auseinanderzusetzen. Die *Homo sapiens-Gruppe,* als Neanthropinen bezeichnet, differenzierte sich in Unterarten, die bereits die Merkmale der heutigen Menschenrassen aufweisen. Der Mensch verbreitete sich über das gesamte Festland der Erde und paßte sich den unterschiedlichen Lebensbedingungen an. So entstanden die Hauptzweige der Rassen, die Europiden, Australiden, Mongoliden und Negriden.

Die Kulturen des Jungpaläolithikums sind: Das *Aurignacien,* das *Solutréen* und das *Magdalénien.*

Der Homo sapiens

Der Homo sapiens, auch Homo recens (der heutige Mensch) genannt, ist vor etwa 40 000 Jahren in der letzten Eiszeit nachweisbar. Vermutlich wanderte er aus dem Osten oder dem Nahen Osten in Europa ein. Sapiens-Funde sind außer in Europa aus Nord-, Ost- und Südafrika, Vorderasien, Ostasien und Java bekannt. In Europa unterscheidet man zwei Typen: den *Cromagnon-Typ,* bezeichnet nach dem Fundort in der Dordogne, mit großer Schädelbreite, niedrigem Gesicht und steiler Stirn, und den *Brünn-Typ* aus Mähren mit schmalgesichtigem, langem Schädel.

Mit dem Auftreten des Homo sapiens erscheinen künstlerische Äußerungen in erstaunlicher Fülle und überraschender

Schönheit. Welche Impulse mögen die Menschen bewogen haben, sich darstellend zu betätigen? Kunst war für sie eine ›Uraussage‹, ein Mittel, sich mit den geheimnisvollen, unsichtbaren Kräften der Welt auseinanderzusetzen, mit den Ängsten des täglichen Lebens fertig zu werden, ein Medium der Magie, der Beschwörung und des Kults, aber auch ein Kommunikationsmittel anstelle der Schrift. Es war der Niederschlag der Erlebnisse, welche die damaligen Menschen am stärksten bewegten, nämlich die der Jagd und des Kampfes mit den Tieren. Die malerischen und plastischen Gestaltungen halfen ihnen, in einer feindlichen Umgebung zu überleben. Die vieldiskutierte Frage, ob abstrakte oder naturnahe Kunst am Anfang stand, scheint sich zu erübrigen. Beide Formen traten wohl ziemlich gleichzeitig auf. Kunst, die aus kultischen oder religiösen Motiven entsteht, muß immer mehr oder weniger abstrakt sein, je nach dem Grad der Verinnerlichung, denn sie will nicht abbilden, kein gegebenes Vorbild nachgestalten, sondern Vorstellungen des menschlichen Geistes, des Glaubens und des Gefühls, Ausdruck verleihen. Alles, was der Mensch an symbolischen Darstellungen erdachte, ist abstrahiert. Die Tierdarstellungen dieser frühen Zeit dagegen sind Wiedergaben von Erlebtem, von Eindrücken und Wahrnehmungen, die möglichst enge Naturnähe anstrebten, eine Naturnähe, die zwar anfangs nicht immer realisiert werden konnte, aber schon bald in großartiger Weise erreicht wurde.

Das Denken und Handeln dieser Menschen war auf das Tier gerichtet, die wichtigste Quelle zur Erhaltung des Lebens. Es lieferte Fleisch zur Nahrung und Felle zur Bekleidung. Sie kannten nicht den Kampf gegeneinander, aber sie waren erfüllt vom Kampf gegen das physisch stärkere Großwild, dem sie nur dank ihres höheren Intellektes überlegen waren. Sie verbesserten ihre Stein- und Knochenwerkzeuge, fertigten Speere und lernten die Anlage von Jagdfallen. Mit Sicherheit bedienten sie sich auch des Jagdzaubers, der Bildmagie. Im magischen Weltempfinden, das auch bei späteren Naturvölkern anzutreffen ist, bilden das Tier und seine Darstellung eine Einheit. Das Bild beschwört das Tier; das Einzeichnen von Pfeilen oder das Beschießen der Bilder bewirkt denselben realen Vorgang an anderer Stelle und zu anderer Zeit. Daß die Felsbilder jener Zeit allgemein magische Bedeutung hatten, wird aus der Tatsache erhellt, daß sie sich in schwer zugänglichen, nicht bewohnten Höhlen befanden, und zwar oft an sehr versteckten Stellen. Funde von Tieropfern, u. a. im Drachenloch bei St. Gallen in einer Höhe von 2445 m, beweisen, daß eine Gottesvorstellung, der Glaube an ein höchstes Wesen bestand. Der Mittler zwischen ihm und den Menschen war der ›Zauberer‹, ein Vorläufer des Schamanen. Es gibt von ihm über siebzig Darstellungen auf Felsbildern und Knochengravierungen.

Die Gedanken der frühen Menschen kreisten außer um die Beschaffung der täglichen Nahrung vor allem um die Fruchtbarkeit, um Zeugung, Geburt und Tod — Vorgänge und Erscheinungen, die sich ihrem Begriffsvermögen und ihrer Kontrolle entzogen. Aus Grabfunden weiß man, daß ein Totenkult, schon vor dem Erscheinen des Homo sapiens, verbreitet war. Man glaubte also an eine Fortführung der Existenz nach dem Tode. Rituelle Bedeutung hatten die Präparierung des Schädels, Bestattung in ausgestreckter oder hockender Stellung, die Beigabe von Feuersteingeräten, Schneckenschalen, pulverisiertem Okker u. a. Wie der Tod erschienen auch Zeugung und Geburt als geheimnisvolle Vorgänge, die von übernatürlichen Kräften gesteuert wurden. Um Beziehungen zum Außerweltlichen herzustellen, ersann der Mensch ein Ritual als Ausdruck seiner religiösen Vorstellungen. Die Riten wurden in Symbolen verkörpert, die aussprechen, was im Grunde unerklärbar und unsagbar ist, die etwas Geistigem, Unsichtbarem eine Form gaben. Daraus erklärt sich, daß von Anfang an zahlreiche Symbole abstrakt oder stark abstrahiert sind. Die Fruchtbarkeitssymbole gipfeln in den sogenannten ›Venusstatuetten‹, die zum erstenmal die Idee der Großen Mutter, des großen Weiblichen oder der Muttergottheit verkörpern.

Das Aurignacien (Périgordien)

Als Merkmale des *Aurignacien* sind festzuhalten:
1. In den *Steingeräten* herrschen technisch sehr fein gearbeitete Klingen in einer Länge bis zu 26 cm vor, die auch als ›Spitzen‹, ›Messer‹ oder ›Kratzer‹ verwendet wurden. Geräte aus Knochen, Horn und Elfenbein sind häufig.

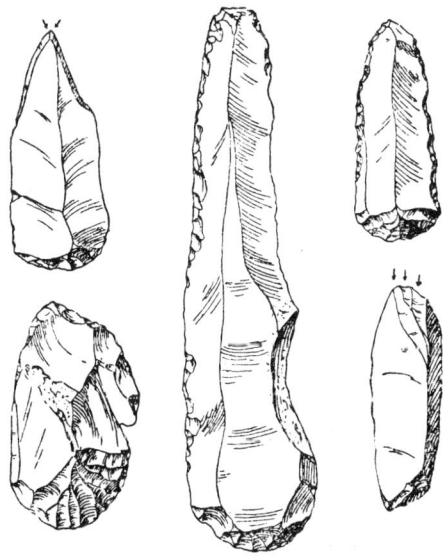

10 Klingengeräte des Aurignacien

2. Die *Tierdarstellungen* sind linear als Umrißzeichnungen oder Umrißritzungen in Lehm wiedergegeben. Eine Weiterentwicklung zeigt der Pferdekopf in der Höhle von *Hornos de la Peña* (Santander). Später wurde die Umrißlinie in Farbe gemalt, wie in dem Seitenarm Le Combel der Höhle von *Pech-Merle* bei Cabrerets (Dep. Lot). Den Umrißlinien in Lehm folgten solche in Fels, die mit Faustkeilen in den Stein eingeschlagen wurden.

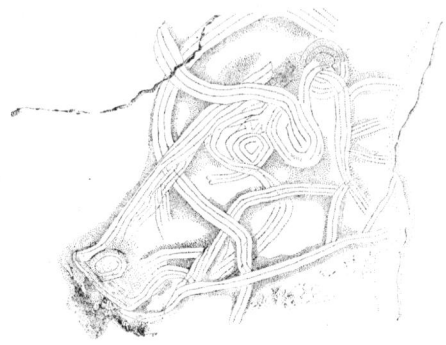

11 Moschusochse aus Altamira (Nachzeichnung)

12 Verwundete Löwin und drei Pferde aus der Höhle Le Combel, Pechmerle

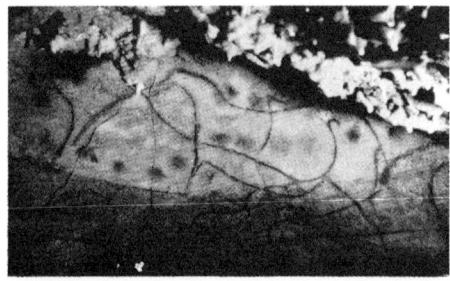

13 Pferdegravierung aus Hornos de la Peña

14   Erste Felsgravierung eines Bison aus La Mouthe

3. *Symbole.* Sehr bezeichnend für die Stufe des Aurignacien ist die häufige Darstellung der Hände, entweder als Abklatsch der in rote oder schwarze Farbe getauchten Hand, häufiger als Negativwiedergabe, bei der die Hand aufgelegt und mit Farbe umgeben wurde. Die Bedeutung dieses Symbols ist ungewiß; vermutlich handelt es sich um den Ausdruck eines Wunsches an die übernatürlichen Kräfte, der Abwehr eines Übels oder der Übertragung einer Kraft.

Die *Cupules,* kreisförmige Aushöhlungen im Stein, sind ein weltweit verbreitetes Symbol (vgl. Abb. 7). Im Aurignacien

15   Pferde mit großen Punktuationen und Hände aus Pech-Merle

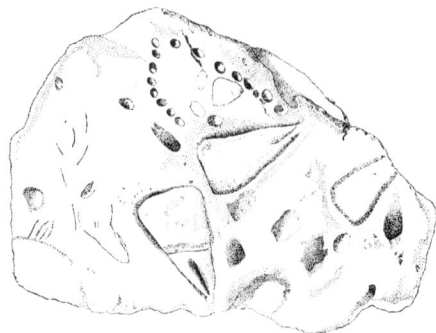

16   Stein mit Vulvas aus La Ferrassie

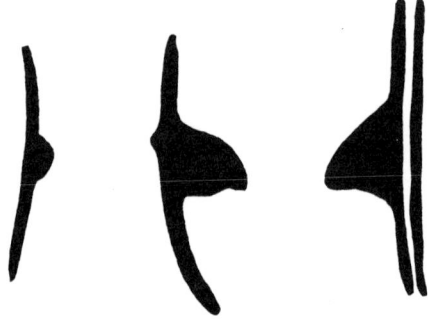

17   Keulenförmige weibliche Symbole (Claviformen) aus Altamira

18   Tectiformgruppe aus El Castillo

stehen sie oft in Verbindung mit anderen Fruchtbarkeitssymbolen und hatten wohl rituelle Bedeutung. Dasselbe gilt für die *Punktuationen* und *Perforationen,* die Durchbohrungen von Steinplatten und Knochenstäben. Eindeutige Fruchtbarkeitssymbole sind Darstellungen der Vulva, der Brüste und des Phallus.

Abstrakt und in ihrer Bedeutung unbestimmt sind die sog. *Claviformen* (keulenförmige Zeichen), vielleicht weibliche Symbole, und die *Tectiformen,* geometrisierende, dach- oder leiterförmige Zeichen.

4. *Die menschliche Gestalt.* Sogenannte Venusstatuetten, die reine Fruchtbarkeitssymbole sind und deren Bezeichnung daher irreführend ist, fand man von Südfrank-

19   Frontaltyp einer Venusstatuette von Lespugue, 4,7 cm hoch

20 *Statuette aus Sa-*
vignano

21 *Menschlicher Kopf aus Elfenbein, Dolni Věstonice,*
Tschechoslowakei

22 *Weibliche Figur aus*
Mammut-Elfenbein
vom Hohlenstein-
Stadel im Lonetal,
Alb-Donau-Kreis

reich bis zum Baikal-See in Sibirien. Die älteste bisher bekannte Menschendarstellung, die auf etwa 32000 Jahre vor heute datiert wird, ist eine Figur aus Mammut-Elfenbein, die im Lonetal auf der schwäbischen Alb gefunden wurde. Am bekanntesten ist die vollplastische *Venus von Willendorf* in Niederösterreich mit ihren übermäßig gerundeten Körperpartien (vgl. Abb. 44b). Sehr eindrucksvoll ist auch die stark abstrahierte, 4,7 cm große *Venus von Lespugue,* deren Beine in eine Spitze ohne Füße zulaufen und bei der die normalen Proportionen hinter dem betonten Symbolwert ganz zurücktreten. In die Endphase des Aurignacien gehören die *Grimaldi-Statuette* aus den Höhlen bei Mentone und die *Venus von Savignano* (Höhe 22 cm), bei denen die Abstraktion noch mehr in Erscheinung tritt. Ein schönes stilisiertes Elfenbeinköpfchen stammt aus Dólni Věstonice in Mähren.

5. *Tierskulpturen.* Zu den frühen plastischen Darstellungen gehören mehrere klei-

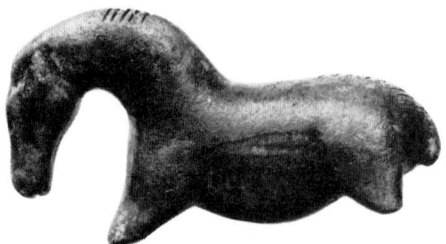

23   Pferdeskulptur vom Vogelherd, Stetten ob Lonetal

ne Tierskulpturen aus Mammut-Elfenbein, die ebenfalls im Lonetal in einer Schicht des Aurignaciens ausgegraben wurden. Besonders schön sind ein Mammut und ein Pferd.

Das Solutréen

Der Zeitraum, den das Jungpaläolithikum einnimmt, umfaßt etwa 30000 Jahre. Die längste Spanne gehört dem Aurignacien; sein Beginn wird auf etwa 40000—35000 Jahre vor heute gesetzt. Die zweite Stufe des Jungpaläolithikums, das *Solutréen,* genannt nach der Fundstelle Solutré bei Macon (Dep. Saône-et-Loire), dürfte 25000 Jahre zurückliegen. Kennzeichnend für diese Periode, die heute als ein kürzerer Zwischenabschnitt in der Entwicklung gilt, sind als neue Formen erstaunlich fein gearbeitete Blattspitzen für Speere und Pfeile, sogenannte Lorbeerblattspitzen aus Feuerstein; sie sind bis über 30 cm lang und Meisterwerke der Steinbearbeitung. Das Solutréen bietet nicht die Fülle von künstlerischen Äußerungen wie das vorhergehende Aurignacien — wahrscheinlich die Folge der stärkeren Vereisung in jener Zeit und der damit notwendig gewordenen Wanderungen. Lediglich im Hochrelief wurde Bemerkenswertes geleistet. Die übereinandergelagerten Rinder auf einem Steinblock des Abri *Le Fourneau du Diable* in der

24   Relief zweier Rinder, Le Fourneau du Diable

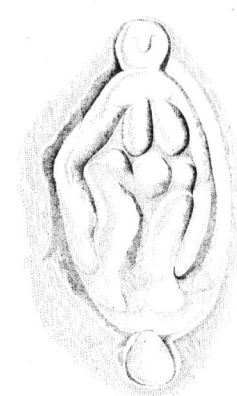

25   Doppelte Figur (Kopulation/Geburt?) aus Laussel

Dordogne sind plastisch ausgezeichnet modelliert. Das Fruchtbarkeitsheiligtum von *Laussel* in der Dordogne barg zwei seltsame und einmalige Reliefs, die sich heute in einem kleinen Museum in Bordeaux befinden: eine bisher nicht gedeutete *Doppelfigur* von zweifellos symbolischem

Gehalt und die berühmte *Venus von Laussel*, eine Frau mit Horn, die das Zentrum der Anlage bildete. Die menschliche Gestalt ist plastisch großartig durchgebildet; die Darstellung konzentriert sich auf den Schoß und das Horn, die Symbole der Fruchtbarkeit.

Das Magdalénien

Das *Magdalénien* ist die letzte Kulturstufe der Altsteinzeit und Höhepunkt der Urkunst, genannt nach dem Fundort Abri La Madeleine bei Tursac in der Dordogne. Seine Dauer wird mit ca. 15—12 000 Jahren angegeben; sein Ende fällt mit dem der letzten Eiszeit vor 10 000 Jahren zusammen. Die Träger der Magdalénien-Kunst mögen in früheren Zeiten aus dem Osten als Rentierjäger eingewandert sein. Wichtig ist, daß sich ihre Kultur in Europa und im besonderen in Südwestfrankreich und Nordspanien entwickelt hat. Von dort breitete sie sich bis in das südliche Mähren aus.

Wesentliche Merkmale des Magdalénien sind:

1. *Die Werkzeuge.* Typisch sind verschieden gestaltete Stichel, darunter sog. ›Papageienschnäbel‹, Kratzer und gestumpfte Klingen. Geräte aus Knochen und Elfenbein, häufig mit ornamentalen Verzierun-

26   *Venus von Laussel*

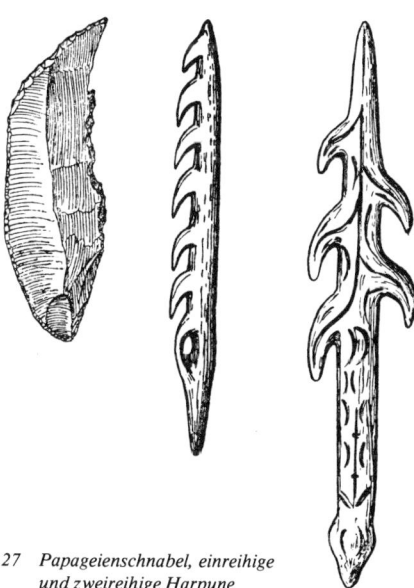

27   *Papageienschnabel, einreihige und zweireihige Harpune*

47

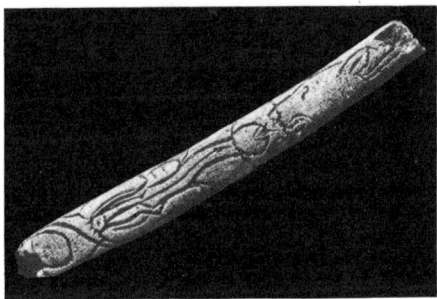

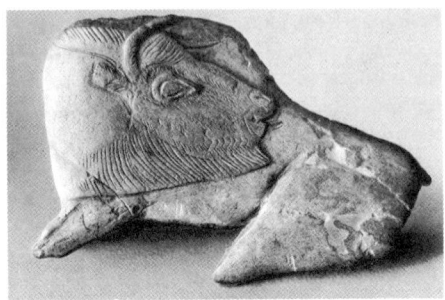

28 ›Kommandostab‹ aus La Madeleine   29 Bison des Magdalénien aus La Madeleine

gen, sind zahlreich vertreten. Neben Speer- und Pfeilspitzen erscheinen einfache und später doppelseitige Harpunen. Neu sind Speerschleudern und durchbohrte Nähnadeln. Die Lochstäbe, meistens ›Kommandostäbe‹ genannt, die bereits im Aurignacien, allerdings ohne Ausschmückung, vorkommen, erhielten nun sehr schöne und künstlerische Gravierungen oder plastische Formen. Man nimmt an, daß die ›Kommandostäbe‹ weniger praktischen Zwecken dienten, sondern in den Bereich der Magie gehören.

2. *Kleinkunst.* Ungewöhnlich groß ist der Bestand an Kleinkunst. Neben den Verzierungen der Kommandostäbe fand man großartige Ritzungen auf Knochen und Rentiergeweih. Im mittleren Magdalénien steigerte sich die Ausdruckskraft in kleinen Skulpturen aus Rengeweih und Knochen bis zur Vollendung.

3. *Reliefs.* Unter den wenigen großen Reliefs des Magdalénien sind die zwei Bisons aus Lehm in der Höhle von *Le Tuc d'Audoubert* (Dep. Ariège) ein Meisterwerk der Urkunst. Unter diesem Sinnbild

30 *Lehmplastik zweier Bisons aus Le Tuc d'Audoubert*

der Fruchtbarkeit sind noch die Fußspuren der Menschen erhalten, die hier ihren Kulttanz ausführten.

4. *Die Malerei.* Während im Aurignacien der lineare Stil vorherrschte — die Darstellung des Gegenstandes durch den Umriß, die Zeichnung —, verlagerte sich der Schwerpunkt im Magdalénien auf die Gestaltung der Binnenform, auf die plastische Wiedergabe der Körper. An die Stelle des Zeichnerischen tritt im mittleren Abschnitt dieser Periode das Malerische. Im späten Magdalénien setzt sich dagegen das Zeich-

nerische wieder stärker durch. Der Linienzug wurde nun so beherrscht, daß der Ausdruck der Bewegung, des Rhythmus, der Eigenart eines Tieres in vibrierender Lebendigkeit wiedergegeben werden konnte. Die Linie kann dünn sein, anschwellen, unterbrochen oder sogar ornamental werden. Sehr deutlich tritt dies auf den Gravierungen jener Zeit in Erscheinung, z. B. in den Pferden der Höhle von *Le Gabillou* (Dordogne). Mähne und Fell sind mit wenigen Strichen angedeutet. Die Betonung der Binnenform erfolgte auf Gravierungen des frühen Magdalénien durch Schraffuren im Stein, auf Bildern später durch Bemalung. Auf einem Bison in der Höhle *Le Portel* (Dep. Ariège) sind Hals, Bauch und Beine durch schwarze Farbe hervorgehoben. Sehr eindrucksvoll durch ihre Frische und die Freiheit der Zeichnung sind die Malereien in der großen Höhle von *Niaux* (Dep. Ariège), die nur in Schwarz ausgeführt sind und zeitlich vor Altamira liegen.

Von den etwa hundertzwanzig Höhlen mit Malereien des Magdalénien, die bis jetzt bekannt sind, gehören die von *Alta-*

31   Pferde aus Le Gabillon

32   Schwarzbemalter Bison aus Le Portel

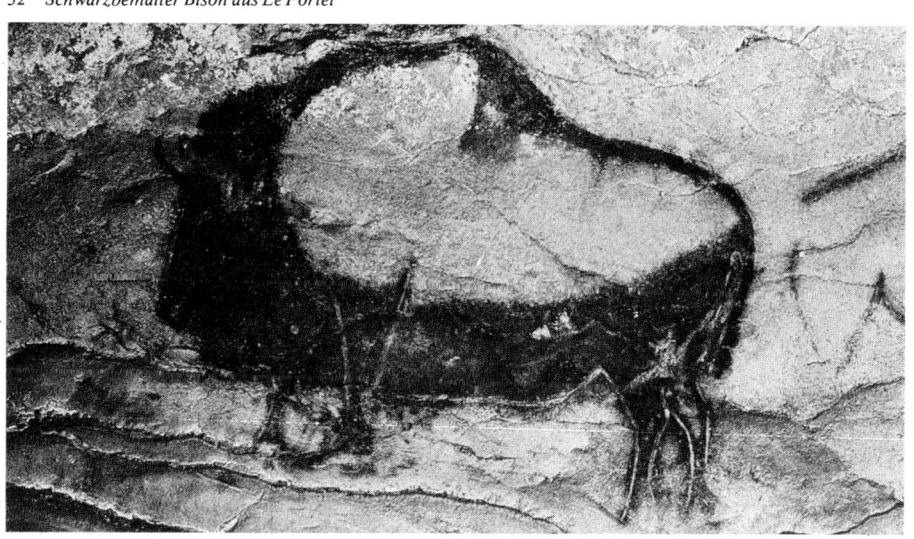

mira (Santander) und die erst 1940 entdeckten von *Lascaux* (Dordogne) zu den
bedeutendsten und großartigsten. In Altamira wurden über 150, in Lascaux 800 Ein-
zelbilder gezählt. Die Malereien von *Lascaux* sind älter als die von Altamira. Die
Höhle war viele Jahrtausende eine Kultstätte, so daß die Darstellungen vom

Aurignacien-Périgordien über das Solutréen bis zum mittleren Magdalénien reichen. Gewaltig sind vier Riesenstiere, zwischen denen kleinere Tiere aus dem Aurignacien erscheinen. Zu dem malerischen Stil
des reifen Magdalénien gehört die polychrome Darstellung von zwei auseinander-
strebenden Bisons.

Die Malereien von *Altamira* wurden
schon 1879 entdeckt, aber von der internationalen Fachwelt einstimmig als Eiszeitkunst abgelehnt. Erst nach der Entdek-
kung weiterer Höhlen mit Darstellungen
fanden sie Anerkennung. Die polychromen
Malereien von Altamira, die sich an der
niedrigen Decke der Höhle befinden, sind
die schönsten und vollendetsten Werke der
frühen Kunst. Als Farben wurden roter,
brauner und gelber Ocker sowie Manganerz und gelegentlich Holzkohle verwendet, die man, mit Blut und Fett vermischt,

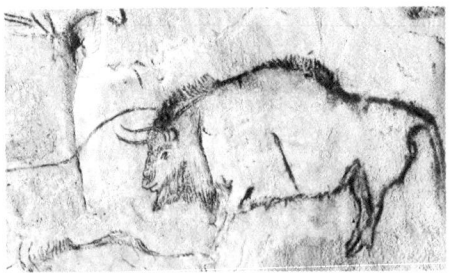

33   *Verwundeter Bison aus der Höhle Niaux*

34   *Zwei Stiere, Pferd und Hirsche des Aurignacien aus Lascaux*

auf den Fels auftrug. Die natürliche Struktur der Decke, Buckel und Mulden, wurde in die Darstellung einbezogen, so daß die vorstehenden Felspartien die erhabenen Teile des Tieres bilden, wodurch die plastische Wirkung wesentlich gesteigert wird.

Außer den bereits erwähnten Höhlen mit Malereien nennen wir noch einige wichtige Fundorte unter den vielen. Einen Schwerpunkt bildet das Dep. Dordogne in Südwestfrankreich; allein um den Ort *Les Eyzies* herum finden sich einunddreißig Höhlen mit Darstellungen, darunter *Les Combarelles* mit über 300 Bildern, *Font-de-Gaume* mit über 200, *La Mouthe* u. a. Im Dep. Ariège ist die Höhle *Le Portel* bekannt. Im Dep. Lot ist die 1953 entdeckte Höhle von *Cougnac* bei Gourdon sehenswert. In Spanien liegen die meisten Höhlen mit Malereien in den Provinzen Asturias und Santander. In der Prov. Asturias sind

erwähnenswert: *Buxu* bei Cangas de Onis, 71 km von Oviede, *El Cueto* bei Posada de Llanes, *Pena de Candamo* bei Grado. In der Prov. Santander: *El Castillo* im Tal des Rio Pas, *Las Chimeneas* im selben Bergmassiv wie El Castillo, *Las Monedas* in derselben Gegend und *La Pasiega,* 31 km von Santander. Bedeutend sind die Höhlen von *Santamamine* in der Provinz Vizcaya, und *La Pileta,* 12 km von Ronda, in der Provinz Malaga.

Den Übergang in die folgende Epoche der Kunst zeigt eine Felsgravierung des späten Magdalénien, die Darstellung eines kultischen Tanzes in der *Addaura-Höhle* am Monte Pellegrino bei Palermo. Die Menschen dieser ›Höheren Jägerkultur‹, wie diese Entwicklungsstufe auch genannt wird, lebten schon in Hütten und Zelten, wie verschiedene Fundstätten beweisen.

35   Bison aus Altamira

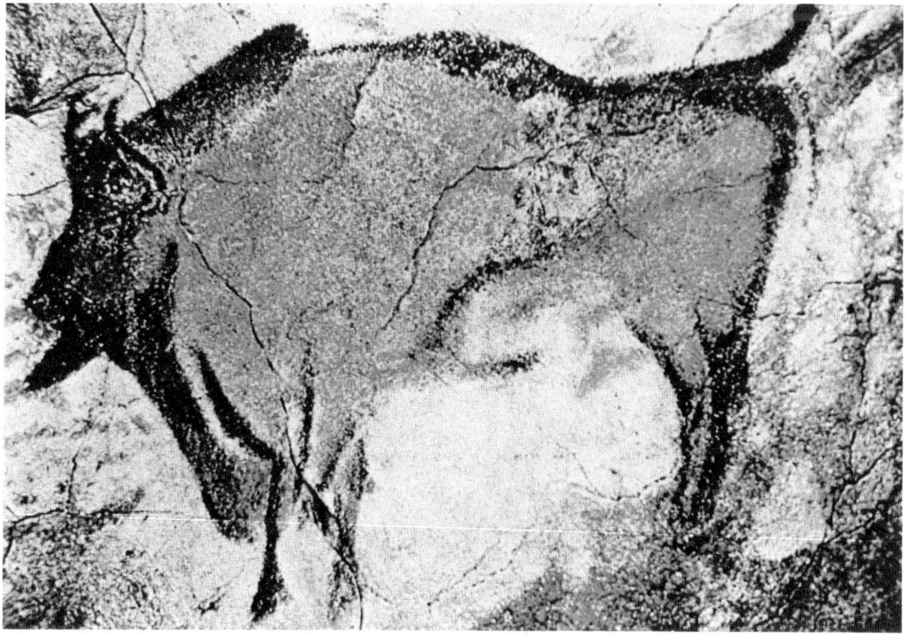

Wir sind am Ende der letzten, der 4. Eiszeit angelangt, das gleichzeitig auch das Ende der Altsteinzeit und ihrer zweiten Stufe, des Jungpaläolithikums ist. Nach den neuesten Messungen ist es die Zeit um 8000 v. Chr., zugleich der Übergang vom Pleistozän zum Holozän, der jüngsten, bis heute reichenden Epoche der Erdgeschichte.

36   Rituelle Tanzszene, Grotta del Addaura, Sizilien

Der altsteinzeitliche Fundplatz Gönnersdorf

Von Gerhard Bosinski

Gönnersdorf liegt am Nordrand des Neuwieder Beckens am Rhein gegenüber der Stadt Andernach. Das Gebiet wurde am Ende der letzten Eiszeit beim Ausbruch des Lacher-See-Vulkans um 9500 v. Chr. mit einer dicken Bimsschicht zugedeckt. Diese Eruption gibt nicht nur einen Anhaltspunkt für die Datierung, sondern schützte auch die Siedlungsreste des eiszeitlichen Jägerdorfes vor späterer Zerstörung.

Bisher wurden die Grundrisse von drei größeren Behausungen mit einem Durchmesser zwischen 6 und 10 m sowie zwei kleinere Zeltringe freigelegt. Die Fußböden waren mit Steinen, vor allem mit Schieferplatten gepflastert. Im Innern und auf dem Vorplatz lagen die Knochen der Mahlzeitreste. Wichtigste Jagdtiere waren das Pferd, daneben das Ren, dessen Geweih für die Herstellung von Geschoßspitzen und anderen Gegenständen begehrt war. Der Eisfuchs wurde wegen seines Winterpelzes gejagt.

Fischfang und Vogeljagd — insbesondere auf die großen, im Röhrichtgürtel des Rheins lebenden Wasservögel: Schwan, Gans, Ente — spielten eine große Rolle.

Die zahlreichen Werkzeuge sind aus den Gesteinen des Mittelrheingebietes (Süßwasserquarzit, Kieselschiefer) und dem aus Norddeutschland und dem Maas-Gebiet kommenden Feuerstein hergestellt. Ihre Formen sowie die der Geweih- und Elfenbeingeräte ordnen den Fundplatz dem Magdalénien, einer Kultur zwischen 15000 und 10000 v. Chr., zu.

Rote Farbe (Hämatit), die in Siedlungen und Gräbern dieser Zeit häufig vorkommt, diente möglicherweise zur Bemalung der Hauswände, vielleicht auch des Körpers.

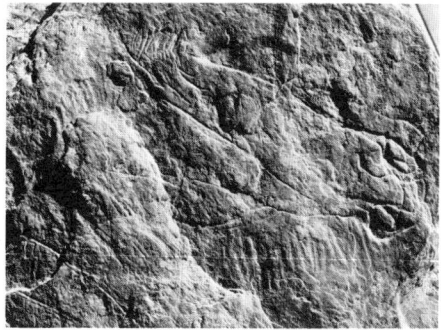

Schmucksachen sind durchbohrte Eis-
fuchszähne und Hirschgrandeln, außerdem
sehr regelmäßig und sorgfältig bearbeitete
Holzperlen. Schnecken und Dentalien aus
dem Mittelmeer und dem Atlantik belegen
weitreichende Tauschverbindungen.

Auf den Schieferplatten der Fußboden-
pflasterung entdeckte man zahlreiche flache, einander oft vielfach überlagernde
Gravierungen. Eine Gruppe stellt, erstaunlich naturnah, Tiere dar, häufig das Mammut. Charakteristisch ist die Kopf-Rücken-
Linie mit einer Einsattlung zwischen dem
Schädel und der Schulter. Außerordentlich
lebendig sind die vielen Wiedergaben von
Pferden, oft auf die Kopfpartie beschränkt. Seltener sind Darstellungen des
wollhaarigen Nashorns, von Hirsch, Elch,
Wisent, Ur, Löwe und Wolf, auch von Fischen und Vögeln.

Die zweite Gruppe umfaßt menschliche
Figuren, die im Gegensatz zu den natur-

*37—39   Mammut, Pferdekopf und
Vogeldarstellung aus Gönnersdorf*

*40   Zwei einander zugewandte weibliche Gestalten aus
Gönnersdorf*

53

nahen Tierbildern schematisiert und abge-
kürzt wiedergegeben sind. Bei den Darstellungen von Frauen und Mädchen, die
am häufigsten sind, fehlt stets der Kopf;
die Rückenlinie führt gerade nach unten,
die Gesäßlinie ist stark betont. Bei der Wiedergabe von mehreren Gestalten dürfte es
sich um Tanzszenen handeln. Außer den
mehr als 300 Gravierungen fand man Statuetten aus Geweih und Elfenbein. Eine
dritte Gruppe zeigt nicht-figürliche Zeichen: Vulven, Dreiecke und Kreise. Auf
das Nebeneinander naturnaher Tierbilder,
schematisierter Menschendarstellungen
und abstrakter Zeichen als Charateristi-
kum der altsteinzeitlichen Kunst, wurde an
anderer Stelle hingewiesen. Thematisch
und stilistisch gehören die Gönnersdorfer
Gravierungen zum Kreis der franko-kantabrischen Kunst.

Bibliographie

G. Bosinski, ›Der Magdalénien-Fundplatz Feldkir-
chen-Gönnersdorf, Kr. Neuwied, Vorbericht über die
Ausgrabungen 1968‹, in: *Germania 47*, S. 1—38, 1969
G. Bosinski, ›Der Magdalénien-Fundplatz Gönnersdorf‹, *Ausgrabungen in Deutschland*, Bd. 1, S. 42—63,
1975
G. Bosinski und G. Fischer, *Die Menschendarstellungen von Gönnersdorf der Ausgrabung 1968. Der Magdalénien-Fundplatz Gönnersdorf*, Bd. 1, Wiesbaden
1974
F. Poplin, *Les grands vertébrés de Gönnersdorf. Fouille
1968. Der Magdalénien-Fundplatz Gönnersdorf*, Bd. 2
(im Druck) 1975

Das Mesolithikum (Mittelsteinzeit)

Während in der Altsteinzeit die Entwicklung in den verschiedenen von Menschen
bewohnten Teilen der Erde sehr ähnlich,
fast gleichmäßig verlief, gilt dies für das
Mesolithikum nicht mehr. Das ist vor allem auf die grundlegende Veränderung der
Umweltbedingungen durch Klimawechsel
zurückzuführen.
Man setzt die Mittelsteinzeit zwischen
Paläolithikum und Neolithikum von 8000
bis 4000 v.Chr. an. Aber diese Zeitspanne
hat nicht für alle Gebiete der bewohnten
Erde Gültigkeit. Im Nahen Osten, im soge-
nannten Fruchtbaren Halbmond, der vom
Ostjordanland bis zum nordirakischen Ge-
birgsvorland reicht, entstanden schon im 8.
Jahrtausend städtische Siedlungen mit
Pflanzen- und Tierzucht, die kulturell dem
Neolithikum zuzurechnen sind. Die Mittelsteinzeit kann daher nicht als kulturelle
Einheit betrachtet werden.
Die zunehmende Erwärmung ließ die
Gletscher und die Vereisung bis Skandinavien schmelzen und setzte ungeheure Was-
sermengen frei. In den gemäßigten Zonen
Europas verwandelten sich die Tundren
und Steppen zunehmend in dichte Wälder
aus Birken und Kiefern, später aus Eichen.
Das Großwild wanderte nach Norden ab
oder starb aus. Die alte Jägerkultur er-
losch. Die Daseinsbedingungen der Men-
schen verschlechterten sich; sie jagten nun
mittleres und kleines Wild, auch Vögel.
Weitgehend waren sie auf den Ertrag der
Flüsse, Seen und des Meeres als Ernäh-
rungsquelle angewiesen. In *Ertebölle* auf
Jütland fand man Muschelhaufen von
Austern, Herzmuscheln und Schnecken bis
zu 150 m Länge, 20 m Breite und 2 m Tiefe.
Dieser Fischereikomplex wird nach dem
Fundort an der Westküste von Seeland in
Dänemark *Maglemose-Kultur* genannt.
Man bezeichnet diese Gruppe auch als
›Kökkenmöddinger‹, als Küchenabfall-

Leute. Ihre Werkzeuge waren zum Teil winzig (Mikrolithen), geeignet für Pfeilspitzen und Angelhaken.

Wo Bauern- und Nomadenkulturen entstanden, verschwanden die reinen Jäger. Von den verschiedenen mittelsteinzeitlichen Kulturen (dem *Azilien, Tardenoisien* u. a.) interessieren hier die, deren Träger noch Wildbeuter waren und die in gewissem Sinn die Tradition der ›Höheren Jägerkultur‹ fortsetzten. Dies gilt für die Jägergruppen auf der Iberischen Halbinsel, vor allem im Osten Spaniens.

Die *ostspanische Felsbildkunst* befindet sich nicht in Höhlen, sondern unter Felsüberhängen oder auf freien Felswänden. Nicht nur dadurch unterscheidet sie sich von der Eiszeitkunst, sondern auch der Stil sowie die Darstellungs- und Kompositionsweise sind ganz andere. Wohl sind Jagdszenen am häufigsten, und auch andere Themen verraten, daß die Ausführenden noch auf der Stufe der Jäger und Sammler

42   *Kampfszene des Holozän, aus Les Dogues*

43   *Drei Frauen und Jäger, aus der Valltorta-Schlucht*

41   *Jagdszene aus der Valltorta-Schlucht*

standen. Doch fehlen den Bildern die symbolische Belastung, der magische Ernst und die Monumentalität der paläolithischen Werke. An die Stelle der Einzeldarstellung tritt die Szene mit Gruppen von Menschen die jagen, tanzen und kämpfen. Die Figuren sind kleinformatig, einfarbig als Schattenrisse und stark stilisiert wiedergegeben. Die Gestaltung einer Gesamtkomposition ist das Wesentliche. Aus allem spricht eine profanere Auffassung, eine neue Einstellung zum Leben. Der Mensch tritt in den Vordergrund; seine Erlebnisse und Eindrücke werden geschildert. Dabei ist es erstaunlich, mit welch kühnen

Verkürzungen, Betonungen und Übertreibungen Schnelligkeit, rhythmische Bewegung, Anspannung oder statische Ruhe, kurz das Entscheidende der jeweiligen Tätigkeit ausgedrückt sind.

Bestimmte Felsen weisen Überlagerungen von Bildern auf, die aus verschiedenen Zeiten stammen. Das läßt darauf schließen, daß manche der Darstellungen auch magische Bedeutung hatten. Neu aber ist das starke Hervortreten des Erzähl- und Mitteilungscharakters. Man ist geneigt, in diesen Darstellungen Vorläufer von dokumentarischen Aufzeichnungen beispielhafter Ereignisse zu sehen, die, vor einer schriftlichen Kommunikation, über lebenswichtige Vorgänge unterrichteten. Manche Tierwiedergaben der unteren Schichten knüpfen an den späten linearen Stil der Eiszeitkunst an, im ganzen sind aber mehr Gemeinsamkeiten mit den nordafrikanischen Felszeichnungen, etwa der Tassili-Gruppe, bemerkbar. Wie eng die Beziehungen zwischen Südeuropa und Nordafrika damals waren, ist noch nicht geklärt; jedenfalls spiegelt sich in den Felsbildern bei-

der Erdteile die Tradition der alten Jägerkultur wider. Dasselbe gilt für die Felsbilder Skandinaviens und der Sowjetunion, dort vor allem für die in der Gegend des Onega-Sees, des Weißen Meeres und die sibirischen, die allerdings meistens dem Neolithikum oder sogar der Bronzezeit angehören. Der Rückgang der Vereisung erfolgte in diesen Gebieten viel später und die Jäger, die den Rentieren folgten, konnten diesen Boden erst betreten, als in den wärmeren Zonen schon blühende Kulturen entstanden waren.

Die chronologischen Überschneidungen von Mittel- und Jungsteinzeit sind so zahlreich, daß die Mittelsteinzeit als zeitliche Gliederung nicht mehr zureicht, sie hat nur noch als technologische Kategorie Bedeutung. Da wo Jäger- und Sammlerkulturen lange, teilweise bis in die Neuzeit bestanden, sind Unterscheidungen und Vergleiche nur hinsichtlich der Stilentwicklung und der technischen Eigenart ihrer darstellenden Äußerungen interessant, eine chronologische Gliederung nach archäologischen Begriffen ist eher verwirrend.

Bibliographie

Gerhard Heberer, *Der Ursprung des Menschen,* Stuttgart 1972
R. Grahmann, H. Müller-Beck, *Urgeschichte der Menschheit,* Stuttgart 1966
Hans Querner, *Stammesgeschichte des Menschen,* Stuttgart 1968
Karl Saller, *Rassengeschichte des Menschen,* Stuttgart 1969
Karl I. Narr, *Urgeschichte der Kultur,* Stuttgart 1961
S. Giedion, *Die Entstehung der Kunst,* Köln 1962
Stevan Celebonovic, *Am Ursprung der Kunst,* Köln 1958
Herbert Kühn, *Die Felsbilder Europas,* Stuttgart 1971

III Die Bedeutung der Muttergottheit in den frühen Kulturen der Alten Welt

Von Sibylle von Reden

Die ältesten Bildnisse, in denen der Mensch einer magisch-religiösen Idee Gestalt gab, stellen die *Große Mutter* dar. Als die ›Lebensträgerin‹ stand sie im Mittelpunkt des Weltbildes der Jägerstämme des Jungpaläolithikums, die zum ersten Mal seelische Urerfahrungen in Symbolen und Bildern sichtbar zu machen suchten. Mit diesem Verlangen nach dem Ausdruck innerer Erlebnisse begann vor etwa 35000 Jahren ein neuer Abschnitt in der geistigen Entwicklung des Homo sapiens, in dem die Anfänge aller Kultur wurzeln.

In der frühesten Phase, in der ein Zusammenhang zwischen Zeugung und Geburt noch nicht deutlich erkannt wurde, erschien die Frau, die Gebärerin, als die allmächtige schöpferische Kraft, die über die Fruchtbarkeit von Mensch und Tier, über Leben und Tod gebot. Als die Urmutter verkörperte sie das menschliche Verlangen nach Fruchtbarkeit und auch die Hoffnung auf eine Überwindung des Todes, mit dem der steinzeitliche Mensch, der selten ein Alter von mehr als 25 bis 30 Jahren erreichte, viel unmittelbarer konfrontiert wurde als der heutige. Ihr magisches Zeichen, die Vulva, die Pforte des Lebens, wurde seit dem älteren Aurignacien an Kultplätzen in Felsgestein geritzt oder als Relief ausgemeißelt. In der Form der Kaurimuschel begleitete sie die Gestorbenen als Amulett, das vielleicht die Auferstehung sichern sollte, ins Grab. Eine Bestattung aus dem Abri von *Laugerie-Basse,* nicht weit von dem berühmten altsteinzeitlichen Fundort von Les Eyzies in der Dordogne, zeigte in Paaren angeordnete Kaurimuscheln auf der Stirne, den Oberarmen, den Schenkeln, Knien und Füßen der Leiche.

Wann und wo der Kult der Muttergottheit entstand und ausgebildet wurde, ist nicht mit Sicherheit festzustellen. Möglicherweise erreichte er Europa mit Einwanderern aus dem Osten gegen 35000 v. Chr., die den Typ der *Ur-Venus* mitbrachten. Die oft rotgefärbten gesichtslosen Figürchen aus Stein, Knochen oder Mammutelfenbein wirken mit ihren gewaltigen Euterbrüsten, dem vorquellenden Bauch, der Schwangerschaft anzeigt, der üppigen Hüft- und ausladenden Gesäßpartie und dem scharf betonten Geschlechtsdreieck als fleischgewordene Idee der Fruchtbarkeit. Gleichartige Idole aus dem Aurignacien fand man in Südrußland, besonders bei *Kostenki* in der Nähe von Woronesch und in *Gagarino* am oberen Don. Die fettleibige *Venus von Willendorf* aus Österreich mit dem gesenkten, kunstvoll frisierten Haupt, der leeren Fläche des Gesichtes und den kleinen Händen, die auf den schweren Brüsten ruhen, die *Venus von Lespugue,* die Statuetten aus der *Grimaldi-Höhle* bei Mentone und andere weibliche Figuren aus dem Aurignacien und Magdalénien sind ohne Zweifel nahe Verwandte der östlichen. Im Ablauf des

44 *a Statuette des Aurignacien aus Kostenki, Mammut-Elfenbein, Höhe 11 cm, 30.—25. Jt. b Venus von Willendorf, Aurignacien, Kalkstein, Höhe 11 cm c Statuette des Aurignacien aus den Grimaldi-Höhlen bei Mentone
d Muttergöttin aus Tell Halaf, 5.—4. Jt. e Neolithisches Idol aus Ägina, 4. Jt. v. Chr. f Tonidol aus Hluboké
Masuvky, Mähren, Höhe 18 cm, Ende 4. Jt. v. Chr. g Kreuzidol von Erimi aus graugrünem Steatit, 3000 bis
2500 v. Chr. h Abstraktes Steinidol aus Anatolien, Anfang 3. Jt. v. Chr. i Violinförmiges Marmoridol aus
Beykesultan, 1. Hälfte 3. Jt. v. Chr.*

45 a Kykladenidol, nach 2500 v. Chr. b Neolithisches Idol aus Tripolje, Rußland, nach 2500 v. Chr. c Alabaster-Idol der Almeria-Kultur, Spanien, um 2000 v. Chr. d Marmoridol aus Kültepe, Anfang 2. Jt. v. Chr. e Terra-kotta-Idol der Muttergöttin mit monströsem Kopf und Vogelschnabel, aus Zypern, Höhe 14 cm, 14.—12. Jh. v. Chr. f Die kleine Schlangengöttin, Fayence-Statuette aus Knossos, um 1700 v. Chr., Höhe 29,5 cm g Ton-idol aus Tiryns, Kreta, mykenisch, 14.—12. Jh. v. Chr. h Alabaster-Idol aus dem Iran, um 1500 v. Chr. i Ton-idol aus Böotien, um 800 v. Chr.

europäischen Jungpaläolithikums gibt es überraschend viele Varianten der Darstellung der Großen Weiblichen; sie reichen von abstrakten Gebilden, bei denen alles, was ihre Schöpfer als nicht wesentlich empfanden, bestimmte Gliedmaßen oder sogar der Kopf, weggelassen wurde, bis zu naturalistischen Statuetten und Reliefs von manchmal großartiger künstlerischer Ausdruckskraft. Bei der Betrachtung dieser frühen Bildkunst muß man sich allerdings vergegenwärtigen, daß die Funde im Verhältnis zu dem Zeitraum von 15—20000 Jahren ihrer Entstehung äußerst spärlich sind und daß 1000 und mehr Jahre zwischen den Figuren liegen können.

Im Neolithikum fand die seit Jahrzehntausenden tief im Bewußtsein des Urmenschen verankerte Verehrung der Muttergottheit ohne Bruch ihre Fortsetzung. Mit dem Aufkommen des Ackerbaus erhielt die große Göttin jedoch einen neuen wichtigen Aspekt als *Erdmutter,* deren Schoß alles Leben hervorbringt und wieder zurücknimmt, als Herrin der Ober- und der Unterwelt. Die Gestaltung ihrer Bildnisse blieb noch Jahrtausende lang von den Traditionen der Altsteinzeit beeinflußt. Von Europa bis Westasien zeigten sie weiterhin die alten strotzenden naturalistischen oder auch abstrakten Formen, die den weiblichen Körper zu einem glieder- und hauptlosen Rumpf reduzierten, der an den Klangkörper einer Violine erinnert. In den Balkanländern, in Nordostgriechenland und Kleinasien waren Idole in sitzender oder hockender Haltung, die vermutlich den Geburtsakt andeutete, häufig. Die bedeutendsten Kultfiguren dieser Art, meisterhaft modellierte, lebensvolle Tonplastiken, wurden bei Ausgrabungen im Tell von *Çatal Hüyük* gefunden (siehe Kap. IV, 2). Die Auffassung der Großen Göttin als Gebieterin über Leben und Tod und Herrin der Tiere, die in Çatal Hüyük seit dem 7. Jahrtausend v. Chr. ihre klar ausgeprägte

Form gefunden hatte, wirkte in den meisten Religionen der Alten Welt bis in historische Zeiten fort. Diese Kontinuität sehr alter Vorstellungen und formaler Traditionen wurde auch an Tonstatuetten der *Halaf-Kultur* aus dem 5.—4. Jahrtausend v. Chr. sichtbar, die in den Tells von Halaf, Arpatschije etc. im Nord-Irak ans Licht kamen. Die Verwandtschaft dieser hockenden oder stehenden, häufig bemalten weiblichen Figuren mit paläolithischen Idolen des fettleibigen Typus ist unverkennbar, sie erscheinen aber bereits in Verband mit Attributen und Symbolen, die uns aus den Kulten der ostmediterranen Länder und Inseln des 3. und 2. Jahrtausends wohlbekannt sind: mit Tauben, Schlangen, Stierhörnern und Doppeläxten. Die Taube blieb bis zum Ende der Antike ein Wahrzeichen der asiatischen *Astarte* wie der griechischen *Aphrodite;* die Schlange, ein Unterweltssymbol und durch ihre Häutung auch ein Symbol der Auferstehung, gehörte ebenfalls bis zum Erlöschen der heidnischen Religionen zum Wesen der Erdgöttinnen. Stierhörner und Schädel, die schon in den Sanktuarien von Çatal Hüyük aufgestellt wurden, und die Doppelaxt waren von den frühen bis zu den klassischen Kulturen vielfach Attribute der Partner der Muttergottheiten.

Zahllose archäologische Funde beweisen, daß der Kult der Magna Mater in ihren verschiedenen Aspekten und Funktionen, die auch auf mehrere Göttinnen verteilt sein konnten, im 4. und 3. Jahrtausend das dominierende Element in den meisten Religionen des westasiatischen und mittelmeerischen Bereiches war. Seine Verbreitung reichte in östlicher Richtung bis nach Persien, Belutschistan, Turkestan und dem Indus-Tal. Im Okzident standen vor allem die Megalithkulturen mit ihrem hochentwickelten Totenkult im Bann der Erdmutter, deren Symbole sich vielfach in den Riesensteingräbern finden. Auf der Insel *Malta* entfalteten sich in dieser Periode eine monumentale Tempelarchitektur im Zeichen der Großen Fruchtbarkeits- und Unterweltsgottheit und eine plastische Kunst, in deren Bildwerken die Urgestalt der Magna Mater noch einmal sichtbar wird. Vielleicht vollzog sich im 4. — 3. Jahrtausend v. Chr. im Ostmittelmeerraum eine Erweiterung und Vergeistigung der Vorstellungen, die mit der Muttergottheit verbunden waren. Man könnte diese Entwicklung hinter einer aufkommenden Tendenz zu äußerster Abstraktion und geometrischer Stilisierung ihrer Bildnisse und neuen Leitmotiven vermuten. Die weiblichen Idole erhielten oft brett-, zylinder-, scheibenoder kreuzähnliche Formen, häufig wurden nicht mehr die Geschlechtsmerkmale, sondern die Augen in einer Art ›Eulengesicht‹ überbetont, das möglicherweise zum inferischen Aspekt der Göttin gehörte und in den Megalithkulturen eine bedeutende Rolle spielte. Aus dieser Epoche stammen außerdem die ersten Statuetten, die eine Frau in Prunkgewändern, mit Kopfschmuck und einer mehrreihigen Halskette, vielleicht einem Hoheitsabzeichen, darstellen, die auch von den nackten Figuren der orientalischen Fruchtbarkeitsgöttin getragen wird. In den *zyprischen Brettidolen* der Frühbronzezeit wird sowohl die Idee der weiblichen Gottheit in königlichem Ornat wie die Neigung zur Schematisierung ihrer Darstellung besonders deutlich. Die schönsten Schöpfungen dieser Zeit aber sind zweifellos die strenglinigen *Marmorfiguren der Ägäis*; die merkwürdigsten, die nordsyrischen *Augenidole* aus dem Heiligtum von *Tell Brak,* das wahrscheinlich der Ischtar geweiht war (s. Abb. 142).

Mit der Erfindung der Schrift trat die Urmutter in vielen Gestalten und unter vielen Namen ins Licht der Geschichte. Als *Innana* und *Ischtar* in Mesopotamien, als *Neith,* die ›Große Göttin und Mutter aller Götter‹, als *Hathor* und *Isis* in Ägypten.

Ihre Verehrung in der Doppelgestalt von Mutter und Tochter, für die es bereits in der Blütezeit von Çatal Hüyük und in späteren vorgeschichtlichen Epochen Hinweise gibt, lebte bis in historische Zeit im *Demeter-Kore-Kult* weiter. In ihrem jungfräulichen Aspekt wurde sie zur kriegerischen *Anat* der Kanaanäer, zur *Artemis* der ägäischen Kulturen, der ›Herrin der Tiere‹. In der Staatsreligion der Hethiter war sie die ›Königin des Landes Chatti, des Himmels und der Erde‹ und von einer tellurischen zu einer Sonnengottheit geworden. Auf Kreta stand die Große Göttin als Herrin der Ober- und der Unterwelt im Mittelpunkt der religiösen und künstlerischen Inspiration. Als *Rhea* war sie auch Zeus' kretische Mutter, deren Erscheinung mit jener der Erdmutter Gaia verschmilzt.

Neben den anthropomorphen Bildnissen der Fruchtbarkeits- und Totengöttin — nackt, mit stark betontem Geschlechtsdreieck und den Händen unter den Brüsten —, in denen vor allem im Orient älteste Traditionen fortwirkten, und den reich gekleideten, mit Tiara und Halskette geschmückten Figuren der kretisch-mykenischen und frühgriechischen Kultur und denen anderer Balkankulturen, gab es bis zum Ende der Antike noch eine andere, anikonische Erscheinungsform der Magna Mater, die sicher mindestens bis in den Beginn des Neolithikums zurückreicht: den *Bätyl.* Dieser war nur ein aufgerichteter Stein in Zuckerhut-, Säulchen- oder Eiform.

Bibliographie

O. G. S. Crawford, *The Eye Goddess,* London 1957
A. Dietrich, *Mutter Erde,* Berlin 1925
Vladimir Dumitrescu, *L'Art Néolithique en Roumanie,* Bukarest 1968
Mircea Eliade, *Die Religionen und das Heilige,* Salzburg 1954
S. Giedion, *Die Entstehung der Kunst, Köln 1964*
John Gray, *Near Eastern Mythologie,* London 1969
E. O. James, *The cult of the Mother Goddess,* 1959

IV Die ältesten städtischen Siedlungen der Welt

Das Neolithikum, die dritte Epoche der Steinzeit, beginnt in den verschiedenen Gebieten der Erde zu so unterschiedlichen Zeitpunkten, daß eine zusammenhängende Betrachtung nicht möglich ist. Seine ursprünglich chronologische Bedeutung hat der Begriff ›Jungsteinzeit‹ weitgehend verloren; sie wurde von den wirtschaftlichen und kulturellen Faktoren überdeckt.

Die neuen Formen des Neolithikums, die es von der vorhergehenden Stufe trennen, sind auf dem Gebiete der Wirtschaft: *Akkerbau* und *Viehzucht,* in der materiellen Kultur: *Steinschliff* und später *Keramik.* Die folgenden Kapitel werden über die jungsteinzeitlichen Anfänge in den einzelnen Regionen berichten. Hier betrachten wir vorerst die wichtigsten Ausgrabungen, die zum überwiegenden Teil erst nach dem zweiten Weltkrieg stattfanden und das frühere Bild von der Jungsteinzeit völlig veränderten.

Die ›neolithische Revolution‹, d. h. der Übergang von der Kultur der Jäger und Sammler zum Bauern- und Hirtentum vollzog sich zuerst im Nahen Osten. Zwei städtische Siedlungen stehen am Anfang dieser neuen Stufe der menschlichen Entwicklung: *Jericho* und *Çatal Hüyük.* Das früheste mit Hilfe der Radiokarbon-Methode datierbare Material aus Jericho ergab einen Zeitpunkt 6050 ± 200 Jahre v. Chr., das aus Çatal Hüyük 6385 ± 100 Jahre v. Chr. Bei beiden Fundstätten stammt dieses Material

nicht aus den untersten Schichten, so daß die Anfänge mit Sicherheit bis in das 8. Jahrtausend zurückreichen.

1 Jericho

Der Übergang vom umherschweifenden Leben der Jäger und Sammler zur Seßhaftigkeit geschah dort, wo Klima und Bodenbeschaffenheit die Voraussetzungen für den Anbau von Getreide und für Viehzucht gaben. Das Vorkommen von Wildgetreide und Wildschafen in den wasserreichen Hochländern Palästinas, Syriens und Anatoliens schuf die Grundlage für den Beginn des Ackerbaus und der Zähmung von Tieren. Die Ausgrabungen am Berg Karmel, vor allem aber in *Jericho,* wo KATHLEEN KENYON 1952 frühere Kampagnen wieder aufnahm, brachten das sensationelle Ergebnis, daß der entscheidende Schritt schon um 8000 v. Chr. erfolgte, Jahrtausende früher, als man bis dahin annahm. Nach einem Fundort unweit Jerusalems wird diese frühe Kultur ›*Natufien*‹ genannt; eine ähnliche Entwicklungsstufe mit weniger Zeugnissen wurde in *Karim Schahir* im nördlichen Irak entdeckt. Die Menschen des

Natufien waren zartgliedrig, etwa 1,50 Meter groß, hatten lange Schädel und gehöreiner alten Mittelmeerrasse an.

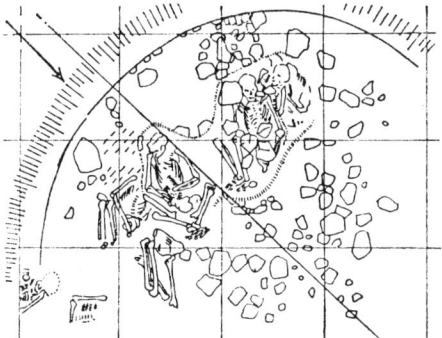

46 *Das Häuptlingsgrab von Eynan*

Außer auf dem Berge Karmel fand man Spuren dieser Stufe in *Eynan,* am Ufer des galiläischen Hule-Sees, wo runde und ovale Gruben für Wohnhütten mit 6 m Durchmesser und das Rundgrab eines Häuptlings mit einer verputzten und rötelbemalten Brüstung freigelegt wurden. Bei der Fundstelle lagen zwei Schädel, von denen der eine offensichtlich auf ein Opfer hinweist, da er mit einem scharfen Werkzeug vom Rumpf getrennt war. In einer tieferen Schicht stieß man auf zwei vollständige Skelette in Hockerstellung; das Haupt des einen war auf die Schneegipfel des Hermon gerichtet. Die Beine der Beigesetzten waren nach dem Tode abgetrennt worden. Schmuck aus Tierzähnen und Muscheln, Geräte aus Knochen, Feuerstein, kleine Idole sowie zahlreiche Tierknochen kommen an allen Fundstellen des Natufien vor. Die Auseinandersetzung mit dem Tode führte schon in dieser frühen Zeit zu ausgeprägten Sakralvorstellungen und Riten.

Keine Ausgrabung in diesem Gebiet brachte so überraschende Ergebnisse wie die in *Jericho.* 1956 stieß man bis zur unteren Schicht dieses großen Hügels vor, in dem mehrere Kulturen übereinanderlagern; über einer Kultstätte aus dem Natufien, die auf etwa 8000 v. Chr. datiert werden

47 *Luftbild der Ruinen von Jericho im Jordan-Tal*

48 *Schacht im Schutthügel von Jericho* ▷

63

49 *Steinturm aus der vor-keramischen Periode von Jericho, heutige Höhe etwa 9 m*

stellen der zu den fruchtbaren Küsten strebenden Wüstennomaden mögen zu ihrer Entstehung geführt haben.«[1] Die Wohnhäuser dieser frühneolithischen Anlage waren aus Lehmziegeln bienenkorbähnlich erbaut. Am eindrucksvollsten sind die Befestigungen der Stadt, die sich auf einer etwa 3 Hektar großen Fläche ausbreitete. An einen heute noch etwa 9 m hohen massiven Steinturm von nahezu 9 m Durchmesser, in den eine Treppe aus Steinplatten hinabführt, schlossen sich Gebäude an sowie die Stadtmauer aus Natursteinen, die bis zu 7 m hoch und oben 1,5 m breit war. Turm und Mauer wurden zweimal verstärkt, bzw. erweitert. Vor der Mauer war ein fast 3 m tiefer und 8 m breiter Graben in den Fels gehauen, mit den primitiven Werkzeugen eine gigantische Leistung. Unter den Böden der Häuser, die mit Lehm verputzt waren, lagen in 1 m tiefen Gruben die Gräber mit Skeletten in Hockerstellung.

Die nächste Besiedlungsphase Jerichos, die in die zweite Hälfte des 7. Jahrtausends fällt, zeigt eine ganz andere Bauweise der Wohnhäuser, nämlich rechteckige Grundrisse mit mehreren um einen Hof gruppierten Räumen; dieser Wandel ist wahrscheinlich auf neue Siedler oder Eroberer zurückzuführen, die dem vorkeramischen Neolithikum angehörten. Auf den Fußböden aus gestampfter Erde lag ebenso wie auf den Wänden ein feiner, geglätteter Gipsverputz mit rötlicher oder gelblicher Bemalung. Die Mauern auf Steinfundamenten bestanden aus zigarrenförmigen Lehmziegeln. Spuren von gemusterten Binsenmatten verraten einen für diese frühe Zeit unerwarteten Komfort. Ein großes Gebäude mit poliertem Boden und halbrunden Nischen sowie einem rechteckigen Behälter mit Asche scheint ein Heiligtum gewesen zu sein. Einfache weibliche Idole sind Vorläufer der

konnte und mesolithischen Jägern zuzuschreiben ist, fand man die Anlagen der bis dahin ältesten befestigten Stadt.

»Lange bevor Menschenhand die ersten Gefäße aus feuchtem Ton formte, lange bevor am Nil und im Zweistromland die großen Zivilisationen entstanden, scheint inmitten einer zeit- und rastlosen Welt ewigen Wanderns auf Nahrungssuche in der Jordansenke zwischen dem See von Genezareth und dem Toten Meer, nahe den hügeligen Ausläufern des Gebirges von Juda, ein Ruhepunkt geschaffen worden zu sein: eine mauerbewehrte, viele Menschen vereinende und schützende Stadt. Eine wasserreiche Quelle und die strategisch wichtige Lage des Ortes gegenüber den südlichen Jordanfurten an einer der klassischen Einbruch-

[1] Sibylle von Cles-Reden, *Die Spur der Zyklopen.* Köln 1960, S. 22

50 *Steinzeitliches Gipsporträt eines Verstorbenen aus Jericho*

wurde sie härter gebrannt, formenreicher und mit Fischgrätmustern bemalt. In dieser Schicht fand man bei den Grabungen 1930 bis 1936 drei lebensgroße Tonfiguren, modelliert über einem Geflecht aus Schilfrohr, von denen nur ein Kopf konserviert werden konnte. Die Dreiergruppe stellte vermutlich eine Götterfamilie dar. Der erhaltene Kopf ist viel abstrahierter gestaltet als die mit Gips übermodellierten Schädel der früheren Schicht, mit denen er nur die aus Muscheln eingelegten Augen gemeinsam hat. Den flachen Kopf bedeckt eine zylindrische Kappe, wie sie noch Jahrtausende später in ähnlicher Form von karthagischen Priestern getragen wurde.

späteren Darstellungen der Großen Mutter-Göttin Vorderasiens. Die aufregendsten und in ihrer Art einmaligen Funde aus Jericho sind sieben mit Gips überarbeitete Menschenschädel, erste Versuche einer Porträtkunst, die Jahrtausende später wieder aufgenommen wurde. Man entdeckte sie im Schutt eines Hauses. Wenn auch die Form des Gesichtes durch den Schädel in etwa vorgegeben war, so beweist doch die Modellierung mit ihren erstaunlich feinen Übergängen von Linien zu Flächen, von Erhebungen zu Vertiefungen ein über Handfertigkeit weit hinausgehendes künstlerisches Empfinden. Wahrscheinlich waren die Köpfe auf dem Fußboden aufgestellt, während die Körper unter dem Haus beigesetzt wurden. Das Bild verehrter Ahnen sollte über den Tod hinaus unter den Lebenden weilen. Vielleicht gab es schon eine Vorstellung von der Seele, deren Sitz im Kopf angenommen wurde.

Die Stadt der zweiten vorkeramischen Periode bestand bis etwa in die Mitte des 6. Jahrtausends. Noch zwei Besiedlungen aus neolithischer Zeit sind feststellbar. Über den Trümmern der festgebauten Häuser siedelte ein neues Volk, das vermutlich in einem Zeltdorf hauste. Obwohl Keramik nun nachweisbar ist, scheinen die Lebensverhältnisse primitiver als in der vorhergehenden Phase gewesen zu sein. Die Töpferware war zunächst roh und plump, später

51 *Kopf aus der steinzeitlichen Periode Jerichos mit Augen aus Muscheln, Höhe 22 cm*

In der nächsten Schicht erscheint wieder eine höhere Kultur. Die runden Häuser waren aus Lehmziegeln erbaut. Die Keramik ist wesentlich entwickelter, oft mit blaßrotem Überzug bedeckt; ähnliche Töpferware aus dem 5. Jahrtausend wurde auch an anderen Orten Palästinas gefun- 4. Jahrtausend.

2 Çatal Hüyük

Die Ergebnisse der bisherigen Grabungen in *Çatal Hüyük* übertrafen alle Erwartungen und gaben mehr Aufschluß über vorgeschichtliche Zusammenhänge als die anderen Fundplätze. Obwohl nur ein verhältnismäßig kleiner Teil des ca. 13 Hektar umfassenden Hügels, der größten Fundstelle des Nahen Ostens, erforscht wurde und die untersten vorkeramischen Schichten noch nicht erreicht sind, steht jetzt schon fest, das Çatal Hüyük bis heute das einzige Bindeglied zwischen der Jägerkultur des Jungpaläolithikums und den neolithischen Lebensformen einer Nahrung produzierenden Gesellschaft ist. Der Stil der Wandmalereien, die abstrakten Symbole und die häufigen Handabdrücke, die Sitte der Rotokkerbestattung, die fettleibigen Idole, die Art der Steinwerkzeuge u. a. erinnern unmittelbar an die Kultur der jungpaläolithischen Jägervölker. Vermutlich waren es deren Nachkommen, die im 9. und 8. Jahrtausend in der damals wildreichen Konya-Ebene seßhaft wurden und mit der Domestikation von Tieren und Pflanzen eine neue Wirtschaftsform entwickelten, aber weiterhin Auerochsen, Wildschweine und Rothirsche jagten.

In dem Reichtum der Erzeugnisse aller Art, vor allem der künstlerischen Arbeiten übertrifft Çatal Hüyük alle andern Plätze des Neolithikums. Es liegt in 900 m Höhe im südlichen anatolischen Hochland, 50 km südöstlich Konya und wurde 1958 von dem englischen Archäologen JAMES MELLAART entdeckt, der damals den neolithischen Hügel *Hacilar* ausgrub, eine Siedlung, deren vorkeramische Anfänge um 7000 v. Chr. liegen und die bis 5000 v. Chr. drei verschiedene Perioden mit IX Schichten aufweist. Schon die vorkeramischen Schichten erbrachten Häuser aus luftgetrockneten Lehmziegeln mit verputzten, rotgefärbten Fußböden. Die zweite, neolithische Besiedlung von etwa 5750—5600 v. Chr. (Schichten IX bis VI) zeigt eine verfeinerte Kultur mit monochromer Keramik, auf der als Bemalung die für die Bandkeramik typische Spirale auftritt. Die Tonidole der Muttergöttin, die die Tradition der jungpaläolithischen ›Venusstatuetten‹ fortführen, machten Hacilar zu einem Begriff.

In der nächsten, der spätneolithischen oder chalkolithischen (kupfersteinzeitlichen) Schicht mit formschöner bemalter Keramik fand man Gefäße in stilisierter Menschengestalt, ähnlich solchen aus Hassuna in Mesopotamien (vgl. Abb. 127). Am Ende des 6. Jahrtausends wurde Hacilar zu einer großen Befestigungsanlage ausgebaut.

Mit den Grabungen in Çatal Hüyük konnte Mellaart erst 1961 beginnen; seine

52 *Hacilar, Anatolien: a Keramik mit Spiralmuster aus der neolithischen Schicht; b Terrakotta-Statuette, Höhe 10,5 cm; c Gefäß in Menschengestalt*

Ergebnisse bis 1963 beschrieb er in einem ausgezeichneten, auch in Deutsch erschienenen Buch.[2]

Die sensationellen Ergebnisse der bisherigen Kampagnen sind folgende: Es wurden XII aufeinanderfolgende Schichten ausgemacht, die zwölf verschiedenen, übereinanderliegenden Siedlungen angehören. Die Einteilung und Datierung nach C^{14}-Messungen zeigt die Übersicht von Mellaart.

Zeittafel von Çatal Hüyük

Schicht X	um 6500
IX u. VIII	um 6380 — 6280
VII	um 6050
VIA u. B	um 6000 — 5880
V	um 5800
IV—II	um 5790 — 5720

Obwohl die untersten Schichten noch nicht datiert werden konnten, ist eine Besiedlung von ca. 6500 bis ca. 5720 v. Chr. nachweisbar.

Çatal Hüyük war kein Dorf, sondern eine planmäßig angelegte Stadt, in der alles, Größe und Höhe der Wohnhäuser und Kultstätten, die Abmessungen der Räume, Türen, die Einrichtung, selbst die Masse der Ziegel einer bestimmten Ordnung unterworfen war. Die stufenweise Anlage der Häuser, die sich ohne Zwischenraum, aber jedes mit eigenen Mauern an dem Hügel erhoben, ermöglichte die Lichtzufuhr durch kleine Fester in jeden Raum. Alle Wohnbauten hatten einen rechteckigen Grundriß mit geraden Mauerlinien und waren aus luftgetrockneten Lehmziegeln und Holz errichtet. Böden, Wände und Decken waren mit feinem Ton verputzt, die flachen Dächer aus Rohrbündeln konstruiert. Jeder Raum enthielt eine Küche mit Herd und Backofen, ein bis zwei Plattformen, d. h. erhöhte Plätze, die zum Sitzen und Schla-

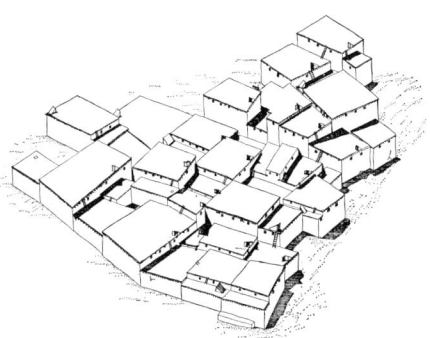

53 *Steinzeithäuser von Çatal Hüyük (Schicht VI), ohne Türen und nur über das Dach zugänglich*

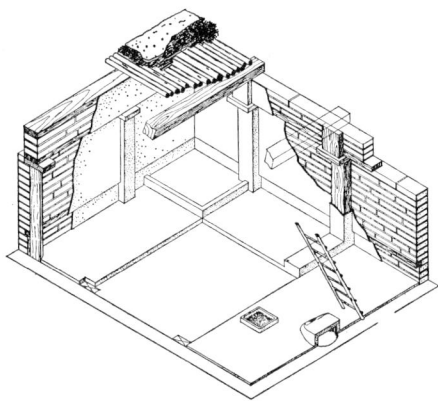

54 *Ein typischer Wohnraum in Çatal Hüyük, mit Herd und Plattformen*

fen dienten und unter denen die Toten der Familie begraben wurden. Sehr eigenartig ist, daß der einzige Zugang zu einem Haus durch das Dach führte. Bessere Verteidigungsmöglichkeit mag der Grund dafür gewesen sein. Die Stadt war nicht von einer Mauer geschützt, da es Steine in der Ebene nicht gab. Statt dessen war der Ort ringsum von zusammenhängenden Häusern eingefaßt. Gelang es einem Feind in einen Raum einzudringen, so hatte er nicht viel erreicht, denn er war so gut wie eingeschlossen.

Auffallend viele Häuser müssen als Heiligtümer oder Kultstätten gedient haben. Man schließt dies aus der Größe der Räume

[2] James Mellaart, *Çatal Hüyük*. London 1967. Ausgabe: Bergisch Gladbach 1967

und ihrer Ausstattung, die neben der üblichen Einrichtung besonders sorgfältig ausgeführte Wandmalereien, Handabdrücke, Gipsreliefs, Kultstatuen, Votivfiguren, Tierköpfe und stilisierte Bukranien (Nachbildungen der Schädel heiliger Tiere) enthielten. Vorrichtungen für Opfer gab es keine, dagegen Opfergaben wie Korn, Hülsenfrüchte, Feuerstein- und Obsidiangeräte, Tierschädel und -hörner u. a. Schon in der untersten Schicht X (6500 v. Chr.) fand man Tierköpfe aus Gips; die Muttergöttin als Gipsrelief erscheint von Schicht VII an. Viele der Reliefs waren bemalt. In den Wandbewurf eingeschnittene Tierdarstellungen sind häufig. Beispiele der Ausschmückung von Kulträumen geben die Rekonstruktionen aus Schicht VII mit dem mächtigen Widderschädel mit echtem Gehörn, einem großen Stierkopf, einer Reihe stilisierter Brüste und kleinen Widderschädeln. Aufschlußreich ist die Malerei der angrenzenden Wand, auf der Geier über Leichname herfallen. Da Skelettbestattung üblich war, ließ man die Knochen vom Fleisch des Toten durch Geier reinigen. Um Menschen als Tote zu kennzeichnen, stellte

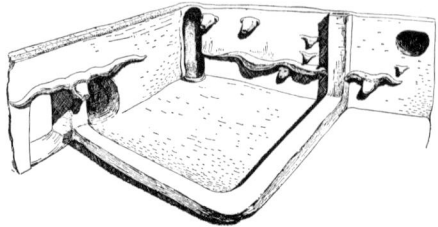

56   Rekonstruktion des frühesten Kultraums in Schicht X

57   Rekonstruktion der Nord- und Ostwand eines Kulthauses aus Schicht VII

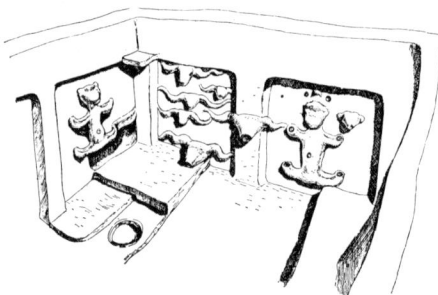

58   Hochrelief von Göttinnen, dazwischen fünf Stierköpfe, Südwestwand eines Hauses aus Schicht VII

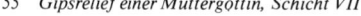

55   Gipsrelief einer Muttergöttin, Schicht VII

man sie ohne Kopf dar. Ein anderes Beispiel eines Kultraumes zeigt zwei Hochreliefs der Göttin, die ein Wandfeld mit fünf Stierköpfen einrahmen. Aus Schicht VI zeigen wir einen Raum mit drei Bukranien, einer Bank mit drei echten Hörnerpaaren sowie Stier- und Widderköpfen.

Ein ganz besonderes Merkmal von Çatal Hüyük ist, daß man schon in den frühesten Schichten Malerei antrifft. Alles, was man sich denken kann, wurde bemalt: Wände, Reliefs, Statuetten, Skelette, Keramik,

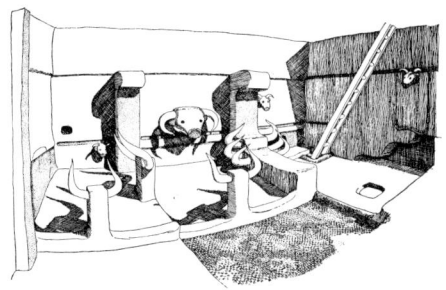 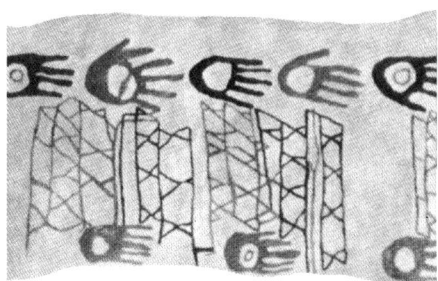

59 *Raum mit drei Bukranien, Bank mit drei Hörner-*
    paaren, Stier- und Widderköpfen

60 *Handabdrücke an der Nordwestwand eines Hauses*
    der Schicht VII

wahrscheinlich auch Gesicht und Körper der Frauen. Aus Eisenoxyd wurde roter, brauner und gelber Ocker, aus Kupfererzen Blau und Grün, aus Quecksilberoxyd Rot, aus Manganerz Purpur und aus Bleiglanz Bleigrau gewonnen. Außer einfarbigen Farbfeldern, meist in Rottönen, gibt es Felder mit geometrischen Mustern, mit Symbolen, mit Handabdrücken, mit naturnahen Darstellungen von Menschen, Tieren und ganzen Szenen, sogar mit einer Landschaft. Außer Wandfeldern waren rot bemalt: Pfosten, Nischen, Bänke, Plattformen, kurz alle baulich wichtigen Teile der Räume. Man nimmt an, daß für manche

geometrischen Ornamente Textilien, Vorläufer der Kelims, als Vorbild dienten. Da deren abstrakte Formen oft symbolische Bedeutung hatten, wird dies auch für die Malereien gelten. Manches Muster erinnert an jungpaläolithische Symbole oder ist wie der Handabdruck eine direkte Fortführung alten Brauches, manches scheint spätere Zeichen, sogar Schriftzeichen vorwegzunehmen. Die einfarbig in Rot ausgeführten Darstellungen von Jagd- und Tanzszenen um 5800 v. Chr. haben in ihrer Stilisierung viel Ähnlichkeit mit den ostspanischen Felsbildern des Mesolithikums. Die Tradition der Jägerkultur tritt auf ihnen beson-

61 *Hirschjagd, Wandmalerei in einem Kultraum von Çatal Hüyük III*

69

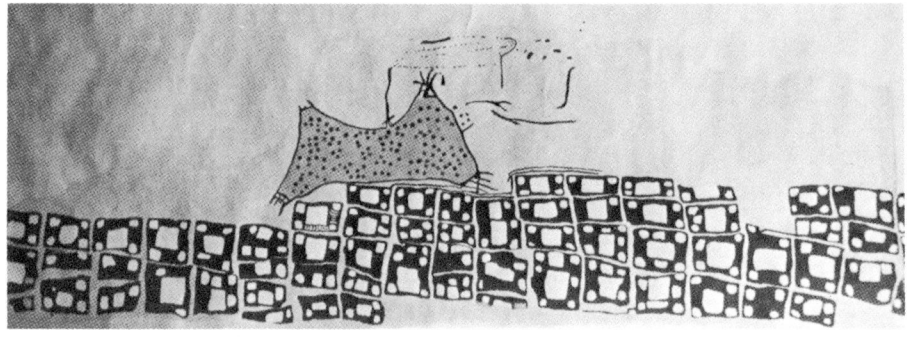

62 *Kopie einer Wandmalerei der Schicht VII von Çatal Hüyük: Stadt und Vulkanausbruch*

ders deutlich in Erscheinung. Ein in der Kunst der Frühzeit einmaliges Bild (um 6200 v. Chr.) ist eine Landschaft mit rechteckigen Häusern im Vordergrund, die wohl Çatal Hüyük wiedergeben, und mit einem Vulkanausbruch dahinter, vermutlich dem des Hasan Dag (3253 m), der am Ostende der Konya-Ebene liegt.

In den Kult- und Wohnräumen fand man bisher etwa 50 Statuetten aus Stein oder Ton, von denen die meisten Steinfiguren aus den frühen Schichten stammen. Manche entstanden aus Assoziationen beim Anblick natürlicher Gesteinsbildungen, in denen man die Ähnlichkeit mit einem Menschen sah und die man durch wenig Nachhilfe mit einem Steinmeißel in eine Gestalt verwandelte. Daneben gibt es naturnahe Statuetten von Göttinnen, aber auch von Göttern. Am bekanntesten ist die nebenstehende Darstellung einer gebärenden Göttin: Sie sitzt auf einem Thron und stützt sich auf Löwenköpfe. An jungpaläolithische fettleibige ›Venus‹-Figuren gemahnen andere Plastiken, z. B. eine bemalte aus Ton der Schicht VI.

Das erstaunlich hochentwickelte Handwerk wird durch zahlreiche Funde bezeugt. Für Werkzeuge verwendete man vor allem Obsidian, ein schwarzes glasartiges Gestein aus den benachbarten Vulkanen, die bis 2000 v. Chr. in Tätigkeit waren, außerdem

63 *Lehmplastik aus Çatal Hüyük, eine Geburt darstellend*

auch importierten Feuerstein. Die Steinbearbeitung erreicht in Çatal Hüyük ihren Höhepunkt. Außer Schabern, Messern, Dolchen und Speerspitzen bis zu 18 cm Länge fertigte man Obsidianspiegel ohne jeden Kratzer. Auch der Steinschliff muß also technisch vollkommen gewesen sein. Man fand fein polierte Steinschüsseln, Perlen aus Stein, Grünsteinäxte und ähnliches. Auch Geräte aus Knochen, Gabeln, Schöpfkellen, Gürtelhaken usw. sind meisterhaft

64 Zeremonialdolch mit beinernem Griff aus
Schicht VI

3 Khirokitia

Von Sibylle von Reden

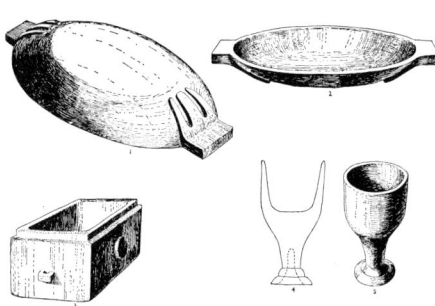

65 Hölzerne Gefäße und Geräte aus Schicht VI

gearbeitet. In der Holzschnitzerei waren die Menschen wahre Künstler. Beispiele zeigt die Abbildung mit Schüsseln, Eierbechern und Kästchen mit festschließendem Deckel. Die Keramik spielte eine untergeordnete Rolle, obwohl sie schon in der frühesten Schicht um 6500 v. Chr. vorkommt. Aus Kupfer und Blei stellte man Schmuckperlen und -gehänge her. Verkohlte Textilreste, aber auch die Wiedergabe von Göttinnen in farbig gemusterten Gewändern bestätigen einen hohen Stand der Weberei. Nicht nur feine Gewebe, sondern auch lockere, schalartige, sowie einfacher Sackstoff sind nachweisbar. Eine junge Frau trug einen Streifenrock mit kleinen Kupferzylindern an den Zipfeln. Auch Webteppiche, wie sie noch heute in Anatolien üblich sind, scheinen schon damals gefertigt worden zu sein. Es sind die ältesten Beispiele dieses Handwerks. Zu erwähnen ist noch die ausgezeichnete Flechtkunst, die in Körben, Binsenteppichen und Matten zutage trat.

Auf die weiteren Grabungen in Çatal Hüyük werden große Erwartungen gesetzt.

Die erste Besiedlung Zyperns erfolgte vermutlich gegen Ende des 7. Jahrtausends v. Chr. von Kleinasien oder Syrien aus. Khirokitia, die bisher älteste große Niederlassung auf der Insel mit stadtähnlichem Charakter, deren Beginn auf etwa 5800 v. Chr. datiert werden konnte, zeigt bereits eine fortgeschrittene Zivilisationsstufe, die sich mit den frühen Stadien von Jericho vergleichen läßt. Die Siedlung wurde in strategisch günstiger Position auf einem 210 m hohen Hügel im Hinterland der Südküste über einem Flußlauf errichtet. Von der Spitze des Hügels kann man das 10 km entfernte Meer beobachten. Die Ausgräber legten die sehr gut erhaltenen Ruinen von 48 Rundhäusern frei. Die Gesamtzahl der Wohnbauten des Ortes wird auf rund tausend geschätzt, die etwa 3000 Einwohner beherbergen konnten.

Befestigt war Khirokitia nicht. Was den Ausgräbern zunächst als ein Steinwall erschien, erwies sich als eine wie ein Damm konstruierte Straße von 1,50 bis 2,50 m Höhe, die 200 m lang mitten durch die Siedlung vom Flußbett bis zum Gipfel des Kegels führt. Diese überhöhte Straße durchschneidet den Ort wie ein Rückgrat, von dem gleich Nervensträngen kleine Steinrampen nach den seitlichen Wohnvierteln ausgehen. Anfänglich lagen die Hütten unter ihrem Niveau; später als sich das Dorf im Ablauf einiger Jahrhunderte mehrmals erneuert und zu einer kleinen Stadt entwickelt hatte, befanden sie sich auf gleicher Höhe.

Khirokitia muß in seiner Blütezeit an eine Termitensiedlung erinnert haben. Die Wohnbauten trugen auf einem breiten Mauerring aus Feldsteinen Kuppeldächer,

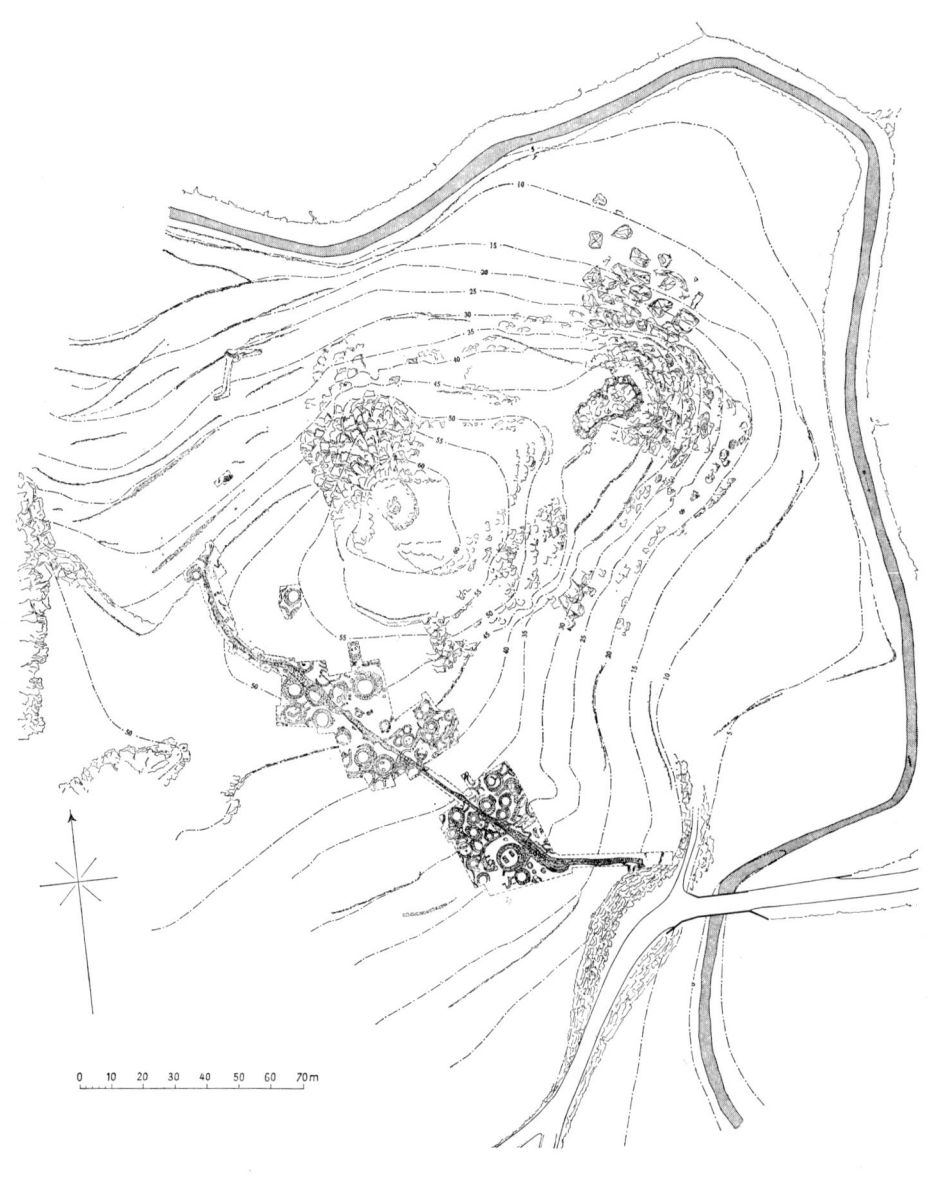

66 *Plan der frühneolithischen Siedlung von Khirokitia*

67 *Das größte Rundhaus von Khirokitia, Durchmesser 10 m*

die in der Art von Bienenkörben aus luftgetrockneten Lehmziegeln und Pisee, einer
zementartigen Mischung, konstruiert waren. Die meisten waren klein, doch gibt es
auch einen Bau mit einem Durchmesser von
10 m, vielleicht den Sitz des Häuptlings,
mit zwei Steinpfeilern, die wahrscheinlich
ein Obergeschoß aus Holz stützten, das
wohl nur die Hälfte des Raumes über-
deckte, wie man das heute noch in zyprischen Bauernhäusern antrifft. Die Innenwände der Häuser waren mit feinem Pisee
verputzt und zum Teil rot bemalt. Die ältesten Feuerstellen waren nur eine gepfla-
sterte Fläche an der Hüttenwand; in der
letzten Phase des frühneolithischen Khirokitia mauerte man 20 cm hohe Plattformen
aus Pisee als Herde, die mit einer dünnen
Kalksteinplatte bedeckt wurden. In ihrer
Nachbarschaft findet sich öfters ein großes
glattes Podium, das bis zur Wand reicht:

68 *Rekonstruktion
eines ›Bienen-
korb-Hauses‹
von Khirokitia*

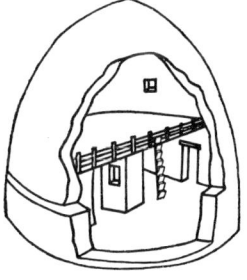

eine Schlafstelle im Bereich der wärmenden
Flamme. An manchen Mauern blieben
Sitze und Bänke aus Steinen oder Pisee erhalten, und überall gibt es Wandnischen, in
denen die Hausbewohner ihre Habe bewahrten. Über runde Tische aus Pisee, die
mit flachen Steinen oder einer Alabaster-
platte bedeckt und mit einem Rand aus
Kieseln umgeben wurden, sind die Jahrtausende fast spurlos hinweggegangen. Gru-

73

ben in den Hüttenfluren dienten verschiedenen Zwecken. Die gepflasterten können Wasserbehälter gewesen sein; andere, in denen Asche, Tierknochen, Steine und manchmal kleine Gegenstände zutage kamen, waren vielleicht für Opferriten bestimmt. Die soliden Rundhäuser verkörpern eine voll ausgereifte Architekturform. War sie die Keimzelle, aus der sich in späteren Jahrtausenden die gewaltigen, mit Bienenkorbkuppeln aus vorkragenden Steinrängen gedeckten Totenhäuser und Sakralbauten des Megalithikums und der mykenischen Kultur entwickeln sollten?

Mahl- und Reibsteine, die in den gepflasterten Umgängen und Höfen gefunden wurden, sprechen für intensiven Ackerbau der Bewohner. Knochen von Schafen, Schweinen und Ziegen bezeugen Viehzucht. Neben Beilen, Sicheln und Pfeilspitzen aus Feuerstein kamen auch Klingen aus Obsidian zutage, der wohl aus Anatolien importiert wurde.

In der Töpferkunst waren die Gründer von Khirokitia nicht sehr erfolgreich; in der Herstellung von Steingefäßen aber waren sie Meister und hinterließen eine Vielfalt von Gefäßen, die mit erstaunlicher Geduld aus Flußsteinen verschiedener Größe gearbeitet und teilweise glatt wie Eierschalen poliert wurden. Die rätselhafte Vollkommenheit, die Zweckmäßigkeit und Schönheit mit unfehlbarem Instinkt verbindet, wird an diesen oft verblüffend dünnwandigen Behältern aus licht- und dunkelgrauem Andesit, Dolerit, Basalt oder Kalkstein sichtbar. Der lange dekorative Ausguß mancher Schalen erinnert an Vogelschnä-

bel. Eine große viereckige Schale trägt auf beiden Seiten ein breites Kreuzornament in Relief, vielleicht ein Fruchtbarkeitssymbol.

In den unteren Schichten von Khirokitia fand man ein eigenartiges plattes, aber sehr massives Steinidol. Auf einem Viereck, an das zwei plumpe Beinstummel gefügt sind, sitzt ein dreieckiger Kopf auf breitem Hals. Das ganz aus geometrischen Formen komponierte kleine Bildwerk unterscheidet sich in der Auffassung von anderen flachen Steinidolen, die in der Siedlung zutage kamen. Die Mehrzahl von ihnen sind vermutliche Darstellungen der Muttergöttin. Kleine konische Steine aus Marmor wirken wie Vorbilder des heiligen Steines, der später als Verkörperung der Aphrodite in Paphos thronte.

Die Verstorbenen wurden innerhalb der Häuser in Hockerstellung unter dem Flur beerdigt. Einige Leichen hatte man mit Steinen beschwert oder gefesselt; offenbar wurde ihre Rückkehr befürchtet. Auf Kinderopfer deuten 29 kleine Skelette aus einem großen Haus, das außerdem vier Bestattungen Erwachsener enthielt, und andere, die sich an kultisch bedeutsamen Stellen unter Herden oder Schwellen fanden. Totenbeigaben waren Steingefäße, die häufig aus rituellen Gründen zerschlagen waren, kleine Amulette und Gewandnadeln aus Stein oder Bein sowie schöne Halsket-

69 Steinschale mit
    Schnabelausguß
    und Kreuzorna-
    menten, aus Khi-
⊲   rokitia

70 Steinernes
    Flachidol aus ▷
    Khirokitia

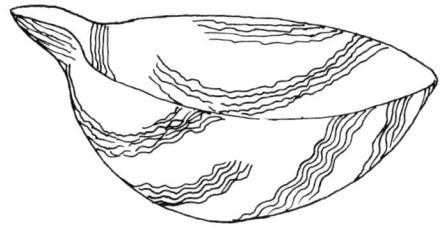

71 Rundbodige rotbemalte Schüssel mit Kammornamenten aus Khirokitia

ten aus Karneolperlen und weißen Röhrenmuscheln, besonders in den Frauengräbern. Im letzten Viertel des 6. Jahrtausends wurde Khirokitia plötzlich verlassen. Erst im Spätneolithikum, gegen 4000 v. Chr., setzten sich neue Siedler über den Ruinen fest. Aus dieser Zeit stammen hellrot bemalte und mit Kammstrichmustern verzierte polierte Gefäße aus feinem Ton, die jedoch nicht die älteste Töpferware Zyperns darstellen. Diese erschien gegen 5250 v. Chr. auf der Insel und erinnert mit ihrem roten Überzug und den darin ausgesparten hellen Ornamenten an thessalische Keramik aus der selben Periode.

4 Lepenski Vir

An früherer Stelle wurde bemerkt, daß nach dem Ende des Jungpaläolithikums die Entwicklung in den einzelnen Gebieten sehr verschieden verlief und daß Çatal Hüyük das bisher einzige unmittelbare Bindeglied zwischen den Jäger- und Sammlerkulturen und dem Bauern- und Hirtentum ist. Die Anfänge der ›neolithischen Revolution‹ reichen dort ins 8. und 7. Jahrtausend zurück. Eine neu entdeckte Fundstätte, *Lepenski Vir*, die 1965—1968 ausgegraben wurde, ist

nach den C[14]-Messungen erst ins 6. Jahrtausend zu datieren, hat aber dennoch vorwiegend mesolithischen Charakter. Ihre Bewohner lebten fast ausschließlich von der Jagd, vom Fischfang und vom Sammeln. Sie domestizierten zwar später in beschränktem Umfang Hunde und Rinder, aber von einer produktiven Wirtschaftsform kann man nicht sprechen. Das Besondere ist, daß die Leute von Lepenski Vir im Gegensatz zu den meisten Jäger- und Sammlergruppen seßhaft waren und eine bemerkenswerte kulturelle und soziale Stufe erreichten, ferner daß sie eine sehr eigenartige Bauweise aus Stein und Holz entwickelten. Sie sind zwischen Mesolithikum und Neolithikum einzureihen.

Lepenski Vir liegt am rechten Ufer der Donau, wo diese die Südkarpaten am Eisernen Tor, der Djerdap-Enge, durchbricht. Das Eiserne Tor ist die Pforte zwischen Jugoslawien und Rumänien, seit alters eine strategisch wichtige Stelle zwischen dem mittleren und unteren Donauraum. Die Siedlung auf einer Uferterrasse, die im Vergleich zu Çatal Hüyük bescheidene Ausmaße von etwa 5500 Quadratmeter hat und auf der einen Seite durch die Donau, auf der andern durch bewaldete Steilhänge begrenzt ist, wurde 1965 untersucht, da der Bau eines großen Stausees bevorstand, der die Ufer bald überfluten mußte. Unter einer frühneolithischen Schicht der *Starčevo-Kultur* aus dem 4. Jahrtausend, benannt nach einem bandkeramischen Fundort unweit Belgrads, stieß man auf drei ältere Stufen mit sieben Wohnebenen, die wie folgt eingeteilt werden:

Proto-Lepenski Vir um 5800 v. Chr.

L. V. Ia	um 5600
L. V. Ib	um 5400
L. V. Ic	um 5150
L. V. Id und e	um 5050—5000
L. V. II	um 4950

Man beachte, daß hier die untere Schicht mit I bezeichnet wird im Gegensatz zu der sonst üblichen Einteilung.

Die Grabungen brachten eine unbekannte Kultur von aufsehenerregender Bedeutung zutage, die erste eigenständige in Europa nach dem Jungpaläolithikum, die auf die weitere Entwicklung zum Neolithikum im Donauraum großen Einfluß hatte.

Zwei kulturelle Errungenschaften, auf welche der Leiter der Ausgrabungen, DRAGOSLAV SREJOVIĆ,[3] stieß, die merkwürdigen architektonischen Formen, welche Planung und Organisation verraten, und die einzigartigen monumentalen Skulpturen, ließen auf frühere Wurzeln und eine längere Entwicklungsphase schließen. Neue Grabungen 1969 und 1970 in der untersten Schicht brachten infolge früherer Zerstörungen keine Aufschlüsse, doch fand man überraschend 4,5 km flußabwärts eine andere Fundstelle, *Vlasac,* die der gleichen Kultur angehört. Bauweise, Art der Bestattungen sowie Stein- und Knochengeräte stimmen mit denen von Lepenski Vir überein. Die untersten Schichten erbrachten typisch mesolithische Formen, die teilweise noch in der Tradition des Jungpaläolithikums stehen. Die oberen Schichten entsprechen denen von Lepenski Vir und zeigen den Übergang zum vorkeramischen Neolithikum. Die Anfänge der Lepenski Vir-Kultur, die sich über einen Zeitraum von über 1000 Jahre erstreckten, müssen bis ins ausgehende 7. Jahrtausend zurückreichen.

Schon die ersten Dachhütten von Vlasac zeigen die seltsame Form eines abgestumpften Kreisausschnitts, zuerst mit ovaler, später mit rechteckiger Herdstelle und einem Boden aus zerbröckeltem rotem Kalkstein, Sand und Lehm. Die eigenartige Form und Anordnung der Wohnbauten wurden in Lepenski Vir Ia voll ausgebildet. Aus Stein und Holz gebaut, zeigen sämtliche Hütten die gleichen Proportionen des Grundrisses, für den es kein natürliches Vorbild gab. Sie bilden einen Kreissektor mit einem Winkel von 60 Grad. Die Frontseite gab das Maß für ein gleichseitiges Dreieck, von dessen Seitenschenkeln man ein Viertel ihrer gedachten Länge kürzte und damit die Spitze abschnitt. Um die errechnete Spitze schlug man einen Kreisbogen mit dem Radius der ungekürzten Seitenschenkel und erweiterte um dieses Kreissegment die Frontseite. Das Maß der rückwärtigen Hausseite verhält sich zu den Seitenschenkeln wie 1:3 und zur Breite der Frontseite wie 1:4. Es bestimmte alle Proportionen, die immer dieselben blieben, während das Grundmaß je nach dem Gelände und der Bedeutung von Bau zu Bau wechselte. Diese Planung legt den Schluß nahe, daß die Leute von Lepenski Vir rechnen konnten und sich einer Zahlenmystik unterwarfen. Auch die Anordnung der Pfostenlöcher für die Dachstützen ergibt ein Netz von Konstruktionsdreiecken.

Wichtigstes Element des Innenraumes war der Herd aus hochkantgestellten großen Steinblöcken, in dessen Längsachse genau im Mittelpunkt des gedachten dreiseitigen Dreiecks ein kugelförmiger Geröllstein die zentrale Position einnahm.

Die Fußböden waren mit einer zähen Masse, einer Art Mörtel, aus gebranntem Kalkstein, vermischt mit Wasser, Sand und Lehm, sorgfältig bedeckt. Auch die Blöcke des Herdes, die Schwellen davor, der Geröllstein und die Steinplatten der Pfostenlöcher wurden damit überzogen.

Lepenski Vir beherbergte etwa 100 Menschen. Die Wohnhütten waren auf dem zur Verfügung stehenden Terrain planvoll angeordnet mit einem freien Platz in der Mitte und einem zweckmäßigen Verlauf der Straßen. Alle Wohnbauten waren in Ost-West-Richtung orientiert.

An den Errungenschaften von L.V. Ia hielt man in den späteren Besiedlungen im

[3] Dragoslav Srejović, *Lepenski Vir.* London 1972. Deutsche Ausgabe: Bergisch Gladbach 1973

72 Lepenski Vir, kugelförmiger Geröllstein vor dem Herd

73 Plan der Siedlung von Lepenski Vir mit Straßenverlauf

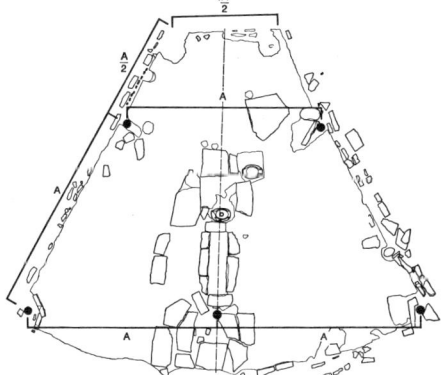

74 Fundament des Hauses Nr. 37 von Lepenski Vir

wesentlichen fest. Neben technischen Verbesserungen erkennt man jedoch allmählich eine gewisse Auflösung der ursprünglichen Siedlungsanlage. In L.V. Ib wurde das Hausheiligtum mit Herd und Geröllstein durch breite Steinplatten vom übrigen Raum deutlich abgetrennt. Dahinter stellte man unsymmetrisch Steinskulpturen auf. Das Leben spielte sich rings um diesen heiligen Herdbezirk ab. In L.V. II endlich ging der frühere Sinn für Proportionen und Genauigkeit verloren.

Die strenge Gliederung der Siedlung und der Sinn für exakte Maße finden sich sonst in keiner Fundstelle des Jungpaläolithikums und der frühen Jungsteinzeit.

Die Kunst der Urzeit erhielt durch den Fund von Steinskulpturen in Lepenski Vir einen neuen großartigen Aspekt. Man kennt die kleinen Tonplastiken und Steinidole des Jungpaläolithikums; nirgendwo waren aber bis dahin monumentale Bild-

75 Zwei figürliche Skulpturen im Heiligtum eines Hauses

77

*76 Herd eines Hauses mit gleichschenkligen Dreiek-
ken aus rötlichem Stein, und Geröllstein als Altar*

hauerwerke gefunden worden. Die Skulpturen von Lepenski Vir sind ohne Vorbild
und einzigartig. Die erwähnten aufrecht-
stehenden Geröllsteine, die von Anfang an
als Symbole des Heiligen, als Mittelpunkt
des Hauses hinter dem Herd ihren Platz
hatten, waren ohne Ausnahme von einem
etwa 10 km entfernten Bachbett herbeige-

77 Monumentale Skulptur aus Lepenski Vir

schafft worden. Sie bestanden weiter und
hatten in ihrer äußersten abstrakten Ein-
fachheit vorrangige Bedeutung, solange Lepenski Vir existierte. Von der Schicht
L.V.Ib wurden jedoch daneben grobkör-
nige gelbliche Sandsteinblöcke bis zu 60 cm
Höhe kunstvoll bearbeitet. Man hat dabei
den Eindruck, daß es sich nicht um tasten-
de Versuche handelt, daß vielmehr von Anfang an bestimmte Vorstellungen technisch
und künstlerisch erstaunlich sicher realisiert wurden. Zwei Gruppen lassen sich
unterscheiden: *Naturnahe gegenständliche*
und *ornamentale, abstrakte* Skulpturen.

Bei der frühesten menschlichen Figur aus
Schicht L.V.Ib ist nur der Kopf, aber dieser
sehr ausdrucksstark herausgearbeitet. In
der nächsten Phase beschränkte man sich
auf die Darstellung des Kopfes. Auffallend
ist die Skulptur eines Menschengesichtes
mit fischähnlichen Zügen, die als Äußerung
einer religiösen Mystik gedeutet wird. In
den späteren Perioden von L.V.I nahmen
die Zahl und Qualität der gegenständlichen
Skulpturen ab, während sie in L.V.II wieder auflebten. Man fand sieben menschliche
Figuren, die durch ihre Größe und technische Ausführung beeindrucken. Durch
die Bearbeitung mit Steinmeißeln wurde
eine stärkere Reliefwirkung erreicht. Mit
zunehmender Stilisierung nahm auch die
Expressivität zu. Die abgebildete Skulptur
zeigt, wie erstaunlich sicher der Bildhauer
auf dem vorgegebenen engen Raum des Ge-
röllsteins Kopf und Körper abstrahiert hat.
Nach den Attributen zu schließen, handelt
es sich um eine Göttin, möglicherweise
auch um ein androgynes Wesen. Aus der
gleichen Schicht stammt die erste über-
lebensgroße Darstellung eines menschlichen Kopfes.

Ornamentale Skulpturen überwiegen in
allen Schichten; sie hatten die Funktion von
Altären und weisen oft schalenförmige Vertiefungen oben auf. Die anfänglichen Wellenlinien wurden in späterer Zeit zu Ara-

78 a Menschliche Skulptur, b Skulptur in der Rückwand des Heiligtums eines Hauses, c mit Wellenlinien verzierter Altar

besken, deren Zickzacklinien und Winkel vermutlich symbolische Bedeutung hatten. In L.V. II erscheinen geradlinige und serielle Muster.

In Proto-Lepenski Vir fand man nur Teile von Menschenschädeln, so daß anzunehmen ist, daß es sich um Zweitbestattungen handelt, nachdem der Leichnam zerfallen war. Später wurden die Toten im Hausheiligtum beigesetzt, nachdem das Skelett von Fleischresten gereinigt war,

doch gab es noch immer Teilbestattungen. Die Skulpturen standen zweifellos mit dem Grab in Zusammenhang, wahrscheinlich auch die kleinen Dreiecke in A-Form, die längs der Herdkanten angeordnet waren und auf eine Urform, einen menschlichen Unterkiefer mit hochkantgestelltem Stein am offenen Ende, zurückgehen. Als Grabbeigaben entdeckte man in der Regel nur Geweihsprossen von Hirschen, mitunter auch ganze Hirschschädel.

◁ *79 Ornamente auf Skulpturen von Lepenski Vir*

V Rätsel der Megalithkulturen

Von Sibylle von Reden

Die eindrucksvollen Relikte der vorgeschichtlichen Megalithkulturen Europas: viele tausende urtümlicher Grabbauten aus mächtigen Blöcken und Platten, geheimnisvolle Steinsetzungen, die zu langen Reihen oder ringförmigen Anlagen geordnet in der Landschaft stehen, einzelne Monolithen (Menhire), die manchmal erstaunliche Maße erreichen, Ganggräber, deren Kammern von Bienenkorbkuppeln überwölbt werden, das Rundheiligtum von Stonehenge und die elliptischen Tempel von Malta, die von Giganten aufgetürmt scheinen, erregten seit dem Altertum allgemein abergläubische Scheu, aber auch die Wißbegierde der Gelehrten. Noch im 18. Jahrhundert hielt man solche Monumente allgemein für das Werk vorsintflutlicher Riesengeschlechter. In Deutschland und Holland heißen die Großsteingräber daher bis heute ›Hünenbetten‹. Zahlreiche Legenden brachten diese Zeugnisse einer mythischen Vergangenheit in Beziehung zum Teufel oder anderen dämonischen Wesen. Dunkle Erinnerung an ihre einstige Heiligkeit lebt bis heute in seltsamen Bräuchen — meist Fruchtbarkeitsriten — fort, die mit manchen von ihnen verbunden wurden.

Erst mit dem 19. Jahrhundert setzte sich langsam die Erkenntnis durch, daß die großen Steinmale von Menschenhänden errichtet wurden. Zwischen 1840 und 1860 bürgerte sich die Bezeichnung ›Megalithmonumente‹ ein, die von den griechischen Worten megas = groß und lithos = Stein abgeleitet wurde und man begann von *Megalithkulturen* zu sprechen. Deren Deutung und Datierung aber führte noch jahrzehntelang zu wilden Spekulationen und romantischen Phantasien. In Frankreich und England herrschte damals die ›Keltomanie‹. Es war unvermeidlich, daß man dort die Riesensteingräber, die oft Tischform haben und nach einem bretonischen Wort für Steintisch *Dolmen* genannt wurden, für Druiden-Altäre hielt und mit blutigen Opferhandlungen verband. Daneben blieb die ›Ägyptomanie‹, die mit Napoleons Feldzug zum Nil begonnen hatte, nicht ohne Einfluß auf die Auslegung der Megalithmale. Schließlich wurden auch die Römer, denen man u. a. die Konstruktion von Stonehenge zuschrieb, vielfach für ihre Schöpfer angesehen. Die megalithischen und die ihnen bautechnisch eng verwandten zyklopischen Strukturen im mediterranen Bereich erklärte man hingegen als Hinterlassenschaft der Phönizier, die damals für die Urheber der meisten vorgriechischen und vorrömischen Bauwerke an den Küsten und auf den Inseln des Mittelmeeres gehalten wurden. Immerhin gab es bereits vereinzelte Forscher, die das Studium der Megalithdenkmäler mit wissenschaftlicher Objektivität und empirischen Methoden betrieben. Ein wahrer Pionier auf diesem Gebiet war der Pastor und Historiker NICOLAUS WESTENDORP aus Groningen in Nordholland, der sich an einem Preisausschreiben der Haarlemer ›Gesellschaft der Wissenschaften‹ im Jahre

1808 mit einer Arbeit über die Hünenbetten seiner Heimat beteiligte. Er bezeichnete diese darin als Monumente der ›Urkelten‹, die vielleicht schon zwischen 2000 und 1500 v. Chr. entstanden seien. In Frankreich, England und Skandinavien erschienen die ersten großen Publikationen über die Großsteinkulturen erst in den sechziger und siebziger Jahren. JAMES FERGUSON vertrat noch 1872 in seiner Arbeit ›Rohe Steinmonumente aus allen Ländern‹ die Meinung, daß diese von halbzivilisierten Rassen aufgerichtet wurden, nachdem diese mit der römischen Kultur in Berührung gekommen waren und datierte sie in die ersten tausend Jahre der christlichen Zeitrechnung. Zuvor hatte der französische Archäologe A. BERTRAND 1964 behauptet, daß sämtliche europäischen Großsteinstrukturen von einem einzigen Volke stammten, das sich in nordsüdlicher Richtung verbreitet hätte. Ein Jahr später veröffentlichte der Schweizer Baron BONSTETTEN sein berühmtes ›Essai sur les Dolmens‹ mit einer Karte ›aller megalithischen Denkmäler der Welt‹ als Beweis für die weltweite Wanderung eines ›megalithischen Volkes‹. Diese Ideen fanden zahlreiche Anhänger und waren lange nicht auszurotten.

Gegen Ende des 19. Jahrhunderts, als die Altertumsforschung sich zu einer wissenschaftlichen Disziplin entwickelte, trat auch die Untersuchung der Megalithkulturen in eine neue Phase. Bestandaufnahmen ihrer Hinterlassenschaft in Frankreich, Großbritannien, den nordischen Ländern, in Spanien, Portugal und auf den westmediterranen Inseln, systematische Ausgrabungen und vergleichende Studien führten im Lauf der ersten Hälfte des 20. Jahrhunderts zu einer umfassenden Kenntnis ihrer vielfältigen Erscheinungsformen in Europa und in anderen Erdteilen. Wir wissen heute, daß es außer den Megalithmalen der Westhälfte Europas und der südwestlichen Küstenzone des

Schwarzen Meeres auch im Kaukasus, in Israel und Jordanien (s. Kap. VII, 3), in Abessinien und dem Sudan, in Nordafrika, Persien, Belutschistan, Kaschmir, auf der Arabischen Halbinsel und in Südindien ähnliche Monumente gibt. In Korea und Japan kommen Riesensteingräber vor, in Assam und auf Sumatra Menhire, um von den ungeheuren Steinkonstruktionen der vorkolumbianischen Kulturen in Mittelamerika und im Norden von Südamerika ganz zu schweigen. Von den südindischen und den japanischen Gräbern wissen wir, daß diese etwa zwischen 200 v. Chr. und 50 n. Chr. und von 200 v. Chr. bis rund 700 n. Chr. erbaut wurden. Die afrikanischen Megalithbauten stammen zum Großteil aus der christlichen Ära. Niemand denkt mehr an ein Volk von ›Megalithikern‹ als Urheber aller dieser zeitlich und räumlich so weit auseinanderliegenden Denkmale, doch ist das Problem ihrer Entstehung, Datierung und Verbreitung gerade in Alteuropa noch keineswegs gelöst und hat in den letzten Jahren wieder neue, erregende Aspekte gewonnen.

Die oft verblüffende Ähnlichkeit und selbst Identität von Gräbern, Kultbauten und Anlagen aus Riesensteinen, die Wiederkehr bestimmter heiliger Zeichen, Idole und Rituale in Verbindung mit diesen innerhalb eines für prähistorische Verkehrsverhältnisse unendlich weiten Gebietes, das sich vom Nahen Osten bis in den hohen Norden Europas erstreckt, wurde von den meisten Gelehrten als Hinweis auf die allmähliche Verbreitung bestimmter religiöser Vorstellungen und eines mit diesen verbundenen Baustils gewertet. Kollektive Bestattung, ein dominierender Toten- und Ahnenkult, der eng mit der Verehrung der Großen Erdmutter verbunden war und oft übermenschliche Anstrengungen im Dienst der Verstorbenen verlangte, denen durch ein unzerstörbares Grabhaus ewiges Leben gesichert werden sollte, scheinen die hervorragendsten Züge dieser Religion, die zur Entstehung der ältesten monumentalen Steinarchitektur der Welt führte.

Wo aber stand die Wiege dieser Ideen? Im Osten mit seinen uralten Zivilisationen oder aber auf der Westhälfte unseres Kontinentes, wo die Megalithkulturen einen einzigartigen Aufschwung und eine Jahrtausende während Blüte erlebten? Es gab immer leidenschaftliche Gegner des Dogmas vom ›Licht aus dem Osten‹, unter ihnen auch Vorgeschichtsforscher, die an die Geburt der Megalithkultur in West- oder Nordeuropa glaubten. Ein Archäologe von Weltruf, der Engländer STUART PIGOTT, dachte ernstlich an die Möglichkeit, daß die mykenischen Fürstengräber mit ihren vollendet gefügten Bienenkorbkuppeln Nachkommen der rohen, aber in der gleichen Technik und Grundform erbauten Kuppelgräber Iberiens, Irlands und der Bretagne sein könnten, deren höheres Alter außer Zweifel stand. Anderseits sprechen gewichtige Argumente für eine Verbreitung der Bestattungssitten, Architekturtypen und religiösen Vorstellungen, die als gemeinsamer Hintergrund der vielfältigen Megalithmale erscheinen, über den Seeweg und in ost-westlicher Richtung.

Gegen Ende der ersten Hälfte des 20. Jahrhunderts war die Mehrzahl der Archäologen der Ansicht, daß der Ausgangspunkt der Gedanken, die hinter den Megalithkulturen standen, im Ostmittelmeer zu suchen sei. Der Totenkult in Palästina reicht bis ins Mesolithikum und führte wahrscheinlich bereits seit dem 5. Jahrtausend zur Errichtung von Großsteingräbern und Kultanlagen, die sehr viel mit den europäischen Megalithmalen gemeinsam haben. In Ägypten war ein Totenkult entstanden, dessen Kolossalbauten vielleicht von primitiveren Konstruktionen aus Riesensteinen, die manchmal auch gewaltige Dimensionen erreichten, inspiriert wurden. Die Vorbilder der Kuppelgräber des We-

stens vermutete man in den großen frühminoischen Rundgräbern der kretischen Messara, der Ebenen südlich des Ida. Seefahrer aus dem Ostmittelmeer, die sich auf der Suche nach neuen Metallvorkommen bis an das andere Ende des Mittelmeeres vorwagten, erschienen als die Träger des neuen Totenkultes im Schatten der altorientalischen Magna Mater, die Mündungen der Großen Flüsse wie des Tagus und der Rhône, die Süd- und Südwestküsten der Iberischen Halbinsel, besonders das erzreiche Gebiet um Almeria, als die ersten Landeplätze dieser Pioniere und Missionare. Die Iberische Halbinsel wurde als der Ausgangspunkt weiterer Vorstöße in nördlicher Richtung betrachtet, die zur Entstehung der westfranzösischen, britischen, irischen und nordischen Megalithkulturen geführt hatten. Der Beginn der iberischen Megalithkultur wurde etwa um die Mitte des 3. Jahrtausends v. Chr. datiert, jene der westmediterranen Inselwelt etwas später. Die gesamte sorgfältig aus Vergleichen, datierbaren Funden aus dem ostmediterranen Raum und Analogien aufgebaute ›kurze Chronologie‹ brach in den fünfziger Jahren durch die Entwicklung der neuen Zeitbestimmungsmethode mit Hilfe des C^{14}-Testes zusammen. Es zeigte sich, daß man alle Daten zu niedrig angesetzt hatte. Die Megalithkulturen waren bedeutend älter, als zuvor angenommen wurde. Zehn Jahre nach der Einführung der C^{14}-Methode verfügten die Archäologen über ausreichendes Datenmaterial von den megalithischen Bauwerken der verschiedensten Länder, um sich ein Bild ihrer Geschichte zu formen, das von dem früheren abwich. Die Theorie einer Abstammung der westeuropäischen Kuppelgräber von den Tholoi der Messara, die durch ägyptische Totenbeigaben relativ genau datiert werden konnten, war u. a. nicht mehr zu halten. Die bretonischen Ganggräber waren wesentlich älter als die kretischen Totenhäuser. Sollten die Vorkämpfer eines westeuropäischen Ursprunges der Megalithkulturen doch noch Recht behalten?

Die neuen Daten für die vorgeschichtlichen Zivilisationen Europas und des Nahen Ostens, die sich aus den Messungen mit Hilfe der Radiokarbon-Methode ergaben, revolutionierten alle Vorstellungen von der Entwicklung der ältesten Kulturen. Der Beginn des Neolithikums war bis dahin im Orient in das 5. und in Europa in das 4. bis 3. Jahrtausend v. Chr. angesetzt worden. Nun zeigte sich, daß die Archäologen ihre Annahmen um einige Jahrtausende revidieren mußten. Die Anfänge der Jungsteinzeit reichen im Vorderen Orient bis in das 8. Jahrtausend v. Chr. zurück, in Osteuropa und im Mittelmeerraum in das 7. bis 6. Jahrtausend, in West- und Nordeuropa in das 5. bis 4. Jahrtausend. Es dauerte einige Zeit, ehe sich die Vorgeschichtsforscher mit der neuen Lage auseinandergesetzt hatten und nicht alle waren von der Zuverlässigkeit der C^{14}-Methode überzeugt, deren Resultate zudem nicht immer mit den historisch gesicherten Daten, die man z. B. aus der ägyptischen Frühgeschichte besaß, übereinstimmten. LIBBY, der 1949 die Radiokarbon-Methode entwickelte, ging in seinen Berechnungen von der Annahme aus, daß der Gehalt der Atmosphäre an radioaktivem Kohlenstoff stets gleich geblieben sei; dies wurde mit Recht bezweifelt. Man suchte nach einer Kontrollmöglichkeit und diese wurde zu Beginn der siebziger Jahre durch amerikanische Gelehrte, die sich mit der Baumringchronologie beschäftigten, auch gefunden. An Hand von Untersuchungen der Jahresringe kalifornischer Mammutbäume und Grannenkiefern, die mehr als 4000 Jahre alt werden können, an den Universitäten von Arizona und Kalifornien stellte man fest, daß die Produktionsrate von C^{14} in der Atmosphäre und damit auch in aller organischer Materie, tatsächlich Schwan-

kungen ausgesetzt war, die mit kosmischen Vorgängen, vielleicht mit unterschiedlicher Aktivität der Sonne, (Sonnenflecken) zusammenhingen. Mehr als 500 Stämme wurden geprüft und auf Grund der Ergebnisse eine fortlaufende absolute Chronologie ausgearbeitet, die nunmehr eine Richtigstellung der C^{14}-Daten zu ermöglichen scheint. Die ersten Kontrolltabellen waren sensationell. Sie zeigten, daß die Radiokarbon-Methode bei Funden aus den Perioden vor 1500 v. Chr. wahrscheinlich zu niedrige Meßwerte ergab. Die Differenz steigerte sich mit dem Alter der Funde bis zu etwa 800 Jahren. Die Megalithmonumente Westeuropas alterten zum zweiten Mal. Die ersten Ganggräber der Bretagne wären dann gegen 4000 v. Chr., rund anderthalb Jahrtausende vor den ägyptischen Pyramiden, entstanden und der maltesische Archipel trüge die ältesten steinernen Tempel der Welt. Ist aber der Triumph einiger Archäologen, die nun die Autonomie der westlichen Megalithkulturen für bewiesen und die Theorie einer Wanderung religiöser Ideen und sakraler Bauformen aus dem nahöstlichen Bereich für abgetan halten, nicht verfrüht?

Zunächst ist die Baumring-Chronologie noch nicht in allen Feinheiten ausgearbeitet und ausreichend getestet. Die offizielle Archäologie hält sich daher weiter an die konventionellen C^{14}-Daten. Diese hatten bereits gezeigt, daß die ägäischen Inseln nicht der Ausgangspunkt des neuen Totenkultes und seiner Grab-Architektur sein können. Für Gebiete wie West- und Südanatolien und die Levante aber, die ohne Zweifel zu den ersten Ausgangspunkten kühner Seefahrer gehören, die auch zu den Kolonisatoren der ägäischen Inselwelt wurden, wäre naturgemäß dieselbe Korrektur der Daten anzuwenden wie für die europäischen Großstein-Kulturen. Ihre frühen Zivilisationen würden dann ebenfalls um 800 Jahre älter und wären damit den westlichen immer noch wesentlich voraus. Das hohe Alter der Seefahrt im Ostmittelmeer wurde kürzlich wieder durch Obsidianfunde auf dem griechischen Festland bewiesen, die von der Insel Melos importiert waren. Sie kamen in einer frühneolithischen Wohnschicht zutage, die durch C^{14}-Teste in das Ende des 8. Jahrtausends datiert wurde!

Eine Betrachtung der bedeutendsten Megalithkulturen Alteuropas zeigt, daß diese unverkennbar nicht wenige östliche Züge und Elemente aufweisen. Es fällt schwer, an eine völlig unabhängige Entwicklung fast identischer Erscheinungen auf kultischem wie auf bautechnischem Gebiet im Orient und im Okzident zu glauben.

Wie dem auch sei, es ändert nichts an der Tatsache, daß die Megalithkultur im Westen, auf Malta und der iberischen Halbinsel, in Frankreich und England ihre gewaltigste und eindrucksvollste Ausprägung erfuhr. Der Vergleich mit der Eiszeitkunst drängt sich auf, von der man annimmt, daß ihre Träger aus dem Osten kamen, die aber im franko-kantabrischen Raum ihre großartigste Blüte erlebte.

1 Die Megalith-Kultur in Palästina

Im Laufe des 4. Jahrtausends drangen immer neue Stämme nach Palästina, wurden vorübergehend seßhaft und hinterließen in Bauwerken, Keramik und Begräbnisformen ihre Spuren. Wenn das Vorkommen von Wildgetreide den Beginn des Akkerbaus und die Gründung fester Niederlassungen begünstigte, so eigneten sich andere Gebiete besonders zur Weidewirtschaft. Nomadisierende Hirtenstämme durchstreifen seit alters bis heute die arabische Halbinsel; ihre Einbrüche in fruchtbarere und reichere Länder waren zu allen Zeiten der Schrecken der kulturell höher entwickelten Siedler. Zweifellos war schon vor dem 4. Jahrtausend auch Palästina Ziel solcher umherziehender Stämme, die vermutlich die Berggegenden, vor allem die Transjordaniens, zu ihrem Lebensraum wählten. Das Dasein nomadischer und halbnomadischer Viehzüchter führt seiner Natur nach zum Ahnenkult; zu Familienverbänden zusammengeschlossen, um ihre Herden schützen zu können, ist der Sippengeist bei ihnen besonders ausgeprägt und zeigt sich auch in ihren religiösen Vorstellungen. Den Ahnen mußte man einen Bau errichten, damit sie der Familie weiterhelfen. In weiten Räumen, in denen sich das Hirtenleben abspielte, setzte man den Toten ein Mal, während die Lebenden weiterzogen. So entstanden der megalithische *Menhir,* ein großer, aufrecht stehender unbehauener Stein, der für das Totenopfer wieder auffindbar sein mußte, der *Dolmen,* das Grab aus riesigen Steinen mit einer Deckplatte, und für kultische Feiern die *Steinkreise* und *Steinalleen,* an denen man sich zur Abhaltung der Riten traf. Noch heute opfern umherziehende Beduinen an den Steinsäulen, indem sie diese mit Öl begießen. Auch die Bibel berichtet davon; Abraham, Isaak und Jakob zogen mit ihren Herden von Mesopotamien bis Ägypten. Jakob errichtete über dem Grab von Rahel, seiner Frau, ein Mal und goß Öl darauf. Während die Kanaanäer noch den Stein mit der Gottheit gleichsetzten, wurde er im Alten Testament als Zeugnis-Stein umgedeutet. »Derselbe Vorgang, der sich später im Mittelalter bei der Christianisierung heidnischer Megalithen vollzog, spielte sich unter anderen Vorzeichen schon bei den Israeliten ab. Der berühmte ›Gilgal‹ der Bibel war sicherlich ein sehr alter, heiliger Steinkreis zwischen Jericho und der Jordanmündung, der von Josua als Kult-

80 Kanaanitischer Altarstein aus Hasor mit zur Sonne emporgestreckten Händen

halten rechteckige oder trapezförmige Kammern; auf den Dachsteinen finden sich gelegentlich Vertiefungen oder Näpfchen, die von Bestattungen aus dem Paläolithikum in Europa bekannt sind. Die Dolmen des Jordangebiets sind im allgemeinen 2 bis 3 Meter lang, die Ganggräber, Kammern mit Vorbau, sogar 6 bis 8 Meter. Nördlich Jerusalem fand man zyklopische, mauerähnliche Konstruktionen, die sogenannten ›Gräber der Kinder Israels‹, von denen die größte 54 Meter lang, 2 Meter breit und fast 5 Meter hoch ist. In Ostjordanien sind eindrucksvolle Anlagen der Megalith-Zeit erhalten. Inmitten von Hügeln mit etwa 150 großen Steingräbern stehen auf einer terrassenförmigen Erhebung drei annähernd 2 Meter hohe Menhire innerhalb von Steinkreisen, die weithin sichtbar sind; der Fuß des Plateaus ist von einem Menhir-Kranz mit etwa 300 m Durchmesser umgeben. Wir führten nur einige Beispiele dieser Kultur auf, deren Ähnlichkeit mit Kultanlagen in Europa überraschend ist. Auf der *Sinai-Halbinsel* gibt es eine besondere Form von Steingräbern, kleine konische Grabtürme, die sogenannten ›Navamis‹, deren größere und entwickeltere Formen in den Tholosgräbern Kretas und Mykenes, auch in den Nuraghen Sardiniens später wieder erscheinen. In einem großen Friedhof in der Nähe des früher erwähnten Ghassul weisen Keramikscherben Ähnlichkeit mit denen der Siedlung auf, die in der Mitte des 4. Jahrtausends durch Brand zerstört wurde, und ermöglichen dadurch eine ungefähre Datierung. Außer diesen Kult- und Grabbauten fand man Reste von zyklopisch angelegten Wällen, Türmen und Fluchtburgen, in denen die Hirten bei Überfällen Schutz suchten.

stätte übernommen wurde. In der umgedichteten Überlieferung hieß es dann, daß Josua zur Erinnerung an die wunderbare Jordanüberschreitung an diesem Ort zwölf Steine aufrichten ließ, welche die zwölf Stämme Israels symbolisieren sollten.«

Die zahlreichen Megalith-Denkmäler Palästinas, die trotz der späteren Bekämpfung durch die israelitischen Propheten erhalten blieben, und die, soweit bisher festgestellt wurde, aus dem Neolithikum stammen, legen die Vermutung nahe, daß hier oder in dem benachbarten Arabien, das noch nicht erforscht werden konnte, der Ursprung dieser Kultur und Religion liegt. Sie ist nicht als Rückschritt gegenüber dem neolithischen hochentwickelten Jericho zu betrachten, sondern aus dem Nebeneinander ganz verschiedener Bevölkerungsgruppen in Alt-Palästina zu erklären, das sich auch aus anderen Zeugnissen nachweisen läßt. Östlich und westlich des Sees *Genezareth* häufen sich die Megalithgräber. Tausende von Dolmen liegen auf dem etwa 1000 Meter hohen Plateau östlich des Jordan; sie sind aus regelmäßigen Platten gefügt und ent-

2 Malta — Die ältesten Steintempel der Welt?

Der maltesische Archipel, auf dem die Megalithkulturen der mittelmeerischen Inseln eine frühe Blüte erlebten, gehört geographisch noch knapp in den ostmediterranen Bereich. War er vor 6000 Jahren ein Vorposten der mächtig aufsteigenden Großstein-Kulturen des Okzidents oder ein Bindeglied zwischen Osten und Westen, über das neue religiöse Ideen und fortgeschrittene Bautechniken aus dem Orient vermittelt wurden? Müssen wir die Schöpfungen seiner glanzvollen neolithischen Tempelkultur als ein isoliertes einmaliges Phänomen betrachten? Auf keine dieser Fragen gibt es bis jetzt eine endgültige Antwort.

Die geringe Größe von *Malta* und *Gozo* — die restlichen Eilande sind nur unbewohnte Riffe — steht in umgekehrtem Verhältnis zu der Menge und den Maßen der mehr als 30 megalithischen Kultbauten, die dort im 4. und 3. Jahrtausend v. Chr. errichtet wurden. Die Bevölkerung der windgepeitschten Felsinseln verfügte weder über Bodenschätze noch über echte Wasserläufe, die Bedingungen für die Landwirtschaft waren sicher nicht besonders günstig, allein der Fischfang mag reich gewesen sein. Solche Lebensumstände bieten keine überzeugende Erklärung für die offenbar sehr dichte Besiedlung und den Aufschwung des Archipels in der Jungsteinzeit, ohne die das Entstehen einer Zivilisation, die über tausend Jahre lang ungewöhnliche Leistungen auf den Gebieten der Architektur, der Kunst und des Töpferhandwerkes hervorbrachte, unmöglich erscheint. Man hat als Lösung dieses Rätsels an ›heilige Inseln‹ gedacht, an ein Wallfahrtsziel der Seefahrer mit einem weitberühmten Orakel. Unter den Funden aus der Epoche der Tempelkultur kamen nur sehr wenige importierte Gegenstände ans Licht, die Opfer- und Weihegaben der Schiffer bestanden aber vielleicht aus Nahrungsmitteln oder auch begehrten Rohstoffen wie Obsidian und Feuerstein, die auf den Inseln nicht vorkamen.

Bis gegen Ende der fünfziger Jahre galt die altmaltesische Kultur infolge ihrer Absonderung als spätneolithisch, die der ägäischen Kultur ihre wesentlichen Impulse verdankte. Die modernen Datierungsmethoden ergaben ein völlig anderes Bild. Der kleine Archipel entpuppte sich als der Sitz einer ungeahnt frühen, bodenständigen Kultur von hohem Rang und großer Eigenart, deren monumentale Kultbauten vielleicht ein Weltprimat darstellen.

Die ersten Kolonisatoren erreichten die Inselgruppe vermutlich im 5. Jahrtausend v. Chr. von Sizilien her oder aus östlicheren Bereichen. Nach einem primitiven Anfangsstadium mit Wohn- und Grabstätten in Höhlen, kleinen Hüttensiedlungen und grober Keramik mit eingedrückten Mustern begann die Entfaltung, vielleicht im Gefolge weiterer Einwanderung aus der ägäisch-anatolischen Welt oder auch der Levante, mit neuartiger feiner Tonware, kollektiven Felsgräbern der orientalischen Backofenform mit kurzem Schachtzugang und kleinen Heiligtümern. Ihre Kennzeichen sind eine megalithische Innenstruktur in Kleeblattform, die durch die Anordnung dreier runder Kammern um ein viereckiges Atrium entstand, umgeben von einer breiten Aufschüttung aus Erde und Steinen, die eine Mauer aus großen Blöcken in Hufeisenform zusammenhielt, und eine leicht konkave Fassade mit zentralem Eingang in Gestalt eines Trilithons (zwei Pfeilern mit Tragbalken) und gepflastertem Vorplatz. Diese frühen Tempelchen erinnern durch ihre Einbettung in eine Art künstlichen Hügel, den dreizelligen Kern, die gebogene Front und den Vorplatz an manche Großsteingräber des Westens, deren Tumuli oft auch nur bis zu Deckplatten reichen. Die Vermutung,

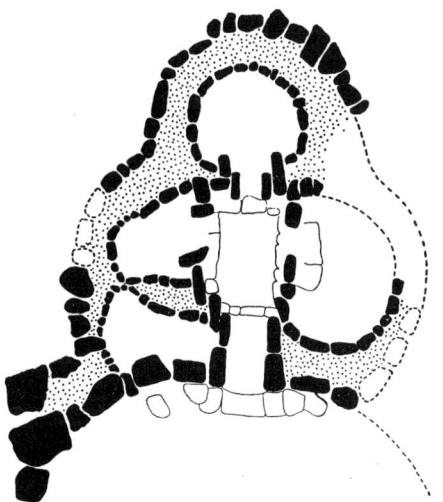

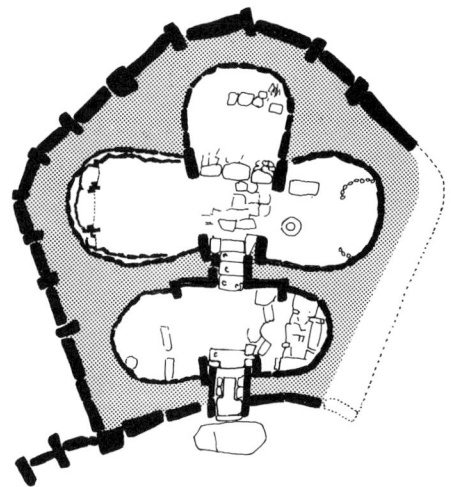

81　Grundriß von Ta Hagrat, Mgarr, Malta

82　Südtempel der Gigantija

daß sie Mausoleen waren, ist nicht abwegig.
Verbindungen mit dem Totenkult sind auch
bei den späteren Sanktuarien noch
deutlich.

Der älteste Kolossalbau der maltesischen
Megalithkultur, die *Gigantija* auf Gozo,
wurde wahrscheinlich im letzten Viertel des
4. Jahrtausends errichtet und im Lauf
einiger Jahrhunderte zu einem Doppelheiligtum erweitert. Er zeigt die traditionelle
Dreiblatt-Innenanlage, die hier aber etwa
30 m lang und ebenso breit ist. Später
wurde vor diese eine kleinere ovale Konstruktion aus einem Paar halbrunder Räume und einem Mittelhof gesetzt. Der zweite
Tempel wurde an der Nordseite des ersten
in der Form zweier quer hintereinander ge-
stellter Ellipsen erbaut. Die größere liegt
vorn, bei der rückwärtigen erinnert eine
Mittelnische an die alte Kleeblattstruktur.
Der Grundriß dieses Heiligtums mit den
beiden ovalen Querschiffen von abnehmen-
der Größe blieb für alle jüngeren Kultbauten gültig. Die ›Gigantija‹ macht ihrem
Namen noch immer Ehre. Eine gewaltige
Mauer, die stellenweise mehr als 5 m hoch

83　Umfassungsmauer der Gigantija

erhalten blieb, umgibt die Zwillingssanktuarien. Ihr Sockel aus Korallenkalkstein-
Blöcken — der größte ist 5,50 m lang und
4,50 m breit —, zwischen die zur Erhöhung
der Stabilität schmale Pfeiler eingekeilt
wurden, trägt einen Aufbau aus länglichen
Megalithen, deren Reihen etwas nach innen
vorkragen wie zum Ansatz einer Bienenkorbkuppel. Dieselbe Tendenz wird stellenweise auch in den Apsiden sichtbar, deren

87

Mauerwerk aus regellos geschichteten Steinbrocken mit einer Art Mörtel zu glatten Flächen verputzt und rot gestrichen war. Die überreiche Verwendung roter Farbe in allen Sakralbauten ist ein Hinweis auf ihre Beziehung zum chthonischen Kult. Die Blutfarbe, der sicher magische, regenerierende Kräfte zugeschrieben wurden, kommt bei prähistorischen Bestattungen häufig vor. In maltesischen Felsgräbern wurden die Toten mit pulverisiertem Ocker bestreut. In der dreigeschossigen Katakombe von *Hal Saflieni* auf Malta, die Grabkammern für etwa 7000 Leichen, Kulträume für Totenopfer (Hypogäen), Orakelbefragung und therapeuthischen Schlaf barg, waren einige Gewölbe ebenfalls mit roten Ornamenten, vor allem Spiralen ausgemalt. Das Innere der ›Gigantija‹ unterschied sich von der ungeschlachten Außenseite durch die Verwendung eines weicheren und daher leichter zu bearbeitenden Kalksteins (Globigerinen-Kalkstein). Regelmäßig zugeschnittene, sorgfältig geglättete Blöcke, Platten und Pfeiler aus diesem schönen Material wurden für monumentale Durchgänge zwischen den Kammern, Bänke für Opferspenden, Sockel, Stufen, kistenförmige Altäre und Portale gebraucht. In der ›Gigantija‹ tauchen erstmalig die sogenannten Tabernakel auf, Schreine verschiedener Größe aus zwei vertikalen Platten und einem Auflieger. Sie gleichen Darstellungen des altkretischen Pfeilerkultes, auf denen ähnliche Nischen von kleinen Säulen umgeben sind. Wahrscheinlich standen auch in manchen der maltesischen Tabernakel phallische Pfeiler, Sinnbilder eines Partners der großen Fruchtbarkeits- und Totengöttin. In den Zwillingssanktuarien kommt bereits eine typische Verzierung vor, das ›Wabenmuster‹. Die

84   Die Tempel von Hagar Kim, Malta

85   Fassade von Hagar Kim

Oberfläche einzelner Blöcke ist mit kleinen Löchern übersät, in die einst rote Farbe eingerieben war. Vor dem mächtigen Tempelkomplex liegt ein weiter, fast runder Vorplatz auf einer künstlichen Terrasse.

Die ›Gigantija‹ wirkt im Ganzen noch urtümlich roh, die Sanktuarien des 3. Jahrtausends dagegen sind bautechnisch und handwerklich Zeugnisse eines ausgereiften, zugleich imposanten und harmonischen Stils. Alle großen Heiligtümer haben eine lange Geschichte, in deren Ablauf sich ihre Grundgestalt durch planlose Umbauten und Erweiterungen, die mit einer wachsenden Besucherzahl und immer komplizierteren Ritualen zusammenhingen, oft verwischte. Die Vorliebe für die sicher religiös bedingten Rundformen und für gebogene Linien blieb aber stets ihr Hauptmerkmal.

Zu den eindrucksvollsten Ruinen gehören die Tempelanlagen von *Hagar Kim* unweit der steilen Südküste von Malta, einst die prächtigsten der Inseln, da sie ganz aus dem goldfarbenen Globigerinen-Kalkstein bestanden, der mit Grünsteinbeilen geschnitten und mit Silexklingen geglättet wurde und sich für die Ausgestaltung von Innenräumen eignete, im Freien jedoch rasch verwitterte. Von der Außenstruktur der weitläufigen Tempelanlagen blieben daher nur die größten Steinblöcke der Einfassung erhalten — einige wiegen etwa 30 000 Kilo —, und der untere Teil der Fassade aus sechs riesenhaften Blöcken, die eine tiefe Portalkonstruktion rahmen. Die beiden Ecksteine zeigen am oberen Rand viereckige Ausschnitte, in die man die erste Reihe der regelmäßig angeordneten Quadern des Oberbaues eingepaßt hatte, ein Detail, das auch bei der Grab-Architektur anderer vorgeschichtlicher Kulturen des Mittelmeerraumes vorkommt. Das Aussehen und die Maße der Tempelfassaden der Blütezeit, die 10 bis 12 m hoch waren, konnte aus Fragmenten von Miniaturmodellen rekonstruiert werden. Hagar Kim schien in besonderer Weise auf den Totenkult ausgerichtet. Die beiden Apsidenräume hinter der Fassade wurden durch gigantische Steinplatten mit ausgeschnittenen Türlöchern vom Mittelraum getrennt. Befanden sich hinter diesen ›Türlochplatten‹, die so häufig bei Megalithgräbern vorkamen, Bestattungen? War das prunkvolle Heiligtum, in dem sich auch ein sehr kunstvoll gearbeiteter, pfeilerartiger Altarstein mit einem Lilienmotiv, merkwürdige pilzförmige Opfertische und eine Orakelvorrichtung fanden, der Grabtempel eines Priesterkönigs?

In der Nähe von Hagar Kim erhob sich die Tempelgruppe von *Mnaidra* unmittelbar über dem Meer, die Seewind und Salzluft in eine phantastische Felslandschaft verwandelt haben. Neben einem archaischen Kleeblatt-Sanktuarium entstanden später zwei große vielgliedrige Heiligtümer. Das ältere südwestliche erinnert mit seiner plumpen Außenmauer aus verwitterten Korallenkalkstein-Blöcken an die ›Gigantija‹. Hinter dieser rauhen Schale liegen aber sorgfältig konstruierte, sehr dekorativ gestaltete Innenräume, bei deren Aus-

86 Trilithen-Portal mit Lochverzierung in der Mnaidra

schmückung das Wabenmuster vorherrscht. In dem Gewirr von Kammern aus verschiedenen Epochen gibt es einige von besonderem Interesse. Ein Gelaß in der Nordmauer ist nur von außen zugänglich und besitzt an der Innenseite eine Öffnung nach den vorderen Sälen des Tempels, durch die wohl die Stimme eines Priesters zu den Gläubigen gelangte. In einer der Apsiden gibt es noch vier Reihen vorkragender Steine, die auf eine ziemlich hohe Kuppelkonstruktion weisen, deren Abschluß wahrscheinlich Holzbalken und Steinplatten bildeten. Kleine Steinmodelle elliptischer Gebäude und die Imitation einer solchen Eindeckung in der unterirdischen Kultanlage von Hal Saflieni, dem Hypogäum, die aus dem Fels geschnitten wurde, sprechen für diese Lösung. Im rückwärtigen Teil des Südwesttempels blieb ein Juwel der maltesischen Megalith-Architektur erhalten: der Eingang zur ›Kammer der

Pfeiler-Tabernakel‹. Zwei hohe Blöcke bewachen ein zierliches Trilithon, das eine Platte mit Türöffnung rahmt. Die gesamte Konstruktion ist mit dem Wabenmuster bedeckt und bildete einst den rot leuchtenden Eingang zum Allerheiligsten.

Der größte Tempelkomplex der Inseln, *Hal Tarxien* genannt, erstreckt sich bei La Valletta über etwa ein Hektar Grund. Im Osten des heiligen Bereiches gibt es noch Reste eines kleinen Sakralbaues aus der Frühzeit. Im 3. Jahrtausend entstanden in seiner Nachbarschaft drei Kultbauten, die in einem späteren Stadium durch den Abbruch aneinander grenzender Mauerteile und der Fassade des mittleren Tempels untereinander verbunden wurden. In der Endphase befand sich der Haupteingang der gesamten Anlage in der Fassade des jüngsten, westlichsten Tempels. Sie war nach einem Modellfragment noch breiter und höher als jene von Hagar Kim. An ihren beiden Enden befinden sich Nischen mit konischen Löchern, in denen vielleicht Gefäße oder Bildwerke standen. Hinter der monumentalen Front zeigte die Innenarchitektur des letzten Sanktuariums der maltesischen Frühkultur mit ihrer beinahe verspielten Eleganz und deutlichen Abkehr von der Verwendung übergroßer Blöcke den Verfall der megalithischen Baukunst. Die Kunst der Steinmetzen aber erreichte in dieser Periode ihren Höhepunkt. Der meisterlich gearbeitete, raffiniert komponierte Reliefschmuck, der die kultischen Einrichtungen der einzelnen Räume in reicher Fülle verziert, besteht vor allem aus Spiralmotiven in vielfältigen Abwandlungen, die sich teilweise in barock wucherndes Rankenwerk auflösen. Die Bedeutung der Spirale als Symbol der allessehenden Augen der Großen Muttergottheit tritt besonders

87   Blick über die Ruinen der Mnaidra

88   Opferaltar von Hal Tarxien mit Tabernakel

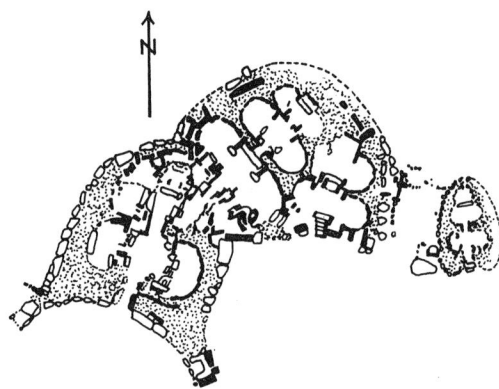

89   Grundriß der Tempelanlagen von Hal Tarxien

im Mitteltempel von Hal Tarxien klar zutage. Neben der abstrakten Ornamentik gibt es in den Heiligtümern einige naturalistische Darstellungen von Opfertieren: Böcken, Widdern, Schweinen, Rindern, deren lebensvolle Umrisse an paläolithische Höhlenmalereien erinnern. Aus den unübersichtlichen Ruinen des letzten Tempels, von dessen Mauern nur mehr die untersten Partien teilweise stehen, gelangt man durch die halbkreisförmige rückwärtige Kammer in den eindrucksvollen Mitteltempel, der als einziger aller Sakralbauten aus drei ovalen Querschiffen besteht. Die wuchtige großlinige Megalith-Architektur dieser und der angrenzenden östlichsten Anlage verrät ein höheres Alter der Bauten. Das langgestreckte vorderste Oval des Mitteltempels mit seinem Flur aus ungeheuren Platten und einer runden Feuerstelle im Atrium war vermutlich für die profanen Besucher bestimmt, die dort ihre Opfergaben darbrachten. In einer Kammer an seiner Südseite sind Darstellungen der traditionellen Opfertiere des vorderasiatischen Stiergottes und der Großen Mutter, zwei Stiere und eine Sau mit dreizehn Ferkeln, aus der Wand gemeißelt. Der tiefe Durchgang zu den hinteren Räumen, von dem nur

die meterhohen Monolithen der Seitenwände stehen blieben, wurde durch eine breite Stufe erhöht und mit einer Barriere abgeschlossen, auf der zwei drohende Spiralaugen zu der steinernen noch eine magische Schranke fügen.

In der dritten, kleinsten Ellipse enthielten die Tabernakel und vor allem die große Mittelnische ohne Zweifel Kultobjekte. Die gesperrten Teile des Tempels waren vermutlich für geheime Riten bestimmt und nur Priestern zugänglich, die sie durch verborgene Türen betraten. Eine schmale Treppe, die auf die Höhe der Mauer an der Verbindungsstelle zwischen dem Mittelheiligtum und dem Ostbau führt, deutet auf einen Oberstock, der sich einmal über einem Teil der ebenerdigen Räume erhob und vielleicht Wohnungen für die Priesterschaft oder auch die Residenz eines Priesterfürsten umfaßte. Es scheint möglich, daß der wenig gegliederte Osttrakt ohne auffallende Kulteinrichtungen, für den die größten Megalithen von Hal Tarxien verwendet wurden, zu einer Palastanlage gehörte. Der gesamte Tempel- und Palastkomplex wäre dann eine Art Vatikan gewesen, das Zentrum der geistlichen und weltlichen Macht über den Archipel, zu dem auch die benachbarte Totenstadt von Hal

90   Blick auf den Zugang zum Allerheiligsten im Westtempel von Hal Tarxien

Saflieni gehörte, die vermutlich in ihrem Höhlensanktuarium die Gräber der Inselkönige hütete.

Der Westtempel von Hal Tarxien war vielleicht das Hauptheiligtum der Großen Göttin des Inselreiches. In einem rückwärtigen Raum fanden die Archäologen noch den unteren Teil einer weiblichen Statue aus Kalkstein, die einmal etwa zweieinhalb Meter hoch war. Sie ist bis jetzt die einzige Kolossalstatue der Tempelkultur, aus der wir sonst nur Kleinplastik aus Stein und Terrakotta kennen. Die Maximalhöhe dieser Idole und Statuetten, die teilweise von hoher künstlerischer Qualität sind, bleibt unter einem halben Meter, die meisten sind aber nicht länger als 10 bis 20 cm. Das monumentale Kultbild aus Hal Tarxien zeigte die Göttin wahrscheinlich als eine majestätische Frau in einem Prunkgewand altkretischen Stils mit tiefem Ausschnitt, bauschigen Ärmeln und einem weiten Rock über den ausladenden Hüften, das auch bei Miniaturidolen vorkommt. Viel merkwürdiger sind andere Kultfiguren, Idole, welche frühneolithischen aus Anatolien und Thessalien ähneln, aber doch einen eigenen Stil haben: es sind nackte, stehende oder kauernde Gestalten unbestimmten Geschlechtes, deren quellende Fleischmassen und überdimensionale Rundungen sie nicht als menschliche Wesen, sondern als Sinnbilder der unermeßlichen Fruchtbarkeit und Fülle der Mutter Erde erscheinen lassen. Die Verehrung einer männlichen zeugenden Kraft wurde auf den Inseln nur in phallischen Symbolen sichtbar gemacht, doch gab es für ihre Bewohner wohl auch ein göttliches Ur-Paar, dessen Vereinigung den Fortgang allen Lebens und die Überwindung des Todes sichern sollte. In den riesenhaften Sanktuarien konnten die Gläubigen mit den Mächten der Ober- und der Unterwelt kommunizieren, ihren Beistand durch Opfer erkaufen, Heilung von Krankheiten suchen und die Orakel befra-

91 *Schlummernde Priesterin aus dem Hypogäum*

gen. Die mysteriösen Idole, Darstellungen von Priesterinnen in seherischem Schlaf, Votivgaben von Kranken und die vielfältigen Einrichtungen für kultische Handlungen bezeugen alle diese Facetten einer hochentwickelten Religion, die hinter der gewaltigen Entfaltung der sakralen Baukunst stand.

Das Ende der maltesischen Megalithkultur kam plötzlich, vermutlich in der zweiten Hälfte des 3. Jahrtausends, durch den Einbruch eines kriegerischen Volkes mit Waffen aus Kupfer, das die glücklichen »Inseln der großen Magier, Seher und Heiler«, wie sie ein Forscher genannt hat, eroberte und ihre Zivilisation vernichtete.

3 Megalithmonumente auf Korsika, Sardinien und den Balearen

Vier Inseln der Westhälfte des Mittelmeeres, die beiden größten, zwischen denen eine sehr alte Ost-West-Seeroute nach Südfrankreich und Iberien hindurchführte, und die beiden Hauptinseln der Balearen, Mallorca und Menorca, gerieten zu verschiedenen Zeitpunkten in den Bannkreis religiöser Vorstellungen, Symbole, Totenriten und Grabformen des Megalithikums. Keine brachte eine Großsteinkultur und -architektur hervor, deren Alter, Dauer und Format sich mit der maltesischen vergleichen ließe, jede aber lieferte ihren eigenen Beitrag zum reichen Bild der Megalithkulturen des Abendlandes.

Korsika

Auf *Korsika,* dessen Vorgeschichte erst seit den fünfziger Jahren systematisch und mit aufsehenerregenden Ergebnissen durch den französischen Archäologen ROGER GROSJEAN und seine Mitarbeiter erforscht wird, erfuhr der Menhirgedanke eine einzigartige Entwicklung, die zu den ersten monumentalen Steinbildwerken von Westeuropa führte.

Nach neuen Funden in einer der zahllosen Grotten, in denen die ältesten Inselbewohner vielfach hausten und ihre Verstorbenen bestatteten, wurde Korsika sehr früh, noch im Lauf des 6. Jahrtausends v. Chr., kolonisiert, etwa zur selben Zeit, aus der die erste neolithische Kultur Südfrankreichs stammt, die aus Funden in Grotten von Bouches-du-Rhône im Bereich des Golfes von Lion bekannt wurde. Diese ersten Siedler waren Jäger, Bauern, Schaf- und Ziegenhirten, verstanden grobe Keramik mit eingedrückten Mustern anzufertigen, zu spinnen und zu weben und holten Obsidian für ihre Pfeilspitzen aus dem benachbarten Sardinien. Vermutlich in der zweiten Hälfte des 4. Jahrtausends wurde die Südwestküste Korsikas von Gruppen neuer Einwanderer erreicht, die eine höhere Zivilisation und einen anspruchsvolleren Totenkult mit megalithischen Formen mitbrachten. Die Leichen wurden in Steinkisten beigesetzt, die, sorgfältig aus Platten gefügt, bis zu 3 m lang waren und tief in die Erde gesenkt wurden. In späteren Phasen

legte man sie an der Oberfläche an und baute sie schließlich zu Totenhäusern megalithischer Art in der Form einfacher Dolmen von mäßiger Größe aus. Diese standen frei, meist auf einer schwachen Erhebung, die ein Steinkreis umschloß. Von Beginn an gehörten ein bis zwei Menhire, die höchstens 2 m hoch waren, zu jeder Bestattung. Waren sie als Seelensitze der Ahnen gemeint, waren es Symbole der Erdmutter, die den Verstorbenen ewiges Leben sichern sollte? Der Großteil der korsischen Menhire ist sicher als eine Art Ersatzleib und ein Denkmal für die Toten zu interpretieren. In der Periode zwischen etwa 2500 v. Chr. und 1500 v. Chr. vervielfältigte sich ihre Zahl, sie entfernten sich aus der unmittelbaren Nähe der Gräber, erreichten Höhen von 3 bis 4 m bei einer Breite von maximal einem Meter und wurden oft, gleich den bretonischen und angelsächsischen Langsteinen, zu ausgedehnten Reihen oder auch zu Kreisen geordnet. Das Hauptgebiet der korsischen Megalithkultur, die sich allmählich über die Insel verbreitete, blieb stets der Südwesten. Im 60 km langen fruchtbaren Taravo-Tal kamen die meisten Funde zutage, die sich besonders im Bereich von *Filitosa* häufen. In dieser Zone, die vielleicht eine besondere kultische Funktion hatte, begann auch um die Mitte des 2. Jahrtausends die merkwürdige Vermenschlichung der Menhire. Diese behielten wohl ihre beiden altheiligen Grundformen eines Obelisken mit ovalem Grundriß und einer massigen, trapezoiden Stele, ihre obere Hälfte begann sich aber immer mehr einer menschlichen Silhouette anzugleichen, zunächst durch die Herausarbeitung der Umrisse des Hauptes und der Schultern. Der zweite Schritt war die Skulptierung eines schematischen Antlitzes, das gleich einer Maske aus dem übergroßen Haupt gemeißelt wurde und in einigen Fällen von überraschender Ausdruckskraft ist. Alle diese Menhirstatuen, die ursprünglich

92 Menhir mit schematisiertem Antlitz, von Filitosa

gen lange Schwerter und kurze Dolche ägäischen Stils an Wehrgehängen, halbrunde Lederhelme mit oder ohne Nackenschutz und fischgrätenartig gestreifte Mieder, die wahrscheinlich Harnische darstellen. Seitliche Vertiefungen auf einigen Helmen wurden als Einstecklöcher für Hörner interpretiert. Die Erklärung dieser martialischen Figuren ist nicht einfach. Gegen Bildnisse heroisierter Ahnen sprechen die Bronzewaffen, die in der korsischen Megalithkultur noch völlig fehlen. Ein Bericht des Aristoteles über »die kriegerischen Iberer, die um ihre Gräber ebensoviele Obelisken aufstellen, als der Verstorbene bei Lebzeiten Feinde getötet hatte«, bot eine bessere Deutung. Roger Grosjean ist davon überzeugt, daß die gewappneten Menhirstatuen

93 Menhir-Statue eines Kriegers mit Andeutung von Harnisch und Lederhelm, Filitosa

mit Hämatit rot gefärbt waren, stellten vermutlich Verstorbene dar. Sie scheinen fast immer männlich, nur bei fünf Exemplaren mit leichten Grübchen in der Brustgegend, könnte man an weibliche Bildnisse denken.

Die Endperiode der korsischen Megalithkultur stand ganz im Zeichen ihrer Monumentalskulpturen, die nicht nur als Kunstwerke, sondern auch als Zeugnisse der Geschichte der Insel und selbst des Mittelmeerraumes in der dunklen Epoche der großen Seevölkerbewegungen bedeutsam sind. Die Ausgrabungsergebnisse zeigen, daß Südkorsika in der 2. Hälfte des 2. Jahrtausends von Überfällen, offensichtlich von der Nachbarinsel Sardinien, heimgesucht wurde, auf der sich in dieser Zeit die Nuragen-Kultur kriegerischen Charakters mit ihren mächtigen Wehrtürmen zyklopischer Bauart entfaltete. Auf den meist granitenen Menhirstatuen erscheinen nun neue, in feinem Relief ausgearbeitete Details. Sie tra-

Trophäen darstellen, Porträts getöteter Gegner, deren Seelen auf diese Weise in den Dienst der Sieger gezwungen wurden. Er glaubt diese Feinde mit den Schardana identifizieren zu können, die zu den Seevölkern gehörten und Ägypten im 13. Jahrh. v. Chr. bedrohten. Wir kennen die Kampfausrüstung der Schardana, deren Name schon seit langem mit der Insel Sardinien in Verbindung gebracht wird, von dem berühmten Relief in Medinet-Habu, auf dem Ramses III. den Sieg über die vereinigte Macht der Seevölker feierte; sie gleicht in der Tat auffallend jener der korsischen Menhirstatuen. 1973 wurde die siebzigste und größte der korsischen Menhirstatuen entdeckt, die einen wichtigen Hinweis auf den Zeitpunkt lieferte, an dem die Einfälle der Schardana auf Korsika begannen. Die kolossale Plastik von 3,74 m Höhe und einem Gewicht von 3000 kg trägt ein Schwert mit schwach gerundetem Knauf und sichelförmig nach oben gebogenem Stichblatt, ein Typus, der etwa zwischen 1500 und 1350 v. Chr. in der ägäisch-mykenischen Kultur zu finden ist. Die Einfälle der Schardana, deren Waffen den korsischen weit überlegen waren, führten schließlich zur Eroberung des alten Kerngebietes der Megalithiker, die nach der Nordhälfte der Insel auswichen. Es ist bezeichnend, daß die nordkorsischen Menhirstatuen der letzten Phase keine Krieger mehr darstellen; der lange Kampf war vorbei. Die neuen Herren von Südkorsika errichteten stark befestigte Siedlungen und große, turmartige Kultbauten, die *Torre,* die vielleicht Krematorien waren. Grosjean, der Entdecker dieser merkwürdigen Monumente, hat die Zivilisation der Eindringlinge nach ihnen benannt. Die heiligen Stätten der Megalithiker, unter denen der Opferplatz bei Filitosa vielleicht die wichtigste war, wurden zerstört, die Bildwerke zerschlagen und teilweise in die zyklopischen Mauern der Festungsanlagen der *Torréens* verbaut.

Sardinien

Die Großsteinkultur, unter deren Einfluß Korsika die einzige bedeutende, eigenständige Kunst seiner langen Geschichte hervorgebracht hat, war gegen 1000 v. Chr. erloschen. Anderthalb bis zweitausend Jahre früher war sie für *Sardinien* von Bedeutung geworden, dessen erste Kolonisatoren höchstwahrscheinlich von der Nachbarinsel kamen. Die einzigen neolithischen Funde auf Sardinien stammen von dem Eiland *Santo Stefano* am Nordende der Insel, das nur 10 km von Korsika entfernt liegt. Urkorsen könnten auch die Entdecker der reichen Obsidianvorkommen des Monte Arci im Hinterland des Golfes von Oristano an der Westküste gewesen sein. Im 3. Jahrtausend erscheint die Gallura, der nördlichste Teil Sardiniens, kulturell eng mit Südkorsika verbunden. Der gleiche Totenkult megalithischer Prägung zeigt sich auf beiden Inseln. Man kennt bis jetzt etwa fünfzig Steinkreise aus der *Gallura,* die größten über 8 m im Durchmesser, die einst flache Tumuli über Steinkistenbestattungen einfaßten. Auch zu den sardischen Friedhöfen gehörten Menhire, ferner wurden bis jetzt über vierzig Dolmen auf der Insel gefunden, teils freistehende, teils unter künstlichen Hügeln; ihr Verbreitungsgebiet reicht von der Gallura bis nach Innersardinien. Einige Totenbeigaben aus den Steinring-Nekropolen bewertete man als Hinweise auf den östlichen Ursprung der korsisch-sardischen Megalithkultur. Die Art der Grabanlagen und Dolmen weist aber eher nach Südfrankreich, Katalonien und den baskischen Pyrenäen, wo entsprechende Monumente vorkommen. Beziehungen zum Westen und Einwanderungen von dort sind auch für die Frühbronzezeit durch zahlreiche Funde der typischen Keramik der *Glockenbecherkultur* iberischer Herkunft bezeugt, die im Bereich der Süd- und Westküsten zutage kamen. Doch blieb die

Megalithkultur westlicher Prägung nur eine Unterströmung auf Sardinien, die erst gegen Ende der Bronzezeit in einer eigenständigen monumentalen Grab-Architektur ans Licht trat. In der Kupfersteinzeit und der Bronzezeit dominierten die östlichen Einflüsse, die in weiblichen Marmoridolen kykladischen Stils, Formen und Ornamenten der Tonware, religiösen Symbolen, ausgedehnten Felsnekropolen und Kulteinrichtungen sichtbar werden.

Früher wurde die Ankunft der ersten Kolonisatoren aus dem ägäisch-anatolischen Kulturkreis auf etwa 2000 v. Chr. angesetzt; diese Schätzung war sicher zu niedrig. Der Handel mit Obsidian mag schon wesentlich eher Seefahrer aus dem Orient nach Sardinien gelockt haben. Die *San Michele-Kultur,* die älteste kupfersteinzeitliche der Insel, benannt nach Funden in der Grotte von San Michele, welche die gesamte Insel mit Ausnahme der Gallura umfaßte, zeigt in den Felsgräbern und der Keramik Verwandtschaft mit den Kulturen des 4. bis 3. Jahrtausends auf Malta und Sizilien. Die Katakombe von Hal Saflieni hat Entsprechungen in den größten altsardischen Hypogäen. Auch dort gibt es außer den Grabzellen Kulträume mit skulptierter Dekoration, mit komplizierten Vorrichtungen für das Totenritual, Nischen, Pfeilern, Nachbildungen von Balkendecken und Rundhüttendächern. In einigen sind schematische Darstellungen von Stierschädeln und Schiffen in Relief aus den Wänden gemeißelt; mehrere Atrien waren rot ausgemalt. Das *Häuptlingsgrab von Bonorva* (Andréa Priu) gleicht mit seinen achtzehn Räumen, deren Zentrum zwei rechteckige Pfeiler-Säle mit einem halbrunden Atrium bilden, einem unterirdischen Tempelpalast. Im Volksmund heißen die vielen tausend Felsgräber aus der Urzeit ›domu de janas‹, ›Feenhäuser‹. Ihre Geheimnisse haben zahlreiche Legenden hervorgebracht und selbst für einen nüchtern und kritisch denkenden

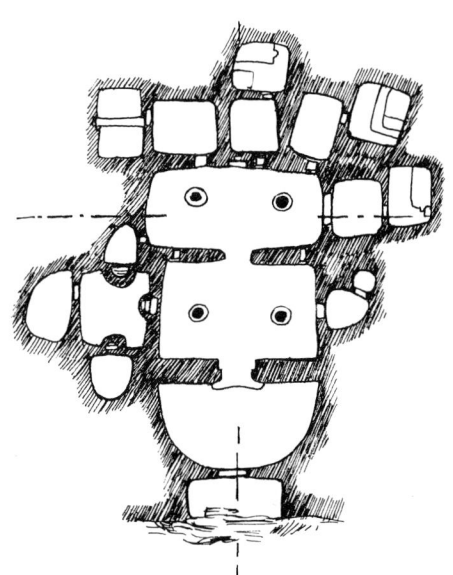

94 *Grundriß des großen Felsengrabes von Andrea Priu (Häuptlingsgrab von Bonorva), Sardinien*

Archäologen ist es schwierig, seine Phantasie zu zügeln, wenn er über und zu Seiten des Einganges zur Cella der ›domu de janas‹ von *Koróngiu* Doppelspiralen, konzentrische Kreise und Zickzacklinien eingraviert sieht, eine Anhäufung von Symbolen, die ihre nächste Parallele einige tausend Kilometer weiter nordwestlich im Kuppelgrab von New Grange in Irland hat, das um die Mitte des 3. Jahrtausends v. Chr. erbaut wurde. Ein weiteres Rätsel bildet auch der *Monte Accoddi,* ein künstlicher Tempelberg im Hinterland von Sassari, der nicht zu Unrecht als die einzige Zikkurat in Europa bezeichnet wurde. Dieser Bau von 10 m Höhe aus Erde, Megalithen und kleinerem Steinmaterial, eine Art stumpfe Stufenpyramide von trapezoidem Grundriß, dessen längste Seite fast 38 m mißt, wirkt tatsächlich wie eine barbarische Kopie der mesopotamischen Tempelberge aus Backsteinen und könnte eine ähnliche Funktion erfüllt haben. Vielleicht stand auch auf seinem Gipfel, zu dem eine Rampe führt, einst ein kleiner Tempel, in dem sich die symbolische Hochzeit der Erdmutter mit dem himmlischen Stiergott vollzog, die der Welt Leben und Fruchtbarkeit sichern sollte. Am Fuß des Monte Accoddi, der 1954 entdeckt und in den sechziger Jahren ausgegraben wurde, kamen die Knochen zahlloser Rinder zutage, die man auf einem großen monolithischen Altar geopfert hatte, riesige Anhäufungen von Abfällen offenbar ritueller Mahlzeiten und viele Weihegaben aus Ton und Stein, darunter Statuetten der Muttergöttin. Außerdem wurde ein mächtiger runder Stein ans Licht gefördert, vermutlich eine Art ›Omphalos‹ wie der delphische Nabelstein. Auf die Verehrung eines Götterpaares auf dem Monte Accoddi könnten die beiden Menhire deuten, die 300 m südöstlich des heiligen Berges stehen, ein weißer aus Kalkstein, fast zweieinhalb Meter hoch, der vielleicht die Große Mutter verkörperte, und ein kleinerer aus rotem Sandstein. Das berühmte Aphroditebild aus dem Neolithikum im paphischen Tempel auf Zypern war ebenfalls nur ein konischer weißer Stein. Die sardischen Menhire, die eine Maximalhöhe von dreieinhalb Metern erreichen, stellen vermutlich keine Verstorbenen, sondern die Magna Mater und ihren Partner dar, der gelegentlich die Form einer phallischen Säule erhielt, während die weiblichen Menhire manchmal durch ein plastisch gearbeitetes Paar oder die Andeutung zahlreicher Brüste gekennzeichnet waren, die sowohl naturalistisch wie auch im Negativ als Näpfchen oder Löcher angedeutet sind.

Um die Mitte des 2. Jahrtausends v. Chr. begann die eigenartige *Nuragen-Kultur* mit konischen Wehrtürmen aus großen rohen Blöcken, die ohne Mörtel aneinandergepaßt wurden. Im Lauf von etwa zehn Jahrhunderten wurden rund 6000 Nuragen auf der Insel errichtet, von denen manche zu riesigen Festungen erweitert wurden. Nach der Legende sollen Einwanderer aus der

95 *Weiblicher Menhir von den Pédras Marmuràdas*

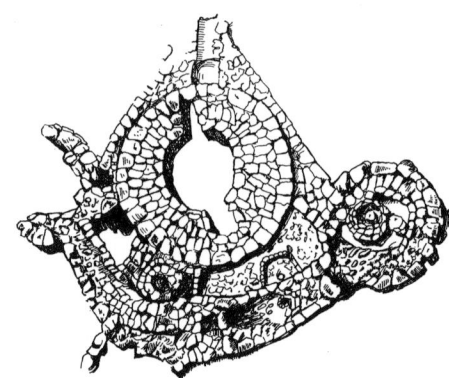

96 *Grundriß einer Nuragen-Festung*

Ägäis an dieser Entwicklung beteiligt gewesen sein. 41 Thespiaden, Söhne des Herkules, seien unter der Führung von dessen Neffen Jolaos an den sardischen Küsten gelandet. Die zyklopische Bauweise der Nuragen, die mit der Zeit große technische Fortschritte machte, erinnert ohne Zweifel an die Struktur mykenischer Burgen und Tholosgräber. Die typische Grundform eines Kegelstumpfes, der einen Raum mit steiler Kragkuppel enthält, hat allerdings im Ostmittelmeerbereich keine Parallele. Die nächsten Verwandten der Nuragen sind vielmehr die korsischen *Torre* und die *Talayots* der Balearen. Der Aufschwung der zyklopischen Bauweise, die der megalithischen sehr nahe steht, da in beiden Fällen riesenhafte Steine verwendet wurden, stimulierte auch die Erbauer von Großsteingräbern. Die roh gefügten, eckigen oder rundlichen Dolmen, die auf die hochgelegenen Hirtengebiete Innersardiniens beschränkt sind, wurden in dieser Periode zu Massengräbern in der Form langer Gänge mit abgerundetem Ende und Platteneindeckung oder auch rechteckiger Strukturen in gemischter megalithischer und zyklopischer Bautechnik von beträchtlicher Größe, die meist in niederen Tumuli steckten. Der End- und Höhepunkt dieser Entwicklung waren die *Gigantengräber,* die letzte, bedeutendste Schöpfung der sardischen Großsteinkultur. Man hat in diesen eindrucksvollen Totenmalen, die stets im Umkreis eines Nuragen errichtet wurden, die Sippengräber der Burgherren oder kollektive Grabstätten der Dorfgemeinschaften vermutet, die zu den Zitadellen gehören. Gleich den Felsgräbern waren sie zugleich Totenbehausungen und Sanktuarien. Ihr Hauptmerkmal ist eine imposante, architektonisch gestaltete halbrunde Fassade, deren Zentrum meist eine hohe, oben abgerundete Stele mit plastischer Umrahmung bildet, die durch eine skulptierte Mittelleiste in zwei Felder geteilt ist, gleich den Stelen der mykenischen Schachtgräber. Im unteren befindet sich eine kleine Öffnung, das sogenannte Seelenloch, das vielleicht als Ausgang für die schweifenden Geister der Verstorbenen gedacht war und sicher der Niederlegung von Speise- und Trankopfern im Grabe diente. Zu beiden Seiten der Stele springen bei den meisten Monumenten zwei sichelförmige Mauern vor, durch die ein Vorplatz für kultische Handlungen abgegrenzt wird. Längs der Mauern

97   *Nurage Su Nuraxi, Barumini, Sardinien*

98   *Gigantengrab mit Seelenloch, Sardinien*

waren steinerne Bänke angebracht, auf denen vermutlich Opfer- und Weihegaben deponiert wurden. Hinter der Stele begann die korridorartige Grabkammer megalithischer Konstruktion, unter einem Steinhügel mit orthostatischer Einfassung und gerundetem Ende. Die eigentümliche Gestalt dieser Mausoleen, die den *horned cairns,* einer Sonderform der irischen Megalithgräber auffallend gleichen, daß man sie früher für deren Vorbilder hielt — heute wissen wir, daß sie weit mehr als tausend Jahre jünger sind — wurde als Übertragung des heiligen Symbols des Stierschädels, das schon in den Felsgräbern erschien, in architektonische Formen gedeutet. Eine schöne Variation der Gigantengräber, die durch ihre geschlossene Form besonders monumental wirkt, zeigt das größte aller dieser Male, das zu der gewaltigen Nuragenfestung von *Goronna-Paulilàtino* gehört und gegen 1000 v. Chr. errichtet wurde. Die Gesamtanlage mißt beinahe 24 m, die konkave Fassade von rund 15 m Weite mit orthostatischem Sockel wurde direkt in die Front des Hügels eingebaut, der nach vorn zu breiter wird. Die Stele ist hier 2,80 m hoch und 2,40 m breit. Die innere megalithisch konstruierte Galerie von fast 18 m Länge, 1,31 m Breite und 1,40 m Höhe konnte etwa 200 Leichen aufnehmen. Außerhalb des Vorplatzes stand, wie stets bei Gigantengräbern, eine Anzahl konischer Menhire aus Basalt von 1,40 m Höhe. In den Totenmalen der Nuragenkultur erlebten die uralten Baugedanken der westlichen Megalithgräber ihre letzte Renaissance.

Die Balearen

Auch auf den *Balearen,* deren prähistorische Bevölkerung und Kulturen viele Analogien mit Sardinien aufweisen, vollzog sich ein ähnlicher Prozeß, in dem religiöse und architektonische Leitmotive des Megalithikums aus früheren Jahrtausenden noch einmal in einem schöpferischen Aufschwung neue Ausdrucksformen fanden. Vor der Periode der megalithischen und zyklopischen Bauwerke, die nach ihren meist verbreiteten Monumenten als die Zeit der *Talayot-Kultur* bezeichnet wird, müssen mehrere Einwanderungswellen die Balearen erreicht haben. Sowohl die iberischen und südfranzösischen Küsten wie Sardinien und selbst Sizilien kommen als Ausgangspunkte dieser Kolonisation in Frage, deren Beginn früher nicht vor 1700 v. Chr. angesetzt wurde. Vermutlich ist auch diese Datierung zu niedrig. Die neuere Forschung neigt zu der Annahme, daß die älteste balearische Kultur mit ihren Felsgräbern, die oft skulptierte Eingänge besitzen, und einer der Glockenbecherkeramik ähnlichen Tonware in enger Beziehung zu der kupfersteinzeitlichen Kultur Sardiniens steht. Erregend ist der Fund eines Knochenidols auf Menorca mit eingeritzten konzentrischen Kreisen, dessen nächste Verwandte aus Malta, Sizilien und dem frühen Troja stammen. Der Beginn der Talayot-Kultur wird von den meisten Forschern nicht vor 1300 v. Chr. angesetzt und kann sicher mit der Nuragen- und der Torre-Kultur in Verbindung gebracht weden. Die Talayots sind runde oder viereckige konische Türme zyklopischer Bauart, oft von beträchtlicher Größe, die manchmal auf einem Podium ruhen, so daß der Eindruck eines gestuften Kegelstumpfes entsteht. Sie enthalten meist nur einen runden Raum mit engem Zugang. Neben Kraggewölben kommen auch flache Decken vor, die ein Mittelpfeiler stützt. Die mehr als tausend Talayots auf Mallorca und die etwa 500 von Menorca sind noch wenig erforscht; man nimmt heute allgemein an, daß sie keine Wehr-, sondern Kultbauten waren. In einigen fanden sich deutliche Zeichen ihrer Funktion als Grabstätten. Mit Sicherheit

99 Mausoleum, Naveta d'es Tudons, Menorca   100 Taula und Talayot von Trepuco, Menorca

waren die *Navetas,* monumentale Konstruktionen aus großen, behauenen Steinen in der Form eines umgekehrten Schiffes, Mausoleen. Spanisch-amerikanische Ausgrabungen förderten vor einiger Zeit eine eisenzeitliche Nekropole zutage, deren Gräber als Miniatur-Talayots und Navetas gestaltet sind, ein weiterer Hinweis auf die funeräre Bestimmung der großen Male.

Größere Rätsel als die zyklopischen geben die megalithischen Bauwerke der Balearen auf. An erster Stelle die merkwürdigen *Taulas,* T-förmige Monumente, die manchmal über vier Meter Höhe erreichen und sich innerhalb von megalithischen Umhegungen finden, deren Hufeisenform, trilithische Eingänge und Bautechnik auffallend an die Gigantija auf Gozo erinnern. Die Taula von *Trepuco* ist 4,20 m hoch mit einer gewaltigen Tischplatte, die auf einem Monolithen von 2,75 m Breite und 40 cm Dicke ruht. Bis jetzt kennt man diese rätselhaften Male nur von Menorca, wo noch achtzehn erhalten sind. Für Opferaltäre waren sie zweifellos zu hoch. Eine alte

Theorie, die in ihnen die Mittelstützen gedeckter Säle sehen wollte, ist längst als absurd erkannt. Sie finden sich in der Nachbarschaft von Talayots und dies mag ein Hinweis auf ihre Beziehung zum Ahnen- und Totenkult sein. Man könnte an Götter- oder Seelenthrone denken. Innerhalb der Umhegungen wurden Bock- und Stierhörner gefunden, die auf die Verehrung des Stiergottes an diesen Stätten weisen.

Ganz vereinzelt kommen auch Dolmen und Menhire auf den Inseln vor, deren zeitliche Einordnung nicht möglich ist. Sehr eigenartig sind schließlich noch meist unterirdische oder halbversenkte Pfeilersäle, ebenfalls in der Nähe von Talayots, die aus massigen Blöcken konstruiert und mit großen Steinplatten gedeckt wurden.

Noch heute wirken die vielen mysteriösen Monumente aus gewaltigen Steinen auf den Balearen als ein Stück Urzeit; ihre Bautradition lebt bis heute in Brunnen- und Stallbauten der Bauern fort, die gestufte konische Formen zeigen.

4 Die Iberische Megalith-Kultur

Es gibt noch relativ wenige C^{14}-Daten von den Fundstellen der Iberischen Megalithkulturen, deren vielfältige Monumente bis heute zu tausenden im Nordosten und an der Süd- und Westseite der Halbinsel erhalten blieben. Ihr Erscheinen war mit dem Beginn der Kollektivbestattung verbunden. In den Frühphasen, die vielleicht in das 5. Jahrtausend v. Chr. zurückreichen, zeichnen sich fremde Einflüsse am stärksten ab. Man gab den Toten nach orientalischer Tradition je ein Idol mit, oft die typisch östlichen violinförmigen Statuetten der Muttergottheit und ›Doppelanker‹-Amulette, die den Darstellungen der schwangeren Göttin mit erhobenen Armen und gespreizten Beinen aus dem 6. Jahrtausend v. Chr. gleichen, die in Çatal Hüyük, der Stadt aus dem anatolischen Frühneolithikum gefunden wurden. Spanische Felsmalereien dieser Epoche erinnern ebenfalls an Bilder in den Kulträumen von Çatal Hüyük.

Die bekannteste Fundstätte der iberischen Megalithkultur ist *Los Millares* im Gebiet von Almeria, die bereits 1870 entdeckt und daher nicht nach modernen wissenschaftlichen Gesichtspunkten ausgegraben wurde. Die Zeitbestimmung dieser Nekropole, die zu einem befestigten Städtchen orientalischen Stils gehörte, das in der Nähe reicher Erzvorkommen auf einem Plateau lag, bietet infolgedessen große Schwierigkeiten. Der Friedhof, der sehr lange benutzt wurde, umfaßt fünfundsiebzig Tumuli, die Ganggräber mit runden Kammern von 3—6 m Weite unter trocken aufgemauerten Bienenkorbkuppeln bergen. Manchmal verschloß eine Platte mit dem sogenannten ›Seelenloch‹ in der Mitte die Zelle. Ein Teil der Gräber zeigte einen umhegten halbkreisförmigen Vorhof, in dem die Ausgräber kleine, rotgefärbte Steinsäu-

len fanden. Neben diesen Totenhäusern, die in gemischter Bautechnik konstruiert sind, gibt es auch rein megalithische Ganggräber in Trapezform und Felsgräber mit plattengedecktem Zugang. Ältere Bestattungssitten sind durch Steinkisten und Beisetzungen in Grotten vertreten. Die Totenbeigaben waren reich und verrieten einen weitgespannten Handel, der von Nordafrika und dem Ostmittelmeer bis in den Norden reichte. Man fand schöne Gefäße aus Kalkstein und Alabaster, Waffen und Werkzeuge aus Kupfer, Perlen aus Bernstein, Bitumen und Amethyst, Salbendosen und Kämme aus Elfenbein. Ein beinerner Knebel zur Befestigung des Gewandes hat ein Gegenstück aus dem frühen Troja. Die Tonware aus den Gräbern, dünnwandige rotpolierte mit weißer Bemalung und vor allem glänzend tiefschwarze mit eingravierten Mustern, die weiß inkrustiert wurden, zeigt den hohen Stand der Töpferkunst in dieser Bergwerkstadt. Die bemerkenswertesten Grabfunde aber waren zahlreiche Idole aus Stein, Zehenknochen von Rindern und Terrakotta. In ihrer abstrakten Formgebung, mit der geometrischen Ritzverzierung und der Stilisierung des Gesichtes, das von runden Eulenaugen beherrscht wird, ähneln sie teilweise den weiblichen Brettidolen der zyprischen Frühbronzezeit (s. Kap. VII, 4).

101 Kuppelgrab von Los Millares mit Türlochplatte

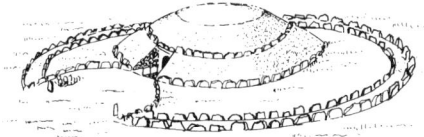

102   Rekonstruktion eines Kuppelgrabes von Los Millares

103   Idole mit geometrischen Ritzverzierungen aus Los Millares

104   Grabkammer der Cueva de Menga   ▷

105   Längsschnitt durch ein Modell der Cueva del Romeral

Die Gräber von Los Millares sind verhältnismäßig klein, aber sehr sorgfältig konstruiert; gegen das Landesinnere zu sind die Megalithgräber viel größer, aber meist roher gebaut. Erstaunliche Maße erreichen einige Monumentalgräber im Bereich der südspanischen Erzgebiete.

Bei *Antequera* liegt das schönste Kuppelgrab der Iberischen Halbinsel, das wie ein Vorläufer der mykenischen Tholoi wirkt, die *Cueva del Romeral*. Ein breiter Gang aus Trockenmauerwerk mit megalithischer Eindeckung führt 25 m tief in einen Hügel zu einem Durchgang aus großen Blöcken,

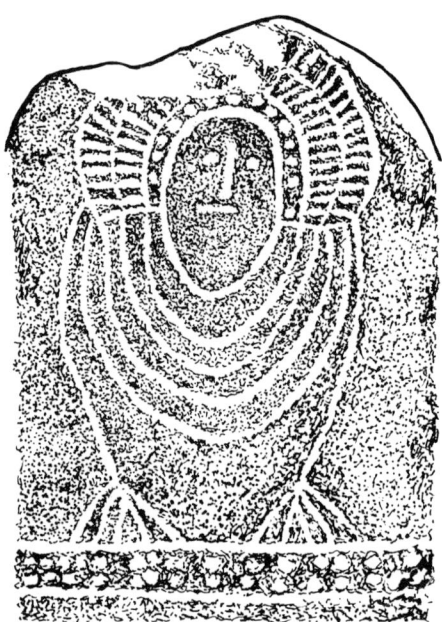

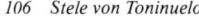

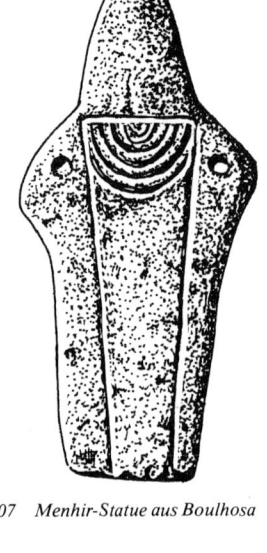

106 *Stele von Toninuelo*

107 *Menhir-Statue aus Boulhosa*

hinter dem sich das perfekte Rund eines Kuppelsaales öffnet, der vier Meter hoch ist. Seine Wände und das Kraggewölbe wurden aus lehmverputzten kleinen Steinen gefügt, den Abschluß der unechten Kuppel aber bildet eine enorme Platte von 6 m Länge und 80 cm Dicke.

Der zweite Totenpalast von Antequera, die *Cueva de Menga* verkörpert den Höhepunkt megalithischer Grabarchitektur in Europa. Diese gigantische Konstruktion ist in einen Hügel eingesenkt, um das Aufsetzen der ungeheuren Decksteine dadurch zu erleichtern. Der ganze Bau ist 25 m lang mit kurzem Gang, der mehr als Vorhalle wirkt und mit einem einzigen Block überdacht wurde. Dahinter öffnet sich der Hauptraum, der sich bis zu fünfeinhalb Meter Weite verbreitert und durch drei Pfeiler in zwei Schiffe geteilt ist. Die Höhe der Halle beträgt 3,20 m, die Wände bestehen aus mächtigen, geglätteten und haar-

scharf aneinandergepaßten Platten. Der schwerste Deckstein dieses Fürstengrabes wiegt etwa 170000 Kilo! Das Steinmaterial für die ›Cueva de Menga‹ wurde in 1 km Entfernung gewonnen, die enormen Granitplatten eines anderen riesenhaften Megalithgrabes, des trapezförmigen *Dolmen de Soto* bei Trigueros aber wurden aus 38 km Entfernung herangeschafft; auch die Erde des künstlichen Hügels von 75 m Durchmesser, der das 20 m lange Totenhaus birgt, kam von weither. Der ›Dolmen de Soto‹ ist durch schematische Zeichnungen auf den Wänden und das ›Eulengesicht‹ der Muttergöttin auf einem Block besonders interessant. Darstellungen der weiblichen Totengottheit in Form von ›Menhirstatuen‹ (Stelen) oder zuckerhutförmigen Steinen mit rudimentären Andeutungen einer weiblichen Gestalt, die meist eine mehrreihige Halskette trägt, gehören zu den charakteristischen Erscheinungen der iberischen Megalithkultur. Ob die Idee der Menhirstatue dort erstmalig ausgebildet und an die bretonische, südfranzösische, korsische und sardische Großsteinkultur weitergegeben wurde, bleibt vorläufig ebenso offen wie die Frage der Beziehungen zwischen den mächtigen Steinmonumenten der westmediterranen Inselwelt und den europäischen Megalithkulturen.

5 Die Riesensteine der Bretagne

Die Megalithkultur der Bretagne gehört durch ihr hohes Alter, den Reichtum und die Eigenart ihrer Erscheinungsformen und die ungeheuren Maße einzelner Monumente zu den eindrucksvollsten und zugleich geheimnisreichsten der Welt. Wenn sich ihre neueste Datierung auf Grund der Baumring-Chronologie bewährt, kann man ihren Beginn noch vor dem Ende des 5. Jahrtausends ansetzen. Aber genügt dieses hohe Alter als Beweis einer bodenständigen Entwicklung? Ein gewichtiges Gegenargument ist die Konzentration gerade der frühesten Grabanlagen auf Inseln, Halbinseln und längs der Küsten der Bretagne. Dies und auch die Gravierungen von Schiffen auf manchen Wandsteinen weisen auf ein Seefahrervolk als Träger der bretonischen Megalithkultur, das sich zunächst in Meeres-

nähe ansiedelte und seinen Totenkult und seine fortgeschrittenen Bautechniken mitbrachte. Bedeutungsvoll ist auch die verschiedenartige Struktur gerade der ältesten Ganggräber. Diese Bauwerke, die stets mit einem Tumulus aus Erde oder Steinen *(Cairn)* bedeckt wurden, sind in der ersten Phase manchmal keine oder nur teilweise megalithische Konstruktionen und den Totenhäusern von Los Millares oder auch der Cueva del Romeral eng verwandt. Sie können ganz aus Trockenmauerwerk bestehen mit plattengedeckten Korridoren und steil aufsteigenden Bienenkorbkuppeln, die ein größerer Stein abschließt. Vorbilder dieser Bauweise, die in späteren Abschnitten der bretonischen Megalithkultur nicht mehr vorkommt, finden sich mehrfach in den frühneolithischen Kulturen des Ostmittelmeerraumes, u. a. in den Rundhäusern von Khirokitia auf Zypern, die zu Beginn des

109   Wandmuster aus dem Grab von Gavrinis

108   Grundriß des Hügelgrabes von Barnenez

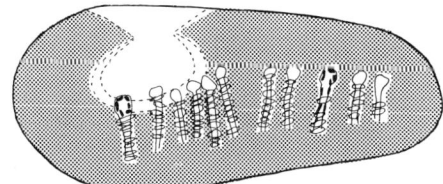

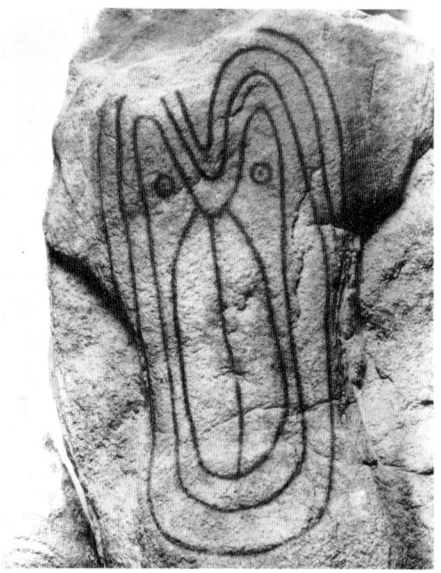

110 *Schildfigur aus dem Dolmen condé, Lufang*

6. Jahrtausends v. Chr. errichtet wurden. Ein Beispiel für die gleichzeitige Anwendung der verschiedensten Bautechniken ist der 85 m lange und 35 m breite ovale Hügel von *Barnenez* auf der Halbinsel Kernéléhen, der nicht weniger als elf Ganggräber mit rechteckigen und runden Kammern enthält. Die meisten wurden mit Bienenkorbkuppeln in Schichtbau aus kleinen flachen Steinen bedeckt, einige aber auch mit mächtigen Platten. Die Gänge und Zellen bestehen aus großen Steinen. Die Gräber im Tumulus von Barnenez, dessen Errichtung in das 4. Jahrtausend zurückreicht, zeigen die reiche Skala von Konstruktionstechniken, über die ihre Erbauer bereits verfügten. Die megalithische entsprach offenbar den altbretonischen Vorstellungen von einem festen Totenhaus am meisten. Sie bestimmte die spätere Entwicklung der

111 *Alignements du Menec, Carnac*

Ganggräber, für die oft riesige Steine verwendet wurden. Die Grundidee eines kürzeren oder längeren Korridors, der zu einer Kammer geleitet, erfuhr mit der Zeit viele Variationen und Erweiterungen zu mehrräumigen Strukturen. Der Gang erhielt in einigen Fällen Ellbogenform. Kennzeichnend für die Megalithkultur der Bretagne sind auch die mysteriösen Zeichen, die auf den Wand- und Deckplatten der Gräber eingemeißelt wurden. In einer schild- oder kochkesselartigen Form, die manchmal mit einem Strahlenkranz bekrönt oder auch mit farnkraut- und augenähnlichen Zeichen gefüllt wurde, vermutet man ein Symbol der Magna Mater. Daneben kommen konzentrische Halbkreise, aufgerichtete Schlangen, Beile, Krummstäbe, Joche, Wellen- und Zickzacklinien, Schiffe und allerlei undefinierbare Figuren vor. In einem der Gräber von Barnenez zeigt ein Block die Gravierung eines Bogens mit aufgelegtem Pfeil, der auf den Eingang gerichtet ist — zur Bedrohung möglicher Grabschänder.

Neben ihren monumentalen Totenwohnungen errichteten die Urbretonen zahlreiche Kultanlagen aus hochgestellten Steinen, die zu mehrreihigen Alleen (Alignements) — einige erstrecken sich über etliche Kilometer — und runden oder ovalen Umhegungen weiterer Kultplätze geordnet wurden. Häufig sind auch einzelne Menhire, die gigantische Maße erreichen können. Der größte, der granitene ›Feenstein‹ von spitzovaler Form, ist mehr als 20 m lang und wiegt rund 350 Tonnen. Heute liegt dieser sorgfältig behauene und geglättete Koloß zersprungen auf der Erde. Der berühmte Obelisk der Kleopatra, der in London steht, wiegt bei gleicher Höhe nur die Hälfte! Die unermeßlichen Anstrengungen der Erbauer der bretonischen Megalithdenkmäler verraten die Macht der religiösen Vorstellungen, die hinter diesen wahrhaft für die Ewigkeit geschaffenen Monumenten standen.

112 Weibliche Menhir-Statue von ◁ *St. Sernin*

113 Menhir von Champ Dolent ▷

6 Stonehenge, das Mausoleum von West Kennet und das irische Königsgrab von New Grange

Die Diskussion um das prähistorische Rundheiligtum von Südengland, die *Stonehenge,* ist noch lange nicht beendet. Bis heute beherrscht sein gewaltiger Ring aus dreißig breiten, viereinhalb Meter hohen Pfeilern, die ursprünglich durch einen fortlaufenden Architrav aus fast meterdicken Platten verbunden waren, von denen noch zehn erhalten blieben, die Landschaft. Er umschließt eine hufeisenförmige Struktur aus Sandstein-Trilithen (Steinsetzungen aus drei Blöcken) von 6—7 m Höhe, die eine ebenfalls hufeisenförmige Anlage aus kleinen Blöcken enthielt. Die Architektur des Sanktuariums verrät eine verblüffende Kenntnis perspektivischer Wirkung, die Steinmetzarbeit ist hervorragend. Der Hauptzugang im Nordosten wird von einem Menhir von 6 m Länge flankiert, der vielleicht ursprünglich ein Gegenstück

hatte. Eine breite Prozessionsstraße, an deren Beginn ein roher Sandsteinblock von 5 m Höhe steht, der älter als das Heiligtum ist, führt zum Eingang. Ein kleiner Ringwall, der den Megalithbau in einigem Abstand umgibt, begrenzt die sakrale Zone.

Generationen von Forschern und Ausgräbern beschäftigten sich mit der langen und komplizierten Baugeschichte von Stonehenge und versuchten den Sinn dieses einmaligen Monumentes zu deuten. In den letzten Jahren wurden sogar Computer eingeschaltet, um die astronomische Bedeutung des Sanktuariums zu errechnen. Seine Ausrichtung auf den Sonnenaufgang zur Sommersonnenwende steht wohl fest. Aber wurde diese Anlage tatsächlich als eine Art steinerner Sonne-Mond-Kalender entworfen, mit dessen Hilfe man sogar Mondfinsternisse vorhersagen konnte? Die Kalkulationen der Sternkundigen gingen bis jetzt von der Annahme aus, daß die Stonehenge ihre endgültige Form gegen 1800 v. Chr. erhielt und auf dem Stand der Gestirne um etwa diese Zeit beruhte. Wenn sich diese Datierung durch die neue Baumringchro-

114 Stonehenge, England

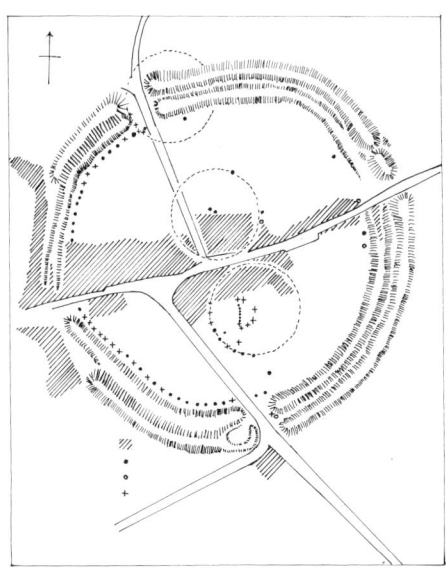

115 *Rundheiligtum Avebury, England*   116 *Megalithgrab von West Kennet Barrow*

nologie als zu niedrig erweisen sollte, würden diese Berechnungen hinfällig! Das »größte Rätsel der Alten Welt«, als das Stonehenge einmal bezeichnet wurde, konnte auch durch die Astronomen noch nicht endgültig gelöst werden.

In der Umgebung der Stonehenge bezeugen die *Longbarrows,* die langgestreckten Hügelgräber aus dem Neolithikum, und die runden Grabtumuli der bronzezeitlichen *Wessexkultur,* daß das große Sanktuarium der Mittelpunkt einer altheiligen Zone war. Keine 30 km entfernt liegt ein anderes religiöses Zentrum der britischen Vorgeschichte, das Rundheiligtum von *Avebury,* ein gewaltiger Ringwall mit Graben, der einmal etwa 15 m hoch war und innerhalb eines weiten Steinkreises an seinem Fuß zwei kleine Steinringe umfaßte. Zu Beginn des 18. Jahrhunderts enthielt der eine noch drei hohe, eng gruppierte Menhire. In der Nachbarschaft von Avebury, von dessen Rand ein doppeltes Alignement ausging, befinden

sich zwei weitere gigantische Monumente aus der Urzeit: der *Silbury Hill,* der gewaltigste künstliche Hügel aus der europäischen Vorgeschichte, der über 40 m emporragt und einen Durchmesser von etwa 180 m hat, und der *West Kennet Barrow.* Während die Bestimmung des Silbury Hill trotz neuer Grabungen, die vom gesamten britischen Fernsehpublikum mit Spannung verfolgt wurden, noch ein Rätsel bleibt, wurde der West Kennet Barrow bereits bei seiner ersten Erforschung vor mehr als hundert Jahren als eines der mächtigsten Megalithgräber Westeuropas erkannt. Neue Ausgrabungen nach modernen Methoden zeigten in den fünfziger Jahren, daß er zugleich Mausoleum und Kultstätte war. Innerhalb des dammartigen Hügels von 113 m Länge wurde ein Bauwerk aus viele Tonnen schweren Megalithen freigelegt, das mit seiner 13 m langen Galerie von 2,50 m Höhe, an der je vier Seitenzellen liegen und dem weiten Hauptraum an eine vierschiffige Kirche erinnert. Gleich den sardischen Gigantengräbern und den maltesischen Tempeln, besaß dieses Totenhaus eine monumentale halbrunde Fassade aus riesenhaften Blöcken als Grundsteinen. In den Zellen fanden sich die Reste von dreißig Bestattungen und dazwischen dicke Schichten von Abfall, der von Opferfeiern stammen mochte, sowie viele Keramikscherben. Erst als die Kammern bis zur Decke gefüllt waren, wurde das Grab mit zwei Megalithen von je rund 20000 kg für immer verschlossen.

Die Bestimmung des berühmtesten Monumentes der irischen Megalithkultur, des Kuppelgrabes von *New Grange,* ist kein Rätsel, seine besonderen Kennzeichen aber werfen andere, nicht weniger erregende Fragen auf.

Das weithin sichtbare Totenmal, ein ›Cairn‹ (Hügel) von 15 m Höhe und 90 m Umfang, der ursprünglich mit einer breiten Schicht auffallend heller Steine bedeckt und von einem Menhir bekrönt war, stand in einer heiligen Zone innerhalb eines Kranzes von fünfunddreißig Menhiren. Der Fuß des künstlichen Hügels wurde durch einen Ring aus länglichen Blöcken zusammengehalten, auf einigen fanden sich magische Zeichen, darunter Spiralen. Ein enger, 20 m langer Korridor führt zur Hauptkammer, einem runden Raum von 6 m Höhe, den eine roh gefügte Bienenkorbkuppel aus großen Blöcken deckt. Um diesen Mittelsaal sind drei kleine Seitengelasse kleeblattförmig angeordnet, in denen vermutlich bestattet wurde, während der zentrale Raum, in dem die ersten Ausgräber des Grabmales 1699 ein flaches Steinbecken fanden, um das acht konische Steine standen, Kult- und Opferhandlungen diente. Die Wand- und Decksteine des Grabbaues wurden mit vielen eingemeißelten Zeichen versehen, die vielleicht zum Teil die Augen der Totengöttin symbolisieren, die über den Verstorbenen wachen sollten. Konzentrische Kreise, sonnenartige Figuren und Spiralen stehen neben Rhomben, Zickzacklinien, Schlan-

117 Kuppelgrab von New Grange, Irland

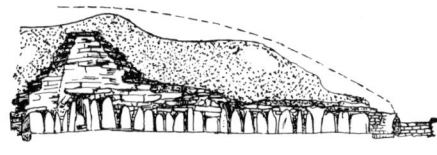

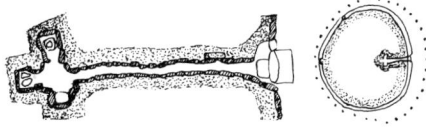

118 Längsschnitt und Grundriß des Kuppelgrabes von New Grange

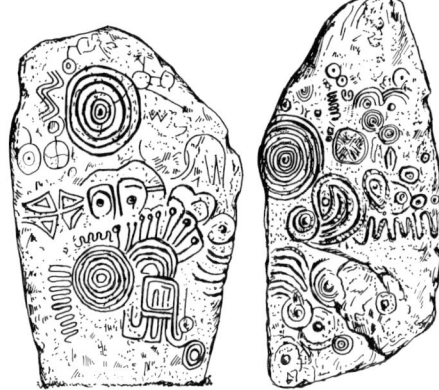

119 Wandstein aus dem Grab von Knockmany

genformen und anderen Mustern, die auch in bretonischen und mehr noch auf den portugiesischen Megalithdenkmälern vorkommen. Bilddarstellungen fehlen. C^{14}-Teste zeigten, daß dieses Königsgrab, das man früher um 1800 v. Chr. datierte, schon eintausend Jahre früher erbaut wurde. Um Parallelen zu der Kleeblattform dieses und einiger anderer großer Grabanlagen derselben Gegend und zu den Spiralmustern zu finden, muß man einige tausend Kilometer in südöstlicher Richtung zurücklegen und die megalithischen Heiligtümer des maltesischen Archipels besuchen.

7 Das nordische Megalithikum

Die Verbindung mit der See, die bei den mediterranen und atlantischen Megalithkulturen der Westhälfte Europas sehr deutlich ist, gilt auch für die nordischen Großsteinkulturen. Ihr Schwerpunkt lag in Jütland, Schleswig-Holstein und auf der umliegenden Inselwelt. Allein in Dänemark gibt es noch gegen 3500 Megalithgräber. Die Anhänger einer unabhängigen Entstehung des westlichen Megalithikums bezogen seit dem 19. Jahrhundert ihre wichtigsten Argumente aus diesem Gebiet, in dem sich ein bodenständige Entwicklung des Steinkammergrabes abzuzeichnen scheint.

Der Beginn des dänischen Neolithikums wird nach neuen Daten schon gegen 4200 angesetzt. Um diese Zeit erfolgte die Einwanderung von Bauern und Viehzüchtern aus dem Raum südlich des Baltikums, die in mehreren Schüben ankamen und sich mit der einheimischen Bevölkerung von Jägern, Sammlern und Fischern vermischten. Sie brachten eine typische Tonware mit: bauchige Gefäße mit trichterartig ausgeweitetem Rand, die sog. ›Trichterbecher‹. Ihre Toten bestatteten sie in Erdgruben zusammen mit Gefäßen, die Trank- und Speiseopfer enthielten. Gegen Ende des Frühneolithikums erschienen neben den alten ovalen Erdgruben die ersten *Steingräber,* rechteckige Kisten aus vier Blöcken und einem Überlieger, die bis zu 2 m lang waren und unter niederen runden oder länglichen Aufschüttungen mit Steinumhegung geborgen waren. In Dänemark heißen diese Gräber *Rund-* oder *Langdyssen.* Ihre sorgfältige Konstruktion und die wertvollen Beigaben, schön gearbeitete Keramik des Trichterbecherstils mit geometrischer Tiefstichverzierung — neben den traditionellen Bechern gibt es darunter neue Formen wie

111

120   *Trichterbecher von Gadeland, Schleswig-Holstein*

Kragen- und Kugelflaschen —, ferner Feuersteinbeile, Äxte, Bernsteinschmuck, Pfeilspitzen usw., sprechen für Gräber einer Oberschicht. Den kleinen Kisten, in denen höchstens drei bis vier Verstorbene, oft auch nur eine Leiche, beigesetzt wurden, folgten bald geräumige Stuben aus wuchtigen Blöcken unter einem tonnenschweren Deckstein mit einem Einstieg über einen halbhohen Wandstein an einer Schmalseite und schließlich große polygonale *Steinkammern*. Mit diesen Totenhäusern wuchsen auch die Tumuli, die sie bedeckten, zu Höhen von 4—5 m. Die runden erreichten Durchmesser bis zu 25 m, die rechteckigen Langdyssen, auch *Hünenbetten* genannt, können sich in einigen Fällen mit den Longbarrows der britischen und bretonischen Megalithkulturen messen. Die größte ist 130 m lang. Die Breite dieser dammartigen Aufschüttungen, die eine oder mehrere Steinkammern enthielten, reicht von 6 bis 18 m. Monumentale Steinumrandungen, die bei dem Hünenbett von Munwolstrup drei Meter hoch sind, erhöhen die Wirkung dieser riesenhaften Male.

Die ältesten dänischen Steingräber liegen an der Ostseeküste oder auf Inseln. Der Seeverkehr war damals bereits entwickelt. Seit dem Mesolithikum wagten sich die Fischer in Einbäumen auf das Wassser und vielleicht sogar in Booten aus Tierhäuten auf die offene See. In den großen Küchenabfallhaufen der Küstenbewohner aus dem Mesolithikum und dem Frühneolithikum kamen Reste von Tiefseefischen ans Licht, sogar der Schädel eines erlegten Walfisches. Der Handel mit dem begehrten Ostseebernstein und dem hochwertigen nordischen Flint schuf vermutlich seit dem 4. Jahrtausend Verbindungen über See und nach dem Inneren des Kontinents. Eine gewisse Beeinflussung durch religiöse Vorstellungen fremder Völker ist daher auch bei der Entstehung der ersten Großsteingräber nicht unmöglich. Vom dänischen Kerngebiet aus verbreiteten sich die Steinkammern über Schleswig-Holstein nach Mecklenburg und Hannover und über ganz Südschweden. In Mecklenburg gab es über tausend Megalithgräber, von denen noch 336 vorhanden sind.

Die Hochblüte der nordischen Megalithkultur entfaltete sich gegen Ende der ersten Hälfte des 3. Jahrtausends in der mittleren Jungsteinzeit, in der *Ganggräber* westeuropäischer Art und neue, kompliziertere Totenbräuche aufkamen. Die Prähistoriker sind überzeugt, daß diese Erscheinungen auf das Einströmen fremder Kulturelemente im Gefolge einer Intensivierung des Handelsverkehrs zurückgehen. Importierte Metallware, darunter ein Kupferdolch vermutlich südportugiesischer Herkunft und die charakteristischen *Lunulae,* mondsichelförmiger Goldschmuck aus Irland, weisen auf seine große räumliche Ausbreitung. Die beginnende Konkurrenz ausländischer Waffen und Geräte aus Kupfer zwang zu immer besserer Bearbeitung des Feuersteins. Das Blatt der dicknackigen Beile wurde immer dünner, oft auch hohl zugeschliffen, seine Politur erreichte ein Maximum an Glätte. Diese Beile waren den

121 Innenraum des Megalithgrabes von Drouwen, Drente, Holland

metallenen an Härte, Dauerhaftigkeit und Schärfe überlegen. Auch die Keramik aus dunkelbraunem, glänzend poliertem Ton erreichte in der Ganggräber-Periode ihren Höhepunkt im ›Großen Stil‹ mit monumentalen, klar gegliederten Gefäßen, deren Tiefstichverzierung weiß inkrustiert wurde, und im ›Schönen Stil‹ mit feinwandigen Trichterbechern, ›Fruchtschalen‹ mit hohem Fuß, deren Vorläufer vielleicht im Osten zu suchen sind, und einer Vielfalt großer und kleiner Behälter, deren dichte geometrische Musterung mit Stempeln verschiedener Form eingedrückt wurde.

Hinweise auf das Totenritual dieser Epoche lieferte die Entdeckung des *Tustrup-Hauses* im Jahre 1954 und des *Ferslev-Hauses* im Jahre 1959. Die Ausgrabung dieser beiden Sakralbauten an der Ostküste Jütlands, die in den sechziger Jahren abgeschlossen wurde, brachte überraschende Ergebnisse. Das Tustrup-Haus wurde als Zentrum eines Friedhofes mit zwei Ganggräbern und einer Dysse errichtet. Die auffallend massive Konstruktion besteht aus einem hufeisenförmigen Wall aus Feldsteinen von 0,5 bis 1,5 m Stärke, welcher eine fast quadratische Kammer von 5 bis 5,5 m Seitenlänge umschließt, deren Nordostwand fehlt. Die Mauer war außen mit Steinplatten von etwa Meterhöhe umrandet, die Rückwand der Kammer bestand aus Orthostaten von 1,60 m Höhe; ihre Seitenwände waren mit einer Palisade aus halbierten Eichenstämmen verkleidet. Eine Nische in der Nordwestmauer enthielt eine steingefüllte Grube von 80 cm Tiefe; im Mittelpunkt des Raumes fanden die Ausgräber eine ovale Grube mit losem Sand. Im rückwärtigen Teil des Hauses kamen die Scherben von zwanzig reich ornamentierten Gefäßen ans Licht, unter diesen zehn große ›Fruchtschalen‹, wahrscheinlich Kultgefäße. Die gesamte Keramik, die ursprünglich in zwei Gruppen geordnet war, wurde durch das einstürzende Dach aus Birkenrinde und getrockneten Rasenstücken zertrümmert, als der mit viel Mühe errichtete Bau kurz nach seiner Fertigstellung in Brand gesteckt wurde. Eine Analyse der verkohlten Dachreste zeigte, daß die Birkenrinde noch frisch war, als sie in Flammen aufging. Die sakrale Bestimmung des Tustrup-Hauses und seine Beziehung zu den umliegenden Gräbern war deutlich, doch erst die Freilegung des Ferslev-Hauses ergab eine genauere Vorstellung von der Funktion der beiden Gebäude. Im zweiten, das in seinen Maßen und der Struktur dem ersten ähnelt, fanden die Ausgräber eine 4 m lange und 1 bis 1,50 m breite trapezoide Steinsetzung. Der Boden dieser Kiste, in der sieben beinahe

122 Opfergefäß aus einem dänischen Megalithgrab

113

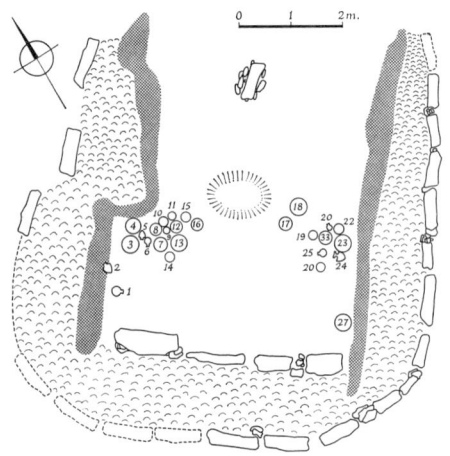

123   *Grundriß des Tustrup-Hauses, Jütland*

unversehrte Tongefäße standen, war mit gebranntem, zerstoßenem Flint und Holzkohlenstückchen bedeckt. An verschiedenen Stellen innerhalb des Hauses kam weitere Keramik aus zwei aufeinanderfolgenden Perioden des mittleren Neolithikums zutage, im ganzen über sechzig Töpfe. Der Fund der Kiste, welche Beisetzungen innerhalb von Steinkammern entspricht, läßt vermuten, daß es sich bei ihr und der Grube in der Nische des Tustrup-Hauses um Gräber handelt. Man nimmt daher an, daß beide Bauwerke sowohl Grüfte wie Heiligtümer für den Totenkult waren. Im Tustrup-Haus fand nur eine einzige Zeremonie statt, ehe es den Flammen übergeben wurde, das andere aber war längere Zeit benutzt worden, bevor es verbrannt wurde. Diese nordischen ›Grabkirchen‹ waren vielleicht eine lokale Variation der Vorhöfe der westeuropäischen Megalithgräber und Sanktuarien, die rituellen Zwecken dienten. C¹⁴-Teste ergaben für die beiden Heiligtümer Datierungen um die Mitte des 3. Jahrtausends. Es scheint, daß die skandinavischen Ganggräber auch nicht viel früher erbaut und sehr lange benutzt wurden, bis der Einbruch

kriegerischer Reiterhorden aus dem Schwarzmeergebiet, des *Streitaxtvolkes,* die andere Bestattungssitten und andere Gottheiten mitbrachten, das Erlöschen der Megalithkultur zur Folge hatte. Die Töpferzeugnisse verloren in der Endphase die hohe Qualität; eingestochene Darstellungen des ›Eulengesichtes‹ der Großen Mutter auf einzelnen Gefäßen geben einen Hinweis auf gemeinsame religiöse Vorstellungen der nordischen und der westlichen Megalithiker.

Lange Zeit wurde die Ausbreitung der Megalithgräber bis in das Emsland und nach Nordholland, wo sie vielfach als mächtige T-förmige Konstruktionen erscheinen, für eine Entwicklung der letzten Periode der nordischen Großsteinkultur angesehen und wohl auch als eine Folge der Vertreibung der Megalithiker aus ihren Kerngebieten durch die Streitaxtvölker. Diese Theorie ist nach den modernen Datierungsmethoden nicht mehr haltbar. C¹⁴-Teste ergaben, daß die vermeintlich jüngsten Monumente, die holländischen *Hunebedden* in der Provinz Drente, noch ein bis zwei Jahrhunderte vor den ersten Ganggräbern der jütländischen Halbinsel errichtet wurden. Noch überraschender sind die Daten, die für das Totenhaus von *Groß Berßen* gewonnen wurden, das zu der ›Hünengräberstraße‹ im Hümmling bei Werlte (Niedersachsen) gehört, an der auf einer Strecke von 1200 m neun Megalithgräber liegen. Danach wurde es etwa zu Beginn des letzten Viertels des 4. Jahrtausends v. Chr. gebaut. Die Funde aus den Megalithgräbern im Hümmling verraten Beziehungen zu Osteuropa, die über Österreich bis nach Ungarn reichten. Neben Trichterbecherkeramik, die zu allen Großsteingräbern des nordischen Kreises gehört, kam bereits Kupfer unter den Beigaben ans Licht. Die Totenhäuser des Emslandes erreichten oft erstaunliche Maße. Im Hümmling liegt das längste Ganggrab Deutschlands, eine ostwestlich orientierte Kammer von 27 m Länge mit kurzem Korridor an der Südseite, die mit vierzehn Platten gedeckt wurde. Ein eindrucksvolles Monument, das stark an die dänischen Langdyssen erinnert, liegt in der *Ahlhorner Heide* bei Wildeshausen. Der Volksmund hat es den *Visbecker Bräutigam* genannt. Von dem ehemaligen Flachhügel von 115 m Länge steht nur noch die Einfassung aus großen Blöcken, deren glatte Seite nach außen gekehrt ist. An ihrem östlichen Schmalende ragt ein hoher, dreieckiger Megalith aus der Umfassung empor, der versteinte ›Bräutigam‹. Die Grabkammer, für die der gigantische Damm gebaut wurde, liegt an seinem Westende und wirkt mit ihren zehn Metern Länge recht klein.

Kaum weniger imposant als die emsländischen Male sind einige der vierundfünfzig Hunebedden, die noch in Nordholland erhalten sind. Die runden oder ovalen Hügel, in denen sie sich befanden, sind meist verschwunden, die urweltlichen Massen der Steinklötze, aus denen diese Anlagen gebaut wurden, kommen dadurch besser zur Geltung. Auf dem Kopfsteinpflaster im Inneren einiger Totenhäuser waren viele hunderte von Gefäßen des Trichterbecher-Stils für die Verstorbenen aufgestellt, unter denen sich aber keine ›Fruchtschalen‹ befinden. Das Trichterbecher-Volk, das in Dänemark die Jungsteinzeit einleitete, gelangte nach Holland vermutlich über das Emsland, dessen Megalithgräber aus dem 4. Jahrtausend wohl die Vorfahren der niederländischen sind. Aber woher kam der Anstoß zur Aufrichtung der Riesensteingräber auf dem Hümmling? Ihr hohes Alter fügt eine weitere zu den vielen Fragen, die noch offen sind.

124   Hünengrab von Havelte, Nordholland

In West- und Nordeuropa existieren noch gegen 50 000 Megalithdenkmäler, ein Bruchteil der Großsteinbauten der Urzeit, deren Deutung und Erforschung den Prähistorikern noch viel Mühe bereiten wird. Sicher ist nur, daß religiöse Vorstellungen und Riten, die mit dem Totenkult verbunden waren, in verschiedenen Teilen der Westhälfte unseres Kontinents einen frühen schöpferischen Aufbruch bewirkten, der zu den ersten großen Steinbauten des Abendlandes führte.

Fachwortverzeichnis

Alignement Gerichtete Reihe hochgestellter länglicher Steinblöcke

Dolmen Bretonisch = Steintisch. Einfachste Form des megalithischen Steinkammergrabes aus vier bis sechs meist unbearbeiteten Felsblöcken oder Platten, die in Form eines Vierecks oder Vielecks angeordnet und mit einem mächtigen Auflieger bedeckt sind

Ganggrab Steinkammergrab mit kurzem bis sehr langem korridorförmigem Zugang

Hünenbett Bezeichnung für Großsteingräber der nordischen Megalithkulturen, die von Hunnen- d.h. ›Heiden‹-Grab abgeleitet ist

Menhir Bretonisch = Langstein. Aufgerichteter roher oder bearbeiteter (meist in Zuckerhutform) länglicher Steinblock

Orthostaten Die untersten Quadern der Cella-Wand eines griechischen Tempels, die doppelt so hoch und lang sind, wie die übrigen. Im weiteren Sinn: riesengroße, hochkant gestellte Platten als Mauersockel oder als selbständige Bauelemente wie z.B. bei einem Dolmen

Steinkammern Aus Steinen konstruierte Grabkammern der Megalithkulturen

Steinkisten Kleinere Gräber aus dünnen Steinplatten in der Form meist rechteckiger Kisten

Steinkreise Bretonisch = ›Cromlechs‹. Runde und ovale, vermutlich kultische Steinsetzungen aus rohen oder wenig bearbeiteten Menhiren, in deren Zentrum oft ein besonders hoher Monolith steht

Trilithon Konstruktion aus zwei senkrechten und einem waagerechten Stein

Bibliographie

Sibylle von Cles-Reden, *Die Spur der Zyklopen,* Köln 1960

V. u. G. Leisner, *Die Megalithgräber der Iberischen Halbinsel, Der Süden,* Berlin 1943, *Der Westen,* Berlin 1956

G. Lilliú, *Malta, frühe Randkulturen des Mittelmeerraumes,* Baden-Baden 1968

Elisabeth Schlicht, *Das Megalithgrab von Groß Berßen,* KUML, 1969

H. Schwabedissen, *Der Übergang vom Mesolithikum zum Neolithikum in Schleswig-Holstein,* 1968

E. Sprockhoff, *Die nordische Megalithkultur,* Berlin 1938

VI Die ersten Hochkulturen

1 Mesopotamien

Das Land zwischen Euphrat und Tigris

Nachdem der Irak 1921 ein englisches Mandatsgebiet geworden war, konnten die europäischen Gelehrten ihrer Forschungsarbeit wesentlich freier als unter türkischer Herrschaft nachgehen. Durch den Bau von Eisenbahnen und die Errichtung von Luftverkehrslinien wurden bislang nur mühsam und unter großem Zeitaufwand erreichbare Gebiete erschlossen. Nach der Entdeckung der Königsgräber von Ur mit ihren enormen Schätzen wurde Mesopotamien das gelobte Land der Archäologen. Es gibt wenig Gebiete, die eifriger, methodischer und zugleich auch erfolgreicher durchsucht wurden. Die Faszination der wiedererweckten toten Städte, das Auftauchen unbekannter Völker und Hochkulturen aus frühesten Zeiten und die weitreichenden Folgerungen für die Kunst-, Religions- und allgemeine Geschichte zogen die Aufmerksamkeit auf dieses Land. Die Gräber von Ur wurden ebenso berühmt wie das Grab des Tutanchamun, und die Namen vorgeschichtlicher Stätten wie Dschemdet Nasr, El Obed, Uruk wurden zu Begriffen. Von Jahr zu Jahr wurden unsere Kenntnisse über die alten Dynastien und insbesondere über die ur- und frühgeschichtliche Zeit durch neue Ausgrabungen erweitert.

Mesopotamien, also Zwischenstromland, heißt das Gebiet zwischen Euphrat und Tigris, die beide in den anatolischen Bergen entspringen und in den Persischen Golf münden. Alle frühen Hochkulturen entstanden im Bereich großer Ströme — Nil, Indus, Euphrat und Tigris —, da regelmäßige Überschwemmungen anstelle der damals noch unbekannten Bodendüngung Ackerbau durch eine seßhafte Bevölkerung möglich machten. Für die neueren Kulturen waren Donau und Rhein die großen Mittelswege fremder Einflüsse.

Die Lebenseinstellung eines Volkes, seine Bräuche, Religion, Jenseitsvorstellungen, Begräbnisriten und seine Kunst wurden davon bestimmt, ob es Gebirgsland oder Schwemmland bewohnte, ob es ein Hirten- oder ein Ackerbauvolk war. Das untere Mesopotamien mit Sumer, Akkad und Babylon verfügte über kein Gestein und über fast kein Holz. Die Entwicklung des Handwerks und der Kunst nahm deshalb einen ganz anderen Verlauf als im oberen Teil des Gebietes, in dem das in der Nähe der Gebirge gelegene Assyrien über diese Rohmaterialien verfügte. Die Architektur paßte sich dem Material an; so bauten die Babylonier aus luftgetrockneten oder gebrannten Ziegeln, die Assyrer aus Stein. Die Holzknappheit führte bei den Bewohnern des unteren Landes zur Erfindung von Ziegelgewölben und -bogen, die das Deckengebälk ersetzten, eine Technik, die sich

125   Fundorte in Mesopotamien

vermutlich aus der Bauweise der einfachen Hütten ableitete, bei denen die Schilfrohre im Scheitel gewölbt zusammenliefen. Das unterschiedliche Klima in Nord- und Südmesopotamien wirkte sich auf Lebensform und Verhalten der Völker aus.

Mesopotamien entsprach nicht immer dem heutigen Gebiet dieses Namens. Im Paläolithikum soll der Persische Golf bis

nördlich des heutigen Bagdad, wo Euphrat und Tigris sich am nächsten kommen, gereicht haben. Weiter südlich mündeten die in den Bergen Persiens entspringenden Flüsse Karun und Karcheh ins Meer, die viel Erdreich und Schlamm anschwemmten, bis sich ein Damm quer durch den Golf bildete. Die Anschwemmungen füllten allmählich den nördlich dieses Dammes gelegenen Teil auf; es entstand eine Lagune und schließlich ein Sumpfgebiet, das nach und nach austrocknete und zu fruchtbarem Land wurde. Im Laufe der Jahrhunderte veränderte sich der Lauf der Flüsse häufig. Überschwemmungen, deren Spuren in gewaltigen, die Entwicklung unterbrechenden Schlammablagerungen zu erkennen sind und die in manchen Perioden ganze Provinzen bedeckten, waren die Folge. Eine dieser Katastrophen ging als Sintflut in die Mythen der Sumerer, Babylonier und anderer Völker, sowie in die Bibel ein.

Geschichtlicher Überblick

Das Neolithikum begann in Mesopotamien am Ende des 6. Jahrtausends. In den folgenden tausend Jahren unterscheidet man die *Hassuna-,* die *Samarra-* und die *Halaf-Zeit,* so benannt nach den wichtigsten Fundorten.

Die *Obed-Zeit* des 4. Jahrtausends, zu der auch die älteste Kultur von Susa im westlichen Iran gehört, endete mit der Ankunft eines neuen Volkes in Mesopotamien, der *Sumerer,* deren Ursprung noch dunkel ist und die aus dem Iran kamen. Sie wurden die Begründer der ersten Hochkultur der Welt. Die frühe Epoche der sumerischen Geschichte vom Ende des 4. Jahrtausends bis etwa 2800 bezeichnet man als *Uruk VI bis IV —,* die folgende bis etwa 2600 v. Chr. die *Dschemdet Nasr-Zeit.* In diesen Jahrhunderten der Blüte setzte auf allen Gebieten ein ungeheurer kultureller Aufschwung ein. In den verschiedenen Städten wurden als Mittelpunkte große Tempel auf künstlichen Terrassenhügeln, den Zikkurats, für den obersten Himmelsgott Anu und die Muttergöttin Innana errichtet. Die Erfindung der ersten Schrift um 3000 ist für die Entwicklung des menschlichen Geistes die bedeutendste Leistung.

Die Dschemdet Nasr-Periode wurde von der *Mesilim-Zeit* abgelöst, die nach dem ersten historisch faßbaren König von Kisch benannt wird. Sie brachte neue Elemente in die Architektur, die Kunst, aber auch in den Kult und die Gesellschaftsordnung. Das Schwergewicht verlagerte sich mehr in den Norden, der von Semiten bevölkert wurde, welche die sumerische Kultur übernahmen und allmählich weiter nach Süden vordrangen. Dort rivalisierten die verschiedenen Stadtstaaten, die ihre Herrschaft mitunter auch auf andere ausdehnen konnten. Die wichtigsten waren Nippur, Ur, Uruk, Lagasch, Umma und Eridu. Mit der *ersten Dynastie von Ur,* das von 2500 bis 2350 v. Chr. Mittelpunkt des Landes war, treten wir aus der Frühgeschichte Sumers in die historische Epoche ein. Um 2350 v. Chr. errang SARGON von Akkad als König die Herrschaft über ganz Mesopotamien, nachdem er LUGALZAGGESI, den Ensi (Stadtfürsten) von Umma besiegt hatte, der mit rücksichtsloser Gewalt alle sumerischen Städte unterworfen und eine letzte staatliche Einigung geschaffen hatte.

Das semitische Großreich von Akkad endete 2150 v. Chr. durch den Einfall der *Guti,* eines halbwilden Bergvolkes aus dem Zagros-Gebirge. Der Süden des Zweistromlandes war unter den Guti verhältnismäßig unversehrt geblieben; so bewahrte sich auch *Lagasch* unter seinem Ensi GUDEA (2120 v. Chr.) eine gewisse Selbständigkeit. Dem Fürsten von *Uruk* gelang es, die Fremdherrschaft der Guti 2050 v. Chr. zu beseitigen, als ›König von Sumer und Akkad‹ erhob sich aber der Stadtfürst von Ur, der die *III. Dynastie von Ur* begründete. Die neusumerische Epoche währte bis zum Jahr 1950 v. Chr., in dem Ur von den Elamitern besetzt wurde.

Um die Vorherrschaft rangen in den nächsten 250 Jahren die *Elamiten* und semitische Stämme, die in einer neuen Welle diesmal aus dem Westen kamen.

Mari erlebte unter ihnen eine Blüte, auch Babylon und Assur wurden zu selbständigen Stadtstaaten. Im Süden gründeten sie in Isin und Larsa neue Dynastien. Im 18. Jahrhundert v. Chr. eroberten die Elamiten Larsa, von wo aus ihr Fürst RIMSIN das Land bis auf Babylon in seiner Hand vereinigte. Der große Feldherr und Staatsmann unterlag schließlich seinem größeren Gegenspieler HAMMURABI von *Babylon,* der um 1700 v. Chr. für über 150 Jahre den alten Glanz des sumerisch-akkadischen Reiches wieder erstehen ließ. Der letzte babylonische Herrscher wurde 1530 v. Chr. von dem Hethiterkönig MURSCHILI I. überwältigt und getötet. Das Reich zerbrach. Im eigentlichen Babylon setzten sich die *Kassiten* fest, die aus den west-iranischen Bergen kamen, aber wahrscheinlich aus der Gegend des Kaspischen Meeres stammten und indoeuropäischen Blutes waren. Sie konnten sich bis 1200 v. Chr. halten. Andere Völker, die *Churri,* die vom Van-See ausgingen, drangen in das nördliche Mesopotamien ein und verdrängten die Westsemiten aus dem mittleren Euphrat-Gebiet, besetzten Assur und stießen bis Syrien und Palästina vor. Zwischen Zagros-Gebirge und Mittelmeer errichteten sie das *Mitanni-Reich,* das 1360 v. Chr. den *Hethitern* unterlag.

Von Assur aus, in dem die akkadische Herrschaftsidee lebendig geblieben war und das während der großen Völkerwanderungen nach dem Untergang des Mitanni-Reiches schon im 13. Jahrhundert v. Chr. wieder eine dominierende Rolle im nördlichen Mesopotamien spielte, schuf TIGLAT-PILESAR I. (1112—1074 v. Chr.) ein assyrisches Großreich über die gesamte vorderasiatische Welt. Eine dritte semitische Welle aus der arabischen Wüste, der Einbruch der *Aramäer,* zwang Assur, sich auf sein Kerngebiet zurückzuziehen. Um 900 v. Chr. gelang es ihm aber wieder, in grausamen Feldzügen eine neue Weltmacht auf-

zurichten. Mit dem älteren und kulturell überlegenen Babylon kam es nach Jahrhunderten einer versöhnlichen Ausgleichspolitik im 9. Jahrhundert v. Chr. zu kriegerischen Auseinandersetzungen und, als dieses eine Beute der Aramäer geworden war, zu wiederholten Eroberungen und Verwüstungen der Stadt. Als die *Chaldäer,* eine aramäische Stammesgruppe, den Thron von Babylon bestiegen, schlugen sie 612 v. Chr. mit Hilfe der nordwestiranischen *Meder* die Assyrer und errichteten das *Neubabylonische Weltreich,* das unter NEBUKADNEZAR II. (604—562 v. Chr.) seine höchste Blüte erlebte. Der Perserkönig KYROS II. eroberte 539 v. Chr. Mesopotamien, das Provinz des Perserreiches wurde.

Vorgeschichte Mesopotamiens

Die Überreste der verstreuten alten Stätten Mesopotamiens erscheinen heute in Form von Tells, d. h. von Hügeln, die sich aus den Trümmerhaufen der übereinanderliegenden Städte bildeten. Neue Niederlassungen wurden meistens auf den eingeebneten Ruinen der vorhergegangenen errichtet. So liegt *Muallafat* in der Provinz Erbil am oberen Tigris, die älteste bisher bekannte Siedlung Mesopotamiens, unter einer über dreißig Meter hohen Anhöhe aus unzähligen Schichten. Nicht immer erfolgte die Zerstörung durch Feinde, oft zerfielen die aus Lehm gebauten Häuser durch Wettereinwirkungen. Die Verschlammung der für die Bewässerung lebensnotwendigen Kanäle als Folge fremder Überfälle zwang häufig die Bevölkerung, ihre Wohnstätten zu verlassen. Manchmal finden sich in den zerstörten, verbrannten oder verlassenen Orten nur wertlose Gegenstände, die aber für den Archäologen höchst aufschlußreich sind. Keramikscherben und Ziegelsteine geben, besonders in Mesopotamien, wertvolle Unterlagen für die Datierung. Aus dem

Brand eines Gefäßes, der Zusammensetzung des Tones, dem Dekor, aus Farbe und Form kann man Zeit der Entstehung und Herkunft bestimmen. Auch die Ziegel berichten durch Form, Maße und Brand über ihr Alter. ›Riemchen‹-Ziegel sind typisch für die Uruk-Zeit. Auf einer Seite gewölbte, sogenannte ›plankonvexe‹ Ziegel kommen nur in vorsargonischen Kulturen vor; seit der ersten Dynastie von Ur wurden sie nicht mehr hergestellt. Die für Tempel und Paläste verwendeten Ziegel trugen seit der Mitte des 3. Jahrtausends den Namen des Königs, der die Bauten errichtete.

Statuen, vor allem solche mit Inschriften, geben wertvolle Hinweise. Auch die Gräber mit ihren Beigaben vermitteln ein genaues Bild vom Leben der Bewohner. Wichtige Auskünfte entnahm man den Gründungskapseln, die bei Tempeln und Palästen aufwendig, bei Privathäusern bescheidener waren und auf tönernen Urkunden die Stifter, Götter oder Genien, deren Schutz man das neue Gebäude anvertraute, aufzählten. Dieser alte Brauch lebt bis heute in der Grundsteinlegung fort. Lange Zeit galten die Kulturen von Obed, von Uruk und Dschemdet Nasr als die ältesten Mesopotamiens. Grabungen der letzten Jahrzehnte in Muallafat, Dscharmo und Hassuna, Orte im oberen Tigris-Gebiet, brachten Zeugnisse für den Übergang von der aufnehmenden zur erzeugenden Wirtschaftsform in Mesopotamien. Auch im Süden, in Eridu, stieß man unerwartet auf sehr frühe Schichten. Die ältesten Siedlungen in *Muallafat* und *Dscharmo* werden an das Ende des 6. Jahrtausends datiert. Die Grundrisse der aus gestampftem Lehm gebauten Häuser sind rechteckig, die Wände waren gerade gebaut. Neben geschliffenen Steinwerkzeugen des Neolithikums entdeckte man Statuetten aus Ton, welche die Muttergottheit und Tiere darstellen.

Der bedeutendste Fund seit der sensationellen Entdeckung von Uruk, El Obed und

126 Keramik mit Zickzack- und Fischgrätenmustern aus Hassuna, 4. Jt. v. Chr.

127 Gefäßhals aus Hassuna mit menschlichem Gesicht, 5. Jt. v. Chr.

Ur, war der von *Tell Hassuna* südlich Mossul in den Jahren 1943—1944. Der Platz erwies sich mit sechzehn übereinanderliegenden Kulturschichten über dem natürlichen Boden als sehr ergiebig. In den Schichten III und IV fand man Reste eines planvoll angelegten Hauses aus gestampftem Lehm. Die Menschen waren seßhaft geworden und bebauten das Land. Feuerstein-Sicheln dienten zum Mähen des Getreides, Spinnwirtel aus gebranntem Ton zur Verarbeitung der Schafwolle. Die Keramik ist mit abstrakten aufgemalten oder eingeritzten Mustern, Zickzacklinien, Streifen aus feinen Linien, Winkeln und Fischgräten verziert. Der künstlerische und technische Fortschritt in den Schichten über der sechsten zeigt sich in Krügen, deren Hälse menschliche Gesichter nachbilden. Nach den Knochenresten in den Gräbern oder Krügen gehörten die Menschen von Has-

121

128 Keramik von Samarra, 5. Jt. v. Chr.: Frauen von Skorpionen umgeben, daneben Steinböcke um eine Wasserstelle gruppiert

129 Keramik von Samarra mit weiblichen Figuren; rechts zu einer Girlande abstrahiert

suna einem mediterranen Volk mit brauner Haut, langer Nase und schmalem, langschädligem Kopf an.

Samarra, eine Siedlung aus der frühen Steinkupferzeit (Chalkolithikum), liegt an den Ufern des Tigris nördlich von Bagdad. Der Ort, seit den Grabungen von E. HERZFELD im Jahr 1914 bekannt, gab eine wundervolle bemalte Keramik frei, deren Dekor im Gegensatz zu der von Hassuna nicht nur abstrakt, sondern auch figurativ ist und eine überraschende Vielfältigkeit der symbolischen Motive zeigt. Neben Winkel, Mäander, Zickzack- und Treppenmuster erscheinen Quadrate und Rauten. Die Tiere sind ähnlich wie in Susa mit sicherem Blick für das Wesentliche, für Bewegung und Leben gezeichnet. Frauen mit langen flatternden Haaren, von einem Kreis von Skorpionen umgeben, scheinen symbolisch eine Glau-

bensvorstellung zu verkörpern. Interessant ist die spätere Entwicklung von der figürlichen Darstellung zur Abstraktion, beispielsweise von sich an den Händen haltenden Frauen zur Girlande.

Menschen und Tiere erscheinen ebenfalls auf der buntbemalten Keramik der Kultur von *Tell Halaf* (alt Guzana) am oberen Chabur, zu der auch die Fundstätte Arpatschije nahe bei Ninive, gehört. Sie sind noch phantasievoller, vielseitiger und bewegter wiedergegeben; Darstellungen von abstrakten Bukranien (gehörnten Stierköpfen) und der Doppelaxt, religiösen Symbolen, sind häufig. Man erinnert sich der Bildwelt von

130 Keramik mit Tieren und Bukranien aus Tell Halaf und Arpatschije

Çatal Hüyük. Erstmals treten Werkzeuge aus Kupfer auf; Tonidole der Muttergottheit, meist hockende Figuren mit schweren Brüsten und angedeutetem Kopf, sind charakteristisch (vgl. Abb. 44 d). Steinfundamente von rechteckigen Häusern an teilweise gepflasterten Straßen geben das Bild einer bereits städtischen Anlage.

Bei Grabungen (1946—1949) in *Eridu* (heute Abu Schahrein), einer Stadt im südlichen Mesopotamien und Kulturzentrum des sumerischen Wassergottes ENKI, stieß man auf achtzehn Schichten. Die frühesten gehören der Kultur von Tell Halaf an und enthalten die älteste Tempelanlage, die bisher entdeckt wurde, einen rechteckigen, durch eingezogene Wände unterteilten Raum von 3 auf 4 m Grundfläche mit einem Lehmpodest in der Apsis und einem Altar in der Mitte aus dem 5. Jahrtausend; in der alten babylonischen Schöpferlegende heißt es: »Früher befand sich alles Land unter dem Wasser; dann wurde Eridu gemacht«. Insgesamt achtzehn Heiligtümer mit Altären und Opfertischen türmen sich auf dem Tempelberg übereinander, jedes aus einer neuen Entwicklungsphase. Die Nekropole aus der Obed-Zeit enthielt etwa 1000 Grabstätten, in denen die Toten in Ziegelsärgen ausgestreckt oder in Hockerstellung, entsprechend der jeweiligen Epoche, beigesetzt waren, umgeben von Idolen, die über ihren ewigen Schlaf wachten. Ihren Schmuck aus Gold und Muscheln sowie ihr Schminkbrett hatten sie bei sich. Ein Toter, wohl ein Seemann, führte eine Nachahmung seiner Barke mit Ruder und Mast bei sich. Eridu ist eines der seltenen Beispiele für eine ununterbrochene kulturelle Weiterentwicklung durch mehrere Jahrtausende.

Die El-Obed-Kultur (4. Jahrtausend v. Chr., mittlere und späte Stein-Kupfer-Zeit)

Der Tag, an dem LEONARD WOOLLEY im Verlauf seiner zwölf Grabungen von 1922 bis 1934 in tiefere Schichten unterhalb der Königsgräber von Ur vordrang und auf weit ältere Besiedlungen als die der frühdynastischen Epoche stieß, eröffnete dem Forscher einen neuen Zeitabschnitt, denn je länger er grub, um so weiter konnte er den Lauf der Entwicklung zurückverfolgen, bis er durch die Kulturen von Dschemdet Nasr und Uruk zu der von *El Obed* vorstieß.

Woolley hatte bei der Ausgrabung der Königsgräber festgestellt, daß sie nicht auf natürlichem Boden ruhen. Unter ihnen lagen noch Trümmerschichten unbekannter Stärke, die frühere Niederlassungen verbürgten. Er trieb daher Schächte in die Tiefe und erreichte schließlich eine bis zu drei Meter starke Schlammschicht, in der Spuren menschlichen Daseins aufhörten und die ebenso wie in Kisch und Uruk von einer Überschwemmung herrührte. Woolley setzte seine Grabungen fort, bis er auf gewachsenen Boden kam. In den unteren Schichten fand er Reste einer frühen Kultur, deren Keramik mit der übereinstimmte, die von ihm in dem Tell El Obed vier Meilen östlich von Ur entdeckt wurde. Dort hatte H. R. HALL schon einige Jahre zuvor einen Tempel der Muttergöttin Ninchursag, der ›Herrin des großen Berges‹ mit

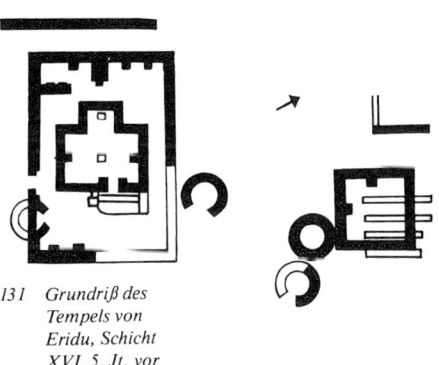

131 Grundriß des Tempels von Eridu, Schicht XVI, 5. Jt. vor Chr.

Kalksteinreliefs und der Kupferplatte eines löwenköpfigen Adlers über zwei Hirschen aus der Zeit der I. Dynastie von Ur freigelegt. Darunter fand man Spuren einer sehr alten Kultur mit Resten von Hütten aus Schilf und Lehm, Feuersteinwerkzeugen und Tonscherben. Der Fund von gleicher Keramik unter der Überschwemmungsschicht in Ur bestätigte das hohe Alter dieser Kultur, die in Uruk und Arpatchije ebenfalls nachgewiesen werden konnte. Die typischen Merkmale der *Obed-Kultur* ließen sich nun bestimmen. In der Keramik herrschen im Gegensatz zu Halaf geometrische Muster vor: Rauten, Dreiecke, Treppenmuster und Winkel. Die Gefäße haben schöne Formen; schwarze Bemalung auf hellem Grund erscheint häufiger als Einritzungen. Das Material zeugt von bemerkenswertem technischem und handwerklichem Geschick. Der Ton ist fein gebrannt. Bevorzugte Farben sind ein helles Grün und ein rosiges Weiß. Die Vasen sind regelmäßig und dünnwandig; sie wurden auf der Töpferscheibe hergestellt. Beziehungen zu Susa in Elam, östlich der Euphrat- und Tigrismündung, das in der damaligen Zeit die großartigste Keramik des ganzen Vorderen Orients hervorbrachte, über die im nächsten Kapitel gesprochen wird, scheinen bestanden zu haben. Die Tonidole zeigen an Stelle der sitzenden oder kauernden Gestalten von Tell Halaf stehende, schlanke weibliche Figuren mit abgewinkelten Armen oder einem Kind im Arm. Die katzenartigen Gesichter mit riesigen Augen und breitem Mund tragen einen seltsamen Haaraufbau. Auch männliche Statuetten kommen vor. Wohnhäuser wurden aus Lehm und Schilfrohr errichtet, das, gebündelt und oben verbunden, eine Art Gewölbe ergab. Der leere Raum zwischen diesen säulenartigen Gebilden wurde mit Schilfmatten ausgefüllt, die man mit Erde bewarf. Damit diese Behausungen in dem noch weichen Boden nicht versanken,

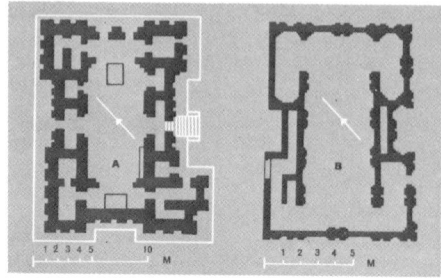

△
132 Eridu, Tempel VII, und Tepe Gaura, Tempel der Schicht XIII

133 Ton-Statuette einer Frau mit Kind aus Ur, Obed-Zeit, 4. Jt. v. Chr., Höhe 14 cm

wurden sie auf Schilfplattformen gebaut. Die Heiligtümer VI—VII in *Eridu* und die von *Tepe Gaura* geben ein Bild von den großen Fortschritten in der Sakralarchitektur; aus den einfachen rechteckigen Räumen wurden überlegte Anlagen mit reicher Gliederung. Die Gesellschaftsform dieser Menschen war das Bauerntum, in dem aber die Tradition der Jägerkultur weiterlebte. Ihre Feuersteinwerkzeuge sind Waffen und Sicheln, ähnlich wie in den vordynastischen Kulturen Ägyptens. Die Schrift kannten sie noch nicht, doch waren Siegel bereits im Gebrauch. Die Schöpfer der Obed-Kultur, vermutlich im Norden und Süden verschiedene Völkerstämme auf gleicher Entwicklungsstufe, waren Vorläufer der sumerischen Kultur, die sich in der nächsten Phase entfaltete.

Sumer. Uruk (VI—IV, 3000—2800 v. Chr.) und Dschemdet Nasr-Zeit (2800—2600 v. Chr.)

Etwa gleichzeitig mit der Entdeckung von El Obed fand JULIUS JORDAN bei den Grabungen in Warka, dem alten *Uruk* oder biblischen *Erech,* über der Schicht von Obed eine rötliche Keramik, die von der älteren grünlichen Töpferware völlig abwich. Vor Beginn der historischen Dynastien gab es also noch eine Periode, deren Äußerungen so anders sind als die bisherigen, daß man auf die Ankunft einen neuen Volkes schließen muß. Die Träger der Kultur von Uruk, deren Zeugnisse auch in El Obed, Tell Asmar und in Chafadschi angetroffen wurden, waren die *Sumerer,* die aus den Erfahrungen von Jahrtausenden Nutzen zogen und dadurch auf allen Gebieten umwälzende Fortschritte erzielten; sie erfanden die Keilschrift, den Kupferguß, das Rad und den Pflug. Uruk, die Vaterstadt des Gilgamesch, lieferte die schönsten und bedeutendsten Zeugnisse dieser Kultur und gab ihr den Namen.

Das Entstehen von Stadtstaaten, deren Mittelpunkt heilige Bezirke mit Tempeln waren, stellte an die Architektur größere Aufgaben. Jede Stadt hatte ihren Gottkönig, dem Land, Arbeitskräfte und Erzeugnisse gehörten und der durch einen menschlichen Priesterfürsten vertreten wurde. Die Heiligtümer waren zugleich wirtschaftliche Mittelpunkte, da in ihrem Bereich Vorräte und Erzeugnisse gelagert wurden. Die Verwaltung in dieser sozialtheokratischen Ordnung verlangte früher oder später genaue Aufzeichnung der Lieferungen und Erträge und führte zur Erfindung der Schriftzeichen. Der Tempel selbst mußte eine beherrschende Stellung einnehmen, um der Stellung und Macht des Stadtgottes Ausdruck zu verleihen. Die Weltenberge oder Zikkurats, deren Anfänge schon in Eridu aus dem 4. Jahrtausend festgestellt wurden, erreichten eine bis dahin ungekannte Höhe.

134 Grundriß des ›Weißen Tempels‹ von Uruk, Anfang 3. Jt. v. Chr.

135 Der ›Weiße Tempel‹ auf einer Zikkurat

Man sieht in diesen künstlichen Terrassenanlagen den Beweis, daß die fremden Siedler in Mesopotamien, zumindest die Menschen der Uruk-Zeit, aus einem Bergland kamen, in dem man sich an erhöhten Stellen zum Gebet versammelte. Diese sollen im Flachland durch die Zikkurats ersetzt worden sein, die später zu mehrstöckigen Anlagen vergrößert wurden. In der Überlieferung leben sie im Turm von Babel weiter. Das Heiligtum des Himmelsgottes ANU in Uruk liegt auf einer zwölf Meter hohen künstlichen Erhebung, deren schräge, steile Wände durch Ziegel verstärkt und durch schwarze, kreisförmige Öffnungen von Tonkrügen, die in regelmäßigen Abständen mit den Schichten der Lehmziegel abschnitten, ebenso wie durch Tonstifte wirkungsvoll unterbrochen waren. Treppen und Rampen führten zum Heiligtum, das wegen

125

136   Grundriß des Tempels D von Uruk, Schicht IV

der gekalkten Wände ›Weißer Tempel‹ genannt wird, einem Bau von ca. 9 mal 5 Metern, der den vom Himmel herabsteigenden Gott zum Vollzug der Heiligen Hochzeit aufnehmen sollte. Ein großer Raum war, ebenso wie die Außenmauern, durch Nischen und Vorsprünge gegliedert.

Noch ein zweiter heiliger Bezirk wurde in Uruk freigelegt, der mehrere Tempel umfaßt und, unter der Bezeichnung *Eanna* bekannt, der Großen Mutter Innana geweiht war. Von den Anlagen, die in den verschiedenen Schichten völlig umgestaltet wurden,

sind die wichtigsten der sogenannte ›Kalkstein-Tempel‹ und der ›Tempel D‹, der als größter 80 mal 50 Meter maß und durch seine Bauweise mit Pfeilern und Nischen an den Außenwänden, deren Wucht dadurch aufgelöst wurde, und mit seiner durchdachten Aufteilung im Innern zu den Meisterwerken der frühen mesopotamischen Baukunst gehört. Die Mauern waren mit einem herrlichen Mosaik aus schwarzen, roten und weißen Tonkegeln verkleidet, die in den weichen Lehm eingedrückt wurden. Auch die ursprünglich über 3 m hohen Ziegelsäulen der Kolonnaden waren mit buntem Mosaik aus Tonstiften bedeckt, das die Formen von Palmstämmen nachahmte. Das Stiftmosaik ist eine Erfindung der Sumerer. Es wurde als dekoratives Element beibehalten, nach dem es seine ursprüngliche funktionelle Aufgabe als Verstärkung der Lehmwände verloren hatte.

In den Tempeln von Uruk wurden unzählige *Rollsiegel* und Abdrücke von diesen gefunden, die für die sumerische Kultur charakteristisch sind und sie ein Jahrtausend begleiten. Sie geben uns Kunde vom Glau-

137   Säulen mit Stiftmosaik aus Uruk, 2. H. 4. Jt. v. Chr.

138   Marmorner Frauenkopf aus Uruk, ca. 3500—3000 v. Chr., Höhe 20 cm

139 Abdruck eines Rollsiegels aus Uruk, Dschemdet Nasr-Zeit

ben und Kult des Volkes, aber auch von seinem alltäglichen Leben. Im Vordergrund der religiösen Themen stehen die Gottheiten INNANA und DUMUZI, dieser als ›Herdenfütterer‹, ›Löwentöter‹ oder als ›Mann im Netzrock‹. Zahlreich sind auch symbolische und magische Zeichen, die den Schutz und Segen der Götter beschwören, ferner heraldische Motive. Die oft mikroskopisch feinen Gravierungen in Stein sind äußerst kunstvoll gearbeitet. Ob die Siegel ursprünglich als Amulette dienten oder ihre Abdrucke als Ausweise für Eigentum, ist fraglich. In den Anfängen bestanden sie aus Stücken von Schilfrohren, auf die Zeichen eingeschnitten und die in weichem Ton abgerollt wurden. Die zylindrische Form behielt man später in Stein bei.

Zu den großartigsten Funden aus Uruk gehört die über einen Meter hohe Alabastervase aus der *Dschemdet Nasr-Zeit,* die sich heute im Museum von Bagdad befindet. Auf drei Bändern dieses ältesten kultischen Steingefäßes mit Reliefschmuck ist in meisterhafter Gravierung der Empfang des halbmythischen Königs Dumuzi durch die Göttin Innana zur Feier der Heiligen Hochzeit am Neujahrstag dargestellt. Andere Reliefarbeiten auf steinernen Kultschalen und -gefäßen zeigen symbolische Szenen mit Stieren, Löwen und dem Helden

140 Alabastervase mit kultischen Darstellungen, aus Uruk, 4. — 3. Jt. v. Chr., Höhe 1,05 m

127

Gilgamesch. Eindrucksvoll sind vollplastisch stilisierte Tierfiguren aus Ton und
Stein; sie werden übertroffen von einem
fast lebensgroßen Frauenkopf aus Marmor,
der mit den schönsten ägyptischen Plastiken des Alten Reiches auf eine Stufe zu stellen ist.

Den Rollsiegeln nahe verwandt sind die
frühen Schrifttafeln der Uruk- und
Dschemdet Nasr-Zeit aus Ton, auf denen
die Priester mit Hilfe stilisierter Bildzeichen
ihre Abmachungen und wirtschaftlichen
Notizen festhielten. Es handelt sich um die
erste Stufe der Schrift, die Darstellung von
Worten ohne grammatische Beziehungen.
In den Abrechnungen der Priester von
Uruk erscheinen gleichzeitig das Sexagesi-
malsystem sumerischen Ursprungs und
unser heutiges Dezimalsystem, das aus
Elam stammt.

Im Gebiet des Khabur, östlich von Tell
Halaf, wurde 1937—1939 der ›Tempel der
Tausend Augen‹ in *Tell Brak* freigelegt. Er
ähnelt in seiner Anlage dem ›Weißen
Tempel‹ von Uruk und gehört eindeutig in
die Dschemded Nasr-Zeit. Auch der
Schmuck des Altars mit Tonkegelmosaik
aus Gold, weißem Kalkstein und grauem
Schiefer ist sumerisch. Unter dem Tempel
fand man hunderte von sehr eigenartigen
Weihgaben, die in der mesopotamischen

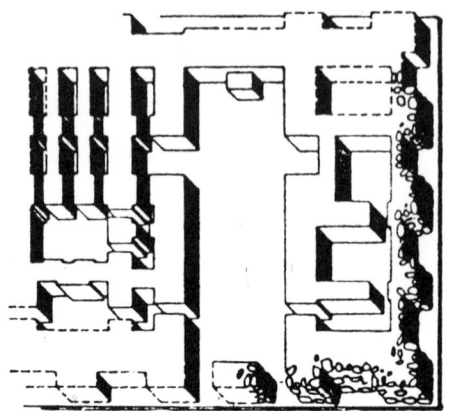

*141 ›Tempel der Tausend Augen‹ von Tell Brak mit
kreuzförmigem Schiff und Altaraufbau gegenüber den Eingangsportalen*

Kultur sonst nicht vorkommen: ›Augenidole‹ aus dunklem oder weißen, dünnen
Alabaster, deren Kopf aus zwei großen
runden oder ovalen Augen gestaltet ist.
Manchmal sind zwei oder drei Figuren miteinander verbunden; auf einem Idol sind
auf der Scheibe des Körpers zwei Kinder
eingeschnitten, bei einem anderen stehen
zwei Köpfe übereinander. Abstrakte Idole
gibt es seit früher Zeit, aber die merkwürdige Reduzierung des Kopfes auf die Augen
tritt hier zum ersten Mal auf. Sie scheinen
das Allessehende, Alleswissende und die
Vieläugigkeit der Gottheit zu symbolisie-

142 Alabasterkopf und Augenidole aus Alabaster aus dem Augen-Tempel von Tell Brak, um 3200 v. Chr.

ren. Die Idole von Kültepe in Anatolien, die fast tausend Jahre später entstanden, erinnern an die von Tell Brak. Weitere tausend Jahre danach erscheinen Augenidole plastisch an Schalen mit geometrischen Mustern in Apulien, Süditalien. Auch Alabasterköpfe aus Tell Brak beweisen eine von Sumer unabhängige Entwicklung; im Vergleich zu der etwa gleichzeitigen Frauenmaske aus Uruk zeigen sie eine Abwendung von der Natur zugunsten einer abstrakten Gestaltung nach inneren Gesetzen, die das geistige Wesen ausdrücken.

143 Plankonvexe Ziegel (Schema)

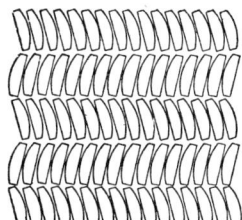

144 Tempel mit ovaler Umfriedung in Chafadschi

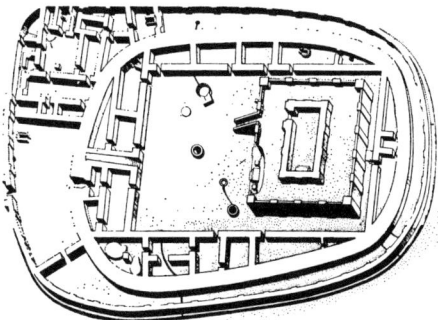

Die Mesilim-Zeit

In der Frühgeschichte Mesopotamiens unterscheidet man noch einen dritten Abschnitt: die *Mesilim-Zeit* um 2600 v. Chr., in der sich das Schwergewicht mehr nördlich in die Gegend des heutigen Bagdad und das Dijala-Gebiet verlagerte. Die wichtigsten Städte waren nun Kisch, Chafadschi, Eschnunna (heute Tell Asmar), Tell Agrab, dessen alten Namen man nicht kennt, Nippur und Mari. Zwischen der Dschemdet Nasr- und der Mesilim-Zeit vollzog sich in allen Bereichen der Kultur ein Umbruch. Er ist auf die Begegnung, die Konfrontation und schließliche Synthese zweier verschiedener Völker und ihrer Wesenszüge zurückzuführen, der Sumerer und der Semiten. Das Land des oberen und mittleren Euphrat wurde seit dem 4. Jahrtausend in zunehmendem Maße von semitischen Stämmen bevölkert. Es scheint, daß sie im 3. Jahrtausend politisch und kulturell ein Übergewicht erlangten, das sich in den architektonischen und künstlerischen Zeugnissen jener Zeit niederschlug. Man erkennt einen Zug zur Abstraktion, einer immer wieder zu beobachtenden Eigenart der Semiten.

In der Baukunst fällt technisch die Verwendung von plankonvexen Ziegeln, d. h.

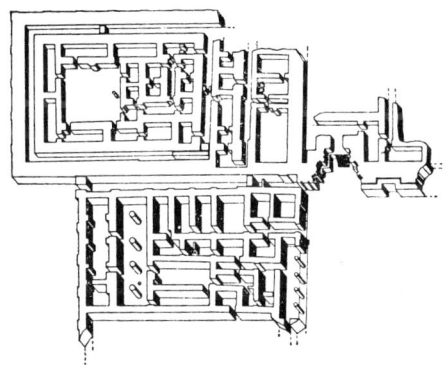

145 Rekonstruktion des Palastes von Kisch

146 Mari, Ninni-Zaza-Tempel

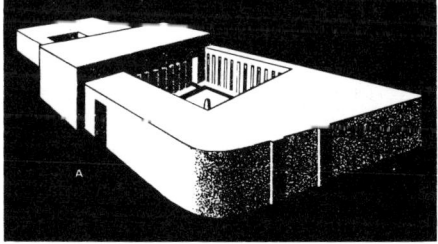

129

Ziegeln mit einer gewölbten Längsseite auf, die man in zickzackförmigen Schräglagen aufeinanderfügte. Die Bauten wurden nicht mehr auf planierten Flächen errichtet, vielmehr setzte man die Mauern in tief ausgehobene Gräben oder Gruben. Neu ist, daß die Tempelanlagen durch Umfassungsmauern abgegrenzt wurden. Die Einheit des reinen Gottesstaates, in dem der Stadtfürst zugleich den Stadtgott verkörperte, wich dem Dualismus von Tempel und Palast, von Oberpriester und König. So wurde in *Chafadschi* ein Tempel der Mesilim-Zeit mit zwei ovalen Umfriedungen freigelegt. Die Innenmauer umschloß Tempel, Wirtschaftsräume und Werkstätten. Den ersten selbständigen, nicht-kultischen Palast, eine riesige Anlage mit zwei Gebäudeteilen, zahlreichen größeren und kleineren Räu-

men, Säulenhallen und Freitreppen fand man in *Kisch,* 20 km nordöstlich von Babylon. Der Palast zeugt von der Macht und dem Reichtum des Herrschers. *Uruk* wurde damals mit einer Stadt- und Befestigungsmauer von etwa 9,5 km Umfang und mit zahlreichen Türmen umgeben, die das Werk des halbmythischen Königs GILGAMESCH sein soll, der die Werbungen der Göttin Innana ablehnte, ihr Gegner wurde und schließlich erkennen mußte, daß der Mensch der Untergebene der Götter ist und daß nur seine Werke den Tod überleben. Auch darin äußert sich der oben erwähnte Zwiespalt, ebenso wie in der Architektur des Heiligtums, daß nun fast klosterartig zur Wohnstätte der Gottheit wird und sich nicht mehr freistehend der Außenwelt zuwendet.

147   *Marmorstatuetten aus dem Hortfund von Eschnunna, um 2700—2200 v. Chr., Höhe der größten Figur etwa 75 cm*

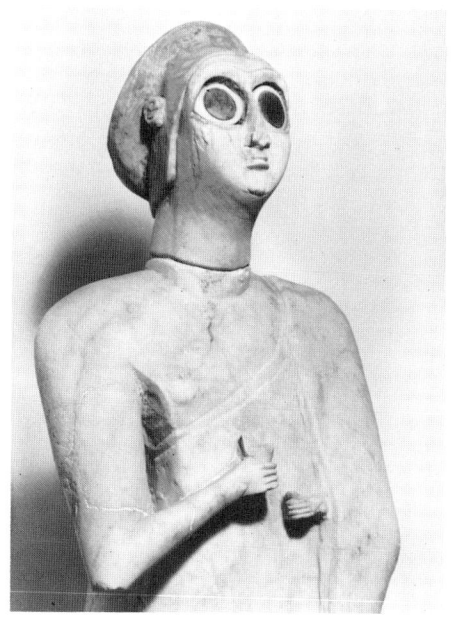

148 Göttin und Gott Abu aus dem Hortfund von Eschnunna

In der Bildkunst der Mesilim-Zeit zeigt sich ebenfalls eine Wandlung im Sinne einer stärkeren Abstraktion als Ausdruck einer zunehmenden Vergeistigung. Die neue Richtung tritt besonders in den Rundplastiken in Erscheinung, in denen die natürlichen Formen zu stereometrischen Gebilden umgewandelt wurden; betont sind Dreieck, Kegel und Zylinder. Besonders eindrucksvolle Beispiele stammen aus dem Abu-Tempel von *Eschnunna,* zwölf Weihe- oder Beterstatuetten, die nahe dem Altar nebeneinandergelegt zutage kamen. Der Einwand, daß sie im Vergleich mit dem berühmten Frauenkopf aus Uruk (Abb. 138) einen Rückschritt bedeuten, trifft nicht zu. Religiöse Ergriffenheit äußert sich stets in Abstraktion, in vergeistigtem Ausdruck. Die Gesichtszüge sind dennoch sehr lebendig gestaltet und verraten mit ihren weit aufgerissenen, eingelegten Augen Gläubig-

keit und Demut, Furcht und Hoffnung. Die Idee des Gebetes ist hier zur Form geworden, am überzeugendsten in der Figur des kahlgeschorenen Ministranten in der Mitte der Gruppe. Die beiden Hauptstatuetten, ein Mann und eine Frau, die den Blick in die Höhe auf die Gottheit gerichtet haben und deren Hände wie verkümmert sind, stellen vielleicht ein Fürstenpaar oder die Repräsentanten der kultischen Hochzeitsfeier dar. Sie sind die Verkörperung der transzendenten Gottes- und Königsvorstellung.

Bei Ausgrabungen in *Tell Chuera,* die im letzten Jahrzehnt durch den deutschen Archäologen ANTON MOORTGAT durchgeführt wurden, fand man Alabasterfiguren der Mesilim-Zeit, die im Stil denen des Dijala-Gebietes eng verwandt, aber sensibler und eleganter gestaltet sind. Skulpturen aus *Mari* am mittleren Euphrat zeigen am Ende

149 Sitzbild der Sängerin Urnansche aus Mari, Gips-   150 Alabasternes Sitzbild des Ebich-ili aus Mari,
stein, Höhe 26 cm   Höhe 52,5 cm

151 Ausschnitt aus dem ›Symposion‹ von Chafadschi, Weihetafel aus Kalkstein, 1. H. 3. Jt. v. Chr.

gegenüber, dazwischen agieren Diener und Musikanten. In einem feierlichen Zug werden allerlei Gaben dargebracht. Mit dieser kultischen Szene ist gelegentlich ein anderes Motiv verbunden; ein Held schützt die Haustiere gegen Raubtiere; neben ihm steht ein Mischwesen, der Stiermensch, in dem Mensch und Tier vereinigt sind wie früher schon die Feinde im löwenköpfigen Adler. Die Bronzearbeiten der Mesilim-Zeit erreichen eine erstaunliche technische Höhe.

▷

153 *Quadriga aus Tell-Agreb, Bronze, Höhe 7,2 cm*

152 *Alabasterstatuette eines Mannes aus Tell-Chuera, Höhe 17 cm*

der Mesilim-Zeit wieder eine stärkere Hinwendung zu natürlichen Formen. Die Sitzbilder des Verwalters Ebich-ili mit Inschrift in semitischer Sprache aus dem dortigen Ischtar-Tempel und der Sängerin Urnansche aus dem Heiligtum der Ninizaza haben fast Porträtcharakter. Wahrscheinlich überwog nun das südliche Element wieder mehr.

Bezeichnend für die Mesilim-Zeit sind Weihtafeln, auf denen das Relief erstmals als selbständige Kunstäußerung auftritt, ohne im Dienst irgend eines Gerätes zu stehen. In eine unabhängige eingerahmte und unterteilte Bildfläche ist die Darstellung eingefügt, meist das Motiv des ›Symposions‹. Einer thronenden Frau sitzt ein Mann

Die Königsgräber von Ur

Die sumerische Kultur Mesopotamiens stand in voller Blüte, und ihre Auswirkungen sind bis zum Indus und in Belutschistan ebenso wie in Ägypten erkennbar.

1854 wurde erstmals von dem englischen Vizekonsul J. E. TAYLOR in den Trümmermassen von *Ur* gegraben, die Arbeiten wurden aber wegen des spärlichen Ergebnisses bald wieder eingestellt. Da man nur nach Schätzen und Skulpturen suchte, erkannte man damals die Bedeutung des Platzes noch nicht. Immerhin gelang es Taylor, durch den Fund tönerer Gründungsurkunden des Königs NABONID von Babylon und anderer Schrifttafeln, die Stätte als das antike Ur zu

133

identifizieren. Im Jahr 1911 wurden die Grabungen wieder aufgenommen, die von 1922 bis 1934 in zwölf Kampagnen von WOOLLEY fortgeführt wurden. Der Gelehrte stellt zunächst die Umgrenzung des Tempelbezirks fest, ehe er sich der Freilegung der Zikkurats aus der III. Dynastie (um 2000 v. Chr.) zuwandte, deren 65 mal 43 m großes Untergeschoß über 9 m hoch ist, während der 2. und 3. Stock ungefähr 2,5 m Höhe hatten. Der Unterbau reicht in die Uruk-Zeit zurück, ebenso wie die Grundmauern des anschließend untersuchten ›Tempels der Mondgottheit Ekischnugal‹.

Schon bei den ersten Arbeiten stieß der Archäologe auf ein Gräberfeld, für dessen Erforschung er sich mehrere Jahre Zeit nahm, um die kostbaren Grabbeigaben durch Vergleiche mit den Ergebnissen anderer mesopotamischer Fundstellen einordnen und datieren zu können. Woolley legte über 1800 Gräber frei, von denen die Mehrzahl eine ziemlich einfache Beisetzung aufwies. Der Leichnam wurde in einen Sarg aus Holz, Ton oder Flechtwerk gelegt, oft auch nur in Schilfmatten gewickelt. Demgegenüber brachte die Entdeckung der Königsgräber einen in seinen Ausmaßen ungeheuren Aufwand und einen enormen Reichtum ans Licht.

Das erste Königsgrab, auf das man Anfang 1927 stieß, gab wenig Aufschluß, da es von Grabplünderern in Unordnung zurückgelassen worden war. Neben Bronzewaffen, vermutlich aus späterer Zeit, fand man aber einen Golddolch mit Lapislazuli-Griff und durchbrochener Goldscheide sowie ein kegelförmiges Goldkästchen mit kleinen goldenen Toilettengegenständen. In den folgenden Grabungskampagnen wurden insgesamt sechzehn königliche Schachtgräber aus der Zeit Ur I entdeckt. Die großen, häufig mehrräumigen Grabanlagen, zu denen Rampen hinabführten, hatten Tonnen- oder Kuppelgewölbe aus Ziegeln

und waren ebenso reich ausgestattet wie die ägyptischen Gräber. Die Schilderung Woolleys vermittelt einen unmittelbaren Eindruck von der Entdeckung eines dieser Königsgräber. Wir geben sie in ungekürzter Form wieder:

»Als wir 1927/28 an einer anderen Stelle des Friedhofgebietes gruben, stießen wir auf fünf Skelette, die nebeneinander in einem abfallenden Schacht lagen. Außer Kupferdolchen zu ihren Seiten und ein oder zwei kleinen Tonschalen fand sich nichts von den üblichen Grabbeigaben, ferner war der Umstand, wie diese Toten zusammenlagen, ungewöhnlich. Als wir eine Schicht von Geflecht unter ihnen aushoben, trafen wir auf die Skelette von zehn Frauen, die in zwei Reihen ausgerichtet dalagen; sie trugen Kopfschmuck aus Gold, Lapislazuli und Karneol sowie kostbare Perlenhalsbänder, aber wiederum fehlten die üblichen Grabbeigaben. Wir fanden nur Überreste einer wundervollen Harfe, deren Verzierung intakt war, so daß sie rekonstruiert werden konnte. Die senkrechten Holzstäbe waren mit Gold beschlagen, in dem Goldnägel zur Befestigung der Saiten steckten. Der Resonanzkörper war mit einem Mosaik aus roten Steinen, Lapislazuli und weißen Muscheln gesäumt und wurde von einem prächtigen goldenen Stierkopf mit Augen und Bart aus Lapislazuli gekrönt. Daneben lagen die Gebeine des Harfenisten, der eine Goldkrone trug.

Als wir die Rampe, auf der sich die Skelette der fünf Männer befanden, weiter hinabgruben, stießen wir auf Gebeine von zwei Eseln, deren Bedeutung uns klar wurde, als wir hinter dem Eingang zur Grube einen hölzernen Schlitten entdeckten mit Mosaik aus roten, weißen und blauen Steinen an dem Gestänge, mit goldenen Löwenköpfen auf den Seitenbrettern. Der Hauptbalken war mit kleineren goldenen Löwen und Stierköpfen besetzt; silberne Köpfe von Löwinnen zierten die Vorderseite, während das Muster der Deichsel aus einem blau und weiß eingelegten Streifen sowie zwei kleineren silbernen Köpfen von Löwinnen bestand. Neben den Gebeinen der Esel lagen die Skelette der Knechte.

Nahe bei dem Schlitten befanden sich ein Spielbrett mit Einlegearbeit sowie Geräte und Waffen, unter ihnen eine Reihe von Meißeln und eine goldene Säge, große Schüsseln aus grauem Speckstein, Kupfergefäße, ein Trinkrohr aus Gold und Lapislazuli, mit dem man Flüssigkeit aus den Schüsseln saugen konnte, weitere menschliche Gebeine und endlich die Überreste einer großen, aber leeren Holzkiste, die mit einem figürlichen Mosaik aus Lapislazuli und Muscheln verziert war. Hinter dieser lagen weitere Opfergaben, Gefäße aus Kupfer, Silber, Stein und Gold. Ein Satz von Silbergefäßen, ein flaches Tablett oder eher eine Schüssel, ein Krug mit langem Hals und langer Mündung sowie hohe, schlanke Silberbecher, die ineinandersteckten, waren uns aus Steinreliefs bekannt, auf denen sie anläßlich religiöser Zeremonien erscheinen. Ein ähnlicher Becher aus Gold, mit Rillen und Treibarbeit verziert, ferner eine mit Rillen verzierte Eßschüssel, ein Kelch und eine einfache ovale Schale aus Gold befanden sich neben zwei großartigen Löwenköpfen aus Silber, vielleicht der Verzierung eines Thrones, unter den Schätzen. Seltsam war, daß wir nicht das Skelett der Herrscherpersönlichkeit entdecken konnten, der alles dies geopfert war. Unserem Fund fehlte noch der rechte Sinn.

Unter den Resten der hölzernen Kiste stießen wir auf gebrannte Ziegel, von denen einige noch in ihrer ursprünglichen Lage waren und als Gewölbe einer Steinkammer erkannt werden konnten. Bedauerlicherweise war das Grab geplündert. Die Decke war nicht eingestürzt, sondern durchstoßen; die Kiste hatte man über das Loch gestellt, um es zu verbergen. Als wir fortgruben, stießen wir auf eine weitere Grabanla-

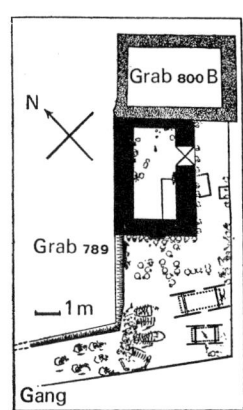

154 Anlage eines der Königsgräber von Ur

ge. Am unteren Ende der Rampe lagen sechs Soldaten, ausgerichtet in zwei Gliedern, daneben Kupferspeere und auf den zerbrochenen Schädeln flachgepreßte Kupferhelme. Im Innern, dahinter, fanden sich zwei hölzerne, offenbar rückwärts die Rampe hinuntergerollte vierrädrige Wagen, davor je drei Ochsen, von denen einer so gut erhalten war, daß wir das ganze Skelett bergen konnten. Die Wagen waren einfach, die Zügel aber mit langen Lapislazuli- und Silberketten geschmückt und durch Silberringe geführt. Die Knechte lagen bei den Schädeln der Ochsen, die Fahrer in den Wagen.

Gegen die rückseitige Wand der Steinkammer lehnten die Skelette von neun Frauen mit festlicher Kopfbedeckung aus Lapislazuli und Karneol-Perlen mit herabhängenden goldenen Birkenblättern. Große goldene Ohrringe haben die Form von Mondsicheln. Die Fläche zwischen der Mauer und den Wagen war mit weiteren Skeletten von Männern und Frauen gefüllt, der Gang, der sichtlich zum gewölbten Eingang der Kammer führte, von dolchbewaffneten Soldaten und Frauen gesäumt.

Am Ende der Reihe der an die Wand gelehnten ›Hofdamen‹ lag eine hölzerne Harfe, von der nur der kupferne Kopf eines Stieres und die Verzierungen aus Muscheln übriggeblieben waren. An der Schmalseitenwand der Kammer lag eine zweite Harfe mit einem wundervollen goldenen Stierkopf, dessen Augen, Bart und Hornspitze aus Lapislazuli sind, und einer Stirnseite mit figürlicher Einlegearbeit. Vier Felder zeigen groteske Szenen, in denen Tiere menschliche Tätigkeiten ausüben. Neben dem Sinn für Humor, der sich selten in der antiken Kunst findet, machen die Ausgewogenheit der Komposition und die Feinheit der Zeichnung dieses Stück zu einem der großartigsten Kunstwerke aus der Zeit der frühen Sumerer.

Trotz der Plünderung der Grabkammern gibt es Anhaltspunkte, daß außer dem Leichnam der Hauptperson, nach der Inschrift auf einem Rollsiegel des Königs Abargi, auch mehrere Hofbeamte dort beigesetzt waren. An die Wand gelehnt fanden wir zwei Bootsmodelle, eines aus Kupfer, völlig zerfallen, das andere aus Silber und wundervoll erhalten; es ist etwa 60 Zentimeter lang und entspricht in seinem Aufbau den heute noch in den Sümpfen des unteren Euphrat benutzten Booten.

Hinter der Kammer des Königs entdeckten wir eine zweite, die wahrscheinlich zu einer späteren Zeit gebaut wurde. Es war das Grab der Königin, der die obere Anlage mit dem Eselschlitten und anderen Opfergaben gehörte.

Ihr Name, Schubad, ergab sich aus einem Lapislazuli-Rollsiegel, das sich im Schacht oberhalb des Kammergewölbes fand und vermutlich in die Grube geworfen war, als man sie zuschüttete. Das Gewölbe war eingefallen, aber glücklicherweise nicht durch die Gewalttätigkeit von Grabräubern, so daß das Grab selbst intakt war.

Auf den Resten einer hölzernen Bahre lagen die Gebeine der Königin, neben deren Hand ein goldener Becher stand; der obere Teil des Leichnams war mit Gold-, Silber-, Lapislazuli-, Karneol-, Achat- und Chalzedonperlen zugedeckt. Sie hingen an langen Schnüren von einem Reif herab und bildeten einen Umhang, der bis zur Taille reichte und unten mit einem breiten Band aus röhrenförmigen Lapislazuli-, Karneol- und Goldperlen besetzt war. Am rechten Arm lagen drei lange Goldnadeln mit Lapislazuliköpfen und drei Amulette in der Form von Fischen, zwei aus Gold und eines aus Lapislazuli; ein viertes in Gestalt zweier lagernder Gazellen war ebenfalls aus Gold. Der Kopfputz entsprach dem der Hofdamen, nur daß er noch viel schöner und feiner war. Seine Basis war ein breites Goldband, das in Schleifen um das Haar lag — Nachmessungen zufolge nicht auf natürlichem Haar, sondern auf einer Perücke, die in fast übertriebener Weise aufgebauscht war.

Neben dem Leichnam lag ein zweiter Kopfschmuck in Form eines Diadems, das anscheinend aus einem Streifen weißen Leders hergestellt war, und auf das Tausende winziger Lapislazuli-Perlen aufgenäht waren. Auf dem blauen Grund waren prachtvoll modellierte goldene Tiere, Hirsche, Gazellen, Stiere und Ziegen, zwischen Bündeln von Granatäpfeln aufgesetzt. Von der unteren Kante des Diadems hingen Palmetten aus gebogenem Golddraht herab. Die Skelette zweier Dienerinnen kauerten gegen die Bahre gelehnt, eine an ihrem Kopf-, eine an ihrem Fußende. Über die ganze Kammer verstreut lagen Grabbeigaben aller möglichen Art, eine Goldschale, Silber- und Kupfergefäße, Steinschüsseln, Tonkrüge für Nahrungsmittel, der Kopf einer Kuh aus Silber, zwei silberne Tische für Opfergaben, silberne Lampen und eine Anzahl größerer Muschelschalen, die grüne Farbe enthielten. Solche Schalen finden sich fast immer in Frauengräbern; die Farben, die vermutlich zur Kosmetik dienten, sind Weiß, Schwarz oder Rot, jedoch normalerweise Grün . . .«

Mit den Herrschern ging der gesamte Hofstaat mehr oder weniger freiwillig ins Jenseits. Die Frage, auf welche Weise das

Gefolge, Hofdamen, Musikantinnen u.a., sowie die Soldaten starben, beschäftigte die Forscher lange. Die ausgerichteten Skelette in der Grube weisen keine Spur eines gewaltsamen Todes auf. Woolley schließt aus den kleinen Kupferbechern zu Seiten der Toten, daß sie einen Betäubungstrank zu sich nahmen oder nehmen mußten. Daraufhin wurde die Grube zugeschüttet. War eine gewisse Höhe erreicht, stampfte man den Boden fest und feierte ein Totenmahl, zu dem neue Opfer bestattet wurden. Das wiederholte sich, bis die Ausschachtung eingeebnet war. Das Gefolge, bis zu achtzig Menschen für ein Begräbnis, begleitete den Herrn ins Reich der Schatten, denn von Ur zeiten her glaubten die Sumerer an ein Fortleben nach dem Tode. Man stellte sich das Leben im Jenseits ähnlich wie auf der Erde vor, daher mußte der Tote alles bei sich haben, was ihm angenehm und nützlich war. In einem Kindergrab traf man auf eine Ausstattung im kleinen Maßstab, die der

Größe der unbekannten Prinzessin entsprach.

Die Meinung des Ausgräbers, daß die Kammer des Königs von Räubern erbrochen worden sei, wird von der Forschung nicht geteilt. Dagegen spricht, daß alle Beigaben unberührt waren. Es fehlte nur der Leichnam des Königs, der vermutlich bei einer kultischen Zeremonie dem Mythos von Dumuzi zufolge durch die Öffnung in der Decke seine Wiederauferstehung erleben sollte.

Um sich ein Bild von dem hohen Stand der Kunst der Sumerer im 3. Jahrtausend zu verschaffen, muß man die Kostbarkeiten aus den Gräbern in den Museen von London, Philadelphia und Bagdad sehen. Aus den vielfältigen Beigaben ragen hervor: das formschöne goldene Tafelgeschirr der Königin, der goldene Stierkopf von der Vorderseite einer Harfe, der goldene Widder am Lebensbaum mit eingelegten Lapislazuli- und Muschelstücken. Neben diesen

Goldarbeiten fallen besonders auf: ein Spielbrett aus einzelnen Plättchen mit Lapislazuli-, rotem Kalkstein- und Muscheleinlagen, die Einlegearbeiten von der Stirnseite der Harfe mit der Darstellung des Gilgamesch und von Tieren, und endlich die fälschlicherweise als ›Standarte von Ur‹ bezeichnete Mosaikplatte in Form eines Chorpultes mit den Themen des Krieges und des Friedens, die erste Bewegungsstudie mit Streitwagen und einem Festmahl.

Die Baukunst der Ur I-Zeit brachte nichts wesentlich Neues; in der Skulptur

160   Statue des Entemena von Lagasch, Höhe 76 cm ▷

159   Ausschnitt aus der Standarte von Ur, Kriegsseite, 1. H. 3. Jt. v. Chr.

tritt immer stärker eine Wandlung zum Blockhaften in Erscheinung. Der neue, massige Zottenrock beherrscht das Gesamtbild. Geradezu klobig wirkt die Statue des ENTEMENA VON LAGASCH. Auch im Relief erkennen wir im allgemeinen einen Zug zur materiellen Verdichtung, beispielsweise in der Weihtafel des Ensi (Stadtfürsten) UR-NANSCHE von Lagasch mit seiner Familie, auf der er selbst als Tempelbauer wiedergegeben ist. Sein Enkel EANNATUM war ein kriegerischer Herrscher, der im Osten Elam

161 Vase des Entemena von Lagasch, Silber und Kupfer, Höhe 35 cm

162 Ausschnitt aus der Geierstele von Lagasch, König Eannatum an der Spitze seiner Krieger, 1. H. 3. Jt. v. Chr.

besiegte, in Sumer Umma, Ur und Uruk eroberte. Er hinterließ ein historisch und künstlerisch einzigartiges Dokument, die sog. *Geierstele,* auf der er seinen Sieg über Umma feiern ließ. Der obere Fries dieser ersten Darstellung einer Massenszene zeigt eine Phalanx von Lanzenkämpfern mit dem Ensi an der Spitze, die über die Leichen der gefallenen Feinde schreitet. Noch ein anderes meisterhaftes Werk dieser Zeit stammt aus Lagasch, die silberne *Vase des Entemena,* ein Kultgefäß, auf dem der löwenköpfige Adler über einen Fries von Löwen und Rindern schwebt.

Um 2400 v. Chr. zeichnet sich der Niedergang der sumerischen Macht ab. Er war die Folge der Zersplitterung in zahlreiche rivalisierende Stadtstaaten, des wachsenden Zwiespalts zwischen König- und Priestertum und der Verschärfung der sozialen Gegensätze. Zwar gelang es LUGALZAGGESI, dem Ensi von Umma, der alten Gegnerin von Lagasch, noch einmal, den Gedanken eines sumerischen Reiches durch Unterwerfung von Kisch, Uruk, Ur und den anderen Städten zu verwirklichen und seine Herrschaft bis Syrien auszudehnen. Aber die Unzufriedenheit der besiegten Städte, vor allem aber die ständig zunehmende Macht des semitischen Nordens, führte im Jahr 2350 zum Sturz des ›Königs der Länder‹.

Das Akkadische Reich (2350—2150 v. Chr.)

Der Schwerpunkt der ostsemitischen Bevölkerung in Mesopotamien lag in der Gegend von Kisch, in die immer neue Wellen von Beduinen aus der syrisch-arabischen Wüste eindrangen. Von Kisch aus begründete auch SARGON I., der Sohn eines einfachen Semiten und einer Tempelpriesterin, die, zur Kinderlosigkeit verpflichtet, ihr Kind in einem Rohrkasten auf dem Euphrat ausgesetzt haben soll, das akkadische Weltreich. Als Beamter des letzten Königs, den er absetzte, bemächtigte er sich des Thrones. Sargon muß ein überragender Feldherr und ein genialer Herrscher gewesen sein. Anstelle der theokratischen Stadtstaaten schuf er einen zentral regierten Beamtenstaat, in dem der König nicht mehr Vertreter Gottes, sondern Gott selbst war. Seinem Heer gab er eine neue Bewaffnung, Bogen und Wurfspeer, und eine beweglichere Taktik. Sein *Reich der vier Weltteile* erstreckte sich über Elam ins iranische Bergland und im Westen bis zum Libanon und zum Taurus. Seine Söhne und vor allem sein Enkel NARAMSIN, ein ebenso gewaltiger Herrscher wie Sar-

163   *Links: Rollsiegelbild der Akkad-Zeit*

164   *Rechts: Statue eines Mannes aus Assur, Höhe 1,37 m*

165   *Unten: Bronzekopf eines akkadischen Herrschers, vermutlich des Naramsin, aus Ninive, etwa 2300 bis 2200 v. Chr. Höhe 30,5 cm*

gon, festigten und erweiterten das Großreich, wahrscheinlich bis Ägypten. Akkadische Art und Sitte verdrängten sumerische Sprache und Wesenszüge.

Aus der Akkad-Zeit besitzen wir zahlreiche fein gearbeitete, ausgezeichnete Rollsiegel, häufig mit der beliebten Darstellung von Gilgamesch und seinen Taten sowie anderen mythologischen Themen, aber wenig monumentale Arbeiten außer einigen Skulpturen und Reliefs, die nach der Erstarrung der letzten sumerischen Phase Leben und Bewegung zeigen. Zwei Meisterwerke der Kunst aller Zeiten ragen aus der Epoche hervor: der in Ninive gefundene *Bronzekopf,* der wahrscheinlich Naramsin darstellt, und die *Siegesstele des Naramsin,* die in Susa entdeckt wurde, wohin sie 1000 Jahre nach ihrer Entstehung verschleppt wurde. Der Kopf mit dem geflochtenen Haar, den gekräuselten Bartlocken und den

166 Siegesstele des Naramsin

plünderten und viele Städte, vor allem im nördlichen Teil, zerstörten. Akkad verschwand völlig vom Erdboden. Da eine zentrale Gewalt von seiten der Gutäer fehlte, konnten sich im Süden Lagasch, Ur und Uruk eine gewisse Unabhängigkeit bewahren; vielleicht waren diese Städte auch von Anfang an heimlich im Bunde mit den Angreifern. Dem König UTUCHEGAL von Uruk gelang es um 2100, die Gutäer zu vernichten. Schon nach wenigen Jahren ging aber die Macht an Ur über, dessen König UR-NAMMU die III. Dynastie begründete und sich die Vorherrschaft über ganz Mesopotamien sicherte.

Das Neusumerische Reich (etwa 2050 — 1950 v. Chr.)

Die bedeutendsten kulturellen Leistungen der III. Dynastie von Ur liegen auf architektonischem Gebiet: Die erste echte *Zikkurat des Urnammu* in Ur aus gebrannten, in Asphalt verlegten Ziegeln ist ein mächtiger dreistöckiger Stufenbau mit einem Grundriß von etwa 65 auf 43 m und einer Höhe von über 20 m, dessen unterer Block den Unbilden der Witterung 4000 Jahre widerstand, da er mit einer dicken Schale aus Backsteinen ummantelt war. Die riesigen monumentalen Gruftbauten, die einzigen in Vorderasien, hatten Kraggewölbe und oberirdische Anlagen, das Wohnhaus für die dem Tod entstiegenen Herrscher, die den Gott Tamuz verkörperten.

Wieder ist es der kleine Stadtstaat *Lagasch,* der politisch im Schatten von Ur stand, welcher uns die meisten Zeugnisse und Inschriften dieser Epoche hinterlassen hat. Der bedeutendste unter den neuen Ensis von Lagasch war GUDEA, kein kriegerischer Held, sondern ein friedfertiger Tempelbauer. Eine lange Reihe von Sitz- und Standbildern Gudeas aus Diorit sind keine Porträtdarstellungen, sondern Symbole der

klaren Gesichtszügen ist technisch und künstlerisch vollendet. Die Dynamik der Stele (Höhe etwa 2 m) aus rosa Sandstein, die Naramsin zur Erinnerung an seinen Sieg über die iranischen Bergvölker errichten ließ, ist in der vorderasiatischen Kunst unerreicht. Mit erstaunlicher Phantasie ist die Dramatik der Szene geschildert: Auf der Spitze eines Berges zertritt der Held seine gefallenen Feinde.

Das Reich der Akkader brach nach etwa 200 Jahren, um 2150 v. Chr. durch den Einfall der *Guti,* eines wilden Bergvolkes aus dem Nordosten, zusammen, die das Land

141

167   Zikkurat des Urnammu in Ur

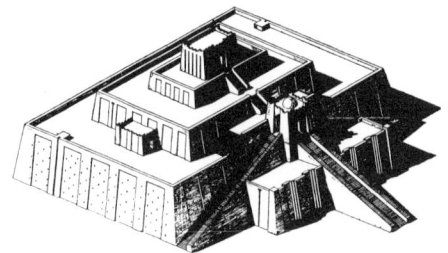

168   Links: Rekonstruktion der Zikkurat des Urnammu

169   Links: Sitzbild des Gudea, Diorit, Höhe 45 cm

170   Rechts: Statue des Puzur-Eštar von Mari, Diorit, Höhe 1,73 m

171 Ausschnitt aus der Urnammu-Stele von Ur, der König vor Nanna, 2200—2100 v. Chr.

Frömmigkeit, des Gebets, die an den Stil der Ur I-Zeit wiederanknüpfen. Die Skulpturen sind massig und ihre schweren Köpfe sitzen fast ohne Hals auf den Schultern. Auf einem Sitzbild hält er den Grundriß eines Tempels, Elle und Meßpflock auf dem Schoß. Akkadischer Einfluß und Geist sind in einigen Statuen aus Mari erkennbar, in denen die steinerne Materie zum Leben gestaltet ist. Von den großen Reliefs der Zeit wurden die meisten zerstört. Die Reste der 3 m hohen *Urnammu-Stele* aus Ur zeigen ein kultisches Thema, den König als Tempelbauer vor dem Mondgott Nanna. Die Aufteilung in Felder entspricht der alten sumerischen Tradition. Die klar und sparsam angeordneten Gestalten sind meisterlich herausgearbeitet.

Das Ringen um die Vorherrschaft in Mesopotamien und das Altbabylonische Reich (1950 — 1530 v. Chr.)

In der historischen Übersicht am Anfang dieses Kapitels wurden die rivalisierenden Kräfte genannt, die in den ersten Jahrhunderten des 2. Jahrtausends v. Chr. in dauernden Kämpfen um die Macht rangen: die *Westsemiten,* Nomaden aus der Wüste, die

die politische Führung in den wiedererstarkten Stadtstaaten Assur und Mari im Norden, in Babylon, Isin, Eschnunna und Larsa im mittleren Euphratgebiet übernahmen, und die *Elamiten.* Eine Unterscheidung der Kunstäußerungen jener Jahrhunderte in eine ›Isin-Larsa‹- und eine ›altbabylonische‹ Epoche ist kaum möglich, da die neuen Völker an der sumerisch-akkadischen Tradition festhielten, da ferner viele Stätten erst teilweise ausgegraben sind und da *Babylon,* die Stadt Hammurabis, unter dem Grundwasserspiegel liegt. Der riesige *Palast von Mari,* der eine zusammenhängende Fläche von über zwei Hektar bedeckte, wurde zu großen Teilen schon in akkadischer und neusumerischer Zeit erbaut und ist deshalb nicht als eigene Leistung der kanaanäischen Semiten zu betrachten. Er gibt uns aber eine Vorstellung vom Glanz und Reichtum der Residenz eines mächtigen Stadtkönigs, nicht nur durch seine gigantischen Ausmaße, sondern auch durch seine Ausstattung und seine immensen Schätze. Der Bau enthielt neben den königlichen Räumen mit Audienzsaal einen heiligen Bezirk, ein Regierungs- und Verwaltungszentrum, die privaten Wohnungen des Hofes und den Wirtschaftstrakt mit Küchen, Werkstätten und Magazinen für die Waren, insgesamt über 150 Zimmer und zahlreiche Höfe, auf welche die verschiedenen Räume führten.

In den Archiven von Mari wurden viele Tausende von Tontafeln gefunden, die neben Wirtschafts- und Rechtsurkunden auch zahlreiche historische Namen sowie geschichtliche Ereignisse enthalten und die damalige Zeit lebendig vor uns auferstehen lassen. Da die ausgegrabenen Mauern an manchen Stellen noch eine Höhe von 5—6 m haben, ist die Bauweise des Palastes in seinen verschiedenen Stadien genau zu verfolgen. Er hatte zwei Stockwerke und terrassenförmige flache Dächer. Außer zahlreichen Skulpturen aus allen Epochen

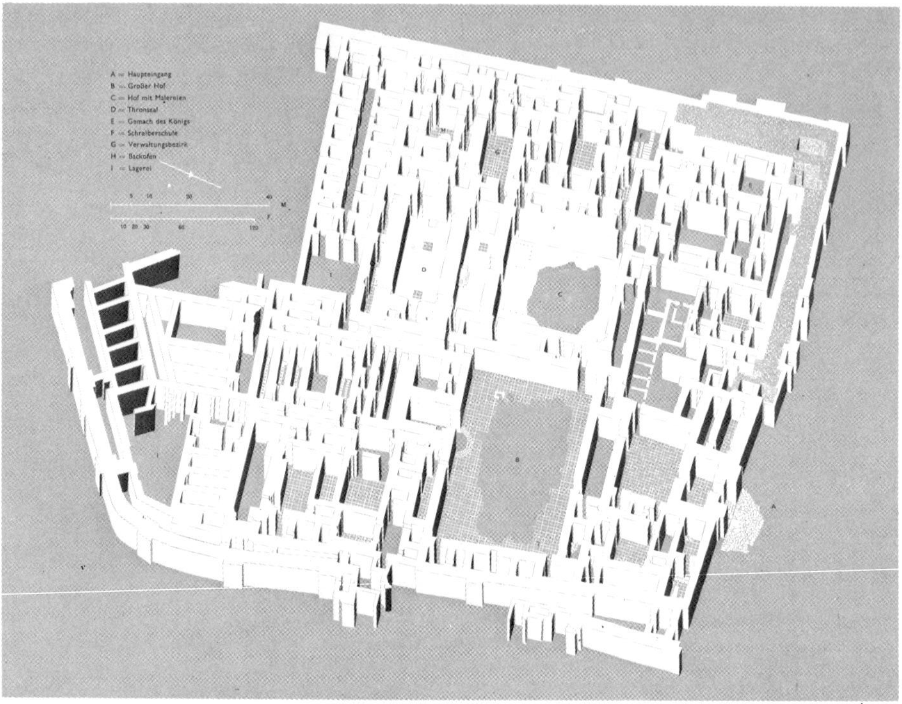

172 Palast von Mari, perspektivische Rekonstruktion

173 Rekonstruktion des Wandgemäldes vom Hof 132 im Palast von Mari

der Stadt bis zu ihrer Zerstörung war die Entdeckung von Resten farbiger Wandmalereien das erregendste Ergebnis der Grabungen. Sie schmückten verschiedene Teile des Palastes, u.a. die Wände eines Hofes und den sog. Audienzsaal. Alle Arbeiten wurden in die Zeit des Königs ZIMRILIS von Mari, des letzten großen Gegners Hammurabis eingestuft. Aufgrund stilistischer Merkmale unterscheidet A. MOORTGAT nun drei Phasen der Entstehung, deren erste in die Zeit der neusumerischen Restauration, die beiden anderen in die Regierungszeit Hammurabis fallen. Die figürlichen Kompositionen aus der Zeit der III. Dynastie von Ur, also um 2000 v. Chr., sind die ältesten bisher bekannten Wandmalereien aus Mesopotamien. Technik und der hohe künstlerische Stand lassen auf eine längere vorhergehende Entwicklung ohne fremde Einflüsse schließen. Die meisten Szenen stellen mythologische Themen dar.

174 Gesetzesstele des Hammurabi (Oberteil), Diorit, Höhe 65 cm

Nach den Siegen über seine Hauptgegner, den König von Assur und den Elamiter Rimsin, eroberte HAMMURABI, der 6. König der babylonischen Dynastie, auch Mari und zerstörte es. Als überragender Feldherr konnte er das Zweistromland wiedervereinigen, seine bleibende Bedeutung liegt aber auf staatspolitischem Gebiet. Er übernahm die Tradition der sumerisch-akkadischen Kultur, besaß eine hohe ethische Auffassung von den Aufgaben seines Amtes und versuchte als Reformer ein einheitliches Recht für das zersplitterte Land zu schaffen. Seine berühmte *Gesetzesstele,* auf der sein Kodex in Diorit eingemeißelt ist, stellt ein einzigartiges Dokument über den Aufbau des Staates, der Stände, der Familie und der Wirtschaft dar. Sie wurde im 2. Jahrtausend v. Chr. als Beute nach Susa entführt und Anfang dieses Jahrhunderts dort wiedergefunden. Im abgerundeten oberen Teil des 2,25 m hohen Basaltblockes, der mit 282 Gesetzen überzogen ist, steht Hammurabi vor dem thronenden Gott des Lichts und des Rechts, Schamasch, der ihm den Auftrag MARDUKS, des Stadt- und Reichsgottes, übermittelt. Nicht nur die Stilisierung des königlichen Mantels, die Loslösung des Reliefs vom Stein zum Rundbild sind neu, sondern vor allem der erste zaghafte Versuch zur Perspektive. Eindrucksvoll ist ein Porträtkopf Hammurabis aus grünem Steatit, der die gealterten Züge des Herrschers wiedergibt.

Mesopotamien unter der Herrschaft der Bergvölker

Um 1530 v. Chr. wurde Babylon bei einem hethitischen Raubzug geplündert und sein letzter König getötet. Bald danach besetzten die *Kassiten,* die vom Osten durch den Iran gezogen waren, die Stadt. Etwa gleichzeitig errichteten die *Churriter,* aus den armenischen Bergen kommend, das *Mitanni-*

*176 Rekonstruk-
tion des Edub-
lalmach des
Kurigalzu I. in
Ur*

*177 Ningal-Tem-
pel des Kuri-
galzu I.*

*175 Formziegel-Fries vom Innin-Tempel, gebrannter
Ton, Höhe 2,05 m*

Reich zwischen dem Zagros-Gebirge und
dem Mittelmeer mit dem Kern in Nordmesopotamien. Diese Bergvölker, zu denen
auch die Hethiter gehörten, unterstanden
der Führung einer indoeuropäischen Oberschicht, die Pferde züchteten und Streitwagen im Kampf einsetzten. Die Kassiten
hielten sich in Babylon bis etwa 1150
v. Chr.; das Mitanni-Reich bestand bis etwa
1340 v. Chr.

Spärliche Zeugnisse kultureller Leistungen der Kassiten wurden erst durch Grabungen in den letzten Jahrzehnten bekannt.
Sie reichen nicht weiter als in das 15. Jahrhundert v. Chr. zurück. Zwei Errungenschaften dieser Zeit sind beachtenswert:
Tonnengewölbe als Architekturelement
und eine erste echte Bauplastik. Diese fand
man an dem kleinen, freistehenden *Innin-
Tempel* in Uruk, dessen 2—3 m hoher Sok-

kel mit einem Fries von Gottheiten aus plastischen gebrannten Ziegeln geschmückt
war. Die Bauten des Königs KURIGALZU I. in
Ur, ein *Ningal-Tempel* und das sog. *Edub-
lalmach* zeigen neue, selbständige Formen.
In der neugegründeten Residenz desselben
Herrschers, die nach ihm benannt ist, in
Dur Kurigalzu, dem heutigen Aqar Quf, in
der Nähe Bagdads, legte man eine große,
noch 60 m hohe Zikkurat frei und einen Palast mit typisch kassitischen Elementen.
Ein besonderes Merkmal dieses Volkes sind
die sog. *Kudurru*, königliche Belehnungs-
urkunden in Form von steinernen Stelen.
Auf der bedeutendsten, die einst als Beute
nach Susa verschleppt wurde, ist symbolisch der Sieg des Guten über das Böse dargestellt.

Aus dem Gebiet der Churriter ist noch
weniger erhalten. Man fand den Palast des
Stadthalters eines Mitanni-Königs in *Nuzi*
bei Kirkuk in Nordmesopotamien, also aus
einem Randgebiet des Reiches. Die Malereien auf den Türstürzen des Palastes geben
neben abstrakten Zeichen das Symbol des
Bukranion wieder, das wir schon aus Çatal
Hüyük kennen. Als churritisch wird ein
Kultrelief aus Assur angesprochen, auf dem
ein Berggott, flankiert von zwei Quellgöt-

178 Kudurru aus Susa, Kalkstein, Höhe 54 cm

tinnen, erscheint. Man kann aus ihm auf die Existenz einer mittanischen Bildkunst schließen.

Das assyrische Weltreich
(1350 bis 612 v. Chr.)

Assur, das schon im 19. Jahrhundert für kurze Dauer ein selbständiges Reich errichtet hatte und in der Mitte des 18. Jahrhunderts unter seinem König SCHAMSCHIADAD I nach der Eroberung Maris Hammurabi die Stirn bot, trat um 1350 v. Chr. die Nachfolge der Mitanni an. Dem bedeutendsten König des 13. Jahrhunderts v. Chr., TUKULTI-NINURTA, gelang es in zähen Kämpfen mit den Hethitern, die Macht Assurs auszuweiten. Er gründete in *Kar-Tukulti-Ninurta,* Assur gegenüber, eine eigene Residenz, vielleicht um dadurch dem geistigen Druck Babylons mit seiner überlegenen Kultur, dem die alte Hauptstadt immer ausgesetzt war, auszuweichen. Während in Babylon Priester und Kaufleute bestimmend waren, gaben in Assur die kriegerischen Adelsfamilien den Ton an.

Die Völkerwanderungen um 1200 v. Chr., die mit dem Einbruch indoeuropäischer Völker begannen, führten zum Zusammenbruch des Hethiterreiches und der ägyptischen Vorherrschaft in Palästina und Nordsyrien. Etwa gleichzeitig stießen von der arabischen Wüste neue semitische Wellen, die *Aramäer,* nach Mesopotamien vor. Die Elamiten benutzten die chaotischen Verhältnisse, um das südliche Zweistromland bis Babylon zu überrennen und zahlreiche Denkmäler der sumerisch-akkadischen Kultur als Beute nach Susa zu entführen. Assur, in diesen Wirren auf sein Kerngebiet zurückgedrängt, erlebte um 1100 v. Chr. unter TIGLATPILESAR I. eine neue Blüte. Durchdrungen von der Weltherrschaftsidee, die von da an in Assur bis Assurbanipal im 7. Jahrhundert v. Chr. weiterlebte, stellte er das Reich Tukulti-Ninurtas wieder her und dehnte die Grenzen im Norden bis ans Schwarze Meer, im Westen bis zum Mittelmeer aus. Der König als Vertreter und Priester des Gottes ASSUR stand an der Spitze eines Beamtentums, das die eroberten Länder verwaltete. Durch das Vordringen der Aramäer gingen in den folgenden zwei Jahrhunderten die Provinzen und Vasallenstaaten verloren. Erst am Ende des 10. Jahrhunderts v. Chr. konnte sich Assyrien wieder erholen und in zahllosen, mit brutaler Härte geführten Feldzügen unter ASSURNASIRPAL II. und SALMANASSAR III. das Reich im Westen bis Damaskus und im Süden bis zum Persischen Golf erweitern. Die Residenz wurde nach *Kalasch* (heute Nimrud), südlich von Ninive, verlegt. Im neuassyrischen Weltreich von 750 — 600 v. Chr. ragen als bedeutendste und mächtigste Könige TIGLATPILESAR III. (745—727), SARGON II. (721—705), SANHERIB (704—681) und ASSURBANIPAL (668—626) hervor. Tiglatpilesar III., der größte Herrscher der assyrischen Geschichte, verband nach Besiegung der Aramäer Babylon in Personalunion mit Assur, brach die Macht Urartus und brachte Syrien und Palästina in seine Abhängigkeit. Sargon II. führte die Politik seiner Vorgänger weiter, nahm den Titel eines Königs von Sumer und Akkad an und verlegte die Hauptstadt nach *Dur-Scharrukin* (heute Chorsabad), nordöstlich von Ninive. In Sanheribs Regierungszeit fällt die Eroberung Babylons mit der Entführung der Statue Marduks und die vergebliche Belagerung Jerusalems. Assurbanipal besiegte alle Gegner, auch seinen Bruder in Babylon. Nach dem Ende des grausamen Bruderkrieges vernichtete er Susa endgültig. Die Regierung dieses fanatischen Streiters für die Macht des Gottes ASSUR krönte das jahrhundertelange Ringen um

die Weltherrschaft. Zwanzig Jahre nach seinem Tod brach das Reich unter dem Ansturm der aramäischen Chaldäer und der Meder zusammen.

Assyrien im engeren Sinn umfaßte das Gebiet des oberen Tigris, eine Gegend, die sich vom südlichen Mesopotamien in allem wesentlich unterscheidet. Die Nähe des Gebirges schafft ein rauhes, aber gesünderes Klima. Durch die zahlreichen Bergflüsse entfiel die komplizierte Kanalisierung zur Bewässerung des Landes, wie sie im Süden notwendig war. Holzreiche Wälder und Steinbrüche befreiten vom Zwang des Ziegelbaus. Es treten deshalb in der assyrischen Kultur neue Elemente zutage, wenn auch in vielem an der Tradition festgehalten wurde.

Die Befreiung von dem churritisch-mitannischen Joch fand in den Palast- und Kultbauten der Könige des 13. Jahrhunderts Ausdruck, u.a. im *Palast von Assur* und dem dortigen *Ischtar-Tempel*. Die schönsten Zeugnisse dieser mittelassyrischen Phase liefern die Rollsiegel, auf denen Naturdarstellungen eine bis dahin unbekannte Überhöhung erreichten.

In den dreihundert Jahre währenden Wirren infolge der Völkerwanderung entstanden wenig Kunstwerke. Der Schöpfer der neuassyrischen Architektur und Bild-

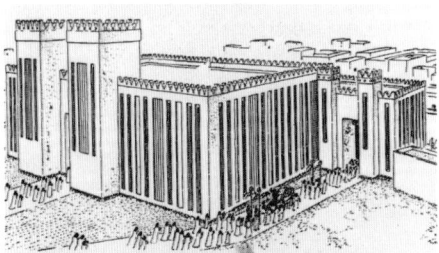

179   Rekonstruktion des Ischtar-Tempels in Assur

180   Rollsiegelbild, mittelassyrische Zeit

181   Nordwestpalast des Assurnasirpal in Nimrud

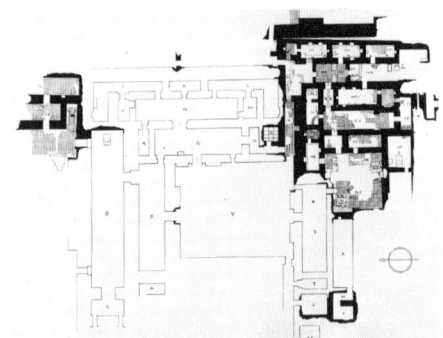

182 Wandreliefs aus dem Nordwestpalast des Assurnasirpal II. in Nimrud, Alabaster. Oben: Assurnasirpal mit dem Lebensbaum, Höhe 1,78 m. Unten: Assurnasirpal als Feldherr, Höhe ca. 95 cm

kunst war ASSURNASIRPAL II., der nach dem Sieg über die Aramäer deren Wesen und Gesittung integrierte. Sein Palast, eine Verbindung von Königsbau und Gottestempel, in der neuen Hauptstadt *Kalach* (Nimrud), ist in seiner Gliederung in zwei Raumkomplexe und in seiner Ausstattung ein erstes Gesamtkunstwerk, gestaltetes Symbol der Verherrlichung der assyrischen Königsidee.

Der erzählende Bilderfries auf Wandgemälden und -reliefs, eine der großartigsten Errungenschaften der Assyrer, fand in den monumentalen Alabasterreliefs des Palastes seine künstlerische Vollendung. In ihnen sind alle Elemente Vorderasiens von Sumer und Akkad über die Bergvölker bis zu den Aramäern verschmolzen. In den Wandtafeln des Thronsaales ist der Mythos

149

183   Wandmalerei-Fries mit Königsaudienz aus Til Barsip, 1. H. 8. Jh. v. Chr.

184   Tor der Zitadelle Sargons II. in Dur Scharrukin

des Königtums durch die Darstellung des Lebensbaumes in Verbindung mit dem Herrscher als dem königlichen Hirten und Beschützer des Lebens ausgedrückt, seine heldisch-historische Eigenschaft durch Kriegs- und Jagdszenen, die im Gegensatz zu dem abstrahierenden, symmetrischen Stil der mythologisierenden Reliefs in einem rhythmischen, sich hebenden und sen-

185   Thronpodest Salmanassars II.

kenden Figurenfluß geschildert sind. Die technische Beherrschung des Materials ist für jene Zeit einzigartig.

In dem Thronpodest SALMANASSARS II., einem wichtigen Fund aus den 60er Jahren, zeigt sich eine gewisse Erstarrung und Veräußerlichung; er ist Ausdruck eines nüchternen Soldatentums, Bildannale militärischer Leistungen. Aus der ersten Hälfte des 8. Jahrhunderts, einer Zeit politischer Schwäche, fand man Wandmalereien in *Til Barsip* (heute Tell Ahmar) in Nordsyrien, die leider nur noch als Kopien erhalten sind, zusammenhängende Kompositionen über große Wandflächen, die in der Unmittelbarkeit der Zeichnungen und der künstlerischen Kraft große Fortschritte bedeuten.

Der Gipfel der assyrischen Macht unter SARGON II. wird in der von ihm geschaffenen Königsburg von *Dur Scharrukin* (heute Chorsabad), die alles bisherige an Monumentalität übertrifft, sichtbar. In dieser ge-

187 Verwundete Löwin, Ausschnitt aus den Wandreliefs im Nordpalast des Assurbanipal in Ninive

waltigen Architektur ist Zitadelle, Königspalast mit Tempel, Zeughaus und die Zikkurat durch eine quadratische Festungsmauer eingefaßt. Die Ausschmückung verherrlicht wie bei Assurnarsipal II. den König als übermenschliches Wesen, aber auch als siegreichen Feldherrn und Jäger. Ein neues Raumgefühl durch wechselnde Größe der Gestalten und Bäume erzielt eine Art Perspektive.

Aus der Regierungszeit SANHERIBS (704 bis 681 v. Chr.) wurde eine der gewaltigsten öffentlichen Arbeiten entdeckt, eine Wasserleitung, die von Bawian in das über 80 km entfernte Ninive führte und die Stadt mit Trinkwasser versorgte. Sie ist stellenweise 20 m breit, besteht aus großen Steinblöcken von 50 cm Länge, Breite und Höhe und war mit 3 m breiten Steinwänden eingesäumt. Man errechnete, daß über 2 Millionen Steinblöcke zum Bau notwendig waren. Die Wasserzufuhr schlängelt sich durch die Berge Kurdistans und überquert ein breites Tal bei Dscherwan mittels eines Aquädukts von 300 m Länge. Sanherib ließ seine Arbeiter gut behandeln. In der Widmung auf dem Steinrelief heißt es: »Ich habe diese Menschen, die den Kanal gegraben haben, mit Leinen und Wollgewändern in prächtigen Farben ausgestattet. Ich gab ihnen Ringe und Dolche aus Gold.«

Im Palast des letzten großen Königs, ASSURBANIPAL, der Feldherr, Priester und

186 Wandrelief aus dem Palast Sargons II.

151

188 *Perspektivische Ergänzung des Ischtar-Tores in Babylon*

189 *Rekonstruktion des Ischtar-Tores des Nebukadnezar in Babylon*

Sieg über das Böse, ergreifend ist das tragische Schicksal der Kreatur.

Das neubabylonische Reich

Die *Aramäer,* die zwar zahlenmäßig den Assyrern überlegen waren, jedoch in den jahrhundertelangen Auseinandersetzungen kriegerisch stets den kürzeren zogen, erlebten nach dem Zusammenbruch Assurs unter der *chaldäischen Dynastie* von Babylon eine Blütezeit, die in vielem an das westsemitische Reich Hammurabis erinnert. Unter den Königen NABOPOLASSER und vor allem NEBUKADNEZAR (604—562) erhob sich *Babylon* für die kurze Dauer von knapp 80 Jahren zur Weltmacht. In diese Zeit fällt der Zusammenstoß zwischen dem Riesen-

190 *Teil der Thronsaal-Fassade vom Palast des Nebukadnezar (Rekonstruktion)*

Gelehrter war und dem wir die Bibliothek in Ninive verdanken, befanden sich Reliefs, die in ihrer Schönheit, in der Synthese von assyrischer und babylonischer Wesensart, Höhepunkt und Abschluß der klassischen Kunst Mesopotamiens sind. Packend sind die weltberühmten Tierkampfszenen als

reich und dem kleinen Staat Juda, zwischen dem in monumentalen Kultbauten verehrten Götterfürsten MARDUK und JAHWE, in dem der jüdische Staat unterlag und Jerusalem zerstört wurde, aus dem aber durch den Untergang der staatlichen Existenz der Glaube an das universale Prinzip eines Gottes in der Reinheit hervorging, welche die Propheten gefordert hatten.

Die Könige bauten die wiederholt von den Assyrern geplünderte Stadt wieder auf und machten aus Babylon eine der großartigsten Metropolen des Altertums. Von der berühmten siebenstöckigen *Zikkurat,* dem sagenhaften Turm zu Babel und Heiligtum des Stadtgottes Marduk, sind keine Überreste auf uns gekommen; sie gehörte zu einem riesigen Palastkomplex, auf den eine lange Prozessionsstraße zuführte. An ihrem Anfang stand das *Ischtar-Tor,* das durch die doppelte gewaltige Stadtmauer die Verbindung zur Außenwelt gab und dessen Rekonstruktion im Berliner Museum eine Vorstellung der babylonischen Bauweise und der Ornamente aus glasierten Ziegeln gibt. Von dem mit Lapislazuli blaugefärbten Hintergrund heben sich die gelblichweißen und bräunlichen Löwen, Schlangendrachen und Stiere, Symbole des Lebens und des Todes ab, von Zierbändern umrahmt, ein letztes Beispiel der großartigen mesopotamischen Tierdarstellungen. Auch die Fassade des Thronsaales war mit Glasurmalereien und Ziegeln geschmückt, mit Baum und Palmetten als Zeichen des Lebens. Von den ›Hängenden Gärten‹ der Semiramis, einem der sieben Weltwunder, das auf Nebukadnezar zurückgeht, blieb nichts erhalten.

Nach dem Verlust der Selbständigkeit wirkte der kulturelle Einfluß Mesopotamiens weiter und fand unter den Achämeniden in Persepolis von neuem Gestalt.

Chronologische Übersicht

Mesopotamien			Ägypten		
6.—5. Jt.		Hassuna Samarra Halaf	5. Jt.		Merimde und Tasa
4. Jt.		El Obed		um 4000—3600 um 3400—3200	Badari und Amratien (Negade I) Gerzeen (Negade II)
3. Jt.	3000—2800 2800—2600 2600—2500 2500—2350 2350—2150 2150—2050	Uruk VI—IV Dschemdet Nasr Mesilim I. Dynastie von Ur Reich von Akkad Guti		2850—2650 2650—2190 2190—2040	Frühdynastische oder Thinitenzeit Altes Reich Erste Zwischenzeit mit der 7.—10. Dynastie
2. Jt.	2050—1950 1950—1700 1700—1530 1530—1200 1200—612	III. Dynastie von Ur (Lagasch) Semitische und elamitische Stadtstaaten Babylonisches Großreich Kassiten und Churri Assyrisches Weltreich		2040—1640 1640—1527 1550—1070	Mittleres Reich mit der 11.—13. Dynastie Zweite Zwischenzeit und Hyksos-Zeit mit der 14.—17. Dynastie Neues Reich mit der 18.—20. Dynastie
1. Jt. v. Chr.	612—539	Neubabylonisches Reich		1070—331	Spätzeit mit der 21.—31. Dynastie

2 Ägypten

Wenige Länder wurden so sorgfältig und beharrlich durchforscht wie Ägypten. Die Vollkommenheit der Begräbnisweise, die Trockenheit des Klimas und der schützende Sandteppich erhielten die Zeugnisse aus mehreren Jahrtausenden.

Ägypten erscheint uns als der Inbegriff des Altertums. Das Geheimnis der Sphinx und der Pyramiden, die märchenhaften Reichtümer der Pharaonen geistern durch die Phantasie der Menschen. Während wichtige Entdeckungen oft von der Öffentlichkeit nicht beachtet werden, fanden Funde wie das Grab des Tutanchamun, weniger wegen der historischen und künstlerischen Bedeutung als wegen des materiellen Reichtums, allgemeines öffentliches Interesse. Entdeckungen dieser Art sind freilich selten. Die Arbeit des Archäologen ist mühsam und beschwerlich, und der Erfolg steht oft in keinem Verhältnis zu den Anstrengungen.

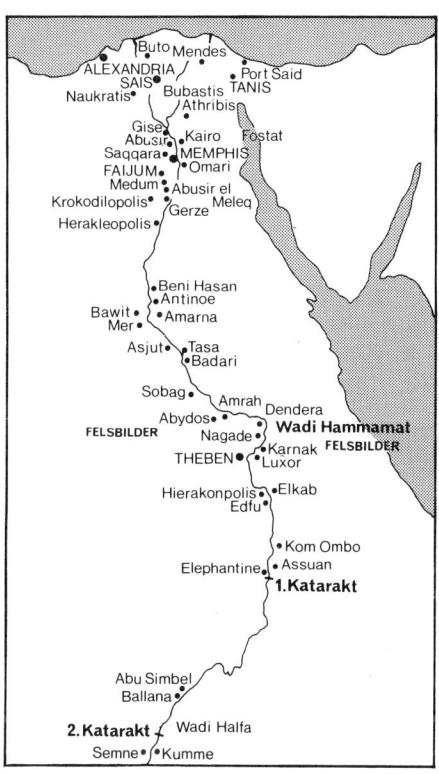

191   Fundstätten im Nil-Tal

Geographische Übersicht

Um die Eigenart und Besonderheit des Gebietes, in dem sich die Geschichte Ägyptens vollzog, dem Leser zu vergegenwärtigen, beginnen wir mit einer kurzen geographischen Übersicht. Von dem über 6600 km langen Flußlauf des Nils liegen etwa 1400 km in Ägypten, zur Zeit seiner größten Ausdehnung im Neuen Reich um 1400 v. Chr. waren es nahezu 1800 km. Damals unterstand Nubien bis zum 4. Katarakt mit dem Vasallenstaat Kusch einem ägyptischen Vizekönig. Am südlichen Ende des 2. Kataraktes liegt *Semne,* die Grenzstadt des Mittleren Reiches, mit Ruinen mehrerer Befestigungen aus der Zeit um 1850 v. Chr. Zwischen dem 2. und dem 1. Katarakt wird die Vegetation üppiger. Gegenüber Wadi Halfa erhebt sich die große Festung *Buhen,* deren Anfänge auf die 4. bis 5. Dynastie zurückgehen, dann folgen die unter Ramses II. 1250 v. Chr. aus dem Fels gehauenen Tempelbauten von *Abu Simbel* mit den über 20 m hohen Kolossalstatuen. Nördlich *Assuan* zwängt sich der Fluß beim 1. Katarakt durch die letzte Granitenge, um dann ungehindert dem Meer zuzuströmen. Etwa 100 km weiter, bei *Edfu,* steht eines der besterhaltenen Denkmäler, der riesige Tempel des Falken- und Sonnengottes Horus aus der Ptolemäerzeit (3. bis 2. Jahrhundert v. Chr.). Weitere 20 Kilometer nördlich befinden sich die Ruinen von *Nechen,* dem griechischen *Hierakonpolis,* einer alten königlichen Residenz, und von *Necheb,* heute *Elkab,* der frühen Hauptstadt des Südreichs. Bei der großen Biegung des Nils, etwa 200 km nördlich des 1. Kataraktes, wo sich das Flußtal verbreitert, lag *Theben,* die südliche Hauptstadt des Neuen Reiches mit den Tempelstätten von *Luxor* und *Karnak.* Weitere 130 km flußabwärts befindet sich das alte *Abydos,* eine Gründung der 1. Dynastie um 3000 v. Chr. und Hauptkultstätte von Osiris, dem Gott des Totenreichs, mit einem Tempel Sethos' I. von 1300 v. Chr. Nach ungefähr 200 km folgt *Amarna,* die etwa 1350 v. Chr. dem Sonnengott Aton geweihte Stadt des Königs Echnaton, in welcher der Kopf der Nofretete gefunden wurde, ferner die berühmten ›Amarna-Briefe‹, Berichte über die Beziehungen zu den Stadtstaaten in Syrien, Palästina und Mesopotamien. Auf dem westlichen Ufer gegenüber Amarna lag das alte *Hermopolis,* eine Kultstätte des Gottes der Schrift und Gelehrsamkeit, des Thot, mit einem Tempel Ramses' II. In der Nähe befanden sich die Provinzstädte des Mittleren Reiches, *Beni Hassan* und *Meir.* Etwa 250 km vor Erreichen des Meeres dehnt sich westlich des Nils eine 60 km breite und lange Senke aus, das *Faijum,* eine große Oase, die von den Pharaonen durch einen Kanal mit dem Nil verbunden wurde. Südlich des Faijum beginnt auf dem Westufer des Nils die große Kette der Pyramiden, die sich von *Herakleopolis* bis *Abu Roâsch* hinzieht und zu der unter anderem die Bauten von *Saqqara, Abusir* und *Gise* gehören. Inmitten dieses Bereichs stand die alte Hauptstadt Nordägyptens, *Memphis,* deren Steine zum Bau von Kairo verwendet wurden und deren unter dem Nilschlamm liegende Reste noch nicht systematisch erforscht sind. Einige Kilometer nördlich teilt sich der Strom in das Nildelta mit den einst berühmten Städten Unterägyptens: *Heliopolis* mit dem großen Sonnenheiligtum, dem nach Theben

größten Tempel, weiter nördlich *Bubastis,* der Residenz der Könige der 22. Dynastie, *Tanis* mit einem von Ramses II. erbauten Tempel und Gräbern aus der Zeit um 1000 v. Chr., *Sais,* Residenz der 26. Dynastie um 600 v. Chr., ferner *Buto* und *Mendes.*

Der schmale fruchtbare Streifen beiderseits des Stromes war durch Wüsten im Osten und Westen von fremden Einfällen geschützt, so daß sich durch Jahrtausende eine eigene, einheitliche Kultur entwickeln konnte. Andererseits erschwerten die großen Entfernungen eine straffe politische Organisation. Die örtlich gebundene Eigenart der Bevölkerung führte zur Rivalität zwischen Ober- und Unterägypten und zu Machtkämpfen, welche die zentrale Gewalt des Reiches erschütterten.

Die Frühzeit. Felsbilder aus dem Mesolithikum

Lange Zeit beschäftigten sich die Archäologen nur mit den zahlreichen Denkmälern aus der Pharaonen-Zeit. Fasziniert von den großartigen Monumenten, vernachlässigten sie die Vorgeschichtsforschung. Unter den aus Anlaß der Einweihung des Suezkanals geladenen Gästen befanden sich Geologen, die bei dieser Gelegenheit die Frage nach der Frühzeit Ägyptens aufwarfen. Sie stellten fest, daß die Feuersteinwerkzeuge des Landes den in Europa gefundenen entsprechen. Die Zuverlässigkeit des gefundenen Materials wurde jedoch bestritten, da die Werkzeuge keiner geologischen Schicht angehörten; man entdeckte sie an der Erdoberfläche ohne Spuren von Tierknochen, die eine annähernde Datierung erlaubt hätten. Sie konnten ebensogut aus geschichtlicher Zeit stammen, da die Ägypter in Unkenntnis der Metallverarbeitung lange Zeit Steingeräte verwendeten. Heute steht fest, daß vom Acheuléen an alle altsteinzeitlichen Stufen in Ägypten vertreten sind.

Aus dem Jungpaläolithikum stellte man in *Sebil* bei Kom Ombo eine Kultur fest, die nach diesem Fundplatz *Sebilien* genannt wird und Ähnlichkeit mit dem *Capsien* in Nordafrika aufweist. Die ersten Menschen des Landes waren umherziehende Jäger. Das Gebiet mit seinen Wäldern und Baumsteppen war wildreich; neben dem Elefanten, Löwen, Rhinozeros, der Antilope und anderen Tieren gab es Wasservögel und Nil-Fische im Überfluß. Nach den Felsbildern aus dem Mesolithikum an den steilen Wänden der Flüsse zu schließen, durchwanderten verschiedene Rassen Ägypten und hinterließen dort ihre Spuren.

Die Felsbilder Ägyptens, die sich nicht im Nil-Tal, sondern in den Seitentälern des Hammamat-Gebirges ostwärts des Nils befinden, wurden von H. A. WINKLER eingehend untersucht. Bis dahin waren die Zeichnungen entweder unbekannt, oder man hatte ihnen keine Bedeutung geschenkt. Nach der Schichtenfolge, dem Stil, der Bekleidung, dem Schmuck und der Haartracht der Dargestellten konnte man fünf Gruppen vorgeschichtlicher Felsbilder unterscheiden. Die beiden ältesten Schich-

192   a Felszeichnung der Keilstil-Leute, Wadi Hammamat, b Gebärende, Felszeichnung am ›heiligen Ort‹ der Penistaschen-Leute

ten zeigen Bilder der Keilstil- und der Penistaschen-Leute, beide Angehörige der hamitischen Rasse. Die *Keilstil-Leute* zeichneten den menschlichen Oberkörper keilförmig, und zwar meist in Vorderansicht; die Männer tragen einen pilzförmigen Haarschopf. Die Nachfahren dieser ältesten Bevölkerung waren die *Penistaschen-Leute,* vermutlich die Träger der Amratien-Kultur und ein altes Hirtenvolk der Berge. Die Männer haben als einzige Bekleidung die

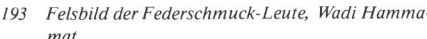

193   Felsbild der Federschmuck-Leute, Wadi Hammamat

194   Schiffsdarstellung der Standarten-Leute, Felsbild im Wadi Hammamat

Penistasche, die Frauen sind nackt dargestellt. Die Zeichnungen sind bewegt und
dynamisch. Einer Einwanderungswelle aus
dem Osten gehörten die *Federschmuck-
Leute* an, die ebenfalls in die Amratien-
Kultur einzuordnen sind. Ihren Namen verdanken sie Federn, die sie ins Haar steckten. Sie lebten im wesentlichen von der
Jagd. Auffallend ist die häufige Darstellung
von Schiffen, deren Form nicht ägyptisch
und deren Bemannung, bis auf den Kapi-
tän, durch Striche wiedergegeben ist. Schiff-
fahrt muß im Leben dieser Menschen eine
große Rolle gespielt haben, und man nimmt
an, daß sie über das Rote Meer nach Ägypten kamen. Die vierte Gruppe, die *Dirwa-
Leute,* werden nach ihrem herabfallenden
Haar benannt. Es handelt sich um eine einheimische Bevölkerung, die mit den Feder-
schmuck-Leuten zusammenlebte. Als letzte
folgen die *Standarten-Leute,* deren Zeichnungen Schiffe mit Standarten darstellen.
Die Haltung der Menschen auf den Bildern
ist starr. Im allgemeinen erinnern die Motive an die der rot bemalten Vasen aus dem
Gerzeen. Man vermutet, daß die Standarten-Leute die Träger dieser Kultur sind und
aus dem Delta nach dem Süden vordrangen.

Neolithische Kulturen von Merimde und Tasa

Erst von der Jungsteinzeit an lassen sich auf
die rassische Zusammensetzung der frühen
Siedler Rückschlüsse ziehen. Als die Eis-
zeitgletscher Europas in der letzten Phase
der Altsteinzeit zurückgingen, trockneten
die nordafrikanischen Gebiete aus. Die Nomaden waren gezwungen, sich in die wenigen fruchtbaren Zonen, vor allem in die
Streifen beiderseits des Nils zurückzuziehen. Die Zusammendrängung von Menschen, die bis dahin in weiten Räumen gelebt hatten, brachte die Vermischung ver-

schiedener Elemente mit sich. Die früheste
Bevölkerung bestand aus Angehörigen der
Mittelmeerrasse, feingliedrigen, schmächti-
gen Menschen mit schmalen Köpfen und
dunklen Haaren. Der negroide Beitrag und
der der Berber ist schwächer, dagegen erfolgten zweifellos schon früh Zuwanderun-
gen semitischer Stämme mit breiten Köpfen
aus dem Vorderen Orient, die vermutlich
die Kenntnis des Getreideanbaus mitbrachten. Aus der Vermischung von afrikanischen und vorderasiatischen Elementen
entstand der geschichtliche Ägypter von
mittelgroßem Wuchs, mit starken Knochen
und Gelenken und mächtigem Schädel.
Diese Verschmelzung ist auch in der
Sprache nachzuweisen. »Das Grundpro-
blem der ägyptischen Geschichte war es,
das organisierte, fruchtbare Zusammen-
leben eines in sich reich differenzierten Volkes zu ermöglichen in einem allseitig natürlich begrenzten Raum, dessen Boden intensive Bearbeitung erforderte und dessen
Lage gegen Bedrohung von außen weitgehend abschirmt.«
Dem Neolithikum gehört im nördlichen
Unterägypten die Kultur von *Merimde* (um
5000 v. Chr.) an. Dort fand man Reste von
ovalen, aus Rohrgeflecht und Lehm erbauten Hütten mit geglättetem Boden; Anbau
von Emmer (einer Weizenart) und Gerste
war bekannt, wie Kornspeicher mit 2,60 m
Durchmesser und Feuersteinsicheln mit
hölzernen Griffen bezeugen. In Merimde
entdeckte man aufrecht in den Boden ge-
steckte Nilpferdknochen, die auf einen kultischen Ritus oder eine Begräbnissitte
schließen lassen. Die Leute von Merimde
und anderen Fundstätten aus derselben Zeit
waren Jäger und Ackerbauern. Neben
polierten Steinwerkzeugen stellten sie auch
solche aus Knochen her, besaßen handgeformte Tongefäße und fertigten Halsketten
und Anhänger, wahrscheinlich Amulette.
Sie verwendeten Schminke und hielten als
Haustiere Rind, Hund, Schaf, Ziege und

Schwein. Die Toten wurden innerhalb der Siedlung, manchmal direkt unter den Behausungen beigesetzt.

Der Kultur von Merimde entspricht in Oberägypten die etwas spätere von *Tasa* (wichtigste Fundplätze Der Tasa und Mostagedda). Die Tasier waren Nomaden- und Hirtenstämme, die den Ackerbau kannten. Ihre Steinäxte sind poliert, ihre Töpferwaren grob und ungleich gebrannt. Unter den Gefäßformen ist ein Tulpenbecher mit ausgebogenem Rand bezeichnend. Geometrische eingeritzte Ornamente wurden mit weißer Erde ausgefüllt und erinnern an Flechtmuster und Lederarbeiten. Zum erstenmal taucht die für Ägypten typische Schminkpalette auf. Die Toten wurden außerhalb des Dorfes in rechteckigen oder ovalen Gräbern in Hockerstellung beigesetzt. Die Leichen ruhten auf der linken Seite, den Kopf nach Süden und das Gesicht nach Westen gerichtet, ein Ritus, der in geschichtlicher Zeit weiterlebte. Sie waren in Ziegenfelle oder Laken gehüllt und mit einer Matte bedeckt.

Badari und Amratien

Bereits aus der Kupfersteinzeit stammt die oberägyptische Kultur von *Badari,* einem Ort zwischen Abydos und Amarna. Die hamitischen Menschen von Badari scheinen einer anderen Rasse als die Tasier angehört zu haben; ihre Skelette sind kleiner, und ihre Schädelform ist schmaler. Aus der Vielfältigkeit der in ihren Behausungen entdeckten Gegenstände ist zu schließen, daß sie Handel trieben und auch zur See fuhren. Ihre schwarzrandigen Gefäße mit Rillenornamenten, ihre Elfenbeinarbeiten und Amulette zeigen formalen Einfallsreichtum, obwohl die Lebensbedingungen im ganzen noch einfach waren. Die Menschen trugen Schmuck aus Perlmutt, Elfenbein, Kupfer, Quarz und aus Elfenbein ge-

195 Oben: Tongefäß mit Rillenornamentik und Gegenstände aus Elfenbein, Badari-Kultur. Darunter: Schieferpalette in Gestalt einer Schildkröte, Gefäße aus rotem Ton und Figürchen aus Knochen, Amratien-Kultur

schnitzte hohe Kämme in Tierform. Bemerkenswert sind ihre zierlichen Elfenbeinlöffel und die Statuetten aus Ton oder Elfenbein, die dem Toten mitgegeben wurden, entweder Schutzgottheiten oder eine Vorform der späteren Uschebtis, der Dienerfiguren, welche die Arbeit in der Totenwelt verrichten sollten. Wahrscheinlich tätowierten die Menschen ihre Körper. Ihre Augenlider schminkten sie mit grüner Malachit-Farbe (Kupferspat). Bekanntlich hat das Schminken bei primitiven Völkern nicht nur magische oder dekorative Gründe, sondern soll gegen gewisse Krankheiten, in Ägypten gegen die verbreitete Augenkrankheit, vorbeugen. Nach Radiokarbon-Untersuchungen liegt die Badari-Kultur um 4200 v. Chr.

Einige Jahrhunderte später erscheint die *Negade I* oder *Amratien-Kultur,* genannt nach dem Fundort el Amrah südlich von Abydos in Oberägypten. Man nimmt an, daß das Amratien Teil eines größeren Kulturkreises war, der vom arabischen Gebirge über das oberägyptische Nil-Tal bis zu den

*196 Weibliche Lehmfigur
der Badari-Kultur*

Formen und Ornamenten. Neu ist rotpolierte Tonware mit weißer Bemalung, die
Nilpferde, Gazellen, Rinder oder geometrische Motive, die Spirale und das Zeichen
für fließendes Wasser wiedergibt. Gefäße in
Tiergestalt, Doppelhalsvasen sind Beispiele
für den Formenreichtum. Auch Schminkpaletten, Nadeln und Kämme aus Elfenbein
tragen häufig plastischen Schmuck. In Ton
wurden nicht nur Tiere (Schaf, Nilpferd,
Schildkröte usw.) dargestellt, sondern
häufiger als bis dahin Menschen in idol-
artiger Vereinfachung, Frauen mit dickem
Gesäß und starken Oberschenkeln oder
solche mit erhobenen Armen und vogel-
artigem Gesicht. Bemerkenswert sind Steinvasen mit Ösenhenkeln, Vorläufer eines für
Ägypten typischen Gefäßes. Gegenstände
aus Kupfer, Waffen, Schmuck und Nadeln
sind nun zahlreich; auch Gold und Silber
wurden verarbeitet.

Die Gerzeen-Kultur (Negade II)

libyschen Oasen reichte, und dessen Weg
vom Roten Meer nach Westen verlief. Nach
Skelettfunden zu schließen, waren die Träger hamitisch-afrikanischen Ursprungs.

Ortschaften des Amratien wurden bisher
nicht entdeckt, doch zeugen Gräber, in denen gelegentlich mehrere Personen beigesetzt sind — ob Familien oder Opfer, ist
fraglich — von wesentlichen Fortschritten
in der Entwicklung. Die Grabbeigaben sind
reichhaltiger. Die Vielzahl der Waffen weist
auf eine Bevölkerung, die neben dem
Ackerbau vorwiegend von der Jagd lebte;
dafür sprechen auch die Felsbilder der
Federschmuck-Leute aus dieser Periode.
Die dargestellten Schiffe haben hohe Steven
und unterscheiden sich von den älteren
ägyptischen Papyrusbooten. Es scheint sich
um Holzschiffe zu handeln. Die Keramik
der Amratien-Stufe übernahm manches aus
älteren Schichten, ist aber vielfältiger in

Während in den eigenständigen Badari-
und Amratien-Kulturen um 4000 bis 3600
v. Chr. manche vorderasiatische Elemente
auftraten, zeigt die folgende *Gerzeen-Kultur (Negade II)*, vor allem in ihrer letzten
Phase, erste Spuren einer stärkeren kulturellen Verbindung zwischen Ägypten und
Mesopotamien sowie Palästina. Ob die Be-

*197 Terrakotta-
Tänzerin der
vordynasti-
schen Zeit, etwa
3200 v. Chr.*

gegnung mit fremdem Gedankengut über die Sinai-Halbinsel oder auf dem Seeweg über das Rote Meer erfolgte, ist nicht geklärt. Zweifellos wanderten damals westsemitische Stämme in das östliche Nil-Delta ein. Die regen Handelsbeziehungen förderten vor allem die rasche Entwicklung. Diese Kulturstufe umfaßte zum erstenmal das gesamte Nil-Delta und schuf die Voraussetzungen für den folgenden Einheitsstaat. Ägypten bedurfte in diesem Augenblick seiner Geschichte eines Anstoßes von außen, von der überlegenen Bronzekultur Vorderasiens, um sein eigenes Wesen, seine eigene Welt zu entfalten.

Während im *frühen Gerzeen*, etwa 3400 v. Chr., die Bestattungsweise sich von dem vorhergehenden Amratien nicht wesentlich unterscheidet, ausgenommen in der Entwicklung von ovalen zu rechteckigen Gruben, gelegentlich mit einer besonderen Abteilung für Grabbeigaben, weist eine Anlage in *Hierakonpolis* mit ihren Wandmalereien, den ersten auf einer gebauten Wand aus Ziegeln, ihren Grabbeigaben und der Konservierung des Körpers auf den späteren Begräbniskult hin und bezeugt, daß die Menschen bemüht waren, dem Verstorbenen eine Existenz im Jenseits zu sichern, die seinem irdischen Dasein möglichst ähnlich war. Die Darstellungen auf den Wandbildern sind noch primitiv in der zusammenhanglosen Verteilung über die ganze Fläche; die Gestalten sind fast hieroglyphenhaft vereinfacht. Wahrscheinlich handelt es sich um den Versuch, alltägliche Szenen wiederzugeben, wie es später in den Gräbern des Alten Reiches geschah. Die Jagd-, Fest-, Tanz- und Schiffsszenen sollten dem Toten helfen, in der anderen Welt alles das wiederzufinden, was er in dieser liebte. In ihrer Absicht gehen die Bilder den herrlichen Grabreliefs von Saqqara und den Malereien im Tal der Könige unmittelbar voraus.

198 *Wandmalerei von Hierakonpolis mit Menschen, Booten und Tieren, Gerzeen, 2. H. des 4. Jt. v. Chr.*

199 *Tongefäße des Gerzeen, um 3500 v. Chr.*

In der Gerzeen-Keramik, die im Süden in den großen Friedhöfen von Negade und Ballas gefunden wurde, fallen große Krüge mit gewellten Griffen, ähnlich solchen aus Palästina, auf; diese Griffe verkümmerten allmählich zum Ornament und erlauben dadurch eine relative Datierung. Die rot, nicht mehr weiß, bemalte Tonware ist mit Ornamenten, Spiralen, Wellenlinien, Dreiecken, oder mit stilisierten Tieren und Menschen, vor allem aber mit Schiffsszenen bemalt. Eine strengere Stilisierung, die von religiösen Vorstellungen bestimmt war, verdrängte die naturnahere Welt der Jäger aus der Stufe von Badari. Das Hauptthema, Schiffe verschiedenen Typs mit Standarten, mag von der zunehmenden Bedeutung dieses Beförderungsmittels im Handelsverkehr beeinflußt sein, hat aber zweifellos wie auf späteren Darstellungen schon einen kultischen Sinn, nämlich den der Seelenbarke. Schiffe erscheinen auch auf den Felsbildern der Standarten-Leute, ebenso auf den

Wandmalereien von Hierakonpolis. Neu in der Gerzeen-Kultur ist die Nachahmung der Form und des Materials von Steinvasen in Keramik. Die Steingefäße selbst sind von großer Schönheit und technischer Vollendung; die Erfindung einer Bohrkurbel erleichterte ihre Herstellung.

Über das *späte Gerzeen,* etwa 3200 v. Chr. fehlen Zeugnisse von der politischen und gesellschaftlichen Struktur des Landes in dieser Phase. Nur aus den archäologischen Funden können wir einige Rückschlüsse ziehen. Unterägypten mit dem fruchtbaren Delta und dem Becken von Faijum bot günstigere Lebensbedingungen; dort hatten sich aus einem seßhaften Bauerntum zuerst Dörfer und Städte entwickelt, die vermutlich kulturell fortgeschrittener waren als die des Südens und dank der Nähe des Meeres schon früh Verbindungen mit den Ägäischen Inseln und der Küste Vorderasiens unterhielten. Im Süden war das für den Anbau geeignete Land auf einen schmalen Streifen beiderseits des Nils beschränkt. Viehzüchtende Nomaden und Jäger bestimmten in viel stärkerem Maße die Anfänge der kulturellen Entwicklung. Der härtere Lebenskampf, in dem nur durch gemeinschaftliche Arbeit die ständige Bedrohung durch die Wüste überwunden und die notwendigen Anlagen durchgeführt werden konnten, schloß die Menschen enger zusammen und förderte die Bereitschaft, sich einer übergeordneten Autorität zu beugen, und den Glauben an sie. Aus dem Häuptling, dem Regenmacher oder Medizinmann nach altem afrikanischem Kult, entstand die Vorstellung vom König als einer Gottheit. Der Wunsch, das gesamte Gebiet Ägyptens zu vereinen, ging wohl von dem wirtschaftlich schwächeren und deshalb auf Expansion bedachten Süden aus, der straffer organisiert war. Ähnlich wie in Mesopotamien oder Syrien zu dieser Zeit wird es in Ägypten damals eine Art Stadtstaaten gegeben haben, deren Macht wahrscheinlich kleiner und unbedeutender war als in den genannten Ländern, da ihnen das Hinterland fehlte. Jedenfalls berichtet die Überlieferung schon aus der vordynastischen Periode von Königen und dauernden Kämpfen um die Vorherrschaft. An der Schwelle zur dynastischen Zeit zeigen Reliefs auf einer Reihe von Paletten, davon mehrere aus Hierakonpolis, von Keulenköpfen und Messergriffen sowie von Elfenbeintafeln einen erstaunlichen künstlerischen Aufschwung und die Hinwendung zu einem geschichtlichen Bewußtsein. Zunächst waren die Schminkpaletten, deren prunkhafte Verzierungen sie als Weihgaben ausweisen, mit Fabelwesen und Tieren aus der magischen Welt geschmückt. Dann erscheinen bestimmte Einzelereignisse, Darstellungen von Kämpfen oder der Jagd. Zu dieser Gruppe gehört der wundervolle beinerne Handgriff eines Feuersteinmessers aus *Gebel el Arak,* auf der einen Seite mit Kampfszenen und einer Seeschlacht, auf der anderen mit einem

200 Feuersteinmesser des Gerzeen, aus Gebel el Arak

Mann in langem Rock, der zwei aufgerichtete Löwen bändigt. Dieses Motiv ist für Ägypten ungewöhnlich und erinnert an den Gilgamesch, den Herrn der Tiere. Sumerischer Einfluß ist hier mit Sicherheit gegeben; das gilt nicht nur für das Motiv, sondern auch für die Darstellung der einzelnen Gestalten, die schon auf der etwas späteren Palette des Königs Narmer gebundener und hieratischer, mit einem anderen Wort ägyptischer wird. Im Detail übertrifft das Relief gleichzeitige sumerische Arbeiten der Dschemdet Nasr-Kultur.

Die frühdynastische Zeit (Thiniten-Zeit)

Die berühmte *Schminkpalette des Königs Narmer* aus Hierakonpolis, die erste Darstellung eines namentlich bezeichneten Herrschers um etwa 2900 v. Chr., steht vor Beginn der geschichtlichen Zeit, die von grundlegenden Erfindungen des menschlichen Geistes begleitet wird, der Entstehung der ägyptischen Schrift, der Einführung des Kalenders mit einem Jahr von 365 Tagen, der unserem heutigen zugrunde liegt, der Entwicklung der Mathematik mit einem Dezimalsystem und der Gewinnung

201 Schminkpalette des Königs Narmer aus Hierakonpolis, um 2900 v. Chr., Höhe 63,5 cm

von Papyrus als Schreibmaterial aus dem Mark der Papyruspflanze. *Schrift* und *Zeitrechnung* sind zusammen die Voraussetzungen, Geschichte im eigentlichen Sinn festzuhalten und zu erleben.

NARMER gilt als der Reichseiniger und trug den Titel ›König von Oberägypten und König von Unterägypten‹. Die Darstellung auf der Palette, die alle Wesenszüge der späteren ägyptischen Kunst bereits aufweist, wird als Wiedergabe seines Sieges über den nördlichen Teil des Landes gedeutet. Historische Darstellung, Symbole und Schriftzeichen erscheinen nebeneinander. Der König erschlägt mit der Kampfkeule einen gestürzten Gegner, den er an den Haaren packt; es ist eine rituale Handlung, denn der Feind ist wehrlos, Narmer selbst barfuß, ein Diener hinter ihm trägt seine Sandalen. Oben rechts sind ein Falke abgebildet, unter diesem Papyrusstauden und ein menschlicher Kopf, der aus dem gleichen Boden wie die Stauden wächst. Der Falke ist Horus, der Gott Oberägyptens und des siegreichen Königs; Kopf und Papyrusstauden symbolisieren Unterägypten, den gestürzten Feind.

Während die Gestalt Narmers in das Dunkel der Frühzeit gehüllt ist, beginnt mit MENES, der mit dem König HORUS AHA identisch ist, um 2850 die Geschichte Ägyptens. Sie wird unterteilt in die *frühdynastische oder Thiniten-Zeit* von etwa 2850—2650 mit der 1. und 2. Dynastie; in das *Alte Reich* von etwa 2650—2190 mit der 3. bis 6. Dynastie; in die *Erste Zwischenzeit* von 2190—2040 mit der 7. bis 10. Dynastie; in das *Mittlere Reich* von 2040—1640 mit der 11. bis 13. Dynastie; in die *Zweite Zwischen-Zeit und Hyksos-Zeit* von 1640 bis 1527 mit der 14. bis 17. Dynastie und in das *Neue Reich* von 1550—1070 v. Chr. mit der 18. bis 20. Dynastie. Die 21. bis 31. Dynastien von 1070—332 v. Chr. gehören der Spätzeit an. Die Daten entsprechen den heutigen Berechnungen.

202 *Mauern einer Mastaba, Nord-Saqqara, 1. Dynastie*

Gräber der Könige der 1. Dynastie, die aus Thinis in Oberägypten stammen soll, sind bei *Abydos* seit langem bekannt. In den letzten Jahrzehnten wurden nun auch am Nordrand der Nekropolis von *Saqqara*, in der Nähe von Memphis, große Mastabas der 1. Dynastie freigelegt. Sie geben über die frühe Entwicklung dieser wohnhausartigen Grabbauten Aufschluß. Es sind rechteckige, mit Ziegeln oder Steinen abgedeckte Erdhügel, von denen ein Schacht in die Grabkammer tief unter die Erde führt. Ihr Oberbau in Saqqara bestand aus sonnengetrockneten Ziegeln mit nischenförmigen Mauern. Da man in einigen von ihnen Gegenstände mit Namen von Königen der 1. Dynastie fand, deren Gräber man bereits in Abydos entdeckt hatte, nahm man an, daß es sich um Doppelbestattungen mit einem Scheingrab im Süden handelt, um dem verhältnismäßig erst kurzen Doppelkönigtum Rechnung zu tragen. Wahrscheinlich sind diese Grabstätten aber die hoher Beamter des Herrschers. In Saqqara gibt es jedoch auch königliche Mastabas aus dieser Zeit, in deren Umgebung sich Gräber für die geopferten Diener befinden, die für den Dienst im Jenseits bestimmt waren. Neben der Mastaba der Königin MERI-MEITH liegen beispielsweise 22 Gräber, in denen die Opfer in Hockerstellung beigesetzt waren.

In einem ausgeraubten Grab fand man aus Ton modellierte Stierköpfe mit echten Hörnern, aufgereiht auf einer Art Bank, die um das Monument herumlief, Symbole eines frühen Kults, die an Çatal Hüyük erinnern. Das Grab eines Würdenträgers aus der 1. Dynastie enthielt Opfermesser aus Feuerstein, Elfenbeinpfeile und eine schwarze Specksteinscheibe mit farbigen erhöhten Alabastereinlagen, die von Hunden verfolgte Gazellen darstellen. Neben dem Grab befanden sich riesige Speicherkammern, die mit Lebensmitteln gefüllt waren, als ob die Bevölkerung einer ganzen Stadt damit ernährt werden sollte. In den 42 Vorratsräumen entdeckte man einen Keller mit mehr als 2000 Weinkrügen, die sorgfältig mit Stöpseln aus getrocknetem Nilschlamm verschlossen waren. Man glaubte damals noch, der Tote verzehre im Jenseits wirkliche Nahrung und Getränke; später war man überzeugt, daß die Nachahmung einer Sache genüge, um konkrete Wirksamkeit zu gewährleisten. Die ägyptischen Toten wollten alles bei sich haben, was ihnen nützlich sein konnte. Im Grab der Königin Hetepheres I., der Mutter des Cheops, fand man ein leichtes elegantes Reisemobiliar

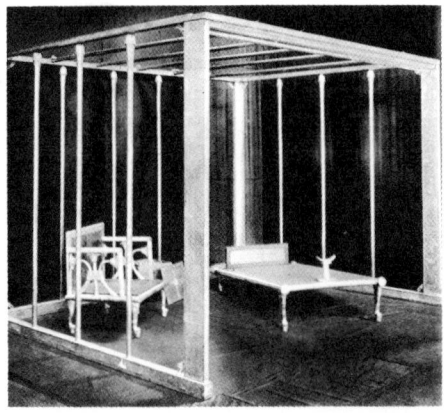

203 *Goldbeschlagenes hölzernes Mobiliar der Königin Hetepheres I., aus Gise, um 2590 v. Chr., Höhe 2,15 m*

aus goldbeschlagenem Zedernholz. Es ist das einzige dieser Art, das wir aus der Zeit um 2600 v. Chr. besitzen.

Die frühdynastische Periode brachte zum erstenmal eine Zusammenfassung der Kräfte für größere Planungen, aber auch innere Auseinandersetzungen und Kämpfe.

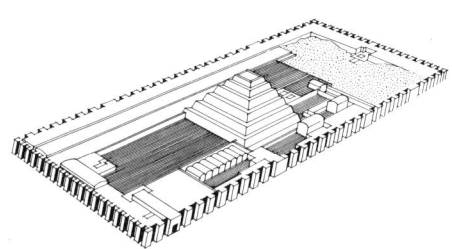

204 *Der Djoser-Komplex in Saqqara. Im Süden der große Zeremonienhof, im Osten der lange Hebsed-Hof und die Vorhöfe zu den Süd- und Nordgebäuden, im Norden ein weiterer Hof vor dem Palastgebäude*

Das Alte Reich. Die Zeit der großen Pyramiden (2650—2190 v. Chr.)

Das Alte Reich begann mit einem Höhepunkt der ägyptischen Geschichte. Der Fortschritt von den Mastaba-Gräbern der 1. Dynastie zu der ersten monumentalen Stein-Architektur in der Welt ist ungeheuer. Sie war das Werk von zwei überragenden Persönlichkeiten und deren geistiger Übereinstimmung. Dem bedeutendsten König der 3. Dynastie, DJOSER, der um 2650 die Residenz des Reiches nach Memphis verlegte, stand sein genialer Kanzler IMHOTEP zur Seite. Dieser war Hohepriester von Heliopolis sowie Oberbaumeister des Königs und der erste Künstler, dessen Name in die Geschichte einging. In Ägypten blieb sein Andenken lebendig; an der Stelle, wo man sein Grab vermutet, fand man ein in den Fels gehauenes Labyrinth von Gängen mit Tausenden von Ibismumien, dem heiligen Vogel der Ägypter, in Tonkrügen aus der ptolemäischen Zeit, in der Imhotep mit dem Gott der Heilkunde Asklepios identifiziert wurde.

Die unter Djoser erbaute *sechsstufige Pyramide* mit dem umliegenden Tempelbezirk in Saqqara umfaßte etwa 15 Hektar und war von einer 10 m hohen Kalksteinmauer umgeben. Die Anlage mit ihren zahlreichen Nebengebäuden, Kapellen, Opferstätten und Magazinen ist eine Verewigung der königlichen Residenz in Stein. Das gewaltige Werk war ausschließlich von einer religiösen Idee bestimmt.

Unter der 60 m hohen Stufenpyramide, die in sechs Bauphasen über einer Mastaba errichtet wurde, befand sich in 28 m Tiefe die Grabkammer des Königs. Eine zweite entdeckte man an der Südseite der Umfassungsmauer. Beide Kammern waren ähnlich ausgestattet mit Schlaf-, Aufenthalts- und Speicherräumen, die Wände mit kleinen gewölbten blauen Fayence-Kacheln bedeckt, welche Schilfmatten imitierten. Über dem Türbogen erscheint die Gestalt Djosers auf einem der schönsten Reliefs aus der Frühzeit. Ob die zwei Grabanlagen eine Beziehung zu der doppelten Stellung des Herrschers als König von Unter- und von Oberägypten haben, ist unbestimmt. Den Auftakt zu dem heiligen Komplex bildet

205 *Der einzige Zugang zum Djoser-Komplex*

165

206 *Der Hebsed-Hof im Djoser-Komplex mit seinen Kapellen, dahinter die Stufenpyramide*

eine 54 m lange Prozessionshalle, die von rotbemalten, kannelierten Halbsäulen flankiert ist. Einer der großen Plätze innerhalb der Anlage diente zeremoniellen Wettkämpfen. Die Hebsed-Feier, das Fest des Regierungsjubiläums, fand in einem besonderen Hofe statt, an dessen Längsseiten die Kapellen für jede der Provinzen standen. Zu den schönsten der vielen architektoni-schen Details gehören die *Papyrushalbsäulen des Nordbaus,* deren Kapitelle den glokkenförmigen Becher der Blüte in Stein nachahmen.

Wir verweilten bei diesem Bauwerk ausführlicher, weil viele seiner Elemente für die weitere Entwicklung richtungweisend wurden und weil der Glaube an die Fortexistenz im Jenseits in Ägypten nie über-

207 Halbsäulen mit Papyruskapitellen vom Nordbau des Hebsed-Hofes

Familie gehörte, daneben Hunderte von Diorit- und Alabastervasen sowie kleine, konische Krüge, die mit dem Siegel des Königs SECHEM-CHET, des Nachfolgers von Djoser, verschlossen waren. 72 m vom Eingang der Pyramide entfernt stieß man in dem gewachsenen Felsboden nach Beseitigung zahlreicher Sperren auf eine rechteckige, 5 m hohe Kammer mit einer Grundfläche von 9 auf 5 m. In der Mitte stand ein Sarkophag aus durchscheinendem, honigfarbenem und zart geädertem Alabaster von über 2 m Länge. Der Sarkophag war unberührt, aber leer, vermutlich handelt es sich um ein rituelles Begräbnis.

208 Holzrelief des Hesire aus Saqqara, um 2750 v. Chr., Höhe 63,5 cm

zeugender und strahlender realisiert wurde wie in diesem heiligen Bezirk.

Fast unversehrt fand man die steinerne *Statue des sitzenden Djoser* nahe der Pyramide. Die Gestalt strahlt majestätische Würde aus. Die linke Hand liegt flach auf dem Oberschenkel, die rechte zur Faust geballt vor der Brust. Ein ebenso großartiges Werk aus der Zeit ist das *Holzrelief des Hesire,* eines führenden Hofbeamten und Schreibers des Königs, der mit seinen Attributen wiedergegeben ist; Einzelheiten des Körpers sind scharf beobachtet, meisterhaft ist das Gefühl für Proportion.

Eine weitere unvollendete Stufenpyramide in der Nähe derjenigen Djosers wurde 1953 unter einem Hügel aus Ziegeln, Erde und Kalksteinblöcken freigelegt. 1954 entdeckte man den Eingang zu einer Folge unterirdischer Räume und Schächte. Unter einem von diesen lag in einem durch riesige Steinblöcke versperrten Gang herrlicher Schmuck, der vermutlich der königlichen

167

Mit SNEFRU, dem ersten König der 4. Dynastie, beginnt die Zeit der großen Pyramiden. Er selbst baute in seiner 24jährigen Regierungszeit drei in den Formen unterschiedliche Pyramiden, die erste in *Medum,* ungefähr 70 km südlich von Gise in Oberägypten. Von seinem Schwiegervater begonnen, wurde sie von ihm in drei Bauphasen vollendet, in denen die Erfahrungen in der Steinbehandlung schließlich zu der künftigen Pyramidenform mit glatten Flächen führten. In der Anlage von Taltempel, Opfertempel und Pyramide, verbunden durch einen Aufweg, fand das Ritual Ausdruck, in dem die Transformation des toten Königs in einen lebenden Gott vollzogen wurde. Die beiden andern Pyramiden ließ Snefru in *Dahschur,* wenige Kilometer von Saqqara entfernt, errichten. Die eine hat im oberen Teil einen flacheren Neigungswinkel als an der Basis und wird deshalb die

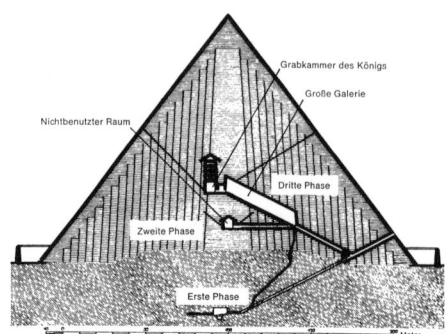

210 *Nordsüd-Querschnitt der Cheops-Pyramide, der die Änderungen des Plans zeigt*

›Knickpyramide‹ genannt. Sie hatte zwei Grabkammern und eine Höhe von 97 m. In den späten 50er Jahren wurde der dazugehörige Opfertempel entdeckt, der eine Vorstellung einer solchen Anlage ermöglicht.

In dem dritten Bau Snefrus, der sog. ›Roten Pyramide‹, war die Standardform der späteren Pyramiden mit Steinverkleidung von vornherein geplant. Sie gilt deshalb als erste klassische Pyramide. Ihre Basis hat die gleichen Maße wie die des Cheops. Die Konstruktion und Bewältigung der Riesenflächen ist imponierend.

Seine Vollendung erfuhr der Pyramidenbau unter den Königen CHEOPS, CHEPHREN und MYKERINOS zwischen 2600 und 2480 v. Chr., die in *Gise* auf dem Westufer des Nils, gegenüber Kairo, die nach ihnen benannten Pyramiden errichteten. Von diesen ist die des Cheops mit einer Seitenlänge von rund 234 m und einer Höhe von ursprünglich 146 m die gewaltigste. Die Arbeitsleistung für ihren Bau, ebenso wie die Organisation für die Herbeischaffung der Steine waren enorm. Weit über 2 Millionen Kalksteinblöcke mit einem Gewicht bis zu 15 Tonnen mußten auf Erdrampen von Menschen oder Zugtieren (Rinder und Esel) hochgezogen werden. Die Blöcke für das Innere wurden an Ort und Stelle, die für die

209 *Opfertempel der Knick-Pyramide in Dahschur, Rekonstruktion*

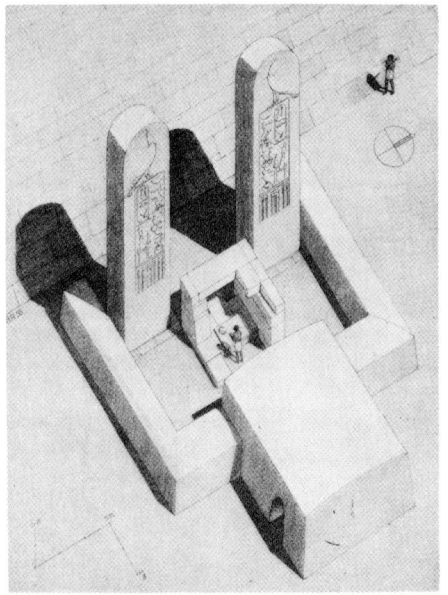

211 Die drei Pyramiden des Mykerinos, Chephren und Cheops in Gise

Verkleidung jenseits des Nils gebrochen und mit Schiffen an einen Landeplatz am Rand der Wüste gefahren. Alle Pyramiden sind nach den vier Himmelsrichtungen orientiert und haben als Basis ein Quadrat, dem bei den Ägyptern eine symbolische Bedeutung zukam. Der innere Aufbau der

212 Mittelschiff vom Taltempel des Chephren

Cheopspyramide ist aus der Abbildung ersichtlich; neu ist, daß die Grabkammer nicht mehr unterirdisch angelegt ist. Die Pyramiden sind von kleineren umgeben, außerdem von zahlreichen Mastabas für die königlichen Familienmitglieder und die höheren Hofbeamten. Wie die Pyramiden haben auch die Mastabas nun ihre einfachste Gestalt gefunden. Die Idee des Staatskosmos und Gottkönigs fand hier ihre vollkommenste Verwirklichung. Östlich jeder großen Pyramide lag ein ›Totentempel‹, der durch einen gedeckten Gang von etwa 500 m Länge mit dem ›Taltempel‹ verbunden war. Von diesem ist nur der des Chephren erhalten mit Hallen für die Reinigung und Mumifizierung des Königs. Neben dem Tempel steht die direkt aus dem Felsen gehauene *Große Sphinx,* die ursprünglich wohl die Züge des Herrschers trug und ihn als Sonnengott darstellte. Im Innern des Tempels standen 23 Statuen des Königs aus Diorit, Alabaster und Schiefer, von denen eine erhalten blieb. Sie ist in ihrer Ausdruckskraft und der Behandlung des harten Steines ein Meisterwerk der Skulptur. Nicht weniger bedeutend ist die *Statue des Mykerinos* und seiner Gemahlin,

169

214 *Kopf des Che-
phren, be-
schirmt durch
die Flügel des
Falkengottes
Horus*

215 *Statue des Mykerinos und seiner Gemahlin aus
dunklem Schiefer, Gise, um 2500 v. Chr., Höhe
1,40 m*

213 *Die große Sphinx von Gise, um 2600 v. Chr., Höhe 20 m*

in welcher die Gegenüberstellung von weib-
lichem und männlichem Schönheitsideal
überzeugend gelungen ist.

Eine der aufsehenerregendsten Entdek-
kungen des letzten Jahrzehnts in Gise war
der Fund der *Barke des Cheops.* Beim Weg-
räumen der riesigen Sand- und Trümmerhaufen im Süden der Großen Pyramide
stieß man auf 83 große Kalksteinblöcke in
zwei Reihen, die von Osten nach Westen
unter einer kleinen, grob gebauten Mauer
lagen. Diese Blöcke bedeckten zwei Hohlräume, in denen sich Boote befanden. Es
war nicht das erstemal, daß man Höhlun-
gen fand, die eigens für die Unterbringung
von Schiffen gebaut worden waren, gewis-
sermaßen als Reliquienschrein. Aus der
Nähe der Großen Pyramide kannte man bereits drei solche Anlagen, die leer waren.
Durch ein Bohrloch in einem der etwa 20
Tonnen schweren Blöcke wurde eine Photo-
sonde eingeführt. Die Aufnahme zeigte ein
Boot aus libanesischem Zedernholz in sehr
gutem Erhaltungszustand. Die Ägypter
verwendeten im allgemeinen für ihre Barken das Holz von Akazien oder Feigenbäu-
men aus der Umgebung. Für heilige und zu

großen Fahrten bestimmte Schiffe führten sie aus Syrien Fichten- oder Zedernholz ein. Die Untersuchungen des neu aufgefundenen Bootes ergaben, daß das Deck aus Fichtenholz, der Rumpf aus Zedernholz war. Außer der Ausrüstung der Schiffe und langen Tauen wurde nichts angetroffen. Das Interesse an diesem Fund richtete sich zunächst auf die Art des Bootes selbst, an dessen Beispiel die Technik des Schiffbaus der alten Ägypter untersucht werden konnte, dann auf die Frage nach Verwendung und Bestimmung der Barke. Nie zuvor war ein so vollständig erhaltenes Boot von dieser Größe und von so hohem Alter (etwa 2550 v. Chr.) gefunden worden. Das Schiff war vor seiner Aufstellung in einzelne Teile zerlegt worden, trotzdem es ein Leichtes gewesen wäre, das Bootshaus gleich groß genug zu bauen. Merkwürdigerweise stellte man auch die verschiedenen Teile nur aneinander, ohne sie miteinander zu verbinden. Bug und Heck waren mit Steven in Form einer Lotosblume verziert, die man neben dem Boot liegend fand. Es scheint unwahrscheinlich, daß die Ägypter, die alles, was den Gottkönig betraf, sehr überlegt und nach festen Regeln ausführten, versehentlich den Raum zu klein und zu niedrig gebaut hatten. Vielleicht wurden die Barken seeuntüchtig gemacht, damit die unruhige Seele des Königs nicht das Weite suche. Aus ähnlichen Gründen waren die Schiffe der Wikinger von Gokstad und Oseberg mit den sterblichen Überresten des Königs, trotzdem sie auf Land lagen und zugeschüttet wurden, zur Sicherheit mit einem dicken Seil an einen Felsen festgebunden.

Die Cheops-Barke hatte weder Mast noch Segel, die sogar die Nilschiffe besaßen, um den Nordwind auszunützen. Eine Antwort auf die Frage, ob das Boot als Fahrzeug gedient hat oder nur symbolischen Charakter hatte, ist schwierig. Darstellungen von Seelenbarken für die Reise des Verstorbenen

ins Jenseits sind einem Sonnenschiff ähnlich, das in *Abu Gurab,* etwa 15 km südlich Gise, neben dem dortigen Sonnenheiligtum aus Lehmziegeln errichtet war und in dem nach ägyptischem Glauben der Sonnengott Ra über den Himmel fuhr. Schiffahrtsszenen, auf denen der Verstorbene seine nördlichen und südlichen Gebiete besucht, kennen wir aus den Mastabas des Alten Reiches. Die Cheops-Barke war vermutlich für diese beiden Aufgaben nicht bestimmt. Die einfachste Erklärung ist, daß auf ihr der Sarkophag des Königs und seine Grabausstattung bis zum Taltempel befördert wurden.

Auch die Könige der 5. und 6. Dynastie bauten noch Pyramiden, aber die Anlagen von *Abusir* und *Saqqara* aus dieser Zeit zeigen nicht mehr die gewaltigen Ausmaße, auch nicht die Verwendung riesiger Steinblöcke. Als Neuerung erscheint nun neben jeder Pyramide ein Tempel des Sonnengottes nach dem Vorbild des Sonnenheiligtums in dem religiösen Zentrum von *Heliopolis.* Die Gleichsetzung des Pharao mit Gott war schon unter Chephren der Vorstellung gewichen, nach welcher der König ein Sohn des Ra, des Sonnengottes, ist. Das neue Vater-Sohn-Verhältnis bedeutete, daß über dem König ein höheres und reineres Wesen stand.

Das Bild eines Sonnenheiligtums vermittelt der Tempel des NE-USER-RE in *Abu Gurab* um 2400 v. Chr., dessen Mittelpunkt ein riesiger gemauerter Obelisk auf einem Unterbau ist. Vor diesem stand ein massiver Opferaltar aus Alabaster; ein Aufweg verband den 100 m langen und 75 m breiten Bezirk des Sonnenheiligtums mit einer großen Tempelanlage im Tal. Neben dem Heiligtum stand die aus Ziegeln gemauerte Sonnenbarke. Das letzte große Bauwerk des Alten Reiches ist die Pyramidenanlage König PHIOPS' II. aus der 6. Dynastie um 2200 v. Chr., die, heute zerfallen, nochmals die ganze Überlieferung in sich vereinte.

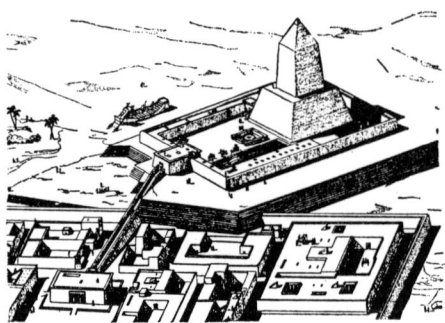

216 Rekonstruktion des Sonnenheiligtums des Ne-user-Re bei Abu Gurab

Nicht Vollplastiken wie in der Zeit Cheops', sondern Reliefdarstellungen in den Aufwegen zu den Heiligtümern, in den Tempelhallen und vor allem in den Privatgräbern spiegeln die künstlerischen Anliegen der letzten Periode des Alten Reiches

217 Schiffahrt durch die Sümpfe, Detail vom Grab des Mereruka, Saqqara

wider. Es scheint, als ob die neuen Glaubensvorstellungen zu einem neuen Erleben der Vielfältigkeit der Welt führten. Das Schicksal des einzelnen bei der Jagd, beim Fischen, bei Spiel und Tanz, im alltäglichen Leben auf dem Feld und im Haus wurde wiedergegeben. Auch die Natur ist erfaßt, die Pflanzenwelt, das Leben der Tiere, Überschwemmungen sowie das Wachsen der Aussaat. Waffentaten und Schiffsexpeditionen sind nicht vergessen. Die schönsten Reliefs stammen aus dem *Sonnenheiligtum des Ne-user-Re,* dem Aufweg zur Pyramide des Königs UNAS und aus den Gräbern des Priesters und Beamten TI und des Statthalters MERERUKA in Saqqara. Die Darstellungen sind lebendig, oft erstaunlich realistisch und künstlerisch.

Erste Zwischenzeit und Mittleres Reich (2190—1640 v. Chr.)

Nach dem Tode von Phiops II., dem letzten König der 6. Dynastie, brach das Staatsgefüge auseinander. Das Verschwinden einer zentralen Macht und Organisation führte vor allem in den dicht besiedelten Gegenden zu Versorgungsschwierigkeiten, Aufständen und Not. Nominelle Könige standen der stärkeren Macht der Gaufürsten hilflos gegenüber. Die Probleme der Zeit in staatlicher, religiöser und wirtschaftlicher Hinsicht scheinen zwar im Norden von der 9. und 10. Dynastie in *Herakleopolis* erkannt und zeitweise mit Erfolg überwunden worden zu sein, doch gelang es erst einem thebanischen Füstengeschlecht aus dem Süden unter MENTUHOTEP um 2050 v. Chr., die Länder im sogenannten *Mittleren Reich* wieder zu einigen. Die Verlegung der Hauptstadt von Memphis nach dem Süden führte zur Gründung von *Theben* mit den Tempelstätten *Karnak* und *Luxor.* In dem monumentalen Grabmal des

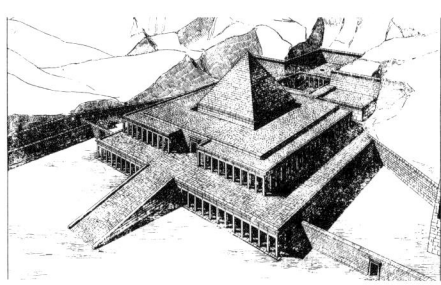

218 Mentuhoteps' Totentempel in Deir el Bahari, Rekonstruktion

Mentuhotep an der Südseite des Talkessels von Deir el Bahari sind als Bauformen Pyramide und das oberägyptische Felsengrab vereinigt. Die Pyramide selbst war nur Gedächtnismal. In der Nähe wurden Angehörige der königlichen Familie beigesetzt, deren Gräber mit Reliefs geschmückt sind.

Während die Könige der 11. Dynastie sich vornehmlich mit auswärtigen Unternehmungen befaßten, nahm SESOSTRIS I. aus der 12. Dynastie, die aus dem südlichsten Gau Ägyptens stammte, die Kolonisation des Faijum in Angriff und organisierte das Staatswesen neu. Reger Handelsverkehr herrschte in dieser Zeit mit Vorderasien; die Hauptstadt wurde wieder nach Norden, in die Nähe von Memphis, verlegt. Die Könige SESOSTRIS III. und AMENEMHET III. führten erfolgreiche Feldzüge in Palästina und nach Nubien, das endgültig für das Reich erobert wurde. »Die 12. Dynastie, für die der Name Sesostris symbolisch steht, war es, die das eigentliche echte Ägypten auf die Höhe seiner Macht führte, die nach innen und außen die Möglichkeiten des Landes verwirklichte, ohne seine Mittel zu erschöpfen, die nach dem Zusammenbruch der Lebensordnung des Alten Reiches eine neue schuf, auf stärkere Bewußtheit und Planmäßigkeit gegründet.«

Die Königsstatuen des Alten Reiches verkörperten in ihrer abstrahierten und etwas starren Würde den Gottkönig; die Skulpturen des Mittleren Reiches sind menschlicher und irdischer. Sie haben echte Porträtzüge und drücken neben Tatkraft und Selbstbewußtsein auch die Last der Verantwortung, sogar Schwermut aus. Die Gesichtszüge sind schärfer herausgearbeitet, so daß man zwischen Jugend- und Altersbildnissen unterscheiden kann. Die Bildhauerkunst dieser Zeit gehört zum eindrucksvollsten, was auf diesem Gebiet in Ägypten geschaffen wurde. Voll entwickelt wurde das versenkte Relief mit scharfem Grat; die Umrißlinien sind tiefer eingeschnitten als die Binnenformen, so daß sich

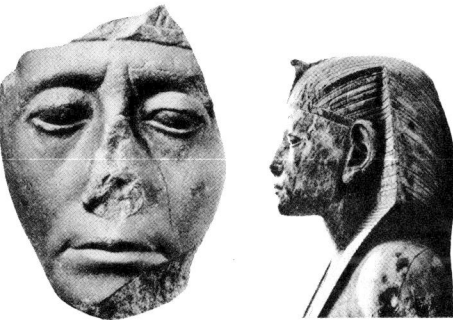

219 Links: Porträt eines Königs des Mittleren Reiches, um 1900 v. Chr., Höhe 16,5 cm. Rechts: Kalksteinstatuette Amenemhets III., aus dem Toten-Tempel in Hawara, um 1830 v. Chr.

220 Detail eines Kalkstein-Sarkophags in Kawit, Haartoilette einer Frau, Flachrelief der 11. Dynastie

221 *Brauerei, bemalte Holzfigurengruppe aus Saqqa-ra, um 1780 v. Chr.*

222 *Bemaltes Holzmodell einer Begräbnis-Barke. Der Abgeschiedene ist als Mumie dargestellt, zwei Priesterinnen klagen um ihn*

die Darstellungen auch bei hellem Licht auf den großen Tempel- und Mauerwänden klar abzeichneten. In das tägliche Leben geben die kleinen Modellfiguren, die als Grabbeigaben dienten, Einblick: Szenen aus dem Handwerker- und Haushaltsleben oder Schiffe mit Ruderern und Segeln.

**Zweite Zwischenzeit und
Herrschaft der Hyksos (1640 – 1527 v. Chr.)**

Man rechnet die 13. Dynastie noch zum Mittleren Reich, obwohl das Herrschaftsgebiet infolge des Fehlens üqerragender Persönlichkeiten, die das Reich hätten zusammenhalten können, nach und nach zerfiel. In das Ende der zweiten Zwischenzeit (1640 – 1527 v. Chr.) fällt der Einfall der *Hyksos.* Hyksos bedeutet ›Häuptlinge der Fremdländer‹, der Name verrät aber nicht,

um wen es sich eigentlich handelte. Zweifellos waren die Hyksos kein einheitliches Volk, vielmehr gemischte, viele Elemente enthaltende Völkergruppen unter Führung aggressiver Heerführer. Dem Einbruch war eine stetige Unterwanderung des Nil-Deltas vorausgegangen, dessen fruchtbarer Boden die semitischen Nomaden- und Beduinenstämme immer wieder anlockte. Ausgelöst wurde der Hyksos-Einfall durch die Völkerverschiebungen in Mesopotamien und Kleinasien, in deren Verlauf die Kassiten Babylonien besetzten, die Churri das Mitanni-Reich gründeten und die Hethiter ihren Staat in Kleinasien errichteten. Diese sog. Bergvölker, die von einer indo-europäischen Oberschicht geführt wurden, brachten die ganze vorderasiatische Welt in Bewegung. Unter ihrem Druck stießen syrische und palästinensische Volksteile nach Süden vor, wo sie die Schwäche und Zersplitterung Ägyptens benutzten, um mit Hilfe der dort bereits seßhaften Stämme vom Delta aus die Herrschaft für etwa 100 Jahre an sich zu reißen. Die Tatsache, daß die Hyksos Pferd und Streitwagen nach Ägypten brachten und durch eine neue Art der Kriegsführung, abgesehen von ihrer auch sonst überlegenen Bewaffnung, bis in den Süden, wahrscheinlich bis Nubien vordrangen, läßt den Schluß zu, daß unter den Hyksos indoeuropäische Gruppen waren. Die Erfindung des Streitwagens und der Reiterei stammt mit Sicherheit aus den westasiatischen Steppengebieten, von denen aus die Indoeuropäer über den Kaukasus und Iran nach Süden vordrangen.

Das Neue Reich (1550 – 1070 v. Chr.)

Der Aufstieg Ägyptens zum *Neuen Reich* ging wiederum vom Süden, von Theben aus. Mit der 18. Dynastie, die um 1570 v. Chr. die Hyksos-Herrscher vertrieb, beginnt die glanzvollste, über 200 Jahre währende Epoche in der Geschichte des Landes. Die großen auswärtigen Erfolge und die Fülle der kulturellen Hinterlassenschaft sind mit dem Namen der Könige AMENOPHIS I. bis AMENOPHIS IV., THUTMOSIS I. bis THUTMOSIS IV., HAREMHEB und der Königin HATSCHEPSUT verbunden.

Die außenpolitischen Erfolge unter der 18. Dynastie seien hier nur kurz gestreift. Die alten nubischen Besitzungen wurden wiedergewonnen unter THUTMOSIS III., die Grenzen bis zum 4. Katarakt vorgeschoben und über das neue Gebiet ein Viezekönig eingesetzt. Nubien mit seinem großen Menschen- und Goldreichtum gab die Voraussetzungen für Ägyptens Weltgeltung. In Vorderasien führte der König, der bedeutendste Herrscher dieser Dynastie, der politische Zielstrebigkeit mit einem klaren Blick für das Erreichbare verband, sechzehn Feldzüge gegen Palästina und Syrien, unterwarf die zahlreichen rivalisierenden Stadtfürsten und sicherte dem Reich die Gebiete, die sein Vater THUTMOSIS I. erobert hatte. Nach der Einnahme von Megido in Palästina, wo ihm unter der reichen Beute allein 2041 Pferde in die Hände fielen, besetzte er die wichtige Stadt *Kadesch* am Orontes. Die militärische Überlegenheit der Ägypter beruhte auf der straffen Organisation des Heeres und auf dem Einsatz der durch die Hyksos eingeführten Streitwagentruppen. Die jahrzehntelangen Auseinandersetzungen mit den Mitanni endeten mit der Aufrechterhaltung der Oberhoheit über das gesamte Küstenland Palästinas und Syriens bis zur Orontes-Mündung, während Nordsyrien im Machtbereich der Bergvölker blieb.

Mit den äußeren Triumphen wuchsen die Autorität und die Entwicklung zu einem absoluten Herrschertum von Pharao zu Pharao. Alle stimmten in dem Willen, ein Weltreich zu errichten und zu erhalten, überein. Eine Ausnahme machte lediglich die Königin HATSCHEPSUT, die Witwe Thutmosis' II., die für den erst fünf Jahre alten Thronfolger die Herrschaft übernahm und sie auch nicht abgab, als dieser herangewachsen war. Sie regierte 22 Jahre bis zu ihrem Tode. Hatschepsut war eine selbstbewußte Regentin, die den Titel eines ›Königs von Oberägypten und Unterägypten‹ führte; sie wurde mit allen Attributen eines Pharao mit männlichem Körper dargestellt, nur das Gesicht besitzt auf manchen Bildnissen echte weibliche Anmut. »Sie anzusehen war wunderbarer als irgendetwas; ihr Glanz und ihr Charme waren göttlich.« Sie war im Gegensatz zu ihrem Nachfolger friedliebend und ließ wiederherstellen, was die Hyksos-Zeit zerstört hatte. Die erste Handlung ihres Sohnes THUTMOSIS' III., nachdem er endlich zur Macht gelangte, war ein Dekret, daß anordnete, ihr Name und ihr Bildnis seien von allen öffentlichen Gebäuden zu entfernen. Glücklicherweise konnte er sich nicht erlauben, den großartigen Tempel in *Deir el Bahari* zu zerstören, mit dem der Name der Königin für immer verbunden ist, denn das Heiligtum war dem obersten Gott Amun geweiht. Was im einzelnen an Hatschepsut erinnerte, wurde jedoch beseitigt; ihre zertrümmerten Statuen warf man auf einen Steinhaufen in der Nähe des Tempels. Der große, in Terrassen angelegte Totentempel, der um 1500 v. Chr. errichtet wurde, ist das bedeutendste erhaltene Bauwerk aus der 18. Dynastie. Der geniale Architekt, Kanzler und enger Vertrauter der Königin, SENMUT, der alle Schlüsselstellungen des Reiches in seiner Hand vereinte und dessen Grabstätte neben seinem großartigen Werk aufgefunden wurde, nahm Anregungen von dem benachbarten Heiligtum des Mentuhotep auf, schuf aber eine neue einzigartige Einheit von Architektur und Skulptur.

Über drei Terrassen hintereinander, die durch Rampen verbunden sind, führt der Weg zur Grabkammer im Felsen. Die gesamte Anlage ist mehr als doppelt so groß

223 *Kopf einer Sphinx mit den Zügen der Hatschep-*
sut

224 *Hathor als göttliche Kuh, Relief an der Nordwand*
Hathor-Kapelle

225 *Begräbnistempel der Königin Hatschepsut in Deir el Bahari, um 1500 v. Chr.*

176

wie die des Mentuhotep. Auf der linken Seite der dritten Terrasse befindet sich ein Schrein für die Göttin HATHOR, die lebensspendende Allmutter, in Gestalt einer Kuh. Ihr Relief ist eines der schönsten dieser Zeit. Selten in der Geschichte wurden Natur und Menschenwerk großartiger gegenübergestellt als im Tempel der Hatschepsut. Die unvollendete Grabstätte des Architekten trägt noch die Inschrift mit Tinte, an welchem Tag die Arbeiten eingestellt wurden, nämlich am 29. Tag des vierten Monats der Überschwemmung. Vielleicht war Senmut plötzlich gestorben oder nach dem Tod seiner Gönnerin in Ungnade gefallen. Die Ausschmückung seines Grabes unterscheidet sich nicht wesentlich von anderen dieser Epoche. Außergewöhnlich ist jedoch eine auf die Decke der Totenkammer gezeichnete Himmelskarte, die Aufschlüsse über die astronomischen Kenntnisse der Ägypter gibt. Die Konstellationen sind mit ihren Zeichen und Attributen dargestellt, vor allem fällt die Wiedergabe des Sirius oder Sothis auf, dessen Umlaufszeit dem alten ägyptischen Kalender zugrunde liegt.

»Der ägyptische Kalender ist der unmittelbare Vorläufer des unsrigen und entstand aus praktischen landwirtschaftlichen Bedürfnissen. Das ganze Leben in Ägypten hängt vom Nil ab, insbesondere alle Arbeiten im Zusammenhang mit dem Fruchtanbau werden durch sein Anschwellen be-

stimmt, das sich mit mathematischer Regelmäßigkeit alle Jahre vollzieht. Die Wiederholung dieses lebenswichtigen Ereignisses zwang die Uferbewohner, ein genaueres System der Zeitmessung als den Mondkalender zu erfinden. Der Sirius erscheint in Memphis und Heliopolis an dem Tag, an welchem die Flut diese Städte erreicht, gleichzeitig mit dem Tagesanbruch am Horizont. Hieraus entwickelte ein genialer Mann, vermutlich aus Memphis oder Heliopolis, für den Gebrauch der Bauern einen Kalender, in welchem der heliakische Aufgang des Sirius den Beginn des offiziellen Jahres anzeigte und damit den Anfang des Ackerbau-Zyklus ankündigte. Zu den 12 Monaten des offiziellen Jahres mit je 30 Tagen wurden 5 Schalttage hinzugerechnet.«

Die Anlage der Felsengräber westlich von Theben geht auf AMENOPHIS I., den Begründer des Neuen Reiches, zurück; Kultstätte und Grab eines Toten sind getrennt. THUTMOSIS III. widmete die letzten zwölf friedlichen Jahre seiner Regierung dem inneren Aufbau seines Riesenreiches und der Errichtung des Haupheiligutm des Gottes Amun in *Karnak*. Unter AMENOPHIS III. (1402 bis 1364), unter dem Ägypten den Höhepunkt seiner Weltgeltung erreichte, wurde in *Luxor* der mächtige Tempel für den Gott Amun, seine Gemahlin Mut und ihren Sohn Chons begonnen, der, erst 100 Jahre später vollendet, in seinem Grundriß für

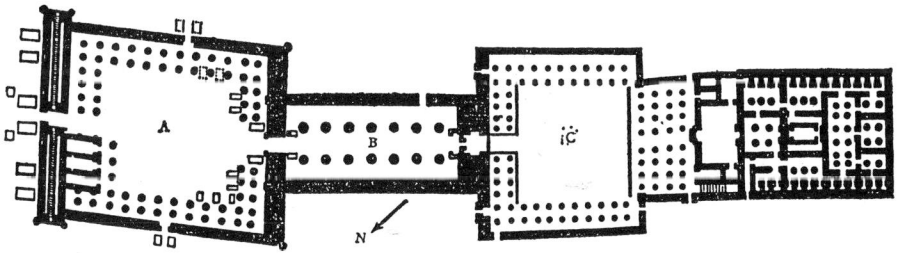

226 Grundriß des Tempels der Gottheiten Amun, Mut und Chons in Luxor

227 *Vogelfang mit Wurfholz in einem Papyrusdickicht, Wandmalerei aus dem thebanischen Grab des Nebamun, 18. Dynastie*

spätere Bauten richtungweisend war. Zwei massive Mauern stehen beiderseits des Eingangs und bilden durch ihre Tiefe einen Torweg oder Pylon, der zum ersten Hof führt. Durch eine Säulenhalle gelangt man in den zweiten Hof und durch eine weitere zum eigentlichen Tempel, in dem gleichmäßig angeordnete Räume und Kapellen das Allerheiligste umschließen. Hohe Mauern umgaben den ganzen Tempelbezirk. Die gebündelten Papyrussäulen sind schlank und nicht erdrückend, haben aber nicht mehr die Eleganz wie im Alten Reich. In dem Tempel standen etwa 600 Statuen der löwenköpfigen Göttin SACHMET. Während die Skulpturen dieser Zeit den Rahmen des höfischen Prunkstils selten durchbrechen, geben die Wandmalereien in den Gräbern ein anschauliches Bild des Lebens, der großen Empfänge, Krönungen und Feldzüge, aber auch der privaten Sphäre. Die Freilegung von Begräbnisstätten hoher Würdenträger am Hofe Amenophis' III. führte zur Entdeckung eines Totentempels des Architekten AMENOPHIS, des Sohnes des Hapu, der als Weiser und Verkörperung des ägyptischen Menschenideals später vergöttert wurde. Sein Ansehen war so weit

228 *Säulenhalle vom Tempel des Amenophis III. in Luxor, um 1390 v. Chr.*

verbreitet, daß Aussprüche von ihm in die »Sprüche der Sieben Weisen Griechenlands« eingingen. Sein Andenken wurde verewigt, indem man ihm Bestattungsehren erwies, die bisher den Angehörigen des Königshauses vorbehalten waren. Ihm ist es mit zu verdanken, daß Theben zur ersten monumentalen Stadt des Altertums aufblühte.

Die geistige Reform Echnatons und die neue Hauptstadt Amarna

Das Bild Amenophis' IV., der sich selber ECHNATON nannte, schwankt in der Geschichtsschreibung wie das keines anderen ägyptischen Herrschers. Von den einen als geistig nicht normal bezeichnet, ist er für andere die bedeutendste Persönlichkeit der 18. Dynastie. Wie bei jeder Geschichtsbetrachtung ist auch hier der Standpunkt des Betrachtenden entscheidend. Politisch gesehen war der Philosoph auf dem Thron

für Ägypten verhängnisvoll. Vom geistigen Standpunkt aus waren das Ketzertum Echnatons und sein Bruch mit der Vergangenheit, besonders in Hinsicht auf die äußerst konservativen und hierarchisch geordneten Verhältnisse in Ägypten kühn und für die Entwicklung des selbständigen Denkens entscheidend. Daß der körperlich behinderte Echnaton, der jedoch ebenso selbstbewußt und ehrgeizig war wie seine Vorgänger, in Reaktion auf deren athletische Gestalt, seine Fähigkeiten auf dem Gebiet des Geistigen einsetzte, ist natürlich und verständlich. An seiner menschlichen Größe ändert es nichts, daß der Herrscher politisch in der damaligen Lage ein Unheil bedeutete.

Die Ausgrabungen in *Tell al Amarna* geben uns eine Vorstellung von der Stadt des großen Häretikers. Als Echnaton seine religiöse Revolution in Angriff nahm, verließ er die bisherige Hauptstadt Theben, die zugleich Zentrum des Amun-Kultes und Sitz der immer einflußreicheren Priester-

179

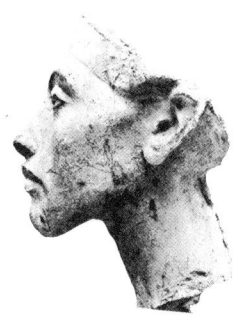

230 Kalksteinbüste
des Echnaton,
um 1360 v. Chr.

229 Kalksteinbüste
der Königin
Nofretete, um
1360 v. Chr.

schaft war. Seine Reform brach mit allem, auf dem seit Jahrhunderten der streng dogmatische und nationale Glaube der Ägypter fußte. Er setzte an die Stelle der menschen- und tiergestaltigen Gottheiten von einst, der Vergottung von Stammeshäuptlingen und Tiertotems, einen einzigen Gott, der sich im Licht der Sonne offenbarte. Das Volk, das durch Jahrtausende an alten Bräuchen festgehalten hatte, verstand ihn nicht. Die Erschütterung dieser geistigen Revolution mit ihrer Umwälzung bisheriger Vorstellungen und Kulthandlungen war zu groß. Auch die politische Neuerung, sich der Bevormundung durch die Priesterschaft zu entziehen, mußte auf Widerstand stoßen.

Der Mann, der diesen Mut aufbrachte, war eine seltsame Gestalt. Mit seinen kurzen Beinen, dem dicken Leib, den breiten Hüften und dem schmalen Gesicht mit langem Kinn war er grundverschieden von seinen sieggewohnten Vorgängern, welche die Feinde mit ihren Streitwagen niederfuhren oder Elefanten am Euphrat jagten; Amenophis II. hatte vom fahrenden Wagen aus vier handdicke kupferne Scheiben mit seinem Pfeil durchschossen oder war vier Kilometer allein den Nil stromaufwärts gerudert, nachdem seine Ruderer, schon nach

einem halben Kilometer ermüdet, ihn um Gnade angefleht hatten. Andere Prinzen schließlich zähmten widerspenstige Pferde und waren auf dem Schlachtfeld unübertroffen.

Echnaton stürzte auch die überlieferten Normen der ägyptischen Kunst um und ließ sich von den Künstlern so wiedergeben, wie er war. Seine Häßlichkeit ist nicht unsympathisch. Aus dem verträumten, melancholischen Gesicht spricht das idealistische Verlangen, die Welt nach seinen Wünschen aufzubauen. Die geheimnisvollen Tempel Thebens, düster wie Höhlen, entsprachen nicht dem Kult des neuen Gottes, der sich in vollem Licht abspielen sollte. Der ketzerische Monarch verlegte deshalb seine Hauptstadt an einen anderen Ort, der seinen Vorstellungen entsprach. Er wählte einen kleinen Taleinschnitt auf halbem Weg zwischen Theben und Memphis, eine fruchtbare Ebene, reich an Bäumen und Blumen. Dort entstand Amarna, das der König Achetaton, »Lichterort des Aton«, nannte.

Nur wenige Zeitgenossen konnten den Gedanken des Herrschers folgen. Man sah in seiner Reform etwas Unägyptisches und suchte ihren Grund in dessen syrischem Erbe, ein Rückschluß, der äußerst zweifelhaft ist. Im Verlauf des 2. Jahrtausends ist in allen Hochkulturen eine religiöse Entwicklung erkennbar, die Götter zu ethischen Mächten zu erhöhen, in ihnen verschiedene Aspekte *eines* Gottes zu sehen. Echnaton versuchte als erster den Schritt zu einer monotheistischen Konzeption. Der Gedanke des Sonnenglaubens war in der ägyptischen Tradition verwurzelt, hatte jedoch noch nie eine so konsequente Verwirklichung gefunden.

Echnatons Religion konzentrierte sich nicht nur auf das jenseitige Leben, sondern auf die Gegenwart und die Wirklichkeit. Er glaubte, daß Liebe und Güte die Menschen besser machen, weigerte sich, Kriege zu führen und verabscheute diese. Das Ergebnis dieser wohlgemeinten Absichten war für Ägypten verhängnisvoll. Hätte der Tod nicht seinen Plänen ein Ende gesetzt, so hätte das Reich sich vermutlich von dem gefährlichen Experiment nicht erholt. Darüber waren sich die Beamten im klaren. Die Macht der Amun-Priester war zwar eine Zeitlang im Schwinden, aber die Regierungszeit des Königs reichte nicht hin, ihre Autorität völlig zu vernichten.

Der Utopist träumte von einer riesigen, weitangelegten Stadt in Amarna, die das Herz des Reiches werden sollte. Trotz lan-

231 *Echnaton mit einer seiner Töchter, von einem Kalksteinrelief, Höhe des Ausschnitts 25 cm*

ger Grabungsarbeiten konnten noch nicht alle Bauwerke freigelegt werden. Luftaufnahmen vermitteln ein Bild von der Größe der Ausdehnung. Erbauung und Vernichtung folgten so schnell aufeinander, daß manche Häuser noch nicht vollendet waren, als die Zerstörer die ersten Axtschläge führten. Alle Gebäude lassen die Eile erkennen, mit der sie erbaut wurden. Echnaton wußte, daß die Zeit, diese stärkste Macht des alten Ägypten, gegen ihn arbeitete. Mit um so größerer Ungeduld strebte er die Verwirklichung seines Zieles an. Da die Verwendung von behauenen, von weither zu beschaffenden Steinen ausschied, wurde die Stadt aus Ziegeln erbaut, die gelegentlich durch Bemalung Steine vortäuschten. Teile der Verzierung wurden an Stelle der Vergoldung gelb angestrichen. Nur die offiziellen Bauten und Paläste glänzten in der Pracht, die dem Aton-Kult entsprach.

Wir sahen, daß Echnaton von den Bildhauern einen strengen Realismus verlangte, der in Gegensatz zu dem bisherigen Stil stand, nach welchem der König als göttliches Wesen dargestellt werden mußte. Er wollte nicht als unpersönlicher, stolzer Herrscher verewigt werden, sondern als zärtlicher Familienvater, der seine Frau, die schöne Nofretete, umarmt und mit seinen Kindern, sechs Prinzessinnen, spielt, die auf seine Knie klettern und von ihm geküßt werden. Wenn er im Wagen spazierenfuhr, begleitete ihn die ganze Familie. Ein anderes Volk wäre davon vielleicht gerührt gewesen, die Ägypter jedoch empfanden dies als stillos. In den Ruinen von Amarna fand man Wagen mit Affen aus Terrakotta in der gleichen Haltung, in der die Künstler die Familie des Pharao darstellten. Ein Gott-König als Thema einer Karikatur zeigt die Empörung über die ›Entgleisung‹ Echnatons.

Auch die Natur und ihre Geschöpfe sollten so wiedergegeben werden, wie sie sind.

Nichts durfte die ursprüngliche Schönheit dessen, was unter der Sonne und durch ihre Gunst lebt, verdunkeln. Die Welt der Pflanzen und Tiere wurde zum bevorzugten Thema der Künstler. Die Darstellung der Dinge, so wie sie sind, verlangte, sie auf eine neue Art zu sehen, zurückzufinden zur Unbefangenheit der Empfindung, zur Ursprünglichkeit des Eindrucks. Deshalb gehört die Malerei von Amarna zu den unmittelbarsten Äußerungen in der ägyptischen Kunst. Die Unbeschwertheit dieser Bilder, der Verzicht auf symbolische Bedeutung und religiösen Dogmatismus sprechen besonders an.

Die Stadt war neuartig angelegt. Echnaton brach auch darin mit früheren Überlieferungen. Die Privathäuser waren der Sonne viel zugänglicher als bis dahin. Auch in die Höfe und Hallen der Tempel konnten die Sonnenstrahlen hineinströmen. Man schritt in vollem Licht bis zum Altar, während man sich früher, vom Sonnenlicht noch geblendet, in die Dunkelheit und

232 Fragment einer Estrichmalerei aus Amarna, um 1360 v. Chr.

schließlich in die völlige Nacht des Heiligtums vortasten mußte.

Kaum war Echnaton tot, kamen die Priester Amuns wieder an die Macht. Den Reformator erklärte man zum Ketzer; Amarna wurde verlassen und nie wieder besiedelt. Trotz der Anstrengungen der Nachfolger, die Erinnerung an Echnaton zu tilgen, ist er uns von allen Königen Ägyptens am besten bekannt. Die Stadt selbst läßt im Vergleich mit anderen die Spuren ihrer Bewohner am besten erkennen. Das Viertel der Reichen und das der Armen geben uns eine Vorstellung von der Pracht der Paläste und der Bescheidenheit der kleinen Behausungen des Mittelstandes. Wir kennen die Magazine und Lagerhäuser, die Einrichtungen der Polizeistationen und Kasernen, die Anlage der Gärten und Teiche. Man kann sogar die Wohnungen der Fremden, der Syrer und Kreter von denen der Einheimischen unterscheiden. Im Haus des Bildhauers THUTMOSE fand man Tonmasken, die das Bemühen zeigen, das Naturvorbild möglichst getreu nachzubilden, und Gipsformen seiner Modelle. Die Abdrücke waren dem Bildhauer allerdings nur Rohmaterial für seine künstlerische Gestaltung. 1936 entdeckte man Entwürfe für ein Bildnis der Königin Nofretete von ergreifender Aufrichtigkeit. Auf diesen Skizzen ist von ihrer Schönheit, wie sie die berühmte Büste des Berliner Museums zeigt, nichts mehr zu sehen. Sie erscheint alt, verbraucht, und das schmale, knochige und zu lange Gesicht zeigt nur einen schwachen Abglanz ihres früheren Charmes. Auch der Künstler der bemalten Porträtbüste, durch die er Nofretete unsterblich machte, schreckte nicht davor zurück, neben ihrer Anmut das entstellende weiße Auge zu verewigen, das von einer Augenkrankheit herrührte. Viele Fragen, die Amarna aufgibt, sind noch ungelöst, insbesondere die Beziehungen zu Kreta und dessen Kunst. Außer dem vom König verfaßten ›Aton-Hymnus‹, der in

233   Tutanchamun und seine Gemahlin, auf der Rückwand des Thronsessels, um 1340 v. Chr.

seiner poetischen Schönheit und religiösen Tiefe mit dem Sonnengesang des hl. Franz von Assisi verglichen wurde, weiß man wenig über den Kult des Sonnengottes. Die wichtigsten geschichtlichen Dokumente sind die etwa 300 ›Amarna-Briefe‹ auf Tontafeln, die Aufschluß über die schwierige, fast verzweifelte Lage in Vorderasien geben. Auch eine Inschrift, derzufolge Echnaton die Herrschaft mindestens neun Jahre lang mit seinem Vater Amenophis III. teilte, ist bedeutsam, da sie die Chronologie der Königsfolge verändert.

Der jung verstorbene Nachfolger Echnatons, TUTANCHAMUN, gelangte nur deshalb zu Berühmtheit, weil sein Grab als einziges der Königsgräber in Theben nicht geplündert und ausgeraubt worden war. Die Entdeckung 1922 war eine Sensation, denn die ungeheuren Schätze der Grabausstattung vermittelten erstmals ein Bild von dem Luxus der Herrscher, von der hohen Entwicklungsstufe aller Zweige des Handwerks und der künstlerischen Arbeiten, die einen Nachhall des Echnaton-Stils aufweisen. Erwähnt seien hier nur die prachtvolle goldene Maske, eine bemalte Truhe und ein Thron mit Darstellungen des jungen Königs.

Die Pharaonen des Nordens
(Die Ramessiden-Zeit, 19. und 20. Dynastie. 1306–1070 v. Chr.)

Die Amarna-Zeit wurde durch HAREMHEB, einen Armeegeneral, beendet, der als König 28 Jahre (1334—1306) in Memphis regierte und die innere Ordnung wiederherstellte. Der Begründer der Ramessiden-Dynastie, RAMSES I., stieg ebenfalls aus dem Soldatenstand ohne erbliche Legitimation empor. Seine Familie stammte wahrscheinlich aus der einstigen Hyksos-Stadt *Auaris* im Nordwestdelta, die als *Tanis* oder Ramses-Stadt neue Residenz des Reiches wurde. Dadurch verlagerte sich der Schwerpunkt endgültig nach dem Norden. Tatkräftigen Königen wie SETHOS I., RAMSES II. (1290—1224) und MERENPTHA gelang es, die verlorene Machtstellung in Palästina und Syrien wieder zu festigen und nach wechsel-

vollen Kämpfen mit den Hethitern, vor allem der berühmten Schlacht bei *Kadesch,* die beide Parteien als entscheidenden Sieg feierten, ein Abkommen über die Grenzlinie der beiderseitigen Interessensphären zu schließen. Wiederholte Einfälle von Berberstämmen aus Libyen wurden zurückgeschlagen. Unter Ramses II., dem bedeutendsten Herrscher der 19. Dynastie, welchem eine lange Friedenszeit beschieden war, erlebte das Neue Reich nach den Thutmosiden eine zweite Blüte, und der Bestand der ägyptischen Weltmacht schien gesichert. Doch die Völkerbewegungen um 1200, in deren Verlauf indoeuropäische Stämme, die sog. *Seevölker,* nach Kleinasien, in den Balkan und den Vorderen Orient sowie zur See über die ägäischen Inseln nach Süden vorstießen, brachten eine neue unmittelbare und tödliche Gefahr. RAMSES III. schlug den Angriff auf Ägypten in einer Land- und Seeschlacht ab, konnte aber den endgültigen Verlust der vorderasiatischen Einflußgebiete nicht verhindern. Die zahlreichen Kriege, die immensen Bauten der Könige erschöpften die materi-

234 *Grabtempel Ramses' II. in Theben. Um 1250 vor Chr.*

235 *Die große Säulenhalle von Karnak, von Westen gesehen*

236 *Eingang zum großen Felsen-Tempel Ramses' II. in Abu Simbel, um 1250 v. Chr.*

ellen und physischen Kräfte des ägyptischen Volkes. Außerdem traten soziale Spannungen durch die Aufspaltung der Bevölkerung in Klassen und durch den immer größeren Besitz und die Macht der Tempelbetriebe auf. Nach dem Tod von Ramses III., dem letzten großen Pharao der 20. Dynastie, zeichnete sich ein stetiger Niedergang ab.

Ungeachtet der äußeren Schwierigkeiten entfalteten die Könige der 19. Dynastie, besonders Ramses II., eine Bautätigkeit, die, nach den erhaltenen Denkmälern zu schließen, größer war als unter allen früheren Herrschern. Der Ausbau der neuen Residenz Tanis stand im Vordergrund. Ausgrabungen brachten über die Geschichte dieser Stadt wertvolle Aufschlüsse. Eindrucksvoller sind die Zeugnisse im Süden, der Totentempel in Theben, das sogenannte *Ramesseum,* die gewaltige *Säulenhalle des Tempels in Karnak,* einer der spektakulärsten Bauten der ägyptischen Geschichte, und der riesige *Felsentempel von Abu Simbel,* der nach dem Bau des Stausees von Assuan in Blöcken aus dem Fels herausgesägt und

an höher gelegener Stelle errichtet wurde. Architektur und Skulpturen des Königs haben einen Zug ins Monumentale und Kolossale, dabei etwas Lastendes, nicht mehr die Stilreinheit früherer Epochen. Die Macht des Herrschers suchte ihren Ausdruck in der effektiven Größe. Der Tempel in Abu Simbel ist fast 60 m, die Kolossalstatuen von Ramses II. davor sind über 20 m hoch. Eine Statue des Königs in Tanis aus einem einzigen Block, der etwa 900 Tonnen wog, hatte eine Höhe von 27 m. Überall errichtete er Obelisken, in Tanis allein 14, von denen heute drei in Rom und einer in Paris stehen.

Von Ramses III., der seinem gleichnamigen Vorgänger nacheiferte und ihn in vielem kopierte, stammt auf der Westseite von Theben im heutigen *Medinet Habu* eine große Anlage mit Totentempel, Palast und Festung, dem besterhaltenen Bau des Neuen Reiches, der mit zahlreichen Reliefs geschmückt ist. Sie berichten von den kriegerischen Erfolgen des Königs gegen die Seevölker und von seiner Entspannung im Harem. In *Karnak* sind aus seiner Regie-

237 Eingang zum Tempelbezirk Ramses' III. in Medinet Habu

rungszeit die Reste eines Tempels für den Gott Chons erhalten. In der Kunst des Reliefs und der Malerei erkennen wir ein neues Raumgefühl in den über die Wände fortlaufenden Szenendarstellungen. Der Betrachter steht nicht mehr Einzelbildern gegenüber, sondern befindet sich inmitten des bildhaften Geschehens. Gleichzeitig wandelt sich die Themenstellung. Die Freude an der Diesseitigkeit wie auf den Darstellungen der 18. Dynastie wich jenseitigen Motiven, der Trauer um den Toten, der Sorge um seine transzendente Existenz. Das persönliche Verhältnis von Mensch zu Gott, die persönliche Frömmigkeit sind inniger und unmittelbarer. Die Tendenz zu einer Ethisierung der Religion, die sich schon bei Echnaton und in anderen Kulturen offenbarte, gewinnt immer deutlicher an Gewicht.

Nach dem Erlöschen der 20. Dynastie zerfiel das Weltreich. Aufstände infolge Hungersnot und Beschäftigungslosigkeit im Süden konnten nur mit Hilfe des Vizekönigs von Kusch unterdrückt werden. Im Norden, in Tanis, regierte eine Dynastie, in

238 Seeschlacht, von einem Relief im Tempel Ramses' III. in Medinet Habu

Theben mit Hilfe der Amun-Priester eine andere. In der Mitte des 10. Jahrhunderts v. Chr. ging im Norden die Macht in die Hände libyscher Söldnerführer über, ohne daß diese eine Vereinigung der beiden Länder herbeiführen konnten. Das nubische Kolonialgebiet machte sich selbständig und stellte mit der 25. Dynastie um 750 v. Chr. die nächsten Könige, die den Kult des Amun-Re fortführten; auch sie konnten der fortschreitenden inneren Auflösung keinen bleibenden Einhalt gebieten. In dieser Periode drangen die Assyrer bis Theben vor. Nach einem Jahrhundert der Ordnung und einer späten Blüte unter der 26. Dynastie, die aus *Sais* stammte, brach 525 v. Chr. der Perser KAMBYSES in Ägypten ein und beendete dessen Selbständigkeit. Versuche, das fremde Joch abzuschütteln, hatten vorübergehend Erfolg, aber nach den Persern geriet Ägypten in Abhängigkeit der mazedonischen, der ptolemäischen und später der römischen Herrscher.

Bibliographie

Cyril Aldred, *Ägypten,* Köln 1962
S. Giedion, *Der Beginn der Architektur,* Köln 1964
Horst W. Janson, *Kunstgeschichte unserer Welt,* Köln 1962
Anton Moortgat, Die Kunst des Alten Mesopotamien, Köln 1967
Eberhard Otto, *Ägypten,* Stuttgart 1965
André Parrot, *Assur,* München 1961

André Parrot, *Sumer,* München 1962
Alexander Scharff und **Anton Moortgat, Ägypten und Vorderasien im Altertum,** München 1962
Hartmut Schmökel, *Das Land Sumer,* Stuttgart 1962
Hans Alexander Winkler, *Völker und Völkerbewegungen im vorgeschichtlichen Oberägypten im Lichte neuer Felsbildfunde,* Stuttgart 1937
Leonard Wooley, *Excavations at Ur,* London 1954

VII Die Kulturen Vorderasiens und der Ägäis

1 Iran

Anfänge und das Reich von Elam

Elam, das Gebiet östlich der Euphrat- und Tigris-Mündung beiderseits des Karun-Flusses, hat in der Entwicklung der iranischen Kultur besondere Bedeutung. Nach den frühen Dorfkulturen im Iran entstand in *Susa* im 4. Jahrtausend v. Chr. eine Ansiedlung mit städtischem Charakter, aus der eine wundervolle und reife bemalte Keramik stammt, die mit der Obed-Kultur in engem Zusammenhang stand. So alt wie die ersten sumerischen Städte Mesopotamiens, stand Susa von Anfang an mit diesen in engen wirtschaftlichen und kulturellen Wechselbeziehungen, hielt gleichzeitig aber auch Verbindung mit dem Osten, mit Belutschistan und dem Indus-Tal. Als selbständiges Reich griff Elam im Laufe der Jahrtausende wiederholt entscheidend in das politische Geschehen ein; das indoiranische Geschlecht der Achämeniden gründete von hier aus im 6. Jahrhundert v. Chr. das persische Weltreich.

Die iranische Hochebene war schon in vor- und frühgeschichtlicher Zeit durch ihre geographische Lage zwischen Zentralasien und Indien einerseits und Mesopotamien sowie Kleinasien andererseits ein Durchzugs- und Siedlungsgebiet von No- madenstämmen, unter anderem der Guti, Kassiten und Churri. Für die selten lange seßhaften Gruppen, die keine Baudenkmäler hinterließen, ist die sogenannte ›Steppenkunst‹ charakteristisch, eine an bewegliche Kleingegenstände gebundene Zierkunst, die schon früh eine Vorliebe für Ornamente und Tierdarstellungen zeigt.

Der Iran ist noch nicht so gründlich wie Mesopotamien durch Ausgrabungen erforscht; immerhin läßt sich trotz der uneinheitlichen Entwicklung des Landes, die durch die verschieden starke Beeinflussung aus anderen Gebieten und die geographische Beschaffenheit bedingt war, die Entfaltung der frühen Keramik übersehen. Aus dem Neolithikum, um etwa 6000 v. Chr., stammen Tonidole weiblicher Figuren, die man in mehreren Dorfsiedlungen fand, in denen sich der Übergang vom Jägertum zum Bauerntum vollzog. Auf ziemlich rohe, im offenen Feuer gebrannte Gefäße, oft mit eingeritzten Ornamenten, folgt in den Ackerbaugebieten des nördlichen Vorgebirges bemalte Ware, für welche die Ausgrabungen in *Tepe Sialk,* einem Ort bei Kaschan, der durch eine Zitadelle aus dem 3. bis 1. Jahrtausend v. Chr. die Aufmerksamkeit der Forscher auf sich zog, Beispiele lieferten. Die Motive der Bemalung, nach denen man verschiedene Kulturstufen unterscheidet, sind um 4500 v. Chr., der Zeit der Samarra-Keramik in Mesopotamien, abstrakt: Rauten, Zick-

239   *Iran: Elam, Luristan, Mannai und Urartu, das Reich der Meder und Perser*

zack- und Wellenlinien. Schon in der frühen Steinkupferzeit, etwa um 4000 v. Chr., verbinden sich die geometrischen Linien zu abstrahierten Tierkörpern, die in der nächsten Stufe realistischer werden, ohne den Ornamentcharakter zu verlieren. Endlich erscheinen Hörnertiere und erste Menschendarstellungen. Zeitlich entsprechen diese Formen der Obed-Kultur in Mesopotamien. In der letzten Phase war die Töpferscheibe bekannt.

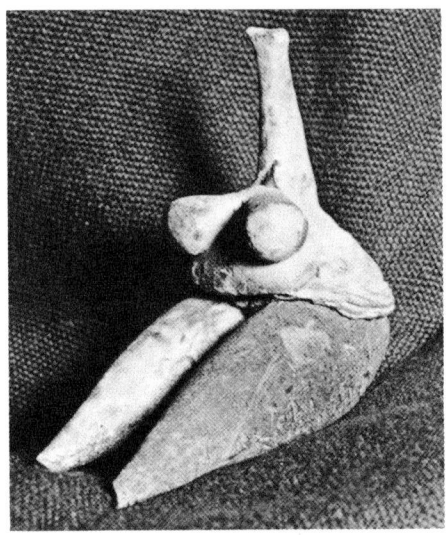

240 Venus von Tepe Sarab, um 6000 v. Chr., Höhe 6 cm

241 Keramik von Tepe Sialk I mit Zickzackmuster und Keramik von Tepe Sialk III mit gegenständlichem Dekor

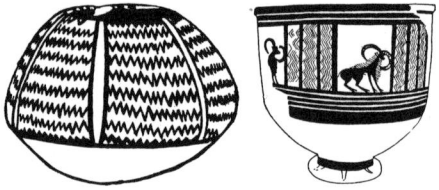

242 Keramikmuster von Tepe Sialk und Tepe Gijan, Ende 4. Jt. v. Chr.

Ähnliche Motive wie in Sialk fand man auch in *Tepe Hissar* (Damghan), das mehrere hundert Kilometer weiter nordöstlich in der Nähe des Kaspischen Meeres liegt. Die Ornamentik mit stilisierten Tieren, häufig auf Gefäßen in Pokalform, ist eng verwandt mit Sialk, doch lassen vielfältige unterschiedliche Elemente darauf schließen, daß Tepe Hissar von alters her ein wichtiger Platz an der Verbindungsstraße zwischen Ost und West war. Eine spätere Schicht (Hissar III, um 2000 v. Chr.) brachte Reste einer bedeutenden Stadt zutage mit reichen Funden an Gold-, Silber- und Kupfergefäßen sowie schönen Vasen aus Alabaster und Marmor. Verschiedenartige fremde Einflüsse aus West und Ost sind hier sichtbarer als im Süden Irans. Keramikbemalungen weisen nach Afghanistan, abstrakte Idole nach Westanatolien und der Ägäis, Waffen nach Nordsyrien.

Aus der Zeit um 3500 v. Chr. wurden in *Tall-i Bakun* (Südiran) bei Persepolis konische Schalen gefunden, deren Dekor Beziehungen zu den genannten Plätzen aufweisen. Tiere mit riesigen Hörnern sind den Formen der Gefäße angepaßt, andere, Vögel, Enten, Fische, streng stilisiert. Einen Höhepunkt dieser frühen Zeit bildet die Keramik von *Susa*, der Hauptstadt von Elam, aus deren mehrere tausend Jahre alten Geschichte reiche Funde stammen, von denen jedoch die aus der Periode Susa A alle anderen übertreffen. Mit einfachsten Mitteln erzielten die Künstler Ergebnisse, die nur in der geometrischen Vasenmalerei Griechenlands ihresgleichen haben. Aus schwarzer Farbe, die durch verschiedenen Brand bald ins Violette, bald ins Rötliche spielt, entstanden auf fahlgelbem Untergrund prachtvolle, der Natur entlehnte, aber dem Gegenstand — Schalen und Becher — vollkommen angeglichene abstrakte Formen. Darstellungen von Tieren, von Steinböcken mit riesigen gebogenen Hörnern, Ziegen mit langen Haaren,

243 Keramik aus Tepe Hissar, mit stilisierten Tieren und geometrischem Muster, etwa 3500 v. Chr., Höhe 17 cm

244 Konische Schale aus Tall-i-Bakun, Süd-Iran, um 3500 v. Chr., Höhe 17,6 cm

246 Bemalter Becher aus ▷ Susa, um 4000 v. Chr., Höhe 28,5 cm, heute im Louvre

245 Schalen aus Susa mit verschiedenen Kompositionsschemen aus der ◁ Periode A

Windhunden, Fischen und straußenähnlichen Vögeln mit langem Hals, wurden bevorzugt. Gelegentlich erscheinen auch die Silhouetten einer Gestalt zwischen zwei Lanzen, eines Bogenschützen, oder völlig abstrakte Motive eines Sonnenrades, eines kammartigen Zeichens für Regen sowie des viergeteilten Weltenberges.

Der berühmte Becher im Louvre wurde von EDITH PORADA wie folgt beschrieben: »Hauptfigur ist ein Steinbock, dessen Körper aus zwei zusammenhängenden Dreiecken mit gebogenen Seitenlinien geformt ist. Die Biegung des Rückens setzt sich im herrlichen Schwung der Hörner fort; diese umrahmen einen unerklärbaren runden

Gegenstand, der eine mittlere Reihe von Linien aufweist und auf beiden Seiten kreuzschraffierte Segmente zeigt. Vielleicht soll dieses Element nur den leeren Raum füllen, vielleicht aber muß es als eine verkürzte, symbolische Darstellung einer Pflanze auf einer Weide gedeutet werden. Die Steinböcke — auf jeder Seite einer — werden von einem Rahmen umgeben, der sich nach unten verengt und auf diese Weise die Form des Gefäßes betont. Über den Rahmen ist eine Reihe Gazellen-Hunde angebracht, deren ausgestreckte Körper wieder die Rundung des Bechers betonen, ebenso wie die dunklen Bänder, die jeden waagerechten Streifen oben und unten be-

191

gleiten. Der obere Rand ist von Vögeln mit langen, dünnen Hälsen besetzt, die ein sehr zartes und leichtes Ornament bilden, während unten ein dickes Band schwarzer Farbe der Standfläche Festigkeit verleiht. Unsere Beschreibung aber kann nur die Elemente der Verzierung des Gefäßes aufzählen; sie kann in keiner Weise das außergewöhnliche Gefühl für ein Gleichgewicht der Formen wiedergeben, das in jeder Einzelheit ausgedrückt ist.«

Welche Bedeutung die auf den Vasen dargestellten Tiere haben, wissen wir nicht. Reine Dekoration gibt es in Zeiten echter künstlerischer Gestaltung nicht. Auch wenn das Symbol sich hinter Phantastischem verbarg, blieb es für den Eingeweihten erkennbar. Um die Zeichen von Susa zu verstehen, fehlen uns die Kenntnisse der damaligen Mythen und religösen Vorstellungen. Ohne Zweifel besteht zwischen den auf den Grabbeigaben dargestellten Tierfiguren und den Wiederauferstehungs- und Fruchtbarkeitsriten ein innerer Zusammenhang. Daraus erklärt sich die Abstrahierung. Sobald nicht mehr das Ding als solches, sondern seine Bedeutung wesentlich ist, genügt es, dieses durch sein Zeichen darzustellen. Die Verdammung des Abbildes bei den Israeliten wie bei den Mohammedanern entspringt derselben inneren Haltung. Das Symbol wird zum Inhalt der Darstellung. Man muß in alle Einzelheiten des Dekors eindringen, um seine Bedeutung und seine einmalige Schönheit zu begreifen. Die Vergeistigung der Formen und der dekorative Erfindungsreichtum müssen Ergebnis einer langen Entwicklung sein.

Die wissenschaftlichen Grabungen in Susa begannen 1897 und führten zur vollständigen Freilegung des Stadtteils, in dem man auf Ruinen eines Palastes gestoßen war, der von den Assyrern zerstört und von DARIUS I. wieder aufgebaut wurde. Die Keramiken von *Susa A* waren Grabbeiga-

ben in einer großen Nekropole, in der man zwei verschiedene Bestattungsarten feststellen konnte.

Die Funde aus den Schichten *Susa B bis D* gehören einer vordynastischen Periode an, die der Uruk- und Dschemdet Nasr-Zeit in Mesopotamien entspricht. Der Wandel in der Form sowie die Qualität und Bemalung der Gefäße lassen das Eindringen eines neuen Volkes aus dem Osten vermuten. Gewisse Motive erinnern an Darstellungen, denen man auch in Mohenjo Daro begegnet, besonders auf den Rollsiegeln. Einflüsse aus Mesopotamien sind in den nächsten Jahrhunderten erkennbar. An die Stelle der noch nicht entzifferten proto-elamischen Bilderschrift trat nach

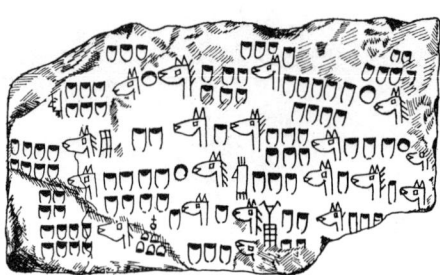

247 *Täfelchen mit proto-elamitischer Schrift, auf dem Pferde verbucht sind*

2900 eine Silben- oder Strichschrift; in der zweiten Hälfte des 3. Jahrtausend übernahmen die Elamer die sumerische Keilschrift. Die Keramik wird gröber, ist nicht mehr grünlich-gelb, sondern rötlich, die Form weniger elegant und die Bemalung starrer mit häufigen Wiederholungen. Der Sinn der alten Symbole scheint nicht mehr verstanden worden zu sein.

Dank seiner Lage zwischen den iranischen Bergen und dem Schwemmland Mesopotamiens stand das Gebiet von *Elam,* das nach den Ergebnissen von Grabungen in den

60er Jahren seit dem 8. vorchristlichen Jahrtausend besiedelt war, zwei Kulturen nahe. Kulturelle, künstlerische und wirtschaftliche Verbindungen mit Mesopotamien und mit Inner- und Südasien sind schon in früher Zeit nachzuweisen. Die Ähnlichkeit zwischen der Keramik von Susa und der von Anau in Turkmenistan ist offensichtlich; auch die Begräbnisbräuche und Gefäße von Tripolje in der Ukraine haben überraschend viele Entsprechungen in Elam. Während im iranischen Gebirgsland Ackerbau nicht möglich war und dadurch die Voraussetzung in damaliger Zeit für größere Zusammenschlüsse der kleinen Dorfsiedlungen und die Entstehung einer städtischen Kultur fehlte, bestand zwischen dem weiten Flachland südwestlich des Zagros-Gebirges, der Gegend um Susa, und der geographischen Lage und den klimatischen Bedingungen Mesopotamiens weitgehende Übereinstimmung; beide Gebiete sind reich an Wasserläufen.

Nachdem es WALTHER HINZ 1961 gelungen war, die elamische Strichschrift zu entziffern, konnte er erstmals eine zusammenhängende Geschichte des Reiches Elam darstellen. Das Jahrtausend zwischen 2500 und 1500 v. Chr. war erfüllt von dauernden Auseinandersetzungen mit den mesopotamischen Stadtstaaten, die zahlreiche Feldzüge gegen das iranische Hochland mit seinen begehrten Gütern an Bauholz, Steinen und Erzen führten und ihrerseits von Einfällen der Elamer bedroht wurden. Nach Inschriften auf Siegeln und Steinen herrschten nacheinander drei Dynastien über Elam, eine aus Awan, und zwei aus Simasch im Norden. Ein Steinrelief der bedeutendsten Herrscherpersönlichkeit aus Awan, König KUTIK-IN-SCHUSCHINAK mit seiner Gemahlin, um 2250, verkörpert selbstbewußte Würde. Über die elamische Staatsverfassung wissen wir, daß in den Herrscherhäusern Geschwisterehe, Levirat (der Zwang, daß eine Witwe

vom Bruder ihres verstorbenen Mannes geheiratet wird) und Gewaltendreiteilung bestand, eine Ordnung, die es in keinem andern vorderasiatischen Land gab.

In das erste mesopotamische Großreich der Könige von Akkad, Sargons I. und seines Enkels Naramsin, wurden auch Elam und große Teile des Iran für etwa 100 Jahre (2320—2220) einverleibt. Um 2000 wur-

248 König Kutik-Inshushinak mit Tempel-Riegel, hinter ihm seine Gemahlin, um 2250 v. Chr.

de Ur von elamischen Truppen erobert und geplündert, der letzte König der III. Dynastie von Ur gefangen und nach Susa verschleppt.

Gegen die aufsteigende Macht Babylons unter Hammurabi erhob sich der elamische König SIRKTUH I.; für seine Niederlage rächte sich um 1670 v. Chr. KUTER-NAHHUNTE, der ins Zweistromland einfiel und 30 Städte eroberte. Die nächsten Jahrhunderte der Geschichte Elams liegen im dunkeln.

Nach der Eroberung des Reiches durch die Kassiten um 1370 v. Chr. erholte sich das Land unter tatkräftigen Königen, die der Außenpolitik den inneren Aufbau vorzogen, und erlebte von etwa 1300 bis 1100 v. Chr. seine klassische Zeit. Die Kunst und Architektur erreichten unter UNTASCH-NAPIRISCHA (1275—1240) einen Höhepunkt. Die drei großen Könige von Anzan und Susa, SCHUTRUK-NAHHUNTE, KUTIR-NAHHUNTE und SCHILHAK-INSCHUSCHINAK (um 1185— 1120 v. Chr.) führten das Reich auf den Gipfel seiner Macht. Babylonien wurde überrannt und ausgeplündert. Aus Sippar, Kisch, Babylon und Eschnunna wurden zahllose Stelen, Statuen und Kudurrus, darunter die Siegesstele des Naramsin und der Kodex Hammurabis, als Beute nach Susa weggeführt. Um 1100 v. Chr. wurde die Stadt aber von den Babyloniern so verwüstet, daß sie für fast vier Jahrhunderte aus der Geschichte verschwand.

Noch einmal erhob sich Elam für eine kurze Zeit, erschöpfte sich jedoch in wechselvollen Kämpfen mit Assyrien, durch innere Bruderzwistigkeiten und die Unterwanderung durch die Perser. Um 640 v.Chr. wurde es eine Beute der Assyrer. Von da an schweigen die Quellen über Elam.

Die Kunst Elams

Die wichtigsten Zeugnisse der elamischen Kunst des dritten Jahrtausends sind Rollsiegel, deren Gravierungen mit halb menschlichen und halb tierischen Mischwesen sowie Ungeheuern, die übersinnliche Dämonen verkörpern, eine seltsame Phantasie bekunden. Der Abdruck eines Siegels aus der Zeit um 2500, ein Meisterwerk der Kleinkunst, zeigt trotz gewisser Einflüsse des Zweistromlandes die eigenartige Vorstellungswelt Elams. Ein häufiges Motiv sind Betende vor einem thronenden Gott. Architektonische Überreste aus der alt-elamischen Periode fehlen. Bemerkenswert sind stilisierte Tierköpfe an den Füßen von

249 *Tierkampf-Fries und Darstellungen von Göttern, um 2500 v. Chr.*

250 *Der Kanzler Kuk-tanra wird von einer Göttin im Zottenrock dem sitzenden Herrscher zugeführt, Abdruck eines Siegelzylinders*

Gefäßen oder an Schalen, die sich von der gleichzeitigen naturnäheren Kunst Mesopotamiens unterscheiden. Ein silberner Standartenknopf zeigt dieselbe abstrahierende Tendenz.

251 *Felsrelief des Anubanini bei Saripul, 2100—2000 v. Chr.*

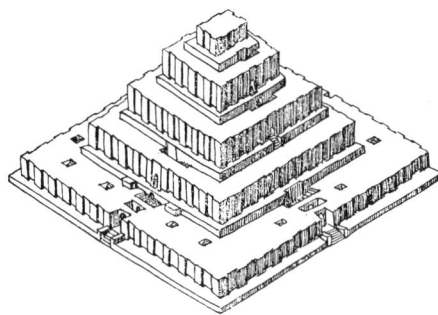

252 *Rekonstruktion der Zikkurat von Tschoga Zanbil*

Die Kunst, welche die akkadischen Eroberer ins Land brachten, fand in verschiedenen Werken ihren Niederschlag. Die Felsreliefs von *Saripul* im Zagros-Gebirge sind zweifellos von einer Tafel beeinflußt, die Naramsin zur Erinnerung an einen siegreichen Feldzug gegen das iranische Bergland in Kurdistan anbringen ließ. Darauf deuten außer dem Thema besonders die Inschriften, die in Akkadisch abgefaßt sind. Auf einem dieser Reliefs ist der Triumph des Königs der Lulubi, ANUBA-

253 *Treppe der Zikkurat von Tschoga Zanbil, um 1250 v. Chr.*

254 *Bronzestatue der Königin Napirasu, Gemahlin des Untasch-Napirischa, um 1250 v. Chr.*

NINI, über seine Feinde dargestellt. Die Göttin Innana reicht dem Fürsten einen Ring als Symbol seiner Herrschaft.

In Elams klassischer Zeit wurde von dem König UNTASCH-NAPIRISCHA in *Dur-Untasch,* dem heutigen *Tschoga Zanbil,* einer von ihm neuangelegten Stadt südöstlich von Susa, um 1250 v. Chr. eine fünfstöckige Zikkurat errichtet, die von drei Mauern umgeben war, deren äußere einen Umfang von 1200 zu 800 m hatte. Der Riesenbau des Stufenturmes hat einen quadratischen Grundriß mit 105 m Seitenlänge; seine Ekken weisen genau in die vier Himmelsrichtungen. Die Höhe der Zikkurat betrug einst etwa 52 m. Auf jeder Seite führte eine steile überwölbte Treppe zur ersten Stufe;

255 *Bronzetafel aus Susa mit der Darstellung einer kultischen Szene, 12. Jh. v. Chr., Länge 60 cm*

die an der Südostseite war der einzige Zugang zur 4. Stufe, von der aus eine Pforte den Eingang zum Hochtempel bildete. Die Anlage erforderte eine ungeheure Arbeitsleistung; Millionen von Lehmziegeln und Hunderttausende von Backsteinen waren für den Bau, der in zwei Abschnitten erfolgte, notwendig. Für die buntlasierten Kacheln, die Weihgaben aus Marmor, Metall u. a. mußten unzählige Facharbeiter zur Verfügung stehen. Vor den Treppeneingängen standen Paare von Tieren; aus dem Mauerwerk des Tempels ragten riesige Hörnerpaare hervor.

Von dem hohen Stand des Bronzegusses dieser Zeit zeugt die ausgezeichnete, fast 1,8 Tonnen schwere Statue der NAPIRASU, Gemahlin des Königs UNTASCH-NAPIRISCHA, ein Werk, das Hoheit und würdevolle Ruhe ausstrahlt. Eine kultische Darstellung aus Bronze, nach der Inschrift eine ›Sonnenaufgangsszene‹, aus der zweiten Hälfte des 12. Jahrhunderts v. Chr. ist einzigartig und für die Erkenntnis der elamischen Religion höchst aufschlußreich.

Die Elamer errichteten Kultstätten auf unwegsamen Felskuppen in einsamer Natur, die vermutlich ein Ziel von Wallfahrten waren. Ein Beispiel gibt das Felsrelief von *Kurangun* auf halbem Weg zwischen Susa und Persepolis. Die genaue Datierung innerhalb des 2. Jahrtausends ist schwierig, da zwei unterschiedliche Stilphasen zu erkennen sind. Ein Gott sitzt auf einem Schlangenthron und hält in der rechten Hand ein Gefäß, aus dem das Wasser des Lebens strömt. Er und die hinter ihm unter einem Baldachin sitzende Göttin tragen

257 *Felsrelief der Hochstätte von Kurangun, 2. Jt. v. Chr.*

◁ 256 *Die Hochstätte Kurangun*

Kappen mit Hörnern. Vom Felsen herab steigen kleine, untersetzte Betende mit Zipfelmützen.

Aus der neu-elamischen Zeit wurden bisher keine Kunstwerke gefunden, die sich denen der klassischen Epoche vergleichen lassen.

Luristan

Im Jahre 1928 tauchten im Kunsthandel bis dahin unbekannte Bronzen aus dem Iran auf, die durch ihre eigenartige Schönheit das Interesse von Museen und Sammlern auf sich zogen. Ihre Schöpfer waren unbekannt und auch ihre Datierung blieb lange Zeit ungewiß. Man wußte nur, daß sie aus dem Zagros-Gebirge Westirans kamen und gab ihnen nach der Gegend, wo sie von einheimischen Grabräubern gefunden worden waren, den Namen *Luristan-Bronzen,* eine Bezeichnung, die fortan zu einem Begriff wurde.

Luristan ist ein zerklüftetes Bergland, das östlich von Mesopotamien jäh emporsteigt; es grenzt im Süden an das Reich von Elam, im Norden an das Gebiet der alten Mannäer und wird von dem Fluß Karcheh (Saidmarreh) durchschnitten. Bis in die Mitte unseres Jahrhunderts war die Erforschung dieser Gegend wegen der feindlichen Haltung der Bevölkerung, der Luren, und wegen der schlechten Wegeverhältnisse nicht möglich. Erst in den späten 60er Jahren konnte eine belgische archäologische Mission in zahlreichen Grabungskampagnen etwas Licht in das Dunkel der Frühzeit des Landes bringen und durch Freilegung von großen Gräberfeldern feste Datierungen erstellen. Aus der frühen Bronzezeit etwa zwischen 2700 bis 2400 stammt eine Nekropole bei *Bani Surmah,* in welcher Kollektivgräber bis zu 16 m Länge und 3 m Breite ausgegraben wurden, in denen bronzene Äxte, Beile und Gefäße sowie Schmuckstücke und neben einfacher auch bemalte Keramik mit stilisierten Tierdarstellungen gefunden wurden. Waren die Träger dieser Kultur die kriegerischen Stämme der Lullubi oder der Guti, die aus der mesopotamischen Geschichte bekannt sind? Die belgischen Forscher nehmen an, daß es Elamiten waren, von denen Teile aus ihrem Ursprungsgebiet in die fruchtbare Ebene von Khuzistan eindrangen und dort Susa gründeten. Die Entdeckung einer anderen Nekropole bei *Kalleh Nisar* aus der mittleren Bronzezeit

258   Kollektivgräber der Nekropole von Bani Surmah

um 2400—2100 festigte ihre Ansicht. Man fand dort neben den riesigen Sammelgräbern, z. T. in Megalithbauweise mit gewölbter Abdeckung, Einzelbestattungen, die vermutlich von den eingewanderten Guti stammen. Wir erinnern uns, daß diese um 2150 die Städte des südlichen Zweistromlandes verwüsteten und sich nach ihrer Vertreibung hundert Jahre später wieder in die Berge zurückzogen, wo sie bis in die assyrische Zeit nachweisbar sind. Die Erkenntnisse dieser Grabungen sind, daß Luristan schon im 3. Jahrtausend in der Metallverarbeitung selbständig und führend war. Mesopotamien besaß weder Erze noch Holz und war auf die Mineralvorkommen des Zagros-Gebirges angewiesen. Wenn friedlicher Austausch versagte, waren kriegerische Auseinandersetzungen die Folge. Schon Sargon von Akkad unterwarf das Bergland in mehreren Feldzügen. Andererseits war das reiche und kulturell führende Zweistromland dauernd von Einfällen der Bergstämme bedroht. Handel und Kriege brachten kulturellen Austausch und Einfluß mit sich; mesopotamische Motive und stilistische Merkmale sind in Luristan häufig.

Die Zeit vom Beginn bis zum Ende des 2. Jahrtausends ist noch in Dunkel gehüllt. Es ist die Epoche, in der neue Völkergruppen, die Kassiten und die Churri, von Norden und Osten durch den Iran in Mesopotamien einfielen und dort bis zum Ende des 14. Jahrhunderts, im Süden bis ins 12. Jahrhundert v. Chr., die Herrschaft ausübten. Auch sie zogen sich nach ihrem Sturz wieder ins Gebirge zurück. Beide Völker unterstanden einer indoeuropäischen Oberschicht, die Pferde züchtete und den Streitwagen als neues Kampfmittel einsetzte. Vermutlich kamen sie aus den südrussischen Steppen, einer Landschaft, in der Pferd und Reiterei für den Existenzkampf entscheidend waren. Nach ihrem Zurückweichen in das Zagros-Gebirge

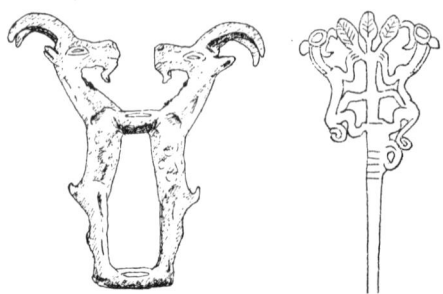

259 *Standartenaufsatz aus Bronze, mit zwei Steinböcken. Daneben: Nadelkopf aus zwei Löwen an einem Baum, Luristan, 10.—9. Jh. v. Chr.*

pflegten sie die Pferdezucht weiter und scheinen als Lieferanten der von den Assyrern für ihre Weltmachtpläne dringend benötigten Tiere in den Jahrhunderten von 1100 bis 700 v. Chr. zu beachtlichem Reichtum gelangt zu sein. Jedenfalls blühte in dieser Periode, die bereits der Eisenzeit angehört, die luristanische Bronzekunst, die trotz gewisser Einflüsse einzigartige und selbständige Werke hervorbrachte. Die Tatsache, daß in dieser Zeit aus Luristan skulpturale und architektonische Zeugnisse fehlen, bestätigt, daß es

260 *Bronze aus Luristan mit dem mesopotamischen Gilgamesch, der zwei Tiere bändigt, 1200—1000 v. Chr.*

ten Formen, eine zweite von etwa 1000—850 v. Chr. mit dem vollentwickelten, dekorativen Stil und eine dritte von 850—750 v. Chr., in der die Formen üppiger wurden. Ein typisches Beispiel dieser Phase gibt ein Standartenidol, das erste, das bei einer wissenschaftlichen Grabung gefunden wurde und deshalb sicher datierbar ist, um 750 v. Chr. Es ist eine dämonische Gestalt mit drei Gesichtern, die mit den Händen die Köpfe von seltsamen Untieren hält.

Mannai und Urartu

Nördlich von Luristan und südlich des Urmia-Sees im iranischen Aserbeidschan lag das Land *Mannai,* das in assyrischen Berichten erwähnt wird. Eigene Inschriften dieses Volkes, das vermutlich aus Einheimischen mit einer Oberschicht der vom Kaukasus eingewanderten Stämme, der Churri, bestand, gibt es nicht. Aus den Schilderungen der Feldzüge mehrerer assyrischer Könige weiß man, daß sich vom 10. bis zum 7. Jahrhundert v. Chr. die mächtigen Urartäer, deren Königreich im Nordwesten, im heutigen Armenien, an das Gebiet der Mannäer angrenzte, und Assyrer um dieses stritten und es abwechselnd besetzten. Einbrüche der Skythen und Meder erfolgten im 7. Jahrhundert. Der Fund einer prachtvollen, 20 cm hohen Goldschale mit mythologischen Darstellungen in *Hasanlu* südlich des Urmia-Sees vor einigen Jahren erregte Aufsehen und führte zu weiteren Ausgrabungen in diesem Gebiet. In den Ruinen der Zitadelle der Stadt aus dem 10. bis 8. Jahrhundert v. Chr. entdeckte man unter den Trümmern der lehmgetrockneten Ziegel Skelette dreier Männer, die vom brennenden oberen Stockwerk herabgestürzt waren, und von denen einer die Schale vor seine Brust gehalten hatte. Auf dem oberen Rand des Gefäßes sieht man drei Gottheiten in leichten Streit-

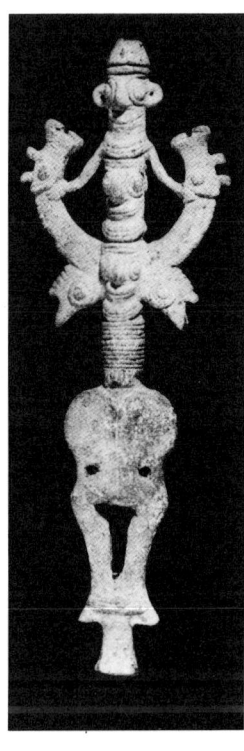

261 Bronzeidol der ersten Phase aus Bard-i-Bal

sich um ursprünglich nomadische Völker handelt. Die Kleinkunst der Bronzen sind die ersten Zeugnisse der sog. ›Steppenkunst‹, die später für die Skythen charakteristisch und deren Auswirkung bis zur Mündung des Gelben Flusses und in das Ordos-Gebiet erkennbar ist.

Die häufigsten Bronzen Luristans sind Pferdetrensen mit kunstvoll gearbeiteten Wangenstücken, Beschläge der Wagen und des Geschirrs, Waffen und sog. *Standarten,* deren symbolische Bedeutung nicht geklärt ist. Oft erscheint das Gilgamesch-Motiv, gelegentlich ein bärtiger Gott oder eine Fruchtbarkeitsgöttin. Manchmal stehen sich Steinböcke gegenüber, die in der Mitte einen Ring halten, oder Löwen, die an einem Baum hochsteigen. Man unterscheidet drei Phasen, eine erste von etwa 1100—1000 v. Chr. mit einfachen, stilisier-

Ein großer Goldschatz in einem Bronze-trog mit einer Brustplatte, einem Dolch, Trinkbecher, Armband und vielen anderen Gegenständen unterschiedlichen Alters wurde in *Ziwije,* im heutigen Kurdistan, am Südrand des alten Mannai-Landes, ge-hoben; er stammt vermutlich aus dem 9. bis 7. Jahrhundert v. Chr. Verschiedene Stile treffen zusammen; vorwiegend assyri-sche, aber auch iranische, syrische und

262, 263 Goldene Schale aus Hasanlu, Höhe 20,6 cm
Darunter: Details aus der goldenen Schale
von Hasanlu

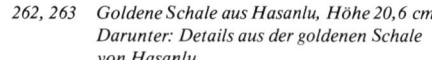

wagen, von denen zwei von Maultieren, der dritte von einem Stier, aus dessen Maul Wasser strömt, gezogen werden. Unten er-scheinen eine Göttin auf zwei Widdern, ein gehörnter Gott, die Darbringung eines Kindes, der Kampf eines Helden mit einem Ungeheuer und weitere Szenen. Zweifellos sind die Darstellungen auch von Mythen anderer Völker, der Mesopotamier oder Churri, beeinflußt; der lineare Stil aber sowie Einzelheiten der Kleidung und Ge-sten weisen typisch iranische Züge auf. Auf anderen Goldgefäßen dieser Zeit, bei-spielsweise auf dem prachtvollen Goldbe-cher aus *Marlik,* südlich des Kaspischen Meeres, zeigen sich dieselben Merkmale.

skythische Formen und Motive weisen auf weitverzweigte Beziehungen. Eines der prachtvollsten Stücke ist ein goldener Armreif des 8. bis 7. Jahrhunderts v. Chr. Vermutlich handelt es sich bei den Arbei-ten um einen Hort, der auf einer Flucht-burg in Sicherheit gebracht wurde.

Die Funde von Hasanlu und Ziwije im Gebiet des ehemaligen Pufferstaates Man-nai gehören ebenso wie auch andere Arbei-ten aus dem nordwestlichen Iran zum Komplex der *urartäischen* Kultur. *Urartu,* das Ararat des Alten Testamentes, umfaß-te das Gebiet des heutigen Armeniens mit dem Van-See als Kernpunkt. Nach dem Zusammenbruch des Mitanni-Reiches in

verwüsteten, erlag es 585 v. Chr. den Medern.

Die Kunst Urartus entstand aus der Verbindung altiranischer, mesopotamischer und skythischer Elemente. Sie war in der Übernahme fremder Motive und Techniken eklektisch, erreichte aber einen durchaus eigenen Stil. Die bedeutendsten Leistungen liegen auf dem Gebiet der Metallverarbeitung; die reichen Bodenschätze machten das Land zu einem natürlichen Zentrum der Metallurgie. Urartäische

264 Oben: Der Marlik-Becher

265 Rechts: Schatz von Ziwije, a Detail der goldenen Brustplatte, skythischer Einfluß, 9.—7. Jh. v. Chr.; b Armband mit Löwenköpfen, 8.—7. Jh. v. Chr., 9 cm ∅; c Greifenkopf

der zweiten Hälfte des 14. Jahrhunderts v. Chr. zogen die Churri in ihr Ausgangsgebiet, das armenische Hochland, zurück. Im 9. Jahrhundert v. Chr. entstand dort das Reich von Urartu, das unter den Königen SARDUR (I. u. II.) und ARGISTI I. seine Macht zwischen 880 bis 700 v. Chr. im Norden bis zum Kaspischen Meer und im Westen bis Nordsyrien ausdehnen konnte. Es wurde zum gefährlichsten Gegner der Assyrer. Ihnen gelang es erst unter Tiglatpilesar III. und Sargon II., am Ende des 8. Jahrhunderts, die Urartäer in wiederholten Feldzügen zu schlagen. Nach den Einfällen der nomadischen Reitervölker der Kimmerier und Skythen, die das Land

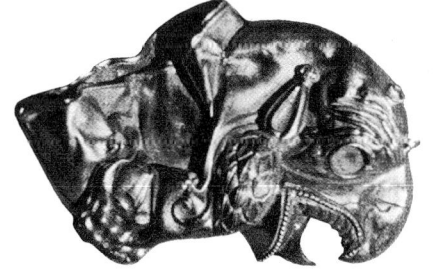

Bronzearbeiten mit Gravierungen, Treibarbeit und Guß wurden nicht nur in großer Zahl in der Nähe des Van-Sees, sondern auch in assyrischen Städten gefunden, wohin sie als Beute oder durch Handel gelangt waren. Von Syrien wurden sie nach Griechenland und Italien exportiert; im etruskischen Praeneste südlich Rom fand man einen der schönsten urartäischen Bronzekessel. Ein hervorstechendes Merkmal sind die Protomen (plastische Darstellungen des Vorderleibs von Löwen und

Greifen) als Griffe an Gefäßen. Einflüsse der Skythen, die ein Bindeglied nach dem Osten bis China waren, zeigen sich vor allem in den Funden von *Karmir-Blur* im russischen Armenien. Urartäische Kunst wirkte sich nachhaltig auf die der Meder und Perser aus.

Die großen Könige ließen Städte bauen, bis zu 50 km lange Bewässerungsanlagen und Kanäle mit Aquädukten. Ihre Festungsanlagen sind in sorgfältiger Quadertechnik aus Basalt- und Kalksteinblöcken von bis zu 1 m dicken Lagen ohne Mörtel errichtet. Großartige Beispiele sind die Zitadellen von *Van-Kale* und *Toprak-Kale* am Van-See. Russische Archäologen leg-

266 *Urartäischer Bronzekessel mit Greifen und Löwenköpfen, in Palestrina, Etrurien, gefunden, Mitte 7. Jh. v. Chr.*

267 *Streitwagen und Reiter auf dem Bronzeschild des Königs Argisti, Karmir-Blur, Urartu*

268 *Magazine von Karmir-Blur (Teschebani)*

269 *Schnabelkanne mit waagerechtem Ausguß aus Tepe Sialk, 10.—9. Jh., Höhe 13 cm*

ten in den letzten Jahrzehnten das erwähnte Karmir-Blur, dicht bei Erivan, frei. Es ist das alte *Teschebani,* Verwaltungszentrum des transkaukasischen Urartu, mit Palast, Empfangshallen, Tempel, Wohnräumen und riesigen Magazinen, in denen Vorräte an Getreide, Öl und Wein (160 000 Liter) lagerten. Ein von Holzsäulen umgebener Innenhof war Mittelpunkt der Anlage. Die Ausschmückung mit Fresken zeigt geometrische und figürliche Darstellungen, Opferszenen, Lebensbäume, aber auch profane Themen.

Um 1000 v. Chr. wurde *Sialk,* der für die früheste Entwicklung Irans wichtigste Fundort, nochmals besiedelt und die ältere Zitadelle neu ausgebaut. Bemerkenswert sind die in der Nekropole gefundenen und für den Iran typischen Kannen mit langen, waagerechten Schnäbeln im Gegensatz zu hethitischen. Der schöne Dekor, stilisierte Tierdarstellungen, verbunden mit geometrischen Mustern und Symbolen, der in dunkelroter Farbe auf hellbraunen oder gelblichen Ton aufgemalt wurde, ist für den Iran charakteristisch und bezeugt die lange Tradition.

Meder und Perser

Um 1100 v. Chr. drangen Arier, Angehörige des indo-iranischen Zweigs der indoeuropäischen Sprachfamilie, in den Iran ein, zunächst als einzelne Gruppen, die von der einheimischen Bevölkerung aufgesogen wurden, aber mit der Zeit durch neue Einwanderungswellen zu ›historischen‹ Völkern wurden: die *Meder* und die *Perser,* die das Bild der damaligen Welt völlig veränderten.

Zum ersten Mal stießen in der zweiten Hälfte des 9. Jahrhunderts Assyrer in der Gegend des Urmia-Sees mit Medern, einem damals noch wenig bedeutenden Gebirgsvolk, zusammen. Um 700 v. Chr. scheinen sich diese zu einem selbständigen Staat zusammengeschlossen zu haben; in *Ekbatana,* dem heutigen Hamadan, errichteten sie ihre Residenz. Ihr König KYAXARES schlug im Jahr 616 die Skythen, besiegte Urartu und eroberte Assur. Die jungen Stämme waren den älteren Völkern nicht nur biologisch überlegen, sie wurden auch von einer geistigen Idee getragen, die ZARATHUSTRA verkündet hatte, die erste Offenbarungs- und Weltreligion, die den Menschen einen ethischen göttlichen Auftrag gab und die Unterscheidung von Gut und Böse predigte. Den alten Göttern stellte Zarathustra ein Prinzip gegenüber, das seine Anhänger zum aktiven Handeln sittlich verpflichtete.

Das Reich der Meder bestand nur 100 Jahre und brachte keine eigene Kunst hervor. Die Perser waren um 700 v. Chr. aus der Gegend des Urmia-Sees nach Süden gewandert und hatten sich als Vasallen der Meder in *Anschan,* dem alten Elam, und weiter südöstlich in *Parsa* festgesetzt. KYROS II., der Große (595—529 v. Chr.) aus dem Geschlecht der Achämeniden besiegte 550 den Meder-König ASTYAGES, seinen Großvater mütterlicherseits, und begründete das persische Reich, nachdem er *Krösus* von Lydien (Westküste Kleinasiens) 546 unterworfen und 539 v. Chr. Babylon erobert hatte. Der Aufstieg der Perser aus einem Kleinstaat zu einem Weltreich in kurzer Zeit ist eines der erstaunlichsten Phänomene der Geschichte, die Tat einiger Männer aus der aristokratischen Oberschicht. Die Nachfolger von Kyros, KAMBYSES (529—522 v. Chr.), vor allem DARIUS I.

(522—486 v. Chr.) und XERXES (486—465 v. Chr.), erweiterten das Reich, das nach der Besetzung Ägyptens und Ausdehnung der Herrschaft über Thrakien und Makedonien größer war als Ägypten und Assyrien auf dem Höhepunkt ihrer Macht. Nur Griechenland gebot in den berühmten Perserkriegen einem weiteren Vordringen Einhalt. Nach inneren Kämpfen und Zwistigkeiten gelang es ARTAXERXES III. (358—338 v. Chr.) noch einmal, die Königsgewalt neu aufzurichten, aber 331 v. Chr. zerbrach das Reich nach dem Sieg ALEXANDERS DES GROSSEN bei Gaugamela.

Die Anregungen, welche die Perserkönige auf ihren Zügen durch die damalige Kulturwelt empfingen, schlugen sich in der Kunst, besonders in der Architektur nieder. In den ersten Städten, die sie errichteten, treten ägyptische Einflüsse hervor, in späteren setzten sie sich außer mit Mesopotamien auch mit dem Geist Griechenlands auseinander.

Die Verwaltungszentren des Reiches lagen in *Susa* und *Ekbatana. Pasargadae,* etwa 100 km nordöstlich von Schiras, wurde von Kyros II. als Residenz, nicht als Hauptstadt, über einem älteren Heiligtum erbaut und bestand aus dem Wohnpalast, einem Triumphtor, einer Audienzhalle und dem Grabmal des Königs inmitten eines großen Parkes. Die Anlage der geräumigen, freistehenden Bauwerke unterscheidet

sich von der mesopotamischen Architektur durch lange Säulenhallen anstelle der geschlossenen Ziegelmauern. Vermutlich gehen sie auf ägyptische oder klein-asiatisch-griechische Vorbilder zurück, während die terrassenförmigen Fundamente alt-iranische Züge aufweisen. Das *Grabmal* auf einem siebenstufigen Unterbau entspricht urartäischen, in Stein übersetzten Wohnhäusern. Aus großen Blöcken errichtet, ist es ein Vorgänger späterer Mausoleen. Großzügiger angelegt und einheitlicher als Pasargadae ist die Residenz von Darius I. in *Persepolis,* die, 520 v. Chr. begonnen, in einer weiten Ebene liegt und die Macht des persischen Weltreichs am eindrucksvollsten verkörpert. Einflüsse aus allen Teilen des

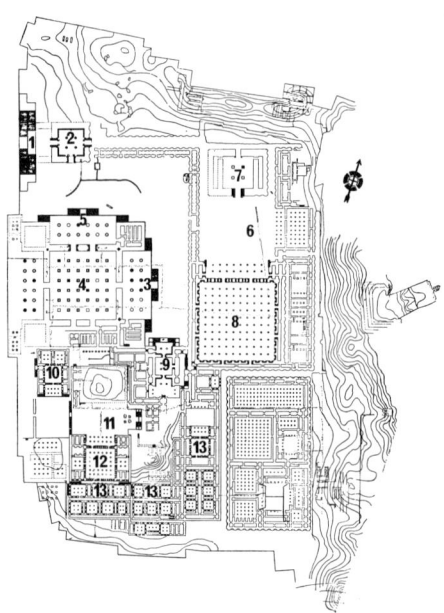

271   Plan von Persepolis 1 Terrasse 2 ›Tor aller Länder‹ 3 Osteingang zur Audienzhalle 4 Audienzhalle 5 Treppen zur Audienzhalle 6 Platz vor der Hundertsäulenhalle 7 Unvollendetes Tor 8 Hundertsäulenhalle 9 Tripylon 10 Palast des Darius 11, 12 Palast des Xerxes 13 Harem des Xerxes

270   Grab des Kyros in Pasargadae

272　Persepolis, Nordtreppe des Tripylon

273　Darius und Xerxes erteilen Audienz, Kalksteinrelief in Persepolis, Höhe 254 cm

Reiches verschmolzen zu einem neuen persischen Stil von einzigartiger Majestät. Am Neujahrsfest strömten Abordnungen aus allen Gegenden zusammen und stiegen über reliefverzierte Freitreppen zur Terrasse vor der großen Audienzhalle des Herrschers empor, einem Raum von über 60 m Seitenlänge, dessen Decke von 36 mehr als 12 m hohen Säulen getragen wurde. An die Halle schloß sich das Palastviertel an mit dem Schatzhaus, der ›Hundertsäulenhalle‹, den Palästen des Darius, des Xerxes und anderer Herrscher sowie dem Harem. Magazine und Gebäude für die Truppen

liefs an den Treppen alle Typen von Untertanen des persischen Reiches, ihre Trachten, Waffen und die vielfältigsten, dem Kaiser als Lehensgabe dargebotenen Gegenstände. Anleihen aus anderen Kunstgebieten wurden von den Bildhauern zu einer eigenen Schöpfung verbunden, die uns trotz aller kosmopolitischen Weite als ausgesprochen persische Leistung anzieht.

Als besondere Eigenart sind die Kapitelle in Form von Astgabeln zu erwähnen, die

274 *Persepolis, ein Elamer mit Löwe von der Abordnung an der Osttreppe der Audienzhalle*

275 *Bogenschützen vom emaillierten Ziegelrelief des Palastes in Susa, 5. Jh. v. Chr., Höhe 1,83 m*

fehlten nicht. Die Bauwerke und Treppen waren mit einer Vielzahl von Reliefs geschmückt, die zum Großartigsten der persischen Kunst gehören, sich jedoch stets der Architektur unterordnen. Das Spiel sich überschneidender Falten auf den Gewändern, die mit sparsamen Mitteln gestalteten Menschen- und Tierfiguren, das Abzeichnen der Glieder unter den Gewändern sind Errungenschaften, die es vorher in der mesopotamischen und iranischen Skulptur nicht gab. Der Historiker findet in den Re-

276 *Stierkapitell aus Persepolis, restauriert*

277 Das Grab des Darius I. in Naksch-i-Rustem, 5. Jh. v. Chr.

278 Das Felsrelief von Behistun mit dem Mahnmal des Darius I., 5. Jh. v. Chr.

aus den Vorderkörpern von zwei Tieren bestehen und an Standartenornamente aus Luristan erinnern. Von den achämenidischen Herrschern stammt auch der Palast in *Susa,* dessen emaillierte Ziegelreliefs neben Bogenschützen aus der Leibwache des Königs geflügelte Stiere, Löwen und Drachen zeigen, alte elamische Motive, deren technische Ausführung auf die von Nebukadnezar in Babylon geschaffenen Ziegelornamente zurückgehen.

Schon zu seinen Lebzeiten ließ Darius sein Grab in der Art der früheren medischen Felsgräber im Tal von *Naksch-i-Rustem* in der Nähe von Persepolis in eine steile Felswand einmeißeln. Auf einem Relief im oberen Teil der kreuzförmigen Fassade tragen Vertreter des Reiches den Thron mit dem König, der seinen Arm zum Symbol des AHURA MAZDA, der Sonnenscheibe, erhebt. Die Gräber seiner Nachfolger in der Nähe unterscheiden sich von dem des Darius nur unwesentlich. Eindrucksvoll ist das Felsrelief von *Behistun* (Bisutun), das der König an der Straße vom Hochland zur mesopotamischen Tief-ebene als Mahnmal seiner Macht mit einer Inschrift in persischer, elamischer und babylonischer Sprache anbringen ließ.

Gegenstände und Schmuck aus Gold und Silber knüpfen an die alt-iranische Kunst an und sind in der Feinheit der Ausführung von außergewöhnlicher Schönheit. Da die Perser ihren Gott Ahura Mazda an Feueraltären im Freien verehrten, hinterließen sie keine Tempelbauten. Der einfache Kult kannte keine großen Zeremonien.

Bibliographie

Archeologia, Nr. 24, 1968; Nr. 27, 1960; Nr. 32, 1970; Nr. 43, 1971

Alessandro Bausani, *Die Perser,* Stuttgart 1965

Walther Hinz, *Das Reich Elam,* Stuttgart 1964

Anton Moortgat, *Vorderasien im Altertum,* München 1962

Edith Porada, *Alt-Iran,* Baden-Baden 1962

Leonard Woolley, *Mesopotamien und Vorderasien,* Baden-Baden 1962

2 Anatolien und die Hethiter

Die Frühzeit

Anatolien, die zwischen Schwarzem Meer und Mittelmeer vorgestreckte Halbinsel Asiens, war von jeher die Brücke zwischen Vorderem Orient und Europa. Seine geographische Lage machte es seit Jahrtausenden zu einem Brennpunkt der Geschichte. Völkerbewegungen von elementarer Wucht aus Europa wurden von solchen aus Asien abgelöst und hinterließen tiefgreifende Spuren. Indoeuropäer, Semiten, Ägypter, Griechen und Römer, später die Turk-Völker drangen in Kleinasien ein, um sich in den Besitz der begehrten Vorkommen des Landes zu setzen oder die strategisch wichtigen Punkte zu erobern; oft diente es als Heerstraße für militärische

Operationen. Das durch Homer bekannte Troja war ein hart umkämpfter Platz am Bosporus, Konstantinopel Hauptstadt des oströmischen Reiches und im Mittelalter Basis für die Feldzüge der Osmanen. Einfallstor im Westen war die Meerenge am Schwarzen Meer, im Osten das armenische Hochland des Iran und von Südrußland; im Süden und Südosten führte der Weg über das Taurus-Gebirge nach Mesopotamien, Syrien und der ägäischen Welt.

Anatolien war dank der reichen Erzvorkommen, eines großen Wildbestandes und günstiger klimatischer Verhältnisse nach der letzten Eiszeit, soweit es sich heute übersehen läßt, das Ursprungsland der für die menschliche Entwicklung entscheidenden Erfindungen des Neolithikums, der Zeitspanne zwischen 8000 und 4000 v. Chr. Nach den Ergebnissen der Ausgrabungen von Çatal Hüyük, über die in Kapitel IV,2 berichtet wurde, ist Metallverarbeitung

279 Fundorte in Kleinasien

schon um 6400 nachweisbar, der Übergang von der vorkeramischen zur keramischen Stufe ebenfalls im 7. Jahrtausend. Am Ende des 4. Jahrtausends begann hier die Bronzezeit. Im Gegensatz zu Mesopotamien und Ägypten mit ihren fruchtbaren Gebieten in den großen Stromtälern konnte sich jedoch in dem von Gebirgszügen zerklüfteten Anatolien erst im 2. Jahrtausend eine Hochkultur mit einem mächtigen Staat entwickeln. Bis dahin lebten verschiedene Völker nebeneinander.

In der Altsteinzeit war Kleinasien schon besiedelt; Werkzeuge des Abbevillien und Acheuléen sind häufig. Funde des Moustérien bezeugen, daß der Neandertaler nicht nur in Palästina, sondern auch hier lebte. Das Mesolithikum begann in Anatolien früher als in Westeuropa; der Übergang zur Jungsteinzeit vollzog sich, wie die Ausgrabungen in Mersin, Hacilar und Çatal Hüyük ergaben, gleichzeitig, wenn nicht sogar früher als in Palästina. Im Chalkolithikum und in der frühen Bronzezeit gab es mehrere kulturell unterschiedliche Gebiete, deren Hauptfundorte im Westen *Troja I—V* und die Nekropolen von *Yortan,* in Zentralanatolien *Alischar* und *Alaca Hüyük,* in Kilikien *Mersin XII* und im Südwesten *Beykesultan* und *Tarsus* sind.

Troja ist seit den Ausgrabungen von HEINRICH SCHLIEMANN, die 1870 begannen, weltberühmt. Sie wurden von W. DÖRPFELD weiter- und von dem Amerikaner C. W. BLEGEN in den dreißiger Jahren zu Ende geführt. Man stellte IX Schichten mit zahlreichen Einzelphasen vom Beginn des 3. Jahrtausends bis in die hellenistisch-römische Zeit fest, von denen I—V der frühen Bronzezeit (3000—2200) angehören. Schon Troja I war eine befestigte Stadt mit Umwallung und geräumigen Häusern aus Lehmziegeln auf Steinfundamenten. Die schwarz polierte Keramik ist handgemacht. Die dazugehörenden Friedhöfe wurden nicht gefun-

280 *Troja II, Mauern der Burg*

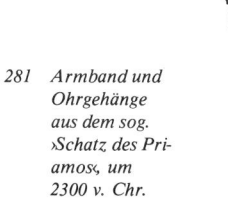

281 *Armband und Ohrgehänge aus dem sog. ›Schatz des Priamos‹, um 2300 v. Chr.*

den; sie werden denen von *Yortan* entsprochen haben, die aus Flachgräbern mit eingesenkten Pithoi (großen Tongefäßen mit der Leiche in Hockerstellung) bestanden. *Troja II (2800—2500)* mit einer von Mauern umgebenen Burg, in die ein turmbe-

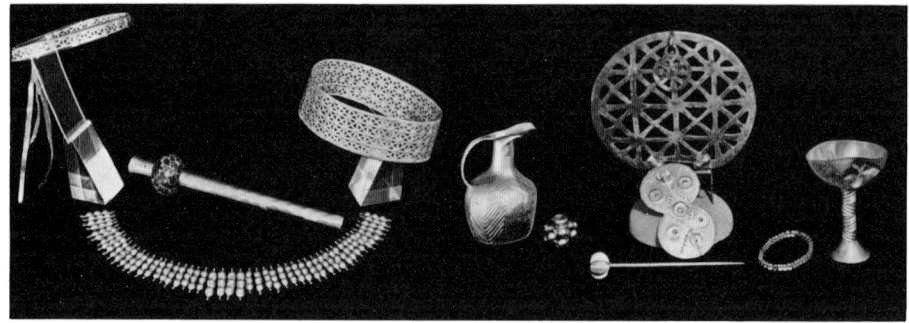

282 Goldgegenstände aus den Königsgräbern von Alaça Hüyük, 2400—2200 v. Chr.

283 Doppelidol aus Goldblech von Alaça Hüyük, ▽ 2. H. 3. Jt. v. Chr., Höhe 3,1 cm

wehrtes Tor zum Megaron, dem Herrschersaal, führte, war die erste Glanzzeit der Königsstadt. Der berühmte, fälschlicherweise dem Priamos zugesprochene Goldschmuck, der Reichtum an Metallarbeiten, Bronzewaffen und Gefäßen, zeugt von dem Glanz des Herrscherhauses. Unter der verfeinerten Keramik finden sich außer merkwürdigen Gesichtsvasen Schnabelkannen mit langer Tülle, wie sie für die hethitische Zeit charakteristisch werden. Idole sind zu strengen, einfachen Formen abstrahiert (vgl. Abb. 44i). In den Königsgräbern von *Dorak* in Nordwestanatolien, die aus der Zeit von Troja II stammen, entdeckte man einen riesigen Schatz an Schmuck, Figurinen und Waffen; sein Aufbewahrungsort ist unbekannt. In Troja IV (um 2300) war die Töpferscheibe bereits im Gebrauch.

In *Beykesultan* (2700—2300) wurden seltsame Doppeltempel für eine männliche und weibliche Gottheit freigelegt. In 9 m langen und 4,5 m breiten Räumen standen 1,50 m hohe Tonstelen in Form von Hörneraltären. Die abstrakten Idole entsprechen denen von Troja II. Die wichtigsten Fundstätten der frühen Bronzezeit in Ostanatolien sind die von *Alischar* und *Alaça Hüyük* nördlich von Bogazköy. Die Schicht von Alaça Hüyük III um 2400 brachte eine großartige Kunst der Metall-

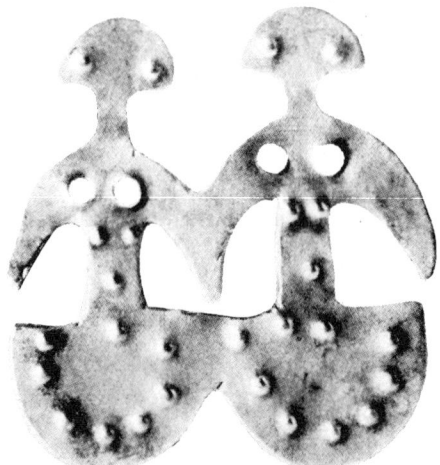

verarbeitung zutage, die es mit der gleichzeitigen von Akkad in Mesopotamien aufnehmen kann. Die Funde gehören zum Schönsten, was wir aus dieser Zeit kennen. In dreizehn Königsgräbern fand man prachtvoll gearbeitete Gefäße, Becher, Stirnbänder, Armreifen, Fibeln und Nadeln aus Gold und Silber, ferner bronzene ›Standarten‹ in Form von Tieren oder von Sonnenscheiben, Symbolen des Weltalls. Sehr eigenartig sind die aus Goldblech geschnittenen stilisierten Doppelidole, deren Brüste durch runde Löcher angedeutet sind. Der axtförmige Kopf findet sich auch bei Idolen aus Elektron, einer na-

türlichen Gold-Silber-Legierung. Schna-
belgefäße sind häufig. Die Gräber waren
rechteckige Gruben mit einer Decke aus
Holzbalken, auf der Schädel und Hufe
geopferter Rinder lagen. In *Horostepe*
nordöstlich Alaca wurde eine weitere
Gruppe von Fürstengräbern mit ähnlichen
Beigaben entdeckt. Die Verwandtschaft
von Tierbronzen mit solchen der ponti-
schen Kultur des Kuban-Gebietes am
Schwarzen Meer weist auf einen gemeinsamen kulturellen Ursprung hin. Die Bronzefigur einer stehenden Muttergottheit, die
ihr Kind stillt, ist ein einzigartiges Werk
dieser Zeit.

Die Träger dieser hochentwickelten Kultur waren die *Chatti,* deren Name erstmals
auf Tontafeln aus der Zeit Sargons von
Akkad erscheint. Das Chattische, über das
wenig bekannt ist, hat keine indoeuropäischen Idiome, es muß eine autochthone
Ursprache gewesen sein. In der zweiten
Hälfte des 3. Jahrtausends drangen indoeuropäische Stämme durch das Gebiet
zwischen Schwarzem und Kaspischem
Meer in das anatolische Hochland um den
Halys, überlagerten die alte Bevölkerung,
die in Kleinstaaten aufgesplittert war, und
übernahmen als Oberschicht die politische
Führung. Da man das Volk, das sich aus
den indoeuropäischen Einwanderungen
und den einheimischen Chatti bildete, als
Hethiter bezeichnet, ein Name, der sich
von dem der Chatti ableitet, sind klare
Scheidungen oft schwierig.

Die Wiederentdeckung der Hethiter

Ein Schweizer Gelehrter, JOHANN LUDWIG
BURCKHARD, der zum Islam übertrat, den
Vorderen Orient bereiste und sich Scheich
Ibrahim nannte, entdeckte 1820 in
einem Bazar von Hama, dem alten *Ha-
math* in Syrien, einen Stein mit »kleinen
Figuren und bizarren Zeichen«, Hierogly-

284 *Bronzefigur
einer stillenden
Muttergottheit
aus Horostepe,
2. Hälfte
3. Jt. v. Chr.,
Höhe 21,5 cm*

phen, wie er sie noch nie gesehen hatte. Er
berichtete darüber in seinem 1822 in London erschienen Buch ›Reisen in Syrien
und dem Heiligen Land‹. Dieser Stein war
der erste Hinweis auf ein 3000 Jahre ver-
gessenes Volk. Erst fünfzig Jahre später
wurde das Interesse zweier Amerikaner,
eines Diplomaten und eines Missionars,
durch Burckhards kurze Beschreibung ge-
weckt. Sie suchten und fanden die Inschrift, wollten sie abzeichnen, mußten
aber wegen der drohenden Haltung der Bevölkerung, die dem Stein wundertätige

Kraft zuschrieb, flüchten. Zwei Jahre später durfte ein irischer Missionar, WILLIAM WRIGHT, mit Genehmigung des britischen Gouverneurs von Syrien von vier solcher mysteriöser Steine Abgüsse machen, die ins Britische Museum nach London kamen, während die Originale in das Museum von Konstantinopel gebracht wurden. Die rätselhaften Bildzeichen, die in Form und Aussehen ganz anders sind als die ägyptischen, fanden das Interesse der Wissenschaft. In Ninive gefundene Siegel mit ähnlichen Hieroglyphen halfen weiter. Der bibelfeste Missionar erinnerte sich an Verse der Genesis, in denen zur Zeit Abrahams der Name *Heth* (hebräisch Hittim) wiederholt auftaucht. Konnten die Zeichen auf dem Stein von diesem Volk stammen, das so bedeutend gewesen sein muß, daß es mit Ninive in Verbindung stand? Es fielen ihm aus dem 2. Buch der Könige (Kap. 7, Vers 6) die Zeilen ein:

»Denn der HERR hatte das heer der Syrer lassen hören ein geräusch von wagen und ein geschrey von pferden und ein geschrey eines großen heers, deswegen hatten sie untereinander gesagt: Siehe, der könig Israels hat wider uns gedinget die könige der *Hethiter,* und die könige der Egypter, daß sie über uns kommen sollen.«

(Übersetzt durch Johann Piscator, gedruckt Bern 1784)

Diese geniale Vermutung, die nun auch dem Namen des vergessenen Volkes auf der Spur war, konnte nur bestätigt werden, wenn die Hieroglyphen von Hama entziffert wurden. Zehn Jahre später gelang der erste Schritt. Der englische Sprachwissenschaftler A. H. SAYCE, sah in einem Werk Abbildungen von Monumenten in Izmir (Smyrna), deren Darstellungen von Weiheszenen solchen aus *Karkemisch* in Nordsyrien und aus *Yazilikaya* bei Bogaz-

285 *Die Begegnung der Götter, Relief aus dem Felsheiligtum Yazilikaya*

köy glichen. Kleidung, Haartracht und die Schnabelschuhe der Gestalten erinnerten ihn an eine kleine Silberplakette, von der sich ein Abdruck im Britischen Museum befand. Er hatte sich nicht getäuscht; die Figur auf dem Siegel, die von Bild- und Keilschriftzeichen umgeben ist, zeigt die gleichen Merkmale. Keilschrift und Bildzeichen bedeuten dasselbe, nämlich »Tar-

286 *Siegel des Königs Tarkumuwa nach einem Abdruck im Britischen Museum, London. Unten der Wortlaut: »Tarku-muwa KÖNIG Me + ra-á LAND«*

kumuwa, König des Landes Mera«. Der Schlüssel war gefunden und Sayce darf als der eigentliche Entdecker des Hethitischen gelten. 1888 fanden Ägyptologen in El Amarna die Bibliothek von Echnaton (s. Kap. VI,2), die zwei Briefe des Königs der Chatti enthielt. Sie sind in babylonischer Keilschrift geschrieben, die man lesen, aber nicht verstehen konnte. Schwedische Wissenschaftler vertraten schon Anfang unseres Jahrhunderts erstmals die

Ansicht, daß es sich um eine indoeuropäische Sprache, die älteste, handelte. 1907 stieß der deutsche Assyrologe HUGO WINKLER, der in Bogazköy Grabungen durchführte, im Innern eines Tempels auf das Archiv der Hethiter mit mehr als 10 000 Tontafeln, darunter auch den Vertrag mit Ägypten, den man aus der Inschrift im Tempel von Karnak kannte. Zahlreiche Texte in babylonischer Keilschrift und meist in akkadischer Sprache gaben Aufschluß über die Geschichte der Hethiter; andere Tafeln in hetitischer Keilschrift konnte man lesen, ihr Inhalt aber blieb dunkel. Die Entzifferung der Keilschrift gelang 1915 dem Tschechen BEDRICH HROZNY, der unter dem Material auch Bruchstücke zweisprachiger Texte, eine Art Wörterbuch fand. Die Vermutung, daß es sich um eine indoeuropäische Sprache handelt, wurde bestätigt. Auch das Rätsel der hethitischen Hieroglyphenschrift, die zweifellos älter als die Keilschrift ist und wahrscheinlich auf die Chatti zurückgeht, wurde in den dreißiger Jahren endgültig gelöst.

Das Althethitische Reich

Als *hethitisch* im eigentlichen Sinn ist nur zu verstehen, was im Zusammenhang mit dem politischen Gebilde steht, das sich im Lauf des 2. Jahrtausends aus der Verbindung der autochtonen Chatti mit den indoeuropäischen Einwanderern entwickelt hat. Diese müssen schon bei ihrer Landnahme mit mesopotamischer Kultur in Berührung gekommen sein und die Keilschrift übernommen haben. In Kappadokien gab es bereits zur Ur III-Zeit mesopotamische Handelsniederlassungen, die vor allem während des altassyrischen Reichs im 19. Jahrhundert v. Chr. zur Blüte kamen. In *Kanesch,* dem heutigen Kültepe, fand man zahlreiche Tontafeln in assyri-

scher Sprache, die von dem regen Handel berichten. Nach Anatolien wurde Zinn eingeführt und dafür Kupfer bezogen. Diese Faktoreien gingen in den Kämpfen der hethitischen Stadtstaaten unter, die der ursprünglichen politischen Gliederung der Chatti entsprachen und nun um die Hegemonie stritten. Erst allmählich wuchsen die Provinzen zusammen, nachdem der Fürst von *Kuschara* die benachbarten Gebiete unterworfen hatte. Sein Sohn ANITTA, dessen Name auf einer hethitischen Tontafel aus Bogazköy erwähnt wird, gilt als Begründer des Reiches (um 1800 v. Chr.). Die nächste Dynastie verlegte die Residenz nach *Chattuscha,* dem heutigen Bogazköy, der alten Hauptstadt der Chatti. Der König LABARNA vereinigte um 1600 v. Chr. das Hethiterland zu einem Großstaat und erweiterte den Machtbereich bis zum Schwarzen Meer im Norden und bis zum Mittelmeer im Süden. Sein Sohn CHATTUSCHILI I. griff entschlossen in die verwickelten Machtverhältnisse der vorderasiatischen Welt ein und stieß bis Aleppo vor, das von seinem Nachfolger MURSCHILI I. um 1530 v. Chr. erobert wurde. In einem Raubzug erreichte dieser Babylon, plünderte es, und führte das Ende der ruhmvollen Hammurabi-Dynastie herbei. Zum ersten Mal traten die Hethiter an die Spitze der vorderasiatischen Großmächte.

Das Reich war zu schnell gewachsen, um die Eroberungen außerhalb Kleinasiens auf die Dauer halten zu können. Die Anforderungen überstiegen die Kräfte des jungen Staates, der im Innern uneinheitlich und zu wenig gefestigt war. Gegensätze zu dem Adel führten zu Auseinandersetzungen und die fehlende Organisation zu Unordnung. Die beiden letzten Herrscher der ersten Dynastie erließen eine neue Thronfolgeordnung, nach der die Nachfolge nicht mehr vom Adel bestimmt wurde. Im 16. Jahrhundert v. Chr. entstand in Nordmesopotamien und Syrien das Mitanni-

287 Schnabelkanne mit geometrischem und symbolischem Dekor aus Kanesch (Kültepe)

288 Flaches Alabasteridol aus Kültepe

289 Rhyton in Form eines Löwen aus Kültepe, 18. Jh. v. Chr.

sche und mesopotamische Elemente, doch darf das Eigenständige, das chattische Element, nicht unterschätzt werden. Die Hethiter trafen als Einwanderer auf eine höhere Zivilisation und bildeten zunächst keine Einheit, was darin zum Ausdruck kommt, daß es in ihrem Reich viele Sprachen gab, neben der hethitischen die luwische, palaische, churittische sowie die akkadische im zwischenstaatlichen Verkehr. Es bestanden, wie erwähnt, zwei Schriftsysteme. Auch in der Kunst trafen viele Strömungen zusammen. Besonders schwierig ist es oft, den churritischen Beitrag abzuschätzen. Obwohl nicht zeitlich sehr weit von Alaca Hüyük entfernt, zeigt die Kunst von Kanesch, dem heutigen Kültepe in Zentralanatolien, zwischen 1950 bis 1800 v. Chr., eine neue Stufe der Entwicklung, wenn sie setzt. Bemerkenswert sind besonders die Erzeugnisse der Keramik, ausgezeichnete rot polierte Gefäße aus fein geschlämmtem Ton, Schnabelkannen mit geometrischem

Reich der Churri, das eine weitere Expansion der Hethiter im Süden verhinderte.

In der hethitischen Kultur dieser Epoche verschmolzen anatolische, indoeuropäi-

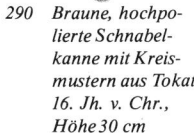

290 Braune, hochpo-
lierte Schnabel-
kanne mit Kreis-
mustern aus Tokat,
16. Jh. v. Chr.,
Höhe 30 cm

291 Bronzestatuette ei-
nes hethitischen
Gottes aus Tokat,
17. Jh. v. Chr.,
Höhe 11,4 cm

Das Großreich

Nach 1450 v.Chr. bestieg eine neue Dynastie unbekannter Abstammung in Chattuscha den Thron. Der als Staatsmann wie als Feldherr gleich bedeutende SCHUPPILULIUMA I. (1380—1346 v.Chr.), der mächtigste Herrscher der damaligen Welt, brachte das Mitanni-Reich in seine Abhängigkeit und gliederte Nordsyrien bis an die Libanongrenze seinem Gebiet ein. Er benutzte die außenpolitische Schwäche Ägyptens unter dem Pharao Echnaton, der von den syrischen Fürsten vergebens um Hilfe angefleht wurde, und errichtete eine dritte Großmacht neben Ägypten und Mesopotamien. Bezeichnend für sein Ansehen ist, daß die Witwe des jung verstorbenen Tutanchamun, des Nachfolgers Echnatons, sich einen hethitischen Prinzen zum Gemahl erbat, der nach Ägypten aufbrach, aber an der Grenze ums Leben kam.

Das von Schuppiluliuma geschaffene Großreich bestand etwa eineinhalb Jahrhunderte und umfaßte fast ganz Kleinasien. Im Süden reichte es bis in die Gegend von Byblos, im Osten bis zum Euphrat. Die außeranatolischen Gebiete wurden von Statthaltern oder vertraglich gebundenen lokalen Königen regiert. Im Unterschied zur üblichen orientalischen Staatsform hatte das Reich eine föderative Struktur. MURSCHILI II., 1345 bis 1315 v.Chr., mußte, wie die meisten hethitischen Könige bei ihrem Regierungsantritt, zunächst schwere innenpolitische Kämpfe in Kleinasien bestehen. Es gelang ihm, die Ordnung zu festigen und den Staat auf eine Auseinandersetzung vorzubereiten, die infolge des wiedererwachten ägyptischen Interesses an Syrien unvermeidbar war. Sein Nachfolger MUWATTALI verlegte den Regierungssitz näher an die syrische Grenze, sicherte sich den Beistand der syrischen und kleinasiatischen Fürsten und erwartete den Angriff von Ramses II.

und symbolischem Dekor, in denen der anatolische, wahrscheinlich frühhethitische Stil vorherrscht. Einzigartig in der Kunst des Nahen Ostens sind die Kultgefäße in Gestalt von heiligen Tieren, die einen bestimmten Gott verkörpern. Am häufigsten erscheint der Löwe, ein uraltes Symbol für alle das Leben bedrohenden Kräfte, die durch die Formgebung gebannt werden. Die in Kanesch gefundenen flachen Alabasteridole, in denen bis zu drei Gottheiten miteinander verbunden und auf denen manchmal in der Mitte der Scheibe ein oder zwei Kinder dargestellt sind, haben in dieser Form keine Gegenstücke in Kleinasien. Ihre Körper sind mit Strichmustern und Kreisen, vermutlich Sonnensymbolen, bedeckt, die Augen stark betont. Auch die Kannen mit rundem Gefäßbauch und die schmalen, hohen Krüge mit stark gebogenem Ausguß zeigen große Eleganz. Zu erwähnen sind kleine Bronzestatuetten dieser Zeit, die bewegt und lebendig gestaltet sind.

Die Schlacht bei *Kadesch* am Orontes im Jahre 1295 v. Chr. brachte für keine Seite eine strategische und politische Entscheidung, wenn sie auch von den Ägyptern als angeblicher Sieg verherrlicht wurde. Die Hethiter wahrten ihre Stellung in Nordsyrien, und die Ägypter fanden sich offenbar damit ab, denn sechzehn Jahre danach schlossen die beiden Gegner einen Friedensvertrag, vermutlich weil sie erkannten, daß mit einem endgültigen Triumph der einen oder anderen Seite nicht zu rechnen war. Das Verhältnis zu Ägypten war von nun an fast freundschaftlich; während einer Hungersnot um 1250 v. Chr. halfen die Ägypter ihren Vertragspartnern sogar durch Getreidelieferungen. Unvermutet drohte aber vom Westen, dem Küstengebiet Kleinasiens, eine neue Gefahr. Dem Abfall örtlicher Fürsten folgte um 1200 v. Chr. der Einfall der sogenannten ›Seevölker‹. Über Kleinasien und den Balkan brach ein Völkersturm herein, der erst an der ägyptischen Grenze zum Stillstand kam. Das hethitische Reich brach zusammen und wurde für immer ausgelöscht. Bald kannte niemand mehr den Namen seiner Hauptstadt.

Chattuscha und Yazilikaya

Die eindrucksvollste Leistung der hethitischen Kultur sind die Tempel, Paläste, die monumentalen Steinreliefs und gewaltigen Befestigungsanlagen in der Hauptstadt *Chattuscha,* deren Ruinen unter Leitung von KURT BITTEL nach dem 2. Weltkrieg weitgehend freigelegt wurden. Eine 6,5 km lange doppelte Zyklopenmauer aus mächtigen unregelmäßigen, aber genau ineinandergefügten Blöcken auf einem Erdwall umgab die beiderseits einer tiefen Felsschlucht liegende Stadt, die nach Norden über ein weites Tal blickte. Der Bau der hochgelegenen Burg und der Mauer sowie ihre Anpassung an das schwierige Gelände

waren für die damalige Zeit eine großartige Leistung. Von den drei Stadteingängen ist das *Löwentor,* flankiert von zwei mächtigen, aus dem Stein hervorragenden Löwen als Wächterfiguren, neben dem *Sphinx-Tor* am berühmtesten. Es wurde zum Vorbild vieler späterer Bauten, z. B. in Dur Scharrukin (vgl. Abb. 184), in Persepolis u. a. Ein Hochrelief auf der Innenseite des Königtors zeigt einen Krieger mit Lendenschurz und spitzem Helm; die Form seiner Streitaxt erinnert an solche aus dem Iran. Von den freigelegten fünf Tempelanlagen ist die des Wettergottes mit ihren zahlreichen Magazinen und Nebenräumen die größte. Der Kalksteinbau von 160 auf 135 m war rechteckig angelegt und umfaßte einen Innenhof, an den im Norden neun Kulträume anschlossen, die man durch eine Pfeilerhalle betrat. Im größten befand sich das nicht erhaltene Standbild

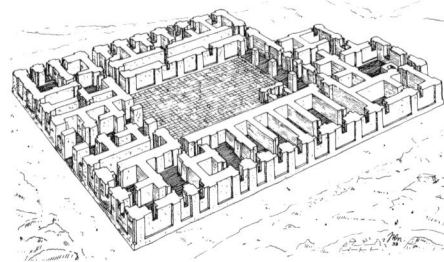

292 *Tempelanlage mit Magazinen in Chattuscha*

293 *Rekonstruktion der Außenseite des Löwentors in Chattuscha*

des Gottes. Die Hethiter verwendeten anstelle von Säulen viereckige Pfeiler. Charakteristisch sind die asymmetrische Planung und große Fenster mit niedriger Brüstung, die den Räumen viel Helligkeit gaben. Man schloß daraus, daß der Kult ursprünglich im Freien stattfand, wie dies im Heiligtum von *Yazilikaya* der Fall war.

Dieses Heiligtum, 2 km nordöstlich der Stadt, liegt zwischen zerklüfteten Felsen auf einem natürlichen terrassenförmigen Einschnitt — ein heiliger Hain, wie man ihn sich romantischer kaum denken kann. Eine Quelle ergoß sich einst von hier ins Tal. Die beiderseitigen Felsen bilden zwei Kammern, in deren Wände die bedeutendsten Reliefs dieser Zeit eingemeißelt sind. In der großen Kammer läuft rings um das Heiligtum in Augenhöhe eine Prozession von männlichen und weiblichen Gottheiten, die sich in einer Mittelszene an der nördlichen Wand treffen. Die Götter tragen spitze Mützen, ein knielanges, gegürtetes Gewand und Schnabelschuhe, die Göttinnen hohe Hüte und in Falten gelegte, schleppende Röcke. In der Mittelszene ist

294 Kriegerrelief vom Königstor in Chattuscha, um 1400 v. Chr.

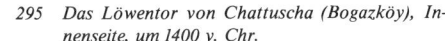

295 Das Löwentor von Chattuscha (Bogazköy), Innenseite, um 1400 v. Chr.

217

die Begegnung von Göttern dargestellt; links steht der Hauptgott auf zwei Berggöttern, ihm gegenüber die Hauptgöttin auf ihrem heiligen Tier, dem Löwen. Der großen Göttin folgen ein jugendlicher Gott, ebenfalls auf einem Löwen, und zwei Göttinnen, deren gemeinsames Tier der doppelköpfige Adler ist (s. Abb. 285). Die Namen der Gottheiten konnten durch die Hieroglyphen über ihren vorgestreckten Händen entziffert werden. Die künstlerisch wichtigeren Reliefs der kleineren Kammer sind besser erhalten. Bei der Darstellung eines Zuges von zwölf Göttern sind die nebeneinandergehenden Gestalten sich überschneidend wiedergegeben, wie es bei Großreliefs in dieser Zeit selten ist. Der jugendliche Gott SCHARRUMA, der den König TUTCHALIJA (13. Jh. v. Chr.) zum Zeichen seines Wohlwollens im Arm hält, zeigt, daß es keine Schranke zwischen Gott und Mensch gab, eine Auffassung, die häufig bei den Indoeuropäern zu finden ist. Vor den Felskammern wurden die Reste eines Tempels aufgedeckt, der vor Betreten des Heiligtums zu durchschreiten war.

296 Relief aus dem Heiligtum von Yazilikaya, der ›junge Gott‹ Scharumma umarmt schützend den König

Kultur der Hethiter

Die Hethiter, die als halb barbarische Stämme nach Kleinasien gekommen waren, verdanken den überraschend schnellen Aufstieg zur Großmacht ihren Führungseigenschaften und ihrer ungewöhnlichen Begabung, sich neuen Verhältnissen anzupassen und die kulturellen Errungenschaften anderer für sich umzumünzen, ferner der Überlegenheit ihrer Waffen und Streitwagen. Ihre Gesetze waren fortschrittlicher als diejenigen Ägyptens und Mesopotamiens. Könige wie TELEPINU und MURSCHILI II. sollen humaner gewesen sein als die meisten Herrscher in jener Zeit. Ihre Duldsamkeit gegenüber den Göttern der besiegten Völker, denen sie einen Platz in ihrem Pantheon einräumten, verschaffte ihnen hohes Ansehen. Man nannte die Hethiter das »Volk mit den tausend Göttern«; sie achteten Bräuche, Sprache und Überlieferung ihrer neuen Untertanen und behandelten diese, als wären sie aus freiem Willen ihrem Reich beigetreten. Dank dieser neuen Auffassung von dem Gebrauch der Macht, die sich von den Vorstellungen des alten Orients grundsätzlich unterschied, meisterten sie jahrhundertelang alle Schwierigkeiten, die ihnen aus der vielfach zusammengesetzten Form ihres Staates, ebenso wie aus der Nachbarschaft mächtiger und aggressiver Reiche erwuchsen.

Die Texte auf Reliefs oder Tontafeln führen in die religiösen Vorstellungen ein, die Beziehungen zu Palästina aufweisen. In den sog. ›Pestgebeten‹ des Königs Murschili II. erkennen wir eine dem Propheten Hiob ähnliche Haltung. Er klagt, daß er wegen der Verfehlungen seiner Vorfahren gezüchtigt werde und beschuldigt sich selbst: »Mein Vater hat gesündigt. Er hat die Gebote des chattischen Wettergottes mißachtet, und ich, ich habe in nichts gesündigt. Es verhält sich damit so: die Sünde des Vaters kommt auf den Sohn. Auf mich ist die Sünde meines Vaters gekommen. Das ist, was ich dem chattischen Wettergott bekannt habe, nämlich, *wir* haben es getan. Da ich die Sünde meines Vaters bekannt habe, möge sich der Geist des Wettergottes meines Herrn, beruhigen...« Die Sünde als die Ursache allen menschlichen Leides, weil sie den Zorn der Götter nach sich zieht, ist nur durch Reue und die Gnade Gottes wiedergutzumachen (A. Moortgat). An der Spitze des Pantheons stand die Sonnengöttin der alten Kultstadt *Arinna;* es gab neben ihr einen männlichen Sonnengott, der aber nicht die Bedeutung hatte wie ihr Gatte, der Wettergott, oft als König des Himmels bezeichnet und als Stier verkörpert. Die Ausstrahlungen des hethitischen Pantheons, das in Kleinasien mit der Zerstörung des Reiches verschwand, drangen bis nach Europa. Der Wettergott, der Drachentöter, ist der Hl. Georg der christlichen Legende. Aus dem Hirschgott RUNDA wurde der Hl. Hubertus, der Beschützer der Jäger. Die Götterwelt der Hethiter zeigt zahlreiche Übereinstimmungen mit der germanischen und hinduistischen. Es hat den Anschein, als ob die unzähligen Götter nur verschiedene Aspekte einer Hauptgottheit waren, die in den einzelnen Provinzen des Reiches andere Namen und Attribute hatte.

Die Einstellung der Hethiter zum Leben war diesseitig, doch glaubte man an ein Fortleben nach dem Tode, das freilich in recht düsterem Licht erschien. Um die Totengeister zu bannen, war ein regelmäßiger Manendienst notwendig. Nach den Funden in der Nekropole von Bogazköy und nach den Texten war Totenverbrennung üblich. Aus der hethitischen Gesetzgebung sei erwähnt, daß sie zwischen Raubmord, Totschlag im Affekt und fahrlässiger Tötung unterschied. Ein Paragraph über Verunreinigung des Wassers zeigt planende Voraus-

schau. Die Rechte der Sklaven waren gesetzlich festgelegt.

Ihren Wohlstand verdankten die Hethiter dem Metallreichtum, in erster Linie dem großen Eisenvorkommen. Als Wertmesser diente ihnen Silber, nicht in gemünzter Form, sondern nach Gewicht. Sie machten keinen Versuch, den Seehandel zu beherrschen; die Landverbindungen reichten für ihre Märkte aus. Landwirtschaft und Viehzucht standen im Mittelpunkt der Wirtschaft; Bier und Brot bildeten die wichtigsten Nahrungsmittel.

Die späthethitischen Kleinstaaten

Nach der Vernichtung des Reiches der Hethiter lebte ihre Kultur südlich des Taurus-Gebirges und in Nordsyrien noch lange weiter. Kolonisten und hethitische Flüchtlinge sowie lokale Dynasten, die vom Königsgeschlecht abstammten oder sich auf

297 *Relief von der ›Langen Mauer der Skulpturen‹ des Königs Katuwa in Karkemisch*

298   Reliefs mit Inschriften und Figuren, Karkemisch

dieses beriefen, führten die Tradition der ruhmreichen Vergangenheit fort. Mittelpunkte der Pflege hethitischer Überlieferungen waren *Malatya* am oberen Euphrat, *Karkemisch* an der Grenze Nordsyriens und die Kleinstaaten von *Marasch, Sendschirli* und *Sakcegözü* im Bergland des östlichen Kilikien. Im 9. Jahrhundert v. Chr. kamen diese in Abhängigkeit der Assyrer und wurden schließlich deren Provinzen. In assyrischen Urkunden wird die Bevölkerung dieser Staaten weiterhin als ›Chatti‹ bezeichnet; die Erwähnung von Hethiterkönigen im Alten Testament bezieht sich auf diese Periode.

Die späthethitische Kunst, die auf die drei Jahrhunderte vom 10. bis 8. v. Chr. beschränkt ist, suchte und fand trotz aller Einflüsse neue Wege. Die Mauerreliefs nahmen statt des mythologischen Charakters einen historischen an und erstrecken sich über mehrere Wandplatten. Sie schildern im Gegensatz zu den assyrischen, die eine Folge von Geschehnissen verbinden, Einzelereignisse. Die frühesten Darstellungen liegen zeitlich vor denen der Assyrer, so daß man die Erfindung des historischen Reliefs den Syro-Hethitern zuschreibt. Die Entwicklung ist am deutlichsten in *Karke-*

299   Felsrelief mit Wettergott und König, Ivriz

misch zu verfolgen. Die Reliefs an der ›Langen Mauer der Skulpturen‹ des Königs KATUWA aus dem 9. Jahrhundert v. Chr. zeigen den neuen Stil, der hundert Jahre später sich voll entfalten sollte. Die schöne Modellierung der Gesichter und Glieder sowie die harmonische, lebendige Gesamtkomposition bilden einen Höhepunkt späthethitischer Kunst. Die Felsskulpturen von *Ivriz,* die berühmtesten der riesigen Außenreliefs jener Zeit, verbinden Tradition und assyrischen Einfluß. Der Wettergott mit den Weintrauben ist fast doppelt so groß wiedergegeben wie der anbetende König.

Unter den Vollskulpturen ragt die des Gottes ATARLUHAS in Karkemisch aus dem frühen 9. Jahrhundert v. Chr. hervor, die trotz einer gewissen Schematisierung mit drohender Kraft und göttlichem Leben erfüllt ist. Ein Meisterwerk der Steinbearbeitung und der Ausdruckskraft ist die Löwen-Säulenbasis von *Tell Taynat.* Um 700 v. Chr. verlor die späthethitische Kunst infolge der politischen Situation ihre Bedeutung. In ihren besten Werken hatte sie auf die Bildhauerei Assyriens und der Achämeniden nachhaltige Wirkung.

300   Löwen-Säulenbasis aus Tell Taynat

Die Phryger

Die *Phryger* waren wie die mit ihnen verwandten Thraker ein indoeuropäisches Volk, dessen Siedlungsgebiet an der unteren Donau lag. Schon vor Beginn der Großen Wanderung um 1200 v. Chr., des Vorstoßes der ›Seevölker‹, scheinen thrakophrygische Kräfte in Anatolien eingedrungen zu sein. Ob die Phryger wie häufig geschrieben, an der Zerstörung Trojas VII a, der homerischen Stadt, um 1240 v. Chr. teilnahmen, ist zweifelhaft; nach Homer und der griechischen Mythologie sollen sie Verbündete der Trojaner gewesen sein. Die in Troja VI plötzlich auftretende Leichenverbrennung deutet auf Beziehungen zur bronzezeitlichen Urnenfelderkultur des östlichen Mitteleuropas, die im Zug der Völkerwanderung dann nach Süden bis Griechenland und Italien vordrang. Die Belagerung und Zerstörung Trojas durch die Mykener, die früher enge kulturelle und politische Beziehungen zu der Stadt hatten, könnte auch von der Erkenntnis ausgelöst worden sein, daß allein durch den Besitz dieser strategisch wichtigsten Festung das vom Norden drohende Unheil abzuwehren war. Auch die Frage, ob die Phryger an der Vernichtung des hethitischen Reiches unmittelbar beteiligt waren, ist umstritten. Jedenfalls rückten sie im Verlauf der Großen Wanderung, die Südeuropa, Vorderasien und den Balkan in Bewegung brachte, in Anatolien ein und traten als wichtigstes der in Kleinasien verbleibenden Völker die Nachfolge der Hethiter an. Im 9. Jahrhundert v. Chr., der Blütezeit des phrygischen Reiches, umfaßte es im wesentlichen das hethitische Kerngebiet. Westlich von ihnen ließen sich die Lydier nieder, anfangs in politischer Abhängigkeit, später als vorherrschende Macht Kleinasiens bis zu ihrer Unterwerfung durch den Perserkönig KYROS. Aus der phrygischen Geschichte gingen die Namen zweier Könige in die Sagen des Altertums ein: MIDAS, auf dessen Bitte Dionysos alles in Gold verwandelte, was jener berührte, ohne ihm Glück zu bringen, und sein Vater GORDIOS, bekannt durch den ›Gordischen

Knoten‹, Symbol aller Schwierigkeiten der Macht. Er sollte dem, der ihn lösen konnte die Herrschaft über Asien bringen; Alexander der Große durchschnitt ihn mit einem Schwertstreich. Mit der persischen Eroberung Anatoliens ging das durch den Einfall der Kimmerier geschwächte Reich der Phryger zu Ende (546 v. Chr.).

Zunächst der hethitischen Kultur verpflichtet, ist im 9. und 8. Jahrhundert v. Chr. eine eigenständige phrygische Kunst zu erkennen. Die Ausgrabungen der Hauptstadt *Gordion* am Sangarius (heute Sakarya) westlich von Ankara brachten interessante Aufschlüsse. Die Anlage der Stadt, die bis ins Chalkolithikum zurückgeht, hat zwei hethitische und darüber zwei phrygische Schichten mit einer gewaltigen Befestigung. In dem größten der etwa achtzig Tumuli (Grabhügel), dem sogenannten *Grab des Midas,* das einen Grundriß von 30 auf 40 m hat und dessen überraschend gut erhaltene Kammer 6 auf 5 m groß ist, fand man das Skelett eines etwa 60jährigen Mannes auf einem Bett, über dem Reste von zwanzig Woll- und Leinendecken lagen. Daneben waren neun dreibeinige Tische unter der Last der Gefäße und Krüge für Nahrung und Getränke zusammengebrochen. Außer 145 Bronzefibeln fand man drei große Bronzekessel und 137 kleinere Bronzegefäße, darunter zwei Situlen (kleine Eimer) mit an Urartu erinnernden Henkeln in Gestalt von Tier- und Sirenenköpfen. Einzigartig ist ein Wandschirm aus Buchsbaumholz mit eingelegten geometrischen Ornamenten. Ein Merkmal der phrygischen Architektur ist die Verkleidung der Mauern mit Kacheln, deren flache Reliefs bemalt sind. Neben geometrischen Formen erscheinen Krieger, geflügelte Löwen und Greife. Vor allem wegen der Kleidung der Krieger betrachtete man sie als Beweis des griechischen Einflusses auf Kleinasien; da die ältesten Kacheln aber aus dem 9., spätestens 8. Jahrhundert stammen, scheinen sie eher den orientalisierenden Stil der Ägäis befruchtet

301 Das ›Grab des Midas‹, aus einem Tumulus von Gordion

302 *Darstellung von Kriegern auf Kachelreliefs, Gordion*

Zum Teil handelt es sich bei ihnen um reine Kultmonumente mit Nischen für das Götterbild. In der späteren Keramik herrschen östliche Einflüsse in den meist geometrischen Ornamenten — Mäandern, Rauten, Dreiecken, Fischgrät- und Schachbrettmustern — vor, mit denen die schönsten Stücke verziert sind.

Bibliographie

Archeologia, Paris, Nr. 36/1970
Helmuth Th. Bossert, *Alt-Anatolien,* Berlin 1942
Albrecht Goetze, *Kleinasien,* München 1957
A.Scharff u. A. Moortgat, *Ägypten und Vorderasien im Altertum,* München 1962
Joseph Wiesner, *Die Thraker,* Stuttgart 1963
Leonard Woolley, *Mesopotamien und Vorderasien,* Baden-Baden 1962

zu haben. Die Fassaden der zahlreichen Felsgräber, häufig mit figürlichem Schmuck, vermitteln eine Vorstellung von der phrygischen Bauweise der Midas-Zeit.

303 *Phrygische Henkelkanne aus Gordion mit geometrischen Mustern und Tierfiguren, 7. Jh. vor Chr., Höhe 25,5 cm*

3 Phönikien und Palästina

Die Mittelmeerküste Vorderasiens ist heute politisch in Syrien, Libanon und Israel gegliedert. Keiner dieser Staaten umgrenzt ein früher zusammenhängendes Kulturgebiet, wie dies z. B. in Ägypten oder im Irak mit Mesopotamien der Fall ist. Von *Syrien* gehörte der nordöstliche Teil um den oberen Euphrat bis zum Taurus-Gebirge kulturell und politisch zu Mesopotamien, wie die Ausgrabungen in Mari, Tell Chuera und Tell Brak bezeugen. Nordsyrien war jahrhundertelang Einflußgebiet der Hethiter, die dort Provinzen wie Karkemisch, Aleppo u. a. besaßen. Auch die Mitanni-Könige herrschten über Vasallenfürsten in

223

Nordsyrien. Enge Beziehungen zu Ägypten bestanden seit Pharao Cheops um 2600.

Altsyrien war stets ein Zentrum kulturellen Austauschs, ohne selbst eine wesentliche schöpferische Rolle zu spielen. Auf seinem Boden und in seinen großen Hafenstädten begegneten sich Asien, Afrika und die östliche Mittelmeerwelt, Semiten, Indoeuropäer und die Völker der Ägäis sowie deren Kulturen und Religionen.

Der Staat *Libanon* ist eine Gründung des 20. Jahrhunderts, im Altertum gehörte dieses Gebiet zu Phönikien. Das heutige *Israel* ist kleiner als das alte Palästina, zu dem auch Jordanien gerechnet wurde. Der Name *Palästina* leitet sich von den Philistern ab, die zu den ›Seevölkern‹ gehörten und sich nach dem mißglückten Vorstoß nach Ägypten gegen 1200 v. Chr. in der palästinensischen Küstenebene festsetzten. Im Alten Testament erscheinen die Philister als die Erzfeinde, unter deren politischem Druck es zur Gründung der israelitischen Monarchie kam. Die offizielle Bezeichnung Palästina, d. h. Philisterland, für den jüdischen Staat stammt erst aus der Römerzeit; er wurde von Kaiser Hadrian nach der Niederwerfung des Bar-Kochba-Aufstandes zur Demütigung der Unterlegenen dekretiert. Dieser Name hat sich für die frühe Zeit in der Archäologie und Geschichtswissenschaft allgemein eingebürgert.

Als *Phönikien* bezeichnete man im Altertum die Küstenregion, die sich von Ugarit im Norden bis nach Tyros im Süden erstreckte, sowie ihr Hinterland, das im Osten über den Libanon und die Ausläufer des Antilibanon und des Hermon-Gebirges bis an den Rand der syrischen Küste reichte. Der Name Phönikien wird auf *phoinix,* d. h. Purpurfarbe, zurückgeführt. Diese wurde seit alter Zeit an den Küsten aus der Stachelschnecke gewonnen und hauptsächlich zum Färben von Wolle verwendet. Der Name Phönikier (Phoiniker) kommt schon in den Texten der kretisch-mykenischen Linear B-Schrift vor, später taucht er auch bei Homer auf.

Phönikien und Palästina waren seit der Altsteinzeit bewohnt. Über die sensationellen Ausgrabungen in den Grotten des Karmel-Berges, in denen Wohnschichten vom Paläolithikum (Abbevillien) bis zur Mittelsteinzeit (Natufien) datiert werden konnten, und in Jericho, dessen älteste Besiedlung in das Frühneolithikum zurückgeht, berichteten wir im IV. Kapitel.

Die Kanaanäer

Die Phönikier waren im wesentlichen identisch mit den *Kanaanäern* des 2. Jahrtausends v. Chr. Kanaan ist eine Ableitung des semitischen Wortes *kihnana,* das gleich Phönikien ›Land des Purpurs‹ bedeutet. In den Amarna-Briefen wird die gesamte Bevölkerung der Westküste Vorderasiens als Kanaanäer bezeichnet, im Alten Testament die Bewohner des oberen Jordan-Tales. Dieses Volk entwickelte sich aus verschiedenartigen ethnischen und kulturellen Elementen, die im Lauf der Jahrtausende auf der Völkerbrücke Altsyrien Fuß gefaßt hatten. Seine Sprache war ein nordwestsemitischer Dialekt. Die in immer neuen Wellen aus den syrischen und arabischen Wüsten einbrechenden semitischen Nomaden prägten entscheidend die Eigenart der Kanaanäer, vor allem die Amoriter, die im 19. Jahrhundert v. Chr. in Mesopotamien das Reich von Babylon gründeten und bis nach Palästina vorstießen. Auch die Bergvölker aus dem Norden, die Churri (die Horiter der Bibel) und die Hethiter trugen nachhaltig zur Entwicklung bei. Bedeutsam waren die engen Beziehungen zu den Kretern und später zu den Mykenern (Achäern), was durch archäologische Funde und Keilschrifttexte aus Ugarit und den Palastarchiven von Mari belegt ist. Eine kontinuierliche Einwanderung aus der Ägäis, die besonders in Ugarit sich niederschlug, erfolgte im 2. vorchristlichen Jahrtausend. Die Verbindungen mit Zypern waren in derselben Zeit sehr intensiv, und der Vorstoß der Hyksos nach Unterägypten im 17. Jahrhundert v. Chr. berührte zweifellos auch die phönikischen Küstenstädte. Die Kanaanäer waren daher ein Mischvolk, jedoch besaßen sie eine gemeinsame semitische Sprache und im großen Ganzen eine gleichartige materielle und religiöse Kultur. Da die Bewohner der syrischen Küsten nicht über ausreichende Anbauflächen verfügten, um von der Landwirtschaft leben zu können, spielte der Handel bei ihnen eine große Rolle. Das Ufergebiet ist durch Gebirgsformationen mit tiefen Schluchten und Wasserläufen, die bis zur Römerzeit nicht überbrückt waren, unterteilt. Diese natürlichen Bedingungen förderten die Bildung von kleinen Stadtstaaten ebenso wie den Seeverkehr. Die Hafenstädte, nicht mehr als eine Tagesreise voneinander entfernt, konnten weit bequemer zu Wasser als zu Lande erreicht werden. Auf Landzungen gelegen, ermöglichten sie die Anlage eines südlichen und eines nördlichen Hafens, in dem die Schiffe je nach der Windrichtung einen sicheren Ankerplatz hatten. Die kanaanäische Seefahrt blieb aber lange hauptsächlich auf die Route längs der syrischen Küste beschränkt.

Von den wechselvollen Geschicken der Kanaanäer der altsyrischen Küsten in den Machtkämpfen zwischen Ägypten, für die diese Gebiete ein Vorfeld ihrer militärischen Sicherung waren, und den mesopotamischen Reichen und den ›Bergvölkern‹ war in den entsprechenden Kapiteln die Rede. Perioden des Wohlstandes in der Zeit des Mittleren Reiches im 19. Jahrhundert und des Neuen Reiches im 15. und 14. Jahrhundert v. Chr., in denen Phöni-

kien und Palästina ägyptische Provinzen waren, wurden von Einfällen der ›Bergvölker‹ und durch Notzeiten infolge innerer Schwierigkeiten abgelöst. Der Ansturm der ›Seevölker‹ gegen Ende des 13. Jahrhunderts v. Chr. führte in beiden Ländern eine neue Zeit herauf.

Die Churri

Über die *Churri,* die seit dem Anfang des 2. Jahrtausends Mesopotamien unterwandert hatten und um 1500 v. Chr. das mächtige, aber relativ kurzlebige *Mitanni-Reich* gründeten, das auch große Teile Nordsyriens umfaßte, wurde bisher nicht zusammenhängend berichtet, weil sich dieses Volk weder politisch noch kulturell klar abzeichnet. Seine Hauptstadt *Waschschukanni* wurde bis jetzt noch nicht wiedergefunden. 1936 entdeckte LEONARD A. WOOLLEY jedoch *Alalach,* heute Tell Atchana, am Orontes-Knie, eine Stadt etwa aus der Mitte des 4. Jahrtausends, die später wahrscheinlich Mittelpunkt eines churritischen Stadtstaates war. Obwohl der Ort am äußersten Westrand des Mitanni-Reiches lag und sicher verschiedenen Einflüssen unterworfen war, ergaben die Ausgrabungen doch zahlreiche Hinweise auf die Kultur und Religion der Churri, in der sumerisch-akkadische, indoeuropäische und westsemitische Elemente verschmolzen. Ihre beiden Hauptgottheiten, der Wettergott TESCHUP und seine Gemahlin CHEPAT, erscheinen als dominierende Gestalten auf der hethitischen Götterprozession von *Yazilikaya* (vgl. Abb. 285). Interessant ist auch die Verwandtschaft des churritischen Göttervaters KUMARBI mit dem griechischen Kronos. Der Glaube an ein Leben nach dem Tod wird aus Darstellungen auf Rollsiegeln deutlich.

Der Palast des Königs JARIMLIN, eines Zeitgenossen Hammurabis, in Alalach, aus

305 Dioritkopf, vermutliches Porträt des Königs Jarimlin

dem 18. Jahrhundert v. Chr., hatte zwei Trakte, ein Amtsgebäude und ein Wohnhaus mit Säulenvorhalle, das ein umfangreiches Tontafelarchiv enthielt. Der Empfangssaal war mit Fresken geschmückt, deren Motive und Technik an die späteren Wandmalereien im Palast von Knossos auf Kreta erinnern. Da Kreter in den Archiven von Alalach erwähnt werden, ist anzunehmen, daß ihnen die Bauten des Jarimlin bekannt waren. Als bedeutendstes Beispiel der Bildhauerei zu Beginn des 2. Jahrtausends gilt ein kleiner Diorit-Kopf, vermutlich ein Porträt des Jarimlin. Löwenskulpturen, die den Eingang eines Tempels aus dem 15. Jahrhundert flankieren, wurden für die Syro-Hethiter, Assyrer und Perser vorbildlich.

Ugarit

Den stärksten Eindruck von der kulturellen und sozialen Struktur Früh-Phönikiens im 2. Jahrtausend v. Chr. vermittelt die von C. F. A. SCHAEFFER ausgegrabene Seestadt *Ugarit* (Ras Schamra) im nördlichen Küstengebiet, der erste internationale Handelshafen, in dem sich die Kaufleute des ganzen Mittelmeerraumes trafen. Wie im mittelalterlichen Venedig und Genua wurden dort anderen Ländern ›Konzessionen‹ eingeräumt. Die fremden Händler und Geldleute hatten ihre eigenen Wohnquartiere, Geschäfte und Heiligtümer. Am Anfang des 2. Jahrtausends erscheint Ugarit ganz unter ägyptischem Einfluß, wie die vielen kostbaren Schmuckstücke, Statuen und Statuetten der Ausgrabungen bezeugen. Der Handel mit Kreta begann schon im 19. Jahrhundert v. Chr. Dünnwandige minoische Keramik mit weißer und roter Bemalung gehörte zu den beliebtesten Einfuhrartikeln. Die Beziehungen zwischen Ugarit und der Ägäis wurden mit dem Erstarken der mykenischen Seeherrschaft noch intensiver.

Trotz den gegenseitigen Vorteilen, die der Handel brachte, spielte sich das Leben nicht ohne gelegentliche Reibereien ab. Vor allem die Achäer machten den einheimischen Ugaritern schwere Konkurrenz. Die Oberschicht war, nach den Funden zu schließen, im 14. und 13. Jahrhundert mehr achäisch als kanaanäisch. Schaeffer, der die Grabungen seit 1929 leitet, sieht in den 4 m unter den Fußböden der Häuser liegenden Grabkammern aus sorgfältig behauenen Kragsteinen einen Beweis für die Spannungen, die zwischen den Bürgern von Ugarit und den eingewanderten Fremden entstanden. Form und Bauweise dieser Gräber werden nur vom ›Schatzhaus des Atreus‹ in Mykene übertroffen. Die Kammern waren nach Jahrhunderten ständiger Benutzung mit Gebeinen und Keramik angefüllt. Vielleicht waren die Fremden vom Recht der Bestattung auf einem gemeinsamen Friedhof ausgeschlossen oder wollten ihre Toten dort nicht beisetzen. Die meisten Beigaben in diesen Familiengräbern waren Gegenstände aus

306 Überwölbte Grabkammer unter einem Haus von Ugarit, 1800—1600 v. Chr.

Ägypten, Kreta, Mykene und Zypern. Die Skelette sind den rassischen Merkmalen nach nicht semitisch.

Nach der Vertreibung der Hyksos aus Ägypten erlebte Ugarit zwischen 1500 und 1300 v. Chr. eine neue Blüte. Die freigelegten Ruinen vermitteln ein Bild von dem Wohlstand jener Zeit. Die privaten Woh-

307 Elfenbeinschild einer Göttin, von wilden Ziegen flankiert

nungen könnten es, was Luxus und Komfort betrifft, mit den heutigen aufnehmen. Die festgebauten Häuser, von außen einfach und nur durch Eckpfeiler aus bearbeiteten Steinen verziert, waren groß und geräumig. Die zahlreichen Räume, in manchen Gebäuden bis zu zwanzig, öffneten sich auf einen Innenhof mit einem Wasserbecken in der Mitte. Eine bequeme Treppe führte in den ersten Stock. Das ebenerdige Badezimmer enthielt eine Wanne aus gebranntem Ton oder Stein, dessen Wasser durch ein geschickt angelegtes Kanalisationssystem ablief. Im Hafenviertel stieß man auf große Warenlager mit Krügen für Wein und parfümiertes Öl.

Die kostbare, in Ugarit gefundene Keramik stammt meist aus mykenischen und zyprischen Importen; die Nachahmungen erreichten nie die Schönheit der Originale. Die zahlreichen Elfenbeinarbeiten halten sich an ägyptische oder mesopotamische Motive; im Stil sind churritische Einflüsse erkennbar. Im Hafen von Ugarit, Minet el Beida, entdeckte Schaeffer eine ausgezeichnete Elfenbeinschnitzerei, die eine sitzende Göttin zwischen zwei wilden Ziegen darstellt; Kleidung, Haartracht und Ausdruck der Göttin sind von Kreta übernommen, andere Züge wie die lockere und freiere Gestaltung sind eigenständig. Von der hohen Qualität der Goldschmiedekunst zeugt eine goldene Schale aus dem 14. Jahrhundert v. Chr. mit der als Relief getriebenen Wiedergabe eines im Streitwagen stehenden Fürsten auf der Jagd; manche ihrer Motive sind allerdings ohne Verständnis für ihre ursprüngliche Bedeutung entliehen. Ein Silberfigürchen mit goldenem Schurz um 2000 v. Chr. ist ein rein kanaanäisches Erzeugnis und zeigt, wie auch die Bronzestatuette einer sitzenden Göttin, die für die Zeit typische frontale Darstellung. Von vorne erscheinen sie rund und plastisch, von der Seite dünn und flach, ein Stil, der Jahrhunderte später bei iberischen

Bronzen wieder erscheint. Eine glasierte Tonplastik mit zwei bärtigen Männern auf einem Wagen ist trotz gewisser mesopotamischer Züge eine einheimische Arbeit.

Als die französischen Archäologen ihre Grabungen in den Ruinen der Zitadelle und Palastanlage, die 1939 eingestellt worden waren, wieder aufnahmen, stießen sie am Westeingang auf einen Turm mit 5 m starken Mauern, der an ähnliche Bauten in Troja III, Tiryns, Mykene und in Einzelheiten der Konstruktion an das hethitische Chattuscha erinnert. In der Nähe fand man Tontafeln mit Anweisungen für die Stadtverteidigung und für die Erfassung der Kriegsdienstpflichtigen. Unweit der Befestigung entdeckte man ein Waffenarsenal mit Pfeilen und mit Kugeln für Schleudern, ferner mit Teilen von Schuppenpanzern aus Bronze, ähnlich denen von Tepe Gaura und dem Grab des Tutanchamun.

308   *Silberfigürchen aus Ugarit. Links mit goldenem Schurz, 20. Jh. v. Chr., Höhe 28 cm. Rechts: Sitzende Göttin, Höhe 25 cm*

309   *Goldene Schale mit Jagdszene, 19 cm ⌀, aus Ugarit*

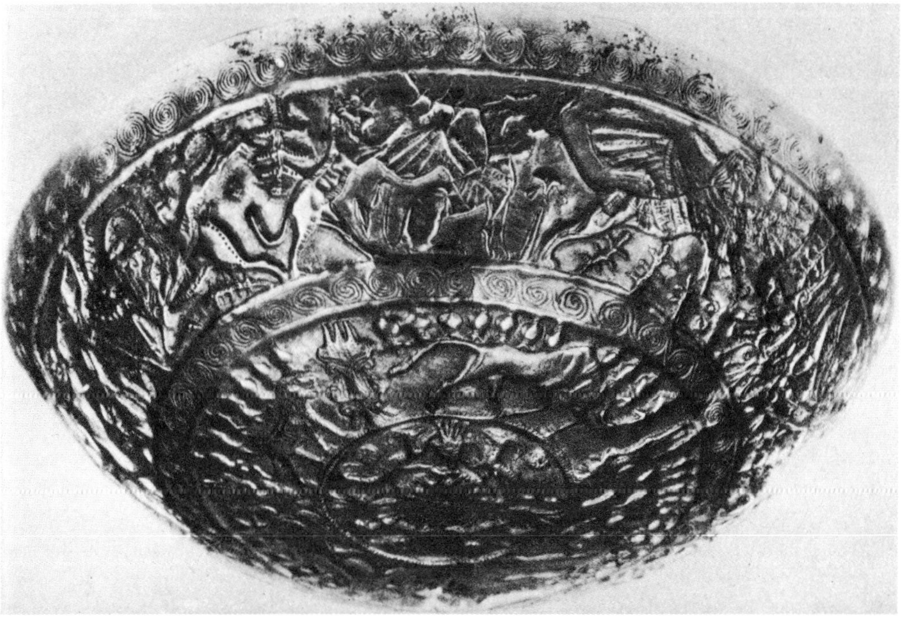

310 Tonplastik aus Ugarit, zwei Männer auf einem Wagen, 13. Jh. v. Chr., Höhe 19,5 cm

Der Königspalast bedeckte etwa 10 000 qm und hatte sieben Eingänge. Vor der 90 m langen, von Pfeilern gegliederten Nordfassade verlief eine 5 m breite Straße. Durch eine Eingangshalle, in der die Palastwache untergebracht war, betrat man einen großen Hof. Der mehrstöckige Bau enthielt 67 Räume, Prunkgemächer mit Mosaiken und Elfenbeineinlagen, Verwaltungszimmer, Archive und Werkstätten. Nördlich des Hofes befanden sich die königlichen Grabkammern, die ausgeraubt waren. Außer Resten von Elfenbein und Gold sowie Scherben von Alabastergefäßen und im mykenischen Stil bemalten Vasen war nichts übriggeblieben.

Das mehrere Räume umfassende Archiv mit verschiedenen Unterabteilungen enthielt Aufzeichnungen über diplomatische Beziehungen sowie Verwaltungsdokumente über Abgaben, Landbesitz, öffentliche Arbeiten und anderes. Die Tontafeln hatten durch einen Brand sehr gelitten, und die Konservierung des mürbe gewordenen Materials bereitete große Mühe. Doch die Arbeit lohnte sich; die Entzifferung der Texte gab über das Leben und die Ge-

schichte dieser großen Handelsstadt wertvolle Aufschlüsse.

Im Hof vor dem Archiv fand man einen Ofen, in dem die Tontafeln mit den eingeritzten Zeichen gebrannt wurden. Er enthielt noch die letzte Füllung, 75 Tafeln, die bei der Zerstörung des Palastes gerade in Arbeit waren. Neben dem Archiv befand sich die Schreiberschule, in der das Wissen an die nächste Generation weitergegeben wurde. Der internationale Charakter Ugarits verlangte Mehrsprachigkeit; die Anforderungen an die Schüler waren groß, denn sie mußten nicht nur Grammatik, sondern auch die verschiedensten Schreibweisen erlernen. Akkadisch, die semitische Sprache Mesopotamiens, war für Religion und diplomatischen Verkehr unumgänglich, Ägyptisch war als Sprache der ersten Eroberer und des wichtigsten Handelspartners nicht weniger wichtig; hinzu kamen außer der eigenen Muttersprache als Folge des späteren Übergewichts der nördlichen und ägäischen Völker das Hethitische und Kretische. Die Ausgräber hatten das Glück, neben Alphabeten für Schreibschüler Gegenüberstellungen derselben Texte in verschiedenen Sprachen und Schriften zu finden. Diese Entdeckungen gaben den Schlüssel für die Entzifferung des ugaritischen Keilschrift-Alphabets mit 29 Zeichen, einer Erfindung des 15. oder 14. Jahrhunderts v. Chr. von weltweiter Bedeutung.

Den in ugaritischer Schrift auf Tontafeln geschriebenen Epen religiösen Inhalts, die nicht in Tempeln oder Heiligtümern, sondern in Häusern gefunden wurden, ver-

311 Das Alphabet aus 29 Buchstaben, von einer Tontafel aus Ugarit

danken wir genauere Kenntnisse über Religion und Götter der Kanaanäer. Oberste Gottheiten waren EL und seine Gemahlin ASCHERA, eine Muttergottheit. Den Wechsel von Tod und Wiederauferstehung, zugleich die Fruchtbarkeit verkörperte BAAL, dessen Größe und Kampf gegen NOT, den Gott der Dürre, in den episch-dramatischen Texten von Ugarit verherrlicht werden. Göttin der Liebe war ASTARTE. Das ›Epos von Aqhat‹, einer der längsten und geistvollsten alten Texte, weist manche Ähnlichkeiten mil dem Gilgamesch-Epos der Sumerer auf.

Eine aufsehenerregende Entzifferung einer in Ugarit gefundenen Keilschrifttafel in churritischer Sprache wurde 1974 von der amerikanischen Wissenschaftlerin ANNE D. KILMER mitgeteilt. Nach 15jähriger Arbeit gelang es ihr, das Problem der Tafel zu lösen und vier Zeilen als Liedertext, sechs als die Melodie zu erkennen. Trifft die Hypothese zu, so würde sie die bisherigen Vorstellungen vom Ursprung der westlichen Musik revolutionieren. Nicht nur das erste Alphabet, sondern auch die ersten Noten stammten dann aus dieser Stadt.

Durch den Einbruch der Seevölker um 1200 v. Chr. wurde der reiche Seehafen Ugarit für immer ausgelöscht.

Byblos

Byblos an den Abhängen des Libanon verdankte seinen frühen Aufschwung und seine Bedeutung vor allem dem Handel mit Zedernholz, das es aus seinen großen Wäldern hauptsächlich nach Ägypten exportierte. Pharao Snefru führte 2600 v. Chr. 40 Schiffsladungen des Holzes ein, das so berühmt war, daß aus dem ägyptischen Namen für Byblos — ›Kepen‹ — die Bezeichnung für Schiffe abgeleitet wurde, die man *kepenit,* d. h. ›aus Holz von Byblos gemacht‹, nannte. In den Ruinen fand man

312   *Monolithen in Byblos*

goldverzierte ägyptische Alabaster- und Diorit-Vasen mit den Namen fast sämtlicher Pharaonen von der 3. bis zur 6. Dynastie. Möglicherweise ist der ägyptische Osiris-Kult syrischen Ursprungs. Die Gottheit ist in manchen Zügen dem in Byblos verehrten Adonis verwandt.

Der *Tempel des Adonis,* des phönizischen Vegetationsgottes, war das wichtigste Bauwerk der Stadt. Leider wurde er im Laufe der Jahrtausende seit Bestehen des Kults, der von der Vorgeschichte bis in die römische Zeit geübt wurde, so oft beschädigt und umgebaut, daß es heute schwer ist, sein ursprüngliches Aussehen zu rekonstruieren, das auf ein Heiligtum aus dem 4. Jahrtausend zurückgeht. Die monolithischen Obelisken in den Ruinen stammen aus kanaanäischer Zeit, dem 2. Jahrtausend v. Chr., und waren vermutlich mit goldenen Schlußsteinen gekrönt. Im Tempelbezirk fand man zahlreiche Schmuck-

313   *Goldener Dolch mit Scheide, aus Byblos, 18. Jh. v. Chr., Länge 40 cm*

stücke und Waffen, darunter einen prachtvollen Dolch mit Elfenbeingriff, auf dem kretische und andere Motive zu einem harmonischen Ganzen vereint sind; er ist beispielhaft für die damalige Kunst in Phönikien. Auch granulierte Zeremonialäxte bestätigen die handwerkliche Meisterschaft der Goldschmiede.

Die reichen Beigaben in den in den Fels gehauenen Königsgräbern aus dem 2. Jahrtausend, in deren 6 bis 7 m tiefen Schächten Sarkophage standen, sind zum Teil aus Ägypten eingeführt oder weisen Einflüsse von dort auf.

Inschriften aus Byblos mit verkürzten hieroglyphenartigen Zeichen aus der Zeit zwischen 2000 und 1500 v. Chr. konnten noch nicht entziffert werden, lassen aber vermuten, daß es sich um erste Versuche einer alphabetischen Schrift mit phonetischer Schreibweise handelt.

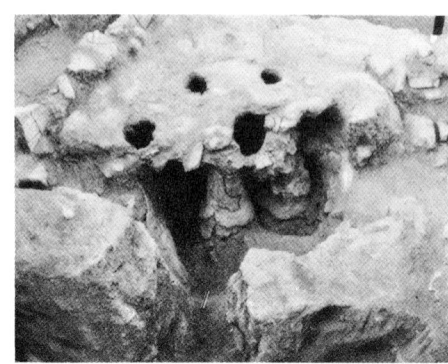

314 Keramikbrennofen von Tell el Farah

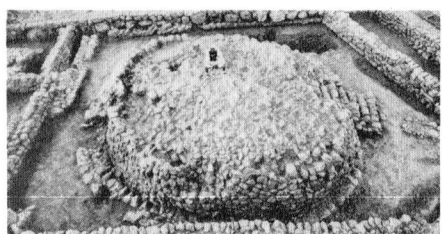

315 Großer runder Altar von Megiddo 3. Jt. v. Chr.

Die Kanaanäer in Palästina

Im Gegensatz zum Neolithikum (vgl. Kap. IV u. V) gibt es aus der Bronzezeit, dem 3. und 2. Jahrtausend, in *Palästina* wenig Denkmäler. Die Küstenstädte Phönikiens waren durch Handel schon früh reich geworden und konnten sich durch ihre geographisch geschützte Lage von Erschütterungen und Plünderungen immer wieder erholen. Als kosmopolitische Zentren trafen sich in ihnen die kulturellen Strömungen der Zeit. Palästina dagegen war zwei Jahrtausende lang in viel stärkerem Maße Aufmarschgebiet für die kriegerischen Auseinandersetzungen zwischen Süden und Norden mit allen daraus entstehenden Verheerungen. Dazu kam, daß es ständig von Nomadenstämmen aus der Wüste heimgesucht wurde, die sich zu verschiedenen Zeiten in verschiedenen Orten des Gebietes festsetzten. Schon in der frühen Bronzezeit, dem 3. Jahrtausend, war Palästina in zahlreichen miteinander rivalisierende Stadtstaaten gegliedert. *Jericho* muß in dieser Epoche eine relativ wohlhabende Stadt gewesen sein, eng gebaut mit festen Häusern. Größere Orte waren *Tell el Farah* an der Straße vom Jordan-Tal ins Herz Palästinas, wo ein großer Keramikbrennofen freigelegt wurde, ferner *Megiddo* auf einem riesigen Hügel, in dem ein konisch gebauter runder Altar ausgegraben wurde. Zu erwähnen sind ferner *Bet Schan* in der westlichen Jordan-Ebene, das ebenso beherrschend wie Megiddo auf einer Anhöhe lag, und *Ai,* etwa 13 km nördlich Jerusalems, mit mächtigen Befestigungsanlagen, einer großen Nekropole und einem Heiligtum, das in seiner Anlage dem späteren Tempel Salomos ähnelt.

Am Ende des 3. Jahrtausends brachen neue semitische Nomadenstämme in Palästina ein, Vorläufer der Amoriter. Es waren kriegerische Horden, welche die Städte zerstörten und ihr Nomadenleben weiterführten. Im 19. Jahrhundert v. Chr. folgten die Kanaanäer, kulturell höherstehende Stämme, die zur gleichen Zeit auch die Küstenstädte Phönikiens besetzten. Die Rückkehr zum städtischen Leben, neue Keramikformen, Waffen und andere Begräbnissitten kennzeichnen ihr Erscheinen. Neuankömmlinge und einheimische Bewohner verschmolzen und schufen zusammen eine Kultur, die trotz wechselvoller politischer Ereignisse jahrhundertelang bis zur Ankunft der Israeliten bestehen blieb.

Nach der Vertreibung der Hyksos um 1570 v. Chr. kam Palästina wieder unter ägyptische Herrschaft. In den Auseinandersetzungen zwischen Hethitern und Ägyptern versuchten die Stadtstaaten ihre Unabhängigkeit zu bewahren, aber Streitigkeiten und Fehden untereinander rissen nicht ab und bereiteten den Boden für das Eindringen neuer Völkerschaften. Die Ge-

316 Elfenbeintäfelchen mit Sphinx-Darstellung aus Megiddo

schicke der Städte spiegeln die Wirren und Kämpfe des 2. Jahrtausends wider. Verbesserte Verteidigungsanlagen in der damals mächtigsten, in der Bibel mehrfach erwähnten Stadt *Hazor* ermöglichen Rückschlüsse auf die neue Art der Kriegsführung. Das im Norden gelegene *Megiddo* war dank seiner günstigen Lage bis zu seiner Zerstörung durch Thutmosis III. um 1480, der hier die syrische und palästinensische Koalition unter Führung des Fürsten von Kadesch schlug und dem unermeßliche Beute in die Hände fiel, eine reiche Stadt. In dem Palast fand man einen riesigen Schatz aus Gold, Elfenbein, Lapislazuli und anderem kostbaren Material. Manche Stücke sind den besten Arbeiten der Zeit ebenbürtig. Außer dem Palast legte man einen der frühesten Tempel der Bronzezeit frei, massiv gebaut, aber sehr schlicht in der Form.

In *Bet Schan* wurden die Reste einer größeren Stadt entdeckt, darunter mehrere Tempel aus der Zeit zwischen 1350 und 1150 v. Chr., die göttliche Wohnsitze und nicht heilige Bezirke mit Umfriedungsmauern waren. Der älteste mit zahlreichen Höfen und Altären ist kanaanäisch; die Gottheit wurde als Steinsäule verkörpert. Ein jüngerer zeigt in dem teilweise überdeckten Vorhof und dem zurückliegenden erhöhten Heiligtum ägyptische Einflüsse. Ein Relief mit dem Kampf eines Löwen und Hundes gilt als ein charakteristisches Beispiel kanaanäischer Kunst.

Bet Schan war seit dem Anfang des 3. Jahrtausends besiedelt, wie zahlreiche Gräber beweisen. Aus der Zeit der ägyptischen Besetzung stammen eine Stele von Sethos I. und eine Statue von Ramses III. Der Platz war ein Versorgungszentrum für die ägyptischen Truppen; man legte bei der Ausgrabung riesige Silos frei, mehrere noch mit Getreide gefüllt. Syrisch-hethitische Rollsiegel, zyprische und ägäische Keramik sowie ein Steinthron im minoischen

317   Der Tempel des Gottes Mikal in Bet Schan, 13. Jh. v. Chr.

318   Kampf zwischen Löwe und Hund, aus Bet Schan

Stil sind Zeugnisse der verschiedenartigen Einflüsse.

Lachis (Tell ed-Duwer), etwa 32 km nordwestlich von Jerusalem, war schon in früher Bronzezeit besiedelt. Seinen Aufschwung unter ägyptischer Herrschaft und unter den Israeliten verdankt es seiner strategisch wichtigen Lage auf einem beherrschenden Hügel. Aus der Zeit um 2000 v. Chr. fand man eine Nekropole mit Schachtgräbern und Kammern, als Beigaben Becher, Schalen und Krüge mit einfachen Linienornamenten. Aus der mittleren

319   Grundriß der drei Tempel von Lachis. Links 1480—1420 v. Chr.; Mitte 1420—1335 v. Chr.; Rechts 1325—1260

  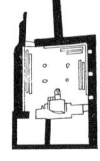

Bronzezeit um 1700 v. Chr. stammen eine Befestigungsanlage mit starkem Wall, der mit Steinen gleichmäßig verkleidet war, und ein in den Fels gehauener Graben. Um 1480 v. Chr. wurde außerhalb der Umwallung ein einfacher Tempel errichtet, dessen Dach auf Holzsäulen ruhte. Der Altar bestand aus einer niedrigen Steinbank mit drei Vorsprüngen, die auf die Verehrung einer Götterdreiheit schließen lassen. In den Boden vor dem Heiligtum waren zwei Krüge für die Aufnahme von Trankopfern eingelassen. Der Tempel wurde zweimal durch größere überbaut, der letzte um 1230 v. Chr. zerstört, vielleicht von den neuankommenden Israeliten.

Die Phönikier des 1. Jahrtausends v. Chr.

Nach der Niederlage durch Ramses III. zogen sich Teile der ›Seevölker‹ nach Phönikien zurück und siedelten sich dort an. Infolge ihrer zahlenmäßigen Unterlegenheit verschmolzen sie mit der einheimischen Bevölkerung und übernahmen deren Kultur. Die *Phönikier* bezeichneten sich selbst als Kanaanäer. Schon bald gewannen sie die Herrschaft über das Mittelmeer. Da die Kanaanäer bis dahin keine expansive Seepolitik betrieben hatten, muß es das neue Element der seit alters seefahrenden Einwanderer aus der Ägäis gewesen sein, das diese Entwicklung einleitete. Die Phönikier überwanden die engen Grenzen ihrer Heimat und wurden das von Homer genannte »Volk der Seefahrer«. Auf Zypern, in Griechenland, auf Sizilien, Sardinien und Malta, in Nordafrika und Südspanien errichteten sie Handelsniederlassungen. Ihre Vormachtstellung im Mittelmeer dauerte fast 400 Jahre. Die Städte Phönikiens waren von 1150 bis 830 v. Chr. in einem Maße unabhängig wie nie zuvor. Als im 9. Jahrhundert die assyrischen Herrscher das Land wiederholt angriffen, plünderten und die Städte tributpflichtig machten, verließen Teile der Einwohnerschaft von *Tyros* und *Sidon* ihre Heimat und gründeten 814 v. Chr. *Karhago.* Auflehnung gegen die Fremdherrschaft führte im 8. und 7. Jahrhundert zu erneuter Unterwerfung Phönikiens durch die Assyrer und Babylonier. Als die Städte sich im 4. Jahrhundert mit den Griechen verbündeten, wurde Sidon von dem Perserkönig ARTAXERXES III. belagert; die Bewohner steckten die Stadt in Brand und gingen mit ihren Familien, Archiven und Kunstwerken zugrunde. Ein ähnliches Schicksal erlitt Tyros, das bis zum 6. Jahrhundert die führende Stadt war. Im Jahr 332 durch Alexander d. Gr. erobert, wurde Phönikien 64 v. Chr. römische Provinz.

Die Phönikier fügten der Kultur der Kanaanäer nichts wesentlich Neues hinzu. Die Grabungen in den einst großen Städten Sidon und Tyros waren archäologisch eine Enttäuschung; die verheerenden Zerstörungen hatten wenig übriggelassen. Außerdem waren die Grabungen erschwert, weil die alten Stätten überbaut sind. Einige Beispiele mögen zur Repräsentation ihrer Kunst genügen. Berühmt ist der Sarkophag des Königs AHIRAM aus Byblos, weniger wegen seiner an ägyptische Vorbilder erinnernden Reliefs, sondern wegen seiner Inschrift, auf der zum erstenmal das phönikische Alphabet mit 22 Konsonanten in Kursivschrift erscheint. Er wird ins frühe 10. Jahrhundert, von manchen ins 13. Jahrhundert v. Chr., datiert. Unter den zahlreichen Elfenbeinarbeiten ragt eine Plakette hervor, die in *Kalach* (Nimrud) gefunden wurde. Die ausgezeichnete Arbeit stellt einen Neger dar, der von einem Löwen überfallen wird. Die großen bleibenden Leistungen der Phönikier sind die Bewahrung altvorderasiatischer Kultur und Ideen, ihre Vermittlung an die heranwachsende abendländische Welt und die Entwicklung des Alphabets,

320 *Sarkophag des Königs Ahiram von Gebal, aus Byblos, mit Inschrift*

321 *Löwin schlägt einen jungen Neger, Elfenbeinplakette aus Nimrud, 8.—7. Jh. v. Chr.*

einmal in Zeichen, die sie von den ägyptischen Hieroglyphen übernahmen, das andere Mal in solchen, die Keilschriftcharakter haben. Von ihnen aus trat das Alphabet seinen Siegeszug nach Griechenland an. Nicht zu vergessen ist ihre Erfindung des geformten und später des geblasenen Glases.

Israel

Nach den Überlieferungen der Bibel brach ABRAHAM mit seinem Anhang in der Gegend von Ur in Südmesopotamien auf, wanderte den Euphrat entlang nach Haran (alt: Karrhai), unweit von Karkemisch, und von dort nach Palästina. Die Erzväter waren semitische Nomaden, die im Lauf der Völkerbewegungen des 2. Jahrtausends aus der Wüste in die Kulturländer eindrangen. Abraham wird im Alten Testament als *Hebräer* bezeichnet, ebenso auch israelitische Stämme, deren nächste Verwandte die Aramäer waren. In den Amarna-Briefen der Zeit Echnatons klagt der ägyptische Gouverneur von Jerusalem über semitische Beduinenstämme, die *Habiru* (auch Chabiri oder Chapira), die das Land verunsicherten. Ob diese Habiru eine bestimmte Bevölkerungsgruppe waren oder ob man unter ihnen einen Verband von zusammengewürfelten Kriegern und Freibeutern zu verstehen hat, ist ungeklärt. Die eingesessenen Kanaanäer nannten die Eindringlinge Hebräer *(Ibrim),* d. h. »Leute von jenseits« (des Jordan-Flusses). Es ist wahrscheinlich, daß die Worte *Habiru — Ibrim — Hebräer* auf die gleiche Wurzel zurückgehen. Der Name *Israel* erscheint zum erstenmal auf einer Stele des Pharao Merenptah (um 1220 v. Chr.), auf der er einen Sieg über Palästina feiert. Nach dem Alten Testament sollen unter dessen Vater Ramses II. Israeliten beim Bau einiger Städte in Ägypten eingesetzt

gewesen sein. Wenn Hebräer und Habiru zusammengehören, sind sie vom Stamm Israel nicht zu trennen. Außer diesen wenigen Angaben weiß man nichts über die Ereignisse der frühen Zeit, vor allem über den Aufenthalt der Israeliten in Ägypten.

Semitische Stämme waren in das Deltagebiet schon vor dem Einbruch der Hyksos eingesickert oder als Gefangene und Arbeiter dorthin verschleppt worden. Das Alte Testament berichtet, daß eine Hungersnot Stämme JAKOBS zwang, Zuflucht in Ägypten zu suchen, und daß JOSEPH am Hof des Pharao zu hohen Ehren gelangte. Die spätere Unterdrückung durch die ägyptischen Könige soll den Auszug der Hebräer veranlaßt haben, die sich mit den andern dort lebenden Semiten zusammenschlossen, vermutlich unter der Regierung von Ramses II. um 1240 v. Chr. Der Auszug führte als eine gefeierte und im Bund mit Jahwe geschehene Tat vermutlich erst zu einem hebräischen Volksbewußtsein, das auch in Palästina zurückgebliebene Gruppen erfaßte. MOSES, der den Auszug des Volkes aus Ägypten geleitet und ihm nach der Offenbarung Gottes im brennenden Dornbusch auf dem Berge Sinai sein Gesetz gegeben hatte, starb im Anblick des Gelobten Landes. Die Eroberung Palästinas erfolgte unter Führung JOSUAS von Süden her; nach einem ersten mißglückten Versuch konnten die Israeliten Fuß fassen, Jericho, Ai, Lachis und weitere Orte besetzen und nach Norden vorstoßen. Es gelang aber nicht, die Kanaanäer aus Jerusalem, aus andern großen Städten und der fruchtbaren Küstenebene zu vertreiben. Die Einwanderer schufen sich einen eigenen Siedlungsraum durch Rodung des waldreichen Berglandes, von wo aus sie sich langsam ausbreiten konnten. Die ersten Jahrhunderte nach den Landnahmen waren äußerst bewegt; nach allen Seiten hatten sich Israeliten gegen die Angriffe benachbarter Stämme zu wehren.

Das eroberte Gebiet wurde in die ›Zwölf Stämme‹, die an dem Kampf teilgenommen hatten, aufgeteilt, eine Zahl, die vielleicht auf den einmonatlichen Gottesdienst an der Bundeslade in Gilgal zurückzuführen ist. Die ›zwölf Stämme‹ würden dann den 12 Monaten des Jahres entsprechen. In Zeiten der Not traten in den Stämmen ›Richter‹ auf, militärische Anführer kraft göttlicher Berufung.

Nach der Niederlage der Seevölker durch Ramses III. setzten sich die zurückgeschlagenen *Philister* (Peleset), deren Herkunft noch immer umstritten ist und die wahrscheinlich über Kreta gekommen waren — sie gaben Palästina den Namen —, in der Küstenebene des Landes fest. Nach dem Sieg über die Israeliten bei *Aphek* drangen sie bis in die Mitte Palästinas vor und raubten die Bundeslade. Ihre militärische Überlegenheit beruhte auf der Verarbeitung von Eisen, für das sie in dieser Zeit eine Art Monopol hatten und riesige Preise verlangten. Unter dem Zwang der zunehmenden Bedrohung verstand es SAMUEL, der letzte Richter, den Zusammenhalt der Stämme zu stärken und Israeliten und Kanaanäer zu verbünden. Aus der Verschmelzung der kulturell höherstehenden Kanaanäer und der politisch führenden hebräischen Stämme entstand das israelitisch-jüdische Volk — ein Ereignis von weltgeschichtlicher Bedeutung. Samuel salbte auf Drängen der Ältesten SAUL zum König über das ganze Volk. Als bedeutender Heerführer errang dieser im Kampf gegen die Philister große Erfolge, verlor aber DAVID, seinen tüchtigsten Offizier, auf den er einen Anschlag verübte, an die Feinde. Um 1000 v. Chr. vom Gegner schwer geschlagen, beging er Selbstmord. Seine Heimatstadt *Gibea* wurde freigelegt, die nach der Zerstörung von 1200 v. Chr. wieder aufgebaut worden war und deren zweistöckige Zitadelle man dem Vater Sauls zuschreibt. Die dort gefundenen Gegenstände verdeutlichen die einfache Lebenshaltung der damaligen Zeit. Die monarchische Periode erreichte unter DAVID und seinem Sohn SALOMO ihren Höhepunkt.

Das vereinigte Königreich bildete für die Dauer von etwa 80 Jahren eine starke politische Macht zwischen Ägypten und Mesopotamien. David, zuerst Vasall der Philister, gelang es durch Klugheit und Tapferkeit deren Herrschaft zu stürzen und *Jerusalem* zu erobern, das er zu seiner Residenz erhob. Er ließ die zurückgewonnene Bundeslade dorthin bringen. Der einst mit den Stämmen wandernde Gott hatte einen festen Wohnsitz gefunden; Jerusalem wurde zum religiösen Zentrum der Israeliten.

SALOMO (971 bis 922 v. Chr.) konnte den Frieden bewahren, regierte aber im Innern als absoluter Monarch; trotz vermehrter

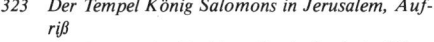

323 *Der Tempel König Salomons in Jerusalem, Aufriß*

322 *Die Ruinen der Residenz König Sauls in Gibea, der ersten Königsburg Israels*

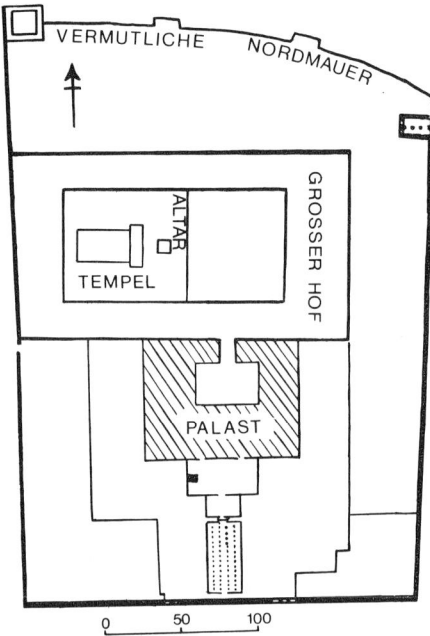

324 Grundriß vom Tempel König Salomos

Jahre. Da die Überbauung der alten Stadt wissenschaftliche Ausgrabungen größeren Umfangs verhindert, können wir genaue Kenntnisse von dem damaligen Jerusalem nicht erwarten. Wir wissen nur, daß Salomo seine Hauptstadt mit der Pracht ausstatten ließ, die an orientalischen Fürstenhöfen der damaligen Zeit üblich war. Auf Grund biblischer Texte und vergleichender Arbeiten erstellte man einen mutmaßlichen Plan der Tempelanlagen. Die wichtigste Entdeckung war ein etwa 500 m langer, in den Fels gehauener Tunnel, der einst der Wasserversorgung diente. Eine ähnlich kunstvolle Anlage fand man außer in *Gibeon* auch in *Megiddo,* das den strategisch wichtigen Paß über den Karmel beherrschte und unter den ausgegrabenen Städten der salomonischen Zeit (Hazor, Gezer u. a.) die interessantesten Ergebnisse brachte. Dort legte man auch die Stallungen für etwa 450 Pferde frei mit Futterkrippen und Pfeilern zum Anbinden der

326 Stollen der Wasserleitung nach Megiddo

Handelseinnahmen verlangte sein 'Aufwand große, von dem Volke schwer aufbringbare Steuern, die zum wirtschaftlichen Verfall führten. Sein größtes Unternehmen auf dem Gebiet der Architektur war der Bau eines Tempels und Palastes in Jerusalem mit einem Frauenhaus für den Harem mit 700 Fürstinnen und 300 Nebenfrauen. Die Errichtung des Tempels, für den eine große Terrasse mit Stützmauern aufgeworfen werden mußte, dauerte 7½

325 Die Pferdeställe Salomos in Megiddo

Tiere. In einem angrenzenden Areal konnten 150 Streitwagen untergebracht werden. Man schrieb diese Bauten Salomo zu, der Handel mit Pferden betrieb, die er aus Kleinasien einführte und nach Ägypten verkaufte; von dort lieferte er Streitwagen in den Norden. Nach neueren Grabungen sollen die Anlagen ein Werk der *Omriden* aus dem 9. Jahrhundert v. Chr. sein. Andere ›Wagenstädte‹ Salomos sind im ›Buch der Könige‹ im Alten Testament erwähnt. Für das Bild des wirtschaftlichen Lebens zur Zeit Salomos sind die Entdeckungen von Kupferminen und -röstereien im Gebiet zwischen dem Toten Meer und dem Golf von Akaba sehr aufschlußreich.

Die staatliche Einheit zerfiel nach dem Tode Salomos in das nördliche Königreich *Israel,* das bis zum Fall von Samaria im Jahr 721 v. Chr. bestand, und in das südliche von *Juda,* das sich bis zur babylonischen Gefangenschaft 580 v. Chr. halten konnte. Während das nördliche Land, das zehn Stämme umfaßte, militärisch stärker und gebietsmäßig größer war, lag Jerusalem und damit der Mittelpunkt des Kultes im südlichen Reich. Kämpfe um die Thronfolge und das Eindringen fremder Kulte im Norden erschütterten die religiöse Tradition des Volkes und riefen das Prophetentum auf den Plan, das gegen den Götzenkult kämpfte, vor allem gegen den Baals-Dienst, auch gegen die Könige, welche diesen unterstützten. Die Verunreinigung des Glaubens und die Untreue des Volkes gegenüber Jahwe mußten den Propheten zufolge unausbleiblich den politischen Niedergang zur Folge haben. Hundert Jahre später, um die Mitte des 8. Jahrhunderts v. Chr., formulierte AMOS, ein Viehzüchter aus Juda, noch schärfer die Religion Jahwes als ein absolut ethisch-religiöses Prinzip. Der Gott Israels, nicht darstellbar und unaussprechlich, ist das Erhabenste, was das religiöse Denken der Semiten geschaffen hat.

Unter der Dynastie der Omriden, den Königen OMRI und AHAB, erlebte das Königreich Israel von 885 bis 852 v. Chr. eine politische Blüte und eine territoriale Ausdehnung wie zu Davids Zeit, die Verehrung von Baal und Aschera führten aber zum offenen Bruch mit den Propheten ELIA und ELISA. Die Omriden wurden gestürzt, der Tempel in Samaria niedergerissen und die Götzenbilder zerschlagen. Eine ähnliche Revolution fand wenige Jahre später in Juda statt; in Jerusalem wurden der dortige Tempel des Baal zerstört und seine Priester beseitigt.

Omri verlegte seine Residenz von der alten Königsstadt *Thirza* nach dem neu erbauten *Samaria* auf einem Hügel, der die wichtigste Nord-Süd-Straße beherrschte und günstige Verbindungen zu der phönikischen Küste hatte. Archäologisch ist die Stadt wichtig, weil sie die einzige Neugründung der Israeliten ist. Die Anlage auf dem ursprünglich etwa 100 m breiten und 250 m langen Plateau zeigt die Akropolis eines absoluten Herrschers, dessen Ansprüche mit denen der bescheidenen Kriegerkönige des 11. Jahrhunderts nicht zu vergleichen sind. Reste der alten Umfassungsmauer weisen eine ausgezeichnete Steinmetzarbeit auf. Die Grundrisse des Palastes zeigen eine durchdachte, geräumige Planung. Die Eingangshalle wurde von Pfeilern mit protojonischen Kapitellen ge-

327 Säulen der Eingangshalle des Palastes von Samaria mit protojonischen Kapitellen

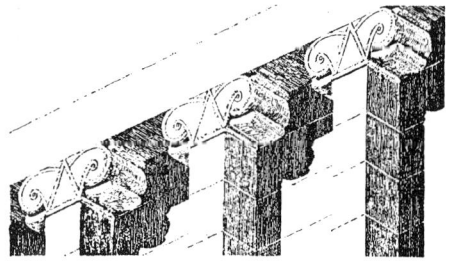

328   Elfenbeinreliefs aus dem Hause Ahabs in Samaria

tragen. Von Ahabs ›Elfenbeinhaus‹ in Samaria sind Fragmente der Ausschmückung erhalten, Elfenbeinreliefs, zum Teil vollplastisch, die mit Goldfolie und farbigen Einlagen erhöht waren. Motive und Technik gehen von ägyptischen Vorbildern aus, aber der Stil ist phönikisch und verrät ein ausgeprägtes künstlerisches Empfinden. Verwandte Arbeiten wurden in Syrien und in Nimrud in Assyrien gefunden.

Ahab, der mit einer Prinzessin aus Tyros verheiratet war, holte sich, wie schon Salomo für Jerusalem, phönikische Handwerker für den Bau der Stadt. In *Megiddo* befinden sich auf dem Gipfel des Hügels Ruinen aus der Zeit zwischen 850 und 750 v. Chr., die in Bauweise und Verarbeitung denen in Samaria entsprechen. Andere Fundstätten dieser Periode zeigen einen gewissen Wohlstand, aber keinen Luxus. Der Bronzeschmuck ist einfach, Gold selten, während Eisen nun allgemein verwendet wurde.

Auf die Omriden-Dynastie folgte JEHU, der Salmanassar III. von Assyrien tributpflichtig wurde. Sein Nachfolger JOAHAS war in dauernde Kämpfe mit den Aramäern von Damaskus verwickelt. Unter JERO-BEAM II. (781 bis 753 v. Chr.) erholte sich Israel noch einmal, 723 v. Chr. aber fiel Samaria nach dreijähriger Belagerung durch Sargon II. von Assyrien. Die Israeliten wurden in Massen nach Mesopotamien

und Medien deportiert und verschwanden aus dem geschichtlichen Blickfeld.

Auch Juda war Assyrien tributpflichtig geworden, konnte sich aber infolge des Sinkens der assyrischen Macht behaupten und erlebte unter JOSIA (637 v. Chr.) eine religiöse Reform und Reinigung des Kultes. Zwischen Ägypten und dem wiedererstarkten Babylon schwankend, rebellierte Juda zweimal gegen Tributzahlungen; das erstemal entging Jerusalem durch Unterwerfung des Königs JOACHIN der Zerstörung, im Jahre 586 v. Chr. aber wurde es von Nebukadnezar erobert, seine Mauern geschleift, Tempel und Palast durch Feuer verwüstet und ein Teil der Bevölkerung nach Babylon in Gefangenschaft abgeführt. Die zwei großen Propheten des Untergangs der beiden Reiche waren JESAIA und JEREMIA. In Jesaia aber blieb der Glaube übermächtig, daß nach dem Strafgericht Jahwes ein Messias das ewige Reich des Friedens und der Gerechtigkeit heraufführen werde.

Wir erwähnen zum Abschluß des Kapitels nochmals die Stadt *Lachis* (Tell ed-Duwer), die von REHABEAM (931—915 v. Chr.), dem Sohn und Nachfolger Salomos, nach der Teilung des Reiches mit einer Steinmauer und einer darüberliegenden Schicht aus Lehmziegeln umgeben worden

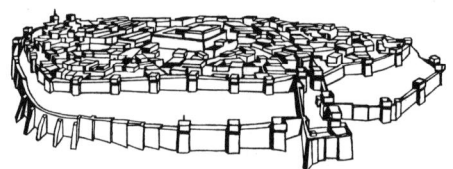

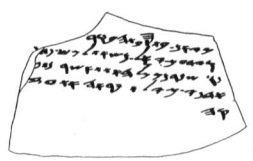

329   Modell der Stadt Lachis, mit der doppelten Stadtmauer und Rückseite des Briefes Nr. IV von Lachis

war. In ihrer Mitte hatte er eine Zitadelle mit großem Hofraum errichtet. Der Ort blühte bis zur Einnahme durch Nebukadnezar im Jahr 598 v. Chr. Die ›Briefe von Lachis‹, Inschriften mit Tinte auf Tonscherben, sind letzte erschütternde Dokumente aus den Tagen des Untergangs des Königreiches von Juda. Auf einem dieser Scherben wird der Kommandant der Stadt von einem Truppenführer aufgefordert: ›Gebt Lichtsignale, wir sehen die von Aseka nicht mehr!‹

Bibliographie

Antike Welt, Küsnacht, Nr. 2, 1972
Archeologia, Paris, Nr. 34, 1970
Dimitri Baramki, *Die Phönizier,* Stuttgart 1965
Martinus Adrianus Beek, *Geschichte Israels,* Stuttgart 1966
John Gray, *The Canaanites,* London 1965
Donald Harden, *The Phoenisians,* London 1963
Kathleen Kenyon, *Archaeology in the Holy Land,* London 1960
Sabatino Moscati, *Die Altsemitischen Kulturen, Stuttgart 1961*
Alexander Scharff und Anton Moortgat, *Ägypten und Vorderasien im Altertum,* München 1962
Leonard Wooley, *Mesopotamien und Vorderasien,* Baden-Baden 1962

4 Zypern

Von Sibylle v. Reden

Über das frühe Neolithikum auf Zypern wurde im Kapitel IV ausführlich berichtet. Die kontinuierliche Entwicklung der Kultur auf der Insel wurde vor allem durch die reichen Kupfervorkommen gewährleistet, welche die Voraussetzungen für einen ausgedehnten Handel schufen. In den spätneolithischen Siedlungen (etwa 4000—3000 v. Chr.), zu denen *Sotira* und *Kalavassos* gehören, wurden die Toten nicht mehr im Wohnhaus, sondern außerhalb oder in kleinen Friedhöfen am Dorfrand bestattet. Dies und neue Haus- und Hüttentypen, die teilweise primitiver wirken als die Bauwerke des 6. Jahrtausends, deuten auf neue Kolonisatoren, die an den Südküsten landeten. Gegen Ende des 4. Jahrtausends wurde, ebenfalls im Bereich des zyprischen Südufers, die große Siedlung von *Erimi* gegründet. In den obersten ihrer dreizehn Wohnschichten kamen die ersten Gegenstände aus Kupfer ans Licht. Neben schöner, rot auf weiß bemalter Keramik fanden sich dort und in anderen kupfersteinzeitlichen Niederlassungen eigenartige Steatitidole oder Amulette, die stilisierte Doppelgeschöpfe aus zwei gekreuzten menschlichen Formen darstellen (s. Abb. 44 g).

Der Beginn der Frühbronzezeit (2300 bis 2000 v. Chr.) wird durch eine Einwanderungswelle aus Kleinasien bestimmt, die eine völlig neue Kultur auf Zypern entstehen ließ. Eine prächtige rotpolierte Keramik mit langhalsigen Schnabelkrügen anatolischen Stils, Relief- und Ritzverzierung, Figurenschmuck mit oft bizarren Formen, Kammergräber und der Beginn der Kupfergewinnung und -industrie in großem Stil kennzeichnen diese Phase der zyprischen Vorgeschichte, in der die Insel zu einem der wichtigsten Kupferlieferanten der Alten

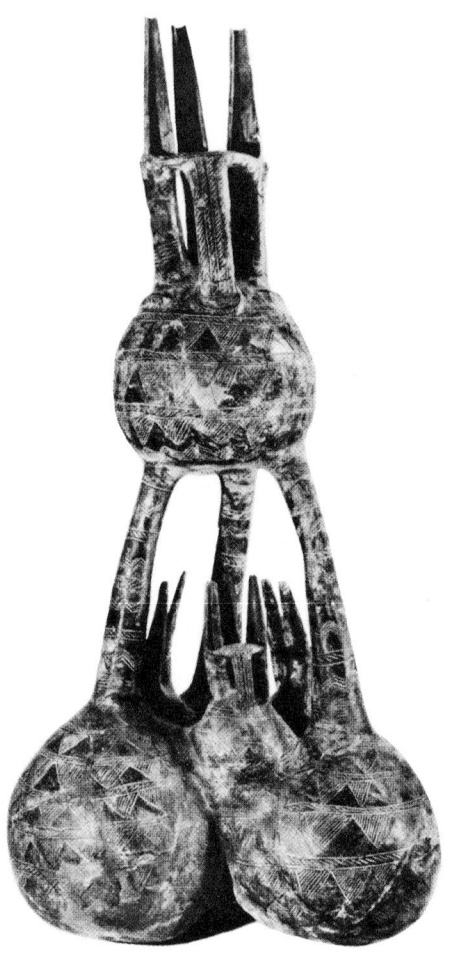

auf den Kult einer Muttergottheit — die Idole tragen nicht selten ein Kind auf dem Arm —, die als Unterweltsgöttin wahrscheinlich wie auf Kreta in Schlangengestalt verehrt wurde, und auf die Verehrung eines Stiergottes. Der Ursprung dieser Religion mag in Anatolien gesucht werden, wo die Große Mutter und ihr Partner, der Stiergott, schon seit dem 7. Jahrtausend ihre Heiligtümer besaßen. Zu den berühmtesten Funden aus den Gräbern der zypri-

330 *Frühbronzezeitliche rotpolierte Tonware, Zypern*

331 *Brettidol mit Säugling, 2000—1900 v. Chr., und Zwillingsidol in Brettform, Zypern*

Welt wurde. An den Berghängen der Nordküste finden sind noch heute große Nekropolen, die zu verschollenen, frühbronzezeitlichen Städtchen gehörten, die in der Nachbarschaft der Erzvorkommen aufblühten. Viele Grabfunde, vor allem geometrisch stilisierte Brettidole aus Terrakotta mit Ritzverzierung, welche reiche Gewandung, Haupt- und Halsschmuck und Gesichtstätowierung andeuten, weisen

schen Frühbronzezeit gehört das Terrakottamodell eines runden, ummauerten Temenos (heiligen Bezirkes) mit Toröffnung aus der Nekropole von *Vounos,* auf dem sich eine religiöse Zeremonie abspielt. »Menschliche Gestalten stehen oder sitzen auf Bänken; eine der Figuren sitzt auf einem Thron, eine andere kniet vor den Reliefs dreier menschlicher oder göttlicher Wesen, die auf einem niedrigen Podest an der

332 Terrakottamodell eines Temenos mit Toröffnung aus der Nekropole von Lonnos mit Darstellung eines Totenrituals, Zypern

ders die gewaltige Festungsanlage von *Nitovikla* auf der Karpass-Halbinsel, wurden vermutlich zum Schutz der Insel gegen Invasionen aus der Levante errichtet. Auch in dieser unruhigen Periode bewahrte die Töpferkunst ihren hohen Stand. An Stelle der rotpolierten Ware trat immer mehr eine elfenbeinfarbene mit dichtem geometrischen Dekor in Mattrot. Gefäße in Tierform oder mit plastischen Tiermotiven, manchmal auch mit menschlichen Figürchen, verraten die Phantasie der Hersteller. Die erste auf der Scheibe gedrehte Ke-

rückwärtigen Mauer stehen. Sie tragen Stiermasken und halten Schlangen in den ausgestreckten Händen. Ferner sind erkennbar Opfertiere und ein Mensch mit einem Kind in den Armen. Eine Gestalt versucht, die Mauer zu übersteigen und die Vorgänge im Innern des Temenos zu beobachten. Dieses Motiv wirkt komisch-drastisch, zeigt aber auch an, daß der dargestellte Kult Mysterien-Charakter besessen hatte.«

In die gleiche Periode gehört eine Neuerwerbung des Museums von Nicosia: das Tonmodell eines Schreines, das eine Wand mit drei schematischen Figuren mit Stierköpfen darstellt. Die mittlere ist die größte; ihr gilt offensichtlich das Opfer eines Mannes, der davor eine Amphora niedergesetzt hat. Nach diesem Modell müßten die Stierbildnisse 5—6 m hoch gewesen sein. In der Mittleren Bronzezeit (2000—1600 v. Chr.) wurden, vermutlich im Gefolge neuer Einwanderungen aus dem Osten, mehrere bedeutende Hafenstädte an der Süd- und Ostküste gegründet, eine bei dem heutigen Dorf *Enkomi,* eine andere — *Kition* — war die Vorgängerin von Larnaka. In dieser Epoche, in welche die Eroberung von Unterägypten durch die Hyksos fällt, fühlte sich Zypern sichtlich stark bedroht. Mehrere Zitadellen, beson-

333 Frühbronzezeitliches Tonmodell eines Stierheiligtums, Zypern

ramik erscheint gegen 1600 v. Chr. mit eleganten Formen und Bemalung in Schwarz und Rot, die neben linearen Mustern Fi-

243

334 Keramik mit weißem Überzug (white slip-ware) und stickereiartigem Dekor in Braun und Orange- gelb, 1600—1400 v. Chr.

sche und Vögel zeigt. Diese, wie die sog. *white slip-Ware,* feinwandige Gefäße mit dickem, weißen Überzug und stickereiarti- gen Ornamenten in Braun und Orangegelb wurden weithin exportiert.

Mit dem Beginn der Spätbronzezeit ge- riet die Insel mehr und mehr in den Bann der kretisch-mykenischen Zivilisation. Die Importe aus der ägäischen Welt mehrten sich. Seit etwa der 2. Hälfte des 16. Jahr- hunderts kam eine Schrift in Gebrauch, die der kretischen Linear-A-Schrift ähnelt. Ab 1400 v. Chr. dominierte die mykenische Kultur auf Zypern. Dies wird besonders in der Keramik sichtbar. Die Vasenmalerei wurde weitgehend durch ägäische Vorbil- der beherrscht. Auch Schmuck und Waf- fen gleichen den Erzeugnissen des griechi- schen Festlands, manchmal sind sie ihnen sogar in der Feinheit der Ausführung über- legen. Es bleibt ungewiß, ob Zypern da- mals ganz oder teilweise von einer achäi- schen Herrenschicht regiert wurde; ohne Zweifel erlebte die Insel eine Blütezeit als wichtiges Bindeglied des mykenischen Ost- West-Handels und Schnittpunkt der Kultu- ren, ohne ihre Eigenart aufzugeben. Für die zweite Hälfte des 13. Jahrhunderts ist durch Grabungen in Enkomi, Kition und an anderen Orten eine achäische Invasion nachgewiesen, die zu städtebaulichen Er- neuerungen in typisch mykenischem Stil und der Anlage gewaltiger Befestigungen führte.

Enkomi

Die Ausgrabungen von *Enkomi* vermit- teln die meisten Einblicke in die zyprische Vorgeschichte zwischen etwa 1700 und 1100 v. Chr. Schon 1896 entdeckten engli- sche Archäologen, die ihre Informationen von Grabräubern bezogen hatten, eine aus- gedehnte Nekropole mit Felskammergrä- bern, die viele kostbare Funde aus der Spätbronzezeit enthielten: Totenbeigaben, die von Schmuck und Luxuswaren bis zu großen Mengen bemalter Keramik reich- ten. Außerdem wurden Werkstätten für die Kupferverarbeitung freigelegt. Die nächsten Grabungen erfolgten erst in den Jahren 1913 und 1929/30. Ungeachtet der aufsehenerregenden Ergebnisse dieser For- schungen, die das Bestehen der Nekropole während eines Zeitraumes von etwa sechs- hundert Jahren bestätigten, und selbst der Freilegung von Resten einer mächtigen Stadtmauer erkannten die englischen, zy- prischen und schwedischen Archäologen, die an diesen Grabungen beteiligt waren, nicht, daß sie nicht nur auf einen ausge- dehnten Friedhof, sondern auf die Ruinen einer Stadt gestoßen waren. Diese Entdek- kung blieb dem französischen Archäolo- gen CLAUDE SCHAEFFER vorbehalten, der bei seinen Grabungen in *Ugarit* (Phöni- kien) immer wieder auf Beweise enger Be- ziehungen dieser großen Hafenmetropole zu Zypern gestoßen war. Er begann seine Untersuchungen 1934 und führte sie nach einer langen Unterbrechung infolge des 2. Weltkrieges, zeitweise in Zusammenar- beit mit dem führenden zyprischen Ar- chäologen P. DIKAIOS weiter. In mehr als zwanzig Jahren wurden große Teile der Stadt mit ihren Heiligtümern, Palästen und Häusern, unter denen die Gräber la- gen, den Straßen und Befestigungswerken freigelegt. Im Lauf der Ausgrabungen fan- den sich Hinweise, daß man mit der bron- zezeitlichen Siedlung bei Enkomi die langgesuchte Hauptstadt Südostzyperns — *Alasia* — gefunden hatte, von deren Existenz man aus ägyptischen, syrischen und hethitischen Korrespondenzen schon lange wußte. Ruinenschichten aus mehr als sechs Jahrhunderten gaben Aufschluß über die wechselvolle Geschichte der Stadt mit ihren Perioden großen Wohlstandes und kultureller Blüte, die immer wieder durch Zerstörungen infolge feindlicher Einbrüche und Naturkatastrophen unterbrochen wurden. Die ältesten Schichten enthielten Reste einer starken Festung mit mehreren Türmen, die in der letzten Phase der Hyksos-Herrschaft unterging. Die folgende Anlage umschloß im Gegensatz zu der früheren Zitadelle Wohnbauten, Werkstätten der Kupferschmiede und ein Heiligtum. Im Zentrum der Stadt des 15. Jahrhunderts grub Claude Schaeffer fürstlich ausgestattete Familiengrüfte aus, in denen Beigaben zutage kamen, die zum Schönsten gehören, was ostmediterrane Künstler der späten Bronzezeit schufen, darunter eine wundervolle Silberschale mit Einlegearbeiten in Gold und Niello. Aus der Zeit zwischen 1300 und 1220 v. Chr. ist ein Fürstensitz, der an die mykenischen Burgen Griechenlands erinnert, das eindrucksvollste Bauwerk. Ein anderer Palast über den Ruinen der alten Burg ist in seiner Architektur ebenfalls mykenisch. Er enthielt zwei lange Hallen und im Zentrum einen Herd, den vier Säulen umgaben; im Südhof lag ein Baderaum. Man nimmt an, daß der Bau von einem mykenischen Befehlshaber bewohnt wurde. Der Vorstoß der ›Seevöl-

335 *Silberne Tasse mit Gold- und Niello-Einlagen aus Enkomi, Zypern*

336 *Goldenes Zepter aus Kourion-Kaloriziki*

337 *Spätkyprisches elfenbeinernes Spielkästchen*

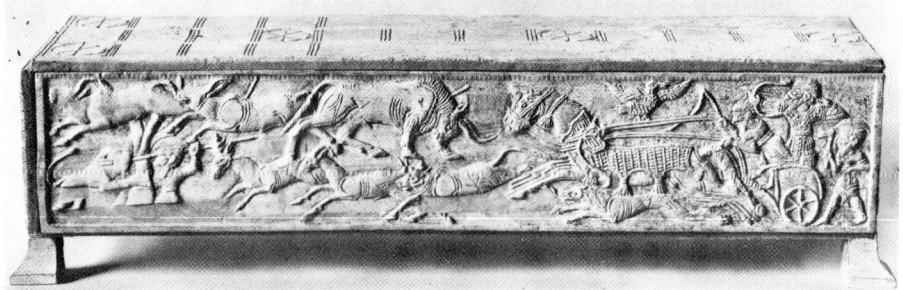

selben Stadt, der ein Meisterwerk der zyprischen Bronzekunst des 2. Jahrtausends ist. In der Nekropole von *Kourion* fand ein Bauer ein wundervolles goldenes Zepter mit einem schuppenartigen Muster aus dünnsten Goldstegen, die ebenso wie die Augen mit Email ausgefüllt sind, ein Beispiel für die Prachtliebe der damaligen Stadtfürsten.

338 Spätkyprische
     bronzene Götter-
◁   figur aus Enkomi

339 Bemalter Krug aus
     Citium mit Hir-
     schen und exoti-
     schen Vögeln,
     8. Jh. v. Chr.   ▷

ker‹ nach Süden führte zur Besetzung der Insel, die für weitere Operationen eine wichtige Basis war. Während Ugarit in Phönikien um 1200 ausgetilgt wurde, erlebten die zyprischen Hafenstädte im 12. und 11. Jahrhundert eine späte Blüte. Wahrscheinlich führten die von den Dorern verdrängten achäischen Griechen, die in Zypern eine neue Heimat fanden, diesen Aufschwung herbei. Zeugnisse dieser Periode sind ein sehr fein gearbeitetes Elfenbeinkästchen mit einer Jagdszene — der Wagenlenker gleicht einem kanaanäischen Prinzen, sein Gefolgsmann zu Fuß trägt die Federkrone der Philister —, ferner der *Hörnergott* aus einem Heiligtum der-

Der Kult einer Mutter- und Fruchtbarkeitsgöttin, der auf Zypern seit dem 6. Jahrtausend bestand, wird auch in der Spätbronzezeit durch merkwürdige Terrakotta-Idole einer nackten Göttin bezeugt. Ihr monströses Haupt mit der großen gebogenen Nase, den überdimensionalen, durchlochten Ohren und den großen runden Augen aus Tonklümpchen gleicht einem Vogelkopf (s. Abb. 45e). Neben diesen Figuren, deren Vorbilder in Mesopotamien und Nordsyrien zu finden sind, gab es auch weibliche Idole mit aufgehobenen Armen mykenischer Art. Damals mag der Kult der Großen Göttin, die später Aphrodite genannt wurde und in deren Gestalt uralte orientalische und ägäische Gottheiten verschmolzen wurden, auf Zypern entstanden sein. Die Erinnerung an diesen Prozeß lebt in der Sage von der Geburt der Aphrodite-Venus fort, die am zyprischen Strand dem Meeresschaum entstiegen sei und auf der Insel ihr Hauptheiligtum in *Paphos* erhalten habe. Zypern wurde nochmals zum Schmelztiegel östlicher und westlicher Kultur und erlebte zwischen dem 8. und 6. Jahrhundert v. Chr. seine letzte schöpferische Periode, in der die rasch aufsteigende Hafenstadt *Salamis* an der Ostküste die wirtschaftliche und kulturelle Hauptrolle spielte. Die monumentalen Gräber der archaischen Nekropole aus dem 8.—6. Jahrhundert v. Chr., die im letzten Jahrzehnt ausgegraben wurden, spiegeln den Reichtum, die internationalen Beziehungen und den hohen künstlerischen Stand jener Epoche, in der Zypern neben Kupfer und Zedernholz, das von jeher zu seinen begehrtesten Ausfuhrgütern gehörte, Keramik und Luxuswaren bis nach der

südlichen Toskana exportierte. In der bezaubernden Tonware dieser glücklichen Zeit, vor allem in den Krügen des *Free-field-Stils* mit ihren anmutigen Vogel- und Fischmotiven erreichte die zyprische Töpferkunst einen Höhepunkt. Von höchster Qualität sind auch der granulierte Goldschmuck, die Geräte aus Bronze und Edelmetallen. Die Frauen der Oberschicht von der Levante bis zu den etruskischen Stadtstaaten der Toskana schmückten sich da-

340 *Skelette geopferter Pferde im Dromos eines Fürstengrabes von Salamis, Zypern* ▷

341 *Sanktuarium von Ajia Irini, in dem rund zweitausend Votivfiguren gefunden wurden*

mals mit zyprischen Juwelen, golddurchwirkten Stoffen sowie bestickten Schleiern
und verwendeten zyprische Parfüms und
Salböle. In den Grabbauten der Fürsten
von Salamis feierte die Tradition der mykenischen Mausoleen und mit ihr die prunk-
liebende streitbare Welt Homers einen
späten Triumph. Die Sitte der Pferdeopfer
und der Kinderbestattungen in großen
Amphoren geht auf alte Überlieferungen
zurück. Das gewaltigste Totenmal, das je
auf Zypern errichtet wurde, ist das sogenannte ›Grab der Hl. Katharina‹, dessen
Zelle 4,10 auf 2,40 m groß ist. Im 8. Jahrhundert angelegt, wurde es später mehrmals umgeändert, ohne daß der in die Erde
versenkte Kern darunter litt.

Zwischen 800 und 500 v. Chr. entstand
auf Zypern die erste Großplastik, die lange
Zeit nur in Terrakotta ausgeführt wurde.
Ein Heiligtum an der Nordküste bei *Ajia
Irini,* dessen Entdeckung zu den wichtig-

343   *Kolossalstatue
eines Priesters aus
Amathus, 2. Hälfte
6. Jh. v. Chr.*

342   *Restaurierte Statuen und Statuetten aus Ajia Irini*

sten Ereignissen der zyprischen Archäologie gehört, enthielt nicht weniger als zweitausend Votivstatuen und Statuetten, darunter seltsame Mischwesen, ganze Figu-
rengruppen und kleine, bemannte Streitwagen, die man einer männlichen Gottheit,
die ursprünglich wohl in Stiergestalt verehrt wurde, dargebracht hatte. Seit dem
6. Jahrhundert v. Chr. schufen zyprische
Bildhauer unter dem Einfluß der assyrischen, ägyptischen und der archaischen
griechischen Kunst Großplastik aus Stein
von hoher Qualität. Die besten Exemplare
dieser Skulpturen sind heute im Metropoli-
tan-Museum von New York zu finden.

Nach dem Niedergang des assyrischen
Großreiches seit der Mitte des 7. Jahrhunderts, zu dem Zypern in einem Vasallen-

verhältnis stand, erlebte die Insel eine Periode relativer Freiheit, in der Industrie und Handel gediehen. In der zweiten Hälfte des 6. Jahrhunderts wurde Zypern dem Perserreich eingegliedert; 499 v. Chr. nahmen die sieben griechisch gesinnten Stadtkönige an der Revolte der jonischen Niederlassungen Kleinasiens gegen die persische Herrschaft teil, gerieten aber nach deren Niederschlagung in noch stärkere Abhängigkeit. Obwohl sich dadurch die politische Macht der phönikischen Dynastien auf der Insel steigerte, ging die Hellenisierung der Kultur weiter. Eine Zeit kurzen Glanzes war Salamis unter dem klugen König EVAGORAS beschieden, der den Persern kühnen Widerstand leistete, sich aber 380 v. Chr. schließlich erneut unterwerfen mußte. Seine prohellenische Haltung vertiefte den Prozeß der Einordnung Zyperns in die griechische Kultur des 4. Jahrhunderts.

5 Die Ägäische Kultur

Neolithische Funde. Sesklo und Dimini

Noch vor wenigen Jahren glaubte man, daß der Beginn der Jungsteinzeit in Griechenland, dessen älteste neolithische Kultur man nach dem Fundplatz von *Sesklo* in Thessalien benannt hatte, gegen 5000 v. Chr. durch die Einwanderung höher zivilisierter Volksstämme aus Kleinasien ausgelöst worden war. Auch die Erfindung der Keramik hätte Griechenland aus dem Osten übernommen. Inzwischen hat sich das Bild wesentlich verändert. Ausgrabungen der Jahre 1956 und 1958 in den Tumuli von *Argissa* und *Souphli*

Magoula nördlich von Larissa und später auch an anderen Orten in Thessalien und Makedonien, vor allem aber der Vorstoß in die tiefsten Wohnschichten von Sesklo, die bis in den Anfang des 7. Jahrtausends v. Chr. zurückgehen, enthüllten eine vorkeramische Periode des Frühneolithikums, die sich kontinuierlich aus der mittelsteinzeitlichen Kultur Griechenlands entwickelt hat, sowie die ersten Versuche zur Herstellung von Töpferware gegen 6500 v. Chr. Man fand die Reste sehr kleiner, kugelförmiger Gefäße mit flachem Boden und eingezogener Lippe. Der grobe Ton ihrer bis zu 1 cm dicken Wände war ungleichmäßig gebrannt und bröckelig. In zwei Fällen war das Gefäß nur an der Sonne getrocknet. Diese Tonware, die mit jener aus Çatal Hüyük zur ältesten der Welt gehört, ist ein Hinweis auf die unabhängige Entwicklung der Töpferkunst in den aufblühenden Dorfsiedlungen der fruchtbaren thessalischen Ebene. Gegen 6200 v. Chr. erzeugte man in Sesklo und auch in *Nea Nikomedia,* einer frühneolithischen Niederlassung in Makedonien, schöne Gefäße, die rot auf weiß der weiß auf rotem und braunem Grund mit linearen Motiven bemalt wurden, sowie einfarbige Keramik, die mit Fingernagelmustern, die manchmal weiß inkrustiert wurden, verziert waren. Die Werkzeuge und Pfeilspitzen aus Feuerstein und Obsidian, der bereits im 7. Jahrtausend von der Insel Melos importiert wurde, entsprachen im Frühneolithikum der mikrolithischen Industrie, die zwischen 10000 und 5000 v. Chr. in Europa, Nordafrika und Asien verbreitet war, und erinnern besonders an die Erzeugnisse der mittelsteinzeitlichen *Natufien-Kultur* Palästinas.

Die Dörfer der vorkeramischen Phase bestanden aus viereckigen Hütten, die aus Pfählen und lehmbeworfenen Reisigwänden und Dächern konstruiert wurden. Der Flur war aus gestampfter Erde oder mit

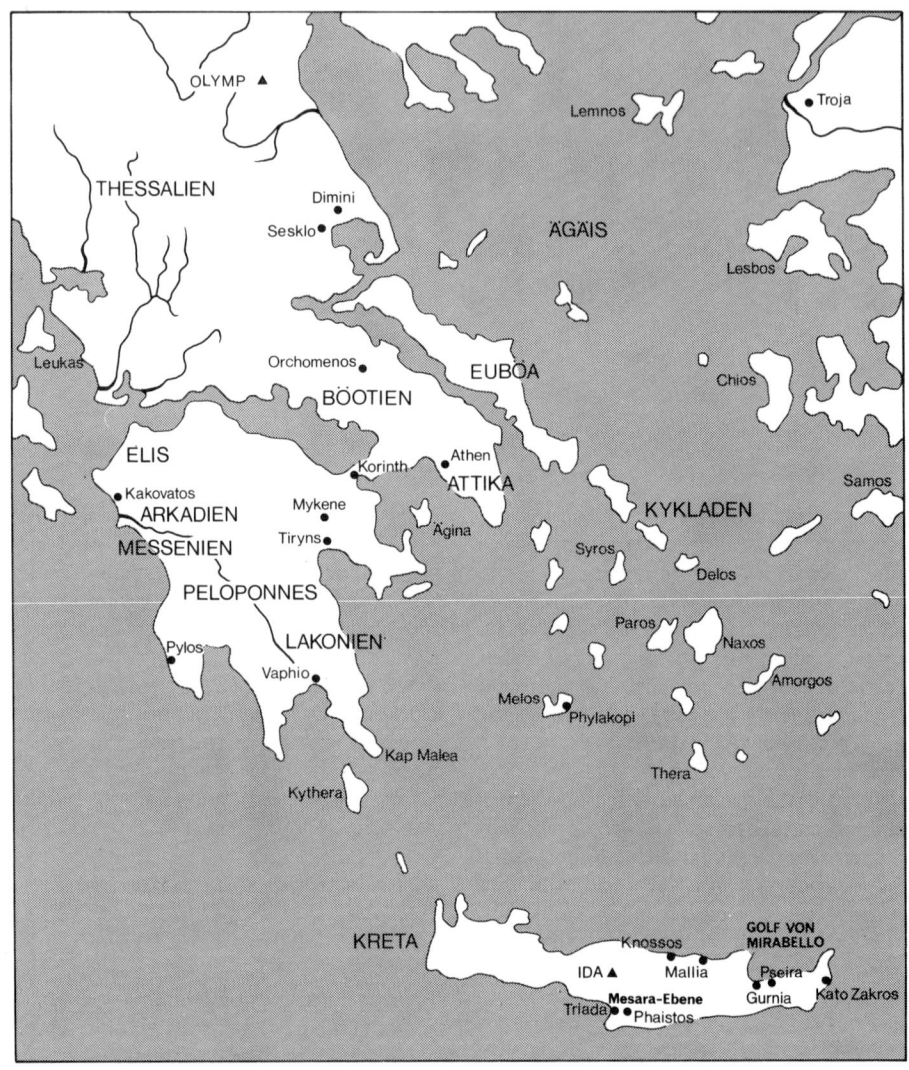

344 Fundorte der ägäischen Kultur

einer Schicht kleiner Steine gepflastert. Im Frühneolithikum wurden dann luftgetrocknete Lehmziegel für den Hausbau verwendet. Gegen 5000 v. Chr., im Mittelneolithikum, erhielten die Ziegelwände Steinfundamente. Die feine glasierte Keramik dieser Epoche zeigt rote geometrische Muster auf weißem Grund und einen großen Reichtum an Formen. Sesklo entwickelte sich im Mittelneolithikum, das etwa 5500 v. Chr. bis 4200 v. Chr. dauerte, zu einer großen stadtartigen Niederlassung, deren

345, 346   Links: Neolithische Keramik, rote geometrische Muster auf weißem Grund. Rechts: Keramik aus Dimini mit schwarzem und rotem Muster, Anfang 3. Jt. v. Chr.

Kultur nach Thessalien, Makedonien und weiteren Balkanländern ausstrahlte. In dieser Periode erschienen auch die ersten ›Megaronhäuser‹, rechteckige Bauten mit Giebeldach und einer offenen Vorhalle, deren Grundrisse im Bau der mykenischen Paläste und schließlich der griechischen Tempel fortlebten. Das älteste Megaronhaus, das man bis jetzt gefunden hat, wurde 1966 in Sesklo freigelegt und in die Zeit um 4600 v. Chr. datiert. Fettleibige weibliche Idole mit vorquellendem Bauch und schwerem Gesäß aus Stein und bemalter Terrakotta, die an Darstellungen der Großen Mutter aus Çatal Hüyük und Hacilar erinnern, verraten deren Kult im griechischen Neolithikum.

Die in vielen Hinsichten bemerkenswert hohe Kultur von Sesklo nahm gegen Ende des 5. Jahrtausends ein jähes Ende. Brandschichten bezeugen eine kriegerische Invasion, die vielleicht aus Kleinasien erfolgte und eine neue Kulturphase einleitete, die nach dem Hauptsitz ihrer Träger *Dimini Kultur* genannt wird. Dimini erhob sich unweit von Sesklo in Meeresnähe und hatte mit den fünf Ringmauern um seine Akropolis, die ein Megaron-Bau krönte, festungsartigen Charakter. Die

schöne spätneolithische Keramik der Dimini-Kultur wird durch zwei neue Motive — die Spirale und den Mäander — gekennzeichnet. Das erste erscheint schon gegen Ende des 6. Jahrtausends auf Gefäßen aus Hacilar und war ein Leitmotiv der sogennanten *Bandkeramischen Kulturen* der Donauländer. Thessalien blieb auch im letzten Abschnitt der Jungsteinzeit, die um etwa 3000 v. Chr. endete, das bedeutendste Zentrum der neolithischen Kultur Griechenlands.

347   Fettleibiges weibliches Idol aus Sesklo

Die Kykladen

Als *Kykladen* bezeichnet man die Inselgruppe um Delos, die Geburtsstätte Apollons in der Ägäis. Das Neolithikum ist auf diesen Inseln noch wenig erforscht; erst aus der frühen Bronzezeit wurden auf Syros, Siphnos und Melos Siedlungen und einige befestigte Anlagen freigelegt. Ein häufiges Motiv der Verzierung ist die Spirale. Sie erscheint auf Tongefäßen, Deckelbüchsen aus Speckstein und auf den sogenannten ›Bratpfannen‹, mit Griff versehenen, kreisrunden Gegenständen. Die Spiralornamentik entwickelte sich auf den Inseln weiter zu konzentrischen Kreisen, die, durch Tangenten verbunden, kunstvolle Wiederholungen und Verbindungen ergaben. Neben den Beziehungen zu Vorderasien, das diese Formen und Motive lieferte, bestanden solche auch zum griechischen Festland und vor allem zu Ägypten, wie die Ähnlichkeit der Schiffsdarstellungen bezeugt. Das abgeschlossene Leben auf den einzelnen Inseln, die Gefährdung durch Erdbeben und die Abhängigkeit von der Gunst des Meeres müssen zu einer besonders starken Ausprägung reli-

giöser Vorstellungen geführt haben. Nicht nur im Symbolcharakter ihrer Motive, sondern auch in den vielen marmornen *Kykladen-Idolen* wird diese Haltung sichtbar. Nach naturnäheren früheren Figuren erscheinen streng stilisierte ›violinförmige‹ Scheiben, die uns schon in Anatolien (vgl.

349 *Polierte, mit Spiralmuster verzierte sog. ›Bratpfanne‹ von der Kykladeninsel Syros, Länge etwa 25 cm*

348 Deckelbüchse aus Speckstein von der Insel Amorgos, Höhe 9 cm

(Abb. 44i) begegnet sind, dort aber wohl aus früheren Schichten stammen. Für die Kykladen charakteristisch ist ein anderer Typus, der trotz starker Abstrahierung die einzelnen Körperteile bildnerisch gestaltete. Die Idole sind nicht »schematisiert und entgöttlicht«, sondern im Gegenteil sehr variiert und höchst ausdrucksvoll (s. Abb. 45a). Auf langem, säulenartigem Hals ruht die ovale, flache Scheibe des Kopfes. aus der nur die scharfkantige Nase hervorragt. Manche Idole messen nur wenige Zentimeter, andere sind annähernd lebens-

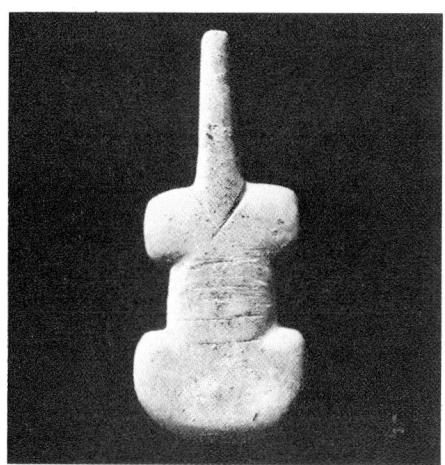

350 Violinförmiges Marmoridol von den Kykladen, Höhe 12 cm

352 Schiffsdarstellungen auf Tongefäßen von Syros

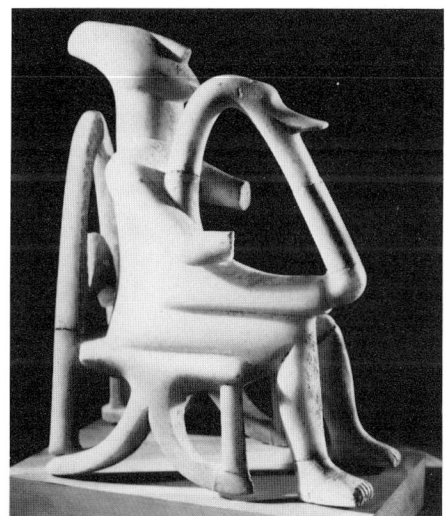

351 Marmorfigur eines Harfenspielers von der Insel Keros

groß. Die Beschränkung auf die wesentlichen Formen des Körpers, die Einfühlung in die Kurven des Umrisses sowie die Biegungen und Wölbungen der einzelnen Teile beweisen ausgeprägtes künstlerisches Empfinden, das uns durchaus

modern anmutet. Auf Keros fand man die Statuette eines sitzenden, harfespielenden Mannes, eines der schönsten Beispiele der Kykladenskulptur.

Die Kykladeninseln tauchten unvermittelt aus der Bedeutungslosigkeit auf, in die sie nach ihrer ›großen Zeit‹ (2500—2000) wieder versanken. Ihre Bewohner nutzten die Gunst ihrer zentralen Lage inmitten der Ägäis und trieben als erste einen ausgedehnten Seehandel mit ihren vielrudrigen Schiffen, der sie ins Jonische Meer, nach Italien und bis zu den Balearen führte. Sie waren es, welche die Seewege nach dem Westen erkundeten.

Kreta

Die Entdeckung der kretischen Kultur

Die griechischen Sagen berichten von König MINOS, einem Sohn des Zeus und der Europa, und seiner Gemahlin Pasiphaë, die — eine Rache des Gottes — den Minotauros gebar, ein Wesen halb Mensch, halb Stier, dem der König jährlich sieben Jünglinge und Jungfrauen aus Athen vorwerfen ließ, bis Theseus das Ungeheuer erlegte. Von dem Schauplatz dieser und anderer Sagen war bis zu den Ausgrabun-

253

gen VON ARTHUR EVANS, die 1900 begannen, nichts bekannt. Die Freilegung der Paläste von Knossos war eines der bedeutendsten Ereignisse in der Geschichte der modernen Archäologie. Schon SCHLIEMANN hatte die Bedeutung dieses Platzes erkannt, war aber an den übertriebenen Forderungen der kretischen Grundstücksbesitzer gescheitert. Den Bemühungen von Evans gelang es, sich durchzusetzen. Sein besonderes Verdienst war, daß er in einer ausführlichen Veröffentlichung über seine Arbeiten und Erkenntnisse exakten Bericht gab. Seine Rekonstruktion der Palastanlagen in Knossos wurde viel diskutiert. Trotz aller Einwendungen ist jedoch jeder Besucher dankbar, daß ihm die Lebensweise der alten Kreter, die Meisterwerke ihrer Architektur und ihrer Malerei auf so sinnfällige Weise vor Augen geführt werden, während von allen anderen Stätten Kretas nur Trümmer zu sehen sind. Die Eingangstore der Südseite mit ihren Pfeilern und Fresken, die in ihrem ursprünglichen Zustand wiedererrichtete Große Treppe, der Nordeingang und sein Säulengang, die Gemächer der Königin mit Malereien und Vasen sowie die Thronhalle geben uns das getreue Bild eines kretischen Palastes vor über 3500 Jahren. Bei der Wiederherstellung ging man sehr sorgsam vor; alle Einzelheiten wurden genau untersucht. Man ersetzte zwar die verlorengegangenen Holzbalken durch solche aus Zement, gab ihnen aber die gleichen Formen und Farben, wie sie die noch vorhandenen hölzernen aufwiesen. Die Restauration der Fresken durch E. GILLIÉRON wurde nach den gleichen Gesichtspunkten vorgenommen.

Man darf in den Gebäuden von Knossos keinen einheitlichen Stil erwarten. Sie wurden mehrmals durch Erdbeben zerstört, wieder aufgebaut und verändert, so daß die verschiedenen Epochen nur mit Schwierigkeit auseinanderzuhalten waren.

Die frühminoische Zeit (Vor-Palast-Zeit, um 2600–2000 v. Chr.)

Auf Kreta trafen schon in der Jungsteinzeit vorderasiatische und ägyptische Einflüsse zusammen. *Knossos* war, den gewaltigen neolithischen Ablagerungen nach, bereits eine städtische Anlage.

Zu Beginn der frühminoischen Zeit setzten weiträumige Handelsbeziehungen ein; die Schiffe, von frühen Siegeln her bekannt, brachten Waren von den Kykladen, von Ägypten, Syrien und Libyen. Im Osten der Insel blühte eine Reihe kleiner Hafenstädte auf, darunter *Mochlos,* wo man kostbaren Goldschmuck und bunte Steinvasen fand. Von den Siedlungen dieser Zeit ist wenig erhalten. Im Innern der Inseln, in der Messara-Ebene, wurden kreisrunde Grabbauten, sogenannte Tholoi, mit einem Durchmesser bis zu 18 m

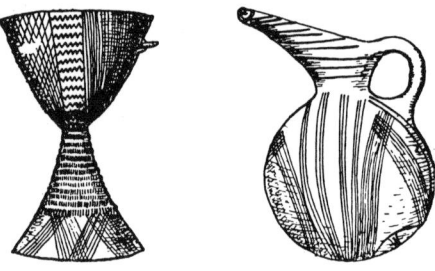

353   *Oben: Frühminoische Keramikformen mit eingeritzten Verzierungen. Unten: Frühminoische Teekanne*

354 *Goldschmuck aus den Kammergräbern von Mochlos, um 2500 v. Chr.*

355 *Deckel einer Pyxis aus grünem Steatit, Griff in Form eines liegenden Hundes, um 2400 v. Chr.*

356 *Abdruck von einem frühminoischen Siegel aus Kastelli Pediada*

›Teekannen‹, Gefäße mit langem, waagerechtem Ausguß, die schon früh im Iran vorkommen, dort ihren Ursprung zu haben scheinen. Viel beachtlicher als die Keramik sind die Steingefäße dieser Zeit, die in der Technik von den Ägyptern angeregt sind, aber mit großer Kühnheit die Formen der Keramik—Schnabelkannen, Becher u. a. — übernahmen und die mit einer selten wieder erreichten Meisterschaft ausgeführt wurden.

Der Goldschmuck aus *Mochlos* und den Messara-Gräbern weist im Gegensatz zu dem Schmuck aus Troja II eine Neigung zu pflanzlichen Formen auf, ähnlich denen der Königsgräber in Ur. Ein schönes Beispiel früh-minoischer Plastik gibt der Deckel einer Pyxis (Dose), deren Griff in Gestalt eines liegenden Hundes gearbeitet ist. Siegel aus Speckstein, Bein oder Halbedelstein, auf denen meist Tiere — Vögel, Affen, Löwen, Skorpione u. a. — oder Spiralen, Schiffe und menschliche Figuren dargestellt sind, besaß damals jedermann. Sie wurden an einer Schnur um den Hals oder am Handgelenk getragen und sind sehr lebendig in ihrer Zeichnung. Auf den Siegeln finden wir auch die ältesten hieroglyphenartigen Schriftbeispiele.

entdeckt, die zahlreiche Beigaben, Gefäße, Waffen, Siegel und Schmuck enthielten. Die bienenkorbförmigen Kuppeln der Gräber, die auf Steinsockeln aufgesetzt wurden, bestanden ursprünglich aus Rundhölzern, deren Zwischenräume mit Schilfrohr und Lehm ausgefüllt waren, später aus Wölbungen mit vorkragenden Steinen.

Die früheste Keramik hat eingeritzte Verzierungen, die folgende ist entweder dunkel bemalt mit linearen Mustern auf hellem Grund oder weiß auf schwarzem Grund. Spirale und Mäander werden häufiger; später erscheinen auch Tier- und Pflanzenmotive. Schnabelkannen weisen auf anatolische Einflüsse hin, während die

Die mittelminoische Zeit
(Ältere Palast-Zeit, 2000—1700 v. Chr.)

Um 2000 v. Chr. wurde der Palast von *Phaistos* auf einem geebneten Hügel errichtet, der einen weiten Rundblick bot; etwa zur selben Zeit entstanden die Anlagen von *Mallia* und *Knossos*. Diese Bauwerke haben einen rechteckigen Mittelhof sowie einen Westhof von beliebiger Form; alle drei sind nach religiösen Vorstellungen einheitlich ausgerichtet. Diese Orientierung und überlegte Planung wurde auch im Städtebau beobachtet, beispielsweise in *Gurnia*. Die Paläste bildeten den

△
357 Fayenceplatten aus
Knossos, Nachbil-
dungen minoischer
Stadthäuser, Höhe
ca. 5 cm

358 Ergänzter Abdruck
◁ eines mittelmino-
ischen Siegels,
Breite 3 cm

359 Terrakottastatue
▷ eines Mannes mit
Dolch, aus Ost-
kreta

Mittelpunkt der Städte, der ältesten Europas. Einen ungefähren Eindruck von den Häusern geben die *Fayenceplatten,* die einst Wände oder Truhen schmückten. Danach waren die Fassaden symmetrisch, in der Mitte war die Tür, und jedes Stockwerk hatte zwei oder drei Fenster; unter dem geneigten Dach lag mitunter ein Sommerschlafzimmer, das besonders kühl war. Die Fensterscheiben bestanden aus geöltem Pergament, das lichtdurchlässig war. Die Städte dieser Zeit hatten ein kompliziertes Kanalisationssystem für die Wasserversorgung und das Abwasser.

Unter der figürlichen Keramik fand man Tonstatuetten beiderlei Geschlechts. Die Frauen tragen einen weiten, bis auf die Füße reichenden Volantrock; den Oberkörper umschließt ein in der Taille fest geschnürtes Mieder, das die Brüste freiläßt. Stoffmuster, Kopfbedeckung und Fri-

suren sind außergewöhnlich phantasievoll. Die Männer wurden fast immer bis auf einen Schurz oder eine Gliedtasche, wie sie auch in Libyen und im frühen Ägypten getragen wurde, unbekleidet dargestellt. Wie bei den heutigen Kretern hängt vorne an ihrem Gürtel ein Dolch.

Die *Siegel* aus Halbedelsteinen oder Speckstein zur Kennzeichnung des Eigen-

360 Krug aus
Phaistos mit
Bemalung im
Kamares-Stil

tums sind in den Themen noch vielfältiger als in der vorhergehenden Epoche, äußerst fein geschnitten und in der Darstellung verblüffend bewegt und realistisch. Stierspringer, Kultszenen, Tierkämpfe, Akrobaten, Fische und Genreszenen gehören zu dem Bilderschatz. In diese Zeit gehören *Tontäfelchen aus Phaistos* mit der frühesten Linearschrift, die bisweilen noch hieroglyphisch anmutet.

Von den Wandmalereien der mittelminoischen Zeit ist nichts erhalten, dagegen ist uns die dekorative Kunst durch die Malerei auf Tongefäßen bekannt. Die eierschalendünne Keramik im ›Kamares-Stil‹, genannt nach Funden in einer Kulthöhle am Abhang des Berges Ida, sind von dynamischen Spiral- und Wirbelmustern beherrscht, verbunden mit pflanzlichen Motiven, die aber rein ornamental verwendet wurden. Die Verzierung mancher Gefäße durch plastisch aufgetragenen Tonschlamm, die sogenannte ›Barbotinetechnik‹, ist eine besondere Eigenart der kretischen Töpferei.

361   Palast von Knossos, Hof-Fassade des Westflügels

362   Pfeilerhalle der Karawanserei vom Palast zu Knossos

Die spätminoische Zeit
(Jüngere Palast-Zeit, etwa 1700—1400 v. Chr.)

Während des 17. und 16. Jahrhunderts v. Chr. wurden die Paläste von Phaistos, Knossos und Mallia zweimal, vermutlich durch Erdbeben zerstört oder schwer beschädigt. Nach dem erweiterten und prunkvollen Wiederaufbau fiel Knossos, nachdem Mallia und Phaistos schon vorher verlassen worden waren, am Ende des 15. Jahrhunderts v. Chr. einem Brand zum Opfer. Etwa 100 Jahre vorher war die Herrschaft über Kreta auf die Griechen übergegangen. Ob sie vom Festland oder vom Orient kamen, ist heute eine wissenschaftliche Streitfrage. Die durch die widrigen Ereignisse ungebrochene Blüte der Kultur und die Macht ihrer Herrscher erreichten ihren Höhepunkt im 16. Jahrhundert v. Chr. Die Kreter beabsichtigten in ihrer Architektur keine monumentale Wirkung wie die mesopotamischen oder persischen Könige. Der Prunk eines Palastes entfaltete sich im Innern, in der Flucht von Säulengängen, Treppenhäusern, Repräsentationshallen, Kapellen und Privaträumen. Die Anlage in *Knossos,* Residenz des Königs, die zwei Hektar bedeckte, war so verwirrend, daß bei den Griechen die Vorstellung vom Labyrinth des Minotauros entstand. Die Paläste

363 Ostflügel des Palastes von Knossos

waren aus Stein erbaut, die Säulen, mit nach unten sich verjüngendem Schaft und wulstförmigem Kapitell, aus Holz geschnitzt. Der südwestliche Zugang in Knossos war mit seiner etwa 80 m langen Treppenhalle besonders großartig ausgestattet. Vor ihm überquert eine viaduktähnliche Brücke mit neun Bögen ein Bachbett, auf dessen anderer Seite auf halber Höhe die sogenannte ›Karawanserei‹, ein kleiner Empfangsbau, liegt. Dessen Hauptraum, eine bemalte Pfeilerhalle, besitzt einen Deckenfries mit Rebhühnern und anderen

364 Rekonstruktion des Badezimmers der Königin im Palast von Knossos

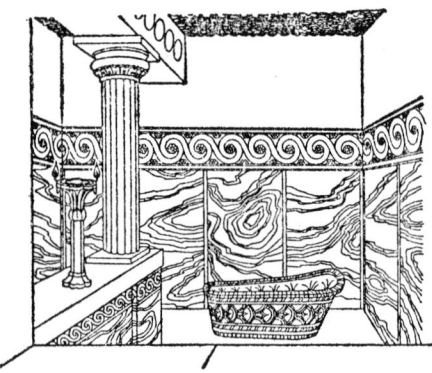

Vögeln. Ein kleineres Zimmer mit einem Bassin für Fußwaschung schloß sich an. Ein anderer Raum enthielt noch Reste von Tonbadewannen und einem heizbaren Wasserkessel, bestimmt zur Erfrischung der Ankommenden. Neben der luxuriösen Ausstattung der Räume überraschen besonders die technischen Einrichtungen des Palastes, die Lichtschächte, Wasserzuleitungen, die Badegelegenheiten und Toiletten mit Wasserspülung, wie sie erst wieder in römischer Zeit erreicht wurden.

Während die Engländer Knossos im Norden der Insel freilegten, gruben im Süden in *Phaistos* die Italiener. Der Name der Stadt, deren Krieger unter IDOMENEUS nach Troja zogen, ist von den homerischen Epen her bekannt. Auch EPIMENIDES, einer der Sieben Weisen, stammt der Sage nach aus Phaistos, dessen großer Palast mit zahlreichen Räumen auf einer steil abfallenden Höhe lag. Besonders beeindruckend ist die Anlage des Portals, auf das eine 12 m breite Freitreppe hinführt, die inmitten einer großartigen Landschaft den Rahmen für die Zeremonien und Feiern eines prachtliebenden Herrschers bot.

3 km entfernt und über eine steingepflasterte Straße zu erreichen, liegt näher der

365 *Blick vom Westhof des Palastes von Phaistos in die Messara-Ebene*

366 *Pithos aus der Zeit des Alten Palastes auf der Straße zum Nordeingang des Palastes von Mallia*

Küste *Hagia Triada,* dessen kleiner Palast im Gegensatz zu dem von Phaistos mit schönen Fresken ausgemalt war und wertvolle Funde enthielt, unter anderem Siegel und etwa 150 Tontafeln mit der Linearschrift A. Der rechtwinklige Grundriß weicht von dem der großen Paläste und Herrensitze stark ab. In einem Magazin befanden sich neunzehn Barren Bronze von je 29 kg, der größte Fund dieser Art aus früher Zeit.

Im Norden der Insel, 2 km östlich des Dorfes *Mallia,* wurde der dritte große Palast freigelegt, der wie die anderen von Norden nach Süden orientiert ist. Die Pracht- und Kulträume lagen an der Westseite des Mittelhofes, den im Osten eine Anzahl von Magazinen mit Abflußrinnen abschloß. In der Südwestecke befand sich der breite Haupteingang mit einem Vorplatz, der kultischen Zwecken diente. Eine runde Steinplatte mit Vertiefungen für die Aufnahme von Samenkörnern und Früch-

ten war für Opfer bestimmt. Acht runde Zisternen versorgten den Palast mit Wasser. Bemerkenswert ist der Wechsel von Pfeilern und Säulen bei den Hallen der Nord- und Ostseite des Mittelhofes. Wie in Knossos schlossen auch hier die Privathäuser dicht an den Palast an.

Wie weit sich die Städte, von denen man einige, ursprünglich mehrstöckige Häuser in unmittelbarer Nähe der Paläste freilegte, erstreckten, ist noch unbekannt. In der Mirabello-Bucht von Ostkreta gibt *Gurnia* den besten Eindruck einer kleineren altkretischen Stadt. Ein planmäßig angelegtes Netz von sorgfältig gepflasterten Straßen umgab einen Hügel mit dem beherrschenden Stadthaus. Der Ort war dicht bebaut mit eng aneinanderliegenden Häusern, deren Obergeschoß meist über eine Außentreppe zu erreichen war. Das Erdgeschoß hatte keinen Eingang von der Straße und diente nur als von oben erreichbarer Vorratsraum.

In alleinliegenden Villen oder Herren-
häusern, oft 10 bis 15 km von der nächsten
Stadt entfernt, wohnten, nach den Siegel-
abdrücken zu schließen, höhergestellte
Persönlichkeiten. Die Räume waren mit
Wandmalereien prächtig ausgeschmückt;
große Vorratskrüge, Pithoi, sind in den
Boden eingelassen. In der Villa von *Niru
Chani* fand man zahlreiche Opfertische
und große, bis zu 1,20 m lange bronzene
Doppeläxte. Eine Prachttreppe führte
über eine Vorhalle in ein mit Stucktafeln
verkleidetes Zimmer, dessen Fußboden mit
Steinplatten ausgelegt war. Drei Villen
kamen in *Tylissos* zutage, in denen sich
bronzene Statuetten, prachtvolle Stein-
krüge und bronzene Kessel befanden,
deren größter über 50 kg wiegt. Ein besonders weitläufiges Herrenhaus liegt in
Vathypetro, 15 km südlich von Knossos.
Um 1600 v. Chr. begonnen, wurde nur
der Westflügel vollendet. Im ersten Stock
befanden sich die Wohnungen; in seinem
westlichen Hof fand man eine Oliven-
presse, im Südteil eine Weinpresse, eine
Weberei und andere Handwerksräume,
von denen ein etwa 30 m langer Gang zum
Brennofen führte. Im Osthof entdeckte
man das Fundament eines dreischiffigen
Heiligtums, das in seiner Art einzigartig
und nur aus alten Darstellungen bekannt
ist.

Eine große Palast- und anschließende
Stadtanlage wurde in *Kato Zakros* an der
Ostküste Kretas von NIKOLAOS PLATON 1962
bis 1965 ausgegraben. Die Entdeckung
bestätigte die Auffassung der Archäologen, daß es schon in der Frühzeit mehrere
selbständige Gebiete auf der Insel mit
königlichen Residenzen gab. Die Stadt war
der bedeutendste Hafen Kretas und ein
Handelszentrum im Verkehr mit Vorderasien und Ägypten. Die Anlage des Palastes, von der etwa die Hälfte mit über 70
Räumen freigelegt wurde, ähnelt denen
von Phaistos und Mallia. Die bisherigen
Funde übertreffen alle Erwartungen:
Kultgefäße aus Bergkristall, Marmor und
Obsidian, bemalte Vasen und Krüge,
prachtvolle Schmuckstücke, ein Dutzend
Tontafeln mit Linearschrift A und Magazine mit ihren Vorratsgefäßen kamen ans
Licht. Neuerdings wurde an der Nordwestküste der Insel in *Chania* ein Palast
entdeckt mit mindestens 50 Tontafeln in
derselben Schrift.

In den letzten zehn Jahren wurden von
dem griechischen Archäologen S. MARINATOS
auf der Insel *Santorin,* dem alten Thera,
neue Grabungen durchgeführt. Der Gelehrte vertrat seit langem die These, daß
um 1525 v. Chr. ein furchtbarer Vulkan-

*367 Fresko eines Fischers aus dem Westbau von der
Insel Santorin, spätminoisch, um 1500 v. Chr.*

ausbruch, die größte Naturkatastrophe der historischen Zeit, große Teile der Insel im Meer untergehen ließ und durch eine riesige Flutwelle die Paläste auf Kreta zerstörte sowie andere Inseln in Mitleidenschaft zog. Auf Santorin stieß er auf eine minoische Siedlung, in der Gefäße und Pithoi zutage kamen, deren Dekor ebenso wie die Reste von Fresken dem minoischen Stil des 16. Jahrhunderts entsprechen.

Keramik, Wandmalerei, Plastik und Metallbearbeitung der spätminoischen Zeit

In der *Keramik* der spätminoischen Zeit wurden die stilisierten Ornamente von Motiven abgelöst, die der Pflanzen- und Tierwelt entnommen sind. Ein Gräsermuster auf einem Krug beispielsweise ist von der Natur inspiriert, paßt sich aber der Form des Gefäßes so zart und geschmeidig an, daß man das natürliche Vorbild vergißt. Dunkle Bemalung auf hellem Grund überwiegt nun; die Beeinflussung durch die Wandmalerei ist unverkennbar, vor allem in den mit Tinten-

369 *Linsenförmige Flasche mit Oktopus-Dekor, aus Palaikastro, Höhe 28 cm, um 1500 v. Chr.*

fischen, Polypen, Seealgen, Muscheln und Korallenriffen geschmückten Gefäßen des sogenannten ›Meeresstils‹, in dem die Tiere ornamental verwendet sind und die frühere Dynamik der Wirbel und Spiralen weiterlebt. Die kretischen·Künstler gestalteten ihren bizarren Formenreichtum in nie wieder erreichter Weise. Man sagte nicht zu Unrecht, das »das Meer die Seele der ägäischen Kunst« sei. Die letzte Phase, der auf Knossos beschränkte ›Palaststil‹ auf Amphoren, Bügelkannen und Bechern, bringt eine Festigung und damit eine Erstarrung zum rein Dekorativen.

Wie in der Keramik verlief auch die Entwicklung der *Freskomalerei* in den Palästen und Villen, die um 1800 v. Chr. plötzlich einsetzte. Von der ägyptischen und mesopotamischen Wandmalerei ausgehend, schufen die kretischen Künstler anstelle der ruhigen und ausgewogenen Formen, wie sie uns z. B. in den Fresken des Palastes des Zimrilim in Mari (siehe Abb. 173) entgegentreten und wie sie noch in dem Mini-

368 *Schnabelkanne mit Gräserdekor, Höhe 29 cm, um 1550 bis 1520 v. Chr.*

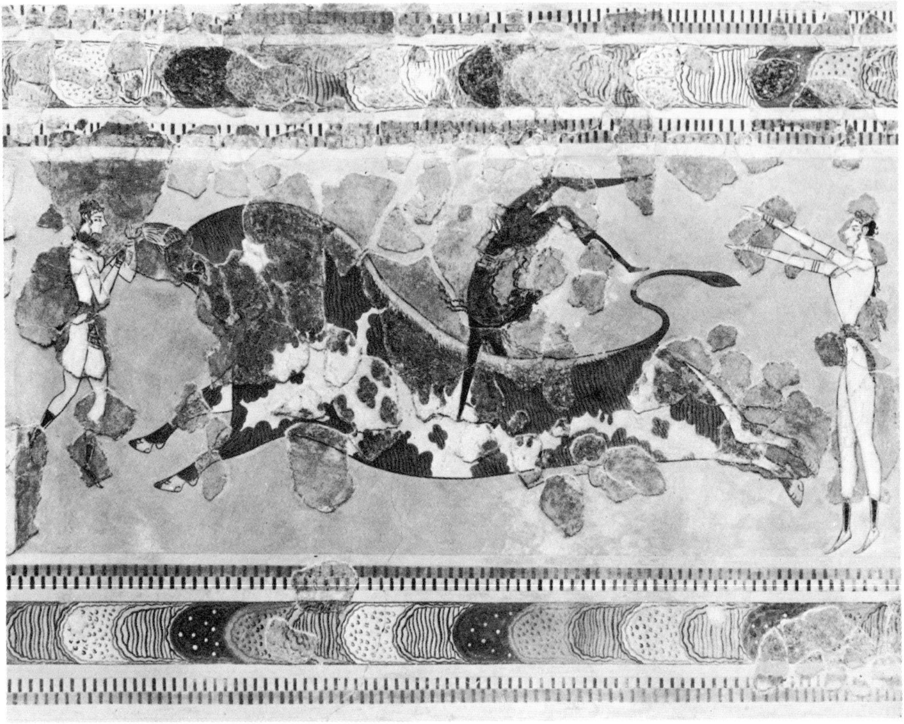

△
*370 Stierkampfszene von einem Fresko aus Knossos,
Höhe ca. 85 cm, ergänzt, um 1500 v. Chr.*

371 Sog. ›Pariserin‹, Bruchstück eines Freskos aus
◁ *dem Palast von Knossos, um 1500—1450 v. Chr.*

...aturfresko mit einer kultischen Versammlung im Palast von Knossos erscheinen,
bald einen bewegten, dynamischen Stil.
Schon die lebensgroßen Männer und
Frauen aus einem Zug von Gabenbring-
genden, darunter der berühmte ›Trichter-
träger‹, sind freier und gelöster. Blumen
und Ranken, Krokusbeete und Tier-
szenen, fliegende Fische und Delphine sind
die bevorzugten Themen auf den Fresken
in Hagia Triada und Knossos; sie sind flä-
chig, ohne Raumtiefe, sehr zart und unmittelbar gemalt. Das Spiel mit dem Stier,
das auch auf Siegeln erscheint, ist auf
einem großen Fresko aus dem 16. Jahr-

hundert v. Chr. in der Säulenhalle des Nordeingangs in Knossos dargestellt. Fließende Bewegung und Rhythmus dieser Komposition sind meisterhaft. In einem kleinen Hof des Ostflügels sind verschiedene Phasen des Stierspiels wiedergegeben; sie stammen aus dem 15. Jahrhundert v. Chr. Szenen aus dem Leben zeigen die *Blauen Damen*, die *Spielenden Kinder* und das Bruchstück eines Freskos aus dem sechssäuligen Prunksaal im Westflügel, die sogenannte *Pariserin*.

Die minoische *Plastik* ist, im Gegensatz zur frühgriechischen, voller Bewegung, sie

373 Fayencestatuette einer sog. Schlangengöttin aus Knossos, Höhe 29 cm

372 Fresko des ›Trichterträgers‹ aus Knossos, etwa
◁ *Lebensgröße; ergänzt*

erhebt sich jedoch nie zur Monumentalität. Die größte erhaltene Figur, eine ›Schlangengöttin‹ aus Fayence um 1600 v. Chr., die man in den unterirdischen Schatzgrüften des Zentralheiligtums im Palast von Knossos fand, ist nur 34 cm groß; eine zweite, etwas spätere, noch einige Zentimeter kleiner. Andere Themen sind Betende, Springer, spielende Kinder und Tiere.

263

374, 375 Oben: Kretischer Goldbecher aus einem Kuppelgrab bei Vaphio, Höhe ca. 8 cm. Unten: Die sog. ›Schnitter-Vase‹, Steatitgefäß aus Hagia Triada, Breite 11,5 cm, 1550 bis 1500 v. Chr.

376 rechts: Gefäß in Form eines Stierkopfes, Knossos ▷

Eine Prunkaxt in Gestalt eines Leoparden aus grauem Schiefer und ein Trankopfergefäß in Form eines Stierkopfes sind Beispiele der hohen Kunstfertigkeit in der *Steinbearbeitung,* die in der *Schnittervase* aus schwarzem Speckstein ihr bedeutendstes Werk hinterließ. Ein Zug von der Ernte fröhlich Heimkehrender wird von einem Vorsänger und drei Singenden angeführt. Wieder überraschen Rhythmus und Bewegung.

Kretischen Ursprungs und ein Höhepunkt der *Goldschmiedekunst* sind neben einem Goldanhänger in Form zweier Bienen aus Mallia zwei goldene Becher aus einem Kuppelgrab bei *Vaphio,* südlich Sparta auf der Peloponnes; sie werden in das 16. Jahrhundert v. Chr. datiert. Auf dem einen ist das Einfangen wilder Stiere dargestellt, auf dem anderen wird ein Stier durch eine zahme Kuh angelockt und von einem Mann am Hinterbein gefesselt. Die

Schönheit des Reliefs besteht in der glücklichen Verbindung von Naturnähe und bildnerischer Gestaltung; Tiere und Menschen sind in Bewegung und Haltung wundervoll getroffen und zugleich zu einer großartigen Komposition vereint.

Nach der Katastrophe von 1400 v. Chr. gab es keine Paläste mehr auf der Insel. Die Stadt Knossos bestand zwar weiter, aber das Leben wurde provinziell und die Kultur verflachte. Das einzige Beispiel für die Malerei der späten Epoche ist ein Steinsarkophag aus einem Kammergrab bei Hagia Triada, wo, wie in Knossos, eine kleine Stadt wieder aufgebaut wurde. Er entstand gleich nach 1400 v. Chr. und stellt ein Stieropfer dar; unter Flöten- und Kitharaklängen werden Früchte, Wein, Kälber und ein Bootsmodell im Heiligtum dargebracht.

Religion und Schrift

Merkwürdigerweise bauten die Kreter nicht, wie fast alle anderen alten Völker, Tempel und Heiligtümer; sie errichteten der Gottheit auch keine großen Kultbilder. Vermutlich hatten die Könige und Königinnen priesterlichen oder göttlichen Rang. Der *Stierkult* spielte in der minoischen Religion eine überragende Rolle. Mit Sicherheit gelangte er von Anatolien, wo plastische Stierköpfe und -hörner in Çatal Hüyük diesen Kult schon für das 7. Jahrtausend belegen, nach Kreta. Der Stier als ganze Gestalt, der Schädel oder auch nur das Gehörn in naturnaher oder in abstrakter Darstellung wie im Palast von Knossos waren heilige Symbole, für welche die Verbindung mit der Doppelaxt und die Wiedergabe von Stierspielen (s. Abb. 358 u. 370) bezeichnend sind. Daneben wurde eine *Naturgöttin* als Herrin der Tiere und Muttergottheit verehrt. Älteste Kultstätten waren Höhlen, die bis in griechische Zeit benutzt wurden. Manche hatten gemauerte Eingänge, Wohnräume, Altäre und Kapellen. Auch Vorratskrüge wurden dort gefunden. Heilige Haine mit Olivenbäumen, Eichen oder Zypressen waren umfriedet. Die Altäre unter freiem Himmel wurden häufig mit Doppeläxten auf hohen Stielen umgeben. Im privaten Bereich gab es Hausaltäre, in den Palästen Kapellen mit Idolen und Kultgegenständen.

Die kretischen Schriftzeichen der frühminoischen Periode, von Siegeln bekannt, weisen vermutlich von Ägypten beeinflußte Hieroglyphen auf. Hieraus entwickelten sich zwei Silbenschriften, die *Linearschriften A und B.* Die A-Schrift ist auf Stein- und Metallgegenständen eingeritzt; zweifellos wurde sie im täglichen Leben auch auf Palmblätter und Leder geschrieben. Auf Vasen fand man ebenfalls solche Inschriften. Die bereits 1957 von dem Amerikaner CYRUS GORDON vorgeschlagene und 1972 von dem Holländer JAN BEST als richtig erwiesene Entzifferung ergab, daß die Texte der Linearschrift A in Semitisch abgefaßt sind. Die bisher entzifferten Tontafeln aus Hagia Triada und Phaistos enthalten nur Inventarlisten der Palastschreiber.

Die Linearschrift B, die seit dem 15.Jahrhundert v. Chr. nachweisbar ist, trifft man

*377 Stierschädel ▷
mit Doppelaxt.
Flachzylinder
aus Achat von
Knossos*

*378 Tontäfelchen
mit Linear-B-
Schrift aus
▽ Knossos*

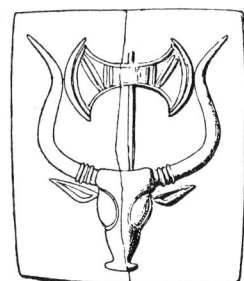

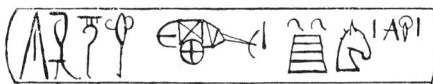

auf kleinen Tontafeln, von denen etwa 3000 im Bereich von Knossos gefunden wurden. Wieder handelt es sich um Inventarlisten und Aufzeichnungen der Palastschreiber. Auch auf dem Festland, in den Palästen von *Pylos* und *Mykene,* wurden Urkunden in der Linearschrift B ausgegraben. Dem Engländer MICHAEL VENTRIS gelang 1952 die Entzifferung, eine Leistung von weittragender Bedeutung, durch welche die spätere Entzifferung der A-Schrift ermöglicht wurde. Sie ergab, daß alle Texte der Linearschrift B in Griechisch abgefaßt sind. Die Tontafeln wurden bisher auf Kreta ausschließlich in Knossos, dem damaligen administrativen Zentrum der Insel gefunden.

Die mykenische Kultur

Paläste und Gräber

Die *Mittelhelladische Kultur* auf dem Festland von etwa 2000 bis 1600 v. Chr. ist durch neue Haus- und Keramikformen sowie Beisetzungsbräuche gekennzeichnet, die auf Einwanderung fremder Volksgruppen aus dem nördlichen Balkangebiet hindeuten. Die indoeuropäischen Völkerbewegungen in dieser Zeit, die in Anatolien zur Entstehung des Hethiter-Reiches führten, erreichten wahrscheinlich auch Thessalien und die griechische Halbinsel. Die als *Thraker* zu deutenden Einwanderer verwendeten eine unbemalte grauschwarze oder gelbe Keramik mit eingeritzten Mustern, die sogenannte minyische Ware. In einer späteren mattfarbenen Töpferware herrschen Schnabelkannen und Amphoren mit linear-geometrischer Bemalung vor.

Zu Beginn des 16. Jahrhunderts v. Chr., in der *Späthelladischen Epoche,* landeten im Süden Griechenlands die *Mykener,* die in enger Beziehung zu der kretischen Kultur standen und in deren Grabbauten sich gleichzeitig syrische und ägyptische Einflüsse abzeichnen. Ihre Namen erhielten sie archäologisch von dem Fürstensitz *Mykene* im Nordosten der Peloponnes; die späteren Griechen nannten sie *Achäer.* Im

380 *Kasematten in der Ostbastion der Burg von Tiryns*

379 Das Löwentor in Mykene

15. Jahrhundert dehnten die Achäer ihre Macht auf Kreta aus und gewannen die Herrschaft über Rhodos und Milet (Kleinasien) sowie über eine Reihe der ägäischen Inseln. Auf Zypern und in Ugarit gründeten sie Faktoreien. Ihr Reichtum war für die damalige Zeit unermeßlich.

Die wichtigsten Macht- und Kulturzentren auf dem Festland waren *Mykene* und *Tiryns.* Teile der Befestigungen dieser beiden Stätten gehen auf das 15. Jahrhundert v. Chr. zurück. An der Westküste der Peloponnes, im alten Messenien, lag ein bedeutender mykenischer Fürstensitz *Pylos* mit dem Palast des homerischen NESTOR, des greisen Ratgebers der Griechen vor Troja.

Mykenes Vormachtstellung war damals wahrscheinlich in ganz Griechenland anerkannt. In die Zeit von 1400 bis etwa 1200

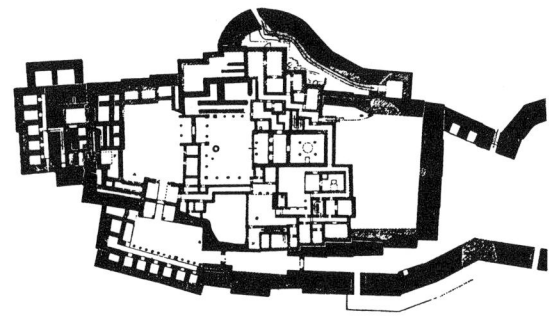

v. Chr., die spätmykenische Periode, fällt die Errichtung der zyklopischen Mauern aus riesigen, kaum bearbeiteten Steinen in Mykene und Tiryns. Sie sind ohne Mörtel zusammengefügt: Die Reste der ›Pelasgischen Mauer‹ auf der Akropolis von Athen entstammen etwa der gleichen Zeit. Das ›Löwentor‹ von Mykene ist das eindrucksvollste Zeugnis der dortigen gewaltigen Befestigungsanlage, die in ihrer Bauweise nichts mit Kreta gemein hat, vielmehr an die hethitische in Chattuscha erinnert (s. Abb. 295). Auch die Löwen beiderseits einer symbolischen Säule verweisen in ihrer Eigenschaft als Torwächter auf kleinasiatische Vorbilder. Im Mittelpunkt der Anlage befand sich der rechteckige königliche Thronsaal, das Megaron, dessen. Fassade nach Süden weist. Über einen geräumigen Hof betrat man eine schmale Vorhalle mit zwei Säulen und einen Vorraum. In der Mitte des Hauptsaales befand sich eine runde, niedrige Feuerstelle von 4 m Umfang. Vier Säulen zum Stützen des Deckengebälkes umgaben sie. Die Wände waren mit Wandmalereien geschmückt. Für die Frauen gab es einen eigenen Saal im oberen Stock des Bauwerks.

In *Tiryns,* dem Geburtsort des Herakles, legte SCHLIEMANN auf einem Kalksteinfelsen die Grundmauern eines gewaltigen Palastes frei. Die Steinblöcke hatten eine Länge von 2 bis 3 m und je 1 m Dicke und

Höhe. Die Stärke der Mauern betrug in der Unterstadt bis zu 8 m, in der Oberburg, in welcher der Herrscher residierte, sogar 11 m. Die Wände des Palastes waren mit Kalk verputzt. Fresken, gegliedert durch ein blaugelbes Band in halber Höhe

383 *Fresko aus Tiryns, Frauen zur Jagd ausfahrend, Höhe ohne Rahmung 35,5 cm*

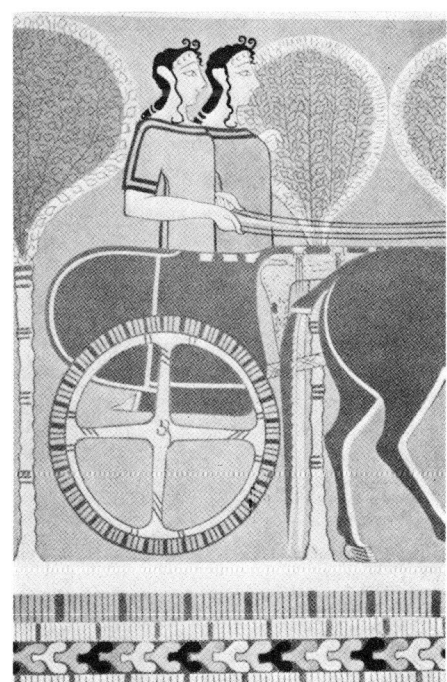

der Wand, zogen sich friesartig an den Mauern hin. Eine Darstellung zeigt einen rotgefleckten Stier im Sprung; auf seinem Rücken steht in tänzelnder Haltung ein Mann und hält sich an den Hörnern fest. In Kreta fand man die Erklärung für dieses Thema. Eine Eberjagd, Frauen auf Streitwagen zur Jagd ausfahrend und andere Schilderungen verraten ägyptischen Einfluß. Die Fresken von Tiryns stammen vermutlich aus der Zeit um 1400 v. Chr., einige weniger bedeutende entstanden um 1300 v. Chr. Der Freskenfries vom Megaron in Mykene von 1400 v. Chr. war über 40 m lang; dargestellt sind Krieger und Pferde, zum Kampf gerüstet, ferner eine Belagerung und Jagdszenen.

Die Paläste auf dem Festland hatten bei weitem nicht die Ausdehnung der kretischen; ebenfalls auf Hügeln errichtet, waren sie speziell für die Verteidigung angelegt. Der Lebensstandard des Volkes war, nach den Funden in den Unterstädten, in denen die Handwerker, Kaufleute und Verwaltungsbeamten wohnten, bescheiden. Der Handel lag in den Händen des Königs, der auch für den Bau der notwendigen Straßen und Brücken sorgte. Besondere Beachtung schenkte man der Wasserversorgung, die in Belagerungsfällen von großer Wichtigkeit war. In Mykene führte ein Gang unter den Mauern zu einem Schacht, in dem man etwa 100 Stufen zum Wasser hinabsteigen mußte.

384 Gräberrund A der Burg von Mykene, Wiederherstellung

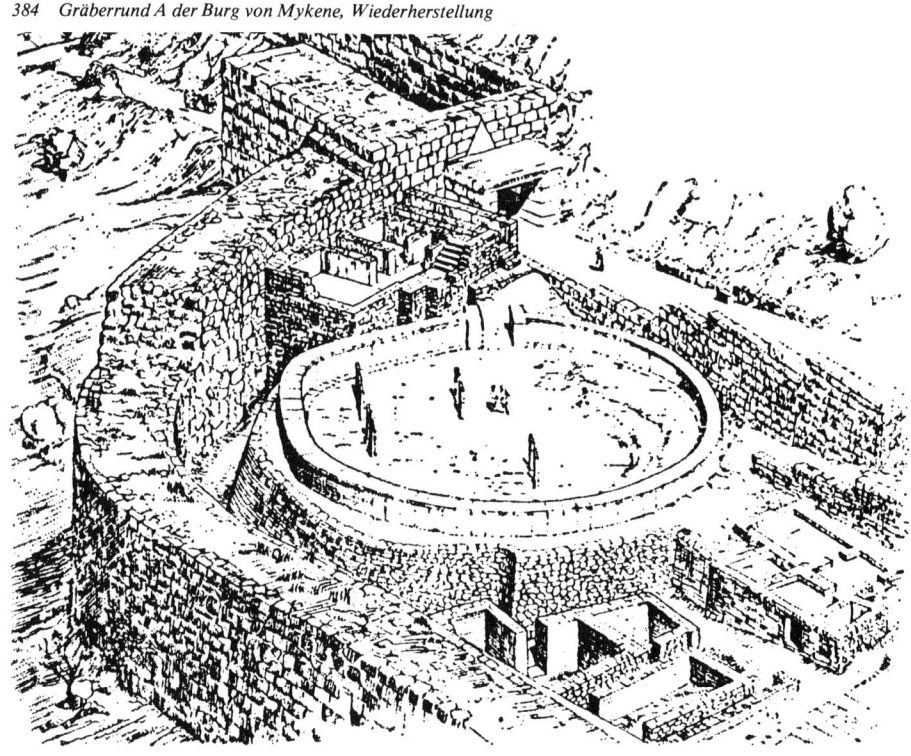

385 Goldene Gesichtsmaske aus Schachtgrab V der Burg von Mykene, Höhe 31,5 cm

386 Blick in das sog. ›Schatzhaus des Atreus‹ in Mykene

Die wichtigsten Entdeckungen neben den Palästen waren die *Schachtgräber,* die von den mittelhelladischen Steinkisten abweichen. 1876 grub SCHLIEMANN auf der Burg von Mykene das Gräberrund A aus; es hat einen Durchmesser von 27,5 m und ist von einer doppelten Reihe aufrechtstehender Steinplatten umgeben. Der Eingang an der westlichen Seite führt zu sechs rechteckigen, in den Felsen gehauenen Gräbern, deren Wände mit kleinen Steinen verkleidet sind. Auf dem Felshang über den Grüften standen Grabstelen, die später nach oben versetzt wurden. Einige sind mit Reliefs verziert und berichten von der Lieblingsbeschäftigung des Verstorbenen, beispielsweise der Jagd. Als Schliemann eine goldene Maske auf dem Gesicht eines der Skelette entdeckte, telegraphierte er dem König von Griechenland, er »habe Agamemnon ins Antlitz gesehen«. Die Größe seiner Entdeckung und ihre Bedeutung für die Wissenschaft wurden nicht geschmälert, als sich später herausstellte, daß die Gräber schon vierhundert Jahre vor Agamemnon erbaut wurden. 1951 wurde außerhalb der Burg ein zweites Gräberrund (B) entdeckt.

Die monumentale Grabform der mykenischen Kultur ist das *Kuppelgrab.* Noch vor dem Ausgang des 16. Jahrhunderts löste es das Schachtgrab ab. Das ›Schatzhaus des Atreus‹ nahe dem Löwentor, fälschlicherweise so genannt wegen der kostbaren Grabbeigaben, ist im Innern ein spitzbogenförmiger, über 13 m hoher Kuppelraum aus behauenen Quadern, die in Reihen verlegt sind. Ein 35 m langer Gang führt in den Hügel hinein; der spitz

387 Mykene, Eingang zum Schatzhaus des Atreus

zulaufende Eingang war von Halbsäulen aus grünem Stein mit Reliefschmuck eingefaßt und mit Steinplatten verkleidet. Ein gewaltiger Block von 6 m Länge bildet den Türsturz. Der gewölbte Innenraum ist »der größte der Antike, den wir vor dem Pantheon kennen«. Das sog. ›Schatzhaus des Atreus‹, das der Klytämnestra und das Genien-Grab sind die jüngsten und vollkommensten Bauten der mykenischen Kultur. Sie entstanden vermutlich in der zweiten Hälfte des 14. Jahrhunderts v. Chr.

Die Kultur der mykenischen Spätzeit ist in ganz Griechenland durch Funde belegt. In *Theben* wurden die Trümmer eines freskengeschmückten Palastes ausgegraben, in dem man babylonische Siegel fand, in *Orchomenos* ein Tholos-Grab; ebenso wurde in *Iolkos,* einem Ort, der aus der Argonautensage bekannt ist, neuerdings ein mykenischer Palast freigelegt. In Attika fand man eine Reihe von Kammergräbern; auf der Peloponnes kamen außerdem zahlreiche Tholos-Gräber zutage.

388 Spätmykenisches Tongefäß aus einem Kuppelgrab bei Kakovatos in Elis, Höhe 87 cm, 15. Jh. v. Chr.

Keramik und Kunsthandwerk

In der Feinheit des Tones und im Brand übertrifft die mykenische die minoische Keramik. Der Firnis ist haltbarer und glänzender; auch die Farben sind reicher, während die Formen den minoischen nachempfunden sind. Die charakteristische Bügelkanne, auf Kreta schon seit 1600 v. Chr. im Gebrauch, trifft man in Mykene erst ab 1400 v. Chr. Als Dekor verwendete die frühmykenische Keramik die kretischen Pflanzen- und ornamentalen Motive, die im 13. und 12. Jahrhundert v. Chr. von geometrisierenden Formen verdrängt wurden. Ein wesentliches Merkmal der mykenischen Kultur im Gegensatz zur kretischen ist die Vorliebe für Kampf und Jagd. Attribut der ritterlichen Herrscher war der

Streitwagen. Daher spielte auch die Metallverarbeitung bei den Mykenern eine besondere Rolle, vor allem für die Herstellung von Waffen. Aus einem Grab von *Dendra* (Argolis) stammt eine vollständige, sehr eindrucksvolle Bronzepanzerung. Der Knauf einer Schwertklinge aus dem Grab des Agamemnon besteht aus Halbedelsteinen und Elfenbein mit Goldauflage. Bei Prunkschwertern sind die Klingen oft kunstvoll mit Spiralen, Greifen und Pfer-

389 Mit Goldblech beschlagener Schwertgriff aus Schachtgrab IV von Mykene

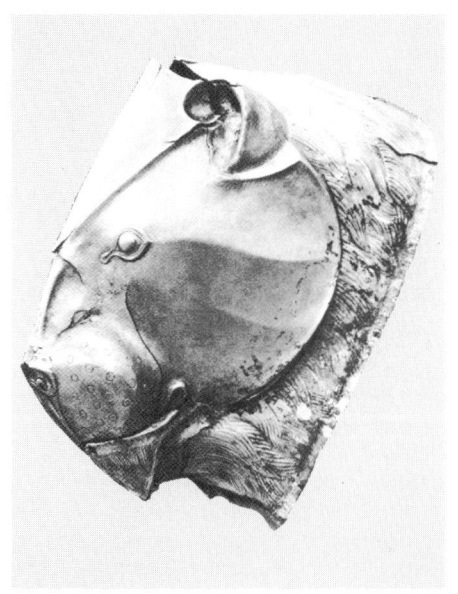

390 Goldgefäß in Form eines Löwenkopfes aus Schachtgrab IV von Mykene

Als Schliemann in Mykene zu graben begann, stützte er sich wie in Troja auf den Bericht Homers. Trotz mancher zeitlicher Irrtümer bewies er, daß das homerische Hellas Wirklichkeit war. Der Anfang der europäischen Geschichte wurde um ein Jahrtausend zurückverlegt. Als Homer die *Ilias* und die *Odyssee* schrieb, waren Jahrhunderte vergangen seit dem Untergang der mykenischen Kultur, die im 12. Jahrhundert v. Chr. dem Einbruch der ›Seevölker‹ zum Opfer fiel.

den zieliert; Heft und Scheide sind mit Gold beschlagen. Schöne Einlegearbeiten aus Gold, Silber und schwarzem Niello zeigen fünf Dolche, die Schliemann in den Schachtgräbern IV und V fand. Auf einem von diesen ist eine Löwenjagd dargestellt, auf der Rückseite ein Löwe, der eine Gazelle reißt, während zwei weitere in großen Sprüngen flüchten.

Das »goldreiche Mykene« wurde die Stadt Agamemnons von Homer genannt. Aus Gold sind die schönsten Funde, die aus den dortigen Gräbern stammen, die Gesichtsmasken, Diademe, der Schmuck, das Opfergefäß in Form eines Löwenkopfes, dessen glatte Flächen durch scharfe Kanten voneinander abgesetzt sind, die Siegelringe, Ketten, Gewandplatten, Brustschilde sowie die Figuren von Eulen, Fröschen und Heuschrecken. Zahlreich sind auch die Arbeiten aus Silber und Elfenbein.

Bibliographie

Archeologia, Paris, Nr. 29/1969
Hans-Günter Buchholz und Vassos Karageorghis, *Altägäis und Altkypros,* Tübingen 1971
Leonard von Matt, *Das antike Kreta,* Zürich 1967
Friedrich Matz, *Kreta, Mykene, Troja,* Stuttgart 1957
Fritz Schachermeyr, *Die ältesten Kulturen Griechenlands,* Stuttgart 1955
Fritz Schachermeyr, *Die minoische Kultur des alten Kreta,* Stuttgart 1964
Fritz Schachermeyr, *Griechische Geschichte,* Stuttgart 1969

VIII Frühe Kulturen in Eurasien

1 Vom Neolithikum bis zur Bronzezeit in Rußland

Die archäologische Arbeit der Sowjetunion in den letzten Jahrzehnten galt im besonderen der Erforschung der Kurgane (Hügelgräber) in den weiten Steppengebieten des Schwarzmeerraumes und Zentralasiens sowie der zahllosen Felszeichnungen und -ritzungen, die vom Paläolithikum bis zur Eisenzeit reichen. Im Stil und in den Motiven unterscheiden sie sich nicht wesentlich von der Felsbildkunst in der übrigen Welt. Die meisten Beispiele wurden in Sibirien und im sowjetischen Zentralasien entdeckt, an einer Stelle im Hochland von Kirgisien nahezu eine Million Felsritzungen. Sie stammen überwiegend, wie auch die Felsbilder in Karelien, im Ural und im Kaukasus, aus der Jungsteinzeit und späteren Epochen.

Schon im 19. Jahrhundert stieß man in *Tripolje* südlich von Kiew auf eine bis dahin unbekannte Kultur aus dem Neolithikum, dem 4. Jahrtausend, die ihren Namen nach diesem Fundort erhielt. Die Bemalung der schön geformten Tongefäße mit kunstvollen Spiralbändern gab dieser ältesten jungsteinzeitlichen Kultur Mittel- und Südosteuropas den Namen *Bandkeramik*. Die Einflüsse der Tripolje-Kultur sind bis China in den Gefäßen der Yang-shao Periode zu erkennen. Die Menschen lebten in Dörfern mit Rechteckhäusern von 5 — 30 m Länge, trieben Ackerbau und züchteten Rind, Schwein und Ziege. Abstrakte Tonidole bezeugen

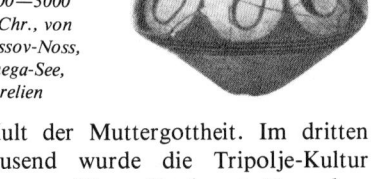

392 *Bemaltes Gefäß der Tripolje-Kultur*

391 *Zauberszene, 5000—3000 v. Chr., von Bessov-Noss, Onega-See, Karelien* ◁

den Kult der Muttergottheit. Im dritten Jahrtausend wurde die Tripolje-Kultur von Steppenvölkern überlagert, Nomadenstämmen aus Asien, die weder Baudenk-

mäler noch schriftliche Zeugnisse hinterließen, sondern einzig die Kurgane, in
denen man Grabbeigaben der sog. *Steppenkunst* fand — Gegenstände, die sie auf
ihren Wanderungen mitnehmen konnten.
Typisch für sie ist die Vorliebe für Tierdarstellungen, wie sie uns schon in den
Bronzen von Luristan begegnet (vgl. Kap.
VII. 1) und von Sibirien bis Mitteleuropa,
vom Iran bis Skandinavien zu finden sind.
Wo der Ausgangspunkt des Tierstils lag, ist
eine viel diskutierte Frage, vermutlich im
Nahen Osten.

Als um 1800 zum erstenmal prachtvolle
Goldarbeiten aus den Kurganen in West-
sibirien auftauchten, erregten sie Erstau-
nen und Bewunderung. PETER DER GROSSE
ließ die Grabräuber, von denen sie stammten, verfolgen und brachte einen großen
Teil des Schmucks nach Petersburg als
Grundstock der skythischen Sammlung in
der Eremitage. Erst 1860 begannen wissenschaftliche Grabungen im südlichen Al-
taigebirge. Systematische Forschungen
setzten 1927 sowohl in Südrußland wie im
Osten ein und wurden nach dem
2. Weltkrieg verstärkt weitergeführt. Ihre
Ergebnisse ermöglichten eine Abfolge und
Klassifizierung der Steppenkulturen.

393 *Weibliches Tonidol,
Tripolje, Höhe ca. 24 cm*

Danach unterscheidet man:
die *Gruben-Kultur* des Neolithikums von
der 1. Hälfte des 3. bis zum Anfang des
2. Jahrtausends,
die *Katakomben-Kultur* zu Beginn der
Bronzezeit um 2000 und
die *Holzkammergrab-Kultur* von 1500
bis zum 8. Jahrhundert v. Chr.
Die Träger der *Grubenkultur,* die vom
Ural bis zur Donau reichte, waren überwiegend viehzüchtende Nomaden, die schon
das Pferd kannten. In den Tälern der großen Ströme und an der Küste des Schwarzen Meeres scheinen sie teilweise seßhaft
gewesen zu sein und auch Ackerbau betrieben zu haben. Ihre Toten begruben sie in
rechteckigen oder ovalen Gruben; der
Leichnam war nach Osten orientiert und
mit Ocker bestäubt. Beigaben in den mit
Holzbalken oder Steinplatten bedeckten
Gräbern sind selten: einfache, schlecht gebrannte Tonware, selten mit Ornamenten
verziert, und Werkzeuge aus Knochen und
Stein. Verbindungen bestanden zu der
Ackerbau treibenden Tripolje-Kultur.
Eine besondere Variante entdeckte man
auf der Krim, die sogenannte *Kemi-Oba-
Kultur,* für die innerhalb der Gruben steinerne oder hölzerne Kisten typisch sind, in
deren Wände man einfache Ornamente ein-
ritzte und rot oder schwarz bemalte. Die
Steine sind sorgsam verfugt und abgedichtet. Diese seßhaften Bewohner standen
wohl der *Maikop-* und *Dolmen*-Kultur des

*394 Zweite Steinkiste mit verzierten Wänden aus dem
Kurgan Staroselsk, Ende 3. Jt. v. Chr., Cherson-
Gebiet*

nordwestlichen Kaukasus nahe, deren Aus-
strahlung in der 2. Hälfte des 3. Jahrtausends auch in einem schmalen Streifen der
Schwarzmeerküste in Stelen mit schematischen Menschendarstellungen erkennbar
ist. Die Stelen, die auf den Kurganen aufgestellt wurden, waren vermutlich Denkmäler von Stammesfürsten und -ältesten.
Gegen eine religiöse Bedeutung spricht,
daß sie später oft als Wandteile oder Decksteine verwendet wurden, wenn eine
andere Gruppe die Führung übernommen
hatte.

Die *Bronzezeit* begann im Nordkaukasus
schon in der Mitte des 3. Jahrtausends
mit der *Kuban-Kultur*. Es bestand dort ein
Zentrum der Metallverarbeitung, dessen

*395 Silberner Stier
aus dem Für-
stengrab von
Maikop, Mitte
3. Jt.*

bedeutendstes Zeugnis das *Fürstengrab von
Maikop,* ein dreiteiliger Kurgan, ist. In seiner Mitte lag ein mit Ocker bestreutes
Hockerskelett, das mit kleinen Gewand-
plättchen aus Gold, den frühesten dieser
Art, übersät war, welche Löwen und
Stiere darstellen. Außer goldenen Ringen
Ohrringen, Ketten und Steinperlen fand
man sechs als Baldachinpfosten gedeutete
Stäbe von 1,12 m Länge aus Gold und Silber mit aufgesteckten Stierplastiken. Tier-
gravierungen auf zwei Silbergefäßen sind
für die Entwicklung des *Tierstiles* besonders interessant. Die technische Vollkommenheit und der reife Stil lassen auf eine

*396 Silbervasen aus Maikop mit Tiermotiven, Mitte
3. Jt.*

längere Entwicklung schließen. Etwa zeit-
gleich mit den Funden aus dem Fürstengrab sind die aus dem chattischen Alaca
Hüyük in Zentralanatolien (vgl. Kap.
VII,2). Beide zeigen in Formen und Motiven viele Übereinstimmungen. Da der Iran,
das nördliche Mesopotamien und Anatoli-
en damals mit dem armenisch-kaukasi-
schen Gebiet eine kulturelle Einheit bildeten, ist ungeklärt, welcher Gegend der Vor-
rang einzuräumen ist, möglicherweise der

Kuban-Kultur. Jedenfalls trugen die Arbeiten aus dem nordkaukasischen Gebiet wesentlich zur Entfaltung der eurasischen Nomadenkunst bei.

Kimmerier und Skythen

In den Steppen setzte die Bronzezeit erst mit Beginn des 2. Jahrtausends ein. Den Grubenvölkern folgten die Träger der *Katakomben-Kultur,* die sich vom unteren Lauf der Wolga im Osten bis zum Dnjepr im Westen erstreckte. Ihren Namen erhielt sie von Grabkammern, die seitlich in eine

397 Verziertes Gefäß der Katakomben-Kultur, 1. Hälfte 2. Jt., Cherson-Gebiet

Grube eingelassen wurden, in den meisten Fällen in bereits existierende Kurgane. Die Kollektivgräber enthielten reichere Beigaben als die Einzelbestattungen der vorhergehenden Periode: Arbeitsgeräte aus Bronze, mit Ornamenten verzierte Keramik, Schmuck aus Silber, Steinperlen sowie Opfernahrung. Es scheint die Zeit eines sozialen und geistigen Umbruchs gewesen zu sein. Wie die Funde beweisen, waren die zugewanderten berittenen Nomadenstämme kriegerischer gesinnt als die Grubenvölker.

Die letzte Steppenkultur der Bronzezeit, die *Holzkammergrab-Kultur,* begann um 1500 v. Chr. Sie reichte von der mittleren Wolga im Norden, von wo sie ausging, bis zum Kaukasus im Süden, vom Ural im Osten bis zur Donau und dem Balkan in ihrer letzten Phase, dem 8. Jahrhundert v. Chr. Ihre Bestattungsbauten, meist in den alten Kurganen, sind rechteckige Kisten aus hölzernen Balken, die mit Brettern abgedeckt waren, manchmal auch die Form eines Satteldaches hatten. Ihr Übergewicht über benachbarte Gebiete beruhte auf einer hochentwickelten Pferdezucht und der Metallurgie. Der Schatz eines Fürstengrabes in *Borodino* bei Odessa aus dem 15. Jahrhundert v. Chr. enthielt prächtige silberne Lanzen aus dem Ural und Bronzeäxte aus dem Kaukasus, die, ebenso wie mykenische Formen, für die weiten Verbindungen dieses Volkes zeugen. Um 1100 v. Chr. erfolgte der Übergang in die Eisenzeit.

Träger der späten Holzkammergrabkultur waren die *Kimmerier,* ein aggressives Volk, das den Norden Rußlands ständig bedrohte und seit dem 11. Jahrhundert wiederholt in Kleinasien einbrach (vgl. Kap. VI, 1), im 8. Jahrhundert Urartu besiegte und Lydien eroberte. Die berittenen Krieger der Kimmerier waren ausgezeichnet bewaffnet, hart und anspruchslos. Neuere Ausgrabungen von Kurganen des Schwarzmeergebietes aus dem 8. Jahrhundert brachten wesentliche Unterschiede in ihrer Ausstattung. Man nimmt an, daß schon damals die Skythen in diese Gegend eingedrungen waren und ihnen die reicheren Gräber zuzuschreiben sind, daß sie es auch waren, welche die Kimmerier endgültig nach Kleinasien abdrängten.

Die *Skythen* waren ein indoeuropäisches Reitervolk, das zu einer weitverzweigten

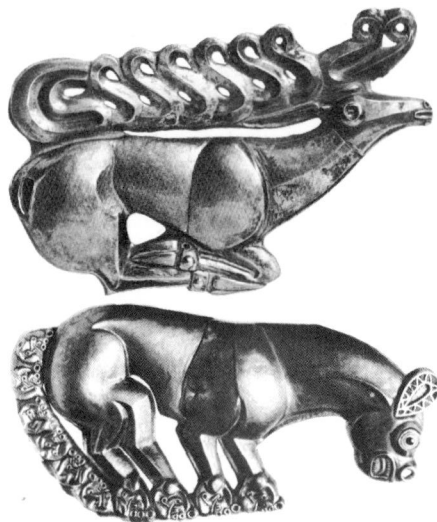

398 Ziselierter goldener Hirsch, vermutlich Zier-
buckel eines Rundschilds, aus Kostromskaja, Kuban, 7.—6. Jh. v. Chr. Darunter: Ziselierter goldener Panther, aus Kelermes, Kuban, ca. 30 cm
lang, 7.—6. Jh. v. Chr.

399 Tierkampfdarstellung auf der Goldplatte eines
hölzernen Rhytons, Hügelgräber der ›Sieben Brü-
der‹, Kuban, 10 cm hoch, 5. Jh. v. Chr.

Gruppe von Nomadenstämmen gehörte.
Die *Altai-Nomaden* waren mit ihnen ver-
wandt; einige Stämme erreichten sogar den
Jenissej-Strom in Sibirien. Das riesige
Gebiet vom Westrand des europäischen
Rußlands bis zu den Grenzen Chinas bildet

geographisch trotz der Unterbrechungen
durch das Pamir- und Altai-Gebirge eine
Einheit. Die ›eigentlichen‹ Skythen siedelten am Kuban, in Teilen der Krim und in
den Steppen und Waldgebieten des nördlichen Schwarzmeerraumes. Im 7. Jahrhundert stießen die Skythen, den Kimmeri-
ern folgend, nach Anatolien vor, erreichten
den Urmia-See, erschienen an den Grenzen
Assyriens, besetzten Lydien, verheerten
Syrien und gelangten bis Ägypten. Am Ende des 7. Jahrhunderts kehrten sie, von den
Medern zurückgeworfen, in die Schwarz-
meersteppen zurück, nachdem sie 28 Jahre
lang einen großen Teil des Nahen Ostens
beherrscht hatten. Es begann die 500jähri-
ge ›skythische Epoche‹. Ein Feldzug des
Darius gegen die Skythen im 6. Jahrhundert endete für ihn, wie Herodot berichtet,
ruhmlos und brachte diesen den Ruf der
Unbesiegbarkeit ein.

Trotz gewisser Unterschiede der skythischen Stämme vom Altai bis zur Donau
zeigen ihre Kultur und Kunst einheitliche
Wesenszüge. Beide weisen Einflüsse Chinas, des Irans und Mesopotamiens sowie
der jonischen Griechen auf; das Eigenständige behielt dennoch die Oberhand. Hirten-
nomaden sind mit den Tieren, von denen
ihre wirtschaftliche Existenz abhängt, aufs
engste verbunden. Sie kennen deren Wesen, ihre Lebensbedingungen und Bedrohungen. Der *Tierstil* erreichte bei den Skythen ein Höchstmaß von Ausdruckskraft
und Abstrahierung. Es gelang ihnen nicht
nur, die verschiedenen typischen Eigenar-
ten eines Geschöpfes in einer einzigen Darstellung zu verbinden, sondern auch die
Bewegung eines dahinstürmenden Tieres
und dessen Todeskampf einzufangen, wie
sie es auf der Jagd erlebten. Sie verstanden
es darüber hinaus, Elemente von verschiedenen Tieren ineinander zu verweben. Ihr
beliebtestes Motiv war der Hirsch, der in
Sibirien einst magische Bedeutung hatte
und Verehrung genoß. Das schönste Bei-

*400   Goldenes Pektorale einer Fürstin von Ordshoni-
kidse, Ukraine. Darunter: Detail*

spiel stammt aus einem Kurgan des 6. Jahrhunderts am Kuban. Die eingeknickten
Läufe, die Muskeln an Hals und Leib
drücken die Anspannung vor dem Sprung
aus; das runde Auge verrät Furcht. Ein
goldener Panther aus *Kelermes,* dessen
Augen und Nüstern mit Glasfluß und
Halbedelsteinen ausgefüllt waren, ist statischer; er zeigt iranische Einflüsse. Als Beispiel für das häufige Motiv des Tierkampf-
es, das in jedem Material ausgeführt
wurde, bringen wir die Goldplatte eines

hölzernen Rhython aus dem 5. Jahrhundert. Ein Zeugnis für die großartigen
Schmuckarbeiten, ein schwerer goldener
Halsreif einer Fürstin mit zahlreichen plastischen Tierfiguren, stammt aus einem
1971 ausgegrabenen Kurgan in der ukraini-
schen Steppe (2. Hälfte 4. Jh.).

Die Kunst der *Altai-Nomaden* aus den
Gräbern bei *Pazirik* ist weniger elegant als
die der Skythen, aber wegen ihres hervorragenden Erhaltungszustandes und ihres
Reichtums höchst aufschlußreich. Die
Funde brachten ein anschauliches Bild von
den Sitten, dem Leben und den Vorstellungen der Nomaden Eurasiens im 1. Jahrtausend v. Chr. Die Kurgane gehören dem
6. bis 4. Jahrhundert v. Chr. an.

Der russische Archäologe S. I. RUDENKO
entdeckte 1924 im Tal von Pazirik in tausend Meter Höhe eine Nekropole von ca.
vierzig Kurganen, darunter fünf außergewöhnlich große. Die Gräber waren mit
einer schützenden Eisschicht bedeckt und
mit Eis angefüllt, wodurch der Inhalt ausgezeichnet konserviert war. Der erste Kurgan wurde 1929 untersucht, weitere nach
1947; alle waren von Grabräubern geplündert bis auf die Beigaben, die nicht aus
Edelmetallen bestanden. Die Kammern
der größeren Grabhügel haben eine Bodenfläche bis zu 55 m^2 und sind von einer
Doppelwand aus Holzpflöcken umgeben.
Die Innenwände waren mit Filzteppichen
überzogen, die merkwürdige Mischwesen,
Tierüberfälle, berittene Krieger vor einer
Göttin und andere Motive darstellen. Die
Särge aus ausgehöhlten Lärchenstämmen
sind zum Teil mit aufgeklebten Silhouetten aus Leder verziert. Die wenig be-
kleideten Körper der einbalsamierten Toten ruhten auf Wolldecken, trugen ihren
Kopfschmuck, und ihre Füße steckten in
Strümpfen und Schuhen. Durch Einschnitte in den Körper, die man wieder vernähte,
wurden die Eingeweide entfernt; die Schädel waren trepaniert. Die Männer hatten

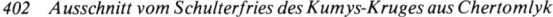

401 *Berittener Krieger vor der Großen Göttin, Detail von einem Teppich aus dem Kurgan V von Pazirik, Altai, 5. Jh. v. Chr.*

402 *Ausschnitt vom Schulterfries des Kumys-Kruges aus Chertomlyk*

den Kopf vorn oder auch völlig rasiert; die Frauen waren mit angesteckten Zöpfen geschmückt. Der Körper eines Nomadenfürsten mongolischer Rasse trug Tätowierungen von Tierbildern, deren phantastisch verschlungenen Formen zum eindrucksvollsten des Tierstiles gehören. Der Hausrat war vielseitig: Holztische mit leicht ausgehöhlten Platten, mit Hirschhaaren ausgestopfte Matratzen und Kissen, Taschen und Gewänder aus gefärbtem Leder, Pelze aus Schaf- und Ziegenfellen, Spiegel und Teppiche mit rotem Grundton in blauen, gelben und grünen Farben. Plastische Figuren von Hirschen, Stieren und anderen Tieren dienten als Pfostenköpfe oder Standartenaufsätze.

Die Skythen gehören zu den zentralasiatischen Völkern, die das Pferd am frühesten als Reittier verwendeten. Den Toten, auch den Frauen, gab man alle Pferde mit, die ihnen gehörten. Die Stammesfürsten hielten sich große Gestüte vor allem im Kuban- und Dnjeprgebiet, wo die Zahl der Pferdeopfer in die Hunderte geht. Ihrer Reitkunst verdanken die Skythen ihre Erfolge in Kriegen und auf der Jagd. Ein Beispiel der Pferdedressur und -pflege zeigt der Schulterfries eines Kruges aus dem 4. Jahrhundert. Sehr merkwürdig ist der Pferdeputz aus Pazirik, eine Art Masken mit Ornamenten, die den Kopf völlig bedeckten. Die teilweise vergoldeten hirschähnlichen Geweihe dieser Masken scheinen als Schmuck bei besonderen Zeremonien gedient zu haben. Die Schabracken zeichnen sich durch ihre Schönheit und die Lebhaftigkeit der Darstellungen, vor allem von Tierkampfszenen aus; ebenso kunstvoll war das Geschirr mit seinen Nüstern-, Backen- und

403—405 Links: Details der Tätowierungen vom rechten Arm des Häuptlings aus dem Kurgan II, Pazirik. Mitte: Schmuckfigur aus Bronze, in der Nähe von Chigirin gefunden, 6.—5. Jh. Rechts: Pferdemaske aus Leder, Pelz, Gold u. Roßhaar, Pazirik I

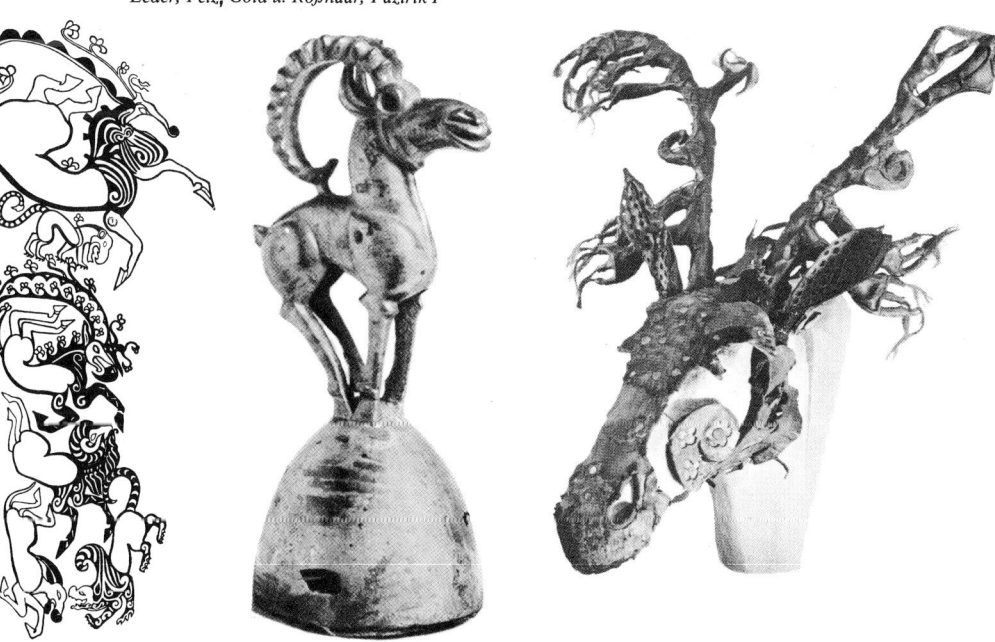

406 Plan des Kostromskaja-Kurgans

2 Frühzeit in Mitteleuropa

Von Margarete Dohrn-Ihmig

Wenn der Urgeschichtsfreund an frühe Kulturen in Mitteleuropa denkt, so fallen ihm die farbigen Höhlenmalereien und die vielfältige Kleinkunst der jüngeren Altsteinzeit von Frankreich bis nach Sibirien ein.

Viel weniger auffallend und als seßhafte bäuerliche Kultur unscheinbar in ihren kulturellen Äußerungen ist die *Bandkeramik;* doch bildet sie die Basis der menschlichen Entwicklung bis zur Neuzeit insofern, als in ihr der Übergang von der aneignenden zur produzierenden Wirtschaft in Mitteleuropas erfolgte.

Stirnriemen, die mit geometrischen und figürlichen Formen verschwenderisch verziert sind.

Die Skythen schufen keine Hochkultur, ihre Metallarbeiten jedoch sind unvergängliche Meisterwerke der Tierkunst.

Die Bandkeramik, ihre Herkunft und Verbreitung

Als in den Jahren 1928—1930 im früheren Kölner Festungsring ein breiter Grüngürtel angelegt wurde, bemerkten Bauarbeiter bei Verlegung des Frechener Baches dunkle, mit Holzkohle, keramischen Scherben und Steingeräten gefüllte Abfallgruben. Sie hatten in Köln-Lindenthal das größte bandkeramische Dorf des Rheinlandes, dessen Siedlungsfläche von 45 000 m² durch mehrere Spitz- und Sohlgräben mit Palisaden umgeben war, entdeckt.

Damals waren bandkeramische Siedlungsplätze und Friedhöfe von der Weichsel bis an die Maas bereits bekannt. Man wußte, daß jungsteinzeitliche Vorläuferkulturen in Anatolien (im 7. Jahrtausend) und auf dem Balkan erstmalig seßhaft geworden waren, Getreide anbauten (Einkorn, Emmer, Spelzweizen, Gerste), Haustiere züchteten (Schaf, Ziege, Schwein, Rind) und bäuerliche Gemeinwesen grün-

Bibliographie

Antike Welt, Küsnacht 1973, Heft 1
Antike Welt, Die skythischen Kurgane, Sondernummer 1974
Georges Charrière, *Die Kunst der Skythen,* Köln 1974
Tamara Talbot Rice, *Die Skythen,* Köln 1957

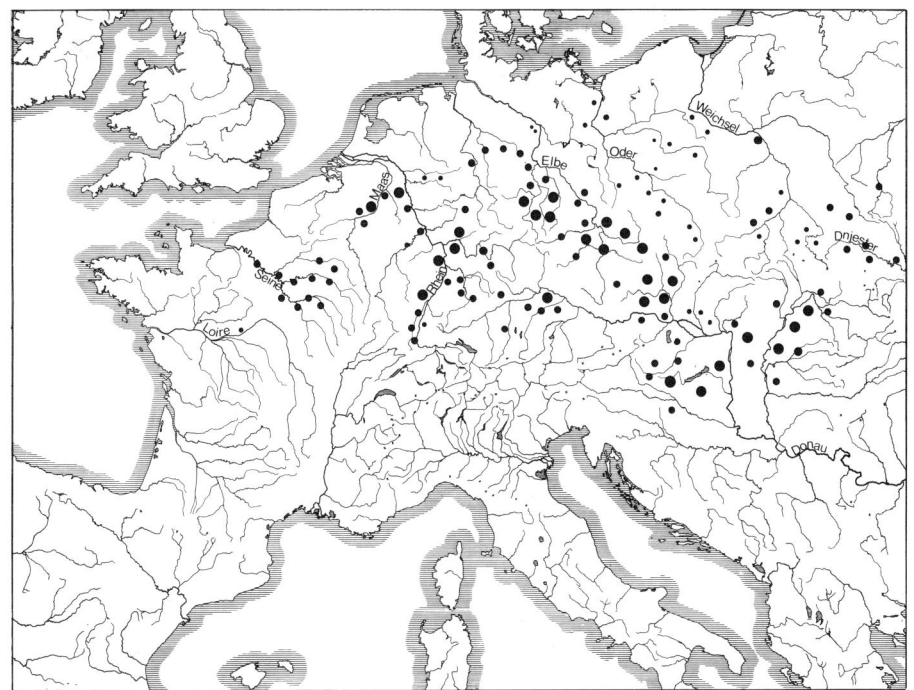

407 Verbreitung der bandkeramischen Kultur vom Dnjestr bis an die Seine. Die Punkte markieren Siedlungszentren, nicht einzelne Fundstellen (Karte zusammengestellt nach P. Stehli 1974)

deten, die zur Entwicklung von Stadtkulturen führten. Dies geschah zu einer Zeit, als im nacheiszeitlichen Mitteleuropa schweifende Jäger- und Sammlergruppen ihren Lebensunterhalt noch durch die Jagd und das Sammeln von Früchten und Wurzeln sicherten.

Es war eine Frage der Zeit und des Bevölkerungsdruckes, bis die fruchtbaren, lößbedeckten Ebenen Ost-, Mittel- und Westeuropas für die Landwirtschaft erschlossen wurden. Um die Mitte des 5. Jahrtausends v. Chr. war die Kolonisierung weiter Teile Mitteleuropas durch die bandkeramische Bevölkerung, eine grazilmediterrane Menschenrasse, in vollem Gang. Ihre Siedlungen erreichten, von der unteren Donau ausgehend, im Osten und Nordosten den Dnjestr, die Weichsel und Oder und ihre Nebenflüsse, im Norden das Elbe- und Saalegebiet. Über die Tiefebenen entlang der Donau nahmen sie nach Westen und Nordwesten hin die Lößflächen an Neckar, Main, Rhein und Maas in Besitz und erreichten schließlich das Pariser Bekken. Ihre kulturellen Äußerungen wie Hausbau, Ackerbau und Viehzucht, Anlage von Friedhöfen, Herstellung von Keramik und Steingeräten sowie von Schmuckgegenständen und Kleinkunst sind im gesamten Verbreitungsgebiet während einer Lebensdauer von 500 bis 600 Jahren sehr einheitlich. Alle Siedlungsfunde stammen aus tausenden von Abfallgruben, die heute nur wenig unter der Ackerkrume liegen und welche Keramik,

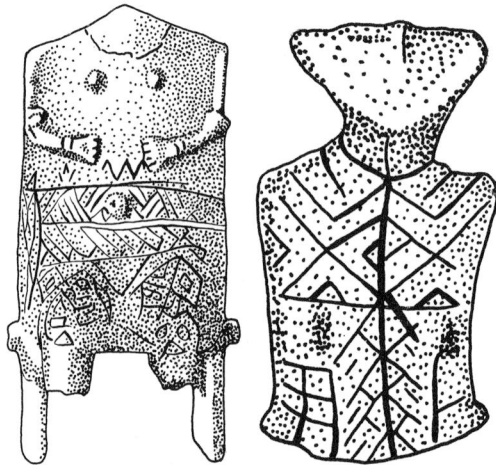

408 Idole aus Hódmezövásárhely-Kokéndomb und Hortobágy-Zámpuszta, Ungarn

Steingeräte, Holzkohle und verkohlte Pflanzenreste sowie Tierknochen bewahrt haben.

Die Siedlungen und Häuser

In den letzten Jahrzehnten ist die Bandkeramik intensiv erforscht worden. Schon in *Bylany* in Mähren zeigte sich, daß große Lößhänge in der Nähe von Bächen und

409 Ausschnitt aus dem Siedlungsplan des bandkeramischen Platzes Langweiler 2, mit Hausgrundrissen, Zäunen und Gruben (mit freundlicher Genehmigung von R. Küper)

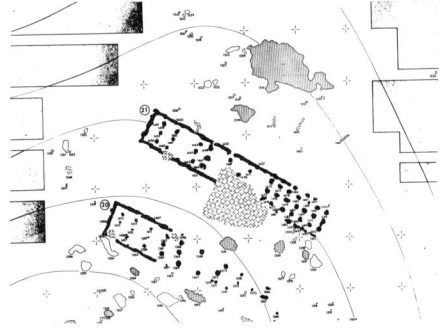

kleinen Flüssen mit Gehöften belegt waren, welche in der Längsachse immer gegen den nordwestlichen bis nordöstlichen Wind ausgerichtet waren. Meist gibt es in einem Siedlungsgelände neben einzelnen Großbauten, die eine Länge von 40 m bei einer Breite von 6 bis 7 m erreichten, mehrere kleinere Bauten von etwa 20 m Länge. Ein Siedlungsplan aus dem Rheinland zeigt auf einem Hang von ca. 400 m² 21 Bauten und einige Zäune. Während einer Generation werden davon zwei bis drei Bauten gleichzeitig bestanden haben. Die Gehöfte waren teilweise oder ganz in Blockbauweise aus Holzpfosten erbaut oder nur aus einzeln stehenden Holzpfosten mit Flechtwerk und geweißtem Lehmbewurf in der Art von Fachwerkhäusern. Die Hausgrundrisse he-

410 Bandkeramisches Haus aus dem Freilichtmuseum Asparn a. d. Zaya (Österreich) (Mit freundl. Genehmigung des Direktors)

ben sich heute deutlich als dunkle Bodenverfärbungen vom gelben Lößboden ab. Zäune umgrenzten die Gehöfte oder trennten Bachniederungen ab, in denen das Vieh weidete. Die Großbauten haben wohl Wohnung, Speicher und Stall für Kleinvieh unter einem Dach vereinigt. Außer mit Zäunen und kleinen Gräben sind bandkeramische Siedlungsareale gelegentlich mit Graben, Wall und Palisade umgeben. Entweder wurden die Dörfer auf diese Weise befestigt (Köln-Lindenthal) oder man umgab ein siedlungsfreies Gelände mit spitzzulaufenden Gräben bis zu 3 m Tiefe und 5 m Breite, welches als ›Fliehburg‹ benutzt werden konnte, in der vor allem das Vieh Schutz vor schweifenden Jägergruppen fand.

Die Gräberfelder

Neben vielen tausenden von Siedlungsstellen sind wenige Gräberfelder aus Böhmen und Mähren, dem Mittelelbe-Saalegebiet und aus dem Rhein-Maasgebiet bekannt. Der Bestattungsritus war im Verbreitungsgebiet der Kultur einheitlich. Die gruppenweise angelegten Grabgruben hatten die gleiche Ausrichtung wie die Häuser. Die Toten wurden in Seitenlage mit angehockten Beinen (Hockerbestattung) in einer länglichen Erdgrube niedergelegt. Um sie herum wurden Gefäße aufgestellt; Stein- und Knochengeräte gehörten ebenfalls zu den Beigaben. Halsketten und Armreife sowie Schnüre mit Schneckenhäusern, die im Haar getragen wurden, sind aus Männer- und Frauengräbern bekannt. Vielen der Toten sind Roteisensteine beigegeben, häufig wurde der rote Ocker zu Pulver zerrieben und um Kopf und Gesicht des Bestatteten gestreut.

Aus dem Sterbealter der Bestatteten ergibt sich ein durchschnittliches Lebensalter von 27 Jahren. Die Bevölkerung scheint gut genährt und gesund gewesen zu sein. Die Körpergröße entspricht der des durchschnittlichen heutigen Mitteleuropäers.

Ackerbau, Viehzucht und Warenaustausch

Kleinere Ackerflächen, über deren Bearbeitung (wahrscheinlich mit Hacke und Grabstock) wir nichts wissen, waren von einem lichten Mischwald aus Eiche, Ulme, Ahorn, Esche und Fichte umgeben; Gehölze aus Hasel, Weißdorn, Schwarzdorn und Vogelbeersträuchern umgrenzten Felder und Siedlungen. Wilde Apfel-, Birnen-, Kirsch- und Pflaumenbäume lieferten Früchte. Auf den Feldern wurden zwei Weizenarten, Einkorn und Emmer, sowie Gerste angebaut. Linsen, Erbsen, Lein und Mohn sowie viele wildwachsende Pflanzen vervollständigten die Nahrung. Die Haustiere Schwein, Schaf, Ziege und Rind lieferten neben der Jagd auf Wildtiere (Reh, Hirsch, Wildschwein) die Fleischnahrung.

Ein gewisser Warenaustausch zwischen nahen und weit entfernten Siedlungsgebieten und zu anderen Kulturgruppen, z. B. Südeuropas, muß angenommen werden, weil Gesteinsrohstoffe für Werkzeuge aus Entfernungen bis zu 1000 km stammen und die Spondylusmuscheln der Muschelketten nur im Mittelmeer vorkommen.

Keramik und Steingeräte

Am wenigsten der Zerstörung im Boden anheimgefallen sind Keramik und Steingeräte. Die Keramik aus Lehm (Ton) wurde frei aus der Hand geformt. Sie ist

411 Gefäße der jüngeren westlichen Bandkeramik

mit eingeritzten und gestochenen Bändern in oft vielfältigen Mäander- und Spiralmustern verziert. Reste farbiger Bemalung und Inkrustation haben sich gelegentlich erhalten. Die Tonware wurde in einem einfachen Lehmofen ohne Rost gebrannt. Rundbodige Haushaltsgeschirre wie Flaschen, Becher, Schüsseln und Schalen sind variationsreich in Form und Größe und reichen von ›Fingerhut‹- bis zu 1 m hohen Vorratsgefäßen. Durch Rauch geschwärzte Schüsseln zeigen, daß in ihnen gekocht und Speise zubereitet wurde. Funde von tönernen Spinnwirteln beweisen, daß Pflanzenfasern oder Schafwolle verarbeitet wurden.

Die Steingeräte umfassen von Werkzeugen zum Hausbau bis zu Waffen alles, was eine bäuerliche Kultur braucht. Sorgsam zugeschliffene Dechsel aus feinkristallinem Gestein haben etwa die Form heutiger Beile. Ihre Großformen mögen zum Fällen der Bäume gedient haben, Kleinformen zum Spalten, Hobeln und Glätten des Holzes. Messerklingen aus Feuerstein (wahrscheinlich unsprünglich mit Holzgriff), Schaber, Kratzer, Stichel, Bohrer und andere Feuersteingeräte wie Sicheleinsätze dienten der Zerteilung, dem Schneiden und Zubereiten der Nahrung. Pfeilspitzen aus Feuerstein bezeugen, daß der bandkeramische Siedler Wildtiere mit Pfeil und Bogen erlegte. Große, muldige Reibplatten aus quarzitischem Gestein wurden zum Mahlen der Getreidenahrung benutzt.

Schmuck, Kleinkunst und Kult

Schmuckketten und Anhänger aus Spondylusmuschelperlen, aus Schneckenhäusern und Eberzähnen sowie Armreife aus Ton und schiefrigem Gestein wurden in den Gräbern als Trachtzubehör der Bestatteten gefunden. Möglicherweise verwendete man das rote Hämatitpulver, welches sich

oft in den Gräbern findet, auch zur Körperbemalung der Lebenden. Gürtelverschlüsse aus Spondylusmuscheln weisen auf Bekleidung aus Geweben oder Leder hin. Neben der kunsthandwerklichen Gestaltung der Keramik sind Reliefs an Gefäßen bekannt, welche menschliche Idole oder Haustiere darstellen. Auch kleine Vollplastiken wurden in den Abfallgruben gefunden. Davon abgesehen gibt es nur wenige Hinweise auf magische Vorstellungen oder auf eine Götterwelt, z. B. den singulären Fund von zwölf Tonidolen, die um einen Stein aufgestellt waren (Wulfen). Wahrscheinlich wurde damit der Ort einer rituellen Handlung bezeichnet. Auf Opferung von Menschen und Tieren in Verbindung mit Anthropophagie weist der Befund in der Jungfernhöhle Tiefenellern bei Bamberg. Wegen seiner Einmaligkeit sind die psychologisch religiösen Hintergründe nicht klar. Ausgegraben wurden in das Felsloch geschüttete zertrümmerte und zerteilte menschliche und tierische Skeletteile. Die menschlichen Knochen stammen überwiegend von gewaltsam getöteten Mädchen und jungen Frauen. Keramik und Steingeräte der jüngeren Bandkeramik wurden zusammen mit späterem Kulturschutt gefunden.

Insgesamt gesehen bieten die bandkeramischen kulturellen Hinterlassenschaften das Bild einer beharrlichen, festgefügten und in den ersten Jahrhunderten ihres Bestehens anscheinend friedlichen, Ackerbau treibenden und viehzüchtenden Bevölkerung, deren Siedlungsraum stetig erweitert wurde. Wegen der guten Klima- und Bodenbedingungen während der frühen Jungsteinzeit in Mitteleuropa war der Lebensunterhalt anscheinend soweit gesichert, daß eine dauernde magische Beschwörung höherer Kräfte im Sinne einer frühen Religion nicht notwendig war. So gibt es auch keine Hinweise auf eine Priesterklasse oder irgendeine Art von Führungspersönlichkeit in einer bandkeramischen Gruppe.

Allerdings muß es neben der autarken Großfamilie eine wenigstens zeitweise übergreifende gesellschaftliche Ordnung gegeben haben, die den Bau der großen Erdwerke während der jüngeren Bandkeramik mit ihren mehrere Kilometer langen Graben- und Wallanlagen organisierte. Die Erdwerke sollten vor einer Bedrohung sichern, deren Ursache nur vermutet werden kann. Es mag sein, daß zunehmende Trokkenheit, Zersiedlung und Erschöpfung des nutzbaren Geländes zu Angriffen verarmter und Neuland suchender Bevölkerungsteile führte, es mag auch sein, daß fremde Stämme Nutzen aus einem wohlgeordneten, landwirtschaftliche Überschüsse erzielenden System ziehen wollten. Jedenfalls nahmen die Siedlungsstellen der Bandkeramik um die Wende des 5. zum 4. Jahrtausend v. Chr. schnell ab und die Kultur verschwand im 1. Jahrhundert des 4. Jahrtausends.

Bibliographie

A. Leroi-Gourhan, *Prähistorische Kunst,* Freiburg 1971

W. Buttler, W. Haberey, ›Die bandkeramische Ansiedlung bei Köln-Lindenthal‹. *Röm.-Germ.- Forschungen,* Bd. 11, Berlin — Leipzig 1936

B. Soudský, *Bylany. Academia nacladatelství Čescoslovenske akademie věd.,* 1966

J.-P. Farrugia, R. Kuper, J. Lüning, P. Stehli, *Der bandkeramische Siedlungsplatz Langweiler 2,* Bonn 1973

P. J. R. Modderman, ›Die Hausbauten und Siedlungen der Linienbandkeramik in ihrem westlichen Bereich‹. *Fundamenta A/3,* Band Va. Köln — Graz 1971

U. Fischer, ›Die Gräber der Steinzeit im Saalegebiet‹. *Vorgeschichtliche Forschungen,* 15, Berlin 1956

H. D. Kahlke, *Die Bestattungssitten des donauländischen Kulturkreises der jüngeren Steinzeit.* Teil 1: Linienbandkeramik, Berlin 1954

U. Osterhaus, R. Pleyer, ›Ein bandkeramisches Gräberfeld bei Sengkofen, Ldkr. Regensburg‹. *Arch. Korrespondenzbl. 3,* H. 4, 1973

K.-H. Knörzer, *Untersuchungen subfossiler pflanzlicher Großreste im Rheinland,* Köln — Graz 1967

W. Rothmaler, I. Natho, ›Bandkeramische Kulturpflanzenreste aus Thüringen und Sachsen‹. *Beiträge z. Frühgesch. der Landwirtschaft,* 3, 1957

H. H. Müller, ›Die Haustiere der mitteldeutschen Bandkeramiker‹. *Berliner Schriften d. Sektion f. Voru. Frühgeschichte,* 17, 1964

W. Buttler, ›Der donauländische Kulturkreis der jüngeren Steinzeit‹. *Handbuch der Urgeschichte Deutschlands,* 2, Berlin — Leipzig 1938

J. Pavuk, ›Neolithisches Gräberfeld in Nitra‹. *Slovenska Archaeologia,* XX-1, 1972

H. Behrens, ›Die Jungsteinzeit im Mittelelbesaale-Gebiet‹. *Veröffentlichungen des Landesmuseums f. Vorgeschichte in Halle,* Bd. 27, 1973

O. Kunkel, *Die Jungfernhöhle bei Tiefenellern. Eine neolithische Kultstätte im fränkischen Jura bei Bamberg,* München 1955

O. Höckmann, ›Menschliche Darstellungen in der Bandkeramischen Kultur‹. *Jahrb. R. G. Z. M.,* 12, S. 1—34, 1965

3 Urnenfelder- und Hallstatt-Kultur

Von H.-E. Joachim

Mit dem Auftreten der Urnenfelderkultur (etwa 1300 — 800 v. Chr.) wurde die eigentliche prähistorische Entwicklung weiter Teile Mitteleuropas beendet. Im Laufe eines halben Jahrtausends erfolgten eine Reihe bedeutender Umschichtungsprozesse, an deren Ende die historisch überlieferten Völker der Illyrer, Kelten, Italiker und Germanen mit ihren eigenen Sprachen standen.

Der Beginn ist durch Veränderungen im ostmittelmeerischen Raum gekennzeichnet. Unter dem Ansturm von ›Völkern jenseits des Meeres‹ — wie sie Ramses III. bezeichnet — den Seevölkern, brachen die kretisch-mykenische und die hethitische Welt zusammen. Ein Teil dieser neuen Völker muß aus der Pannonischen Tiefebene und den sie umgebenden Gebieten gekommen sein, denn hier lagen die Herstellungszentren von Schmuck, Geräten und Waffen, die die Eroberer in der Ägäis mit sich führten. In Pannonien wurde auch bereits seit der Frühbronzezeit die Urnenbrandbestattung geübt, die charakteristisch für die *Urnenfelder-Kultur* werden sollte. Das Auftauchen von Urnengräbern in Nekropolen von Sizilien bis Mitteldeutschland und von Polen bis Spanien kann dabei nur mit ethnischen Verschiebungen vonstatten gegangen sein. Die alte bodenständige bronzezeitliche Welt wurde verändert, assimiliert, jedoch nirgends vernichtet.

Die Hoch- und Tieflandzonen wurden in starkem, vorher nicht gekanntem Maße besiedelt, so u. a. die Ufer der nordalpinen Seen. Der materielle Besitz wandelte sich. Die Tonware erhielt metallisch scharfe Formen; neuer Bronzeschmuck, neue Waffen treten auf. Die Steinaxt wurde durch das lange Hiebschwert ersetzt. Die Bronzen sind weniger aus Gräbern als aus Siedlungen und Horten bekannt. Das Eisen spielt als Werkmetall noch eine untergeordnete Rolle. Der unerschöpfliche Reichtum, die Menge und Perfektion der gegossenen und getriebenen Bronzeformen läßt auf leistungsfähige Bergwerke, Gießer- und Toreutenwerkstätten schließen.

Diese Tatsache deutet auf eine gewisse soziale Gliederung der Bevölkerung hin, wie sie etwa in der Bebauung des vollständig untersuchten Moordorfes Buchau am Federsee (Oberschwaben) nachzuweisen ist. Hier war bei den in Blockbau- und Flechtwandtechnik errichteten Häusern deutlich ein Gebäude in seiner Größe hervorgehoben. In erheblicher Zahl existierten solche in unmittelbarer Ufer-

412 Mitteleuropäische Bewaffnung mit Helm, Brustpanzer, Rundschild, Beinschienen, Bronzeschwert u. Lanzenspitze, ca. 8.Jh. v. Chr.

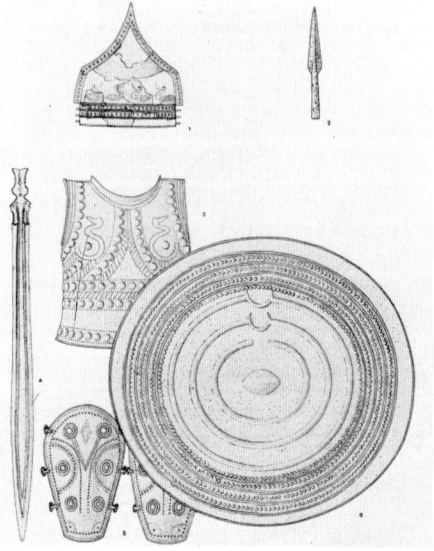

413 Polychromes Gefäß der Hallstattzeit (um 800 bis 600 v. Chr.), Höhe 21 cm, Küpfendorf bei Heidenheim, Baden-Württemberg

nähe errichteten Siedlungen (›Pfahlbauten‹) an den voralpinen Seen. Neben diesen Flachlandsiedlungen kommen vor allem in der jüngeren Urnenfelderzeit befestigte Höhensiedlungen hinzu. Sie erweisen, daß diese Periode als eine Phase rastloser Entwicklung und gehobenen Wohlstandes auch soziale Spannung und verbreitete Unruhe bedeutet haben muß. Der Handel wurde innerhalb der verschiedenen Gruppen der Urnenfelderkultur intensiviert und nach außen hin erweitert. So gelangten Handelsprodukte bis nach Ostpreußen und Südschweden, die dafür u. a. Bernstein exportierten. Die Urnenfelderkultur bleibt aber der inspirierende Teil für den Norden. Hier wurde die Sitte des Urnengrabes übernommen und urnenfelderzeitliches Symbolgut assimiliert.

Die Träger der Urnenfelderkulturen wirkten nicht nur aufgrund ihres kriegerischen Verhaltens, sondern auch durch ihre religiösen Vorstellungen revolutionierend auf die folgenden Perioden der Eisenzeit.

In den Gebieten, in denen die Urnenfelderkultur bronzezeitliche Elemente überschichtet und assimiliert hatte, kam es um

415 Schöpfgefäß aus Hallstatt, 7. Jh. v. Chr.

414 Kultwagen von Strettweg (Österreich), 7. Jh. vor Chr.

800 v. Chr. zur Ausbildung der *Hallstatt-Kultur*. Das verbindende neue Element ist die Verarbeitung des Eisens. Die Hallstatt-Kultur — ihr Name leitet sich von einem großen Gräberfeld im oberösterreichischen Salzkammergut her — nahm zwischen dem 8.—5. Jahrhundert v. Chr. ein Gebiet von der Saône bis zum Po und von der Donau bis zu den deutschen Mittelgebirgen ein. Dabei kann ein westlicher und ein östlicher Formkreis unterschieden werden. Der Raum der Ostalpen dürfte den Illyrern und Venetern, die circumalpinen Gebiete im Westen den Kelten zuzuordnen sein.

Die Bestattungssitten sind innerhalb der Hallstatt-Kultur nicht einheitlich. Es gibt die Körper- und Brandgrabsitte, das Hügel- und Flachgrab. In der Spätphase der Kultur spiegelt der Grabbrauch deutliche soziale Unterschiede im Westhallstatt-Kreis (an Donau, Rhein, Saône und Seine) wider. Hier hatte eine neue adlige Grundherrenschicht Kontakte mit geistigen und wirtschaftlichen Strömungen, die seit dem ausgehenden 7. Jahrhundert vom etruskischen Bereich und den großgriechischen Kolonien, besonders von Massilia (Marseille), über die Alpen nach Norden ausstrahlten. Die Ausstattung manches ›fürstlichen‹ Grabes läßt das in der etruskischen Glaubenswelt verankerte festliche Totengelage erahnen.

Die handwerkliche Tradition der Urnenfelderkultur wurde geradlinig weitergeführt. Neben sehr variabler Tongefäßfertigung, u. a. mit Bemalungen, verfeinerte sich die Bronzeindustrie auffallend. Charakteristisch sind die außerordentlich vielfältigen Treibarbeiten, z. B. in Form von Bronzegefäßen und Gürtelblechen, aber auch in Gestalt von Goldblechhalsreifen, Armringen und Nadeln.

Die Bewaffnung des hallstättischen Kriegers blieb zunächst die der urnenfelderzeitlichen Tradition verhaftete Kombination von Langschwert, Helm, Schild und Brustpanzer. Unter dem Einfluß östlicher Reitervölker, der Skythen, änderte sich dies am Ausgang des 7. Jahrhunderts grundlegend. Der vornehme Krieger war nur beritten und konnte einen vierrädrigen Wagen besitzen; er führte Kampfbeil, Lanze und Dolch. Im Osten kamen Bogen und Pfeil als Fernwaffe hinzu. Der Frauenschmuck bestand aus Ringen, u. a. in Bronze, Gold, Glas und Bernstein.

Plastische Werke gehören fast ausschließlich der Kleinkunst an. Eine Ausnahme bildet die lebensgroße Steinfigur eines Kriegers von *Hirschlanden* in Württemberg. Sie ist mit einer mittelitalischen

416   *Verzierte Schale aus Gomadingen, Krs. Münsingen*

417   *Gürtelblech aus Vače (Jugoslawien), 6. Jh. vor Chr.*

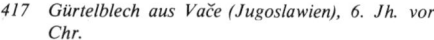

Plastik von Capestrano verwandt und zeigt einen nackten Mann, der einen Helm, einen Halsreif und einen Gürtel mit Dolch trägt. Sonst stellen die Szenen, vor allem die auf Blecheimern (Situlen) des Osthallstattkreises, Ereignisse aus dem sportlichen und kulturellen Bereich in technisch perfekter, jedoch wenig individueller Manier dar. Wesentliches ist deutlich hervorgehoben. Diese Werke stellen zweifellos eine Symbiose von Einheimischem und Mittelmeerischem dar.

Die Siedlungen dieser Zeit führten — besonders im Burgenbau — ältere Elemente fort und verbesserten sie zunehmend. In der späten Hallstatt-Zeit erscheinen die befestigten, einer Adelskaste zugehörigen Höhensiedlungen. Solche Anlagen wurden unter anderem bei der *Heuneburg* an der oberen Donau, am *Mont Lassois* bei Châtillon-sur-Seine und am *Goldberg* bei Nördlingen erforscht. In einer Bauperiode der Heuneburg bestand die Befestigung aus einem Sockel aus Kalksteinquadern und einer Mauer aus luftgetrockneten Lehmziegeln. Aus der Mauerflucht sprangen in bestimmten Abständen turmartige Bastionen hervor. Eine solche, nördlich der Alpen unbekannte Bauweise ist nur aufgrund der auch im Grabbrauch belegten südlichen Verbindungen der späthallstättischen Adelsschicht denkbar.

Diese Kontakte nach Süden haben die späthallstättische Zone nordwärts der Alpen kulturell und politisch stark beeinflußt. Der Reichtum der neuen Adelsschicht resultierte dabei nicht nur aus der Tatsache, ein nehmender Teil (u. a. Grabgelage, Textilien usw.), sondern auch gewiß ein gebender Teil (Sklaven?, Bernstein) gewesen zu sein. Der jahrhundertealte geometrische Kunststil wurde durch den graeco-etruskischen Einfluß umgewandelt und Grundlage zur Bildung des nachfolgenden keltischen Latène-Stils. Im ausgehenden 6. Jahrhundert vollzog sich also nordwärts der Alpen

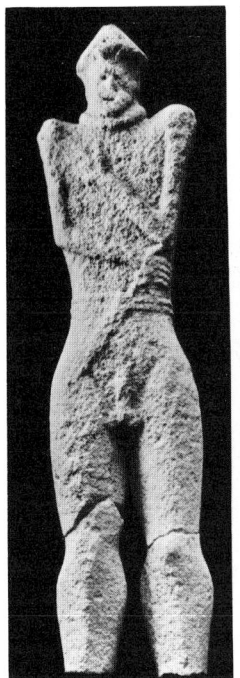
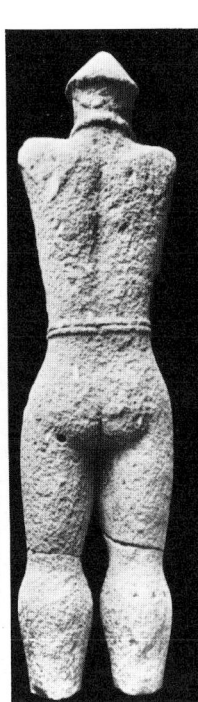

418 Kriegerfigur von Hirschlanden, 6. Jh. v. Chr.

419 Bronzesitula aus Vače (Jugoslawien), 5. Jh. vor Chr.

ein tiefgreifender Kultur- und Zivilisationswandel, so daß HEKATAIOS von Milet um 500 vom keltischen Hinterland Massilias spricht und HERODOT 50 Jahre später die Donau im Keltenland entspringen läßt.

Um die letzte vorchristliche Jahrtausendmitte hatten das nordwestliche Voralpenland und Teile Frankreichs die Grenze von der Vorgeschichte zur Geschichte überschritten. Sie gehören dem Siedlungsgebiet der *Kelten* an, die in den folgenden Jahrhunderten durch Wanderungen in fast alle Richtungen Europas und dem damit verbundenen Kontakt mit anderen Kulturen geprägt wurden. Künstlerisch und zivilisatorisch bestimmten sie das Gesicht der letzten Jahrhunderte v. Chr. in der Ausbildung der *Latène-Kultur.* Ihre Blütezeit war vor allem das 5. und 1. Jahrhundert v. Chr. Bis in das Mittelalter wirkte ihr Kunststil im Nordwesten Europas (vor allem in Irland) nach, während er auf dem Kontinent weitgehend von der römischen Zivilisation abgelöst wurde.

Bibliographie

S. J. de Laet, *La préhistoire de L'Europe,* 1967, 124 ff.
W. Kimmig u. H. Hell, *Schätze der Vorzeit,* 1965, 54 ff.
Krieger und Salzherren, Katalog, 1970
H. Müller-Karpe, *Beiträge zur Chronologie der Urnenfelderzeit nördlich und südlich der Alpen,* 1959
H. Müller-Karpe, *Das vorgeschichtliche Europa,* 1968, 127 ff.
St. Pigott, *Ancient Europe,* 1965, 168 ff.

4 Die Etrusker

Von Sibylle von Reden

420 *Bronzekrater aus dem Fürstinnengrab von Vix bei Châtillon-sur-Seine, um 500 v. Chr.*

Die Herkunft

Wenige Völker des Altertums hinterließen ein so reiches und lebensvolles Erbe wie die Etrusker. Und doch blieb dieses Volk, dessen Anwesenheit in der Toskana (Tuscien), die nach ihm benannt wurde, sich im Lauf des 8. Jh. v. Chr. immer deutlicher abzeichnete, in mancher Hinsicht noch immer ein Rätsel. Die Diskussion um die Herkunft und Identität dieser Träger der ersten städtischen Hochkultur in Mittel- und Norditalien begann bereits in der Antike und ist noch nicht beendet. Auch die Ergebnisse der modernsten Etruskerforschung lieferten noch keine eindeutigen Antworten auf eine Anzahl offener Fragen, im Gegenteil, die ungelösten Probleme erscheinen heute vielschichtiger als je zuvor.

Die Römer nannten ihre Vorläufer und Lehrmeister, mit denen sie eine zweifellos enge, aber zwiespältige Beziehung verband, in der sich Bewunderung und Feindseligkeit mischten, *Etrusci,* bzw. *Tusci.* Für die Griechen aber waren die Etrusker *Tyrrhener* oder *Tyrsener,* Verwandte der Pelasger, unter deren Namen wahrscheinlich verschiedene ostmediterrane Urvölker zusammengefaßt wurden. Die Tyrrhener waren alte Bekannte der Griechen. Ihre Anwesenheit in der Ägäis wird von hellenischen Autoren schon für die Periode kurz nach dem trojanischen Krieg bezeugt. Nach HERODOT, THUKYDIDES und späteren Schriftstellern lebten Tyrrhener auf den Inseln Lemnos und Imbros und gelangten selbt nach Kreta, wo sie sich nach anfänglichen Kämpfen mit den Kretern niederließen (Plutarch). Für die Richtigkeit der ersten Angabe spricht der Fund einer Grabstele mit etruskoider Inschrift auf Lemnos. Auch ihre Anwesenheit auf der östlichsten Landzunge der Halbinsel Chalkidike und in Athen wird erwähnt. Die ›pelasgische‹ Zyklopenmauer auf der Akropolis, die aus der spätmykenischen Periode stammt, sei von ihnen für die Athener erbaut worden. Außerdem erscheinen die Tyrrhener in der griechischen Literatur als gefürchtete Piraten, als ein Seevolk, das vielleicht zu den »nördlichen Fremdvölkern, die auf ihren Inseln sind« gehörte, die Ägypten im 13. und 12. Jahrhundert v. Chr. bedrohten. In ägyptischen Aufzählungen der besiegten Angreifer werden u. a. die ›Tursha‹ erwähnt, hinter denen man Tyrsener vermuten könnte. Die Etrusker selbst hätten sich Rasna oder Rasenna genannt und Lydien als ihr Stammland betrachtet. Herodot gab als erster ihre nationale Überlieferung wieder, nach der sie im Gefolge einer großen Hungersnot Kleinasien verlassen hätten, um nach langen Irrfahrten schließlich im »Land der Umbrer« eine neue Heimat zu finden. Diese Tradition einer lydischen Abkunft wurde bereits in der Antike von dem griechischen Historiker DIONYSIOS von Halikarnassos (1. Jh. v. Chr.) angezweifelt, der die Etrusker für Ureinwohner der Toskana hielt. Moderne Anhänger dieser Theorie vermuten in den Tyrrhenern Reste einer westmediterranen Urbevölkerung, der Ligurer, die Italien in der Jungsteinzeit bewohnte, später von verschiedenen Wellen indoeuropäischer Einwanderer überlagert wurde und dann im ersten Viertel des letzten vorchristlichen Jahrtausends wieder stärker hervorgetreten und zum dominierenden Element Mittelitaliens geworden sei. Das schwerwiegendste Argument gegen diese Annahme ist die Verschiedenartigkeit der altligurischen Sprache, deren Spuren in Ortsnamen erhalten blieben, von der etruskischen, die hingegen einige mit den ältesten ostmediterranen Idiomen verwandte Wortstämme aufweist. Um die Mitte des 18. Jahrhunderts kam eine neue Hypothese auf, nach der die Etrusker aus dem Norden nach Italien kamen. Auch sie konnte sich auf einen Autor aus der Antike berufen: LIVIUS, der behauptete, daß die Alpenvölker von den Etruskern abstammten. Danach müßten die Tyrrhener Abkömmlinge der aus dem Donauraum stammenden Träger der sogenannten *Terramare-Kultur* sein, die um die Mitte des 2. Jahrtausends v. Chr. in Oberitalien erschienen, dort die Urnenfeld-Bestattung einführten und hervorragende Metallbearbeiter waren. Es ist möglich, daß ihr Einfluß große Teile Italiens erreichte und besonders in der südlichen Apennin-Kultur wirksam war, die für die Entwicklung der früheisenzeitlichen und darunter besonders der *Villanova-Kultur* Italiens wichtig gewesen ist. Die Meinungen über die Beziehungen der Terramare-Kultur zu den Urnenfelderkulturen, die sich etwa ab 1000 v. Chr. in Italien manifestierten, sind aber sehr geteilt. Diese könnten auch die Zeugnisse neuer Einwanderung aus dem Kreis der zentraleuropäischen Urnenfelder-Kulturen sein, die Italien über die Adria und vielleicht selbst über die See, die später die tyrrhenische genannt wurde, erreichten. Eine Frage, die in den letzten Jahrzehnten stark in den Vordergrund getreten ist, betrifft die auffallenden Zusammenhänge zwischen den Villanova-Leuten und den Etruskern.

Waren die Träger der Villanova-Kultur bereits Etrusker?

Es ist eine Tatsache, daß einigen der ältesten und bedeutendsten etruskischen Städte, vor allem der nach der Legende ersten Gründung der Tyrrhener auf italischem Boden, *Tarquinia,* bedeutende Siedlungen, allerdings dörflichen Charakters, der Villanova-Leute vorausgegangen waren. Diese traten seit dem 10.—9. Jahrhundert v. Chr. als eigenständige Gruppe in ungefähr demselben Bereich hervor, den später die Etrusker beherrschten. Die Entdeckung ihrer Kultur geht auf Ausgrabungen bei dem Dorf *Villanova* nahe von Bologna zurück. In diesem Bereich hatten die Villanova-Leute einen großen Umschlagplatz für den Nord-Südhandel errichtet, der sicher Verbindungen zur Adria unterhielt. Gleichzeitig bestanden aber auch mehrere große Niederlassungen an der toskanischen Westküste und kürzlich wurden im Süden Kampaniens Nekropolen der Villanova-Kultur gefunden. Ihre Kennzeichen sind Urnenfelder, in denen die Asche der Toten in aufgestockten Terrakottagefäßen, die eine Schale, bei Kriegergräbern manchmal ein Bronzehelm oder seine Imitation aus Ton bedeckte, in brunnenartigen Schächten *(pozzi)* beigesetzt wurden. Über diesen Pozzo-Gräbern wurden keine Hügel aufgeworfen. Die Asche vornehmer Personen

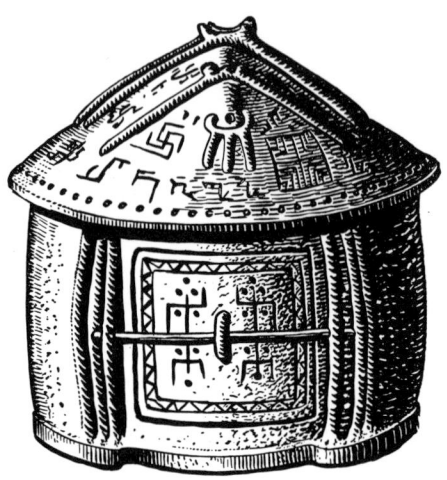

421 Hausurne aus Terrakotta von den Albaner Bergen mit eingravierten geometrischen Mustern

wurde häufig in Hausurnen geborgen, die mit eingeritzten schematischen Menschenfiguren, Hakenkreuzen, Wellenlinien etc. verziert wurden. Die oft reichen Totenbeigaben bestanden aus handgeformter, meist dunkler Keramik mit Mäanderdekoration, aus kleinen Booten mit Vogelköpfen an beiden Enden — vielleicht Seelenschiffen für die Fahrt des Toten ins Jenseits —, Pferdchen und Rädern, die vermutlich Streitwagen symbolisierten, und aus zählreichen Bronzegegenständen, vor allem Schmuck — Bogen- und Scheibenfibeln — und halbmondförmigen Rasiermessern. In Einzelfällen fanden die Ausgräber auch Schwerter und Speere.

In Phase I der Villanova-Kultur, die um die Mitte des 8. Jahrhunderts endete — Phase II dauerte danach nur etwa 50 Jahre — werden sowohl Elemente aus den älteren Urnenfeld-Kulturen Italiens, als auch balkanische, zentraleuropäische und in geringerem Maße ägäische und nahöstliche sichtbar. Hausurnen kamen in etwas anderer Form, die mit ihren Hörnerpaaren auf

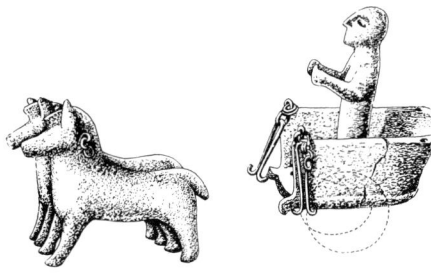

422 Weihgabe aus Ton, vermutlich eine Streitwagen-darstellung, aus einem Pozzo-Grab der Villanova-Kultur

den Giebeln vielleicht auf kretische Bezie-hungen deuten, bereits in der latinischen Urnenfeld-Kultur vor. Die mächtigen auf-gestockten Ascheurnen, meist bikonischer Gestalt, haben hingegen ihre Vorläufer in Südwestrumänien (Oltenien) und dem Ba-nat. Vögel, darunter mythische Wesen mit Hörnern, traten bereits unter den Beigaben der mittelbronzezeitlichen Urnenfelder von Oltenien und in den spätbronzezeitlichen

der zentraleuropäischen Urnenfelder häu-fig auf und erscheinen auch in den ersten beiden Perioden der Villanova-Kultur. Die bikonischen Ascheurnen stammen daher wohl sicher aus Osteuropa und gelangten mit Einwanderungen aus diesem Bereich nach Italien. Eine andere Frage ist der Weg, dem diese folgten. Gegen eine Route über Venetien spricht das gleich hohe Alter der großen Villanovasiedlung bei Bologna und der südtoskanischen Küstenniederlas-sungen. Dies deutet eher auf die Ankunft verschiedener Gruppen über den Seeweg, der sie einerseits über die Adria nach Nord-italien, andererseits längs der italischen Südküsten nach den Ufern der Toskana führte. Besonders in den Villanova-Nekro-polen auf kleinen Hügeln rund um Tarqui-nia zeigen die bronzenen Totenbeigaben, vor allem die Helme, auffallende Verwandt-schaft mit zentraleuropäischen Helmen der frühen Urnenfeld-Periode, obwohl es sich zweifellos um lokale Erzeugnisse handelt. Neben mitteleuropäischen und balkani-schen Einflüssen spielen aber auch ägäische

423 Aschenurne aus dem 8. Jh. v. Chr., Höhe 33 cm, schwärzliches Impasto

424 Bronzene Dreifußschale, 7. Jh. v. Chr.

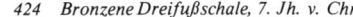

und allgemein ostmediterrane Elemente eine Rolle, die bereits in den älteren Urnenfelderkulturen vorhanden waren, in Villanova I und II aber immer stärker hervortreten, um ab etwa 700 v. Chr. in der sogenannten *orientalisierenden* Periode zum dominierenden Faktor zu werden. Die tiergestaltigen Gefäße mit Korbhenkeln erinnern u. a. an spätmykenische und minoische und zyprische *Askoi,* die Bootmodelle mit den Vogelköpfen an Darstellungen der Seevölkerschiffe auf den ägyptischen Reliefs. Kurze Bronzeschwerter levantinischer Form zeigen, daß man nahöstliche Kampfmethoden kannte; Bronze-Dreifüße weisen nach Zypern ebenso wie flache ›Pilgerflaschen‹ aus dem gleichen Material, die Terrakotta-Vorläufer auf dieser Insel, auf Kreta und im Vorderen Orient hatten. In Villanova II treten phönikische und griechische Importwaren unter den Beigaben auf: Skarabäen, Figurinen ägyptischen Stils, Siegelringe und die ersten auf der Töpfer-

scheibe gedrehten Vasen griechischer Art, die in spätgeometrischem Stil bemalt sind. Neben den Urnengräbern kommen nun Leichenbestattungen in länglichen Gruben vor; Verstorbene von Rang wurden manchmal mit vielen kostbaren Beigaben in riesigen Steinsarkophagen beigesetzt. Auf einer Brustplatte aus Elektron aus dem Ende der Periode II erscheint zum ersten Mal Granulation als Verzierung, eine uralte nahöstliche Technik, die von den Etruskern im 7. und 6. Jahrhundert zu einzigartiger Vollendung entwickelt wurde. Fremde, deutlich östliche Elemente nehmen immer mehr überhand und verdrängen die Traditionen der alten Urnenfelder-Kulturen. Ging dies auf die Einwanderung neuer Gruppen aus dem orientalischen Kreis zurück oder muß man in diesen Veränderungen nur die Wirkung intensivierter Handelsbeziehungen mit den Griechen in Süditalien und den Phönikiern sehen, die sich inzwischen auf Sardinien, Malta, Westsizilien und an der

425　*Grab der Stuckreliefs, 4.—3. Jh. v. Chr., Banditaccia-Nekropole, Cerveteri*

nordafrikanischen Küste festgesetzt hatten? Gegen 700 v. Chr. hatte sich die Szenerie in der Toskana jedenfalls grundlegend gewandelt. Eine Reihe mächtiger Seestädte — *Tarquinia, Caere, Vetulonia, Populonia* — beherrscht die toskanischen Küsten, im Inland blühen bedeutende Zentren wie *Veji* und *Chiusi* anstelle der dörflichen Villanova-Siedlungen auf. Ein das religiöse Leben weitgehend beherrschender Totenkult orientalischen Stils manifestiert sich in riesigen Friedhöfen mit Kammergräbern, die oft unter mächtigen künstlichen Hügeln geborgen wurden und die Häuser der Lebenden nachbildeten, oder in ausgedehnten Felsnekropolen, deren Grabkammern monumentale Fassaden erhielten. Auch die altmediterrane Bienenkorbkuppel kommt in den unterirdischen Grabbauten wieder zu Ehren. Seit dem Ende des 7. Jahrhundert wurden die Gräber auch mit Fresken geschmückt. Die Toten wurden im allgemeinen unverbrannt bestattet; manchmal finden sich noch Ascheurnen aus Terrakotta oder Bronze auf steinernen Thronen in den Prunkgrüften. In Chiusi und seiner Umgebung blieben sie in Mode und entwickelten sich zu den sogenannten ›Kanopen‹ (Bezeichnung für die Eingeweidegefäße in ägyptischen Gräbern), bei denen das Deckelgefäß zu einem menschlichen Kopf umgeformt ist.

Der Aufstieg der etruskischen Städte erfolgte erstaunlich rasch; in wenigen Jahrzehnten erreichten sie ein hohes kulturelles Niveau mit einer vielschichtigen sozialen Struktur, bedeutenden Metallindustrien und einer hochentwickelten Landwirtschaft. Ihr Reichtum beruhte auf der Fruchtbarkeit der Toskana, auf der Ausbeutung der Erzvorkommen des Tolfa-Gebietes und einem ausgedehnten Seehandel. Trotz der Tatsache, daß den bedeutenden etruskischen Städten fast überall Villanova-Siedlungen vorausgingen, ist es schwierig, Villanova-Leute und Etrusker gleichzuset-

426 Kanope aus Chiusi, 6. Jh. v. Chr.

zen. Das schnelle Aufkommen eines durchaus neuartigen Totenkultes mit prunkvollen Grabbauten, deren Vorbilder sich in Kleinasien oder auch auf Zypern finden, zu dem die Etrusker vor allem in der orientalisierenden Periode des 7. Jahrhunderts v. Chr. besonders enge Beziehungen unterhielten, ein neuer Lebensstil, der viele orientalische Züge aufwies, die eigenen Überlieferungen von einer lydischen Abkunft und endlich eine Sprache, die sich grundlegend von jener der Italiker unterschied, weisen sicherlich eher auf Neuankömmlinge, deren Zivilisation jener der Urnenfelder-Völker überlegen war.

Die Sprache

Die weitverbreitete Vorstellung, daß die etruskische Schrift noch nicht entziffert sei, beruht auf einem Irrtum. Etruskische Texte — die ältesten stammen aus dem Beginn des 7. Jahrhunderts — können ohne große

Mühe gelesen werden, da sie in griechischen Buchstaben geschrieben sind. Es scheint, daß die Tyrrhener ihr Alphabet von den Griechen aus Kyme übernahmen und an die Phonetik ihrer eigenen Sprache anpaßten. Die Schwierigkeiten liegen in der Sprache selbst, die weder zu den indoeuropäischen noch den semitischen Idiomen gehört und keine Vergleichsmöglichkeiten mit den bekannten lebenden oder toten Sprachen bietet, sowie in der Begrenztheit der Texte, die zum allergrößten Teil aus kurzen Grab- oder Weiheinschriften bestehen, in denen sich immer die gleichen Worte und Formulierungen wiederholen. Die spärlichen längeren Schriftzeugnisse, vor allem die längsten, die eines etruskischen Buches — unglücklicherweise schrieben die Tyrrhener ihre Bücher auf Leinenrollen, die naturgemäß nicht von unbegrenzter Dauer waren —, der als Mumienbinde gebraucht wurde und im Agramer Museum landete, sind religiöser Art. Über das tägliche Leben der Etrusker, ihre technischen Ausdrücke, ihre abstrakten Begriffe, ihre Literatur, werden wir, falls den Sprachforschern nicht noch ein glücklicher Fund zu Hilfe kommt, wohl niemals etwas erfahren. Immerhin ist es bis jetzt mit den verschiedensten Methoden geglückt, an die 200 Worte zu deuten. Einfache Opfer- und Grabtexte können ohne große Mühe übersetzt werden und auch von der etruskischen Grammatik weiß man ziemlich viel. Die Probleme beginnen bei den längeren Inschriften. Es bleibt die Hoffnung, daß man eines Tages einen ausreichend langen doppelsprachigen Text in lateinisch und etruskisch finden wird. Inzwischen läßt sich sagen, daß die Sprache der Tyrrhener, trotz einiger indoeuropäischer Einsprengungen, vermutlich aus der vorindoeuropäischen Sprachschicht der alten ägäischen und westasiatischen Welt stammt.

IX Die Vorgeschichte Indiens

Indien, der Subkontinent Asiens, heute politisch unterteilt in Pakistan und Indien, war schon im Paläolithikum besiedelt. Man fand aus der Zeit zwischen 600000 und 200000 vor heute Geröllgeräte und Faustkeil-Industrien, die dem westeuropäischen Acheuléen verwandt sind. Nach den Hauptfundgebieten unterscheidet man die nordindische *Soan-Kultur* und die südindische *Madras-Kultur*. Auch aus dem Jungpaläolithikum und dem Mesolithikum sind zahlreiche Steingeräte der Urbevölkerung bekannt.

Im 4. Jahrtausend wanderten Bauernstämme aus dem iranischen Hochland in Belutschistan ein. Sie kannten den Anbau von Gerste und Weizen, züchteten Rinder und bemalten ihre Keramik mit Band- und Schachbrettmustern, Wellenlinien und Kreisen. Kleine Tonidole dienten dem Kult der Muttergottheit. Die Ähnlichkeit mit der Tell-Halaf- und Obed-Kultur in Mesopotamien ist unverkennbar. Die Träger dieser frühen Zivilisation des Berglandes gehörten wohl zu derselben Bevölkerungsschicht, die sich über den Iran und Mesopotamien bis Anatolien erstreckte und zu der auch die Sumerer zählen. Die *Zhob-Kulturen* der Bronzezeit sind durch Ausgrabungen in *Quetta* in der Nähe des Bolan-Passes, der den Weg durch die Berge von Belutschistan ins Indus-Tal öffnet, und in *Kulli* bekannt. Während für die nördlichen Gebiete eine rotwandige Keramik mit hohen Standfüßen typisch ist, fand man in den genannten Orten Tongefäße mit langgestreckten, vertikal schraffierten Tieren, meist Buckelochsen, außerdem glotzäugige Statuetten der Muttergottheit. Manche Siedlungen waren durch Steinwälle geschützt; die Lehmziegelhäuser mit loser Aneinanderreihung von Kammern erhoben sich über Steinfundamenten. Einflüsse aus Turkmenien scheinen wahrscheinlich. Neue Untersuchungen von *Amri* am rechten Ufer des unteren Indus ergaben wertvolle Aufschlüsse über die Entstehung der frühen Hochkultur des Indus. Die dünnwandige, auf der Scheibe gefertigte Keramik ist mit dunkelbraunen oder schwarzen Ornamenten bemalt. Die Besiedlung begann wahrscheinlich am Anfang des 3. Jahrtausends; die flach-

427 Quarzit-Spalter der Madras-Kultur, Indien

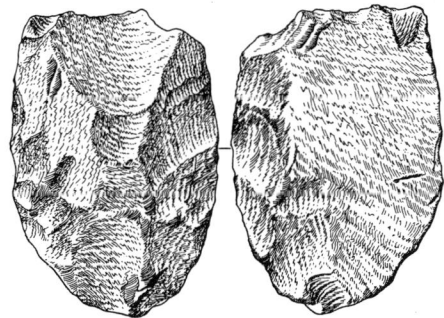

gedeckten rechteckigen Häuser hatten über ihrem Unterbau aus Lehmziegeln einen Holzaufbau, der durch Leitern erreicht wurde. Am Ende der 1. Phase erscheint eine neue Keramik als Import aus den Indus-Städten.

Wichtige Kenntnisse über die Verbindung zwischen Vorderasien und dem Pandschab, dem ›Fünfstromland‹ Indiens, und dem Einfallsgebiet aller aus dem Nordwesten kommenden Eroberer, gab der Hügel von *Mundigak,* etwa 60 km nördlich von Kandahar in Afghanistan. Dort wurden mehrere Schichten vom Ende des 4. bis zum Ende des 2. Jahrtausends freigelegt, dem Übergang des Halbnomadenlebens in die entwickelte Bronzezeit. In der Anlage von Häusern aus

429 *Tongefäß mit Bemalung im Nal-Stil, aus Quetta, Belutschistan*

luftgetrockneten Lehmziegeln entdeckte man eine durch Tor und Treppe unterbrochene Fassade mit Halbsäulenvorlagen und Zinnen, ein ›Säulenheiligtum‹. Diese architektonische Schmuckform ist in Ziegeln aus Mesopotamien und in Stein aus dem Iran bekannt. Das Gebäude kann als Verwaltungsmittelpunkt oder religiöses Zentrum gedient haben; es war vermutlich terrassenförmig angelegt. Die Keramikmotive weisen sowohl nach dem iranischen Hochland (Steinbock) wie auch nach dem Indus-Tal (Stufenmuster und Pipalbaumblätter).

Das plötzliche Auftreten der *Indus-Kultur* im 3. Jahrtausend, die Zweiteilung in eine Herrenschicht und eine auf primitiver Stufe stehenden Masse sowie die Ähnlichkeit mit der frühsumerischen Kultur lassen auf Einflüsse und ethnische Zusammenhänge mit Mesopotamien schließen. Sumerische Kaufleute unternahmen schon früh Handelsexpeditionen zu den Bahrain-Inseln am Persischen Golf, die zu einer Zwischenstation für Mesopotamien und das Indus-Tal wurden. Ihr alter Name war *Tilmun,* Kultstätte des Süßwassergottes Enki-Ea.

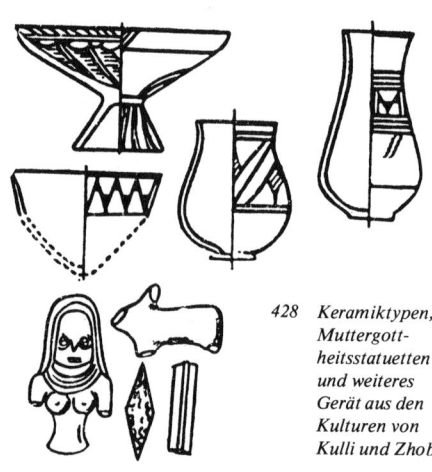

428 *Keramiktypen, Muttergottheitsstatuetten und weiteres Gerät aus den Kulturen von Kulli und Zhob*

430 ›Säulenheiligtum‹ mit Zinnenfries aus Lehmziegeln vom Ruinenhügel A in Mundigak, Afghanistan

Die Entdeckung der Indus-Kultur

Hätten die Ingenieure beim Bau der Indus-Tal-Bahn nicht riesige Massen von Ziegeln aus dem Weg schaffen müssen, um ihre Schienenstränge zu verlegen, so wüßten wir wahrscheinlich bis heute nicht, daß sich um die Mitte des 3. Jahrtausends in dieser Gegend bedeutende Städte befanden. Bis dahin wußte man dort nur von Zeugnissen aus den Anfängen des Islam um 700 n. Chr. Die wissenschaftlichen Forschungen ergaben einen ganzen Komplex von Siedlungen. Je weiter man vorstieß, desto mehr Ruinen kamen ans Tageslicht. Das Indus-Tal fesselt die Archäologen bis heute in ähnlicher Weise wie das Nil-Tal und das Zweistromland. Zuerst wurde *Harappa* entdeckt und freigelegt. Bald darauf fand man die Ruinen von *Mohenjo-Daro* am Indus. Ein Hindu-Archäologe, der ein buddhistisches Kloster an dieser Stelle erforschte, bemerkte, daß die Ziegel des Bauwerks sehr alt und schon früher benutzt worden waren; sie sahen denen von Harappa auffallend ähnlich.

Zwischen den beiden fast 700 km auseinanderliegenden Plätzen mußte es demnach kulturelle Verbindungen gegeben haben.

Der Direktor des Indischen Archäologischen Instituts, JOHN MARSHALL, verlegte das Schwergewicht der Ausgrabungsarbeiten nach Mohenjo-Daro, ohne Harappa, den Ort der ersten Entdeckungen, aufzugeben. Unter einer Flut von Ziegeln begannen sich schon bald die breiten, mit Häusern gesäumten Straßen abzuzeichnen.

Während die Arbeiten in Harappa und Mohenjo-Daro in vollem Gange waren, durchforschten andere Archäologen die untere Sind-(Indus-)Ebene und untersuchten bis dahin unbeachtete Ziegelhaufen. Aus ihrem Schutt tauchten neue Städte auf. Man wußte nun endgültig, daß es sich nicht, wie man bei den ersten Spatenstichen in Harappa vermutet hatte, um eine lokale Kultur handelte. Ausgrabungen in den letzten Jahrzehnten ergaben vielmehr, daß die Indus-Zivilisation ein größeres Gebiet umfaßte als irgendeine der bis dahin bekannten Stadtkulturen der Bronzezeit. Heute kennt man Fundstätten von Belutschistan an der Westgrenze Pakistans bis nahe Delhi im Osten, vom Golf von Cambay im Süden bis Rupar am Sutlej, einem Nebenfluß des Indus, im Norden. Man nimmt an, daß die Anfänge der Indus-Kultur schon um 3000 liegen, etwa gleichzeitig mit der frühdynastischen Periode Mesopotamiens. Das einheitliche kulturelle Gebiet scheint einem, wenn auch lose gefügten Reich entsprochen zu haben, dessen Hauptstädte Mohenjo-Daro und Harappa waren. Ihre untersten Schichten, ebenso wie die von *Chanhu Daro* und anderen Orten konnten wegen des morastigen Grundes in Flußnähe noch nicht erforscht werden. Der bisher ausgegrabene Teil von Mohenjo-Daro umfaßt etwa 26 Hektar; ursprünglich bedeckte die Stadt einen Quadratkilometer. Harappa war etwa gleich groß. Die Bauten dieser beiden Orte sind wesentlich eindrucksvoller als die anderer Niederlassungen.

Die großen Städte

Die Ruinen von *Mohenjo-Daro* bieten das vollständigste Bild von der Bauweise der Indus-Kultur, deren Träger den ersten regelmäßigen Stadtplan der Geschichte mit Burgberg und der von dort aus beherrschten Niederlassung schufen. Ein Netz von Straßen in nord-südlicher und ost-westlicher Richtung teilten die Stadt in drei mal vier Wohnviertel. Die Hauptstraßen waren bis zu 10 m breit und durchquerten zum Teil den Ort von einem Ende bis zum anderen. Sie waren so orientiert, daß der Wind, der in dieser Gegend meist vom Norden oder vom Osten kam, die Luft frisch hielt. In der Mitte der Straßen verlief oberirdisch ein Kanal zum Ableiten von Regen- und Abwasser. Durch ziegelgemauerte, abgedeckte Rinnen wurde es in steinerne Hauptkanäle geleitet, in welche in Abständen Senkgruben eingebaut waren, die leicht zu reinigen waren. Um die Rinnen zu säubern genügte es, einige Ziegel zu entfernen. Ebensoviel Mühe verwandten die Bewohner auf die Wasserversorgung und -verteilung. Das in den Außenbezirken der Stadt aufgefangene Regenwasser wurde durch ein ausgeklügeltes Leitungssystem in die Brunnen der einzelnen Häuser geführt. Die Armen hatten freien Zutritt zu den Brunnen der Wohlhabenden; man fand Bänke für die Wartenden. Es gab fast in jedem Haus einen Baderaum, der dem noch heute in Indien üblichen entspricht.

Die Lebensweise der Bewohner des Indus-Tals war nicht primitiv; es gibt heute

431 Straße mit Abwassergräben in Mohenjo-Daro

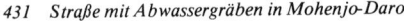

dort und in anderen Ländern des Orients zahllose Ortschaften, die nicht annähernd über den Komfort verfügen, der in diesen Städten selbstverständlich war. Wenn man eines der Häuser oder ein Bad betritt, staunt man, wie wohnlich und durchdacht, wenn auch einfach, sie angelegt waren. Den Menschen standen als einziges Baumaterial Ziegel zur Verfügung; Holz und Stein waren in dieser Gegend selten. Ton für die Ziegel, die gebrannt wurden, fand man reichlich im Schwemmboden des Stromes. Die in einfachen Rahmen geformten Ziegel wurden mit einer Art Schlamm-Mörtel, bisweilen auch mit Kalk oder Gips verbunden. Alle Gebäude, öffentliche und private, Bäder und Brunnen, wurden nach der gleichen Art errichtet, die Decken durch Kragung überwölbt. Die

Ziegel wurden weder verziert noch ornamental verwendet im Gegensatz zu Mesopotamien, wo man in dieser Hinsicht großen Erfindungsreichtum bewies. Die Bewohner scheinen mehr Sinn für das Praktische als für das Künstlerische gehabt zu haben. Da die Häuser nach außen schmucklos waren, müssen die Hauptstraßen sehr eintönig gewesen sein; die Gebäude verliefen in einer Fluchtlinie ohne Fenster, zweifellos zum Schutz gegen die Hitze, und ohne Türen, die, an der Seite des Hauses, auf eine Nebengasse führten. Treppen gingen zum Obergeschoß und auf das flache Dach. Da die Städte übervölkert waren, drängten sich Wohnungen und Geschäfte auf engstem Raum. Für die Arbeiter gab es besondere Stadtviertel.

432 *Seitengasse in Mohenjo-Daro*

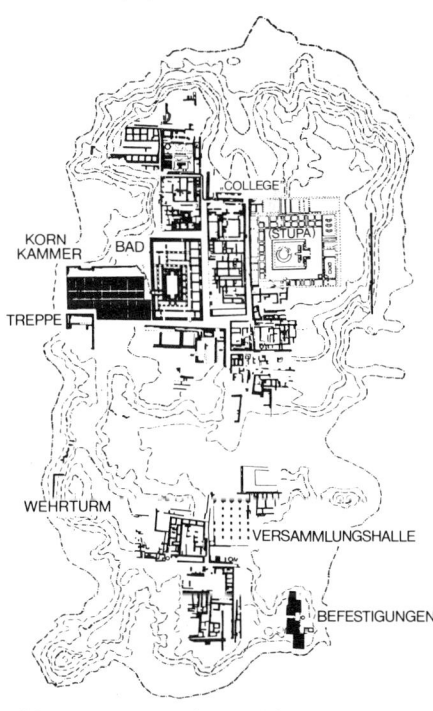

433 *Plan der Akropolis von Mohenjo-Daro*

434   Aufteilung von ›Feueraltären‹ auf einer Lehmzie-
gelplattform in der Zitadelle von Kalibangan

Westlich jeder Stadt erhob sich der Burgberg, der aus Lehm und Lehmziegeln künstlich errichtet war; in Mohenjo-Daro beträgt seine heutige Höhe noch 10 bis 15 m. Mächtige Wälle umschlossen Paläste und Tempel. Da die Ruinen stark verwittert und von späteren Heiligtümern überbaut sind, ist ihr genauer Plan nicht mehr auszumachen. Ein Bau mit einer Folge von 5 mal 4 Säulen wird als Tempelanlage gedeutet. Eine Badeanstalt mit 11,7 auf 7 m Grundfläche, ähnlich den heiligen Teichen der südindischen Tempel, war von Reihen kleiner Zellen umgeben, die vermutlich für Meditationsübungen bestimmt waren. In Harappa ergab die Untersuchung des Festungshügels seine militärische und administrative Bedeutung aus der Zeit zwischen 2500 und 1500 v. Chr.

Ausgrabungen von zahlreichen anderen Ansiedlungen, Festungen und Kultgebäuden erweiterten das Bild der Indus-Kultur. Von den vielen Fundstätten sind die Ruinen von *Kot-Diji,* 40 km östlich von Mohenjo-Daro, einer unbefestigten Siedlung, deren untere Schichten aus der Zeit vor der Indus-Kultur stammen, zu nennen, ferner *Rupar* am Oberlauf des Sutlej und *Ali-Murad* mit starken Befestigungsanlagen, die die Pässe zum Indus-Tal gegen Einfälle aus Belutschistan sperren sollten. In *Chan-*

hu-Daro wurden vier Schichten freigelegt, von denen die beiden unteren der Indus-Kultur angehören. Nach der großen Anzahl von Kupfer- und Bronzegefäßen zu schließen, muß hier ein Zentrum der Metallverarbeitung gewesen sein. In einer oberen Schicht zeichnet sich der Verfall der Indus-Kultur ab. Neue Forschungen in *Kalibangan* im Distrikt Ganganagar, östlich des Indus, brachten eine Anlage zutage, die mit der Zitadelle im Westen und dem tiefer liegenden Stadtteil im Osten den Plänen von Harappa und Mohenjo-Daro vergleichbar ist. Auf einer Plattform entdeckte man in sieben Reihen angeordnete ›Feueraltäre‹, einen Ziehbrunnen und Badestellen, die auf eine religiöse und rituelle Bedeutung hinweisen. Die Unterstadt war von einem Befestigungswall aus Lehmziegeln umgeben. Die Straßen sind auch hier netzförmig angelegt; bei einigen Kreuzungen waren zur Regelung des Verkehrs Wehrpfosten aufgestellt. Die Kanalisationen mündeten in Sickergruben, die in das Straßenbett eingelassen waren. Die Häuser hatten einen Innenhof, an den 6 bis 7 Räume angrenzten. Auf dem Friedhof fand man Bestattungen mit Skeletten in gestreckter Lage und reichen Grabbeigaben, daneben auch ovale oder rechteckige Gruben mit Beigaben ohne Skelette. Ähnliche Ergebnisse brachten Grabungen in *Surkotada* im südlichen Distrikt Kutch und in *Chandigarh,* bekannt durch die von Le Corbusier geplante Hauptstadt gleichen Namens. Die Fundstätte wurde 1972 freigelegt.

Am Golf von Cambay lag *Lothal,* der Hafen des Indus-Reiches, der von 1955 bis 1962 ausgegraben wurde. Seine Anfänge fallen in die Zeit zwischen 2450 und 2350. Die künstlichen Hafenanlagen sind die ersten der Welt und die großartigste Leistung jener Epoche. Der Kai zum Anlegen der Schiffe und für die Warenmagazine war 245 m lang; der Hafen hatte

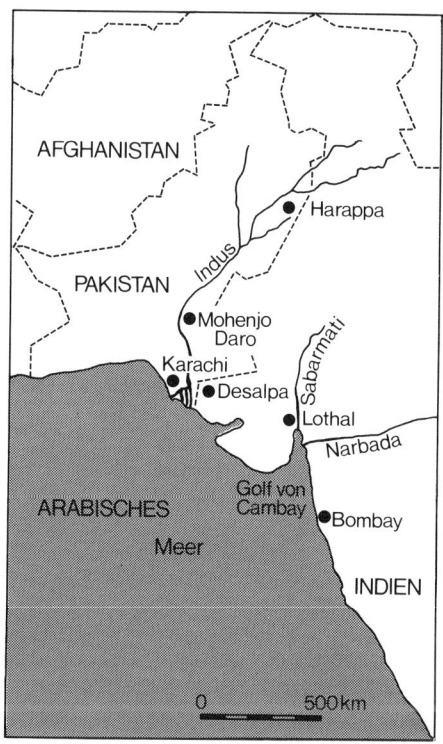

AFGHANISTAN

PAKISTAN

Indus

● Harappa

●Mohenjo
Daro

Karachi

●Desalpa

Sabarmati

●Lothal

Narbada

Golf von
Cambay

●Bombay

ARABISCHES
Meer

INDIEN

0   500 km

435   Die Hauptzentren des Indus-Reiches

wöhnlich groß. Originell sind Tonmodelle von Schiffen, Tieren, Wagen und Spielzeug. Die Bewohner scheinen nicht die Muttergottheit verehrt, sondern einem Feuerkult gehuldigt zu haben.

Kunst und Kultur

Die Art der Gebäude, in denen die Menschen des Indus-Tals ihre Götter verehrten, ist bisher wenig bekannt; wir sind auch

436   Teil des Westkais von Lothal

eine Länge von 210 m und eine Breite von 35 m. Bis zu 55 Schiffe konnten gleichzeitig darin ankern. Die Stadt erlebte ihre Blütezeit zwischen 2200 und 2000 v. Chr., nachdem die Bevölkerung durch den ausgedehnten Handel, vor allem mit Perlen, Muschel-, Elfenbein- und Metallarbeiten reich geworden war. Durch eine furchtbare Überschwemmung um 2000 wurden die Anlagen schwer beschädigt; die Bedeutung von Stadt und Hafen ging von da an zurück. Der Stil der Waffen, Bronzegeräte und der rechteckigen Steinsiegel entspricht dem der anderen Indus-Städte. Die Statuetten von Menschen verraten sumerischen Einfluß; Tierfiguren von Stier, Hund u. ä. sind sehr naturnah. Der Besitz an Goldschmuck war ungewöhnlich groß.

nicht über ihren Glauben und ihre Vorstellungen unterrichtet. Die einzigen Hinweise geben außer Ton-Idolen die Steatit-Siegel, von denen die meisten 2 bis 4 cm^2 groß sind und auf ihrer Rückseite einen durchbohrten Knopf haben. Sie dienten zur Beurkundung, sollten vermutlich aber auch den Schutz des Wesens herbeiziehen, dessen Bild das Siegel trägt, eines Gottes, Geistes oder Dämons. Außer Bildinschriften im oberen Teil sind Darstellungen von Tieren — Zebus, Stieren, Büffeln, Elefanten, Tigern, Nilpferden, Krokodilen u. a.—, manchmal auch von Gottheiten und Kulthandlungen eingeschnitten. Die Schriftzeichen konnten bisher trotz zahlreicher Versuche nicht entziffert werden. Häufig erscheint das Bild eines

437 Der ›gehörnte Gott‹. Steatit-Siegel aus Mohenjo-
      Daro
438 Büffel von einem Steatit-Siegel aus Mohenjo-
      Daro

›gehörnten Gottes‹, der mit Armreifen
bedeckt und von wilden Tieren umgeben ist; er sitzt frontal wie ein Jogi oder
Buddha auf einem niedrigen Thron. Man
hat ihn als Vorläufer Schiwas, einer der
Hauptgottheiten des Hinduismus, in
seiner Eigenschaft als ›Herr (Beschützer)
der Tiere‹, genannt PASUPATI, gedeutet.
Eine andere, ebenfalls gehörnte Gottheit
mit wirrem, auf den Rücken fallenden
Haar steht zwischen den Zweigen eines
Baumes; vor ihm kniet eine Gestalt, begleitet von einem büffelähnlichen Tier
mit Menschengesicht, während im Vordergrund eine Reihe von Gläubigen mit spitzen Mützen einen rituellen Tanz ausführt.
Manche Darstellungen erinnern an das
Gilgamesch-Motiv Mesopotamiens. Die
Parallelen beruhen wahrscheinlich auf
gemeinsamen älteren Vorbildern. Symbolische Bedeutung hat ein Feigenbaum,
der von zwei Frauen flankiert ist. Die
eindrucksvollsten Bilder sind die von
Stieren und Zebus; die kleinen Gravuren
geben deren Wildheit, das Gewicht ihrer
Körper und selbst die Dicke ihrer Haut erstaunlich naturnah wieder. Vermutlich
verkörpern auch sie religiöse Vorstellungen, vielleicht Gottheiten. Auf dem Gebiet

439 Terrakotta-Idol mit
      Tragekorb-Kopf-
      schmuck aus Mohenjo-
      Daro

440 Terrakotta-
Stier aus
◁ Mohenjo-Daro

442 Priesterkönig
oder Gottheit
aus Mohenjo-
Daro ▷

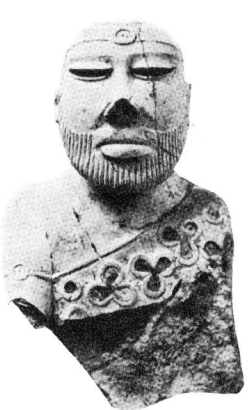

der Steinschneidekunst haben die Menschen der Indus-Kultur Unvergleichliches geleistet.

Einfache Tonidole mit betonten Geschlechtsmerkmalen bezeugen den Kult der Muttergottheit. Manche scheinen schwanger, andere sind mit Gürteln, Halsbändern und seltsamem Kopfschmuck ausgestattet. Auf die Verehrung eines Fruchtbarkeitsgottes lassen phallische Formen sowie männliche Tonstatuetten mit langer Nase und Glotzaugen schließen. Die meisten Terrakotten stellen Tiere dar und waren vermutlich Votivgaben.

Skulpturen aus Stein sind selten; die größte ist 42 cm hoch. Mit ihren gedrungenen Körpern, den großen Köpfen und den eingelegten Augen erinnern die menschlichen Gestalten an sumerische Arbeiten, doch ist der physiognomische Ausdruck ein anderer. Die Büste eines bärtigen Mannes, dessen Gewand mit ›Kleeblättern‹ verziert ist, scheint einen Priesterfürsten wiederzugeben. Die Bronzestatuette einer nackten Tänzerin mit ihrem schlanken, geschmeidigen Körper ist künstlerisch vollendet. Ihr rechter Arm ist kokett auf die Hüfte gestützt, der linke mit vielen Armreifen geschmückt.

Die Keramik aus feinkörnigem Ton wurde auf der Töpferscheibe geformt; in Mohenjo-Daro entdeckte man geräumige Brennöfen, die mit Holz geheizt wurden. Der Dekor hat nicht die künstlerische Qualität der Statuetten und Siegel, beweist aber die Eigenart des Stils. Auf den Ockergrund wurden mit dem Pinsel geometrische Ornamente, kreuz und quer laufende Linien, Schachbrettmuster, Blättchen und häufig sich überschneidende Kreise

441 Bronzestatuette einer Tänzerin aus Mohenjo-Daro

vieles andere. Die Frauen schminkten und parfümierten sich aus kostbar gearbeiteten Silber- oder Steatitflakons; sie trugen Nasenschmuck aus blauer Fayence oder Glasfluß. Ihre Kleidung bestand aus buntgemusterter Baumwolle.

Die Spaltung in eine obere Schicht und die unteren Massen, die beide nicht wie in anderen Ländern miteinander verschmolzen, scheint mit der Zeit zu einer Stagnation geführt zu haben. Die wohlhabende Herrenklasse, ohne Zufuhr neuer Kräfte, wurde selbstzufrieden, so daß sich in der fast tausendjährigen Geschichte des Indus-

443 Schwarz-
bemalte Vase
aus Harappa,
Höhe 57 cm

444 Unten: Dekor
von Vasen aus
Harappa

gemalt, die manchmal die gesamte Oberfläche des Gefäßes überziehen. Diese seltene Verzierung erinnert an Netze, wie man sie möglicherweise zum Tragen der Töpferware verwendete. Figürliche Motive, die der Pflanzen- und Tierwelt entnommen sind — Pfauen, Hirsche und gelegentlich Schakale —, zeigen trotz ihrer stilisierten Wiedergabe eine scharfe Beobachtung der Natur. Bäume, die religiöse Verehrung genossen, sind häufig dargestellt, die Stämme wurden zu Senkrechten, die Zweige zu Waagerechten abstrahiert. Ebenso sind die seltenen menschlichen Figuren sehr vereinfacht ausgeführt. Die Erzeugnisse des Handwerks sind vielseitig; man fand Spiegel, Rasierklingen, Elfenbeinkämme, Speckstein-Kästchen, Schmuck aus Perlen, Halsbänder aus Gold und Halbedelsteinen und

Reiches keine wesentlichen künstlerischen und sozialen Entwicklungen abzeichnen. Der allmähliche Verfall um die Mitte des 2. Jahrtausends v. Chr. zeigt sich in der zunehmenden Verschlechterung des Lebensstandards und der Bauweise, welche die Ausgräber feststellten. Daß die alljährlichen Bedrohungen durch die Überschwemmung des Indus und die dadurch notwendigen, alle Kräfte aufbrauchenden Schutzmaßnahmen zu einer gewissen Erschlaffung führten, ist wahrscheinlich. Auch die Austrocknung des Bodens infolge der Abforstung muß die Lage der Städte verschlechtert haben. In der ersten Hälfte des 2. Jahrtausends drangen Stämme aus dem Westen, vielleicht Verwandte der Kassiten und der Churri, die damals Mesopotamien eroberten und die ihrerseits von Völkern aus Südrußland oder Innerasien verdrängt worden waren, ins Indus-Tal ein. Im 15. Jahrhundert v. Chr. begann die Invasion der *Indo-Arier,* die über bessere Waffen und Streitwagen verfügten. Ihr Erscheinen spiegeln die frühesten indischen Literaturzeugnisse, die Rigveda-Hymnen, wider. Nachdem sie das offene Land besetzt hatten, gingen sie zum Angriff auf die befestigten Städte über, die sich noch einige Zeit halten konnten, dann aber der Reihe nach zerstört wurden. Die Bevölkerung wurde gemordet.

Als Zeichen der Katastrophe, die über Mohenjo-Daro hereingebrochen war, fand man dort die Gebeine von Menschen, die auf der Flucht oder in ihrem Versteck überrascht, niedergemetzelt oder zerschmettert wurden. Sie lagen da, wie sie zusammengebrochen waren; eine Frau mit dem Kopf nach unten war eine Treppe hinuntergestürzt, die zu einem Brunnen unter der Straße führte. Die Überlebenden zogen sich nach Osten zurück, wo ihre Spuren noch im frühen 1. Jahrtausend in Siedlungen der Wüste *Tharr* nachzuweisen sind. In einigen Siedlungen der Indus-Kultur traten die Überlagerungen durch Gruppen von Nomadenstämmen zutage. Zeugnisse einer primitiven Kultur fremder Ansiedler wurden in den oberen Schichten von Chanhu-Daro gefunden. Nach den wichtigsten Fundstätten unterscheidet man eine *Jhukar-* und eine *Jhangar-*Kultur. Die Keramik der Jhukar-Siedler ist gröber als die ihrer Vorgänger; neben geometrischen Mustern gibt es abstrakte Motive, die an stilisierte Bäume oder Pflanzen erinnern. Die schwarze oder braune Zeichnung steht auf einem rosa- oder cremefarbigen Grund. Die runden Knopfsiegel tragen meistens strahlenförmige oder gefächerte Muster, die Ähnlichkeit mit iranischen und kaukasischen Beispielen des 2. Jahrtausends haben. Eigenartig ist eine Art Kopfstütze aus rotem Ton mit purpurnen Ornamenten

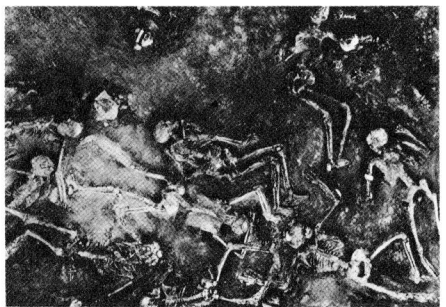

445 *Skelette aus einem Raum der Unterstadt von Mohenjo-Daro*

und eingeschnittenen, dreieckigen Vertiefungen, die man in der Jhukar-Schicht von Chanhu-Daro fand und deren Zweck unbekannt ist. Die Jhangar-Kultur ist später anzusetzen; ihre Keramik ist mit der Hand aus dunkelgrauem Ton geformt und hat eingeritzte Verzierungen.

Die Indo-Arier

Die *Indo-Arier* als kampflustige Nomadenvölker zeigten an den städtischen Siedlungen, die sie im Indus-Tal erobert hatten, wenig Interesse. Sie schoben sich mit nachfolgenden Gruppen weiter nach Osten vor und besetzten zwischen etwa 1400 und 1000 v. Chr. das ganze nördliche Indien. Über das Jahrtausend zwischen dem Untergang der Indus-Kultur und dem Beginn des *Maurya-Reiches* um 320 v. Chr. liegen zu wenig archäologische Befunde vor, als daß man eine detaillierte Beschreibung der kulturellen und künstlerischen Entwicklung geben könnte. Es war eine Epoche, in der sich die einheimische Kultur mit der der Eroberer vermischte. Etwa um 1000 v. Chr. werden die arischen Einwanderer aus ihren religiösen Hymnen, den mündlich überlieferten ›Veden‹, die erst sehr viel später niedergeschrieben wurden, faßbar. Es waren Bauern, die in Dörfern siedelten und vor allem Pferde und Rinder züchteten. An der Spitze der einzelnen Stämme stand ein von der Versammlung der Edlen gewählter Häuptling. Sie führten Kriege und Raubzüge; in ihrer wilden Lebensweise drückte sich überquellende Kraft aus. Die Götterwelt war, ähnlich wie bei den Griechen, nach ihrem eigenen Bild geschaffen. Man brachte Rinder- und Trankopfer dar, besonders dem Himmelskönig VARUNA. Nach dem Eindringen der Arier in das Innere Indiens, in die Dschungelgebiete des Ganges, veränderte sich ihre Verhaltensweise; nach dem Roden des Dickichts wurden sie seßhaft. Vom Halbnomadentum verlief ihr Weg zum Feudalismus der frühen Königreiche am Ganges. Die Häuptlinge wurden zu Königen, die Edlen zu einer ritterlichen Aristokratie, die Priester zu Brahmanen. Die ursprüngliche soziale Gleichstellung wich einer Unterteilung in Klassen. Als die Brahmanen dank ihrer magischen Macht über Götter und die Weltordnung in dieser Gesellschaftsform das Übergewicht erlangten, verlor die alte vedische Religion ihre Bedeutung. Die Macht des Zaubers beruhte auf dem Opfer, dem *brahman,* das ein Vorrecht der Priester und der Höfe war. Das Volk wandte sich einheimischen Kulten zu, der Joga-Praktik und der Askese zur Erlösung aus einer sinnlos gewordenen Welt. Aus den Wirren und Kämpfen der ersten Hälfte des letzten vorchristlichen Jahrtausends entwickelten sich drei neue Religionen und eine neue Kunst und Literatur. Die Menschen wurden sich einer in Raum und Zeit viel weiteren Welt bewußt, nachdem man seit 516 v. Chr. mit dem persischen Weltreich der Achämeniden in Verbindung gekommen war, den Süden Indiens langsam erschloß und den Handel nach Osten und Westen immer weiter ausdehnte. Die eine religiöse Lösung war der *Bhagavatismus,* eine Frühform des *Vischnuismus,* in dem der alte vedische Sonnengott Vischnu als einzige Wirklichkeit und die Welt sowie die individuellen Seelen als seine Schöpfung galten. Aus der Liebe zu Gott entspringt die Erlösung. Diese Lehre fand besonders bei der Aristokratie Anhänger und wurde später für das ganze brahmanische Indien zur Summe aller Weisheit. Der *Jainismus,* der um 500 v. Chr. entstand, erkannte *ein* Göttliches nicht an, sondern lehrte die Befreiung der Seele aus den Verstrickungen der Welt durch Verzicht auf alle Gewalt gegen andere Lebewesen, durch die Ablösung der Sinne von äußeren Eindrücken und den Abbau aller Leidenschaften. Die dritte Religion verkündete SIDDHARTA GAUTAMA, etwa 560 bis 485 v. Chr., der BUDDHA oder Erleuchtete. Er lehrte, daß Vermeidung von Gewalt und Leidenschaft allein nicht genüge, sondern Mitleid mit allen Lebewesen und Entkräftung der Triebe nicht durch Askese, sondern durch Selbsterkenntnis notwendig seien. Sein Ziel war das Verwehen *(Nirvana)* der Seelen in das unerreichbare Transzendente. Diese Lehre war nicht pessimistisch und lebensfeindlich, denn durch die Seelenwanderung konnte man trotz eigener früherer Verschuldung allmählich zum Heil aufsteigen und schließlich den letzten Schritt in die Stille des Nirvana tun. Was Buddha von der Vergänglichkeit alles Irdischen und vom Mitleid predigte, verstanden auch die breiten Volksmassen; deshalb setzte sich seine Lehre gegenüber den anderen durch.

Über diese wichtige Epoche der indischen Geschichte gibt es nur Hinweise in der zeitgenössischen Literatur, in denen von großen Palästen und befestigten Städten mit breiten Straßen und schönen Häusern die Rede ist. Die bisherigen Ausgrabungen geben darüber wenig Aufschlüsse. Von den Residenzen der einander bekriegenden Stammeskönige kennt man *Hastinapur* am Ganges, dessen Ruinen auf ein gut organisiertes Stadtleben schließen las-

446 Stadtmauer von Alt-Raigir am Banganga-Hohl-weg, 6. Jh. v. Chr.

Kämpfe wurden mächtige Verteidigungs-anlagen errichtet. Das Gebiet der Stadt *Rajagriha,* das heutige Raigir im Bergtal südlich von Patna, umschloß eine etwa 45 km lange Verteidigungslinie, deren gewaltige Mauern heute noch stehen. In der Stadt gab es mehrstöckige Klöster mit buddhistischen Reliquenschreinen, welche die Asche Buddhas enthielten. Von der Plastik, die in jener Zeit geblüht haben soll und Idole von Göttern und Göttinnen darstellte, fehlen authentische Zeugnisse. Etwa gleichzeitig gründete AJATASATRU, (etwa 493—462 v. Chr.) der König von Bihar, Westbengalen und Teilen des mittleren Ganges-Tales, am Zusammenfluß von Ganges und Son, eine uneinnehmbare Festung und einen Mittelpunkt des Handels: *Pataliputra.* Die Anlage war mehr als 15 km lang und 2,8 km breit und von Holzpalisaden umgeben, in die 570 Türme und 64 Tore eingebaut waren. Ein Säulen-kapitell zeigt den achämenidischen Stil.

sen, und *Indraprastha,* das vermutlich der Ursprung Delhis war. Der Mangel an Denkmälern ist darin begründet, daß die Bauten aus Lehm und Holz errichtet waren. Die runden und rechteckigen Hütten waren durch Hecken, Palisaden und Erd-wälle geschützt. Später wurden die Häuser der Arier in der Ganges-Ebene größer und umfaßten mehrere Räume und Stallungen. Zu der Einrichtung gehörten Betten, Liegestätten, Kissen und Decken. Man baute Brücken, Straßen und legte öffentliche Plätze an. Es wird auch von Luxus-gegenständen wie Platten und Schalen aus Silber und Gold, von eisernen Messern, von Spiegeln, kostbaren Gewändern und Schmuckwaren berichtet. In der Mitte des 6. Jahrhunderts v. Chr., der Zeit Buddhas, gingen die vielen kleinen Königreiche und Republiken Nordindiens in einige wenige Großmächte auf, die miteinander um die Macht rangen, bis am Ende des 4. Jahrhunderts das *Maurya-Reich,* der erste all-indische Staat entstand. In der Zeit der

447 Säulenkapitell aus Patali-putra, 4. bis 3. Jh. v. Chr., Höhe 83,5 cm

Bibliographie

Antike Welt, Küsnacht-Zürich, 1974 No. 4
Archeologia, Paris, No. 29, 1969
Klaus Fischer, *Schöpfungen Indischer Kunst,* Köln 1959
Hermann Goetz, *Geschichte Indiens,* Stuttgart 1962
Hermann Goetz, *Indien. Fünf Jahrtausende indischer Kunst,* Baden-Baden 1959
Sir Mortimer Wheeler, *Alt-Indien und Pakistan,* Köln 1962

X Die frühen Kulturen Ostasiens

1 China

Obwohl in China das archäologische und historische Interesse stets wach war, geschah in der ersten Hälfte des 20. Jahrhunderts, einer Zeitspanne, in der die Archäologie in anderen Ländern großartige Ergebnisse zeitigte, in China auf diesem Gebiet sehr wenig. Zu einem großen Teil ist dies wohl auf die unruhigen politischen Verhältnisse jener Jahrzehnte zurückzuführen. Mit dazu beigetragen hat auch die Tatsache, daß es in China, einem Land der Holzbautechnik, nicht wie in anderen Ländern Ruinenstädte und steinerne Monumente aus früher Zeit gibt. Die wichtigsten Zeugnisse chinesischer Kultur sind die Grabstätten, die lange durch die ehrwürdige Scheu und religiöse Verehrung der Bevölkerung vor der Erforschung geschützt waren. Außerdem leisteten die Bauern, welche die Verwüstung ihrer Felder befürchteten, Widerstand; auch das Klima, die glühendheißen Sommer und die eisigen Winter, erschwerten die Forschung. Die Archäologen waren auf Oberflächenfunde angewiesen, die kein klares Bild der Entwicklung gaben, vielmehr zu zahlreichen Fehlschlüssen führten. Noch vor nicht zu langer Zeit hielt man die Chou-Dynastie für die älteste der chinesischen Geschichte und die Plastiken der Han-Zeit für die frühesten Kunstwerke. Weil man nur die Erzählungen der alten Chroniken kannte, in denen Wahrheit und

Legende sich vermischen, blieben die Ursprünge umstritten. Das ging soweit, daß man die Meinung vertrat, die Chinesen verdankten ihre gesamte Kultur Vorderasien und Europa. Doch lehrt uns die Archäologie, daß ›Wahrheiten‹ von heute schon morgen als Irrtum erkannt werden können. Zumindest haben frühere Ansichten über die Anfänge der chinesischen Kultur den Anreiz zu neuen Entdeckungen gegeben.

Auf die Spuren der ersten großen Fundstätten führten die Grabräuber. Ohne Furcht vor Gespenstern oder dem Zorn der Vorfahren und von Traditionen unbelastet, gruben sie die Erde um und verkauften ihre Funde auf dem Antiquitätenmarkt in Peking. Wenn sie auch nicht wieder gut zu machenden Schaden anrichteten, indem sie aus Habgier und in willkürlichem Vorgehen ungezählte Zeugnisse vernichteten, weckten sie doch andererseits durch ihre Beute das Interesse der Archäologen.

Mit der Gründung der Volksrepublik China änderte sich die Situation für die Forschung völlig. Der Staat erkannte die Bedeutung der Vergangenheit und unternahm alles, um das Erbe zu bewahren. Man verbot die Ausfuhr von Kunstschätzen, bei denen es sich zum größten Teil um Funde von Grabräubern handelte, und die von ausländischen Händlern in jeder Anzahl aufgekauft worden waren. Neue Museen wurden gegründet, Paläste und Tempel restauriert und genügend Nachwuchs in

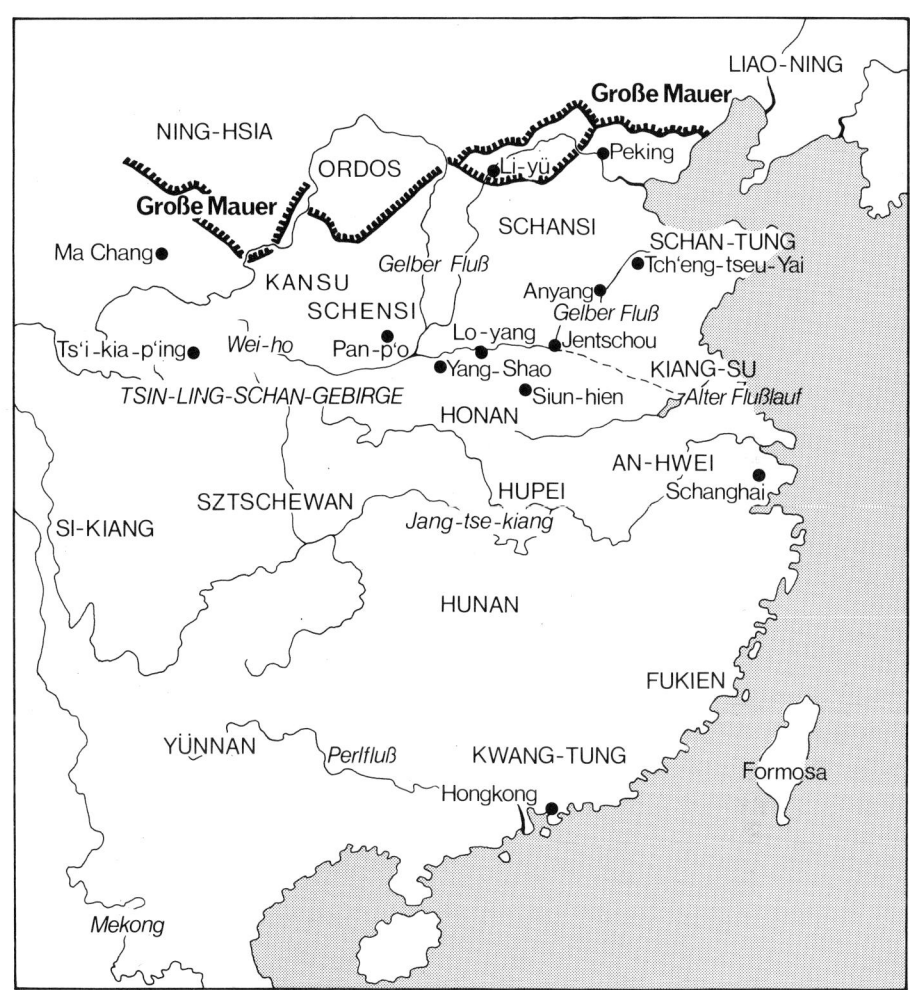

448 *Fundorte in China*

der modernen Grabungstechnik ausgebildet. Die Ergebnisse dieser intensiven Anstrengungen sind erstaunlich und übertreffen die Erwartungen. Die Mauer, hinter der sich China verbarg, indem es Neuerungen ablehnte, sich auf das Alter seiner Gebräuche und die Weisheit seiner Bücher berief, wurde niedergerissen.

Die Vorgeschichte

In der Heilkunde Chinas, in welcher sich Mystik und Aberglauben mit echten Erkenntnissen vermischten, spielten Knochen, vor allem Zähne ausgestorbener Tiere, eine große Rolle. Als ›Drachenknochen‹ oder -zähne‹ wurden sie in den Apotheken angeboten. Ein deutscher Arzt, K. A. HABERER, kaufte 1900 eine Menge solcher Überreste fossiler Säugetiere für ein Münchner Museum, in dem sie von dem Paläonthologen M. SCHLOSSER untersucht wurden. Unter ihnen fand dieser den Backenzahn eines Menschenaffen oder urtümlichen Menschen. Das Material stammte aus Höhlen in der Nähe von *Chou-kou-tien,* südwestlich von Peking. Die wissenschaftlichen Grabungen, die dort alsbald begannen, erbrachten bis zum Jahr 1939 Reste von insgesamt 45 Individuen, darunter von 15 Kindern und Jugendlichen. Alle diese Funde gingen während des japanisch-chinesischen Krieges 1941 verloren, doch gibt es Abgüsse von ihnen in den USA. Man gab dem Wesen, von dem die Reste stammen, den Namen ›Sinanthropus pekinensis‹. Es gehört zur Gruppe der Archanthropinen, zum Homo erectus (vgl. Kap. II), und wird deshalb heute als *Homo erectus pekinensis* bezeichnet. Dem Mittelpleistozän angehörend, hat er ein Alter von ungefähr 500 000 Jahren, etwa dem in Java gefundenen Pithecanthropus entsprechend. Der Peking-Mensch kannte mit Sicherheit die Verwendung des Feuers, wie Aschenlagen bewiesen haben. Es ist bis heute der älteste Nachweis des Feuergebrauches. In den Jahren 1963/64 wurde bei *Lantien* in der Provinz Shensi ein weiterer Frühmensch entdeckt, der *Homo erectus lantianensis.* Er macht einen urtümlicheren Eindruck; sein Alter wird deshalb zwischen 600- bis 500000 Jahre angesetzt. Wie in anderen Teilen der Erde waren die Werkzeuge jener Stufe Geröllgeräte, Schaber und Spitzen, gelegentlich Faustkeile. Aus der Epoche, die dem europäischen Moustérien entspricht (100 000—40 000), und dem Jungpaläolithikum liegen nicht genügend Funde vor, um über die Entwicklung etwas sagen zu können. Manche Wissenschaftler vertreten die Ansicht, daß schon der Sinanthropus mongolide Merkmale aufwies. Da sich in China eine kontinuierliche kulturelle Entwicklung vollzog, kann eine entsprechende Menschheitsentwicklung nicht ausgeschlossen werden. Der Homo sapiens in China zeigt entwickeltere Vorformen des Mongolen.

Das Neolithikum

Aus dem Frühneolithikum Chinas liegen bisher wenig Funde vor, dagegen brachten die Forschungen der letzten Jahrzehnte, durch die 5000 Siedlungen der späten Jungsteinzeit bekannt und 200 ausgegraben wurden, reiche Ergebnisse, so daß sich heute zwei bäuerliche Kulturen dieser Epoche klar abzeichnen.

Die *Yang-shao-Kultur* um 5000 v. Chr., nach dem Fundort in der Provinz Honan benannt, entstand im Flußgebiet des Huangho, des Gelben Flusses, und erstreckte sich bis in die nördlichen Provinzen Shansi, Shensi und im Westen bis Kansu und Chinghai. 1954 bis 1957 wurde die von 500 bis 600 Menschen bewohnte Siedlung *Pan-po-ts'un* freigelegt, die kreisförmig angelegt und von einem Verteidigungsgraben umgeben war. In der Mitte befand sich eine Versammlungshalle; viereckige oder runde Wohngruben waren mit Balkenwerk überdacht. Die Menschen bauten Hirse an, domestizierten Schwein, Ziege und Hund. Die Ausübung von Jagd und Fischfang ist durch Funde belegt. Die Grabstätten, in denen neben Werkzeugen schöne Keramikbeigaben gefunden wurden, lagen abseits von den Siedlungen. Einzelne Kinderbeisetzungen in Tongefäßen befanden sich inner-

449 *Tongefäß von Pan-pots'un mit Dreieckmotiven, Höhe 9 cm*

450
—452

Links:
Topf aus
gebrann-
tem Ton,
Yang-
shao-
Ware,
spätes
3. Jt.
v. Chr.
Rechts:
Dreifuß-
kanne
vom Typ
ho, Höhe
31 cm.

Darun-
ter: Ton-
schale
mit
schwarz-
weiß-
roten
Spiral-
motiven,
Höhe
10 cm

halb der Wohnanlagen. Neben einer ohne Töpferscheibe angefertigten roten Keramik mit bemalten geschwungenen Linien, geometrischen und seltener figürlichen Motiven gab es eine gröbere graue oder rote Ware mit eingeritzten oder eingestochenen Ornamenten. Die Formen sind die von Schalen, Bechern und Töpfen. Die Funde aus der Provinz Kansu weichen von dem sonst ziemlich einheitlichen Charakter der Yang-shao-Kultur stärker ab; sie sind etwas später als die von Honan anzusetzen. Sehr hart gebrannt, gehört die dortige Tonware mit ihren Spiralen und geometrischen Mustern zum Schönsten, was das Neolithikum hervorbrachte.

Die *Lung-shan-Kultur* war in den Ebenen des Ostens bis zur Küste verbreitet, mit dem Schwerpunkt in der Provinz Shantung. 1928 entdeckt, wurde sie inzwischen in zahlreichen weiteren Fundstätten erschlossen. Ihre Träger waren seßhafte Bauern in umfriedeten Dörfern auf Hügeln mit runden, eingetieften Häusern. Die sehr feinen, dünnwandigen Keramikerzeugnisse sind meist schwarz und zum Teil glänzend poliert; sie sind nicht bemalt, haben aber Grate, Leisten und Rillen, Merkmale, welche für die auf der Drehscheibe geformte Kera-

mik charakteristisch sind. Eine Gefäßart ist vor allem bemerkenswert: Kannen und Töpfe, die zum Kochen von Speisen oder zur Erwärmung des Hirseweins dienten, ruhen auf drei Füßen, die manchmal in ihrer Form Ziegeneutern ähneln. Sie fanden sich ausschließlich im Raum Honan—Shantung und sind Vorformen der unter den Shang auftretenden Sakralbronzen. In Lung-shan, dessen Erzeugnisse ins 3. und 2. Jahrtausend zu datieren sind, wurde schon die Orakeldeutung aus Knochen geübt. In einigen Gegenden wurden Elemente der *Yang-shao-* und *Lung-shan-*Kulturen verschmolzen und eine mit dynamischen Mustern verzierte Bandkeramik geschaffen. Die Menschen des Neolithikums kannten die Webtechnik und flochten Körbe und Matten; ihre Armreifen aus Alabaster und ihre Jadeformen waren lange Zeit vorbildlich.

Die letzte Stufe des Neolithikums entspricht zeitlich der umstrittenen legendären *Hsia-Dynastie,* mit der die chinesische Geschichtsschreibung die Abfolge der Dynastien eröffnet und die in die Zeit von etwa 2200—1600 v. Chr. fallen würde. Unter ihr soll die Erbmonarchie eingeführt worden sein. Die Liste der Königsnamen, die in späterer Zeit aufgestellt wurde, scheint von einer mündlich weitergegebenen Überlieferung zu stammen.

Die Shang-Kultur
(16.—11. Jahrhundert v. Chr.)

Manche wichtigen Entdeckungen verdanken wir dem Zufall; so wurde der Palast des Minos dadurch gefunden, daß eine Kuh in ein Loch trat; eine Statue, welche nach Steinen suchende Araber aufstöberten, führte zur Ausgrabung von Mari in Mesopotamien. Die ersten konkreten Hinweise auf die *Shang-Kultur* gehen auf einen Bauern zurück, der bei der Bestellung seines Ackers auf Knochenstücke stieß und sie einem benachbarten Apotheker verkaufte. Einige von diesen Knochen gerieten in die Hände eines Antiquitätenhändlers, der auf seltsame eingravierte Zeichen aufmerksam wurde. Die Menge der heil gebliebenen Knochen war gering, doch sie genügte, um Grabungen an der Fundstätte zu veranlassen. Für die Funde wurden hohe Preise bezahlt, so daß schon bald Fälschungen von »Drachenknochen« auf den Markt kamen. Dies geschah im Gebiet des heutigen *Anyang* in Nord-Honan. Von der Existenz der Shang-Dynastie und ihrer Kultur wußte man bis dahin nur aus den Berichten der alten Annalen und diese wurden meist angezweifelt. Aus dem Dämmer der Vergangenheit waren nun Zeugnisse einer höchst entwickelten und verfeinerten Zivilisation aufgetaucht.

Der Schwerpunkt der neolithischen bäuerlichen Kulturen lag in der Ebene des Huangho. An diesem Flußlauf entstand auch die erste chinesische Hochkultur, die auf den Errungenschaften der Jungsteinzeit aufbaute und den Übergang zur Bronzezeit einleitete. Während sich in den übrigen Gebieten der Welt der Wandel von der steinzeitlichen Technik zur Metallverarbeitung nur langsam, meist über die Zwischenstufe des Chalkolithikums, vollzog und das neue Material zunächst nur für die Herstellung von einfachen Waffen, Werkzeugen und für Schmuck verwendet wurde, begann die Bronzezeit in China schlagartig mit einer großartigen Metallurgie. Schon die ersten Erzeugnisse sind reich verzierte Kultgefäße und Waffen mit kunstvollen Schmuckelementen.

Alles deutet darauf hin, daß eine kriegerische Oberschicht dank ihrer Bewaffnung und des Besitzes von Streitwagen, die in China fast zur gleichen Zeit wie in Vorderasien erscheinen, außer dem Mündungsgebiet des Huangho auch flußaufwärts weite Gebiete sich unterwarfen. Neben ihr gab es eine hochentwickelte Handwerkerschaft und eine Unterschicht von Ackerbauern und Viehhirten, die noch auf steinzeitlicher Stufe standen, sowie Kriegsgefangene, welche die schwerste Arbeit verrichten mußten. Die letzteren wurden in großer Zahl den Ahnen geopfert, um den Himmelsgott für Regen, Gedeihen der Ernte oder Erfolg in den Kriegszügen gnädig zu stimmen. Beim Ableben ihres Herren wurden sie tot oder lebendig mit dessen Leichnam bestattet, ein Charakteristikum des primitiven Feudalismus. Die Priesterschaft männlichen und weiblichen Geschlechts, die *Wu,* eine Art Schamanen, verkörperte Götter und Verstorbene. Außer Geisterbeschwörung mit ekstatischen Tänzen gehörte es auch zu ihren Aufgaben, Orakel zu deuten. Ohne Befragung des Orakels wurde vom Herrscher keine Ent-

Stier	Ziege Schaf	Baum	Mond	Erde	Wasser	Dreifußgefäß (ting)	zeigen, erklären	Feld (mit Einteilungen)	damals (Mann und Schale)	Vorfahre (Phallus)	gegen etwas, auf etwas zugehen	Himmel	beten
牛	羊	木	月	土	水	鼎	示	田	就	祖	逆	天	祝

scheidung getroffen, die für die Shang von Bedeutung war. Selbst vor einem Jagdzug befragten sie ihre Wahrsager. Diese ritzten die Frage auf einen Knochen, im allgemeinen auf das Schulterblatt eines Rindes, oder auf ein Stück Schildkrötenpanzer und legten diese ins Feuer, bis sie Risse bekamen. Aus der Art der Sprünge lasen sie die Antwort ab. Die Knochenstücke wurden sorgfältig in Archiven aufbewahrt. Tausende von Fragen und Antworten, die von den offiziellen bis in die privaten Lebenssphären reichen, geben Auskunft über Kult und Struktur der Shang-Zeit. Die Inschriften sind bis jetzt die ältesten schriftlichen Zeugnisse der Geschichte Ostasiens. Um sich mit den Göttern zu verständigen, wurde die Schrift erfunden, die Urform der heutigen chinesischen, die nicht wie in Mesopotamien der Buchführung, sondern vornehmlich dem Kult diente.

Mit der Shang-Dynastie begann die erste dokumentarisch belegbare Epoche der chinesischen Geschichte. Die erste Hauptstadt war *Ao,* das heutige Cheng-chou in der Provinz Honan, aus dem 16. und 15. Jahrhundert v. Chr. Sie wurde 1951 entdeckt, umfaßte ein Areal von 3,2 Quadratkilometern und war von einem bis zu 10 m hohen Wall aus Stampflehm umgeben. Waffen und Gefäße aus dieser Fundstelle sind die ältesten Zeugnisse der Shang-Bronzetechnik. Ihr flacher Reliefschmuck besteht aus Spiralmustern und Mäandern. Nach 1400 v. Chr. wurde die Hauptstadt in das Gebiet des heutigen Anyang verlegt. Nach den oben geschilderten Hinweisen auf die Stätte begannen 1928 wissenschaftliche

453 Schriftzeichen auf den Orakelknochen von Anyang, in der zweiten Reihe die modernen Entsprechungen

454 Orakelknochen, Schulterblatt vom Rind mit Brandmarken und Inschrift, Länge 37 cm

Grabungen, die bis 1937 fortgesetzt und 1950 wieder aufgenommen wurden. Da die Lage von Anyang strategisch und wirtschaftlich besonders günstig ist, war der Platz schon im Neolithikum besiedelt. Über die einfachen Wohnhütten bauten die Menschen der Shang-Zeit feste Häuser mit Säulen, auf denen Balkendecken ruhten. Palastartige Bauten hatten gewaltige Ausmaße; ein Gebäude umfaßte 192 m² Grundfläche und hatte einen zentralen Raum von 10 auf 6 m. In Gruben unter den Palästen fand man neben Streitwagen und zahllosen Objekten — Waffen, Schmuck, Helmen, Gefäßen und Bronzen — ca. 1000 Skelette geopferter Menschen. Unter den bisher über 2000 festgestellten Gräbern ragen die monumentalen Schachtgräber der Herrscher hervor. Typisch sind ihre kreuzförmige Anlage und die seltsame Form der Grabkammer, die einem auf die Spitze gestellten Pyramidenstumpf ähnlich ist. Eine

455 Weingefäß vom Typ li, Bronze, Höhe 16,5 cm

456 Schachtgrab von Anyang mit den Skeletten der Geopferten

457 Shang-Grab mit Überresten eines zweirädrigen Streitwagens und den Skeletten der Pferde und des Wagenlenkers

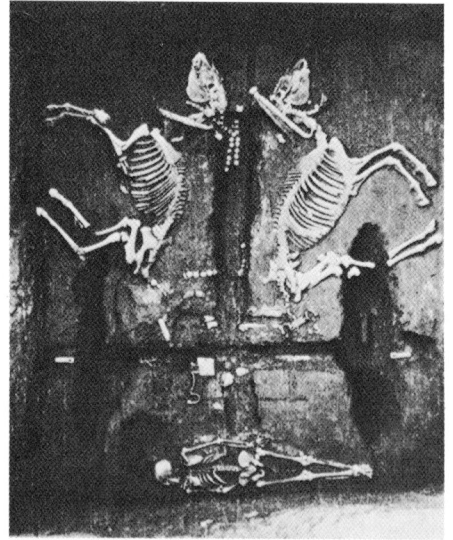

Vorstellung von der Größe einer solchen Grabstätte und der für ihren Bau notwendigen immensen Arbeitsleistung vermittelt die Beschreibung einer 1934 bei Anyang freigelegten Anlage: ›Der Hauptschacht ist 7 m lang und über 10 m tief. Im Süden, 22 m vom Grab entfernt, führt eine 2,10 m breite, abschüssig angelegte Rampe bis zum Grab hinab; auf ihr wurden die Leichname und die Beigaben nach unten gebracht. Im Norden, in einem Abstand von etwa 10 m, geht eine 1,80 m breite Treppe zum Grab hinab. Der Abstand vom Rand des Nordzuganges bis zur südlichen Begrenzung beträgt 40 m‹. Einige Gräber hatten vier Zugangsrampen. Über der Kammer befanden sich Absätze zur Ablage der Beigaben, zuweilen Nischen in den Wänden für denselben Zweck. Unter dem Verstorbenen wurde manchmal ein Schwein oder seltener ein Hund beigesetzt. Der Boden und die unteren Wände waren mit Bohlen ausgelegt; der Sarkophag war aus Holz, Leder oder Rinde. Für Pferde und Wagen gab es besondere Gruben. Auf den Stufen sah man noch die Fußabdrücke der Bauarbeiter, die diese vor etwa 3500 Jahren hinterlassen haben. Manche Grabschächte waren mit dünnen Lagen von Stampflehm ausgefüllt. Das Gefolge des Toten begleitete ihn in die andere Welt. Zwischen Tod und Leben scheint man keine scharfe Grenze gezogen zu haben; Tod bedeutete wahrscheinlich nur den Eintritt in eine geheimnisvolle Sphäre. Die Verstorbenen mußten daher in

459 Oben: Kuang, bronzenes Opfergefäß, Länge
31 cm

458 Links: Viereckiges ting aus Hou-chia-chuang,
Anyang, Bronze, Höhe 62 cm

ihren monumentalen und komfortablen Grabstätten mit allen Notwendigkeiten des Lebens versorgt werden. Die Opferung der Sklaven, häufig Kriegsgefangene, erfolgte gewaltsam; bei den meisten Skeletten waren die Hände hinter dem Rücken gefesselt. Die abgeschlagenen Köpfe wurden gesondert aufgereiht.

In Anyang interessieren neben den Palästen und Grabanlagen die Überreste der Handwerkerwohnungen, die noch alles wichtige Gerät enthielten. Es gab ein Viertel der Bronzegießer, der Steinmetze, der Jade- und Knochenschnitzer sowie der Waffenschmiede.

Wie schon erwähnt sind die großartigsten Leistungen der Shang-Zeit die Bronzen: Waffen und Gefäße. In den folgenden Dynastien erfuhren die Formen Abwandlungen und die Symbolik wechselte, aber niemals mehr, auch nicht in der Chou-Zeit, findet man die gleiche Knappheit der Linienführung und zugleich das Überquellen sinnbildlicher Ornamentik. Die technische Verarbeitung und der Guß sind ausgezeichnet. Bis vor kurzem nahm man an, daß die Bronzen in ›verlorener Form‹ gegossen wurden. Neue Untersuchungen ergaben,

daß man größere Stückformen in Ton modellierte und brannte. Die Abgüsse der Teile wurden zusammengefügt und die Nahtstellen weggeschliffen und poliert, so daß man sie heute nur schwer entdecken kann. Diese Technik ist eine eigenständige chinesische Erfindung. Die Legierung setzte eine herrliche Patina in Grün- und Blautönen an, die aber nicht vom Künstler beabsichtigt war, sondern Zufallserscheinung ist. Viele Formen der Bronzegefäße sind aus der neolithischen Keramik abgeleitet, vor allem die Dreifüße, das li-Sakralgefäß, der kuei-Kessel und das ting, ein halbkugeliger oder viereckiger Kessel, der auch mit vier Füßen vertreten ist. Neue Formen ohne älteres Vorbild erscheinen daneben. Der chinesische Archäologe LI CHI, der die ersten Ausgrabungen in Anyang durchführte, nimmt an, daß gewisse Formen und der Dekor auf die Arbeiten der Steinschneider und Holzschnitzer zurückgehen. Sehr deutlich scheint dies bei einem viereckigen ting aus der Gegend von Anyang der Fall zu sein, dem wohl ein ähnliches Exemplar aus Holzbrettern mit Bemalung und pflockartigen Beinen zugrunde liegt. Die Ornamentik der Bronzegefäße geht von religiösen Symbolen

460 Eulenähnliches Mischwesen, Shang-Dynastie, Höhe 45 cm

aus. Die stilistische Abfolge führte von mehr realistischen Motiven zu abstrahierten Gebilden. Die ›realistischen‹ Motive wurden jedoch nicht der Natur entnommen, sondern entsprangen der Vorstellungswelt, so das *t'ao-t'ieh,* die stilisierte Maske eines Ungeheuers, des ›Vielfraßes‹, oder das *kuei*-Motiv, ein Drache, der, meist im Profil wiedergegeben, einbeinig mit Hörnern, Fang- und Reißzähnen und weit aufgerissenem Rachen dargestellt ist. Beide sind Ausdruck eines hochentwickelten Animismus. Zwischen den Hauptmotiven sind die Gefäße mit einem dichten Muster aus Spiral-, Mäander- und Hakenformen bedeckt. In dem späteren sog. ›zusammengesetzten Tierstil‹ sind Einzelelemente von Wesen frei zu eigenwilligen Kompositionen aneinandergefügt. Die Formen sind ausladender, barocker. Manche Gefäße nahmen selbst Tiergestalten an, in denen mehrere Geschöpfe, etwa ein Tiger und eine Eule, ver-

einigt sind. Auf dem Ritualgefäß ist ein kunstvolles Muster aus Spiralen, das sog. *Donnermuster,* vielleicht ein uraltes Symbol für den Ursprung alles Lebens, mit einer erstaunlichen Präzision eingeschnitten.

In Anyang fand man die ersten chinesischen Skulpturen aus Stein, die vermutlich architektonischen Aufgaben dienten und deren monströses Aussehen von dem Schmuck der Bronzen beeinflußt ist. Eine blockhafte, kraftvolle Gestaltung ist mit feinen Details des symbolischen Dekors verbunden. In den allegorischen Ungeheuern liegen Naturkräfte, Vorstellungen und Gefühle verborgen. Der Erfindungsreichtum in der Schaffung von Mischwesen, monströs im Gesamteindruck, naturnah im einzelnen, zeigt sich in dem unbestimmbaren Wesen, das einer Eule gleicht, aber in uns einen ganz anderen Eindruck erweckt als der friedliche Nachtvogel. Durch Verkürzung des Körpers und die gedrängte Massigkeit entsteht die Wirkung geballter Kraft. Miniaturskulpturen, wahrscheinlich Amulette oder Anhänger, aus Jade, einem für die Chinesen vermutlich heiligen Material, das besonders für kultische Objekte verwendet wurde, zeigen eine außergewöhnliche Be-

461 Sitzender Bär aus Jade, Shang-Dynastie, Höhe 5,5 cm

462   Weiße Keramikvase mit eingepreßtem Muster aus Anyang, Shang-Dynastie, Höhe 33 cm

herrschung des Materials. Sie sind streng stilisiert und erinnern an frühe Tonstatuetten. Dargestellt sind Hasen, Hirsche, Bären und Tiger, die für die Shang-Magie besondere Bedeutung hatten. In der Keramik gab es neben einer grauen groben Alltagsware, in der die Formen der neolithischen Epoche weiterentwickelt sind, Gefäße aus einer sehr feinen weißen Tonmasse, die bei hohen Temperaturen unter Verwertung der Erfahrungen des Bronzeschmelzens gebrannt wurden. Sie wurden in den Königsgräbern von Anyang gefunden. Über der geometrischen Verzierung einer solchen Vase befindet sich ein Fries mit den von den Bronzen bekannten *t'ao-t'ieh*-Masken. Auf der Schulter und über der Basis sind plastische Tiermasken angebracht. Der technische Fortschritt der höheren Brenntemperaturen von etwa 1300 Grad Celsius ergab bei Verwendung eines spathaltigen Tones eine natürliche Glasur, ein Ergebnis von weittragender Bedeutung, denn aus der Verbindung von Kaolin und Quarz entstand die

Voraussetzung für die spätere Erfindung des Porzellans. Das sogenannte ›Grau‹- oder ›Proto-Porzellan‹ unterscheidet sich von dem modernen nur in der Farbe und Art der Zusätze.

Die Chou-Dynastie (um 1100—221 v. Chr.)

Die *Chou,* ein halbautonomer Stamm, der unter der Lehensherrschaft der Shang stand, waren im zentralen Gebiet von Shensi ansässig. Um 1100 v. Chr. zogen sie unter dem Druck benachbarter Völkergruppen nach Osten, eroberten das Shang-Reich und errichteten eine eigene Dynastie, die fast tausend Jahre bestand. Ihre Hauptstadt Hao in der Nähe des heutigen Sian wurde um 770 v. Chr. nach *Loyang* in der Provinz Honan verlegt. Historisch unterteilt man die Chou-Periode in drei Abschnitte: die *Westliche Chou-Dynastie* von etwa 1100 bis 770 v. Chr.,
die Zeit der ›*Frühlings- und Herbstannalen*‹ von 770—475 und
die Zeit der ›*Streitenden Reiche*‹ von 475 bis 221 v. Chr.
In den beiden letzten Perioden herrschte die Östliche Chou-Dynastie. Die Abfolge der Stile deckt sich nicht genau mit der geschichtlichen Einteilung. Auch ist eine klare Trennung wegen Überschneidungen nicht möglich.

Die frühe Chou-Zeit rechnet man von etwa 1100—900, den mittleren Chou-Stil bis etwa 600 und den späten bis nach 220 v. Chr.

Das Chou-Reich war, da die neuen Machthaber eine relativ dünne Oberschicht darstellten, in Lehensgebiete aufgeteilt, in ein Feudalsystem nach westlichen Begriffen, um das Reich unter Kontrolle halten zu können. Während seines Bestehens vollzog sich die Umwandlung von einer Jagd und Ackerbau betreibenden Gesellschaft in

einen organisierten Staat auf landwirt-
schaftlicher Grundlage, die mit dem Beginn
der Eisenzeit in Zusammenhang stand. Erst
seit der Auffindung der Eisengießereien des
Königsreichs Yen bei Peking weiß man von
der Verwendung eiserner Pflugscharen und
Hacken, mit deren Hilfe auch die Hochpla-
teaus erschlossen werden konnten. China
wurde damals schon zu dem großen Agrar-
land mit Weizenbau im Norden und Reis-
bau im Süden.

Gleichzeitig erfolgte der Übergang vom
Animismus, dem Glauben an Dämonen
und Geisterwesen, zu abstrakteren religiösen Vorstellungen. Das Göttliche wurde
unter dem dreifachen Aspekt von Himmel,
Erde und Mensch begriffen. Am Ende der
Zeit der ›Frühlings- und Herbstannalen‹
lebte KONFUZIUS (Kung-t's e) (550—480)
v. Chr.), der bedeutendste chinesische Den-
ker, dessen Lehren in der Idee begründet
sind, daß rechtes Verhalten des Menschen
die Harmonie mit der ewigen Weltordnung,
dem *Tao,* erreichen könnte. Dazu gehören
Treue gegen sich selbst und andere,
Menschlichkeit, Selbstlosigkeit, Recht-
schaffenheit und Weisheit. In den großen
›klassischen‹ Schriften, dem ›Buch der
Wandlung‹, dem ›Buch der Lieder‹, dem
›Buch der Urkunden‹, den ›Frühlings- und
Herbstannalen‹ (von Konfuzius selbst ver-
faßt) und in dem ›Buch der Riten‹ hielt der
große Philosoph die ältesten Überlieferungen fest und formulierte die Grundsätze der
Staatskunst und einen Sittenkodex, die zu
Grundlagen der chinesischen Kultur wurden. Die Lehren des Konfuzius wurden von
seinen Schülern, vor allem von MENG-T'SE im
4. Jahrhundert v. Chr. ergänzt und weiterentwickelt.

Der Weise lebte in der Periode der Östlichen Chou-Dynastie. Infolge der zunehmenden Verselbständigung der Lehensfür-
sten und deren Kämpfen untereinander,
sowie durch ständige Einfälle von Nomadenstämmen aus dem Norden, mußte die

463 Vierbeiniges ting, Inschrift mit dem Namen des
König s

Hauptstadt nach *Loyang* verlegt werden.
Sie spielte fortan nur noch als Mittelpunkt
der Tradition eine Rolle. Der König der
Chou geriet in völlige Abhängigkeit der Le-
hensfürsten. In der Zeit der ›*Streitenden
Reiche*‹ beherrschten Kämpfe der einzelnen

464 Weingefäß vom
Typ kuang in
Tierform,
Bronze

465 Bronze-
Tiger der
Mittleren
Chou-Zeit,
Länge
75 cm

Staaten mit wechselnder Bündnispolitik
das Geschehen, bis es der *Ch'in-Dynastie*
unter SHIH—HUANG TI, dem ›ersten Kaiser von
China‹, um 220 v. Chr. gelang, alle Staaten
in einem wirklichen Reich zu vereinigen.

Die Chou übernahmen viele Elemente
der Shang-Kultur und führten deren Stil
zunächst weiter. Bemerkenswerte Neuerungen bei den Bronzegefäßen sind u. a. lange
Inschriften auf den einzelnen Stücken, eine
Vorliebe für schwerere Formen mit heraus-
ragenden plastischen Verzierungen, beispielsweise mit stilisierten Vogeldarstellun-
gen mit langem Schwanz. Im mittleren
Chou-Stil verlor das Tier als Ornament
seine bisherige Bedeutung. Der Dekor
wurde vereinfacht zu geometrischen Band-
mustern, gelegentlich auch Verflechtungen.
Die Gefäße wirken recht plump. Die Tier-
plastiken sind statischer als in der Shang-
Zeit, andererseits naturnäher und bildnerisch einheitlicher.

Die späte Chou-Zeit von ca. 600—220
v. Chr. war infolge der politischen Unruhen
eine Periode wirtschaftlicher Schwierigkeiten, aber geistiger und künstlerischer Gä-
rung. Neben den Konfuzianismus trat der
Taoismus von LAOTSE, eine mystisch-pan-
theistische Lehre der Meditation und der
Entäußerung seiner Selbst. Wichtigste ar-

467 *Stabbekrönung
aus Chin-ts'un.
Bronze mit Gold-
und Silbereinlagen,
späte Chou-Zeit,
Höhe 13,5 cm*

468 *Rechts: Räder
und Wagen-
reste aus einem
Grab der
Chou-Zeit*

466 *Links: Chung,
Bronzeglocke
der späten
Chou-Zeit,
Höhe 66,5 cm*

chäologische Fundstätten dieser Epoche unter vielen sind im Norden *Chin-ts'un* und *Hui-hsien* (5.—3. Jh. v. Chr.), im Süden *Ch'ang-sha*. Der Bronzestil nahm wieder sehr komplizierte Formen an, jedoch nicht mit furchterregenden Symbolen, sondern heiteren, verfeinerten Formen mit linearen Kurven, verflochtenen Tierbändern und plastischen Voluten. Typisch ist das Glokkenspiel, das *chung,* ein etwa 80 cm hohes und 1,80 m langes Holzgestell, an dem 12 bis 13 Glocken hingen, die mit einem 50 cm langen Hammer vom Sitzen aus angeschlagen wurden. Eine andere Neuerung sind Gold-, Silber- und Glaseinlagen auf den Bronzen, die höchst kunstvolle Arbeiten ergaben. In der Rundplastik zeichnet sich eine Weiterentwicklung zur Realistik mit verspieltem Dekor ab; Darstellungen von Menschen sind jetzt häufiger. Besondere Sorgfalt wurde auf die Ausschmückung von Spiegeln verwendet; sie sind ebenso wie die Jadearbeiten des späten Chou-Stiles die schönsten, die je geschaffen wurden. Anstelle der früheren Menschenopfer wurden den Toten Figuren aus Holz oder Ton mitgegeben. In einer Grabstätte in Hui-hsien in Nordchina wurden Dutzende von Wagen

und Skeletten von Pferden ausgegraben; dabei fand man auch Statuetten von Hunden, Schweinen und anderen Haustieren in realistischem Stil. Der Verzicht auf lebende Opfer beweist, daß die Gesinnung humaner geworden war. Die Keramikglasur wurde vervollkommnet. Endlich sind noch die Lackarbeiten der Zeit zu erwähnen, die eine lange Tradition begründeten. Eine Holzplastik aus *Ch'ang-sha,* zwei Vögel mit Schlangen, zeigen eine erstaunliche künstlerische Ausdruckskraft und Beherrschung der Technik. Auch die Anfänge der chinesischen Malerei gehen auf die späte Chou-Zeit zurück. Aus der Periode der ›Streitenden Reiche‹ wurden in den letzten Jahrzehnten Stadtanlagen freigelegt, die Kanalisation besaßen sowie mächtige Erdwälle. Die Häuser waren mit halbzylindrischen Dachziegeln gedeckt.

Die *Ch'in-Dynastie,* die eine zentralistische und absolutistische Herrschaft einge-

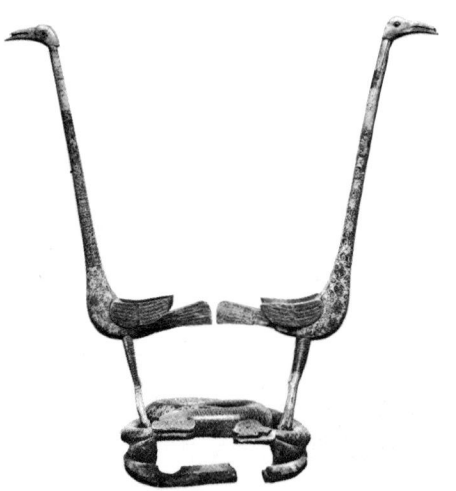

469 Links: Vögel und Schlangen aus Ch'ang-sha, Holz mit Lackmalerei, Höhe 134 cm

470 Rechts: Begräbnisanzug der Tou Wan aus Jadestücken, spätes 2. Jh. v. Chr.

471 Liegende Bronze-Leoparden mit Einlagen aus Silber und Granatsteinen, Ende 2. Jh. v. Chr.

führt hatte, existierte nur kurz, von 221 bis 207 v. Chr. Sie wurde von der *Han-Dynastie* abgelöst, die bis 220 n. Chr. regierte, das System des Beamtenstaates unter einem Kaiser beibehielt, aber auf allen Gebieten eine größere Toleranz bewies. Da der Zeitraum der Han-Dynastie den für unser Buch gesteckten Rahmen überschreitet, können wir nur kurz auf einige sensationelle Funde der chinesischen Archäologen aus der Westlichen Han-Zeit (206 v. Chr. bis 8 n. Chr.) hinweisen. Für die Bestattung von Angehörigen der kaiserlichen Familie errichtete man aus Holz gefügte Palastbauten mit Dächern aus Tonziegeln in riesigen Räumen, die aus dem gewachsenen Fels geschlagen wurden. Nebenkammern dienten vermutlich als Bäder sowie zu Unterbringung von Wagen und Pferden. Das Grab eines Prinzen LIU SHENG in *Man-ch'eng* und das seiner Gemahling TOU WAN, die 2700 bzw. 3000 Kubikmeter Rauminhalt haben, brachten einzigartige Funde, darunter das Totenkleid der Prinzessin aus Tausenden von drei- und viereckigen aneinander gefügten Jadeplättchen, die den Leichnam wie eine Rüstung vollständig bedeckten. Zwei liegende Leoparden aus Bronze mit Einlagen aus Silber und Granatsteinen zum Niederhalten des Leichentuches sind kleine Meisterwerke. Die Bergung des von mehr als 1000 Beigaben umgebenen Leichnams der bei ihrem Ableben etwa 50jährigen Markgräfin von *Tai,* deren Grab im Jahre 1971 fünf Meilen von Ch'ang-sha/Hunan entfernt in *Ma-wang-tui* freigelegt wurde, erbrachte der Welt eine weitere geradezu sensationelle Entdeckung. In zwanzig Seidentücher gehüllt blieb er — vermutlich durch das Lagern in einer öligen, quecksilberhaltigen Flüssigkeit, eingeschlossen von drei Sarkophagen und isoliert durch mehrere Lagen von Ton, Holzkohle und Stampferde — außergewöhnlich gut erhalten. Nach erfolgter Autopsie konnte man selbst noch die Umrisse der inneren Organe sowie einige der Erkrankungen, an denen die Verstorbene gelitten hatte, erkennen.

Bibliographie

Archäologische Funde der Volksrepublik China, Wien 1974

China bis heute, Köln 1974

Edith Dittrich, ›Zum Grabkult im alten China: Neue Funde‹, *Pantheon* XXXII, 1974

Werner Eichhorn, *Kulturgeschichte Chinas,* Stuttgart 1964

Sherman E. Lee, *DuMont's Kunstgeschichte des Fernen Ostens,* Köln 1966

Trésors d'art Chinois, Paris 1973

Die chinesischen Namen und Wörter wurden nach dem System von Wade transkribiert.

2 Japan

In der erdgeschichtlichen Vergangenheit war die Inselkette Japans zeitweilig mit dem asiatischen Kontinent durch Korea, die Mandschurei und Südrußland verbunden. Später sank das Land ab; erst im Pleistozän, der Erdepoche, in welcher der Mensch mit Sicherheit nachweisbar ist, hob es sich während der Eiszeiten wieder. Damals verbreitete sich Großwild — Mammut, Elefant, Giraffe u. a. — in Japan. Während man noch vor kurzem annahm, daß die Inseln erst nach dem Ende der letzten Eiszeit um 5000 v. Chr. von Menschen betreten wurden, rückten die neueren Forschungen deren Anwesenheit immer weiter zurück. Faustkeile, Spitzen und Klingen wurden an zahlreichen Plätzen entdeckt, doch ist ihre Datierung schwierig, da es sich überwiegend um Oberflächenfunde handelt. Aus den siebziger Jahren liegt jetzt ein gesicherter Fund aus dem Jungpaläolithikum vor. Am See Nojiri im zentralen Hochland von Hondô grub man Stein- und Knochenwerkzeuge zusammen mit Stoßzähnen des sog. Naumann-Elefanten aus, der vermutlich im Mittelpleistozän vom asiatischen Kontinent nach Japan kam und seinen Namen nach dem deutschen Geologen EDMUND NAUMANN erhielt. Diese Funde sind ca. 30 000 Jahre alt und bedeuten, daß Japan etwa zur selben Zeit wie Amerika besiedelt wurde. Mikrolithische Industrien stammen aus der Mittelsteinzeit. Erst die Funde aus dem Neolithikum geben ein zusammenhängendes Bild der Entwicklung im frühen Japan.

Die Jômon-Kultur

Die älteste Stufe ist die *Jômon-Kultur,* so benannt nach den Schnurabdrücken als Verzierungen auf den Tongefäßen. Sie fällt zeitlich annähernd mit dem Neolithikum

472   Rekonstruierte Wohnhütten des Jômon-Typs

auf den Inseln zusammen. Verschiedene Formen und Ornamente der Keramik ermöglichten eine zeitliche Einordnung. Die Japaner selbst unterscheiden fünf Phasen der Kultur mit elf Fundorttypen. Wir begnügen uns mit der Trennung in

die Frühzeit von etwa 4500 bis 3000,
die mittlere Zeit bis 2000 und in
die Spätzeit bis etwa 250 v. Chr.

Die Menschen lebten in den Gebirgsgegenden als Wildbeuter von der Jagd und vom Sammeln der Früchte; an den Küsten ernährten sie sich von Schalentieren, in der Frühzeit von Meermuscheln, später von Frischwassermuscheln. Ihre Abfallhaufen (oder besser Abfallgruben, da sie ebenerdig abschließen) waren anfangs für die Archäologen die wichtigsten und ergiebigsten Grabungsplätze der Jômon-Kultur. Man entdeckte mehr als 2000 solcher mit Muschelschalen gefüllten Gruben, die meisten in der Tôkyô-Bucht und an den Flußufern der Kantô-Ebene, die sich während des Neolithikums anhob und bis heute weiter ansteigt. Geologische und topographische Untersuchungen erleichterten die historische Datierung. Zieht man beispielsweise Verbindungslinien zwischen den Abfallgruben, so ergibt sich für die Jômon-Zeit ein ganz anderer Verlauf der Küste als heute. Die Gruben erreichten enorme Ausdehnungen, bis zu 420 m in der Länge und 200 m in der Breite; sie bargen nicht nur vielerlei Objekte, sondern auch Bestattungen. Infolge der chemischen Substanz der Muscheln blieben die Knochen vor dem Verfall bewahrt. In den Bergen lebten die Menschen wegen der Kälte einen großen Teil des Jahres halbunterirdisch in Hütten, die sie über 60 cm tiefen Gruben mit einer Grundfläche von 4,5 auf 5 m errichteten und mit Laub und Baumrinde bedeckten. In der mittleren Jômon-Zeit gab es Siedlungen mit 15 bis zu 60 Behausungen, in denen sich Herde aus großen Tonkrügen oder Schachtfeuerstellen befanden. Manche Fußböden waren mit großen flachen Steinen belegt, die man in der folgenden Zeit mit Matten bedeckte. Die Menschen jagten mit Pfeil und Bogen; ihre Spitzen fertigten sie aus Feuerstein und Obsidian, später aus Knochen und Haifischzähnen; zum Fischen benützten sie Angelhaken und Harpunen und fuhren in Einbaumbooten. Steinkeile dienten zum Graben und Holzspalten.

474 Jômon-Gefäße. Links mit plastisch verzierten Rändern, Höhe 40,5 cm. Rechts von ausgeglichener Form, Höhe 30 cm

Dekor ist so abstrakt, daß man eine symbolische Bedeutung nicht erkennen kann. Hochreliefartige Tonstreifen, bizarre Henkel und plastisch verzierte Ränder im Knotencharakter in der mittleren Jômon-Zeit erscheinen uns heute als Auswüchse der Entwicklung. Als sich dieser Stil wieder beruhigte, entstanden Gefäße von großer Schönheit, die mit ihren seltsamen Ornamenten gleichsam in den Raum hinauswachsen. In der Spät-Jômon-Zeit erscheint eine Kanne mit Ausguß und zwei sattelförmig angebrachten Ösen zur Befestigung eines Tragbügels, die Urform der heutigen japanischen Teekanne.

Zum Schmuck jener Zeit gehörten Ringe aus Ton, steinerne Ohrgehänge, Haar-

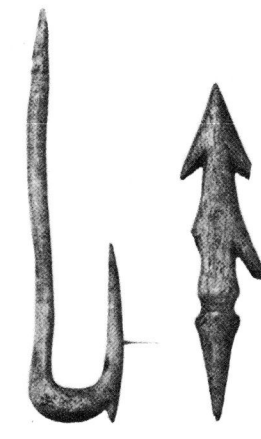

473 Angelhaken und Harpunen aus Knochen, Spät-Jômon-Zeit

Die handgeformte Keramik der neolithischen Japaner zeigt die verschiedenen Stufen der Entwicklung; sie ist außerordentlich vielgestaltig und erreicht in ihrer Ausschmückung eine ganz eigenartige, phantastische Wirkung. Die Mehrzahl ist mit Schnurabdrücken verziert; in der Anfangszeit sind es einfache senkrechte oder Fischgräten-Muster. Im Süden schmückte man in der frühen Jômon-Stufe die Gefäße durch Abrollen eines geschnitzten Stockes über den feuchten Ton, im Norden durch Muschelabdrücke; man ›stempelte‹ sie. Der

475 Jômon-Gefäß mit Ausguß und Ösen, Höhe 16 cm

476 *Vier Tonfigürchen der Jômon-Zeit. Von links nach rechts: Höhe 25,5 cm, 29,8 cm, 17 cm*

nadeln und Kämme aus Knochen, komma-
förmige Anhänger, die sog. *Magatama,* und
Muschelarmbänder. Tätowierung war bereits bekannt, außerdem bestand die Sitte,
Jugendlichen beim Eintritt in die Reife die
Schneidezähne zu ziehen oder kerbförmig
abzufeilen.

Als eine Art Hausgötter wurden in den
Hütten Tonfiguren aufgestellt, vermutlich
Fruchtbarkeitssymbole. Auf Totemismus
und Animalismus, die Vorstellung vom
Tier als Schutzgeist, deuten seltsame
Mischwesen aus Mensch und Tier. Seit der
mittleren Zeit nahmen die Figuren mensch-
liche Gestalt an; sie zeigen den eigenartigen
Schnur- und Knotendekor der Gefäße. Ihre
Formen sind ungewöhnlich bizarr und
phantastisch, allein mit solchen aus dem
präkolumbianischen Amerika vergleichbar.
Nur durch das Groteske konnten offenbar

478 *›Sonnenuhrgebilde‹ mit Menhir in der Mitte*

die Menschen zum Ausdruck bringen, was
ihnen unfaßbar und geheimnisvoll war. Ein
Beispiel aus der Gegend nörlich von Tôkyô
hat ein herzförmig, konkav geschnittenes
Gesicht, eine dünne Taille und breit ausein-
anderstehende Beine. Die kurzen und dik-
ken Plastiken aus Nordjapan sind gleicher-
maßen seltsam; die großen Köpfe tragen
Spitzen wie Schneckenhörner. Augen, Ohren und Mund sind durch aufgelegte runde
Tonscheibchen wiedergegeben. Andere mit
Stummelarmen und -beinen haben mit
Schnurabdruck reich verzierte Gewänder;
ihre maskenhaft vergrößerten Augen sehen

477 *Magatama der
Jômon-Zeit*

Brillen ähnlich. Symbole der Fruchtbarkeit sind auch die zahlreichen phallischen Formen, Steinkeulen, -kronen und in den Häusern aufgestellte Steinsäulen.

Bestattung erfolgte meist in großen Tonkrügen; aus der späten Jômon-Zeit stammen Steinkreise mit bis zu 90 cm hohen Blöcken, vielleicht Friedhöfe. Zeugnisse einer uralten Verehrung der Sonnengöttin sind möglicherweise die sog. ›Sonnenuhrgebilde‹ mit einem Menhir in der Mitte und langen, strahlenförmig ausgelegten Flußsteinen.

Als Urbevölkerung Japans gelten die Ainus, ein von den heutigen Japanern sehr verschiedener Menschenschlag. Dieses altasiatische Volk hat keine mongolischen Merkmale, ist aber wahrscheinlich nicht mit den Jômon-Menschen gleichzusetzen, sondern erst am Ende des Neolithikums vom Norden her nach Japan gekommen. Vielleicht entwickelte sich auch der eigentliche Ainu aus Gruppen der Jômon-Menschen.

Die Yayoi-Kultur (Bronze-Eisenzeit)

Um 300 v. Chr. änderte sich das Leben auf den Inseln von Grund auf. Einwanderer von Korea und vom chinesischen Festland brachten fortschrittliche Methoden der Bodenbearbeitung und des Bronzegusses. Sie schufen dadurch die Voraussetzungen für eine neue Gesellschaftsordnung: der Naßfeld-Reisanbau führte zur Entstehung eines seßhaften Bauernstandes, über dem eine herrschende Klasse von Kriegern stand. Metallverarbeitung und Töpferei mit der Drehscheibe bedingten eine Schicht spezialisierter Handwerker. Die neue Zivilisationsstufe wird nach einem Bezirk bei Tôkyô, wo die typische rötliche Keramik zum erstenmal gefunden wurde, *Yayoi-Kultur* genannt. Die Einwanderer brachten gleichzeitig mit dem Bronzeguß, der wegen der Ab-

479 *Dôtaku, Bronzeglocke, Höhe 42 cm*

geschlossenheit der Inseln bis dahin dort nicht bekannt war, das Eisen mit; deshalb wird diese Epoche auch als Bronze-Eisen-Zeit bezeichnet. In wenigen Jahrhunderten hatten sich die Yayoi-Leute in den meisten Gebieten der Inseln durchgesetzt. Zwischen dem letzten Jahrhundert v. Chr. und dem ersten n. Chr., der mittleren Yayoi-Zeit, war der Kontakt mit dem Festland am engsten. Aus dem glanzvollen Han-Reich wurden Schmuck, Waffen, Münzen und vor allem Spiegel importiert, die ein Zeichen des Wohlstandes waren, aber auch magische Kräfte besessen haben sollen. Mit dem wirtschaftlichen Aufschwung wuchsen die Ansprüche der Bevölkerung. Da die Importe nicht ausreichten, schuf man eigene Werkstätten für die Metallverarbeitung. Bronzearbeiten dienten besonders dem Kult, der in den Händen der Schamanen lag, die schon in der Jômon-Zeit eine große Rolle gespielt hatten und nun von Korea neue Impulse erhielten. Die breite, flache Speerspitze trat als Fruchtbarkeitssymbol an die Stelle der phallischen Steinsetzungen. Man fand sie als Bestattungsbeigabe, häufig aber auch vergraben an Berghängen oder auf -plateaus. Ein einzigartiges Charakteristikum

327

480   Die zwölf Szenen von der Glocke aus Kagawa

der Yayoi-Kultur sind die Bronze-›Glocken‹ *(Dôtaku),* deren Anfänge auf das 2. Jahrhundert n. Chr. zurückgehen. Das Zentrum ihrer Herstellung lag im Norden. Ihr vermutlich ursprünglicher Zweck als Klanginstrument wandelte sich zum Zeremonialobjekt. Man schließt das aus der Tatsache, daß sie immer größer, bis zu 1,20 m wurden und daß man sie einzeln im Boden vergraben fand, häufig auf hochgelegenen Geländepunkten mit großer Weitsicht. Diese künstlerisch bedeutendsten Arbeiten der Yayoi-Kultur stammen überwiegend aus der mittleren Zeit. Sie sind mit geometrischen Ornamenten — Wellenlinien *(Eau courante),* Spiralen, Dreiecken und parallelen Bogen — verziert; daneben gibt es einfache stilisierte figürliche Darstellungen in rechteckige Zonen aufgeteilt, deren Motive Bezug zu Ackerbau, Fischfang und Jagd haben. Sie bestärken die Bedeutung der ›Glocken‹ als Fruchtbarkeitssymbole. Das schönste Beispiel stammt aus *Kagawa* auf der Insel Shikoku mit Wiedergaben eines tanzenden Mannes, einer Eidechse, von zwei Personen beim Zerstoßen des Reises, eines Jägers mit Wild, einer Libelle, Schildkröten, zwei Kranichen und anderen Szenen.

Die Yayoi-Keramik, manchmal mit stilisiertem Blatt- oder geometrischem Dekor, ist aus einem dünnen rötlichen Ton gebrannt und in ihren Formen zweckentsprechend.

Die frühgeschichtliche Zeit nach 300 n. Chr. endet mit der *Hügelgräber-* oder *Kofun-Kultur,* die ihren Ausgangspunkt in der Provinz Yamato hatte. Dort entstand aus den zahlreichen Kleinstaaten der verschiedenen Clans ein einheitliches Reich, als dessen Ahnherr der erste Tennô, der legendäre JIMMU, gilt. Anstelle der Bestattung in Steinkisten und Tonkrügen wurden für die Angehörigen des Herrschergeschlechts und des Hofes Tumuli (Kofun) errichtet. Ähnliche hügelartige Aufschüttungen gibt es in Korea und an den Randgebieten des südsibirischen Steppengürtels. Auch die Grabbeigaben, u. a. die Tonplastiken der Wächter mit ihrer Reitertracht, die *Haniwa,* bestätigen die auch von Linguisten

481   *Vorder- und Rückansicht eines Haniwa-Kriegers in voller Rüstung, Ton, Höhe 135 cm*

482 *Grab des Kaisers Nintoku bei Osaka, Luftbild*

gestützte Theorie, daß die militanten Rei-
terscharen, die in den ersten Jahrhunderten
n. Chr. die japanischen Ureinwohner überlagerten, über Korea auf die Inseln kamen.
Die Zahl der Hügelgräber geht in die Tausende; ihre Größe und Ausstattung nahm
bis zum 7. Jahrhundert immer monumen-
talere Formen an. Noch heute überwacht
das Amt des Kaiserlichen Haushalts 136
solcher Gräber, in denen sterbliche Überreste japanischer Kaiser und Kaiserinnen
der Frühzeit vermutet werden. Ihre Umgebung ist nicht nur für die Arbeit des Archäologen tabu, sondern darf überhaupt nicht
betreten oder von Flugzeugen überflogen
werden. Mehr als 600 ähnliche Grabhügel
wölben sich über den Bestattungen weiterer
prominenter Angehöriger des japanischen
Kaiserhauses, zu denen die Wissenschaftler
in Einzelfällen Zugang hatten. Zu einer
archäologischen Sensation wurde die im
März 1972 erfolgte Öffnung der Grabstätte
im Hügel *Takamatsu-zuka* beim Dorf
Asuka in der Nähe von Nara, deren reiche,
offensichtlich vom Festland beeinflußte
Wandmalereien sowohl eine länger als bisher vermutete Fortdauer alter Bestattungssitten wie auch des Einflusses vom Festland

483 *Haniwa-Hausmodelle aus Inarayama und Akabori, Höhe etwa 47,5 cm*

— bis in die Zeit um etwa 700 v. Chr. — belegen.

Diese Periode ungestümer Entwicklung
und Regsamkeit zeitigte in Architektur,
Plastik und auf allen Gebieten des Handwerks für die Zukunft der Inseln vorbild-
liche Leistungen.

Bibliographie

J. Edward Kidder, *Alt-Japan,* Köln 1960
J. Edward Kidder, *Early Japanese Art,* London 1964
Sherman E. Lee, *Kunstgeschichte des Fernen Ostens,*
Köln 1966
Neues aus Japan, September 1973, Nr. 198

XI Die Indianer Nordamerikas

Der Name ›*Indianer*‹ enstand irrtümlich; als Kolumbus 1492 auf San Salvador in den Bahamas gelandet war, glaubte er den langgesuchten westlichen Seeweg nach Indien entdeckt zu haben. Er nannte die Inselgruppe ›Westindien‹ und die dortigen Eingeborenen ›Indianer‹, eine Bezeichnung, die auf alle Ureinwohner Nordamerikas übertragen wurde. Auch der Name ›Amerika‹ ist in ähnlicher Weise zufällig; er leitet sich von dem Vornamen des florentiner Astronomen und Geographen AMERIGO VESPUCCI ab, der sieben Jahre nach der ersten Fahrt des Kolumbus an einer portugiesischen Expedition nach Brasilien teilnahm. Aufgrund seines überschwenglichen Berichtes über das Land erhielt der neue Kontinent die Bezeichnung Amerika.

Die Völkerfamilien, die zur Zeit der Entdeckung in Nordamerika lebten, hatten wenig gemeinsame Züge. Die Uneinheitlichkeit ist auf die im Lauf von Jahrtausenden erfolgten Einwanderungen, sowie die unterschiedliche Anpassung an die sehr gegensätzlichen klimatischen und geographischen Verhältnisse des riesigen Raumes zurückzuführen. Vor der Ankunft der Europäer zählt man einschließlich von neun Eskimo-Stämmen insgesamt 118 Völkergruppen, die kulturell und sprachlich verschieden sind. Alle besaßen aber ähnliche Charaktereigenschaften, nämlich die Einordnung in die Gesetze der Natur, die sie nicht zu beherrschen trachteten, sondern mit der sie in Einklang lebten. Auch war bei ihnen der Gedanke an die Gemeinschaft als Voraussetzung der Individualität immer wach; Religiosität wurzelte in ihnen tief.

Man kann also nicht von einer einheitlichen indianischen Rasse sprechen; auch eine selbständige Entstehung der Indianer in Amerika scheint ausgeschlossen. Weder fand man dort fossile Reste ausgestorbener Menschenaffen noch Frühformen des Menschen, auch keine des Neandertal-Typs, der in anderen Teilen der Welt vor etwa 100 000 Jahren lebte. Nach den bisherigen Forschungsergebnissen wurde Amerika, außer Australien, als letzter Erdteil besiedelt. Erst der Homo sapiens kam auf den Kontinent Amerika, mit großer Wahrscheinlichkeit aus Asien über die Beringstraße, zunächst nach Alaska. Die Beringbrücke war nur in den Zeiträumen zwischen 36 000 und 32 000 und zwischen 28 000 und 13 000 vor heute offen, als die Meereshöhe infolge der riesigen Gletscherbildungen auf dem Kontinent um etwa 40 m gesunken war. Auf der Landbrücke wanderten vermutlich infolge der Klimaänderungen zuerst die Großtiere — Riesenfaultiere, Elche, Bisons, Bären, Berglöwen, Kamel, Mammut, Rhinozeros u.a. — nach dem Kontinent. Ihnen folgten die Großwildjäger, wie

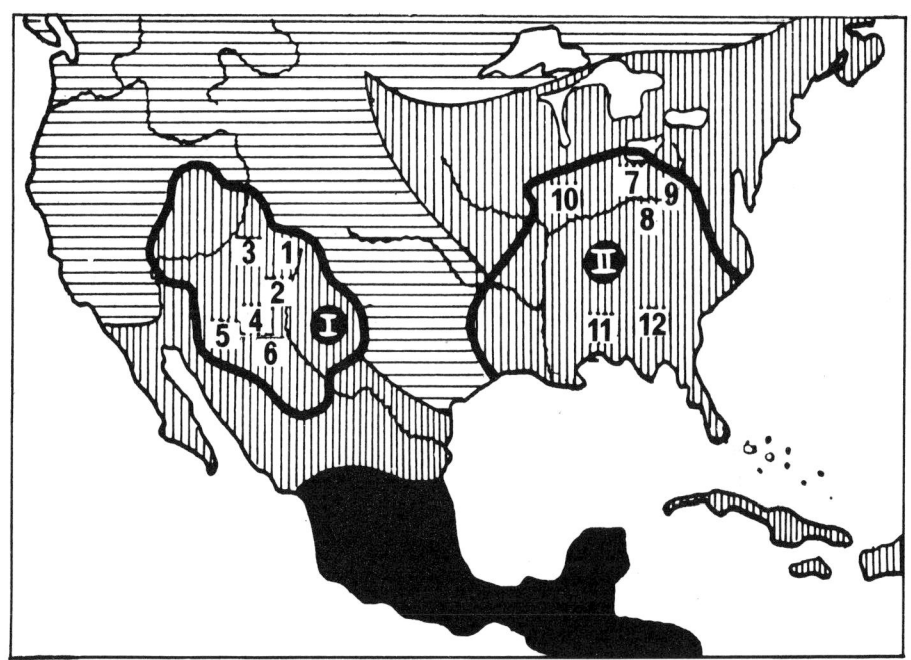

484 *I Gebiet der Korbflechter und Pueblos 1 Folsom
2 Pueblo Bonito 3 Klippenpalast von Mesa Verde
4 Acoma 5 Casa Grande 6 Rio Mimbres II Gebiet der Hügelbauer-Kulturen 7 Hopewell 8 Ser-
pent Mound 9 Newark 10 Cahokia 11 Mound-
ville 12 Etowah*

1 Die frühen Kulturen des Westens

man heute annimmt, schon in der Zeit vor 32 000 Jahren, ehe die Beringbrücke wieder versank. Eine begehbare Route von Alaska nach Noramerika führte durch das Tal des *Mackenzie River,* die sich vor etwa 20 000 Jahren wieder schloß. Auf ihr drangen die ersten Einwanderer in die Steppengegenden des zentralen Nordamerika ein. In Wellen folgten weitere Gruppen von Jägern und Fischern, als letzte die Eskimos. Man kennt vier langköpfige, die älteren, und vier kurzköpfige Rassen. Alle haben mongolische Züge, sind ihrer Blutgruppe nach aber keine reinen Mongolen, sondern bildeten sich aus einer Rassenmischung mit altsibirischen Stämmen.

In den Great Plaines, einem wenig zerklüfteten Plateau in Neu-Mexiko und Texas, fand man Geräteindustrien, die man unter dem Begriff *Llano-Komplex* zusammengefaßt (spanische Forschungsreisende bezeichneten diese Gegend als ›Llano Estacado‹, eingezäunte Ebene). Nach dem Fundplatz Sandia-Cave in Neu-Mexiko wird die älteste Industrie Nordamerikas *Sandia-Kultur* genannt. In einer 138 m langen und bis zu 3 m breiten Höhle 2300 m über dem Meeresspiegel fand man neben Knochen von Kamelen, Mastadon und Mammut Steinwerkzeuge und Reste von Mahlzeiten der Jäger. Die Geräte sind rohe asymmetrische Abschläge aus Feuer-

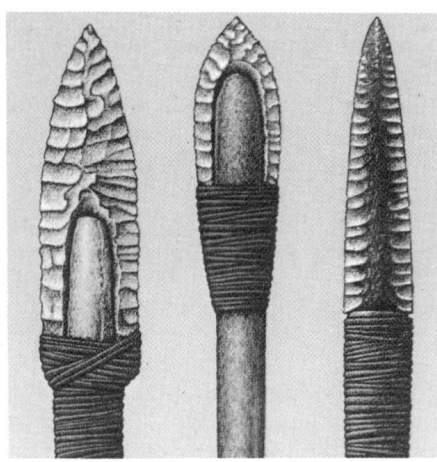

485 *Clovis-Spitze, Folsom-Spitze und Eden-Spitze*

stein — Schaber, Spitzen und Kratzer. Man schätzt ihr Alter auf etwa 20 000 Jahre. Die Leitform der folgenden Entwicklung sind Speer- oder Blattspitzen aus Feuerstein, von denen die ältesten, die sog. *Clovis-Spitzen* etwa 12 000 Jahre alt, 8 bis 12,5 cm lang, fast völlig symmetrisch gearbeitet und beidseitig ausgekehlt sind, um dem hölzernen Schaft Halt zu geben. Eine andere pleistozäne Fundstelle wurde bei *Folsom,* ebenfalls in Neu-Mexiko entdeckt. Ein Cowboy bemerkte 1926, als er seine Herde einen Fluß entlangtrieb, aus einer steilen Uferböschung herausragende Knochen. Er zog einige heraus und erkannte darunter Feuersteinspitzen, eine zwischen den Wirbeln eines Bisons. Nachdem er die Einwohner des nahegelegenen Ortes von seinem Fund unterrichtet hatte, wurde der Platz bald darauf von Wissenschaftlern untersucht. Das Ergebnis war der erste sichere Beweis für den Aufenthalt des Menschen in Amerika in so früher Zeit. Ähnliche Steinspitzen wurden in den letzten Jahrzehnten zwischen Texas und Kanada sowie in Alaska geborgen; sie sind alle sehr sorgfältig durch Druckretusche zugerichtet und haben doppelseitige Längsrillen wie die

größeren Clovis-Spitzen. Die *Folsom-Spitze,* deren Hersteller vor etwa 11 000 Jahren gelebt haben, gab dieser Kulturstufe den Namen. Außer Knochen ausgestorbener Tiere erbrachte die Fundstätte Abschlaggeräte, mit Rötel bestreute Steine und Roteisenerz zum Tätowieren. Die späteren *Eden-Spitzen* haben Schaftzungen und gelten mit ihren scharfen Kanten als ein Höhepunkt der indianischen Steinbearbeitung. Sie entsprechen dem europäischen Solutréen. Ihr Alter wird auf etwa 6000 v. Chr. datiert. Derselben Zeit gehören 300 Paare geflochtener Sandalen an, die in einer Höhle im östlichen Oregon unter Lava begraben waren. Die Menschen bauten ihre Hütten über 30 cm tiefen Erdgruben aus einem Gerüst aus Stöcken und Mammutknochen, das mit Fellen und Häuten überspannt wurde.

Auf die paläoamerikanische Phase von etwa 12 000 bis 7 000 folgte eine frühharchaische Stufe, die im 5. Jahrtausend zu voller Blüte gelangte. Noch immer war die Speerspitze ein wichtiger Gegenstand, aber daneben gab es spezielle Geräte für Pflanzenbereitung und Fischfang. Aus den Großwildjägern waren Wildbeuter geworden. Nach einem Fundplatz im südlichen Arizona wird diese Entwicklungsstufe die *Cochise-Kultur* genannt. Ihre Träger waren Sammler von Pflanzen — Grassamen, Nüssen, Schoten und Wurzeln —, ihre neuen Geräte flache Mahlsteine, Handwalzen, Stampfer und Hammer. Das Verbreitungsgebiet reichte vom zentralen Texas bis an die Südküste Kaliforniens. Für die Vorgeschichte Amerikas ist diese Kultur bedeutsam, weil sie beweist, daß es schon damals Vorstufen der Bodenbearbeitung gab. In einer Höhle in Neu-Mexiko fand man aus der Zeit um 3000 v. Chr. Maisreste von einer Sorte, die als die älteste gilt.

Die reichsten und höchstentwickelten wildbeutenden Indianer lebten an der Nordwestküste, deren Fischreichtum besonders günstige Lebensbedingungen gab.

486 *Gefäße der Mogollon-Kultur aus dem Mimbres-Tal, Neu-Mexiko*

Bis zur Ankunft der Europäer erlangten die indianischen Völker nicht die Fähigkeit der Metallverarbeitung von Bronze und Eisen; sie verharrten auf der Stufe der Steinzeit. Aus diesem Grund muß die Darstellung, die in den anderen Kapiteln meist vor der Zeitwende endet, für das gesamte vorkolumbische Amerika bis zu dem historischen Ereignis der ersten Kontakte mit den Europäern erweitert werden.

Welche Entwicklung in Nordamerika auf die beschriebenen Kulturen folgte, läßt sich nicht genau genug feststellen. Ein eindeutiger kontinuierlicher Zusammenhang ist nicht zu erkennen. Während viele Stämme nomadische Wildbeuter blieben, wurden andere zu seßhaften Pflanzen- und Ackerbauern, vor allem im Südwesten Nordamerikas; vermutlich handelt es sich um Nachfolger der Cochise-Indianer. Als älteste gelten die Träger der *Mogollon-Kultur,* die von etwa 200 v. Chr. an in den Tälern der Mogollon-Bergkette in Neu-Mexiko nachweisbar ist. Die Menschen lebten noch in Erdgrubenhäusern, jedoch in kleinen

Dorfgemeinschaften, betrieben in bescheidenem Umfang Ackerbau und sollen als erste im Westen Töpfereien in Spiralwulsttechnik hergestellt haben. Ihre Toten wurden außerhalb der Häuser beigesetzt. Später errichteten sie Wohnhäuser. In ihrer letzten Stufe, der sog. *Mimbres-Phase,* zwischen 1050 und 1200 n. Chr., stellten sie eine im nordamerikanischen Bereich unübertroffene Keramik her. Die bemalten Tongefäße aus dem Mimbres-Tal zeigen eine besondere Feinheit des Pinselstrichs und der Anmut des Dekors; realistische Motive herrschen vor. Tiere sind sehr lebendig in ihrer Bewegung und ihrem Wesen dargestellt. Szenische Vorgänge wurden meist in geometrischer Umrahmung geschildert. Auf späteren Gefäßen ist eine stärkere Tendenz zur Stilisierung festzustellen. Ein von einer Expedition der Universität Minnesota freigelegtes Gräberfeld umfaßte mehr als 150 Grabstätten, darunter das Grab eines Kindes mit außergewöhnlich reichen Beigaben an Muschelketten, Armreifen und Knochenklappern. Die Gefäße waren ›getötet‹, das heißt durchbohrt.

Während die Mogollon-Kultur auf ein enges Gebiet begrenzt war, entstand um 100 v. Chr. in den Tälern des Salt und Gila, einem Nebenfluß des Colorado im südlichen Arizona, eine wesentlich differenziertere Kultur, die der *Hohokam-Leute.* Ihr

487 *Terrakottafiguren der Hohokam aus dem südlichen Arizona*

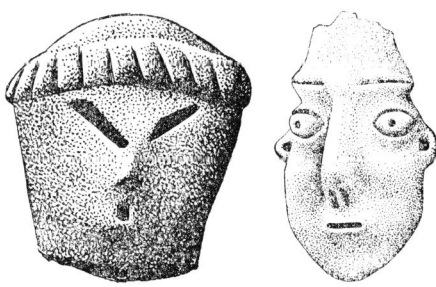

488 Ornamente von Gefäßen der Hohokam

489 Steinerne Schminkpalette der Hohokam, mit Eidechsen verziert

Name ist aus der Indianersprache der Pima abgeleitet und bedeutet »die, die verschwunden sind«. Sie betrieben Feldbau mit künstlicher Überschwemmungsbewässerung. Durch Dämme und Deiche, später mit Hilfe von bis zu 50 km langen Kanälen verwandelten sie das Wüstenland in fruchtbare Äcker und Gärten. Leider wurden die meisten Anlagen durch moderne Überbauung zerstört, doch nimmt man an, daß die frühesten Gräben bis zu 5 m breit und 30 bis 50 cm tief waren; später wurden sie auf 2,50 m bei einer Tiefe von etwa 2 m verengt, um die Verdunstung des Wassers zu verringern. Die einfachen Häuser der Hohokam wurden über Erdgruben errichtet, die Toten verbrannt; ihre Asche verstreute man in alle Winde. Schon aus der ersten Phase bis 500 n. Chr. sind Töpferwaren und grob geformte Figürchen bekannt; in der zweiten bis etwa 900 n. Chr. ist die Keramik verfeinert und mit rot-braunen Ornamenten verziert. Manche zeigen Vogelmotive und abstrakte Menschen- und Tierdarstellungen. Die Formen sowie der Mäander- und Zickzackdekor erinnern manchmal an frühe chinesische Tongefäße. Tierreliefs aus Stein, Spiegel aus poliertem Schiefer, die mit Pyritsteinchen mosaikartig besetzt sind, und ›Schminkpaletten‹ deuten auf Verbindungen mit den hochentwickelten mexikanischen Kulturen hin, ebenso die in dieser Phase entstandenen ovalen Ballspielplätze mit Toren an den Enden, die durch Steine oder Becken markiert waren und in die der gummiartige Ball geschlagen werden mußte. Auch einfache pyramidenförmige Mounds aus gestampftem Lehm gemahnen an die gewaltigen Bauwerke Mexikos. In der 3. Phase bis 1200 n. Chr. erfanden die Hohokam eine für die damalige Zeit einzigartige Technik, die Dunkelätzung von Ornamenten auf Muscheln mit Hilfe von Pflanzensäuren. Durch eine Schutzschicht aus Harz wurden die Teile geschützt, die erhaben geplant waren.

Die Anasazi

Die Anasazi, ein Navajo-Wort, das die ›Uralten‹ bedeutet, lebten nördlich der Hohokam auf der Hochebene und in den Tälern von Arizona, Utah, Neu-Mexiko und Nevada. Ihr Verbreitungsgebiet war in der damaligen Zeit das größte. Die erste Stufe der Anasazi, etwa 100 v. Chr. bis 800 n. Chr. wird als Kultur der Korbflechter (Basketmaker), die spätere bis 1300 als Pueblo-Kultur bezeichnet.

Die Kultur der Basketmaker verdankt ihren Namen der vollendeten Flechtarbeit der Körbe aus Weidenruten und Jukafasern, die in Ermangelung anderer Gefäße für alles dienten. Erste Zeugnisse wurden 1893 in einer Höhle im südöstlichen Utah zusammen mit 90 Skeletten entdeckt; es folgten zahlreiche weitere Funde, die Aufschlüsse über die Träger dieser Zivilisation gaben. In der frühen Phase bis etwa 500 n. Chr. lebten die Menschen noch vornehmlich von der Jagd und vom Sammeln wilder Pflanzen, hausten in kuppelförmigen Hütten und in Höhlen. Ihre Toten bestatteten sie in Gruben, in die der Leichnam mit an die Brust angezogenen Knien nebst Nahrungsmitteln, Waffen und anderen Beigaben versenkt wurde. Kinder wurden in Körben beigesetzt. Die reichen Grabbeigaben, vor allem ungetragene Sandalen und Steinpfeifen zum Rauchen, weisen auf einen Glauben an ein zukünftiges Leben. Infolge des trockenen Klimas im Südwesten Nordamerikas mumifizierten zahlreiche Leichname der Anasazi; man stellte fest, daß die Männer langes, in Zöpfe geflochtenes Haar trugen, während die Frauen das ihre mit Steinmessern kurz schnitten, vielleicht weil Kordeln, Schnüre und Bänder aus Menschenhaar haltbarer sind als aus Jukafasern. Der Fund eines Skalps in einem Grab läßt vermuten, daß Skalpieren schon damals üblich war. Der Kopfputz bestand aus beinernen und steinernen Perlen, sowie aus Federn.

Die Flechtarbeit der Körbe war so ausgezeichnet, daß sie als Wasserbehälter, auch zum Kochen der Nahrung durch Einlegen heißer Steine, selbst wenn sie nicht durch eine Tonschicht abgedichtet waren, gebraucht werden konnten. Manche Körbe sind mit roten und schwarzen Ornamenten, andere mit bunten Federn und Muschelplättchen sehr schön verziert. Die Motive, meist Spiralen und Zickzacklinien werden symbolische Bedeutung gehabt haben. Die religiösen Vorstellungen dieser Menschen sind unbekannt.

Ein Vergleich mit der in *San Juan* in Neu-Mexiko gefundenen Keramik ergibt eine überraschende Ähnlichkeit der Zierformen, so daß man annehmen kann, daß die Töpferei hier unmittelbar aus der Korbflechterei hervorging. Vermutlich ist der

490 *Gewebtes Trageband der Korbflechter, Anasazi-Kultur*

Schritt vom Flechtwerk zum Tongefäß dem Zufall zu verdanken, daß jemand einen innen tonverkleideten Korb zu nahe am Feuer stehen ließ und bei der Rückkehr ein gebranntes Tongefäß vorfand, dessen Umhüllung verbrannt war.

Sandalen wurden in der gleichen Technik wie die Körbe, Kleidungsstücke aus Pelzen hergestellt, die man in Streifen schnitt und mit Juka-Fäden verband. Charakteristisch sind Taschen aus dem Fell von Präriehunden, Speerschleudern (Atlatl) und hölzerne Schwerter.

491 *Felsmalereien der Korbflechter im Barrier Canyon, Utah*

Die ›Jüngeren Korbflechter‹ bis etwa 700 n. Chr. kannten die Herstellung von Tonwaren und bestellten den Boden. Außer Bohnen, Zwiebeln und Sonnenblumen bauten sie Mais an. Ein Hauptnahrungsmittel waren Eicheln, die geschält und mit einem flachen Stein zerrieben wurden. Durch Begießen mit heißem Wasser wurde ein Teil des bitteren Tannins entzogen und die zu Laiben geformte Masse auf offenem Feuer gebacken. Als einziges Tier wurde der Hund domestiziert, dessen Mumien man häufig in Gräbern zusammen mit Damhirschknochen fand, damit das Tier im Jenseits keinen Hunger zu leiden brauchte. Neben einfachen Geräten aus Ton, die am offenen Feuer gebrannt wurden, formten die Korbflechter auch primitive Frauenfigürchen und Kultgeräte aus Ton.

Im *Barrier Canyon* in Utah entdeckte man seltsame Felsbilder dieser Zeit mit breitschultrigen Menschen und Handabdrücken, die vereinzelt auch auf Körben erhalten sind.

Die Pueblo-Kultur

Die Spanier, die 1540 zum erstenmal Siedlungen der jüngeren Anasazi-Stufe sahen, bezeichneten diese als *Pueblo,* ›Dorf‹. Der Name wurde auf die Indianerstämme, die sie erbaut hatten, und ihre Kultur übertragen. Die Kontinuität der Korbflechter- zur Pueblo-Kultur steht fest, auch wenn gewisse rassische Unterschiede ihrer Träger — Kurzköpfigkeit der Pueblo gegenüber den langköpfigen Basketmaker — der Wissenschaft Probleme stellten. Man nimmt heute an, daß der Gegensatz auf die von den Pueblo geübte künstliche Deformation des Schädels durch das Festschnallen der neugeborenen Kinder an das harte Brett des ›Steckkissens‹ zurückzuführen ist. In der Zeit zwischen 800 und 1000 erreichte die frühe Pueblo-Kultur ihre größte Ausdehnung bis Nevada und bis an die Grenze von Texas. Gegenüber der rohen und primitiven Tonware der Korbflechter sind die Gefäße aus hellgrauem Ton nun mit schwarzen Ornamenten im Flechtstil verziert und in den Formen sehr variabel.

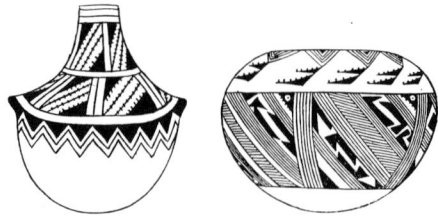

492   Pueblo-Keramik, Anasazi-Kultur

493   Mesa Verde, Colorado, ›Spruce Tree House‹

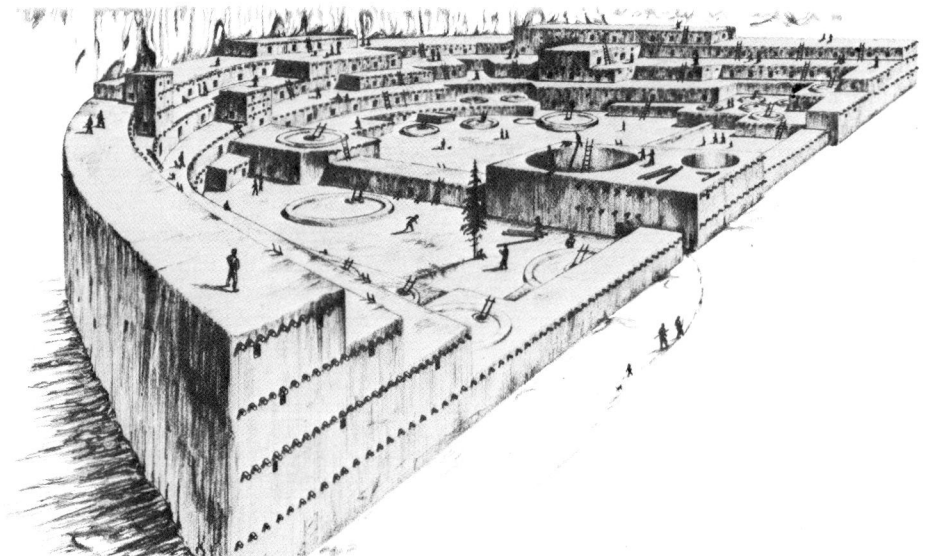

494 *Pueblo Bonito, in D-Form aus luftgetrockneten Ziegeln erbaut, mit runden unterirdischen Kultstätten (Kivas)*

Nach 900 begannen die Anasazi mit dem Bau von Pueblos, von Einhaus-Dörfern in den schwer zugänglichen Tafelbergen, den sog. *Mesas* in Colorado und Neu-Mexiko. Diese Bauten der ›klassischen‹ Pueblo-Zeit, des Höhepunktes dieser Kultur, sind in Nordamerika einzigartig. Das Verlangen nach Sicherheit mag die Menschen veranlaßt haben, sich in die überhängenden Felsen der Canyons Höhlenwohnungen zu bauen, die *Cliff-dwellings,* die so hoch lagen, daß sie von den Tälern aus nicht zu erreichen waren. Abschüssige Pfade, manchmal nur schmale Steige mit in den Fels gehauenen Fußstützen, führten zu ihnen hinab. Der ›Klippenpalast‹ von *Mesa Verde* ist eines der eindrucksvollsten und größen Beispiele derartiger Anlagen. »Er liegt geschützt in einer riesigen, 100 m breiten und 27 m tiefen Höhle mit einer Felsendecke, die sich bis zu einer Höhe von 20 m wolbt. Von der Höhle bis zur darüberliegenden Mesa steigt die Klippe 30 m senkrecht an«. Der Bau hatte über 200 Räume für Hunderte von Bewohnern.

Pueblo Bonito im Tal des Chaco-River in Neu-Mexiko ist eine der größten Anlagen, ein riesiger, vier- bis fünfstöckiger Terrassenbau, in dem ein ganzes Dorf mit 1500 bis 2500 Menschen in etwa 800 Räumen wohnen konnte. Die im Jahr 1896 begonnenen, aber bald wieder eingestellten Ausgrabungen, wurden 1921 systematisch weiter-

495 *Unterirdischer Kultraum (Kiva). Durch die Sprechöffnung sprach man mit den Toten.*

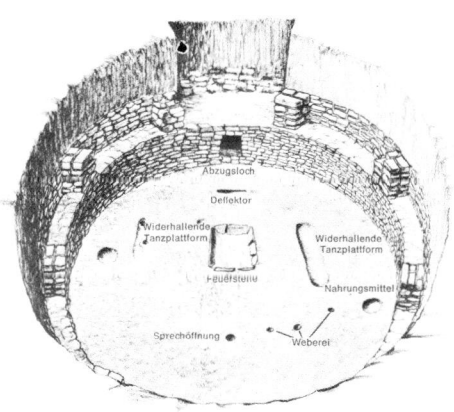

geführt, gleichzeitig begann man mit der Restaurierung. Es wurden Spuren von vier übereinandergebauten Siedlungen festgestellt, von denen die älteste, um 500 n. Chr., noch sehr primitiv war. Der letzte Bau wurde um 900 begonnen und um 1300 vollendet. Damals wurde Pueblo Bonito verlassen, wahrscheinlich infolge einer außergewöhnlichen Trockenheitsperiode oder des Ansturms von Nomadenstämmen aus dem Norden, die der Reichtum an Getreide und Türkis anzog. Clark Wissler schrieb über den Bau:»Der Grundriß entspricht ungefähr einem Halbmond; das erste Stockwerk schwankt in seiner Tiefe zwischen fünf Räumen in der Mitte und drei Räumen an den Enden des Halbmondes. Die Vorderseite, durch eine gerade Reihe von Zimmern abgeschlossen, war einstöckig mit einer Tiefe von zwei Räumen. Sie bildete eine Art Mauer, die von einem Ende des unregelmäßigen Halbmondes zum anderen reichte und einen großen offenen Hof umschloß. Ein Betreten des großen Wohnhauses war nur durch Leitern möglich; auf diese Art verband Bonito die Eigenschaften eines Wohnsitzes und einer Festung. Bis zu einem gewissen Grade erinnert das an eine durch Mauern geschützte Stadt, nur daß wir hier weder Straßen noch Seitengassen haben. Jedes Stockwerk dieses gewaltigen Hauses war mindestens um einen Raum weniger tief als das Stockwerk darunter, wodurch eine Reihe von Terrassen entstand, die an der Vorderfront der Außenzimmer lagen. Da die Räume nur wenig Licht hatten, verrichteten die Bewohner einen großen Teil der nötigen Hausarbeit auf der offenen Terrasse vor dem Familienzimmer. Die Wohnzimmer haben eine Bodenfläche von vier mal drei Metern und eine zw eieinhalb Meter hohe Decke. Die Wände bestehen aus Stein und gebrannten Ziegeln.«

Das einfache Erdgrubenhaus blieb in der Kiva, einem zeremoniellen und gesellschaftlichen Versammlungsraum, der durch eine Leiter zugänglich war, erhalten. In dem Halbkreis von Pueblo Bonito befanden sich mehr als 50 solcher Kivas.

In den Schluchten des Chaco Canyon gab es noch zwölf größere Pueblos. Ein Musterbeispiel für die damalige Baukunst ist neben Bonito der *Aztek Pueblo* nördlich der Stadt Aztek; die Klippenwohnungen von *Keet Seel* und *Betatakin* in Arizona entsprechen denen von Mesa Verde. In dem Pueblo *Chetro Ketl* ist der übliche Kiva außergewöhnlich groß und von einer 1 m dicken Mauer eingefaßt. Der *Pueblo de Pecos* in der Nähe von Santa Fé war noch vor etwa 100 Jahren bewohnt; auch er ist mindestens 1000 Jahre alt. In seinem Gräberfeld wurden über 2000 menschliche Skelette ausgegraben, die den Ethnologen zur Erforschung der Krankheiten dienten, an denen die Bewohner der Pueblos litten. Man fand das Grab eines Medizinmannes mit der vollständigen Ausstattung an Flöten, Pfeifen, Farben und Gesteinsarten, die der Heilung dienen sollten. Nach seiner Kette aus 5700 kunstvoll gearbeiteten ›Perlen‹ zu schließen, muß er großzügig honoriert worden sein. Nördlich von Santa Fé liegt der *Pueblo Taos,* eine der größten heute noch bewohnten Dorfsiedlungen der Indianer. Die halbkreisförmige Anlage des Pueblo von *Rito de los Frijoles* ist durch ihre Lage und Größe beeindruckend.

Die mit der Hand geformte Keramik der ›großen Pueblo-Zeit‹ wurde in einem vorgeheizten Steintrog gebrannt, über den man

496 *Tonkrug mit schwarzem und grauem Dekor aus der Pueblo III-Periode, Höhe 38 cm*

497   *Rito de los Frijoles, Neu-Mexiko, mit einer Gemeinschaftssiedlung im Vordergrund*

Brennholzscheite häufte. Ihre Qualität ist sehr fein und der Formenreichtum groß. Neben schwarz-weißem Dekor gibt es abstrakte mehrfarbige Ornamente, auch stilisierte Darstellungen von Menschen und Tieren. Man pflanzte Baumwolle, die zu guten Stoffen verwoben wurde. Türkis wurde im Bergbau gewonnen und zu Schmuck und Mosaiken verarbeitet.

2 Die Hügelbauer (Mound-Builders) im Osten und Südosten

Die ersten Siedler und Missionare, die am Ende des 18. Jahrhunderts nach Ohio und weiter südlich in das Tal des Mississipi vordrangen, fanden in diesen Gebieten unzählige Erdhügel, von denen viele die Form von Kegeln hatten, manche lange Bodenwellen bildeten, andere Erdwälle zu sein schienen und wieder andere sich als abgeflachte Pyramiden erhoben. In fast allen östlichen und südöstlichen Staaten Nordamerikas gibt es solche *Mounds,* im Tal des Ohio allein etwa 10 000. Die Fragen, wer diese merkwürdigen Hügel errichtete, welche Bedeutung sie hatten und in welche Zeit sie zu datieren sind, konnten erst durch neue wissenschaftliche Forschungen in der zweiten Hälfte unseres Jahrhunderts beantwortet werden. Vorher waren phantasievolle Theorien aufgestellt worden; man schrieb sie u. a. den Überlebenden des versunkenen Atlantis, auch Ägyptern und Phönikiern zu. Heute ist man überzeugt, daß es keine in sich geschlossene Kultur von Mound-Builders gab, sondern daß die Hügel innerhalb eines langen Zeitraumes von verschiedenen indianischen Völkern erbaut wurden. Man weiß auch, daß sie ganz unterschiedlichen Zwecken dienten, daß es sich um Grabstätten, um Verteidigungsanlagen und um kultische Mittelpunkte handelt. Leider wurden viele Mounds bei der Landbestellung unbedenklich eingeebnet oder von Schatzsuchern unfachgemäß aufgegraben. So wühlten beispielsweise Grabräuber 1933 den *Spiro-Mound* bei Oklahoma, der sechshundert Jahre unberührt war, auf und hinterließen eine mondartige Kraterlandschaft. Sie sollen in der Grabkammer wertvolle Beigaben

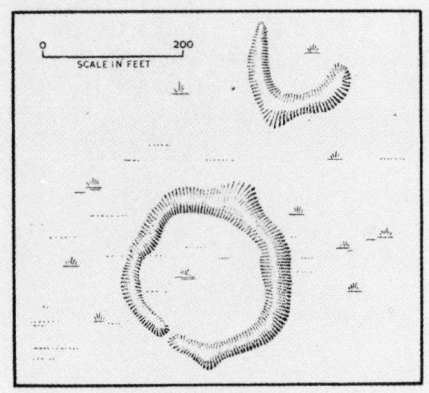

gen, Schabern und gehämmerten Kupfer-
spitzen. An der südatlantischen Küste erschien um 2000 v. Chr. die erste Keramik,
z. T. mit geometrischen Mustern. Aus derselben Zeit und Gegend stammen die ältesten Mounds Nordamerikas, Hügel aus
Meermuscheln, deren größter mehr als
100 m Durchmesser hat. Man deutete sie
als Abfallhaufen, wie sie kleiner aus Nordeuropa und Japan bekannt sind. Nach heutiger Ansicht weist aber ihre planmäßige
Anlage in Kreisform auf eine kultische Be-

*500, 501 Der Schlangen-Mound in Ohio. Darunter:
Hügel mit Vogel aus aufgeschichteten Steinen in der Nähe von Eatonton, Georgia*

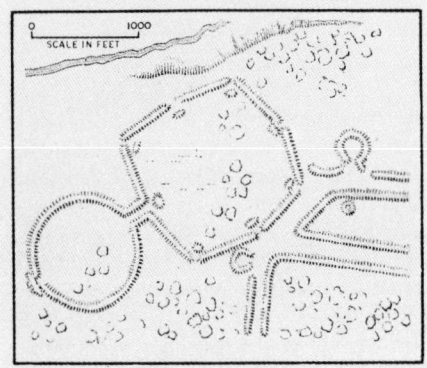

*498, 499 Oben: Fig Island Shell Ring in Süd-Carolina
mit kreisförmiger Anlage. Darunter: Die
oktogonale Zeremonialanlage bei Newark*

— kostbare Gewebe, Muschelketten, Kup-
fermasken, mit figürlichen Szenen gravierte
Muscheln u. a. — gefunden haben, die
heute in alle Welt verstreut sind.

Ein Fundplatz etwa 72 km nördlich von
St. Louis in Missouri, *North Field* genannt,
ergab 15 Besiedlungshorizonte, welche die
Zeitspanne von 8000 bis 1000 v. Chr. umfassen und eine Grundlage für die Datierung ergaben.

Um 4200 erfolgte im Osten, ähnlich wie
im Südwesten, der Übergang von den Großwildjägern zu den Wildbeutern mit ihrem
typischen Gerät — Steinmessern und Klin-

deutung hin. Der älteste nicht aus Muscheln errichtete Mound, der *Poverty Point* in Louisiana, entstand zwischen 1500 und 100 v. Chr. Daß er ein Bindeglied zwischen Mittel- und Nordamerika gewesen sein kann, wird durch den Fund von Steinarbeiten aus Hämatit, rotem Jaspis und anderem harten Gestein, das Hunderte von Kilometern herbeigeschafft werden mußte, bestärkt, ebenso durch Figuren, die solchen der Olmeken ähneln.

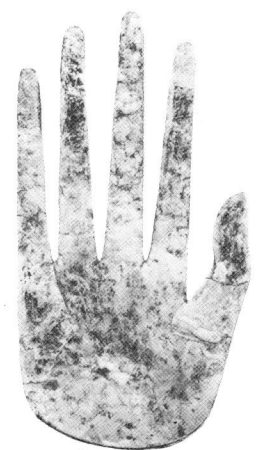

Die archaische Periode endete um 1000 v. Chr. mit dem Beginn der *Adena-Kultur,* die ihren Namen nach einem großen Mound in Ohio erhielt. Die Adena-Indianer bauten meist kegelförmige, oft von Erdwällen eingefaßte Grabhügel bis zu 20 m Höhe. In ihren religiösen Vorstellungen scheint der Totenkult eine überragende Rolle gespielt zu haben. Auf Steintafeln in ihren Gräbern ist häufig ein Vogel in Flachrelief dargestellt, ein Adler oder wahrscheinlicher ein Geier. Wie in anderen Kulturen scheinen die Leichname diesen Vögeln zum Fraß ausgesetzt worden zu sein, ehe die Skelette beigesetzt wurden. Bodenerhebungen in Tierformen, die sog. ›Symbol- oder *Effigy-Mounds‹,* gehen vermutlich auf alte totemistische Kulte zurück und stellen die schützende Gottheit oder den Ahnherr des Stammes dar, dem diese Anlagen geweiht waren. Über den berühmten *Schlangen-Mound* in Ohio schrieb C. Wissler: »Über mehr als dreihundert Meter windet sich der Körper einer Schlange auf einem Grat, der auf einem Felsvorsprung über einem kleinen Fluß endet. Der Kopf der Schlange ruht auf diesem Felsen, der Schwanz ist am Ende des Grats leicht eingeringelt, und der Leib liegt so, als glitte er eben über den Kamm des Grates.« Dem Betrachter erscheinen die Linien in Bewegung; ein Steinhaufen in der Mitte des riesigen Kopfes ist vermutlich der Überrest einer Feuerstätte und eines Altares. In den mit Baumstämmen ausgekleideten Grabkammern der Mounds standen

502 Rechts: Hand-Silhouette der Mound-Builders aus Glimmer

503 Unten: Glimmerscheibe der Hopewell-Indianer

Feuerbecken in Form von Tieren. Die Menschen entwickelten einen primitiven Anbau von Mais, Sonnenblumen und Kürbis.

Die Adena-Kultur wurde im 2. Jahrhundert v. Chr. im Tal des Ohio von der *Hopewell-Kultur* abgelöst, deren Name von dem des Besitzers einer großen Farm mit zahlreichen Hügeln abgeleitet ist. Unter dem Begriff Hopewell werden verschiedene Gruppen von Indianern zusammengefaßt, deren rassische Merkmale lange Schädel im Gegensatz zu denen der Adena-Indianer sind. Von ihren Vorgängern übernahmen

504 Tonfigürchen der Hopewell-Indianer

und tierischer Gestalt. Ihre Tonplastiken sind aus dem Leben gegriffen. Die in Form und Ornament sehr vielfältige Keramik verzierten sie durch Einritzungen und Wechsel der Textur.

Nach 500 verfiel die Hopewell-Kultur aus ungeklärten Gründen. Neue Stämme aus dem Bereich des unteren Mississipi breiteten sich über das ganze Gebiet des Stromes von Louisiana im Süden bis Wisconsin im Norden, von Oklahoma im Westen bis Tennessee im Osten aus. Sie schufen die *Mississipi-Kultur,* die um 1200 ihre Blütezeit erreichte und die bedeutendste und fortschrittlichste Zivilisation Nordamerikas war. Ihre wirtschaftliche Grundlage bildete der Anbau von Mais und Früchten. Das ertragreiche Saatgut erhielten sie wahrscheinlich aus Mexiko, von dem sie auf vielen Gebieten stark beeinflußt wurden. Die Mississipi-Indianer errichteten mit starken Palisaden und vorspringenden Bastionen geschützte Siedlungen, von denen die größten den Ran von Städten einnahmen. *Cahokia,* nahe von East St. Louis im südlichen Illi-

sie den Totenkult, den Bau von Hügelgräbern und auch den künstlerischen Stil. Sie führten das vielseitige Erbe zu einem Höhepunkt. Ihre Mounds sind größer und prächtiger, die Grabbeigaben unvergleichlich reicher. Das gewaltigste Erdwerk ist die oktogonale Zeremonialanlage bei *Newark* in Ohio. Allein im südlichen Wisconsin gab es etwa 5000 Grabhügel mit Darstellungen von Menschen und Tieren, die durch Anhäufungen von Steinen bildnerisch geformt sind; der Vogel unserer Abbildung aus Georgia hat eine Spannweite der Flügel von 40 m. Die Hopewell-Indianer betrieben Ackerbau, aber auch ausgedehnten Handel; sie tauschten das Rohmaterial für ihren kostbaren Schmuck und die Grabbeigaben — Glimmer, Muscheln, Obsidian, Kupfer, Grizzlybärzähne — gegen ihre eigenen Erzeugnisse. In Einbäumen aus Eichenholz mit bis zu sieben Ruderern unternahmen sie auf den Flüssen weite Reisen. Für ihre hochstehende handwerkliche Kunst zeugen Schmuckstücke aus gehämmertem Kupfer, Silhouetten aus dünnen Glimmersteinen, Muscheln mit Gravierungen von Menschen und Tieren, Steinpfeifen in menschlicher

505 Kupferplatte eines geflügelten Mannes, wahrscheinlich aus Oklahoma

nois, war der Mittelpunkt eines Stadtstaates mit ca. 30 000 Menschen und einem Bereich, der etwa so groß wie der des Staates New York war. Innerhalb der Stadt befanden sich 100 bis 120 abgeflachte künstliche Hügel; der größte, der *Monks Mound,* erhob sich bei einer Länge von 300 m und einer Breite von 240 m in vier Stufen zu einer Höhe von 30 m. Er übertraf die Cheops-Py-

ramide um ein Mehrfaches; man schätzt, daß er etwa 620 000 Kubikmeter Erde enthielt, die Korb um Korb von 900 bis 1100 herbeigeschleppt wurde. Auf seiner Plattform stand ein hölzerner Tempel mit spitzem Strohdach; auf den anderen größeren und kleineren Hügeln befanden sich die Lager für die geernteten Früchte oder die Häuser der wohlhabenden und einflußrei-

506 *Steinpfeifen. Links aus Spiso, Oklahoma. Rechts aus einem Mound in Oklahoma*

507 *Unten: Town Creek Mound in Nord-Carolina, abgeflachter Hügel mit Tempel*

chen Bewohner der Stadt. Im Gegensatz zu den früheren Mounds waren die Kulthügel der Mississipi-Indianer als Basis für Tempel alle abgeflacht. Neue Ausgrabungen in Cahokia legten merkwürdige Kreisbauten aus Pfählen frei, die vermutlich astronomischen Berechnungen der Jahreszeiten dienten. In einem Begräbnis-Mound fand man das Skelett eines Priesters oder Häuptlings auf einer Decke aus 12000 Muschelperlen, umgeben von kostbaren Beigaben, ferner die Reste von sechs Gefolgsleuten und in einer Grube die von dreiundfünfzig Frauen.

An der Spitze der gesellschaftlichen Rangordnung stand der Häuptling mit absoluter Macht; in der Hierarchie folgten die Priester und Heerführer, dann bewährte Krieger, Handwerker und Kaufleute, darunter das gemeine Volk.

Die bereits von den Hopewell-Indianern bekannten Kunstfertigkeiten wurden auf allen Gebieten weiterentwickelt. Sonnenscheiben und -kreuze auf Muscheln und Steinen hatten symbolische Bedeutung.

Als die ersten französischen Forscher um 1650 in die Gegend von Cahokia kamen, war die Stadt verlassen. Die Kultur befand sich seit 1500 im Niedergang.

Bibliographie

Robert Claibome, *Die Besiedlung Amerikas,* Time-Life Int., 1973

R. Grahmann, H. Müller-Beck, *Urgeschichte der Menschheit,* Stuttgart 1966

Wilfried Nölle, *Die Indianer Nordamerikas,* Stuttgart 1959

George E. Stuart, ›Who were the Mound Builders?‹ in: *National Geographic,* Vol. 142, No. 6, 1972

Clark Wissler, *Das Leben und Sterben der Indianer,* Wien 1948

508 Mesoamerika. Unten: Fundorte der vorklassischen, klassischen- und nachklassischen Epoche. Auf der gegenüberliegenden Seite: Fundorte im Gebiet der Maya

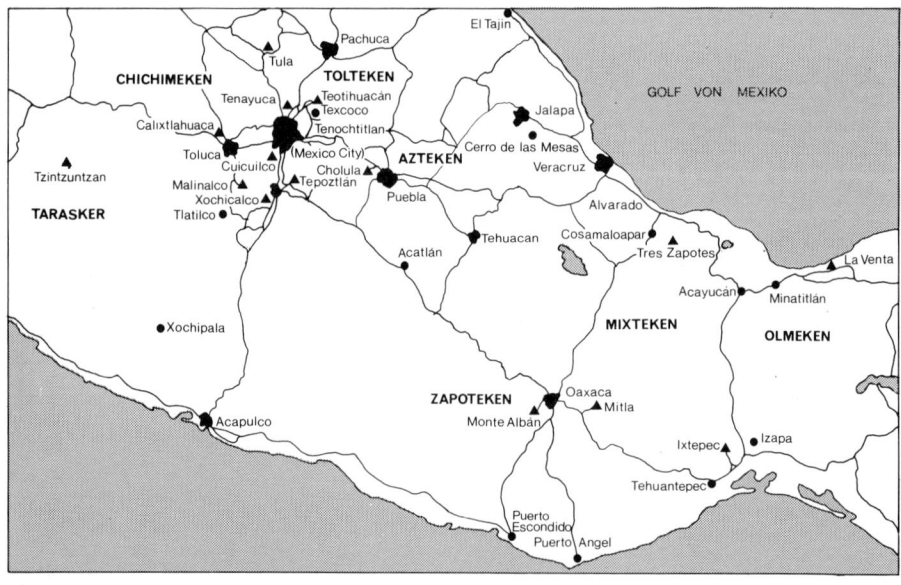

XII Mittelamerika

Die ersten Bewohner Mittelamerikas stammen von den asiatischen Einwanderern ab, die über die Beringstraße nach dem Kontinent gekommen waren. Wann sie von Nordamerika nach dem Süden vordrangen, ist nicht genau zu bestimmen, möglicherweise etwa vor 20 000 Jahren. Aus dem Hochtal von Mexiko sind durch Funde von Artefakten die Anwesenheit von Großwildjägern nachzuweisen, die nach und nach den ganzen Doppelkontinent durchwanderten. 1947 entdeckte man in *Tepexpan* im Tal von Mexiko Mammutknochen mit einer Obsidianspitze; wenige Jahre später grub H. DE TERRA in der Nähe menschliche Knochenreste aus, den sog. Tepexpan-Menschen, dessen Alter nach C^{14}-Daten zwischen 15 000 und 11 000 vor heute liegt. Um

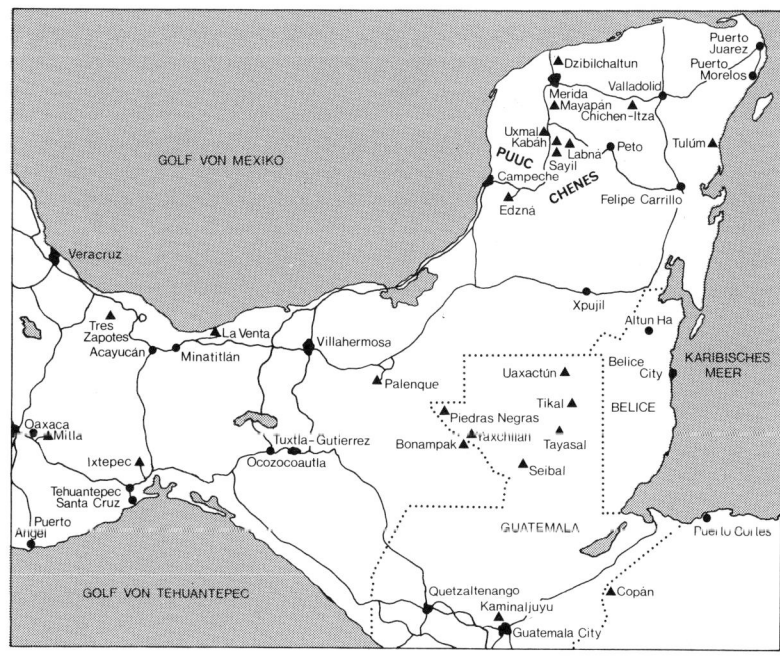

7000, als das Großwild ausstarb, wurden auch in Mittelamerika die Menschen Wildbeuter, die von der Jagd auf kleinere Tiere und vom Sammeln von Früchten lebten. Man kultivierte zwischen 5000 und 3000 in bescheidenem Umfang Kürbis und Bohnen. Nach 3000 baute man Mais an, und seit der zweiten Hälfte des 3. Jahrtausends gab es feste Siedlungen. In der Folgezeit bildeten sich zahlreiche lokale Kulturen heraus, die trotz aller Unterschiede in der späteren Entwicklung mehrere Gemeinsamkeiten aufweisen: in der Architektur die Stufenpyramide auf Unterbauten, Stuckfußböden, Ballspielplätze; in der Religion ein ähnliches Göttersystem und die Vorstellung, daß die Gottheiten durch Menschenopfer erhalten werden müssen; in der Landwirtschaft der Anbau von Kakaobäumen und von Agaven. Während man früher

zahlreiche Stufen der Entwicklung unterschied, teilt man jetzt die Zeit vom Beginn der erfaßbaren Kulturen in die *Vorklassische Epoche* von etwa 1700 v. Chr. bis zur Zeitenwende, die *Klassische Epoche* bis 900 n. Chr. und in die *Nachklassische Epoche* bis zum Beginn der Eroberung 1521.

Um das eigentliche Gebiet der großen Kulturen von den anderen Teilen Mittelamerikas — Nordmexiko und die Länder, die südlich der von der Karibischen See quer durch die heutigen Staaten Honduras und El Salvador verlaufenden Linie liegen — abzugrenzen, prägte PAUL KIRCHHOFF dafür den Begriff *Mesoamerika,* der allgemeine wissenschaftliche Anerkennung fand.

Eine geographische Gliederung erleichtert die Übersicht der in sich selbständigen Kulturen, die wir mit Ausnahmen chronologisch betrachten werden.

509 *Tonfigur aus El Arbolillo und weibliche Figur mit zwei Köpfen aus Tlatilco*

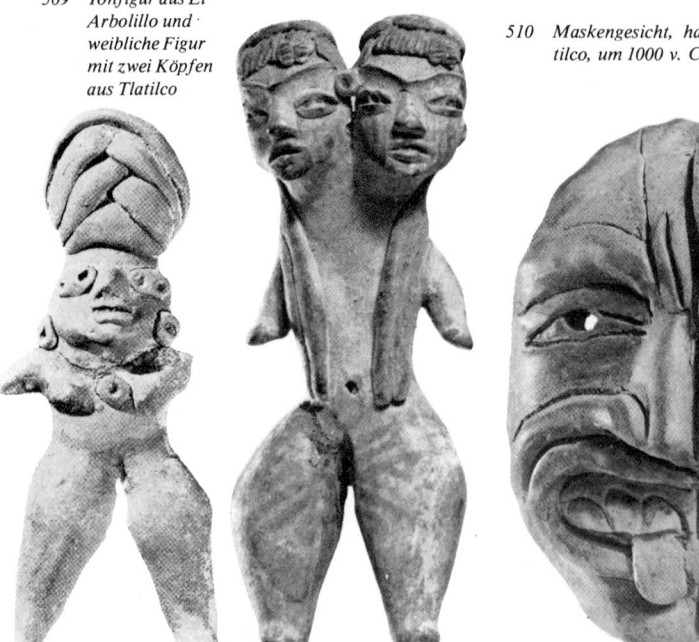

510 *Maskengesicht, halb Leben, halb Tod, aus Tlatilco, um 1000 v. Chr.*

1 Die vorklassische Epoche

Die ersten Völker, die im fruchtbaren Hochtal von Mexiko lebten, wohnten in kleineren Siedlungen, ernährten sich vom Maisanbau, vom Fischfang in den Seen und von der Jagd, für die sie Pfeilspitzen aus Feuerstein und Obsidian herstellten. Sie kannten die Töpferei; Schmuck aus Jade und Meermuscheln deuten auf einen regen Handel mit anderen Völkern hin. Fundstätten rings um den alten Salzsee von Texcoco, die diesen frühen Kulturen ihren Namen gaben, lieferten zahlreiche Zeugnisse: *El Arbolillo* (um 1700 v. Chr.), *Zacatenco, Tlatilco* (um 1000 v. Chr.) und in der späten Phase *Cuicuilco, Ticoman, Gualapita* u. a. Als Grabbeigaben kamen handgeformte Keramik und Tonfiguren zutage. Die Töpferware der frühen Zeit hatte eingeritzte Ornamente oder war weiß auf rotem Grund, bzw. rot auf Weiß bemalt. Die Einzelteile der anfangs rohen und primitiven Idole — Nase, Augen, Ohren und Arme — wurden der vorgeformten Figur mittels kleiner Tonklümpchen vor dem Brand aufgedrückt. In der mittleren Phase wurden die Frauenstatuetten anmutiger und ausdrucksvoller; ihre tänzerische Pose und ihre hochgetürmte elegante Haartracht sind wirklichkeitsnah. Aus *Tlatilco* stammen die schönsten und vollendetsten Beispiele. Daß die Figuren nur »aus der Freude am Schaffen und an der Schönheit des weiblichen Körpers entstanden sind«, scheint zweifelhaft. Dagegen spricht, daß die meisten als Grabbeigaben gefunden wurden, daß es sich vorwiegend um weibliche Gestalten handelt und daß Idole in fast allen frühen Kulturen Symbolbedeutung hatten. Besonders Figuren mit zwei Köpfen oder zwei Gesichtern lassen eine magische Bedeutung vermuten. Die Gedanken der frühen Menschen kreisen um Werden und Vergehen;

511   *Die Pyramide von Cuicuilco*

das zeigt eine Tonmaske aus Tlatilco; sie ist halb Leben, halb Totenkopf. In verschiedenen Fundorten im zentralen Hochland entdeckte man olmekische oder olmekisch beeinflußte Keramik in so großer Zahl und in den untersten Schichten, daß man annehmen muß, daß hier dieses Volk lebte.

Nach der Veränderung der Keramik- und Figuren-Typen zu schließen, wurden die Träger der mittleren vorklassischen Zeit von Einwanderern verdrängt. Die neue Stufe wird nach der ursprünglich 20 m hohen Rundpyramide von *Cuicuilco* benannt, die kurz vor der Zeitenwende bei einem Ausbruch des Vulkans Xitle zu einem Drittel von Lava eingeschlossen wurde. Der Bau aus Lehmziegeln und einer Verkleidung aus rohen Steinen gehört zu den ältesten Pyramiden Mittelamerikas und hat einen Durchmesser von 125 m. Auf die Plattform, die ein Altar krönte, führte eine breite, vorgesetzte Treppe. Nahe bei Cuicuilco, im Lavafeld von Pedragal, wurde der Ort *Ticoman* gründlich erforscht. Die Funde beweisen, daß der Höhepunkt der Tonplastik überschritten war; die Arbeiten sind roher

347

*512   Räuchergefäß aus vulkanischem Stein in Gestalt
des ›Uralten Mannes‹*

513   Olmekenkopf, Höhe 2 m, um 1500 v. Chr.

und typisierter. In der Keramik fallen dreibeinige Gefäße auf, die an solche aus dem
frühen China erinnern.

Die Pyramide von Cuicuilco ist nicht
denkbar ohne eine organisierte Gesellschaft
unter einer herrschenden Schicht, vermutlich der Priesterschaft. Der Kult bezeugt
das Bewußtwerden dieser Menschen, daß
sie von unfaßbaren Kräften abhängig sind.
Interessant ist in diesem Zusammenhang,
daß man hier wie auch anderswo die Darstellung eines sitzenden alten Mannes fand,
der auf seinem gebeugten Haupt eine Räucherschale trägt. Dieser ›Uralte‹, der Feuer-
gott *Huehueteotl,* der bis in die aztekische
Zeit verehrt wurde, ist wahrscheinlich die
früheste männliche Gottheit Mittelamerikas.

Die Olmeken

In den Staaten Veracruz und Tabasco erstreckt sich längs des Golfes von Mexiko
eine Tiefebene mit tropischem Klima. In
diesem fruchtbaren Land entstanden Hoch-

kulturen, von denen die älteste die der *Olmeken* ist, ein aztekischer Name für die Bewohner des ›Kautschuklandes‹ der Küste,
die aber nichts mit den Trägern der vorklassischen Kultur zu tun haben. Manche
Forscher nannten sie deshalb ›La Venta-
Kultur‹ nach dem wichtigsten Zentrum,
doch hat sich allgemein die Bezeichnung
Olmeken durchgesetzt. Die Erforschung
dieser bedeutendsten und fortschrittlich-
sten Zivilisation der vorklassischen Epoche
begann erst Anfang der vierziger Jahre.
Neueste Forschungen brachten überraschende Ergebnisse und erweiterten unser
Wissen von diesem Volk; dennoch sind
viele Fragen weiterhin ungeklärt. Dies gilt
vor allem für die Herkunft der Olmeken
und ihre kulturelle und politische Macht,
sowohl zeitlich wie räumlich.

Im Jahr 1968 entdeckte man in der Nähe
des Dorfes *La Democracia* am Pazifischen
Ozean von Guatemala monolithische Steinskulpturen, die in ihrer Größe und ihrem
Motiv denen von La Venta ähnlich, aber
primitiver und weniger ausgearbeitet sind.
Man fand u. a. einen 2 m hohen Block mit

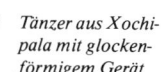

514 *Tänzer aus Xochi-*
pala mit glocken-
förmigem Gerät

515 *Kniender Ball-*
spieler aus Xochi-
pala

einem kindlichen Gesicht *(Babyface)*, einen anderen mit jaguarähnlichen Zügen. Einige Forscher datierten diese Arbeiten auf etwa 1500 v. Chr. und bezeichneten sie als präolmekisch, andere sehen in ihnen nur eine lokale Abart der Köpfe von der Golfküste.

Ebenfalls Ende der sechziger Jahre wurden in dem kleinen Ort *Xochipala,* der in einem gebirgigen Landstrich des Staates Guerrero in Westmexiko liegt, zahlreiche ›olmekische‹ Keramikarbeiten ausgegraben. Um einen früher großen See erheben sich künstliche Hügel, in deren Nähe man Töpfereien, Steingefäße, Spiegel und zahlreiche Figuren fand, die sich durch ihre erstaunlich naturnahe Wiedergabe und ihre vollendete Technik von allen anderen Erzeugnissen dieser Zeit unterscheiden. Ihre Ausdruckskraft, Dynamik und Sensibilität sind meisterhaft. In der mittleren Phase von Xochipala ließ die Feinheit der Ausführung nach, aber die Expressivität blieb erhalten. Ein schönes Beispiel ist der kniende Ballspieler unserer Abbildung. In der letzten Phase zeigt sich ein stilistischer Niedergang. Das Alter der Funde von Xochipala, die erneut die Frage nach der Herkunft der Olmeken aufwarfen, wurde zwischen 1200

und 1100 v. Chr. bestimmt. Schon in den vierziger Jahren hatte der amerikanische Gelehrte COVARRUBIAS die These vertreten, daß sie aus den Gebirgen Guerreros nach dem Westen gewandert seien. Diese Ansicht wird durch die neuen Entdeckungen untermauert. Wie dem auch sei, die olmekische Kultur erlebte ihre Blütezeit an der Golfküste; die drei wichtigsten Fundstätten sind *Cerro de las Mesas, Tres Zapotes* und vor allem das große Kultzentrum *La Venta.* Auf Grund der neuen Forschungen erstellte man folgende Gliederung:
Olmekisch I   von 1500 bis 1200
Olmekisch II   bis 600, die Blütezeit, und
Olmekisch III bis 100 v. Chr.

In *La Venta,* inmitten des Tonala-Strombettes, wurde in langjährigen Grabungen eine Pyramide freigelegt, die im Gegensatz zu den meisten amerikanischen Terrassenhügeln, die Form eines annähernd runden, kannelierten Kegelstumpfes hat. Der Umriß hat zehn erhabene Gratlinien und entsprechend viele Rillen, etwa wie eine Puddingform. Die Form ist vielleicht einem vulkanischen Berg mit den durch die Lavaströme entstandenen Furchen nachgebildet. Der Rauminhalt beträgt etwa 100 000 Kubikmeter. Weitere Mounds befinden sich in *Tres Zapotes* und *Cerro de las Mesas*. An allen drei Plätzen, dem Herzland der olmekischen Kultur, fand man riesige steinerne Skulpturen, etwa 20 gigantische Basaltköpfe, ferner Altäre und Stelen. Das Material für die Riesenhäupter, die bis zu 2,40 m hoch sind, einen Umfang von 6,35 m haben und 50 Tonnen schwer sind, mußte über 100 km aus dem Gebiet der Tuxtla-Vulkane herangeschafft werden; allein der Transport ist eine unfaßbare Leistung, die nur aus den Glaubensvorstellungen dieses Volkes zu erklären ist, das wahrscheinlich von einer Priesterklasse regiert wurde, die aus dem Schamanentum früherer Zeit erwachsen war. Alle Köpfe zeigen denselben Stil: flache Nasen über wulstigen Lippen und runde Gesichter. Man hat fälschlicherweise diese Merkmale als ›negroid‹ bezeichnet; sie sind zweifellos aus dem Gesicht des Jaguars abgeleitet, der im Kult aller mexikanischen Stämme als Tier des Nachthimmels und der Mondgötter eine besondere Rolle spielte und wohl der Stammesgott der Olmeken war. Daß auch die U-Form des helmartigen Kopfschmuckes einiger Skulpturen darauf Bezug hat, wird angenommen. Die meisterhafte Beherrschung des härtesten Materials, bei der weder technisch noch künstlerisch ein Tasten zu spüren ist, zeigt sich in gleicher Weise bei den kleinen Arbeiten aus Jade, dem bevorzugten Stein, der höher als Gold eingeschätzt wurde. Um die blaue Jade aus Costa Rica im Süden oder von weiterher einzuführen, muß der Handel geblüht haben. Nie wurde auch in späterer Zeit dieses Gestein so vollendet bearbeitet. Figuren, Masken, Schalen, Zeremonialäxte und -messer haben nichts Vergleichbares. Die großartige realistische Darstellungskunst der Olmeken erscheint nicht nur in den Steinskulpturen, den Reliefs auf Stelen und Altären, sondern auch in den Tonfiguren, die manchmal monumental wie Skulpturen sind. Eigenartig sind die fetten, geschlechtslosen Gestalten mit ›Kindergesichtern‹, den *Babyfaces*. Ihr wulstiger Mund und die Sagittallinie auf dem Schädel gab ihnen den Namen ›Kinder des Jaguars‹; auch sie leiten sich in ihren Zügen von diesem Tier ab.

»Der olmekische Stil beeindruckt den modernen Betrachter nicht allein wegen der Größe seiner Monumente, des kostbaren Materials oder seiner Faszination, die aus dem Unverstandenen, Rätselhaften kommt. Es ist die Fähigkeit dieser alten indianischen Künstler, eine Symbolsprache geschaffen zu haben, die die widersprüchlichsten Elemente ineinander zu verschmelzen vermag: das heißt, sie verbinden menschliche und tierische Elemente mit einer solchen Eleganz und Überzeugungskraft miteinander, daß auch dem europäischen Betrachter nie der Gedanke eines phantastischen oder zusammengestückelten Wesens aufkommt. Das Phantasiegebilde wird glaubhaft. Den olmekischen Stil kennzeichnet ferner ein großartiges Gefühl für Kör-

516 Olmekisches Kolossalhaupt, 8.—4. Jh. v. Chr.

517 ›Jaguarkind‹, olmekisch, Höhe 26 cm

perlichkeit, wenn er im Vollrund arbeitet, die so taktil ist, daß sie kein späterer indianischer Künstler, wenigstens was Steinplastiken angeht, je erreicht hat.«

Die Olmeken schufen die erste Hochkultur Amerikas mit bestimmten Göttervorstellungen, den Anfängen eines Kalendersystems und der Schriftzeichen. Ihre religiösen, künstlerischen und gesellschaftlichen Errungenschaften lebten weiter und fanden bei den Maya und den Zapoteken ihre Fortsetzung.

2 Die klassische Epoche

Eine scharfe Trennung zwischen der vorklassischen und der klassischen Epoche ist nicht immer möglich. Manche Kulturen haben ihre Anfänge in der frühen Zeit, erleben aber ihre Blüte erst in der folgenden Periode. Alles, was sich in der vorklassischen Epoche künstlerisch abgezeichnet hatte, kam in Teotihuacán, in Monte Albán und bei den Maya zu seiner vollen Entfaltung. Die Schöpfungen dieser drei Kulturen gehören zu den großen Leistungen der Menschheit und sind Höhepunkte der indianischen Völker Amerikas.

Teotihuacán

Teotihuacán liegt im mittleren Hochland, 40 km nordöstlich der Stadt Mexiko. Das Kultzentrum übertrifft an Größe, Ausdehnung und Wirkung alle anderen Stätten Mesoamerikas, ausgenommen Tikal. Es bedeckte einst eine Fläche von etwa 20 Quadratkilometern, und man nimmt an, daß zeitweise 100000 Menschen dort gelebt haben. Die frühe Vorstellung, daß es sich um eine reine Tempelstadt handelt, ist durch neue Ausgrabungen überholt. Es war eine Metropole mit Palästen und zahlreichen Wohnkomplexen, die Verbindungen zu den anderen wichtigen Plätzen Mesoamerikas unterhielt, einen regen Handel betrieb, eigene Impulse weitergab und fremde übernahm. Wahrscheinlich kontrollierte sie ein großes Gebiet und hielt es durch Tributleistungen in Abhängigkeit. Woher die Erbauer Teotihuacáns kamen, weiß man nicht; ihre Sprache ist unbekannt, da man bisher nur wenige Schriftzeichen fand, obwohl zweifellos Beziehungen zu den Olmeken bestanden. Die Anfänge der Stadt reichen in die früheste klassische Periode zurück, in welcher der Bau der ›Mond-‹ und der ›Sonnenpyramide‹ begonnen wurde. Nach der Zeitenwende setzte eine stürmische Entwicklung ein, die am deutlichsten in der monumentalen Anlage des Kultzentrums erkennbar wird. Eine breite Prozessionsstraße, die ›Totenstraße‹, wie sie die Azteken nannten, durchschnei-

		Zentrales Hochland	Zentral-Veracruz und Tabasco	Oaxaca	Maya		Westmexiko
					Campeche Yucatan	Süden (Petén)	
	1521	Beginn der Eroberung					
Nachklassische Epoche	1200	Aztekisches Imperium Chalco Texcoco Azteken	Totonaken	Monte Alban V — Mixteken —	Mexikanischer Einfluß Mayapan		
	900	Tula — Mazapan	Tajín III	Monte Alban IV	Toltekischer Einfluß	Verlassen des Petén	
Klassische Epoche	600	Teotihuacan IV	Joche-Palmas-Hachas Tajín II	Monte Alban III b	Jaina	Tepeu	Colima—Nayarit - Jalisco
	300	Teotihuacan III Teotihuacan II	Oberes Remojadas	Monte Alban III a	Früh-klassikum	Tzakol	
	0	Teotihuacan I	Tajín I	Monte Alban II			Mezcala
Vorklassische Epoche	1000	Cuicuilco — Ticoman — Tlapacoya Mittleres Tlatilco (olmekischer Einfluß) Früh-Tlatilco	Unteres Remojadas Olmeken Früh-La Venta	Monte Alban I Dainzu (?)	Dzibil-chaltun	Chicanel Mamom	Spät-Chupicuaro Früh-Xochipala
	1700	Früh-Zacatenco El Arbolillo I					(proto-olmekisch)
Beginn d. Ackerbaus	3000	Beginn des Ackerbaus					
Paläo-Indianer	20 000	Paläo-Indianer					

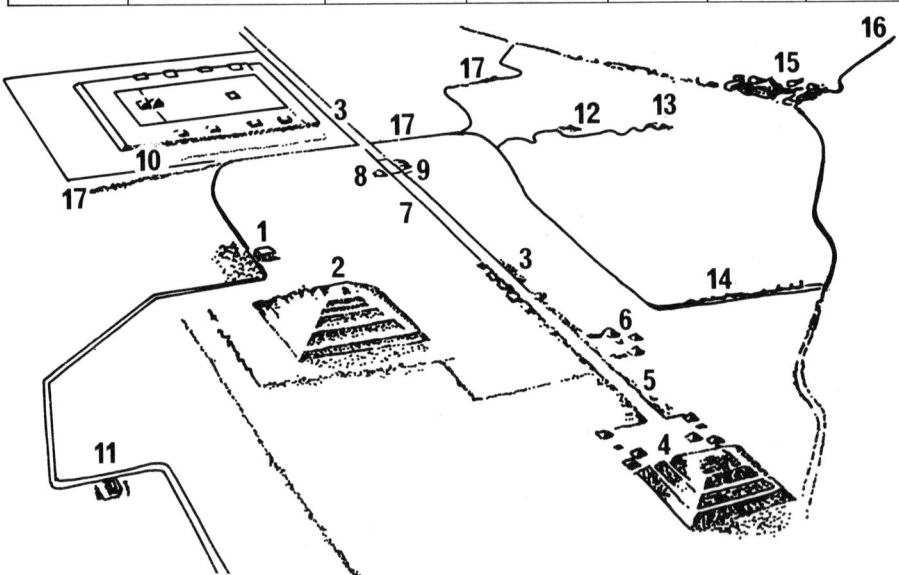

518 Teotihuacán 1 Museum 2 Sonnenpyramide 3 Totenweg 4 Mondpyramide 5 Tempel der Fruchtbarkeitsgötter 6 Säulenplatz 7 Gebäude mit den Mica-Platten 8 Tempel Tlalocs 9 Unterirdische Gemächer 10 ›Zitadelle‹ mit dem Tempel Quetzalcoatls 11 Tepantitla 12 Tetitla 13 Atetelco 14 ›Kupferhaus‹ 15 Dorf San Juan de Teotihuacán 16 Straße nach Mexiko 17 San Juan-Fluß

det als Längsachse die Stadt. Sie führt an der einen Seite in den von kleineren Pyramiden und Palästen umgebenen Platz vor der Mondpyramide. Auf der anderen Seite liegt der Komplex der *Quetzalcóatl-Pyramide* mit mehreren Bauwerken um einen Innenhof von 400 m Länge. Man nannte die Anlage fälschlicherweise ›Zitadelle‹. Die mit Skulpturen geschmückte Fassade des gewaltigen Terrassenbaus gehört zu den Meisterschöpfungen Teotihuacáns. Die Friese sind mit fortlaufenden Reliefs bedeckt, die von vorspringenden Schlangenköpfen mit eingesetzten Augen aus geschliffenem Obsidian, Symbolen des QUETZALCOÁTL, der ›Gefiederten Schlange‹, unterbrochen sind. Dazwischen erscheint ebenfalls als Rundplastik das Haupt des Regengottes TLÁLOC in gleichen Abständen. Am Sockel windet sich die gefiederte Schlange in Wellenlinien über die ganze Breite des

Bauwerks hin. Von den ursprünglich 366 bemalten Schlangen- und Götterköpfen, die von den Künstlern mit Feuersteinwerkzeugen aus dem Stein herausgearbeitet wurden, sind die der Westseite erhalten. Der Gott Quetzalcóatl beherrschte Kult und Leben mehrerer indianischer Stämme. Sein Name bedeutet »die mit grünen Quetzal-

519   Die Quetzalcóatl-Pyramide in Teotihuacán

520   Skulpturen-Fries der Quetzalcóatl-Pyramide

353

521   Die Sonnen-Pyramide von Teotihuacán

Federn bedeckte Schlange«; mehrere Götter flossen in ihm zusammen, er wurde auch in verschiedenen Gestalten verehrt. Bei den mexikanischen Stämmen versinnbildlichte die Federschlange ursprünglich wohl das Wasser und die durch den Regen, das himmlische Wasser, hervorgerufene Vegetation.

Etwa in der Mitte wird der Totenweg von der *Sonnenpyramide* flankiert, ein Name, der aus der Zeit nach der Eroberung stammt. Sie überragt alle anderen Bauten; in ihrem heutigen Zustand ist sie noch 65 m hoch, hat eine Basislänge von 220 m, durch die sie alle bekannten Pyramiden der Neuen Welt übertrifft. Man schätzt das Gewicht der zu ihrem Bau verwendeten luftgetrockneten Lehmziegel auf etwa 1 Million Tonnen, die ohne moderne Hilfsmittel, ohne Zugtiere und Wagen herbeigeschafft werden mußten. Die *Totenstraße,* die 1966 freigelegt wurde, mündet in die Treppe, die auf den Mondtempel führt; dieser ist 42 m hoch und liegt auf einer Anhöhe, so daß er

mit der Sonnenpyramide abschneidet. Auch der Platz vor der Pyramide wurde neuerdings ausgegraben, dabei auch der große Palast ›Quetzalpapálotl‹ (Gefiederter Schmetterling‹).

»Gegenüber der eindrucksvollen und überwältigenden Architektur mögen Bildhauerei und Keramik ein wenig zurücktreten. Monumentale Figuren sind seltener geworden, doch die Kunst der Steinschneider ist beachtlich, sei es in Figuren, Schmuckstücken oder vor allem den herrlichen Steinmasken, meist eingelegt, gelegentlich auch ganz mit Grünsteinmosaik beklebt. Gebrauch oder Bedeutung der Masken oder

522   Rekonstruktion der Mond-Pyramide

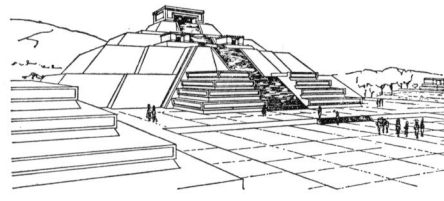

kleinen Steinfiguren ist ungewiß, doch dürfen wir eine von den Olmeken überlieferte Tradition annehmen ... Ununterbrochen geht die Tradition der kleinen Tonfigürchen weiter, von denen man nur die Köpfchen findet. Der Bedarf muß enorm gewesen sein, und so verwundert es nicht, daß man in dieser Zeit mit Modeln zu arbeiten beginnt. Überaus kompliziert sind die aus der Teotihuacán III-Phase stammenden Weihrauchgefäße, die keramikartig aufgebaut sind, in einer den Federschmuck nachahmenden Cresteria enden, die ein zentrales maskenartiges Gesicht umrahmt. Von besonderer Schönheit sind die in Freskotechnik bemalten, meist runden Deckelgefäße«.

Ein Werk der Teotihuacán-Epoche ist in ihren Anfängen die große Pyramide von *Cholula* im Hochland von Puebla südöstlich von Mexiko. Sie war schon zur Zeit der Eroberung ein Erdhügel, auf dem später eine christliche Kirche errichtet wurde, die

524 Sandstein-Relief eines ›Danzante‹ aus Monte Albán

523 Maske aus Serpentin, Höhe 12 cm, aus Teotihuacán

eine Freilegung der Anlage verhinderte. Die Pyramide soll noch größer als die von Teotihuacán gewesen sein und dem Quetzalcóatl-Kult gedient haben.

Monte Albán und die Zapoteken

Neben der klassischen theokratischen Kultur von Teotihuacán entstand fast gleichzeitig die der *Zapoteken* im Hochland von Oaxaca im Süden Mexikos. Dieses

Volk, dessen Nachkommen ihre Sitten und Sprache bis zur Gegenwart bewahrten, bewies in den Kämpfen mit anderen Stämmen, mit den Spaniern und im 19. Jahrhundert im Ringen um die nationale Unabhängigkeit seine Freiheitsliebe. Seine Anfänge reichen in die vorklassische Epoche zurück; das milde Klima und der fruchtbare Boden dieser Gegend führten schon früh zur Besiedlung. Um 600 v. Chr. wurde der *Monte Albán,* ein in der Nähe der Stadt Oaxaca 400 m über das Tal aufragender Bergrücken, der 700 m lang und 250 m breit ist, als Kultplatz ausgewählt. Das Plateau wurde abgetragen und durch Terrassen und Stützmauern gegliedert. Bereits in der vorklassischen Epoche wurde eine Erdpyramide für einen Tempel angelegt, dessen Basis mit Reliefplatten verkleidet war, von denen mehr als hundert erhalten sind. Einige fand man an Ort und Stelle, andere waren an späteren Gebäuden einge-

525 *Stele von Monte Albán mit Hieroglyphen-Inschrift*

nach dem immer wiederkehrenden Attribut benannt, mit Namen kennt man nur wenige. Und doch dürften ihre Götter denen der übrigen Mittelamerikas entsprochen haben: man begegnet dem Maisgott, dem Regengott, dem uralten Gott sowie ›Unserem Herrn, dem Geschundenen‹. Selbstverständlich spielen lokale Gottheiten eine Rolle: am häufigsten tritt eine Fledermausgottheit auf. Sie hat auffallend große Ohren und einen hohen Scheitelkamm, der eine Identifizierung mit einer einheimischen Fledermausart erschwert hat . . .«

Die Anlagen der Kultstätte, die seit 1931 freigelegt werden und die zum überwiegenden Teil aus der klassischen Periode stam-

mauert. Infolge der grotesken, seltsamen Stellungen der Dargestellten nannte man sie ›Danzantes‹, Tänzer, eine Bezeichnung, die irreführend ist. Wahrscheinlich handelt es sich um Tote oder Gefangene; sie sind nackt wiedergegeben, was bei den Indianern Mesoamerikas als Schmach galt. Man glaubte, in ihnen olmekischen Einfluß zu erkennen, doch wird dies heute abgelehnt. In der Keramik aus der vorklassischen Zeit dagegen sind olmekische Züge nicht zu übersehen. Aus dieser Epoche stammen eindrucksvolle Tonplastiken — stehende Menschen und lebensgroße Jaguare — außerdem Steinplatten mit Glyphen und Zahlenzeichen, die später willkürlich an anderen Bauten verwendet wurden.

»Viele Schriftzeichen deuten auf kriegerische Ereignisse, Unterwerfung von anderen Städten hin. Die Zahlen werden wie bei den Olmeken und Maya durch Punkte und Balken wiedergegeben, während Mixteken und Azteken später nur die Zählung mit Punkten kennen. Leider ist die Glyphenschrift der Zapoteken bis jetzt noch geheimnisvoller geblieben als die der Maya. Daher werden manche Götter nur

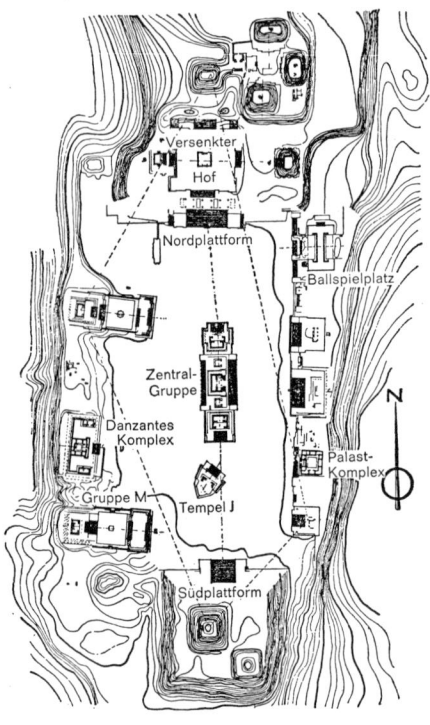

526 *Plan der Ruinen von Monte Albán*

527   Zapotekisches Gefäß in Gestalt einer Jaguar-Gottheit, aus Oaxaca

men, zeigen, obwohl Jahrhunderte an ihnen gebaut wurde, eine so planvolle einheitliche Konzeption, daß sie das eigentliche und einzigartige Erlebnis von Monte Albán sind. Man begnügte sich nicht, den Hügel abzuflachen, sondern gestaltete ihn den Absichten entsprechend um. Das Zentrum ist als eine flache rechteckige Ebene angelegt und wird auf allen vier Seiten durch Pyramiden und andere Bauten abgeschlossen, die ihrerseits Höfe oder Plätze umgrenzen. Den Mittelpunkt beherrscht ein Gebäudekomplex, die sog. ›Akropolis‹, die von den Randbauten überragt wird. Der Haupttempel liegt auf der 50 000 Quadratmeter umfassenden Nordplattform, auf die eine 40 m breite Treppe, die größte Mesoamerikas, führt und an die sich ein versenkter Hof anschließt. Die zyklopischen Stümpfe vor dem Tempel weisen auf Säulen hin, die in Mexiko eine ›Erfindung‹ der Zapoteken sind. Ein eigenartiges Gebäude ist das ›Observatorium‹, ein unregelmäßiges Vieleck, das nicht nach der Längsachse ausgerichtet ist, und das vermutlich aus der vorklassischen Zeit stammt.

Der Totenkult hatte bei den Zapoteken große Bedeutung. Man verbrannte die Abgeschiedenen nicht, sondern bestattete sie mit zahlreichen Beigaben. Die Häuptlinge wurden in natürlichen Höhlen beigesetzt, damit sie auf demselben Weg in die andere Welt zurückkehrten, auf dem die Ahnen

gekommen waren, nämlich aus Erdlöchern. In der klassischen Periode wurden kleine Nischen in den Höhlen vergrößert, bis die Grabkammern mit einfachen Kraggewölben endlich einen kreuzförmigen Grundriß erhielten, eine Form, die in anderen Gegenden übernommen wurde. Die Fassaden, mit Platten verschlossen, sind durch stufenförmiges Doppelgesims monumental gestaltet. Die Innenwände wurden mit Stuck überzogen und mit Malereien — Götterdarstellungen, Symbolen und Hieroglyphen — ausgeschmückt. Charakteristisch für die Kunst der Zapoteken sind Figurengefäße, die man in den Gräbern fand und die wahrscheinlich Opfergaben waren. Man bezeichnete sie irrtümlicherweise als ›Urnen‹. »Am häufigsten sind sie in Gestalt eines glatten Zylinders, dem eine sitzende Figur vormodelliert wurde. Äußerst prächtig ist im allgemeinen der Kopfschmuck aus vielen Federn komponiert. Es gibt eine ganze Reihe von Gestalten in Tierverkleidung, die sicher den Priester in der Tracht einer Gottheit wiedergeben«.

Nach 900 n. Chr. verlagerten die Zapoteken ihren Mittelpunkt nach *Mitla* im Tal von Oaxaca. Die Tatsache, daß dort der Palastbau dominiert und große Tempelanlagen fehlen, spricht dafür, daß die Macht von der Priesterschaft auf weltliche Herrscher übergegangen war. Ob die berühmten Paläste von den Zapoteken oder den Mixteken errichtet wurden, ist nicht mit Sicherheit festzustellen. Wahrscheinlich sind sie ein Werk beider Völker; die Tradition von Monte Albán lebt in ihnen weiter. Der sog. ›Säulenpalast‹ mit langen Hallen umschließt drei Höfe. Die sachlich einfache Architektur ist mit einem Stufenmäander-Dekor ausgeschmückt, der in seinen Formen einzigartig ist und Mitla berühmt machte. Oberhalb eines Sockels sind Innen- und Außenwände mit vielfach abgewandelten Geflechten verziert. Die Konturen wurden aus dem Stein mit einfachen Steinwerk-

528 Der Säulenpalast von Mitla (Nordbau vom Patio E) mit betont horizontaler Komposition der Fassade. Rechts die Kuppeln der katholischen Kirche, die in die nördliche Gruppe eingebaut wurde

zeugen herausgemeißelt und die Blöcke so exakt zugeschnitten, daß sie auch in unserer Zeit nicht besser ausgeführt werden könnten. Das vollkommen einheitliche Flächengefüge übermalte man mit kräftigen, leuchtenden Farben und gliederte auf diese Weise die Wand. Die Ornamente bedecken riesige Flächen; für den Säulenpalast mußten etwa 100 000 Steinplatten behauen werden.

Die *Mixteken* gehören der nachklassischen Epoche an; wir greifen hier der sonstigen Gliederung voraus, weil, wie erwähnt, der Übergang von der zapotekischen zur mixtekischen Kultur in Mitla zeitlich nicht genau faßbar und die Verschmelzung beider Stile nicht zu übersehen ist. Mixtekische Stämme drangen von Puebla im zentralen Hochland Mexikos, wo *Cholula* das Zentrum ihrer künstlerischen Tätigkeit und ihres Handels war, nach Süden vor. Ihre Goldschmiedearbeiten, Keramik, Mosaiken und Bilderhandschriften, die einen ganz außerordentlichen Rang hatten, werden als *Mixteca-Puebla-Kultur* bezeichnet, die weit verbreitet war und sogar die Maya an der Karibischen Küste beeinflußte. Wann sie die Zapoteken unterwarfen, ist

529 Stufenmäander am Säulenpalast von Mitla

nicht sicher; man nimmt an, daß sie schon im 9. Jahrhundert in einzelnen Gruppen nach Oaxaca vorstießen. Nach 1000 hatten sie dort die Vorherrschaft. Ihre Herrscher setzten sie auf dem Monte Albán bei. 1932 wurde dort eines ihrer Gräber, das auf eine zapotekische Anlage zurückgeht, freigelegt. Die Entdeckung war eine ähnliche Sensa-

*530 Goldener Brustschmuck der Mixteken, aus Grab
7 von Monte Albán*

tion wie die des Grabes von Tutanchamun
in Ägypten. Unter den Beigaben befand
sich neben Obsidian- und Bergkristallarbei-
ten, Perlschnüren u. a. der größte Goldschmuck, der je in Mexiko gefunden
wurde.

Die Maya

Die dritte große klassische Kultur Mesoamerikas, die der *Maya,* entstand in dem
zusammenhängenden Gebiet, das die Halbinsel Yucatán, Guatemala, Britisch Honduras, den Westen von Honduras und El Salvador sowie Teile der mexikanischen Bun-
desstaaten Tabasco und Chiapas umfaßt.
In diesem großen Raum decken sich, was
selten ist, Kultur- und Sprachgrenzen annähernd. Geographisch unterscheidet sich
das Hochland von Chiapas und Guatemala
grundlegend von dem nördlich anschließen-
den Tiefland. Das andere Klima und die

verschiedene Bodenbeschaffenheit und
Vegetation wirkten sich auf die Entwicklung in den einzelnen Gebieten bestimmend
aus. Die Maya-Zivilisation unterteilt sich
deshalb in einen südlichen, zentralen und
nördlichen Kulturbereich, von denen die
beiden letzten im Tiefland liegen. Der Norden wurde stark von Mexiko aus beeinflußt,
während im zentralen Gebiet mit dem Kern
des Departemento *Petén* im nördlichen
Guatemala die Maya-Kunst ihre höchste
Blüte erreichte. Der Norden war dünner besiedelt. Wie er stand zeitweise auch der Süden unter mexikanischen Einwirkungen,
wurde aber nie verlassen.

Von allen Kulturen Mesoamerikas faszi-
nierten die Maya seit jeher am stärksten,
was auf die zahlreichen, lange vom Urwald
überwucherten Ruinenstädte und ihre erstaunlichen kalendarischen und astronomischen Kenntnisse zurückzuführen ist. Auch
die Rätsel ihrer Herkunft, Geschichte und
Religion trugen dazu bei, die trotz der intensiven Forschungen, vor allem in der
zweiten Hälfte unseres Jahrhunderts, nur
teilweise gelöst werden konnten.

Man nimmt an, daß das Maya-Gebiet in
ältester Zeit an der allgemeinen Entwicklung Mesoamerikas teilnahm. Unsere
Kenntnisse sind jedoch bis zum Beginn der
klassischen Epoche gering, da der tropische
Wald frühe Zeugnisse verbirgt und die Forschung sich auf die spätere Zeit konzentrierte.

Um 2600 v. Chr. wanderte wahrscheinlich eine Gruppe von Indianern aus dem
Norden in das Hügelland der Kordilleren
Guatemalas ein, die ein Proto-Maya sprachen. Im 2. Jahrtausend spaltete sich ein
Teil ab und zog an die Golfküste. Es waren
die Vorfahren der Huaxteken, die in der
Folgezeit an der kulturellen Entwicklung
der Maya nicht mehr teilnahmen. Andere
Stämme drangen in die Urwaldzone vor
und wurden später die Träger der Hochkultur.

531 Tongefäße der Las-Charcas-Kultur

532 Tonfigur einer sitzenden Frau, Höhe 10 cm, Las-Charcas-Kultur

Im pazifischen Küstengebiet fand man eine frühe Dorfkultur (Ocós) um 1500 v. Chr., die eine feine Keramik mit schöner Oberflächentextur und weibliche Tonfiguren als Fruchtbarkeitssymbole herstellte. Es gab auch schon Plattformen, vermutlich für Tempel. Die Menschen rodeten die Wälder für den Anbau von Mais. *Kaminaljuyu* am westlichen Rand der Stadt Guatemala ist eine der größten archäologischen Fundstätten, die Anhaltspunkte für die kulturelle Entwicklung gab. Aus dem 5. und 4. Jahrhundert v. Chr. existierten noch zu Beginn unseres Jahrhunderts zahlreiche große Tempelhügel, von denen heute die meisten verschwunden sind. Aus dieser Phase stammt eine ausgezeichnete Tonware mit abstraktem und figürlichem Dekor. Tonfiguren zeigen eine überraschende Realistik.

In die Zeit nach 300 v. Chr. fällt die *Miraflores-Phase;* die damaligen Herrscher übten über einen großen Teil des Maya-Hochlandes ihre Macht aus. Von ihrem

533 Plan eines Fürstengrabes der Miraflores-Kultur

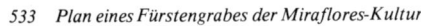
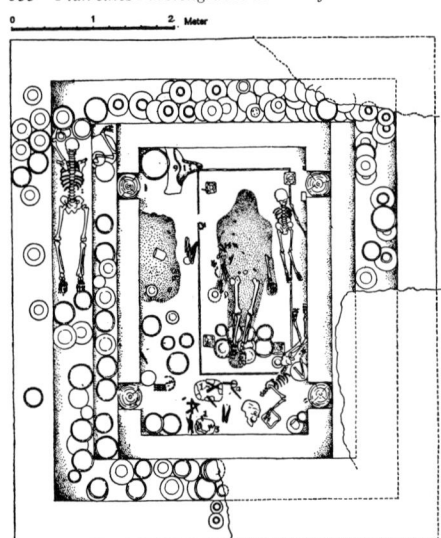

534 Stele aus dem Jahr 36 n. Chr.

535 *Die Pyramide von Uaxactún*

Reichtum zeugen die Beigaben in den Gräbern der bis zu 18 m hohen Stufenpyramiden, in denen man auch Menschenopfer
fand. Große Stelen sind Vorläufer des klassischen Maya-Stiles. Für dessen Entstehung
ist die Kultur von *Izapa,* einer Fundstätte in
Chiapas, etwa 30 km von der pazifischen
Küste entfernt, von großer Bedeutung. Sie
nimmt eine Mittlerstellung zwischen der olmekischen und der frühklassischen Maya-
Kultur ein. In der Übergangsphase zwischen 100 v. Chr. und 150 n. Chr. bildeten
sich die Züge heraus, die für die Klassik
charakteristisch wurden: der komplizierte
Kalender, die Glyphenschrift, Tempelpyramiden und Paläste aus Kalkstein mit ›fal-
schem Gewölbe‹. In Izapa und anderen
Orten fand man Stelen mit Darstellungen
des ›Langlippigen Gottes‹, einer Weiterentwicklung des olmekischen Jaguarmenschen,
und Stelen mit Schriftzeichen. Die älteste
datierbare aus dem Jahr 31 v. Chr. ist die
Stele Nr. 7 aus Tres Zapotes. Aus dem Jahr
36 n. Chr. stammt die abgebildete Stele der
Izapa-Kultur.

Im Tiefland, im Petén, entdeckte man
bei Ausgrabungen in *Tikal* und *Uaxactún*
Zeugnisse aus dem 5. Jahrhundert v. Chr.
mit einfacher monochromer Töpferware. In
der Übergangsphase erreichte dort die Architektur einen beachtlichen Stand. Durch
Verbrennen von Kalkstein gewannen die
Maya einen haltbaren weißen Mörtel, der
die Errichtung von komplizierten Bauten
ermöglichte. Ein Beispiel dieser sog. *Chica-
nel-Kultur* ist die Pyramide von Uaxactún
mit vier Treppen, die durch Masken von
Ungeheuern verziert sind. Auch die Gräber
von Tikal bewiesen den Luxus der damaligen herrschenden Schicht, der hinter dem
von Miraflores nicht zurückstand. Im Tiefland fehlen jedoch Kalender und Schrift.
Daraus schließt man, daß durch den Izapa-
Stil die Überlieferungen der olmekischen
Errungenschaften in das Zentral- und
Nordgebiet eindrangen.

Die klassische Maya-Zeit

Man setzt den Beginn der klassischen Periode um 300 n. Chr. an, da zu diesem Zeitpunkt im Tiefland erste datierbare Stelen
auftreten, auf denen die charakteristischen
Merkmale der Maya-Schrift vorhanden
sind. Die Daten der Maya beruhen auf
einer Tageszählung, die von einem 3400
Jahre zurückliegenden, wahrscheinlich spe-
kulativen Nullpunkt ausgeht. Der mesoamerikanische Kalender scheint kompliziert, weil zwei Jahreseinteilungen oder
-zyklen nebeneinander bestanden, deren
Verzahnung jedoch eine genaue Fixierung
jedes Ereignisses ermöglichte. Das System
wurde von den Olmeken erfunden und von
den Maya am weitesten entwickelt. Es gab
ein Sonnenjahr *(haab)* von 365 Tagen,
unterteilt in 20 ›Monate‹ zu 18 Tagen —
die Indianer rechneten nach dem Vigesi-
malsystem, d. h. nach der Grundzahl 20,
die man nach der Anzahl der Finger plus
Zehen die ›vollständige‹ Zählung nannte —
denen fünf Unglückstage angefügt wurden,
an denen man fastete und betete. Nach dem
Kalender von 260 Tagen *(tzolkin)* mit 13
›Monaten‹ zu 20 Tagen richtete sich das
zeremonielle und private Leben; nach ihm

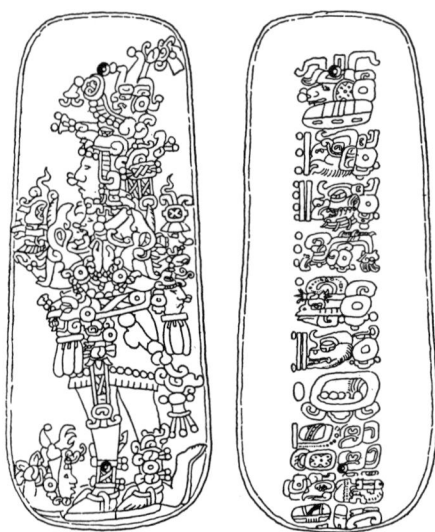

536 Die Leidener Plakette, 320 n. Chr., Vorder- und Rückseite

deuteten die Priester, die vor jeder Handlung befragt wurden, das Schicksal des Menschen. Das System erreichte schon im 1. Jahrhundert v. Chr. seine endgültige Form. Erst nach Ablauf von 52 Jahren (18 980 Tagen) fielen die Zeichen der Zyklen wieder zusammen. Die Maya kannten bereits das Rechnen mit einem Nullwert, der im Abendland erst 1000 Jahre später durch die Araber eingeführt wurde. Deshalb konnten sie mit größten Zahlen operieren. Eine der frühesten Stelen mit Datum aus dem Tiefland ist die ›Leidener Plakette‹ aus aus dem Jahr 320. Die Maya entwickelten auch das beste Schriftsystem aller mesoamerikanischen Völker; es gelang aber bisher nicht, alle Glyphen zu entziffern.

In der frühklassischen Periode (bis etwa 600) geriet das Hochland unter die Herrschaft von Teotihuacán, das Kaminaljuyú eroberte und nach eigenem Vorbild umgestaltete. Aus der Vermischung mit Maya-Elementen entstand dort später die sog. *Esperanza-Phase,* deren Tempelbauten eindeutig mexikanischen Charakter zeigen.

Die Maya-Kultur im Hochland hatte ein jähes Ende gefunden. Einflüsse von Teotihuacán erreichten auch das Tiefland, doch setzte sich dort ein eigenständiger Maya-Stil durch, die *Tzakol-Phase* des Petén, die bis etwa 600 dauerte. Gemauerte Tempel und Paläste auf mit weißem Stuck gepflasterten Plätzen, die meisten später überbaut und erst durch neueste Ausgrabungen freigelegt, Wandmalereien, polychrome Keramik, Stelen und Altäre sprechen von der wachsenden Bedeutung der Kulturzentren. Um 600 scheinen die Orte des Petén eine Krise erlebt zu haben, die zeitlich ungefähr mit dem Untergang von Teotihuacán zusammenfällt. In der ersten Hälfte des 7. Jahrhunderts lebte die bauliche und künstlerische Aktivität ohne fremde Einflüsse wieder auf.

Von 600 bis 900, in der *spätklassischen Zeit,* erreichte die Maya-Kultur ihren Höhepunkt in monumentalen Bauten und Skulpturen. Von den freigelegten Stätten — zahlreiche sind noch unter der dichten Decke des tropischen Urwaldes verborgen — war keine eine Stadt im heutigen Sinn. Der größte Teil der Bevölkerung lebte in verstreuten Dörfern. Die Zeremonialzentren waren der Kern von Herrschaftsbereichen oder Distrikten. Bestimmte Hieroglyphen, die als *Embleme* bezeichnet werden, geben Hinweise auf politische Zusammenhänge. Im Westen war ein solcher Distrikt *Palenque* mit einem relativ großen Gebiet. *Piedras Negras* und *Yaxchilán* beherrschten kleinere Bereiche ihrer Umgebung. Die mächtigste Provinz weiter östlich hatte als Mittelpunkte *Tikal* und *Naranjo.* Im Südosten scheinen *Copán* und *Quiriguá* ein Distrikt gewesen zu sein. Eine überregionale Gemeinschaft bildeten wohl nur die Kalenderpriester; sie trafen sich 682, um sich auf eine gemeinsame Monatszählung zu einigen.

Die großen Zentren bestanden aus Gruppen von Stufenpyramiden, die um große

Plätze angeordnet und aus Kalkstein über einem Kern aus unbehauenen Steinen und Mörtel errichtet sind. Die sog. ›Paläste‹, waren ein- bis fünfstöckige Gebäude auf niedrigen Plattformen. Auf den Plätzen vor den Tempeln und Palästen wurden Stelen aufgestellt, die in Gruppen über das Leben eines Herrschers und seiner Familie berichten. In allen großen Stätten gab es Ballspielplätze, gelegentlich auch Schwitzbäder.

Im Herzen des Petén liegt *Tikal,* einst der bedeutendste Mittelpunkt der klassischen Maya-Kultur und eine der ergiebigsten Fundplätze, dessen sechs Tempelpyramiden — die größte ist 70 m hoch — sehr eindrucksvoll sind. Kern des Ortes ist der von zwei Pyramiden flankierte ›Große Platz‹. Es gibt eine Nord-, Süd- und Zentral-Akropolis. Künstlerisch bedeutender

als die Steinstelen sind hölzerne Türstürze über den Eingängen zu den Tempeln, die mit Reliefs von Herrschern und mit langen Texten bedeckt sind, außerdem mit feinen Ritzzeichnungen verzierte Knochen. Auch die nahegelegenen Zentren *Naranjo* und *Uaxactún* unterstreichen die Bedeutung dieses Bereiches. Im Südwesten des Zentralgebietes liegen *Yaxchilán, Piedras Negras* und *Bonampak,* die am intensivsten in den letzten Jahrzehnten erforscht wurden. In *Piedras Negras* stehen vor den Tempeln ausgezeichnete Stelen, die wiederum Daten und Leben der Herrscher interpretieren. Auf einer Anhöhe liegen zwölf palastartige Bauwerke aus der Zeit um 650, deren Eingänge mit steinernen Bogen überwölbt sind. Reich geschmückte Throne entsprechen der Darstellung eines Reliefs, auf dem ein Häuptling seine Anweisungen gibt.

537   Die 70 m hohe Tempel-Pyramide in Tikal

538 Links: Stele aus Piedras Negras, Thronbesteigung eines jungen Herrschers

539 Rechts: Steinerner Türbalken aus Yaxchilán mit einem Priester, der der Feuerschlange ein Opfer darbringt

540 Unten: Steinrelief aus Piedras Negras mit der Darstellung einer religiösen Zeremonie

ist durch seine steinernen Türstürze bekannt, auf denen kriegerische und rituelle Szenen dargestellt sind.

Zu seinen Linken stehen drei Würdenträger, rechts eine Gruppe Bediensteter. Bemerkenswert in Piedras Negras sind acht mit Tonscherben ausgelegte Schwitzbäder, die mit steinernen Öfen geheizt wurden, gemauerte Sitzbänke für die Badenden und Abflüsse für das Wasser hatten. Yaxchilán

Die vielen Kultzentren und die Menge der Pyramiden könnten zu dem Schluß verleiten, daß die Maya ein friedliches Volk waren, das vor allem dem religiösen Kult lebte. Nicht nur die Stelen und andere Reliefs mit Wiedergaben der Herrscher, sondern besonders die Wandmalereien in ei-

541 *Wandgemälde aus Bonampak, Gefangene vor dem Herrscher*

nem dreiteiligen Tempel in *Bonampak* belehren uns eines anderen. Nicht die Priesterschaft, sondern die Fürsten waren die führende Schicht der durchaus kriegerischen Stämme. Auf der Komposition des ersten Saales thront ein Herrscher, umgeben von seiner Frau und einer Dienerin, sowie von Edlen. Die Zeremonie ist der Vorbereitung des Krieges gewidmet. Die Wandmalereien des zweiten Raumes stellen den Kampf dar. Die Bilder bestehen aus einer unentwirrbaren Verflechtung brauner Leiber unter mächtigen, wehenden Federbüschen. Das Ziel der Schlacht war die Gefangennahme möglichst vieler Gegner, damit man sie lebend den Göttern opfern konnte. Die besiegten Feinde werden auf der Nordwand vor den mit Jaguarfellen und phantastischen Kopfbedeckungen geschmückten Häuptlingen vorbeigeführt, unter denen der Anführer einen riesigen Quetzal-Schweif auf seinem Helm trägt. Auf den Stufen der höher gelegenen Platt-

form, von der die Mächtigen ungerührt herabschauen, winden sich die Gefangenen, denen man die Nägel von den Fingern gerissen hat. Künstlerisch ist diese Malerei von Interesse, weil auf ihr ein deutliches Bemühen um perspektivische Wiedergabe zu erkennen ist. Auf der Südwand der dritten Kammer befindet sich das Meisterwerk: die Fläche ist mit seltsamen Menschen gefüllt, die einen kultischen Tanz vollziehen, in dessen Mittelpunkt ein Menschenopfer stattfindet.

Im Nordwesten von Chiapas liegt *Palenque* am Fuß einer mit hohem Wald bedeckten Hügelkette. Wegen seiner Lage und seiner Bauwerke wurde es das schönste aller Maya-Zentren genannt. Ein System von Abwässerkanälen mit abgedeckten Gräben und unterirdischen Kloaken aus Stein und Mörtel durchzog die Stadt. Nach jeweils ähnlichen Plänen wurden von den sechs bisher freigelegten Pyramiden der ›Sonnentempel‹, der ›Kreuztempel‹ und der des

›Blätterkreuzes‹ in der Mitte des 7. Jahrhunderts gebaut. Sie ruhen auf Stufenplattformen mit frontalen Treppen. Die Flachreliefs auf den Rückwänden der ›Sanktuarien‹ mit Hieroglyphen und symbolischen Darstellungen sind ausgezeichnet. Die wichtigste und sensationellste Entdeckung gelang 1952 dem mexikanischen Archäologen Alberto Ruz, der im ›Tempel der Inschriften‹, einer etwa 20 m hohen Stufenpyramide, auf eine überwölbte Treppe stieß, die über verschiedene Umwege und Absätze 24 m tief und 2 m unter die Erdoberfläche hinab in eine Grabkammer führt, die mit einer riesigen dreieckigen Steinplatte verschlossen war. Im Vorraum lagen sechs Skelette von Dienern, darunter das einer Frau, die geopfert worden waren. Die Freilegung der Teppe von der Tempelplattform bis zur 10 m langen und 7 m hohen Kammer erfolgte in vier Grabungskampagnen. Die Wände des Raumes sind

542 Der Sonnentempel in Palenque

543 Das Relief in der Grabkammer im ›Tempel der Inschriften‹ in Palenque

mit Stuckreliefs ausgeschmückt, die dank ihrer technischen Vollkommenheit und künstlerischen Ausdruckskraft die schönsten von ganz Altamerika sind. Über dem Monolithsarkophag lag eine rechteckige, 4 m lange Steinplatte mit der Reliefdarstellung eines Menschen, der, den Rumpf nach rückwärts gebogen, auf ein über ihm angebrachtes Kreuzmotiv blickt, vielleicht ein Symbol des Lebens, das von einem QuetzalVogel gekrönt ist und um dessen Arme sich eine zweiköpfige Schlange windet. Als der Deckel des Sarges gehoben wurde, fand man das auf dem Rücken liegende Skelett eines für die Maya ungewöhnlich großen

544 *Jademosaik-Maske*
und Stuck-Plastik
aus der Grabkam-
mer im ›Tempel der
Inschriften‹ von
Palenque

Mannes, dessen Gesicht eine Jademosaik-Maske bedeckte. Der Tote trug kostbaren Jadeschmuck. Unter dem Sarkophag waren rot bemalte Stuckplastiken von Menschenköpfen vergraben, Meisterwerke der Maya-

Kunst. In der Kammer befand sich eine aus Ton geformte Schlange, die sich vom Sarg aus zum Eingang der Krypta windet und von dort als Hohlkörper sich der Treppe anpaßt und ihr bis zur obersten Stufe folgt. Sie sollte zweifellos eine Verbindung zwischen den Lebenden und dem Toten zur Nahrungsaufnahme herstellen. Ähnliches wurde auch bei den Indianerstämmen des Äquatorialgebietes festgestellt. Der Hauptpalast mit der Grundfläche von 100 auf 80 m liegt in der Mitte der Stadt auf einer künstlichen Plattform; er wird von einem viereckigen Turm, vermutlich dem Observatorium, beherrscht. Das Innere ist ein Labyrinth von überwölbten Galerien und Räumen, die um Innenhöfe angeordnet sind. Auch hier sind Wände und Gesims mit Stuckreliefs überzogen.

Von den vielen Fundplätzen ist noch *Copán* in West-Honduras zu erwähnen, das einst eine Ausdehnung von 12 km Länge und 3 km Breite hatte. Viele Bauten sind

545 *Der Ballspielplatz von Copán*

546 *Copán im 9. Jh. n. Chr. 1 Der große Hof 2 Mittelhof 3 Hieroglyphentreppe 4 Ballspielplatz 5 Jaguartempel 6 Tempel Nr. II 7 Tribüne 8 Stele B*

547 *Der Alte von Copán, Skulptur vom Nordosten des Tempels II*

durch den Copán-Fluß abgetragen; erhalten ist der ›Tempel der Hieroglyphentreppe‹ aus dem 8. Jahrhundert, dessen 63 Stufen mit 2500 Schriftzeichen gefüllt sind. Fünf menschliche Gestalten sitzen in regelmäßigen Abständen in der Mitte der Stufen. Der Ballspielplatz ist der besterhaltene und eindrucksvollste aus der klassischen Maya-Zeit. Einzigartig sind die Rundskulpturen mit ihren barocken Formen. Türen und Fassaden sind mit Darstellungen des Regen-, des jungen Mais-Gottes u. a. geschmückt.

Die Sandsteinstelen von *Quiriguá* (50 km nördlich von Copán), deren Schaft über 10 m hoch ist, sind die größten Amerikas. Über die Herstellung von Stelen schreibt Dieter Korn: »Bei der Gewinnung des rohen Monolithen, meist aus Sandstein, Trachyt oder kristallinem Kalk, legte man den Block durch Anschlagen von Gräben zuerst rundum frei. Anschließend erfolgt die Abtrennung des Quaders mit einem Horizontalschnitt durch Hin- und Herziehen einer Schnur unter Verwendung von Was-

549 Jade-Kopf des Sonnengottes von Altun-Ha, mehr als 4 kg schwer, um 500 n. Chr.

ser und feinkörnigen mineralischen Schleifmitteln. Mit Holz- und Knochenbohrern, Hämmern und Meißeln gravierte man nach Aufrichtung der Säule das Relief. Vor der Bemalung wurden die Stelen einer Oberflächen-Feinbearbeitung durch Schleifen und Polieren unterzogen.«

In einem neu ausgegrabenen Fundort, *Altun-Ha,* im Küstenbereich von Britisch-Honduras fand man in einem Grab den großartigen ›Kopf des Sonnengottes‹ der Maya aus Jade, der um 500 datiert wird.

Fundstätten im Norden. Der Puuc-Stil

Puuc ist der Name einer Bergkette, die sich von Merida aus südöstlich durch Yukatan zieht und bedeutet »Land der niedrigen Hügel«. Dort entwickelte sich in spätklassischer Zeit eine eigene Architektur, die sich von dem überladenen, prunkvollen *Rio Bec-* und *Chenes-Stil* in dem weiter südlich gelegenen Staat Campeche durch ihre klaren, künstlerischen Formen wohltuend unterscheidet. Charakteristisch sind glatte

548 *Sandsteinstele von Quiriguá, Höhe 10 m*

369

550   Die Pyramide des ›Zauberers‹ in Uxmal

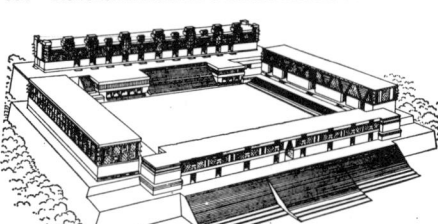

551   Rekonstruktion des ›Nonnenklosters‹ in Uxmal

▽ *552   Relief der Hauptfassade am ›Nonnenkloster‹ von Uxmal*

Verkleidungen aus dünnem Kalkstein, darüber Schmuckfriese und von Säulen flankierte Eingänge.

Uxmal ist die eindrucksvollste Fundstätte
aus dieser Zeit im Norden. Sie wird von einer mächtigen Pyramide mit dem Tempel
des ›Zauberers‹ oder ›Zwerges‹ überragt.
Die seltsame, 38 m hohe Anlage des ›Zauberers‹, die, den Masken nach zu schließen,
dem Regengott CHAC geweiht war, enthält
fünf übereinander gebaute Tempel. Eine
steile Treppe mit 150 Stufen führt zur oberen Plattform, deren Tempel man durch ein
Monstrum mit aufgerissenem Maul betritt.
Eine Gruppe von vier rechteckigen Gebäuden um einen Innenhof wird das ›Nonnenkloster‹ benannt, eine irreführende Bezeichnung, die von den Spaniern stammt.
Als Schmuck der Hauptfassade erscheinen
neben geometrischen Mustern gefiederte

553   *Masken des Regengottes am Palast von Kabah*

554   *Der ›Triumphbogen‹ von Labná*

555   *Fassade des Palastes von Sayil mit Halbsäulen*

Schlangen aus deren geöffneten Rachen menschliche Gesichter hervorschauen, und vollplastische Menschengestalten, ferner findet man Nachbildungen strohgedeckter Hütten, in denen die einfache Bevölkerung jener Zeit hauste. Der ›Gouverneurspalast‹ auf einer künstlichen Terrasse, der 98 m lang, 12 m breit und 8 m hoch ist, bildet den Höhepunkt des Puuc-Stiles. Der Kontrast des vorspringenden, 3 m hohen Mosaikgesimsbandes zu den schmucklosen Wänden darunter ist ein architektonisches Meisterwerk. Der Fries, aus etwa 20 000 Steinen zusammengesetzt, zeigt ein höchst kompliziertes Ornament aus Stufen-, Mäander- und Gittermustern sowie Himmelsschlangen.

Andere Zentren des Puuc-Stils sind *Kabah* mit einem Gebäude, dessen Fassade mit Hunderten von Masken des Regengottes verkleidet ist, und *Sayil* mit einem großen, mehrstöckigen Palast, der den Ort beherrscht. Von profilierten Säulen getragene Eingänge unterbrechen die Front des Mittelgeschosses. Eng gestellte schmale Halbsäulen zwischen den Eingängen scheinen eine Nachbildung von Palisadenwänden. Eine Seltenheit der Maya-Architektur ist der freistehende ›Triumphbogen‹ von *Labná.*

Das Ende der klassischen Kultur

Um 900 zeigt sich im ganzen südlichen Maya-Gebiet, zuerst an Plätzen wie Copán und Palenque, ein Niedergang der Zeremonialzentren. Später zerfielen auch an anderen Orten des Petén Tempel und Paläste. Noch vor kurzem nahm man an, daß eine Abwanderung der Menschen nach dem Norden die Ursache war. Dem steht entgegen, daß nur die Kultmittelpunkte verlassen und verwüstet wurden, während die ländlichen Siedlungen noch lange weiterbestanden. Man glaubt heute, daß das Eindringen von Mexikanern, die um die Mitte des 9. Jahrhunderts in *Seibal* nachgewiesen werden konnten, eine wachsende Bevölkerungsdichte und vor allem soziale Umwälzungen, eine Revolte der Bauern, die durch die zunehmende prunkvolle Baulust überfordert waren, dazu geführt haben. Für einen Aufstand spricht die Beobachtung, daß die Gesichter von Herrschern auf Stelen zerstört, die Bauten verwüstet und Gräber geschändet sind.

Nur im Norden Yukatans blühten Kunst und Kultur weiter. Wir werden darüber erst in dem Abschnitt über die Nachklassische Maya-Kultur berichten, um die politischen Zusammenhänge kennenzulernen.

Die klassischen Kulturen der Golfküste und Westmexikos

Wenn unter den großen klassischen Kulturen Mesoamerikas die der Golfküste und des Westens nicht genannt wurden, so schmälert das nicht die Bedeutung und künstlerische Qualität ihrer Leistungen. Einflüsse gingen von dort nach Teotihuacán. Nördlich vom Kernland der Olmeken liegt die große Ruinenstätte von *El Tajín,* die der klassischen Kultur der Golfküste ihren Namen gab. Vermutlich kamen ihre Träger vom Hochland; man kennt ihre

556　*Die Nischenpyramide von El Tajín*

Sprache nicht und weiß auch nicht, wie sie sich nannten. Jedenfalls waren es nicht die Totonaken, wie man früher annahm, weil sie zur Zeit der Konquista dieses Gebiet bewohnten; sie traten erst in der letzten Phase von El Tajín in Erscheinung.

Die archäologische Zone von El Tajín im nördlichen Veracruz umfaßt eine Fläche von 55 Hektar, das Hauptzentrum etwa 34 000 Quadratmeter. 365 quadratische Nischen in der 18 m hohen, sechsstufigen Pyramide sind in der Architektur Mexikos ein einmaliges Bauelement, das rein ornamentale Bedeutung hatte. Eine steile, erst später hinzugefügte Treppe führt ohne Absätze über Nischen hinweg zum Heiligtum, das erhalten ist. Der Mäander ist das Leitmotiv dieser Kultur, das sich auf Gebäuden, Steinreliefs und -skulpturen wiederholt, und uns besonders auf dem ›Säulenbau‹, einem dreiteiligen, konstruktiv großartigen Komplex in unendlicher Fülle entgegentritt. Die Reliefs der Säulenschäfte mit Dar-

stellungen von Göttern, Skeletten und Opferszenen zeugen von der Phantasie und Ausdruckskraft der Bildhauer. Ehemals waren die Bauten mit farbigem Stuck verkleidet. Eine Besonderheit El Tajíns ist die Dachbedeckung mit Platten aus einer Masse von Seemuschelkalk, Bimsstein, Sand und Stroh. In ihrer Kunst sind die Völker der Golfküste trotz zeitweise starker Einflüsse aus Teotihuacán Erben der Olmeken. »Nirgendwo sind hohle Tonplastiken von so eindrucksvollem künstlerischem Wert entstanden. Das gleiche gilt auch für ihre Steinbildhauer, deren reliefierte ›Joche‹, vorwiegend in sehr hartem Material ausgeführt, olmekischen Arbeiten vergleichbar sind. Vielleicht ist auch bei ihnen das Ballspiel am kompliziertesten entwickelt worden, haben sich bestimmte Göttervorstellungen gebildet und deren Kulte. Mehr als bei andern gleichzeitigen Kulturen des alten Mexiko kreisen hier die Gedanken um den Tod und nirgendwo begegnet man

557 *Flötenspieler der Jalisco-Kultur aus hellgrauem Ton*

558 *›Lächelnde‹ Tonfigur, Höhe 13 cm, und Ballspieler aus Ton mit schwarzer Bemalung, Höhe 64 cm. Aus El Tajín*

so oft skeletthaften Darstellungen oder solchen von Geopferten.« Neben großen Plastiken gibt es eine Gruppe kleinerer, die sich durch ›lächelnde‹ Gesichter, die *smiling faces,* auszeichnen. Nach ihnen zu schließen, scheint es Sitte gewesen zu sein, die Köpfe zu deformieren und die Zähne spitz zuzuschleifen. »Asketische oder ältliche Figuren gibt es nicht darunter; die Körper sind weich und rund, die Gesichter vollwangig. Schellenschmuck an Füßen oder Beinen lassen an Tänzer denken . . .« Auf Wandreliefs und ›Palmes‹ sind ein enthaupteter Ballspieler oder Szenen mit der Vornahme des Herzopfers wiedergegeben.

Das Ballspiel war Teil der religiösen Vorstellungen; im Zusammenhang mit ihm stehen drei tragbare Steinskulpturen, die *Joche, hachas* und *palmas,* die nach ihrer Form so genannt werden. »Palmas und hachas sind wohl als Zier seitlich an oder auf den Jochen getragen worden, aber die Verwendung von diesen Steinplastiken

dürfte kaum beim tatsächlichen Spiel erfolgt sein.« Wahrscheinlich gehörten sie als Ausrüstung zu den mit dem Ballspiel verbundenen Riten.

In dem Abschnitt über die Olmeken wurde über die neuen Funde dieses Volkes im Bundesstaat Guerrero in Westmexiko gesprochen. Nach dem Verschwinden der Olmeken entstanden in diesem Gebiet zwei

559 *Das Herzopfer, Relief aus El Tajín*

Stilphasen, die von *Mezcala* und später weiter nördlich die von *Colima-Jalisco-Nayarit*. Die Mezcala-Kunst »ist gekennzeichnet durch eine hohe Abstraktion bei der Wiedergabe menschlicher Figuren wie auch bei Masken. Ein eher kubischer Stil, der die Einzelheiten im Gesicht oder die Arme und Beine in gratigen Formen andeutet. Die am strengsten in ihrem Umfang geschlossenen Formen sieht man heute als die ältesten an und datiert sie ins ausgehende Präklassikum. Es folgen ihnen solche, die Stilzüge von Teotihuacán haben . . .« Mit der frühen klassischen Epoche verschwand der Mezcala-Stil, der in der Keramik wenig aufzuweisen hat. Aus dem Gebiet der Provinzen Colima-Jalisco-Nayarit stammen sehr schöne Tonplastiken, deren Realismus ausgeprägter ist als in anderen Teilen Mesoamerikas. »Dieser Teil Westmexikos

562 *Abstrakte Figur der Mezcala-Kultur aus Grünstein*

dor und dem nördlichen peruanischen Küstengebiet. Eine gegenseitige Beeinflussung durch Seereisen entlang der pazifischen Küste liegt im Bereich der Möglichkeit.«

560 *Steinerne* »*Joch*«, *totonakisch, aus Veracruz*

561 »*Hacha*«, *Höhe 16 cm*

hat wie kein anderes Gebiet erstaunliche Parallelen mit Andinen-Kulturen Süd-Amerikas, vor allem mit solchen von Ekua-

3 Die nachklassische Epoche

Die Tolteken

Zwischen der Zerstörung Teotihuacáns und dem Erscheinen der Tolteken blühte im Hochland von Mexiko *Xochicalco,* das eine große Kultstätte und zugleich ein Handelszentrum war. Im 9. und 10. Jahrhundert nahm es eine Mittlerstellung zwischen den Kulturen Mexikos und denen der Maya ein. Über die Erbauer Xochicalcos weiß man

563   Fries der Gefiederten Schlange in Xochicalco

nichts; man kennt weder ihren Namen noch ihre Sprache. Die Azteken nannten den Ort in ihrer Nahua-Sprache ›Stadt des Blumenhauses‹. Zweifellos übernahmen die Bewohner in ihrem Kult und ihrer Kunst manches aus Teotihuacán, aber die Einflüsse der Zapoteken und Maya waren stärker. Die Anlage auf einem Bergkegel erinnert an die von Monte Albán. Der untere Teil des Sockels der etwa 17 m hohen ›Haupttempelpyramide‹, der schräg ansteigt, ist mit einem eindrucksvollen Mäanderfries aus Windungen der Gefiederten Schlange geschmückt. Die zwischen den Schlangenleibern sitzenden Gestalten mit ihrem hohen Kopfschmuck gehen auf Vorbilder der Maya-Kunst zurück. Auch der Ballspielplatz, der mit der Pyramide durch eine breite Straße verbunden ist, weist Ähnlichkeit mit dem von Copán auf.

Durch den Einbruch fremder Stämme, der *Tolteken,* fand die klassische Epoche im Hochland von Mexiko ihr Ende. Es ist das erste in den mexikanischen Chroniken der Mixteken und Azteken namentlich erwähnte Volk, dessen Herrschaft vom 9. bis zum Ende des 12. Jahrhunderts dauerte. Die verschiedene Verwendung des Begriffs

Tolteken in historischer und kulturgeschichtlicher Hinsicht führte zu Verwirrungen, die erst durch die Forschungen der Archäologen seit den vierziger Jahren geklärt wurden. Phantastische Legenden rankten sich um dieses Volk, das als Kulturbringer schlechthin galt und so außergewöhnliche Eigenschaften besessen haben soll, daß man es sogar lange als Erbauer Teotihuacáns betrachtete. In Wirklichkeit waren die Tolteken kriegerische Stämme, die aus dem Norden kamen, einen Nahua-Dialekt sprachen, sich im 9. Jahrhundert im Tal von Mexiko niederließen und dort *Tollan,* das heutige *Tula,* als ihre Hauptstadt gründeten. Sie vermischten sich mit der ansässigen Bevölkerung und übernahmen deren Kultur, u. a. auch die uralte Vorstellung einer Gottheit in Gestalt einer gefiederten Schlange, des Quetzacoatl. Ihr berühmtester, halbmythischer Herrscher CE ACATL TOPÍLTZIN führte den Zusatznamen Quetzalcóatl. Er soll 52 Jahre regiert haben und, nachdem er das Mißfallen anderer Götter erregt hatte, die Stadt um 987 verlassen haben. Die Legende berichtet, daß er nach Osten wanderte und bei den Maya Aufnahme und Verehrung gefunden habe.

564 *Die fünfstufige Hauptpyramide von Tula*

Nach anderen Sagen soll er, am Meer ange-
kommen, ein Floß bestiegen haben mit dem
Versprechen, wieder zu kommen; anderen
zufolge soll er sich selbst verbrannt haben;
sein Herz sei dann zum Morgenstern geworden. Nachweisbar ist, daß von dem
Zeitpunkt seines Weggangs aus Tollan toltekische Einflüsse im Maya-Gebiet von
Yukatan sehr stark wurden. Trotz der
Übernahme des alten einheimischen Göt-
terkults treten ›mit den Tolteken andere religiöse wie gesellschaftliche Vorstellungen
in den Vordergrund. Waren es bis zur klassischen Epoche Erd- und Vegetationsgott-
heiten, die man vor allem verehrte, so tauchen jetzt astrale und Kriegsgottheiten
auf . . . Den kriegerisch-nomadischen Völkern ist auch eine andere Gesellschaftsordnung eigen: war es zuerst die Priesterschaft, so ist es jetzt der Kriegerstand, der
die wichtigste Klasse bildet.‹‹ Wie im Glauben trat ebenfalls eine Wandlung in der
Kunst ein, vor allem in den Motiven, in denen kriegerische Gestalten, Jaguare, Menschenherzen verschlingende Adler und
Todesdarstellungen in den Vordergrund
treten. Die Formen sind hart und eckig, besonders in den Umrissen der Reliefs. Dafür

565 *Fries mit schreitenden Jaguaren, Tula*

kennzeichnend sind die ›Atlanten‹ von
Tula, deren blockhafte Gestalten eher wie
Pfeiler wirken. In der Architektur ist der
Säulenbau ein neues Element, der ein ande-
res Raumgefühl vermittelt.

Tula war Mittelpunkt eines Reiches, das
Zentralmexiko vom Atlantik bis zum Pazi-

566 ›Atlant‹ und zwei Pfeiler des Tempels von Tula

567 Fries mit Schlangen, die menschliche Skelette verschlingen, Tula

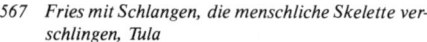

fik beherrschte. Durch die 1940 begonnenen Ausgrabungen, die ein Bild von der Stadt mit ihren Tempeln, Straßen und Ballspielplätzen vermitteln, konnte es als das alte Tollán identifiziert werden. Wie Teotihuacán war es ein Kultzentrum und eine Wohnstadt, die von der fünfstöckigen Pymide, dem ›Morgensterntempel‹, überragt wurde. Die Friese des fast quadratischen Baus mit einer Seitenlänge von über 40 m sind mit Reliefs schreitender Jaguare und herzfressender Adler geschmückt. Das Dach des Tempels wurde von je vier ›Atlanten‹, Kolossalstatuen toltekischer Krieger, und viereckigen Pfeilern getragen. Augen und Mundhöhlen der Atlanten waren einst mit Steinen ausgelegt und die Gesichter bemalt, die Pfeiler sind mit Reliefs von Kriegern verziert. Zwei Säulen in Gestalt gefiederter Schlangen, mit dem Kopf auf dem Boden, stützten das Dach der Vorhalle zum Tempel. Der Südseite vorgelagert war eine 50 m lange offene Pfeilerhalle, in welche die Treppe mündete. An die Pyramide schließt sich die 40 m lange und 2,2 m hohe ›Schlangenmauer‹ an, auf deren Reliefs Schlangen menschliche Skelette verschlingen. Zum erstenmal begegnet uns in Tula die typisch toltekische, aber mit einem Maya-Wort bezeichnete Skulptur des *Chacmool,* über deren Merkwürdigkeit wir im nächsten Abschnitt sprechen. Im Jahr 1168 brachen die Chichimeken aus dem Norden in das toltekische Gebiet ein, eroberten und zerstörten Tula.

Das nördliche Yukatan in nachklassischer Zeit

In den Chroniken der Maya wird von der Ankunft eines Fürsten aus dem Westen berichtet, den sie *Kukulcan* nannten und der wohl mit dem toltekischen Topiltzin Quetzalcóatl identisch ist. In dieser Zeit drangen von See her toltekische Streitkräfte in

Yukatan ein und wurden in *Chichén Itzá* zur herrschenden Schicht. Ihre Einflüsse sind in dieser Stadt, die schon in der klassischen Epoche der Maya eine Blüte erlebt hatte, am eindrucksvollsten. Bauten im vorhergehenden Puuc-Stil sind das ›Rote Haus‹, ein großes rechteckiges Gebäude mit einem gitterförmigen First, das dreistöckige ›Nonnenkloster‹ mit seiner prächtigen Fassade, das ›Akab Dzib‹ (Dunkle Schrift), so genannt nach den Glyphenreliefs im Innern, der ›Tempel der drei Türstürze‹ und endlich der kleine Tempel ›La Iglesia‹ mit grotesken Masken des Regengottes Chac am Giebel.

568 *Wandgemälde im Kriegertempel von Chichén Itzá; toltekische Krieger erkunden die Maya-Küste*

Die großartigen Denkmäler der mayatoltekischen Periode wurden durch amerikanische und mexikanische Archäologen in ihrer ursprünglichen Form und ihrem einstigen Glanz wiederhergestellt. Mit dem Erscheinen der Mexikaner begann eine rege Bautätigkeit. Die toltekische Architektur und Skulptur erreichten hier in Verbindung mit der reiferen und sensibleren Maya-Kunst ihren Höhepunkt. Das neue wesentliche Bauelement sind die Säulen, die eleganter, höher als in Tula und in größeren Abständen aufgestellt, großzügigere Proportionen erreichten. Im Relief erscheinen neben dem langnasigen Regengott der Maya Menschenherzen verschlingende Adler und Jaguare, sowie Reihen toltekischer Krieger. Wie in der Kunst vermischten sich auch in der Religion und der sozialen Struktur Vorstellungen beider Völker miteinander. Chichén Itzá verdankt seine Berühmtheit neben den gewaltigen Bauten einem Opferteich, dem ›Heiligen Cenote‹, der etwa 50 m breit und ebenso tief ist; er hat noch heute einen unheimlichen Aspekt. Chichén bedeutet Brunnen; dieser war vermutlich der Grund für die Besiedlung des Ortes. Beim Klang der Musikinstrumente und unter rituellen Gesängen sollen mit Blumen geschmückte Menschen bei Sonnenaufgang als Opfer für den Regengott in

569 *Getriebene Goldscheibe aus dem ›Heiligen Cenote‹ in Chichén Itzá: zwei toltekische Krieger greifen fliehende Maya an*

Zeiten der Dürre ins Wasser gestürzt worden sein. War ein Opfer bis Mittag nicht ertrunken, so wurde es als unter dem Schutz der Götter stehend angesehen und aus dem Teich herausgefischt. Es genoß von da an göttliche Verehrung. In einer dicken Schlammschicht fand man Trinkgefäße, getriebene Goldscheiben, Waffen, Schmuck und Masken aus Jade und Obsidian, geronnenen Weihrauch am Boden von Tongefäßen und zahlreiche Menschenskelette in gutem Erhaltungszustand. Viele der geborgenen Gegenstände gehören der Periode

570 Das ›Observatorium‹ in Chichén Itzá

im Innern bezeichnet wurde. Manche architektonische Züge stammen noch aus der Puuc-Zeit. Der zylindrische Turm auf mehreren Terrassen diente vermutlich als Observatorium, denn seine Spitze trägt eine kleine Kammer mit Scharten, die nach astronomischen Punkten ausgerichtet sind.

Im Mittelpunkt der Ruinenstadt steht der bedeutendste Bau, die 30 m hohe neunstufige Tempelpyramide, ›Castilló‹ genannt, mit einer Basisbreite von 60 m. Auf allen vier Seiten führen Treppen mit je 91 Stufen zur obersten Plattform. Zusammen mit der einen Stufe zum Heiligtum ergibt sich die Zahl 365, gleich der Anzahl der Tage eines Jahres. Der ›Tempel des Kukulcan‹ auf der Pyramide, dessen breites Portal durch zwei Schlangensäulen geteilt ist, soll einer Sonnengottheit geweiht gewesen sein. Innerhalb des Castilló entdeckte man

571 Die neunstufige Tempelpyramide ›Castillo‹ in Chichén Itzá

572 ›Chacmool‹ in Chichén Itzá

der Tolteken an, bei denen Menschenopfer viel häufiger waren als bei den Maya. Der Opferkult erreichte seinen Höhepunkt allerdings erst später und setzte sich bis in die Kolonialzeit fort.

Als ältestes Bauwerk im toltekischen Stil gilt der ›Caracol‹, das Schneckenhaus, wie es nach der schneckenartigen Wendeltreppe

eine kleinere, später überbaute Pyramide mit einem vollständig erhaltenen Tempel; der Thron im Innern hat die Form eines Jaguars, der rot bemalt ist und dessen Augen und Flecken des Felles durch eingesetzte Jadesplitter verdeutlicht sind.

Auf der östlichen Seite des großen Platzes liegt der ›Kriegertempel‹, ein Gebäude,

573 Der ›Kriegertempel‹ in Chichén Itzá

dessen Ausmaße ungewöhnlich sind und
der sich in seiner Anlage unmittelbar von
Tula ableitet. Vor dem Stufenbau stehen
Reihen viereckiger Pfeiler, die auf allen Seiten mit Reliefs toltekischer Krieger geschmückt sind. Eine breite Treppe führt
zum Tempel; an ihrem oberen Ende steht
ein *Chacmool,* wie wir ihn schon in Tula
sahen, eine auf dem Rücken liegende Gestalt mit aufgerichtetem Oberkörper, deren
Hände auf dem Leib eine flache Schale halten, vielleicht um die Herzen der Geopferten aufzunehmen. Am Eingang erhebt sich
ein Paar gefiederter Schlangen, deren dro-
hend aufgerissene Rachen am Boden liegen
und deren Leiber sich zu einer Höhe von
5 m emporrecken; sie trugen ursprünglich
den Türsturz. Der Steinaltar im Innern
wird von vielen kleinen Atlanten getragen.
Die Innenwände waren mit Szenen von der
Eroberung Yukatans ausgemalt (vgl. Abb.
568). Auch unter dem Kriegertempel fand
man einen ähnlichen älteren Bau mit relief-
verzierten und in leuchtenden Farben bemalten Säulen.

Der Ballspielplatz ist der größte Mesoamerikas; seine 82 m langen und 9 m hohen
Wände stehen etwa 33 m voneinander entfernt. Da das Spiel eine kultische Handlung
war, erheben sich auch hier an ihn anschließende Tempel, an seiner Ostwand der des
›Jaguars‹, ein turmartiges Bauwerk, dessen

574 Wandgemälde im ›Fresken-Tempel‹ von Tulum

Innenwände mit Reliefs geschmückt sind,
die in ungewöhnlich detaillierten Szenen
Kämpfe und Aspekte aus dem religiösen
und profanen Lebensbereich wiedergeben.
Nahe dem Ballspielplatz befindet sich eine
lange Plattform, die mit Darstellungen
menschlicher auf Stäbe gesteckter Schädel
bedeckt ist und ›tzompantli‹, Schädelgerüst,
genannt wird. Die Vorbilder stammen aus
Mexiko, wo auf großen Gerüsten die Köpfe
der Geopferten zur Schau gestellt wurden.

Es gibt noch mehrere Tempel in Chichén
Itzá, die aber in ihrer Bedeutung hinter den
genannten zurücktreten.

Um 1224 scheinen die Tolteken Chichén
Itzá verlassen zu haben, möglicherweise
wurden sie von den *Itzá* verdrängt, einem
Stamm, der aus Tabasco kam und eine
Zeitlang sich in der verlassenen Stadt ansie-

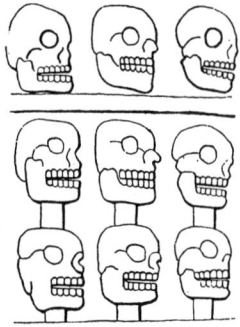

575 Schädelgerüst, ›tzompantli‹, in Chichén Itzá

delte. Die Itzá gründeten am Ende des 13. Jahrhunderts die Stadt *Mayapán* im westlichen Teil der Halbinsel, ein von einer Mauer umgebenes großes Areal, in dem etwa 12 000 Menschen lebten. Um 1450 wurde die Stadt zerstört und für immer verlassen. Das frühere Gebiet der Maya zerfiel nun in mehr oder weniger bedeutende, miteinander rivalisierende Kleinstaaten. Aus dieser Zeit besteht noch *Tulum* an der karibischen Küste, das durch seine sehr gut erhaltenen Fresken Interesse verdient.

Die Azteken

Die *Chichimeken* hatten im 12. Jahrhundert den Untergang des Reiches der Tolteken herbeigeführt. Sie übernahmen deren Lebensformen und Errungenschaften, erlangten aber nicht ihre politische Stärke. Einzelne Stadtstaaten entstanden, die ihre Macht über die Nachbarn auszudehnen versuchten. Die Chichimeken hatten ihren ersten Herrschaftssitz in *Tenayuca,* das heute ein Vorort der Stadt Mexiko ist; um 1300 verlegten sie ihn nach *Texcoco* am Ostufer des gleichnamigen Sees. Die Mixteken aus dem Süden brachten ihnen die Kunst des Schreibens und das Kalendersystem. Bald darauf übernahmen die *Tepaneken,* ein Nahua-Stamm, unter ihrem berühmten Fürsten TEZOZOMOC die Führung; ihre Hauptstadt *Azcopotzalco* lag am Westufer der Lagune. Die Herrschaft der Tepaneken erstreckte sich fast über das ganze Hochland von Mexiko, außerdem waren ihnen auch Gebiete im Nordwesten und im Süden tributpflichtig. Gegen die immer steigenden Abgaben erhoben sich 1428 die unterdrückten Stämme unter Führung des Herrschers von Tenochtitlan, ITZCOATL, besiegten die Tepaneken und brannten ihre Hauptstadt nieder. Die Städte *Tenochtitlan* und *Tlatelolco* waren in der ersten Hälfte des 14. Jahrhunderts auf Inseln in der Lagune von kriegerischen nomadischen Gruppen aus dem Norden, die als *Azteken* in die Geschichte eingingen, angelegt worden. Diese waren etwa 100 Jahre nach dem Untergang Tulas im zentralen Hochland eingewandert.

Nach dem Sieg über die Tepaneken begann der rasche Aufstieg der Azteken, die innerhalb eines halben Jahrhunderts über ein Gebiet herrschten, das bis zu den Küsten beider Ozeane reichte, im Süden Guatemala berührte und im Norden große Teile des Hochlands einbezog. Es war kein zentral regiertes Reich; Tenochtitlan war der Mittelpunkt eines Dreierbundes von Städten, zu dem *Texcoco* und das tepanekische *Tlacopán* gehörten und dem 40 Provinzen tributpflichtig waren.

Als die Azteken von der sagenhaften, in einem See gelegenen Insel *Aztlan* oder nach anderer Überlieferung aus den ›Sieben Höhlen‹ in das Tal von Mexiko eindrangen, waren sie ein wilder Stamm, der kulturell tief unter den Völkern stand, auf die sie am Ende ihrer Wanderungen in den Süden trafen. Sie übernahmen deren Gesittung, waren ihnen aber in ihrem kriegerischen Wesen, das religiös unterbaut war und von einer militanten Priesterschaft gestärkt wurde, weit überlegen. Ihre Geschichte ist voll von Kriegen, Grausamkeiten und Blutvergießen. Beispielsweise zogen sie der Tochter des Fürsten von *Culhuacan,* die dieser ihrem Häuptling zur Frau gab, die Haut ab und hingen sie ihrem Priester um, der den Herrscher in dieser Aufmachung empfing.

Das Gemisch aus uralten stammesfremden und jüngeren eigenen Elementen erklärt die Gegensätzlichkeiten in der aztekischen Religion und die zahlreichen verschiedenen Aspekte bestimmter Gottheiten mit unterschiedlichen Attributen und Funktionen.

Wie bei vielen mesoamerikanischen Völkern war eine dualistische Vorstellung ihr wesentliches Prinzip, das vom Kampf einander entgegenwirkender Kräfte ausging und der gleichen Gottheit negative und positive Bedeutung verlieh. Sein und Leben waren ein Zustand des Werdens und Zerstörtwerdens. So war beispielsweise TEZCATLIPOCA gleichzeitig furcherregend als Rächer und Richter, als Herr des Nordens, der Nacht und der Kälte, und verehrungswürdig, weil allwissend und ewig junger Gott der Sonne. Stammesgott der Azteken war HUITZILOPOCHTLI, was so viel heißt wie ›Kolibri des Südens‹. Der Kolibri-Vogel war ein Symbol aus den ältesten Zeiten Mexikos, das die Sonnennatur des Gottes, aber auch seinen kriegerischen Aspekt ausdrückte. Man nahm an, daß die gefallenen Krieger in Gestalt des Vogels die Sonne auf ihrem

577 Sog. Aztekischer Kalenderstein, 2. Hälfte des 15. Jh.

täglichen Lauf begleiten. Im größten Tempel von Mexiko wurde Huitzilopochtli verehrt, geschmückt mit einem Gürtel aus goldenen Schlangen und einer Halskette aus Menschenschädeln. Seine Mutter war COATLICUE, »die mit dem Schlangenrock gegürtelte«. Als Erdgöttin verkörperte sie die Gebärerin alles Lebens, aber auch die todbringenden, zerstörenden Kräfte der Natur — die Mutter Erde, die ihre Kinder verschlingt. Ihre Riesenstatue, heute im Museum von Mexiko, demonstriert das Übermenschliche. Statt des Kopfes trägt sie zwei Schlangenhäupter mit scharfen Beißzähnen und gespaltener Zunge. Ihr fehlender Kopf deutet ihre Beziehung zum Mond an, der im Kampf mit der Sonne von dieser geköpft wird, weil seine Scheibe sich bei ihrer Annäherung immer mehr verdunkelt. Erdsymbole sind die Raubtierkrallen an ihren Händen und Füßen, ihr Rock aus Schlangenleibern und das Halsband aus Menschenschädeln und -herzen sowie abgeschlagenen Händen. Unter der Herrschaft von TONATIUH, dem Sonnengott, stand nach dem Glauben der Azteken das 5. Weltzeitalter, nachdem die vier vorhergehenden nacheinander durch Jaguare, Stürme,

576 Standbild der Erdgöttin Coatlicue, Höhe 2,50 m

Feuerströme und endlich durch eine Sintflut untergegangen und die Menschen in Jaguare, Affen, Vögel und Fische verwandelt worden waren. Von dem fünften nahm man an, daß es durch Erdbeben enden würde. Die aztekische Weltordnung ist auf dem berühmten ›Aztekischen Kalenderstein‹ mit Tonatiuh in der Mitte dargestellt.

Schon bei den Tolteken war die Furcht vor einer neuen Weltkatastrophe in den Opfern von Menschenherzen in Erscheinung getreten, bei den Azteken steigerten sich Angst und Opfer ins Grenzenlose. »Um den Fortbestand der Welt und damit auch des aztekischen Volkes zu garantieren, mußten die Götter und vor allem die Sonne das köstlichste ›Edelsteinwasser‹ und den ›edelsten Stein‹ bekommen als ihre Nahrung, und das waren nach aztekischen Vorstellungen das Blut und das Herz von Menschen ... Fast alle Kulturen des alten Mexiko kannten Menschenopfer, doch waren sie sehr selten und stets Ausdruck höchster Not und Gefahr. Anders bei den Azteken — hier sind die Menschenopfer die tägliche Nahrung, ohne die die Götter nicht leben können und die Welt untergehen müßte. Die Unzahl von Menschen, die geopfert wurden, läßt sich kaum schätzen. Das große Schädelgerüst *(tzompantli)* soll nach Angaben der Spanier, die den Tempelbezirk von Tenochtitlan noch in voller Aktion und Blüte erlebten, mit mehr als 160 000 menschlichen Schädeln vollgesteckt gewesen sein. Bei der Einweihung des Haupttempels sollen mehr als 20 000 geopfert worden sein. Das scheint geradezu unmöglich, aber wir werden von spanischen Chronisten unterrichtet, daß die Priester ihrem Opfer das Herz schneller herausgeschnitten hätten, als man das Kreuz habe schlagen können. Die Tausende von Opfern mußten durch Kriege herangeschleppt werden.« Das erklärt die besondere Art der Kriegsführung, in der es nur darauf ankam, möglichst viel lebende Gefangene zu

machen, ein Vorgehen, das sich im Kampf gegen die Spanier verhängnisvoll auswirkte. Um einen Dauervorrat an Kriegsgefangenen zu sichern, wurden nach den Berichten regelmäßige Waffengänge mit Städten im Tal von Puebla-Tlaxcala vereinbart. Diese rituellen Kämpfe sind unter dem Namen »Blumenkriege« bekannt.

Als Beispiele schildern wir einige Riten an bestimmten Festtagen. Am 23. April erhielt Tezcatlipoca das Opfer eines jungen, tapferen Gefangenen, der zuvor mehrere Monate das Leben eines göttlichen Herrschers spielte; vier Wochen vor der Feier wurden ihm vier Mädchen zu Gefährtinnen gegeben, mit denen er in Freuden lebte. Am Festtag zog er Flöte spielend durch die ganze Stadt. Auf den Stufen des Tempels angelangt, zerbrach er seine Musikinstrumente und stieg die Stufen hinauf, wo ihn seine Henker erwarteten, um sein Herz herauszureißen.

Am 1. August, dem Fest des Feuergottes HUEHUETEOTL, umtanzten rot bemalte Krieger und ihre Gefangenen einen Scheiterhaufen, der das ›Neue Feuer‹ versinnbildlichte.

578 *Opferung eines Gefangenen; auf der Treppe die zerbrochenen Flöten. Codex Florentino*

Dann luden sie die Opfer, die mit einem Pulver etwas betäubt wurden, auf ihre Schultern und schleuderten die Last auf ein Signal der Priester in die Flammen. Bevor der Tod eintrat, zogen die Opferdiener die halb Verbrannten wieder heraus, damit sie noch lebten, wenn die Priester ihnen mit den kostbaren Opfermessern die Brust öffneten, um das Herz herauszureißen. Die Zeremonie des ›Neuen Feuers‹ wurde durch Auslöschen des Altarfeuers, das zweiundfünfzig Jahre lang ununterbrochen gebrannt hatte, und durch das Entzünden eines Zeichens des neu gewährten Lebens versinnbildlicht.

»Während der fünf Unglückstage am Ende des Zyklus ließen die Leute alle Feuer ausgehen und zerstörten ihre Haushaltseinrichtung. Man fastete, und Wehklagen erfüllte die Luft, da man die Katastrophe erwartete. Schwangere Frauen wurden in die Maisscheuern eingeschlossen, damit sie nicht in wilde Tiere verwandelt würden; die Kinder wurden durch Hinundherführen wachgehalten, aus Angst, daß sie zu Ratten würden, wenn sie an diesen schicksalhaften Abenden einschliefen. Bei Sonnenuntergang erstiegen die Priester als irdische Vertreter aller Gottheiten in feierlichem Aufzug den Sternenhügel. Dieser erloschene vulkanische Krater ragt steil aus der Ebene empor und ist fast im ganzen Tal zu sehen. Von dem Tempel auf seinem Gipfel aus beobachteten die Priester forschend den Himmel, während die Nacht bange dahinging, und warteten auf die Stunde, zu der ein bestimmter Stern oder ein Sternbild, der Aldebaran oder die Plejaden, den Zenit des Himmelsgewölbes erreichten und damit anzeigten, daß die Welt weiterbestehen würde.

Genau in dem Augenblick, in welchem diese Sterne durch den Meridian gingen, ergriffen die Priester einen hölzernen Feuerbohrer und entzündeten in der geöffneten Brust eines zu diesem Zweck getöteten

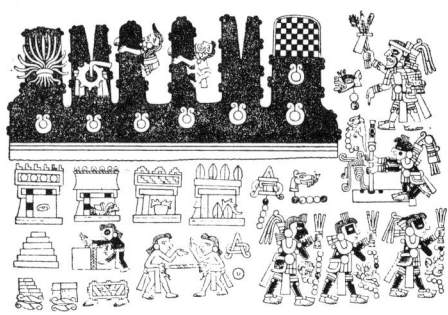

579 Rituelle Zeremonie mit Göttern, Datumszeichen, Tempeln, Häuptlingen, rechts in der Mitte das Feuerbohren. Codex Vindobonensis

Menschen das neue Feuer. Das ganze Volk — Priester, Häuptlinge und Gemeine — erschauerte in Freude und Glück. Läufer entzündeten Fackeln an dem neuen Feuer und trugen die Flammen zu den Altären in den Tempeln jeder Stadt und jedes Dorfes, von denen sich die Menschen den Feuersbrand heim zu ihren Herdstätten holten. Im ersten Morgenlicht, das gnädiger denn je über der erhörten Frömmigkeit des Volkes aufging, versammelten sich die Menschen, um ihre Tempel zu erneuern, ihre Häuser herauszuputzen und neue Geräte für den Gebrauch im Tempel und im Haushalt zu fertigen. Es durften nur besondere Fastenspeisen verzehrt werden; Opfer durch eigenes Blutabzapfen ebenso wie durch Darbringung von Gefangenen bekundeten das Ausmaß allgemeiner Dankbarkeit.« (Vaillant).

Die bedeutendsten Herrscher der Azteken waren MOCTEZUMA I. (1440—1468), der die Kleinstaaterei auf dem Hochtal beendete, den Dreierbund gründete und durch Expansionszüge nach dem Westen und Süden das Gebiet erweiterte, sowie AHUÍTZOTL (1486—1502), der die kriegerische Politik Moctezumas fortsetzte und die Macht über ganz Zentralmexiko gewann. Er widmete sich wie dieser dem Ausbau der Stadt Tenochtitlan und errichtete einen Aquädukt sowie einen 16 km langen Deich zum Schutz gegen Überschwemmungen. Sein

580   Plan von Tenochtitlan im 16. Jh.

Nachfolger war der unglückliche MOCTE-ZUMA II. (1502—1520), der einer kleinen Schar verwegener spanischer Krieger unter CORTES erlag. Während die Mehrzahl der Spanier nur an Raub und Plünderung dachte, gab es in dem Expeditionscorps und vor allem später einige Priester, die sich für die Kunst und Kultur des eroberten Landes interessierten. Sie befragten die Indianer, die das schreckliche Gemetzel überlebten, nach allem, was ihnen wissenswert erschien und sammelten, was übrig geblieben war. Aus ihren Chroniken und dem anschaulichen Bericht des Conquistador BERNAL DIAZ DEL CASTILLO sind uns viele Eigenschaften der aztekischen Zivilisation bekannt. Die Greueltaten der Spanier waren entsetzlich, sie übertrafen die rituellen Grausamkeiten der Azteken. Der Verlust für die Nachwelt durch die Verbrennung ganzer Bibliotheken auf dem Scheiterhaufen und durch das Einschmelzen der erlesensten Werke aztekischer Goldschmiede ist unermeßlich. Götterstandbilder stürzte man von den Terrassen herab, Tempel wurden dem Erdboden gleichgemacht.

Vom Glanz und Reichtum Tenochtitlans blieb fast nichts erhalten; nur aus dem Bericht von Cortés an Karl V. können wir uns ein ungefähres Bild der aztekischen Hauptstadt machen, die als ovale Insel im See von Texcoco lag: »Tenochtitlan liegt in dem gewaltigen Landsee, und von jedem Punkt des Festlandes bis zu ihm hin, von welcher Seite man auch kommen mag, sind es allemal zwei Stunden. Die Stadt hat vier Eingänge, alle auf Steindämmen zugängig, die von Menschenhand gemacht und etwa zwei Reiterlanzen breit sind. Die Stadt ist so groß wie Sevilla und Córdova. Ihre Straßen, ich meine hier die Hauptstraße, sind sehr breit und gerade ... Alle Straßen sind in größeren Zwischenräumen durchschnitten, so daß zwischen ihnen eine Wasserverbindung besteht. Alle diese Durchschnitte, wovon einige sehr breit sind, haben Brücken aus großen und starken Balken, so breit, daß 10 Reiter nebeneinander hinüberziehen können. Es hat diese Stadt viele öffentliche Plätze, wo ständig Markt gehalten wird und allerlei Handel mit Kaufen und Verkaufen. Dann hat sie auch einen anderen öffentlichen Platz, so groß wie zweimal ganz Salamanca, ganz mit Säulenhallen umgeben, wo sich täglich über 60 000 Menschen zusammenfinden, Käufer und Verkäufer von Lebensmitteln, von Kleinodien in Gold und Silber, Blech, Messing, Knochen, Muscheln und Federn. Auch verkauft man Werksteine, behauene und unbehauene, Kalk- und Ziegelsteine, Bauholz, zugerichtet und roh, in allerlei Gestalten ... Es gibt Häuser wie Apotheken, wo man Arzneien verkauft, sowie Tränke, Salben und Pflaster. Es gibt Häuser wie Barbierstuben, wo die Köpfe gewaschen und geschoren werden, es gibt Häuser, wo man für Geld Essen und Trinken verabreicht. Es gibt Leute zum Last-

tragen ... Auf diesem Platz gibt es ein sehr schönes Haus, wie ein Rathaus, wo stets zehn bis zwölf Personen sitzen, die Richter sind, alle auf dem Markt vorkommenden Fälle und Sachen entscheiden und die Verbrecher bestrafen lassen. Auch gibt es noch andere Personen auf dem Platze, die beständig unter dem Volk herumgehen und achthaben auf alles, was und womit man verkauft; einiges habe ich sie zerbrechen gesehen, weil es als falsch befunden wurde ... Es gibt in dieser großen Stadt viele sehr gute und große Häuser, denn alle großen Herren, Vasallen Moctezumas, haben ihre Häuser dort; daneben gibt es auch viele reiche Bürger, die ebenfalls schöne Häuser besitzen. Sie alle haben außer sehr schönen und großen Gemächern viele hübsche Blumengärten verschiedener Art, sowohl in den oberen wie in den unteren Gemächern ...«
Über die Paläste Moctezumas heißt es: »Er besaß außerhalb wie innerhalb der Stadt viele Lusthäuser, jedes für eine besondere Art des Zeitvertreibs eingerichtet, und zwar so vortrefflich, wie man es nimmer beschreiben kann ... Ich werde daher weiter nichts darüber sagen, als daß Spanien nichts Ähnliches aufzuweisen hat ... Drei bis vierhundert Jünglinge brachten die Gerichte, die zahllos waren; denn bei jeder Mittags- und Abendmahlzeit trug man ihm alle Arten von Speisen auf, von Fleisch, Fisch, Früchten und Kräutern, wie nur irgend das ganze Land sie zu liefern vermochte. Weil das Hochland recht kalt ist, hatten sie unter jeder Schüssel und Schale Wärmpfannen mit glühenden Kohlen, damit die Speisen nicht erkalteten ... Er kleidete sich täglich viermal auf verschiedene Art, jedesmal in ganz neue Gewänder, deren keines er je zum zweitenmal anzog.«

Nach Darstellungen in den alten Codices versuchte man von dem wichtigsten Bauwerk der Stadt, in der 75 000—100 000 Menschen gelebt haben sollen, der Doppelpyramide mit den Tempeln Huitzilpochtlis

581 Die Pyramide von Tenayuca

582 Die Tempelpyramide von Santa Cecilia

*583 Steinerner Adlerbalg aus dem Felsentempel von
Malinalco*

und Tlalocs ein Modell zu rekonstruieren,
das einen Eindruck von der gewaltigen Anlage gibt, in der sich gleichzeitig 10 000
Menschen aufhalten konnten. Eine Vorstellung vermittelt auch die viel kleinere, aber
gut erhaltene und restaurierte Pyramide
von *Tenayuca,* nordöstlich der Stadt Mexiko. Der Kern des Bauwerks stammt aus

584 *Die Rundpyramide von Calixtlahuaca*

dem 13. Jahrhundert; er wurde oft über-
mantelt, zum letztenmal 1507 von den Azteken. Die jetzige Höhe beträgt 19 m bei einer Grundfläche von 62 auf 50 m. Die Basis
ist an drei Seiten von einer steinernen Bank
mit 138 Schlangen umgeben, die soeben aus
dem Schoß der Erde hervorgekrochen scheinen. An zwei Seiten befinden sich neben
Steinaltären aufgerollte Schlangen mit Tür-
kisaugen, deren Köpfe in Richtung der un-
tergehenden Sonne blicken. In dem Dorf
Santa Cecilia, 3 km von Tenayuca entfernt,
steht eine kleine Doppelpyramide, deren
einer Tempel als einziger restauriert werden
konnte und ein getreues Bild gibt, wie ein
solcher in aztekischer Zeit aussah. In
Tepoztlan (Tepozteco) bei Cuernavaca im
Staat Morelos ist eine Pyramide mit schö-
nem plastischem Schmuck fast unversehrt
erhalten, die nach einer Inschrift aus dem
Jahr 1502 stammt. Im Hochland von To-
luca, südwestlich Mexikos, befindet sich in
Malinalco der einzige aus gewachsenem
Felsen gehauene Tempel Mesoamerikas,
der wahrscheinlich den Jaguar- und Adler-

585 *Der ›Tizoc-Stein‹ der Herrscher hält einen Gefangenen an den Haaren fest*

389

586   Steinbildnis
der Maisgöttin,
aztekisch

Völkern, schufen aber einen eigenen monumentalen Stil. Wir erinnern an die Statue der Coatlicue (s. Abb. 576) und den ›Kalenderstein‹ (s. Abb. 577). Andere eindrucksvolle Beispiele sind die Darstellung der Maisgöttin in Gestalt eines jungen Mädchens und der ›Tizoc-Stein‹ mit fünfzehn Reliefs der Taten aztekischer Herrscher. Auch in der Kleinkunst, in Holz, Gold, Plastiken oder Mosaikarbeiten schufen sie Meisterhaftes.

Im heutigen Staat Michoacan im Westen Mexikos lebten die *Tarasker,* deren Ursprung unbekannt ist, die aber etwa gleichzeitig mit den Azteken aus dem Norden gekommen und mit diesen verwandt gewesen

587   Tonstatuette
einer Frau mit
Kind, taras-
kisch

rittern gewidmet war. Die Anlage mit ihren Skulpturen ist als Beispiel der Steinmetzkunst der Azteken, die mit ihren Werkzeugen noch auf steinzeitlicher Stufe standen, besonders bemerkenswert. Der Tempel hat ein gewölbtes Portal in Form eines aufgerissenen Schlangenrachens; zu beiden Seiten der Treppe hocken steinerne Jaguare, in der Cella liegen auf einer niedrigen Steinbank drei Adlerbälge und naturgetreu geformte Jaguarfelle aus Stein.

In ihrer heutigen Form gehört die 12 m hohe, vierstufige Pyramide von *Calixtlahuaca* im Hochland westlich von Mexiko mit einer Plattform und einer gesondert liegenden Schädelstätte, die dreimal überbaut wurde, zur aztekischen Baukunst. Als Rundbau soll sie Quetzalcoatl in seiner Eigenschaft als Windgott geweiht gewesen sein. Man fand dort eine steinerne Figur des Gottes mit einer eigenartigen, einem Entenschädel ähnlichen Maske.

Wie in ihrer Religion übernahmen die Azteken auch in der bildenden Kunst Elemente und Anregungen von den älteren

sein sollen. Auch sie bildeten eine Dreierliga von Städten, waren außerordentlich kriegerisch und bewahrten, nachdem sie den angreifenden Azteken eine vernichtende Niederlage beigebracht hatten, bis zur Conquista als einzige ihre Unabhängigkeit. Ihre Eigenart war, daß Männer wie Frauen sich kahl rasierten und ihren Körper mit Metallzangen — die Priester mit goldenen — enthaarten. Ihr Ohr- und Lippenschmuck übertraf den der anderen Stämme. Im Mittelpunkt ihrer Religion stand der Feuerkult, was in einer Region

588 Die Tempelterrasse von Tzintzuntzan

nähe an die vorklassischen Arbeiten Westmexikos. Die Keramik zeichnet sich durch
ihre abstrakten Ornamente, ihre polychrome Bemalung und die Ausgewogenheit
ihrer Formen aus. Auch als Kunsthandwer-
ker mit Metall und Obsidian sowie als
Weber waren sie besonders geschickt. Sie
gelten als Erfinder des einzigartigen Feder-
schmucks, von dem nur drei aztekische Beispiele in Wien und Stuttgart erhalten sind.
Die besten Federarbeiten stammen von den
Mixteken.

mit vulkanischer Aktivität nahelag. Menschenopfer waren auch bei ihnen üblich.
Ihr Heiligtum in *Tzintzuntzan* weicht in seiner Anlage von allen anderen mesoamerikanischen Pyramiden ab. Auf einer 425 m
langen schmalen Plattform standen fünf
gleiche Aufbauten aus je einem rechteckigen und runden Körper; die runden dienten
kleinen Tempeln mit kegelförmigen Dächern als Sockel. Die profanen Tonstatuetten der Tarasker erinnern in ihrer Natur-

Bibliographie

Zitierte Textstellen von Ingeborg Bolz aus: *Kunst aus
Mexiko,* ›Villa Hügel‹ Essen, 1974

Archeologia, 1968, Nr. 22
Archeologia, 1971, Nr. 42
Michael D. Coe, *Die Maya,* Bergisch Gladbach 1975
Nigel Davies, *Die Azteken,* Düsseldorf—Wien 1974
Carlo T. E. Gay, *Xochipala. The Beginnings of Olmece
Art,* The Art Museum, Princeton University
Hans Helfritz, *Die Götterburgen Mexikos,* Köln 1968
Walter Krickeberg, *Altmexikanische Kulturen,* Berlin
1966
Berthold Riese, *Geschichte der Maya,* Stuttgart 1972
George C. Vaillant, *Die Azteken,* Köln 1957
Paul Westheim, *Die Kunst Alt-Mexikos,* Köln 1966

589 Der Feder-
schmuck
Moctezu-
mas, den
Cortés an
Karl V.
sandte

XIII Südamerika

Die zahlreichen verschiedenen Kulturen Mesoamerikas wurden chronologisch nach der Dreiteilung in die vorklassische, klassische und nachklassische Epoche betrachtet, was ihre Entfaltung und ihre Zusammenhänge deutlich machte. In Südamerika ist dies nicht möglich, da die Forschungen nicht in allen Bereichen gleich fortgeschritten sind. Außerdem erstrecken sich die Kerngebiete der südamerikanischen Kulturen, die Andenländer, zu denen Teile der heutigen Staaten Kolumbien, Ekuador, Peru, Bolivien, Chile und Argentinien zu rechnen sind, über eine Distanz von rd. 7 500 km, in der geographische und klimatische Verhältnisse selbständigere und in ihrer Abfolge unterschiedliche Entwicklungen bedingten. Die zentralen Andenländer Peru und Bolivien sind am besten bekannt, während sich mit den nördlichen und südlichen die Archäologie erst in der zweiten Hälfte unseres Jahrhunderts intensiv befaßte. Es scheint deshalb zweckmäßig, Südamerika von Norden nach Süden entsprechend der politischen Gliederung zu beschreiben, mit Ausnahme der nicht sehr zahlreichen paläoindianischen Zeugnisse, der ersten Spuren menschlicher Anwesenheit, bis zum Beginn dörflicher Siedlungen mit Keramik, die von Pflanzern angelegt wurden.

Der Weg der frühen Einwanderer muß über die Länderbrücke Mittelamerikas und über die Anden Kolumbiens und Ekuadors nach dem Süden geführt haben. Den bisher ältesten Nachweis von Jägern fand man überraschenderweise Ende der 60er Jahre in zwei 2700 bzw. 3300 m hoch gelegenen Höhlen nahe der peruanischen Stadt *Ayacucho* südöstlich von Lima, in denen aus der untersten Schicht faustkeilartige Werkzeuge mit einem Alter von etwa 20 000 Jahren zutage kamen. In den höheren Straten, die sich bis etwa 8500 v. Chr. fortsetzen, lagen Schaber, Kratzer und plumpe Pfeilspitzen mit Knochen von Mastadon, Puma, Skunk und anderen Tieren. Auch aus Patagonien und Südchile liegen frühe Funde vor. Schon vorher müßten Jägergruppen den nördlichen Teil Südamerikas durchwandert haben. Älteste Felsritzungen wurden 1957 in den Höhlen von *Lauricocha* in

590 *Felsmalerei in den Höhlen von Lauricocha*

den zentralperuanischen Anden entdeckt, die Reste eines langschädligen Menschentyps enthielten; Radiokarbonmessungen ergaben ein Alter von etwa 8000 v. Chr. Einige Jahre später erkannte man in einer Kupfermine bei *Toquepala* im Süden Perus Felszeichnungen, die um 6000 v. Chr. zu datieren sind. Steinartefakte aus dieser frü-

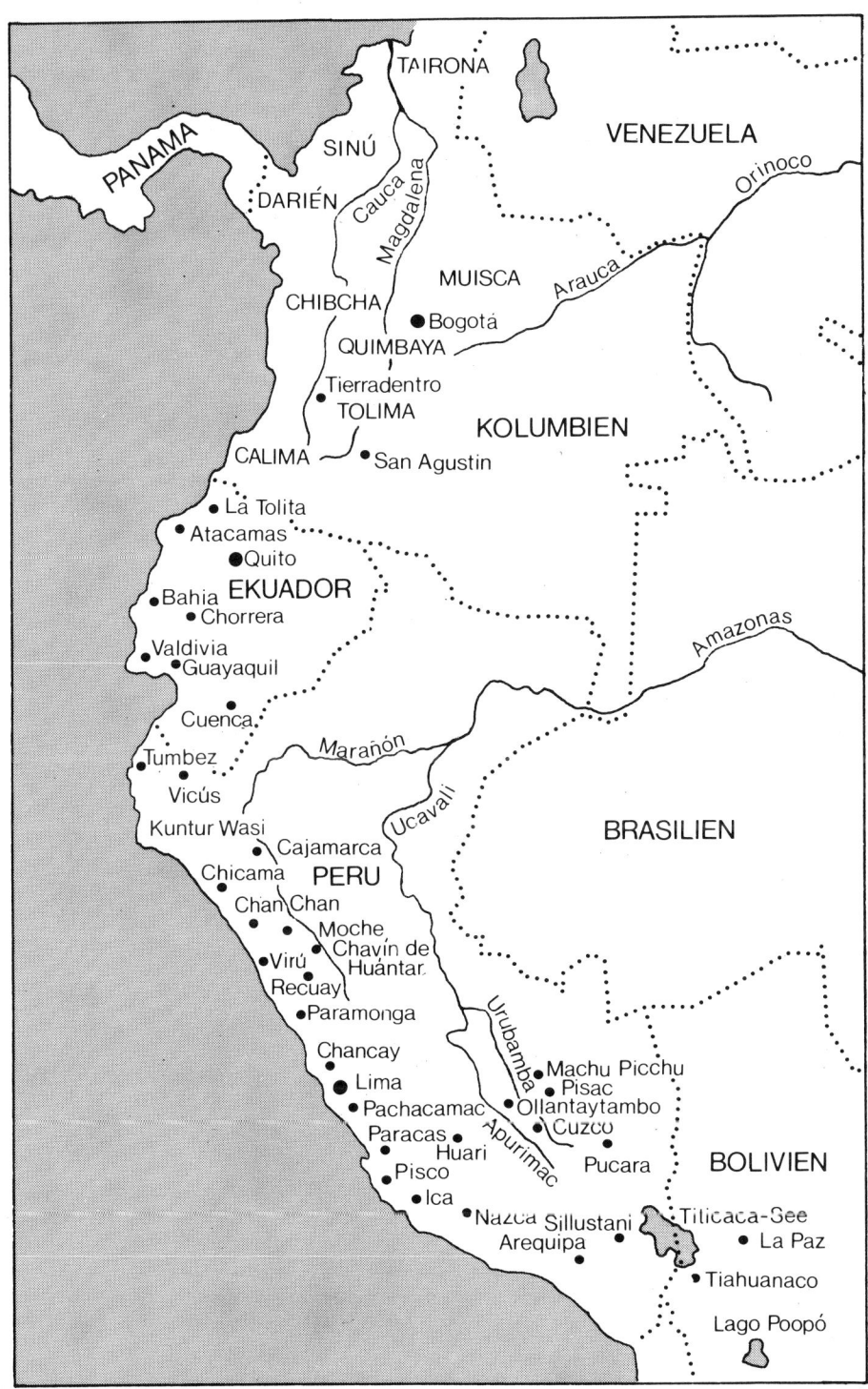

591 *Südamerika: Stätten in Kolumbien, Ekuador, Alt-Peru*

hen Zeit liegen aus verschiedenen Orten
Perus vor. Auch aus Ekuador wurde ein
Lagerplatz langschädliger nomadischer Jäger, die in Höhlen und fellgedeckten Zelten
hausten, in der Nähe der Hauptstadt Quito
bekannt mit Geräten aus Stein, Holz und
Knochen, die aus der Zeit um 8000 v. Chr.
stammen. Der Übergang vom Jägerdasein
zum Wildbeutertum der Sammler und Fischer zwischen dem 5. und 3. Jahrtausend
ist durch zahlreiche riesige Muschel- und
Abfallhaufen belegt, die sich am Karibischen Meer und längs der pazifischen Küste
bis Feuerland finden.

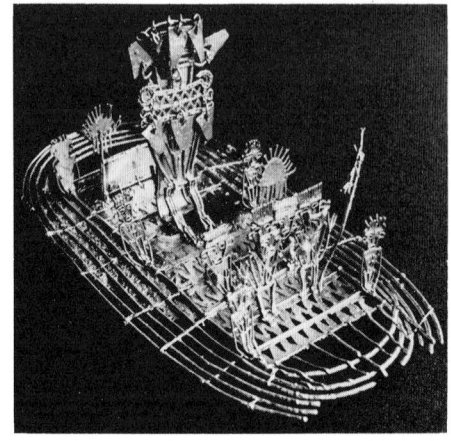

592 Goldmodell des ›El Dorado‹ auf seinem Floß.
Quimbaya-Stil, Kolumbien

1 Kolumbien

Das Durchgangsland aller Nomadenstämme auf ihrem Weg nach dem Süden war
Kolumbien, das von Ekuador aus durch
drei Ketten (Kordilleren) der Anden nach
Norden geteilt wird. Zwischen diesen durch-
laufen der Magdalena-Strom und sein Nebenfluß Cauca breite Täler, die ebenso wie
das Tiefland an der karibischen und pazifischen Küste schon früh besiedelt wurden.
Der Nordwestzipfel des Landes war Ziel
der ersten spanischen Expedition in Südamerika. Das Gerücht von den unermeßlichen Schätzen im ›heiligen See‹ von *Guata-
vita,* der in 3000 m Höhe in den östlichen
Kordilieren im Land der Muisca liegt, lock-
te die Abenteurer an. Um ihn flocht sich die
Sage von ›El Dorado‹, dem vergoldeten
Mann — ein Name, der später zum Inbegriff für ein glückliches, üppiges Land
wurde. Dieser soll aus Gram und Reue über
den freiwilligen Tod seiner von ihm ver-
triebenen ungetreuen Lieblingsfrau, die
sich mit ihrer Tochter in das Wasser

gestürzt hatte, von einem Floß aus alle
seine Kostbarkeiten an Gold und Smarag-
den in den See geworfen haben. Nach der
Legende habe sich jeder neue Herrscher, als
Abbild der leuchtenden Sonne, am ganzen
Leib mit einer dicken Schicht Goldstaub
über Harz bestreut, am Morgen seiner In-
thronisation in die Mitte des Sees rudern
lassen und im Wasser das Gold abgewa-
schen, so daß sich auf dessen Grund riesige
Mengen ansammelten.

Aus dem Küstenbereich des Karibischen
Meeres stammen die früheste Keramik und
erste Hinweise auf den Anbau von Maniok-
wurzeln aus der Zeit zwischen 1500 und
1000 v. Chr. Eine wichtige Fundstätte für
ein fortgeschritteneres Stadium ist *Momil*
am Unterlauf des Flusses Sinu, nach der eine ganze Entwicklungsstufe genannt wird.
In den oberen Schichten von Abfallhaufen
kamen große Vorrats- und Dreifußgefäße
mit Ritzornamenten, zum Teil mit Negativbemalung und figürlichem plastischem
Schmuck zutage, ferner Tonstatuetten,
Spinnwirtel, Pfeifinstrumente und kleine
Goldperlen. In der zweiten Phase, den letzten Jahrhunderten v. Chr., wurde Mais an-

593 Tonfigur aus dem Tumaco-Gebiet

kultes bedeutender Herrscher. Später scheint der Platz mit seinen heiligen Quellen ein religiöses Zentrum, eine Art Wallfahrtsort, geworden zu sein, zu dem die Maisbauern von weither strömten. Um die gewaltigen Monolithblöcke, die eine Höhe von über 4 m erreichen, bis zu 20 km herbeizuschaffen, war eine organisierte Gesellschaft Voraussetzung. Nach Ansicht der Fachwissenschaft gehen die steinernen Kolosse auf Arbeiten aus Holz zurück. Die Zeugnisse der frühen Phase, die in die erste Hälfte des 6. Jahrhundert v. Chr. angesetzt wird, sind monolithische Säulen mit einfachen gravierten Linien, die eine menschliche Gestalt andeuten. In der folgenden Periode erreichte der Totenkult mit Stein-

gebaut. Die Beeinflussung der materiellen Kultur durch Mexiko steht außer Zweifel; dasselbe gilt für den Komplex von *Tumaco,* der nach einer Insel vor dem südwestlichen Küstengebiet benannt wird und dessen Anfänge um 500 v. Chr. liegen. Die Einwanderung erfolgte vielleicht von Mittelamerika aus durch die Küstenschiffahrt in großen Einbäumen oder Flößen. Die zahlreichen kleinen Tonfiguren erinnern jedenfalls in ihrer Kleidung und den deformierten Schädeln ebenso wie die Tierdarstellungen von Jaguaren und Schlangen in Verbindung mit menschlichen Köpfen und Körpern an mesoamerikanische Vorbilder.

Die aufregendste und rätselhafteste Erscheinung Kolumbiens ist die megalithische Kultur im Gebiet des oberen Magdalena-Stromes. Die monolithischen Riesenstatuen, säulenartigen Stelen, Götterschreine und Grabkammern sind auf ein Gebiet von mehreren hundert Quadratkilometern verstreut. Mehr als 300 Skulpturen stehen allein im Umkreis des kleinen Ortes *San Agustín,* nach dem die Kultur genannt wird. Die Sarkophage und Steinbildwerke sind vermutlich Monumente des Begräbnis-

594 Monolithfiguren vor einem megalithischen Grab. San Agustín

kistengräbern, Statuen und großen Sarkophagen seinen Höhepunkt. Die meisten vollplastischen Skulpturen standen oder stehen in unterirdischen Schreinen, oft als ›Karyatiden‹ der Deckplatten. Die anthropomorphen Darstellungen haben häufig

395

tierische Merkmale, das Maul und die Raubtierzähne sowie die Nüstern eines Jaguars oder anderer Bestien; manche beißen in Trophäenköpfe. Auch Schlangen, Krokodile und Raubvögel sind wiedergegeben. Daß die Skulpturen symbolische Bedeutung haben, scheint außer Frage, doch weiß man nicht, welche. Während sich in San Agustín die meisten Gräber in Erdhügeln bis zu 25 m Durchmesser befinden, entdeckte man weiter nördlich in der Landschaft von *Tierradentro* Felsengräber mit Pfeilern und Nischen, die Architektur nachahmen; sie sind mit Kreisen, Rhomben, Treppenmustern und abstrahierten figürlichen Motiven bemalt. Im Gegensatz zu San Agustín war hier Leichenverbrennung üblich.

Der Kult des Jaguars sowie die Groß-Skulptur als solche gemahnen an die Werke der Olmeken; mesoamerikanische Einflüsse

595 *Krieger mit Keule und dem ›Zweiten Ich‹. San Agustín*

596 *Säule mit Menschenfigur und Göttergestalt in einem Grab. San Agustín*

597 *Monolithische Figur mit Raubtierzähnen und Menschenopfer*

könnten auch hier wie anderwärts eingewirkt haben.

Kolumbien verdankt seinen Ruf als Goldland nicht nur dem sagenhaften ›El Dorado‹, sondern in erster Linie seinen hervorragenden und in Amerika unvergleichlichen Goldarbeiten. Das Rohmaterial wurde reichlich aus den Flüssen gewaschen und häufig mit Kupfer gestreckt. Die Legierung wird als ›Tumbaga‹ bezeichnet. Man schmolz das Gold in durchlöcherten Tongefäßen oder schlug und hämmerte in Treibtechnik die Klümpchen zu dünnen Folien. Die Indianer kannten den Guß in verlorener Form aus Wachsmodellen, die Granulation — das Auflöten von Goldkügelchen — und eine Art Filigranarbeit. Da die meisten Objekte über Grabräuber in den Handel kamen, ist ihre Herkunft unsicher und ihre Datierung schwierig. Einige unter wissenschaftlicher Leitung ausgegrabene Schachtgräber von Fürsten, die eine Menge von Beigaben — Plastiken als Abbilder der Verstorbenen, porträtähnliche Masken mit Dämonendarstellungen, Brustplatten, Gewandnadeln und Tierfiguren — enthielten, gaben gewisse Anhaltspunkte für eine Bestimmung der Stilabfolge. Zur Zeit der Conquista waren die Quimbaya, sowie die Träger des Tairona-Stils und die Muisca wegen ihres Goldschmucks besonders berühmt.

Die *Quimbaya*, deren Anfänge bis ins 2. Jahrhundert v. Chr. zurückgehen, lebten bei der Ankunft der Spanier im mittleren Cauca-Tal. Von ihnen stammen die prachtvollsten Goldarbeiten; besonders die hohlgegossenen, naturnahen menschlichen Figuren sind von großer Schönheit. Ihren Arbeiten verwandt sind die des *Calima-Stils* vom Oberlauf des Cauca-Flusses, wo ein Zentrum der Goldbearbeitung lag und reiche Funde zutage kamen.

Die kriegerischen Cauca-Stämme brachten als Beute Kopf-, Hand- und Fußtrophäen heim, die in den Wohnungen der Kaziken, der Häuptlinge, aufgehängt wurden. Die Trommeln bespannten sie mit Menschenhaut. Ihrem Kannibalismus lagen magische Motive zugrunde; durch das Verzehren des feindlichen Leichnams wollte man sich dessen Kräfte einverleiben. Menschenopfer entsprangen denselben Vorstellungen wie in Mesoamerika.

Die Träger der *Tairona-Kultur* lebten in der Sierra Nevada de Santa-Marta am Karibischen Meer. Diese Völkerschaften kannten als einzige in Kolumbien den Bau mit Steinen; ihre Ansiedlungen erreichten die Größe von Städten mit mehreren tausend Einwohnern. Sie errichteten Tempel und Plattformen, pflasterten ihre Straßen mit Steinen und legten Bewässerungskanäle an. Ihre kleinen Skulpturen sowie die Steinbildwerke — Masken, Köpfe von Dämonen und Raubtieren — zeigen Verbindung mit Mesoamerika. Unter ihren verschiedenartigen Goldarbeiten ist die Wiedergabe eines vogelähnlichen Wesens charakteristisch. Von dem hohen Stand ihrer Töpferei zeugt der Reichtum der Formen.

Die *Muisca*, ein Stamm der Chibcha-Indianer, bewohnte das Hochland in der

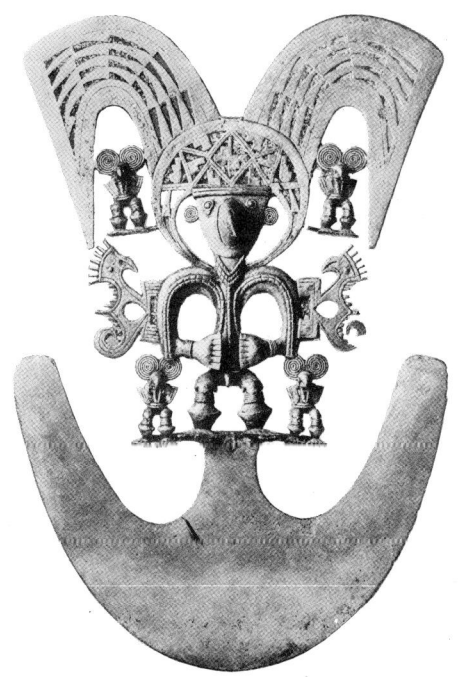

598 Goldener Anhänger aus dem Cauca-Tal

599 Hohlgegossene Gold-
figur, Quimbaya-Stil

600 Tonfigur der
Tairona-Kultur

Muisca-Stil der Goldarbeiten erreichte nicht die Höhe der westkolumbianischen Völker; typisch sind flache Menschenfiguren mit geometrischen Körpern, deren Gliedmaßen und Gegenstände mit Golddraht filigranartig angebracht sind.

Die Rivalität der Muisca-Fürsten und ihre dauernden Fehden erleichterten den Spaniern die Unterwerfung.

2 Ekuador

Erst seit den 50er Jahren wurde das Land Ekuador wissenschaftlich so erschlossen, daß heute eine Übersicht über seine Entwicklung möglich ist. Wie Kolumbien war es ein Einfallstor nach dem Süden. Sein Küstenvorland, die Costa, hat eine Breite bis zu 200 km und bot, vor allem im Flußgebiet des Guaya-Beckens, in der Frühzeit günstige Voraussetzungen für die Besiedlung. Das Klima im Hochland, der Sierra, ist das einer gemäßigten Zone. Über die frühesten Spuren menschlicher Betätigung berichteten wir einleitend. Am intensivsten wurden seit 1953 die Kulturen der Küste erforscht und ihre Beziehungen zu Mesoamerika in den Blickpunkt gezogen. In der Fachliteratur unterscheidet man eine ›Formative Periode‹, die ›Periode regionaler Sonderentwicklungen‹ und die ›Zeit der Integration‹. Da in der zweiten Phase die Gemeinsamkeiten stärker sind als die stilistischen Unterschiede und in der dritten die Bildung größerer staatlicher Einheiten nur vermutet werden kann, übernehmen wir die in Mittelamerika und Peru übliche Einteilung in eine vorklassische, klassische und nach- oder spätklassische Epoche, auch wenn die Trennung nicht so klar wie dort möglich ist.

Gegend des heutigen Bogotá. Von den spanischen Chronisten verherrlicht, galt ihre Kultur als die höchstentwickelte Kolumbiens. In ihrem Gebiet wurde, wie erwähnt, der ›El Dorado‹ gesucht. Der Glanz ihrer reichgeschmückten Herrscher mit golddurchwirkten Gewändern, mit prunkvollem Federschmuck und Zeptern sowie ihr riesiger Hofstaat beeindruckten die Eroberer tief. Die Kaziken, denen der Besitz von einigen hundert Frauen nachgesagt wird, sollen als Verkörperung von Sonne und Mond göttliche Verehrung genossen haben. Ihr Kulturbringer BOCHICA weist dem mexikanischen Quetzalcóatl ähnliche Züge auf. Wenn die Muisca auch soziologisch auf einer höheren Stufe standen und ihr Handel und Landanbau blühten, so sprechen doch die archäologischen Befunde gegen ihren Ruf als Träger einer Hochkultur. Ihre technischen und künstlerischen Fähigkeiten waren gegenüber anderen Stämmen eher ärmlich und primitiv. Der

601   *Frauenköpfchen aus Ton, Valdivia-Kultur*

602   *Frauenkopf der Chorrera-Kultur*

Die ›Vorklassische Periode‹ beginnt mit der *Valdivia-Kultur* in den südlichen Provinzen Guayas und El Oro, genannt nach einem Fischerdorf auf der Halbinsel Elena. Man fand dort die früheste darstellende Keramik des ganzen Doppelkontinents; sie wurde nach Radiokarbonmessungen in die Zeit zwischen 3200 und 1800 v. Chr. datiert, hat also ein enorm hohes Alter. Eine noch frühere Schicht, die 1971 von H. BISCHOF nachgewiesen wurde, kann neue Überraschungen bringen. Das plötzliche Auftreten der Valdivia-Keramik und ihre nicht übersehbare Ähnlichkeit mit der Jômon-Kultur Japans führten zu der phantastischen These, daß japanische Fischer an die Küste Ekuadors verschlagen wurden und ihre Kenntnisse dorthin mitbrachten.

Die Valdivia-Menschen waren seßhaft und lebten überwiegend vom Fischfang. Bereits in ihren Erzeugnissen zeigt sich ein Charakteristikum aller Keramik Ekuadors: die ausgeprägte Vorliebe zur selbständigen Figurenplastik. Die nur fingerlangen, rotbraun bemalten Statuetten stellen meist Frauen mit ausgeprägten Formen dar, deren differenzierte Frisuren wie in Ägypten die Gesichter umrahmen. Mund, Augen und Brauen sind eingeschnitten. Sie haben keine Parallelen in den anderen Gebieten der Neuen Welt. Zahlreiche Figuren, die zweifellos einen Fruchtbarkeitskult belegen, wurden zwischen Muschelabfällen in 1,50 bis 4 m Tiefe in der Nähe des Strandes gefunden. Die meisten waren zerbrochen worden, wahrscheinlich mit Absicht aus Anlaß bestimmter Zeremonien.

Der Valdivia-Periode folgte in etwa dem gleichen Gebiet am Anfang des 2. Jahrtausends die *Machalilla Phase*. Bestattungen unter den Häusern mit Beigaben sprechen für Jenseitsvorstellungen. Erstmals in Ekuador erscheint Gefäßbemalung. Wichtiger ist die *Chorrera-Kultur* von etwa 1700

603 Stehender Priester mit helmartiger Kopfbedeckung. Chorrera-Kultur

604 Frühe Tonfigur einer nackten Frau, Bahia-Kultur ▷

605 Bemalte Frauenfigur mit Hals-, Nasen-, Ohren- und Lippenschmuck. Los Esteros, Bahia-Kultur ▷

bis 500 v. Chr. in den Flußebenen des Rio Daule und dessen Hinterland, die trotz Beziehungen zu Peru eine sehr eigenständige, weit verbreitete und für die Zukunft richtungweisende Kunst entwickelte. Wirtschaftliche Grundlage war nun der Anbau von Mais und anderen Nutzpflanzen. Siedlungen bestanden aus Gruppierungen von Häusern auf kleinen Plattformen. Bei vielen der hohlen Tonfiguren fallen gewisse olmekische Züge auf; die Keramik ist dünnwandig, poliert, gelegentlich mit irisierender Bemalung metallischen Ursprungs. Neue Elemente sind Ohrpflöcke aus fein geschlemmtem Ton, sowie anthropomorphe und Pfeif-Gefäße.

Die klassische Epoche

In der ›klassischen Zeit‹ von 500 v. Chr. bis 500 n. Chr. gab es in Ekuador zahlreiche regionale Kulturen, von denen hier nur die wichtigsten genannt werden können und

zwar im Norden die von *La Tolita* und im mittleren Küstengebiet die von *Bahia*. Der Übergang von der rein agrarischen Phase zu einer Zivilisation mit stadtähnlichen Anlagen, mit Arbeitsteilung und der Gliederung in soziale Schichten unter einer Priesterkaste wird mit dem Erscheinen neuer Siedler, die vermutlich auf dem Seeweg kamen, in Verbindung gebracht. Bestimmte Elemente — Nackenstützen, Hausmodelle mit pagodenförmigem Dach, die spezielle Form von Ohrpflöcken in blau gefärbtem Ton und sitzende Figuren im Gebet — führten wiederum zu der Hypothese eines erneuten transpazifischen Kontaktes, diesmal mit größeren Schiffen, die es seit der Zeitwende in Asien gab. Ausreichende Beweise dafür existieren nicht. Verbindungen mit Mesoamerika scheinen sicherer, vor allem im Norden, wo Tonstempel, Figuren mit Federkleidung und Tierköpfe mit aufgesperrtem Rachen mexikanische Anregungen vermuten lassen.

In der *Bahia-Kultur* weisen künstliche Plattformen und rechteckige Pyramidenstümpfe, die einst Tempelaufbauten trugen, auf eine planvolle Architektur. Die Formen von Häusern sind in Tonmodellen überliefert. Reste von Zeremonialanlagen fand man auf der der Küste vorgelagerten Insel *La Plata* und die eines Kultzentrums am Strand von *Los Esteros* bei der Stadt Manta. Mit tönernen Pfeifen — Okarinas in Form von Tieren und Vögeln —, Trommeln und steinernen Klangplatten wurde eine Art Musik erzeugt, welche die komplizierten Rituale begleitete. Schädeldeformation erfolgte aus religiösen oder ästhetischen Gründen. Die Männer trugen als Schmuck prächtige Kopfbedeckungen, Nasen- und Ohrenzierat, Lippenpflöcke und Halsketten. Bei zeremoniellen Anlässen wurden Gesicht und Körper bemalt. Man verarbeitete Gold und Silber in allen Techniken; in der variantenreichen Keramik sind die früheren Errungenschaften weiterentwickelt. Besondere Beachtung verdienen die Tonplastiken; die frühesten Beispiele sind kleine Figuren, meist stehende Frauen, stilisiert und einfach modelliert mit Augen und Mund in ›Kaffeebohnen-Manier‹. Im Jahr 1966 spülte bei einem Sturm das Meer bei Los Esteros am Rand der Stadt Manta Hunderte von Tonstatuen frei, die größten 1 m hoch, die in Reihen hintereinander im Sand staken und zweifellos zu einem Heiligtum gehörten. In wenigen Tagen war die Stelle von der Bevölkerung umgegraben und ausgeplündert; zahlreiche bemalte Figuren wurden durch unsachgemäße Behandlung verstümmelt oder ganz zerstört, die archäologischen Zusammenhänge zunichte gemacht. Ein Teil der übriggebliebenen Funde gelangte in Privatsammlungen oder Museen. Die bemalten hohlen Tonplastiken stellen meist Würdenträger mit den Attributen ihrer Macht und deren Frauen dar; sie sind der Höhepunkt der Bahia-Kunst.

Die im Norden an das Bahia-Gebiet anschließende *Jama-Coaque-Kultur* zeichnet sich durch Kleinplastiken mit Darstellungen mythologischer Wesen aus, in denen Mensch und Tier eigenartig vermischt sind. Jaguar und Schlange müssen im Kult eine besondere Bedeutung gehabt haben. Daraus und aufgrund der phantasievollen, fast barocken Formen wird ein starker Einfluß der Maya angenommen; man spricht sogar von einem ›Caras-Maya-Stamm‹, der aus Mittelamerika eingewandert sei.

Ähnliches trifft auch für die *La Tolita-Kultur* zu, die an den Bereich von Jama-Coaque im Norden unmittelbar anschließt und nach einer kleinen Insel in der Flußmündung des Rio Santiago in der Provinz Esmeraldas benannt ist. Durch die günstige geographische Lage entstand hier ein Zentrum künstlerischen und handwerklichen Schaffens. Die Insel selbst ist die größte bisher bekannte Nekropole Ekuadors. In La Tolita herrschen ebenfalls Mischwesen und anthropomorphe Tonplastiken vor, ferner Totemtiere wie Schildkröten, Eidechsen, Leguane, Eulen u. a. Zu den Gottheiten minderen Ranges gehörte ein alter Mann, der mit dem Feuerkult in Verbindung stand und an den ›Uralten‹ aus Mexiko erinnert. Jaguar und Krokodil sind als Symbole der Fruchtbarkeit zentrale Themen der Darstellungen, doch sind auch rein menschliche Bildwerke, beispielsweise der klassisch

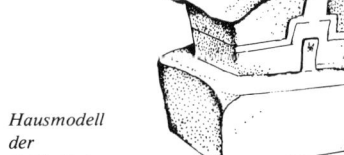

606 *Hausmodell der Bahia-Kultur*

607 Anthropomorphe Figur
     mit Jaguarkopf und
     Federschmuck,
     La Tolita-Kultur

608 Sitzender Mann mit
     hohem Kopfputz,
     Jama-Coaque-Kultur

609 Tonfigur eines alten
     Mannes,
     Koka kauend,
     La Tolita-Kultur

schöne Kopf einer Frau und Szenen aus dem Leben häufig. Die Keramik ist, was Formen und Objekte betrifft, außerordentlich vielfältig. Die Metallarbeiten von La Tolita, besonders Goldmasken von Menschen und Tieren, stehende hohle Figuren, Ohr- und Nasenschmuck sowie Brustplatten, sind in Ekuador einzigartig. Platin wurde hier zum erstenmal in der Welt als Legierung verwendet.

Die spätklassische Epoche

Die ›spätklassische Zeit‹ oder ›Periode der Integration‹ von 500 bis 1500 n. Chr. begreift Teile des Küstenbereichs und das Hochland, die Sierra, bis zu den östlichen Abhängen der Andenkette ein. Die letzte Blüte im Tiefland, die *Manteno-Kultur,* umfaßt in etwa den Raum der Bahia-Zivilisation bis Machalilla im Süden. Der wachsende Wohlstand durch Landwirtschaft, Handwerk und Handel hatte eine größere Bevölkerungsdichte zur Folge. Es entstanden ausgedehnte Stadtanlagen wie *Manta,* das sich über mehrere Quadratkilometer erstreckte, und dessen Mauern aus in Lehm

gebetteten Steinen zum Teil noch zu sehen sind. Die Menschen bauten tiefe Brunnen, Talsperren und kleine Wasserreservoirs. Hügel wurden für den Maisanbau terrassiert. Auch die Seefahrt nahm einen Aufschwung; eine spanische Chronik aus dem Jahr 1527 berichtet von einem Floß aus Balsaholz mit baumwollenen Dreieckssegeln, einem kajütenartigen Deckaufbau und Steuerbrettern. »Es trug an Bord Gegenstände aus Gold und Silber, Kronen, Diademe, Gürtel, Armreifen und Rüstungen, Brustharnische, Zangen, Schellen und Bündel von Ketten, weiße und rote, und mit Silber verzierte Spiegel . . ., Tücher aus Wolle und Baumwolle, Hemden . . ., das

610 Frauenkopf mit
     perforierten
     Ohrmuscheln,
     La Tolita-Kultur

meiste davon gemustert und in leuchtenden Farben, kochenillefarben und scharlachrot, blau und gelb und allen anderen Farben, in verschiedenen Musterungen mit Figuren von Vögeln, Tieren, Fischen und Bäumen. Auch gab es da winzige Waagen, um Gold zu wiegen . . .«

Auf den Bergplateaus entdeckte man weltliche oder zeremonielle Zentren mit steinernen Skulpturen, die in den anderen Küstenkulturen fremd sind: Stelen und Sessel in U-Form, deren Sitze von menschlichen Figuren getragen werden. Ihre halbkreisförmige Aufstellung läßt vermuten, daß hier Zusammenkünfte hoher Würdenträger oder Priester stattfanden. Die Vielzahl von Tempeln, von Votivgaben, Räu-

anschließt, und das, wie die zahlreichen künstlichen Erdhügel, die ›Tolas‹, beweisen, dicht besiedelt war, stammen viele Kupferarbeiten, darunter Platten in Form von Beilen mit Gesichtern, die vermutlich als Zahlungsmittel dienten.

Die Kulturen des Hochlandes

Die *Kulturen des Hochlandes,* in dem die Zucht von Lamas und Meerschweinchen wirtschaftlich eine Rolle spielte, stehen hinter denen des Tieflandes in allen Gebieten zurück. Sie blieben abgekapselt und pflegten untereinander keinen Austausch und keine Verbindungen. Bisher sind sie noch

611 Steinsessel in U-Form, Manteno-Kultur

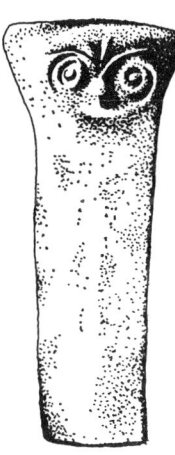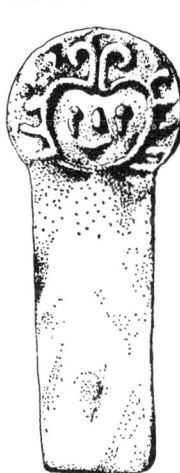

612 Kupferplatten, vermutlich Zahlungsmittel, Milagro-Phase

chergefäßen und menschen- und tiergestaltigen Götterbildnissen sind Zeugnisse tiefverwurzelter Religion; Menschenopfer waren üblich. Von der Keramik sind Gefäße in Form eines auf einem ›Sessel‹ sitzenden Mannes mit breit ausladendem Hut als Räucherschale zu erwähnen. Aus dem *Milagro-Gebiet,* das sich östlich an den Bereich der Küstenkulturen von der peruanischen Grenze bis zum Äquator im Norden

wenig erforscht. Erste Überreste stammen aus der sog. *Narrio-Kultur* um 1000 v. Chr., genannt nach einem Fundplatz bei Cañar in der mittleren Sierra. Dünnwandige Gefäße in Kürbisform, geschmückt mit Fabelwesen, Vögeln und Tierköpfen, sind ihre Eigenart. Aus der klassischen Zeit ist der Horizont von *Tuncahuán* im Norden zu nennen, in dem große Amphoren mit geometrischen Verzierungen in schwarzer Negativmalerei und mit menschlichen Gesichtern am Hals auffallen. In der *Panzaleo-Kultur,* die in den Provinzen des mittleren Hochlandes zuhause war und deren Anfänge in die letzten Jahrhunderte v. Chr. zurückreichen, sind die strengen und schlichten anthropomorphen und die kegelförmig gestuften Gefäße bemerkenswert.

613 *Links: Amphore mit menschlichem Gesicht aus Tuncahuán*

614 *Unten: Dreifußgefäß aus der Provinz Carchi*

615 *Rechts: Tonfigur eines sitzenden Mannes, Provinz Carchi*

In der letzten Epoche nach 500 n. Chr. ragt die ›negativbemalte Keramik‹ der Provinz *Carchi* im äußersten Norden hervor, eines Gebietes, das von großen ovalen oder T-förmigen, bis zu 20 m hohen Tolas übersät ist. Um die Hügel, die auch dem Totenkult dienten, waren Wohnkomplexe angeordnet. In der Mythologie nahm der Hirsch einen besonderen Platz ein. Die Formen und der Dekor der Keramik sind meist hieratisch streng. Halbrunde oder viereckige Schalen werden von Atlanten oder

menschlichen Beinen getragen. Neben plumpen anthropomorphen Gefäßen gibt es rein figürliche Plastiken, häufig sitzende Gestalten mit weit aufgerissenen, mandelförmigen Augen und durch Koka-Kauen gewölbten Wangen. Erotische Themen waren beliebt. Mit der Negativmalerei waren auch die *Puruha* in der Provinz Chimborazo vertraut, die einen Phalluskult pflegten, deren Gefäße mit menschlichen Gesichtern im übrigen recht primitiv sind. Endlich ist noch die *Cañari-Kultur* im Süden des Hochlandes zu erwähnen, in der die Vorkommen an Silber, Gold und Kupfer intensiv ausgebeutet wurden. Die reichen Funde des letzten Jahrhunderts wurden bis auf einen Bruchteil eingeschmolzen.

Das Land östlich der Anden, der Oriente, ist bisher nur wenig erforscht. In den sechziger Jahren des 15. Jahrhunderts wurden große Teile Ekuadors von den Inka erobert und unterworfen. Von der Pracht ihrer Architektur haben nur die Mauern der *Burg von Ingapirca,* eines Sonnentempels im Cañari-Land, die Zeiten überdauert.

3 Alt-Peru (Peru und Bolivien)

Wie die Maya in Mittelamerika, so erregten die Inka in Peru von jeher, vielleicht in noch stärkerem Maße, die Phantasie der Menschen. Sie wurden zum Inbegriff altindianischer Macht, Staatskunst und Organisation. Ihre zyklopische Architektur und ihre fabelhaften Goldschätze fanden überall Bewunderung; ihre grausame Vernichtung durch raublustige und beutegierige spanische Eroberer gibt ihnen für immer einen tragischen Aspekt. Die Geschichte der Inka ist nur eine relativ kurze Periode, wenn auch der Gipfelpunkt in der langen Entwicklung altperuanischer Kulturen.

Wie Ekuador ist auch Peru in drei Landschaften gegliedert. Das 50—150 km breite Küstengebiet ist zum größten Teil wüstenhaft trocken und konnte zu allen Zeiten nur durch ein künstliches Bewässerungssystem landwirtschaftlich genutzt werden. Allein die kleinen Flußtal Oasen waren schon früh besiedelt; sie sind archäologisch genau erforscht. In dem schmalen Küstenstreifen, etwa einem Zehntel des Landes, lebt heute rund ein Drittel der Bevölkerung. Aus-

gangspunkt der ersten höheren Kulturen ist das Gebiet der Anden, die Sierra, das etwa 30% Perus einnimmt und mit ca. drei Fünftel der Menschen am dichtesten bevölkert ist. Der Rest wohnt in dem Waldland östlich der Anden, das einen Flächenanteil von 60% hat und historisch noch wenig erschlossen ist.

Entlang der Küste wurden über 30 vorkeramische Siedlungsplätze entdeckt, die bis in das 5. Jahrtausend zurückreichen. Der Anbau von Bohnen und Kürbisarten ist seit dem 4., der von Mais seit dem 2. Jahrtausend nachzuweisen. Im Mündungsgebiet des Chicama-Flusses in Nordperu wurde ein 12 m hoher Abfallhaufen, die *Huaca Prieta,* ausgegraben, in dem Reste von

616   Verzierung einer Kürbisschale, um 2500 v. Chr.

Netzen und einfachen Kleidungsstücken zutage kamen: seit der Mitte des 3. Jahrtausends wurden Baumwollfasern versponnen. Eine sakrale Anlage aus Lehm und Sand fand man in *Las Haldas* (Mittelperu), einen Tempelbau mit Plattform und

Treppen im *Chillón-Tal* südlich Lima, beide aus dieser Epoche. Die Menschen hausten in Wohngruben, die mit Kieselsteinen oder luftgetrockneten Lehmziegeln (Adobes) ausgelegt und ebenerdig mit Holzbalken oder Walfischknochen abgedeckt waren. Die eingebrannte Verzierung auf einem Gefäß aus Kürbisschale ist die erste künstlerische Äußerung. In der Mitte des 2. Jahrtausend v. Chr. scheint Keramik in Gebrauch gekommen zu sein.

Die vorklassische Epoche

Die Chavín-Kultur

Zwischen 1500 und 1200 v. Chr. entwickelte sich im Hochland der nördlichen Anden die erste Hochkultur Perus, die nach dem bedeutenden kultischen Zentrum, *Chavín de Huántar* an einem Nebenfluß des Marañón benannt wurde. Ihr Einfluß und ihre Stilmerkmale sind bis nach Ekuador im Norden und bis ins Nazca-Tal im Süden zu verfolgen. Da sie unvermittelt und vollentwickelt in Erscheinung trat, nimmt man an, daß bisher ungeklärte Einwirkungen von außen zu ihrer Entstehung beitrugen. Es drängt sich der Vergleich mit der olmekischen Kultur auf, die etwa zur gleichen Zeit

in Mesoamerika zur Blüte kam. Beide verbindet der Kult der Raubkatzengottheit, des Jaguars.

Der Tempel von Chavín, fälschlicherweise als ›Castillo‹ (Festung) bezeichnet, ist eine Anlage aus einer Vielzahl von Gebäuden, Terrassen und Innenhöfen, die im Lauf mehrerer Jahrhunderte errichtet wurden. Der dreistöckige, etwa 75 m lange Hauptbau ist ein Komplex von unterirdischen Gängen, winzigen Räumen, Treppen und Rampen; er wurde mit Ventilationskanälen durchlüftet. Ganz aus mächtigen Granitblöcken gebaut, steht er auf drei Stufen. An seinem ursprünglichen Platz im Mittelpunkt ragt das über 4,50 m hohe schreckenerregende Götterbild in Form eines Messers, ›El Lanzón‹, in die Höhe. Seine Hände und Füße enden in Krallen; auf dem Haupt mit breitem Maul und Raubtierzähnen winden sich Schlangen. Darüber erhebt sich ein säulenförmiger Aufsatz mit Tierfratzen. Zwei andere Steinbildwerke aus Chavín sind der sog. ›Raimondi-Stein‹, halb Mensch mit Zeptern in den Händen, halb Raubkatze, dessen hoch aufgetürmter Kopfschmuck aus Schlangen und geöffneten Tierrachen besteht, und der sog. ›Obelisk‹, ein noch komplizierteres Gebilde aus Mensch, Raubtier, Vogel, Fisch und Reptil. Reliefplatten, ur-

617 Tempelruine in Chavín

618 Steinerner Kopf am Tempel von Chavín

619 Das Götterbild im Tempel von Chavín

620 Der ›Raimondi-Stein‹ aus Chavín

621 Der Obelisk aus Chavín

sprünglich Schmuck der Wände, heute weit verstreut, zeigen Mischwesen, außer Jaguar- vor allem Raubvogelmotive. An den Außenwänden sind riesige stilisierte steinerne Köpfe eingemauert, vielleicht Symbole menschlicher Opfer.

Zahlreiche Zentren der Chavín-Kultur befinden sich im nördlichen Andengebiet, u. a. *Kuntur Wasi* (das Haus des Kondor) in der Provinz Cajamarca mit einer dreistufigen Tempelanlage und einem ausgedehnten Gräberfeld, ferner der Tempel *Cerro Sechin* im Casma-Tal, in dem über 200 Reliefplatten ausgegraben wurden. Stehende Männer mit Lendenschurz und abgeflachten konischen Hüten scheinen Krieger zu sein, an-

dere sind die Besiegten. Auf kleineren Steinen erscheinen abgehackte Köpfe, vermutlich Trophäen. Die Darstellungen erinnern in Motiv und Auffassung an die ›Danzantes‹ von Monte Albán in Mexiko, bei denen freilich keine Trophäenköpfe vorkommen. Bewässerungsanlagen, wie die 14 km südöstlich Cajamarca in 3500 m Höhe gelegene mit einem in den Fels gehauenen, 1 km langen Kanal mit mehreren Tunnels, sind enorme Leistungen.

Die Darstellungen auf Gefäßen und Felsbildern zeigen, daß in den religiösen Vorstellungen der Menschen Schlangen und Krokodile neben dem Jaguar eine besondere Rolle spielten. Ein Charakteristikum

der Chavín-Kultur sind bauchige Flaschen mit bügelförmigem Ausguß. Die eigentümliche Form dieser ›Steigbügelgefäße‹ hielt sich in Peru jahrhundertelang, erreichte aber nie wieder die Kraft und Wucht wie in dieser frühen Phase. Viele sind figürlich gestaltet mit einer Vorliebe für Enten und

624 Steigbügel-
     gefäß der
     Chavín-Kultur

622 Steinreliefs, dreigeteilter Mann und Kopftrophäe, aus Cerro Sechín

623 Verzierung einer Flasche, Chavín-Kultur

kleine Nager, andere wurden mit eingeritztem figürlichem oder geometrischem Dekor verziert. Weitere Formen der Keramik sind Flaschen mit schlankem Hals und Näpfe. Gold wurde schon bearbeitet, auch Reste von gewobenen und bemalten Textilien sind erhalten.

Paracas

Der peruanische Archäologe J. C. TELLO machte 1925 im Süden Perus auf der Halbinsel *Paracas* nahe der Hafenstadt Pisco aufsehenerregende Funde einer etwa 900 Jahre blühenden Kultur, deren Anfänge um 700 v. Chr. liegen. Er entdeckte in unterirdischen Wohnräumen, in Kammern mit tiefen Schächten und in Gruben Hunderte von Mumien, die in meterlange Stoffe — Gewänder und Tücher — eingewickelt waren. Diese sind aus feinsten Geweben, be-

625 Unten: Gefäß
mit Doppel-
ausguß,
Paracas

626 Rechts:
Besticktes
Totengewand
mit Dämonen,
Paracas

von abgeschnittenen Menschenköpfen ein Trophäenkult in Erscheinung, in dem man eine neue Religion zu erkennen glaubt. Die einzigartigen, schlechthin vollendeten Totentücher, die ›Mantos‹, spiegeln die ganze phantastische Götter- und Dämonenwelt mit Mischwesen, Raubkatzen, Vögeln und Schlangen wider. Dem inneren Mumienbündel war oft ein künstlicher Kopf aus Baumwollstoff und Federn aufgesetzt.

In der Keramik wurden kugelige Gefäße mit zwei spitzen, durch einen Steg verbundenen Ausgüssen bevorzugt. Bei den frühen Töpferwaren trug man die mit Harz vermischte Farbe nach dem Brand in eingeritzte Umrisse ein. Später wurden die Gefäße vor dem Brand bemalt. Ihre leuchtenden Farben — Gelb, Olivgrün, Rot, Braun mit Schwarz —, die bis in die Vor-Inka-Zeit in Mode blieben, zeichnen sie vor den Arbeiten des Nordens aus.

Die Klassische Epoche

Die Nazca-Kultur (100 v. Chr. bis 800 n. Chr.)

Südlich von Paracas, in den Flußtälern des Ica und Nazca, entstand vor der Zeitenwende die großartige *Nazca-Kultur,* die in vielen Zügen an die Kunst von Paracas anschließt. Sie ist etwa gleichzeitig wie im Norden die Moche-Zivilisation. Auch ihr

stickt oder mit anderen Techniken verziert; ihre leuchtenden Farben haben sich wunderbar erhalten. Offensichtlich war der Totenkult nirgendwo ausgeprägter als hier. Die Mumien mit deformierten, abgeflachten oder in die Länge getriebenen Schädeln, oft rot bemalt, hockten in großen Korbschalen. Spuren von Trepanation, manchmal mit eingewachsenen Goldplättchen, sind nicht selten. In den ersten Jahrhunderten von Paracas sind in den Motiven, besonders in der Darstellung der Raubtiergottheit, Einflüsse aus Chavín erkennbar. Nach 500 v. Chr. tritt in der Wiedergabe

627 Polychromes
Gefäß mit
Kolibris,
Nazca-Kultur

gen Mannes mit Stirndiadem, Gesichtsbemalung und Federschmuck religiöse Vorstellungen in Erscheinung, die wohl mit der Tiahuanaco-Kultur in Verbindung stehen. In den sechziger Jahren entdeckte man im Nazca-Raum große Siedlungen, so im Rio Grande-Tal einen stadtähnlichen Ort mit Resten eines hölzernen Tempels. Durch große Bewässerungsanlagen mit Aquädukten wurden die Voraussetzungen für einen ertragreicheren Acker- und Gartenbau und damit für eine dichtere Besiedlung geschaffen.

In der *Wüste von Nazca* erkennt man vom Flugzeug aus gerade Linien, geometrische Figuren, Spiralen sowie Vogel-, Fisch- und Spinnenzeichnungen, die sog. ›Scharrbilder‹, die sich auf einem Gebiet von etwa 500 Quadratkilometern finden; sie warfen für die Wissenschaft bisher ungelöste Fragen auf. Die Linien sind durch Wegscharren der dunkelbraunen Erdkruste entstanden und etwa 20 cm tief und 1,20 m breit; ihre Länge reicht bis zu 8 km. Ein fliegender Vogel hat einen Durchmesser von

629   Nazca, Scharrbild einer 50 m langen Spinne

628   Anthropomorphes Gefäß, Nazca-Kultur

Charakteristikum, aber in noch stärkerem Maße, ist das Leuchten und der Reichtum der Farben auf der Keramik, Flaschen mit Doppelausguß, Schalen, Tellern und niedrigen Näpfen. In den Formen trat die plastische Gestaltung in den Hintergrund. In der Frühphase überwiegen als Ausdruck neuer Fruchtbarkeitskulte naturnahe Motive — Tiere, Fische, Vögel, Tausendfüßler, Pflanzen und Früchte. In der folgenden Zeit wurden die Formen eleganter; mehr abstrakte und bizarre Malereien bedecken die Oberfläche. In der Spätphase nach 300 n. Chr. treten in der Darstellung eines bärti-

120 m, eine Spinne den von 50 m. Merkwürdig ist, daß manche der langen geraden Linien an einer Stelle zusammenlaufen, die als Punkt des Sonnenuntergangs am Tag der Sonnenwende in der damaligen Zeit errechnet wurde. Daraus schließt man, daß sich die Linien auf bestimmte astronomische Konstellationen bezogen, die für die Landwirtschaft von Bedeutung waren. Die

630 Anthropomorphes Steigbügelgefäß, Vicús

Moche der *Vicús-Komplex,* der am Anfang Elemente der Chavín-Kultur übernahm, um die Zeitenwende solche der Virú, ferner Impulse aus Ekuador und Kolumbien. Im Vicús-Bereich wurden in den sechziger Jahren Tausende von Gräbern freigelegt; die in ihnen gefundene Keramik zeigt verwandte Züge mit dem Stil von Salinar und Virú. Gemeinsam sind negative Bemalung sowie menschen- und tiergestaltige Steigbügelgefäße. Aufschlußreich sind Tonmodelle von Häusern mit Giebeln, gelegentlich mit durchbrochenen Wänden. Die Goldschmiede von Vicús beherrschten alle Techniken der Metallbearbeitung, insbesondere das Verfahren der Granulation.

Aus der Mischung dieser Stile entwickelte sich die *Moche-Kultur* (100 v. Chr. bis 900 n. Chr.), die künstlerisch höchststehende und am besten bekannte. Ihr Name leitet sich von einem Fluß und Dorf ab, in dessen Nähe sich zwei gewaltige Pyramidenstümpfe erheben. Die größere, noch 41 m hohe Sonnenpyramide ist ein siebenstufiger Bau, in dem etwa 130 Millionen

Tierzeichen können im Zusammenhang mit Stern- und Totembildern stehen. Über ganz Südamerika verstreute Felsritzungen und -malereien scheinen ihren Motiven nach mit den Scharrbildern der Nazca in Zusammenhang zu stehen.

Die klassische Epoche im Norden Perus. Moche

Im Küstengebiet des Nordens erblühte etwa zur gleichen Zeit wie Nazca eine der bedeutendsten Kulturen Perus, die der *Moche.* Ihr voraus gingen in derselben Gegend der *Salinar-* und der *Virú*-Stil, der letztere auch ›Gallinazo‹ genannt. Weiter nördlich im Grenzgebiet zu Ekuador entstand mit

631 *Kriegsszene auf einer Vase und Fuchs in Landschaft mit Kakteen auf einem Steigbügelgefäß. Moche-Kultur*

luftgetrockneter Lehmziegel verarbeitet wurden. An der Mondpyramide kamen Wandmalereien zum Vorschein, die heute zerstört sind. Die große Zahl von ovalen und rechteckigen Kultbauten im Moche- und Chicama-Tal beweist eine dichte Besiedlung, die auch hier nur durch eine intensive Landwirtschaft möglich und für die ein ausgeklügeltes Bewässerungssystem mit zahlreichen Kanälen Voraussetzung war. Erhalten ist ein 15 m hoher und fast zwei km langer Teil eines Aquädukts, der über ein trockenes Tal führt. Hausmodelle zeugen von einer planvollen, komplizierten Architektur. Die überragenden Leistungen der Moche äußern sich am eindrucksvollsten in der Keramik, die in der ganzen Welt nichts Vergleichbares hat. Scharfe Beobachtungsgabe, Ausdruckskraft und lebhafte Phantasie schufen aus-

633 Porträt-Gefäß eines Herrschers, Moche-Kultur

632 Tonmodell eines mehrteiligen Hauses, Moche-Kultur

gezeichnete plastische Porträtgefäße sowie Malereien auf Vasen mit Darstellungen aus dem Alltag, von der Jagd und den Kriegszügen, von Tänzen, dem Totenkult, von Göttern und Dämonen. Man sieht beispielsweise einen Reisenden, am Boden zusammengekauert in seiner von Sklaven getragenen Sänfte, vor sich hinstarrende alte Frauen, Mütter, die ihre Kinder stillen, Menschen, die aussehen, als hätten sie schrecklich zu leiden, und andere, die Heiterkeit ausstrahlen, Zwerge, Wassersüchtige, ferner trauernde Affen, Vögel, Frösche und Eidechsen, aber auch Früchte, Gemüse, Kartoffeln und Maiskolben. Die Porträts, von denen gelegentlich Wiedergaben einer bestimmten Persönlichkeit in verschiedenen entlegenen Gegenden gefunden wurden, was darauf schließen läßt, daß ein Herrscher über weite Gebiete regierte, haben scharfe, hoheitsvolle Züge. Mit Recht bezeichnet man die plastischen Gefäße und die Vasenmalereien als ein Bilderbuch vom Leben und der Kultur dieses Volkes, das mindestens ebenso aufschlußreich ist wie die Bilderschriften der Mexikaner. Die Textilien zeigen ähnliche Motive. Unter den Metallarbeiten aus dem 8. Jahrhundert sind besonders die mit eingelegten Türkisen hervorzuheben. Von 450 bis 600 beherrschten die Moche, deren erste Spuren im Vicús-Gebiet nachzuweisen sind, fast die ganze Nordküste Perus; unter der streng organisierten Herrschaft von Priesterfürsten entstanden die großen Gemeinschaftswerke — Bewässerungsanlagen, Stufenpyramiden und Befestigungen. Über das Ende ihrer Kultur weiß man wenig; seit dem 7. Jahrhundert zeichnet sich ein Verfall ab. Neue religiöse Ideen drangen im Gefolge von kriegerischen Eroberungen vom Süden her ein.

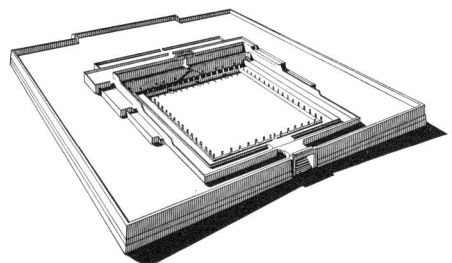

634   *Rekonstruktion der Calasasaya in Tiahuanaco*

Die klassischen Hochlandkulturen

Recuay

In denselben Jahrhunderten, in denen Moche und Nazca blühten, entstand im oberen Santa-Tal im nördlichen Hochland zwischen den schwarzen und weißen Kordilleren ein eigener Stil, der nach dem Städtchen *Recuay* benannt ist und dessen Einflüsse ziemlich weit reichen. Neben unterirdisch mit Steinplatten ausgelegten Galerien, die als Wohnungen und Gräber dienten, gab es mehrräumige und zuweilen mehrstöckige Steinhäuser. Reliefs auf Steinplatten sind unbeholfen und stereotyp. In der Malerei wurde Negativbemalung bevorzugt; typisch sind vielfigurige Szenendarstellungen um eine Hauptgestalt in der Mitte mit stilisierten etwas steifen Formen. Tonstatuetten geben Krieger mit Schild und Keule oder Hirten mit Lamas wieder.

Die Tiahuanaco-Kultur

Am Südufer des Titicaca-Sees im heutigen Bolivien, dem höchsten schiffbaren Binnenmeer der Erde, entwickelte sich nach 400 eine der rätselhaftesten Kulturen Altamerikas, deren Einfluß nach 800 über ganz Peru ausstrahlte. Nach ihrem Kerngebiet, der 3800 m hoch gelegenen Ruinenstätte *Tiahuanaco,* etwa 60 km von La Paz, der Hauptstadt Boliviens entfernt, erhielt sie ihren Namen. Tiahuanaco war eine Kultstätte, vielleicht ein Wallfahrtsort; die Reste einer gewaltigen Architektur und die riesigen Monolithblöcke führten zu phantastischen Spekulationen über ihren sagenhaften Ursprung. Unglücklicherweise wurde sie lange Zeit als Steinbruch für Indianerdörfer, Kirchen und sogar für den Bau der La Paz-Eisenbahn benutzt, so daß man sich kaum ein Bild der ursprünglichen Anlagen machen kann. Der Name stammt aus der Inka-Zeit; seine Bedeutung ist nicht ergründet. Die Bauwerke, die über ein Areal von annähernd 500 Quadratkilometer verstreut sind, konnten nur unter der Herrschaft einer mächtigen Priesterschaft errichtet werden. Der Grundzug der gesamten Kultur ist ein religiöser; auch ihre Expansion scheint von der Verbreitung dieser Göttervorstellungen, allerdings mit Hilfe kriegerischer Unternehmungen, ausgegangen zu sein. Der Bau der Riesenanlagen muß sich über mehrere Jahrhunderte hingezogen haben; man nimmt an in zwei aufeinanderfolgenden Phasen, da sowohl die verwendeten Gesteinsarten wie die stilistischen Merkmale verschieden sind.

Im Ruinenfeld werden drei Bezirke unterschieden: Die ›Accacpana‹ ist eine 15 m

635   Hof der Calasasaya in Tiahuanaco

hohe Stufenpyramide auf einem natürlichen Erdhügel, die Basis für einen Tempel
war und auf die Treppen führten. In ihrer
Nähe liegt im Zentrum die ›Calasasaya‹,
eine 130 auf 135 m große Anlage, deren
Grundriß erhalten blieb. Sie war von einer
hohen Mauer umgeben, von der pfeiler-
artige Hausteinblöcke nicht weggeschleppt
werden konnten, so daß eine Rekonstruktion möglich war. Um einen Hof liegt der
Innenbau konstruiert, wahrscheinlich ein
Tempel, der stufenförmig in die Erde hin-
eingebaut wurde. Die inneren Seiten der
Mauer sind mit großen steinernen Köpfen
geschmückt. In der Nordwestecke steht das
berühmte *Sonnentor,* das aus einem einzigen riesigen Andesitblock von 4 m Breite
und 3 m Höhe gehauen ist und ein Gewicht

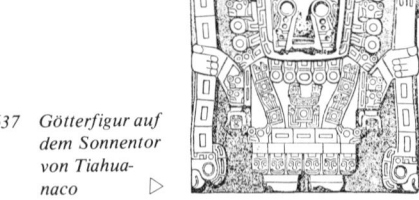

636   Sonnentor von
◁   *Tiahuanaco*

*637   Götterfigur auf
dem Sonnentor
von Tiahua-
naco* ▷

von schätzungsweise 7 bis 10 Tonnen hat. Auf dem oberen Drittel ist in ganzer Breite ein Flachrelief im klassischen Tiahuanaco-Stil eingemeißelt. Die in der Mitte auf einem Sockel stehende Götterfigur hält in beiden Händen Zepter, die in Kondorköpfen enden. Von den Strahlen, die von ihrem Haupt ausgehen, haben sechs die Form eines Pumakopfes. Aus den Augen des Gottes fallen Tränen als Symbole des Regens. Die Umrahmung des Körpers bilden stilisierte Raubtier- und Kondorköpfe und am Gürtel hängt eine Reihe von Menschenschädeln. Von beiden Seiten nahen sich der Gestalt in drei Reihen übereinander geflügelte Wesen, ›Genien‹, in Profilansicht, ebenfalls mit Zeptern in den Händen und mit Menschen- oder Vogelantlitz. Auf dem Fries darunter wiederholt sich das Götterbildnis der Zentralfigur in kleinerem Maßstab. Die geistige Kraft, die hinter dieser Darstellung des Sonnengottes steht, ist ebenso bewundernswert wie die Kühnheit der Menschen, die diesen und andere Monolithen in einem etwa 5 km entfernten Steinbruch herauslösten, mit großer Kunstfertigkeit bearbeiteten und in einem mühevollen Transport nach dem Tempel brachten. Ein dritter Kultbau liegt 1 km südwestlich der Calasasaya. Auch hier ist ein rechteckiger vertiefter Hof mit tonnenschweren Bodenplatten von hohen Mauern umschlossen. Die rechteckig geschliffenen Steine wurden durch Bronzeklammern und Dübel zusammengehalten.

In und um Tiahuanaco wurden monolithische Standbilder, z. T. über 5 m hoch, gefunden, von denen die meisten heute im Museum von La Paz stehen; es sind starre, eckige Pfeiler in Menschengestalt, die Ehrfurcht gebieten. Daß die Kunst von Tiahuanaco, wie erwähnt, in ihrem Wesen religiös ist, zeigt sich besonders in diesen steinernen Figuren, in denen die Unmittelbarkeit des Ausdrucks und die abstrakte Verdichtung dem Dekorativen vorgezogen sind.

638 Monolithisches Standbild in Tiahuanaco

Die klassische Keramik ist dünnwandig und vielfarbig. Neben geometrischen Ornamenten kehren als Motive Pumas, Schlangen und Kondore, mit schwarzen und gelblichen Konturen umrissen, immer wieder; auch hier sind das Symbolische und Typische betont. Neben kelchartigen Bechern und Flaschenformen gibt es innen bemalte Schüsseln und zweihenklige Töpfe mit Außenbemalung. In Tiahuanaco wurde um 500 zum erstenmal Bronzelegierung verwendet. Als Goldschmuck sind vor allem Treibarbeiten bekannt.

Eine andere Fundstätte aus klassischer Zeit ist *Pucara* im Norden des Titicaca-Sees auf peruanischem Gebiet, die wahrscheinlich älter als Tiahuanaco ist. Die großen realistischeren Steinskulpturen stellen meist einen Mann mit kurzer Hose, mit einer Art Kappe auf dem Kopf und einer Schädeltrophäe in den Händen dar. Auf Stelen erscheinen eidechsenähnliche Wesen mit einem Ring über dem Kopf.

Die nachklassische Epoche

Im 9. Jahrhundert scheint die neue, von Tiahuanaco ausgehende Religion über die mehr militärisch ausgerichtete Herrschaft von Priesterfürsten in den Küstengebieten triumphiert zu haben. Ihre Verbreitung während der sog. ›Expansionsphase‹ ist in den Symbolformen zu erkennen, die zuerst im südlichen Hochland in *Huari* (Wari) erscheinen, das 25 km nördlich von Ayacucho auf einer vulkanischen Hochebene liegt. Die alte Stadt umfaßte ein großes Areal mit von hohen Mauern umgrenzten Vierteln. Die zum Teil mehrstöckigen Häuser waren um weite Plätze gruppiert. In der letzten Phase von Huari, das schon in der Nazca-Zeit existierte, überwiegen in der Keramik und in Metallarbeiten die Darstellungen der Gottheit des Sonnentores von Tiahuanaco sowie stark stilisierte Motive des Puma und Kondor. Ungewöhnlich große polychrom bemalte Gefäße und Figuren hatten sakrale Bedeutung. Im Gebiet der mittleren Küste, aus dem schöne Einzelfunde aus der klassischen Zeit *(Nieveria,* um 800) und zahlreiche Kultbauten stammen, dessen Entwicklung im einzelnen aber noch ungeklärt ist, verschmolzen Huari- und Nazca-Elemente zu einer Einheit ohne eigene neue Stilmerkmale. Die Keramik ist technisch sehr fein; Gefäße mit Doppelausguß sind typisch. Besonders die Arbeiten der Kleinkunst sind prachtvoll: Kalkbüchsen für Koka, Edelsteinmosaike, Miniaturfiguren und Beinschnitzereien.

Unter den etwa achtzig Ortschaften der Huari-Phase ist die Tempelstadt von *Pachacamac,* wenige Kilometer nördlich Lima, das bedeutendste Zentrum. Es war eine Art Wallfahrtsstätte mit einem Orakel des Weltenschöpfers *(pacha* = Welt, *camac* = der ordnet und gebietet), das noch der letzte Inka, ATAHUALPA, um Rat fragte. Über dem alten Heiligtum errichteten die Inka eine

640   Felsritzung einer gefleckten Katze, Toro Muerto, Majes-Tal

mächtige mehrstufige Pyramide mit Sonnentempel, in welchem den Spaniern unermeßliche Beute in die Hände fiel. In dem nicht weit entfernten Gräberfeld von *Ancón* wurden zahlreich Gefäße des Küsten-Huari-Stils ausgegraben. Von dem militärischen Charakter der Zeit zeugen zahlreiche Verteidigungswerke. Eine städtische Anlage im Hochland ist *Piquillacta* bei Cuzco, in der wie in Huari die einzelnen Stadtviertel durch 10 m hohe Mauern abgegrenzt waren. Auch *Cajamarca* im Norden,

639   Großer Krug mit plastischem Gesicht, polychrom bemalt, und Kalkbüchse für Koka. Huari-Kultur

in dem 1552 die tödliche Begegnung zwischen Pizarro und Atahualpa stattfand, war ein Mittelpunkt in der Huari-Phase.

Man entdeckte in Peru an verschiedenen Plätzen und aus verschiedenen Zeiten Felszeichnungen, deren Datierung sehr schwierig ist. Aus der Tiahuanaco-Huari-Periode stammen solche aus *Toro Muerto* im Majes-Tal mit Menschen- und Tierdarstellungen.

Nach 1000, als die Macht der Huari verfiel, bildeten sich im mittleren Küstenbereich kleinere und größere Fürstentümer in den verschiedenen Flußtaloasen, die bis zur Unterwerfung durch die Inka bestanden und von denen drei historisch überliefert sind.

Das Reich der Chimú

Nach einem alten Dokument soll der Stammvater des Geschlechtes der *Chimú,* mit einem Floß aus Ekuador kommend, an der Küste nahe bei Trujillo gelandet sein und eine Dynastie von 18 Herrschern, die

641   Lehmrelief an einer Mauer von Chan Chan

z. T. namentlich aufgeführt werden, begründet haben. Jedenfalls entstand um 1000 in dem alten Kerngebiet der Moche ein neuer Staat, der im Lauf der folgenden Jahrhunderte die Bedeutung eines Reiches gewann und seine Macht von der Nordgrenze Perus bis nach Paramonga im Süden ausdehnte. Kulturell gehen die Chimú auf das Gebiet von *Lambayeque* zurück, in dem Elemente der Moche- und Huari-Zeit verschmolzen waren. Ihre Hauptstadt war

642   Teil der Ruinenstadt Chan Chan

Chan Chan, die eine Fläche von etwa 18
Quadratkilometern einnahm und von einer
heute noch 9 m hohen Stadtmauer umschlossen war. Erdbeben und Überschwemmungen zerstörten die meisten Bauwerke,
aber die Grundrisse und das rechtwinklige
Straßennetz geben den Beweis einer städte-
baulich meisterhaften Anlage, die in zehn
größere Viertel unterteilt war, vermutlich
Wohngebiete verschiedener Gesellschafts-
schichten. Pyramiden, Paläste, große Plätze, Wasserbecken und weitläufige Garten-
sowie Begräbnisbezirke unterbrachen das
Stadtbild. Ein Teil des rechtwinkligen Hafens konnte mittels Schleusen verschlossen
werden. Die perfekt geplante Metropole aus
gestampftem Lehm und luftgetrockneten
Ziegeln ist in ihrer Größe zu dieser Zeit ein-
malig. Viele Wände der palastähnlichen
Gebäude waren ungewöhnlich reich mit
heute großenteils verwitterten Lehmreliefs
verziert, deren Muster an die von Textilien
erinnern: geometrische Ornamente, stilisierte Darstellungen von Vögeln und
Fischen.

*644   Steigbügelgefäß mit Familienszene, Chimú-Kul-
tur*

Der Goldreichtum der Chimú muß unermeßlich gewesen sein und die Schätze der
Pharaonen übertroffen haben. Obwohl die
Spanier das meiste weggeschleppt hatten,
wurden später Millionenwerte in Gräbern
gefunden. Bis in die Gegenwart durchwühl-
ten Schatzgräber Kultbauten und Friedhöfe
und trugen dadurch wesentlich zur Zerstörung der Stadt bei. Die Arbeiten, die von
der Prunkliebe und Schmuckfreude der Bewohner zeugen und die nicht einer privile-
gierten Schicht vorbehalten waren, sind berühmt und mit allem technischen Raffine-
ment hergestellt. Auf einen in letzter Zeit
gefundenen Mantel sind schuppenförmig
etwa 13 000 Goldteilchen und in der Mitte
16 kleine Gesichter aus demselben Material
aufgenäht. Auch Mosikarbeiten aus farbigen Muschelschalen und köstliches Feder-

*643   Goldene Figur der
Chimú-Kultur*

werk sprechen von dem Luxus der Menschen. Im Gegensatz zu diesen handwerklichen Meisterleistungen ist die Keramik im allgemeinen technisch und formal schwach. Man bevorzugte schwarze Steigbügelgefäße, die den Eindruck von in Modeln gefertigter Massenware machen. Ausnahmen sind plastische Darstellungen von Szenen.

Südlich von Trujillo befinden sich die beiden größten erhaltenen Heiligtümer der Chimú, die Sonnen- und die Mondpyramide, deren Kern von den Moche stammt. Eine andere wichtige Stadt aus der Zeit war *Pacatnamú* im Norden von Chan Chan, heute eine riesige Trümmerstätte, in der einst 57 abgestumpfte Pyramiden standen. Die südliche Grenzfestung des Reiches, 200 km von Chan Chan entfernt, war *Paramonga,* dessen sog. ›Große Mauer‹, ein Schutzwall von angeblich 60 km Länge, als ein Wunderwerk der Zeit galt.

Nördlich und südlich von Lima ist der Name des kleineren Fürstentums *Cuismancu* überliefert, in dessen Gebiet die erwähnte Kultstätte Pachacamac liegt und deren Herrscher wegen ihres prunkvollen Lebens großes Ansehen genossen. Zentrum des Staates war die Stadt *Cajarmarquilla,* von der trotz der jährlichen Überschwemmungen mehrere alte Bauwerke aus Lehmziegeln erhalten sind, die einen besonders aufschlußreichen Eindruck von dieser Bauweise vermitteln. Die dritte Staatsbildung dieser Zeit erhielt ihren Namen nach dem Fluß *Chincha.* Sie erstreckte sich über die Täler dieses Flusses, des Pisco, Ico und Nazca. Es soll ein mächtiges Volk gewesen sein, das erst nach schweren Kämpfen von den Inka unterworfen werden konnte. Größere Siedlungen sind selten; die sehr zerstörten Anlagen scheinen um einen kultischen Kern mit Terrassen und Pyramiden gruppiert gewesen zu sein. Als Baumaterial verwendete man eine Mischung von Ton, Steinen und Muscheln, eine Art Zement.

645   *Die Große Mauer der Chimú bei Paramonga*

Die Inka

Das einzige Großreich der indianischen Stämme schufen die *Inka* in der Zeit von 1430—1527, also in knapp hundert Jahren. Es hatte von Ekuador im Norden bis weit nach Chile im Süden eine Ausdehnung von nahezu 4000 km. Der Name Inka stand ursprünglich als Titel nur dem höchsten Herrscher zu; später wurde er auch für den Adel aus Inkageblüt verwendet. Heute wird er, fälschlicherweise, als Bezeichnung des ganzen Volkes benützt. Dessen Geschichte kann bis etwa 1200 zurückverfolgt werden. Bis zur Regierung des Herrschers PACHAKUTEC, der 1438 gekrönt wurde, war der Quecha-sprechende Bergstamm der späteren   Inka   ein   verhältnismäßig unbedeutender Verband im Hochtal um Cuzco. Erst dann begann die Expansion, wurde Quecha Staatssprache und der Sonnenkult einzige Religion. Unter TOPA INKA (1471—1493) wurden die Chimú besiegt und das Staatsgebiet bis Quito in

Ekuador und im Süden bis Nordchile erweitert. Auch die Eroberung des Berglands von Bolivien und Nordwest-Argentinien fiel in dessen Regierungszeit. HUAYANA CAPAC, der von 1493—1527 herrschte, vollendete den inneren Aufbau und die streng zentralistische Verwaltung des Reiches, das durch erfolgreiche Feldzüge in Ekuador seine größte Ausdehnung erreichte. Vor seinem Tod erfuhr er von der Ankunft der bärtigen Spanier.

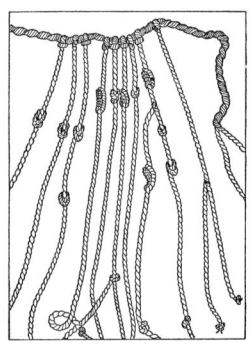

646   Knotenschnur
(Quipu)
der Inka

Huayana Capac hatte seine Residenz nach *Tomebamba* in Ekuador verlegt, um die Nordgrenzen besser überwachen zu können. Die Maßnahme führte nach seinem Tod zu dem unseligen Bruderkrieg zwischen seinen beiden Söhnen, der den Sieg der Spanier wesentlich erleichterte. ATAHUALPA, der letzte Inka, der die drohende Gefahr unterschätzte, wurde 1533 in Cajamarca erdrosselt.

Geistiger und geographischer Mittelpunkt des ›Reiches der vier Weltgegenden‹ war das heilige *Cuzco,* das um 1200 auf älteren Siedlungen gegründet worden sein soll. Die Einteilung in Landesteile entsprach den natürlichen geographischen Gegebenheiten: den Küstengebieten, dem peruanischen und bolivianischen Hochland und den Osthängen der Kordilleren. Ihre Verwaltung lag in Händen von vier Statthaltern — einer Art Kronrat —, die der höheren Adelsschicht angehörten und meist Verwandte des Herrschers waren. Für besondere Aufgaben unterstand ihnen ein Netz von Beamten. Der Inka genoß bei seinen Untertanen höchstes Ansehen und wie bei vielen frühen Kulturen eine gottähnliche Verehrung; er führte die Beinamen ›Sohn der Sonne‹ und ›Freund der Armen‹. Seine Stellung war absolut. Der Leichnam eines Herrschers wurde einbalsamiert und seine Mumie als Götterbild in ihren reichgeschmückten Gewändern im Tempel des Schöpfergottes aufgestellt, das von einer Goldmaske bedeckte Antlitz in Richtung

des Sonnenaufgangs. Oft wird von einem ›sozialistischen‹ System bei den Inka gesprochen. Tatsächlich brauchte niemand zu hungern, auch für die Alten und Kranken, sowie für Witwen und Waisen wurde gesorgt, aber die Kluft zwischen der herrschenden Kaste und dem einfachen Volk war tief. Zur Befriedung eroberter Gebiete wurden die Menschen rücksichtslos umgesiedelt.

Die Verwaltung des riesigen Reiches war nur mit Hilfe eines ausgezeichneten Straßennetzes durchzuführen; der Inka mußte über alle Vorgänge auch in den entferntesten Gegenden aufs schnellste unterrichtet werden. Durch Stafettendienst brauchten die Indianer für die Beförderung ihrer Botschaften drei Tage, während die Spanier mit ihren Kutschen noch bis ins 19. Jahrhundert für die gleiche Strecke Wochen benötigten. Die Straßen führten gerade über Berge und Täler; zur Überwindung großer Steigungen wurden in den Fels Stufen gehauen. Über Schluchten baute man Hängebrücken aus mannsdicken Agavenfasertauen; berühmt ist die ›Brücke von San Luis Rey‹, die 60 m lang und bis 1890 im Gebrauch war. Da man weder Rad noch Wagen kannte, waren die Wege nur für Fußgänger und Lamakarawanen bestimmt. Zwei parallele Routen führten von Süden nach Norden, eine annähernd 2 000 km lange im Hochland von Cuzco bis Quito in

Ekuador, die andere 4000 km der Küste entlang. An den Heerstraßen waren in 8 km Abstand Läuferstationen, kleine Hütten, und in Entfernungen etwa einer Tagesreise Vorratshäuser errichtet, die für die Versorgung des Heeres auf Kriegszügen, aber wie die Lagerhäuser in den Städten auch als Vorsorge bei Mißernten dienten. Ein weiteres Mittel der Organisation war die Registrierung von Menschen, Tieren, Nahrungsmitteln, Kleidung und Waffen mit Hilfe der *Quipu,* von Knoten in Schnüren, deren Form, Farbe und Anordnung das Rechnen mit Dezimalwerten ermöglichte. Der Beweis für die Existenz eines Schriftwesens in Südamerika ist trotz erfolgversprechender Deutungsversuche noch nicht endgültig erbracht.

Die Architektur der Inka ist im Verhältnis zu der der Maya mit ihren raffinierten Schmuckelementen sachlich und nüchtern, dafür die Steinbearbeitung großartig. Das gilt ebenso für die regelmäßigen, sorgfältig geglätteten Quadern wie die riesigen unregelmäßigen Blöcke, deren Ecken so genau in den Nachbarstein eingepaßt wurden, daß man die Fugstellen oft kaum sehen und eine Messerschneide nicht eindringen kann. Die Inka kannten keinen Mörtel und hatten keine Metallwerkzeuge für die Bearbeitung des harten Materials. Wahrscheinlich wurden die Blöcke zunächst mit steinernen Schlegeln in rohe Formen zugehauen und dann mit Sandstein geschliffen. Die Bauwerke trotzten jahrhundertelang den Erdbeben, den Einwirkungen der Zeit und der Zerstörungswut der Menschen; die Technik war viel dauerhafter als die der Europäer. Nur Decken und Dächer sind verschwunden, da sie aus Holz waren. Die mächtigen Bauten fügen sich vollkommen in das Bild der wilden und melancholischen Landschaft ein. Die einzigen dekorativen Elemente bilden trapezförmige Nischen, Türen und Vorsprünge. Die Inka-Gebäude der Küste sind ebenso wie die Häuser des ein-

fachen Volkes im Hochland aus Lehmziegeln errichtet.

Städte der Inka

Herrschersitz und Stätte des größten Heiligtums der Inka war *Cuzco,* dessen Anfänge aus früherer Zeit stammen und das, dem ›Reich der vier Weltgegenden‹ entsprechend, durch breite Straßen in vier Stadtteile gegliedert war. In dem Viertel *Pumachupam* (Pumaschwanz) befanden sich die Paläste der Inka, die ›Hochschule‹

647 *Inka-Mauer in Cuzco*

648 *Zickzackförmige Opferrinne auf dem heiligen Felsen von Kenko, Inka-Zeit*

und die Internate der unberührten Jungfrauen, die an besonders verdiente Gefolgsleute verschenkt oder für den Tempeldienst erzogen wurden. In dem ›Goldplatz‹ genannten Bezirk stand der ›Sonnentempel‹, dessen Innenwände mit Gold- und Silberplatten bedeckt waren und in dem als Symbol des Sonnengottes eine goldene, als das der Mondgöttin eine silberne Scheibe standen. An vielen Stellen sind Reste der Mauern aus tonnenschweren gebuckelten Blöcken erhalten, die von den Spaniern als Fundamente für Kirchen und Gebäude verwendet wurden. Berühmt ist an der Palastmauer ein Stein mit 12 Ecken, die haarscharf in das umgebende Mauerwerk eingefügt sind. Eine halbrunde Mauer im Quaderbau wurde die Apsis der Kirche Santo Domingo.

Etwa 10 km von Cuzco an einem Berghang liegt die Festungsanlage *Sacsayhuamán,* die den am meisten gefährdeten Zugang zur Stadt schützte. Mit drei terrassenförmig übereinander gebauten und zickzackförmig verlaufenden zyklopischen Mauern ist sie das gewaltigste und stolzeste Werk der Inka-Architektur. In zwei viereckigen Türmen, die durch einen unterirdischen Gang mit einem Schutzraum für den Inka und seine Schätze im Falle der Gefahr verbunden waren, hauste die Besatzung. In der Nähe befinden sich die Ruinen von *Tampu Machay,* vermutlich einem Wasserheiligtum, ferner der Kultplatz *Kenko* mit dem heiligen Felsen, ursprünglich dem Monument eines Puma, der von den Spaniern so beschädigt wurde, daß seine Gestalt kaum noch zu erkennen ist. Eine zickzackförmige, in den Fels eingehauene Opferrinne, welche die Trank- oder Blutopfer in die Höhlen des Felsens leitete, gab dem Platz seinen Namen. Ruinen von Tempeln und Palästen findet man auf der Sonnen- und Mondinsel im *Titicaca-See.* 31 km von diesem entfernt liegt *Sillustani* mit eigenartigen Begräbnistürmen, den

›Chullpas‹, von denen die aus roh zugehauenen Steinen aus der Vor-Inka-Periode stammen, während andere mit fein geschliffenen Basaltblöcken die typische Bearbeitung der Inka zeigen. Der größte Begräbnisturm hat eine Höhe von 12 m und erweitert sich nach oben. 1971 fand man in seiner Nähe einen Inka-Goldschatz mit 500 Objekten — getriebenen Goldplatten, Op-

649 *Chullpas bei Sillustani, Vor-Inka-Zeit*

fergefäßen, Halsketten, einem Brustschmuck und anderen Dingen. Die Chullpas waren vermutlich Mausoleen hochgestellter Persönlichkeiten oder ganzer Familien; es gibt welche, in denen die Mumien in Nischen der Seitenwände beigesetzt sind.

Eine der größten Bergfesten war *Pisac* östlich von Cuzco in einer Höhe von 3 000 m, deren Anlagen im klassischen Inka-Stil ähnlich bedeutend wie die von Sacsayhuamán und in denen ein vollständig erhaltenes Tor und ein 16 m langer Tunnel durch den Fels besonders eindrucksvoll sind. In der Mitte der großen Stadt liegt das Sonnenheiligtum *Intihuatana,* ein aus einem gewachsenen Felsen geformtes verziertes Mal, umgeben von Palästen und Tempeln. An der Strecke Cuzco nach Machu Picchu thront in 2 750 m Höhe die nicht vollendete Festung *Ollantaytambo,* an deren steilen Hängen ebenso wie an anderen Orten kunstvolle Terrassen angelegt sind,

650 Terrassenanlagen bei Pisac, Inka-Zeit

um das bebaubare Land auf bestmögliche Weise auszunutzen. In den Fels sind Bastionen und Kasematten geschlagen, davor Stützmauern, Türme und Gebäude aus Porphyrblöcken und Platten errichtet. In einer Tempelburg wurden die Eingeweide der toten Inka-Herrscher beigesetzt. Wie die riesigen Monolithen mit einem Gewicht bis zu 50 Tonnen bei einer Höhe bis zu 4 m für den Haupttempel von dem gegenüberliegenden Berghang die steile Felswand hinauftransportiert wurden, bleibt für immer ein Rätsel.

Machu Picchu

Den überwältigendsten Eindruck von allen Inka-Stätten bietet *Machu Picchu,* das 2300 m über dem Flußtal des Urubamba auf einem Gebirgsstock liegt. Die Stadt wurde von den Spaniern nie betreten und ist am besten erhalten; erst 1911 entdeckte sie der Amerikaner H. BINGHAM, den ein Junge in den völlig vom Dschungel überwachsenen Ort führte. Der Platz, der an der einen Seite steil abfällt, auf der anderen von der Felswand des Huyana Picchu geschützt wird, ist vom Tal aus nicht zu sehen. Die Kühnheit der Erbauer schuf ein architektonisches Wunderwerk mit einem Tempelbezirk, einem Palast- und einem Wohnviertel. In dem ansteigenden Gelände sind die Bauten vertikal und horizontal ineinander verschachtelt; es gibt mehr als 100 Treppen mit ca. 3000 Stufen. Den trapezförmigen Türen und Nischen sowie den polygonalen Steinen nach zu schließen, entstand Machu Picchu in der Blütezeit der Inka. Von dem Sonnentempel mit dem ›Intihuatana‹ auf höchster Stelle und einem steinernen Altar sind noch drei Mauern erhalten. Im Palastviertel steht ein halbrunder Turm mit aus dem Fels gehauenen kleinen Opfertischen,

*652   Porträt eines
Inka-Fürsten*

651   Die Akropolis von Machu Picchu

neben ihm eine granitene Nischenmauer,
»die schönste Amerikas«. Auf einem großen Platz, der an drei Seiten von Terrassen
mit Bauwerken eingerahmt ist, fanden vermutlich die großen Zeremonien statt. Zu
erwähnen sind noch das von hohen Mauern
eingeschlossene Wohn- und Handwerker-
viertel, sowie die 16 Brunnen im Zentrum,
denen das Wasser durch Kanäle zugeführt
wurde. Die Schönheit der Lage und der
Stadt strahlen einen einmaligen Zauber
aus.
Wie die Kultur der Azteken gehört auch die
der Inka der Spätzeit an; ihre größte Leistung ist die Architektur als Ausdruck der
Macht und der Repräsentation. Auf den
anderen Gebieten der Kunst waren sie epi-
gonal; sie übernahmen die Errungenschaften und das Erbe früherer Zeiten, ohne wesentlich Neues hinzuzufügen. Ihre Keramik
ist mehr Gebrauchsware mit einfachen Formen und meist geometrischer Bemalung;
spitz zulaufende Amphoren sind typisch.
Viele Handwerker wurden aus den eroberten Provinzen nach Cuzco geholt und
brachten ihren Stil mit. Von Bildhauer-
arbeiten sind nur zwei Porträtköpfe be-

kannt. Die meisten Goldschmiedearbeiten
wanderten in die Schmelzöfen der Spanier.
Auch ein im 18. Jahrhundert gefundener
Schatz von mehreren Tausend winziger goldener Schmetterlinge mit beweglichen Flü-
geln wurde eingeschmolzen. Aus den spanischen Listen weiß man von dem ungeheue-
ren Reichtum an Gold; so wog beispielsweise ein goldener Krug rund 27 kg. Die

*653   Machu Picchu mit der Felswand des Huayna
Picchu*

großartige schöpferische Phantasie der Chavín-, Moche-, Nazca- und anderer Kulturen, die von einem tiefen religiösen Empfinden, sei es magischer oder mystischer Art, beflügelt war, fehlte den Inka.

In Chile fand man Spuren einer ähnlichen Entwicklung wie in den nördlichen Ländern: Muschelhaufen, später Geräte der Walfänger und in der folgenden Zeit den Beginn von Ackerbau und den Gebrauch von Keramik, endlich entwickelte Landbaukulturen mit kunstvollen Töpfereien und Holzschnitzarbeiten. Aus der Inka-Zeit stammen zahlreiche Kultstätten.

Bibliographie

Archeologia 1968, Nr. 25
Archeologia 1970, Nr. 36
Archeologia 1968, Nr. 21
Archeologia 1966, Nr. 13
Ingeborg Bolz in: Alt-Peru, Münster 1972
G. H. S. Bushnell, Peru, Köln 1957
Hernán Crespo Toral, ›Die vorkolumbianischen Kulturen Ecuadors‹ in: Schätze aus Ecuador, Köln 1974
H. D. Disselhoff, Das Imperium der Inka, Berlin 1974
Hans Helfritz, Südamerika: präkolumbianische Hochkulturen, Köln 1973
Peter Pleuss, ›Frühkulturen in Ekuador‹ in: Antike Welt 1971, 1

Geschichtliche Übersicht über die Frühkulturen Südamerikas

Ekuador

Zeit	Nördliche Küste	Mittlere Küste	Sierra
3500 bis 1700 v. Chr.		Valdivia Machalilla	
1700 bis 500 v. Chr.	Chorrera	Chorrera	Narrio
500 v. Chr. bis 500 n. Chr.	La Tolita	Bahia Jama Coaque Milagro	Panzaleo Tucahuán
500 bis 1300	Guangala	Manteno	Panzaleo Carchi

Peru — Bolivien

		Küste	Sierra
Vor-Klassisch	ab 1500 bis 700 v. Chr.		Chavín
	ab 1000 bis 700 v. Chr.	Paracas	
Klassisch	ab 100 v. Chr.	Nazca Virú Vicús Moche	Recuay
	ab 400 n. Chr.	Huari	Tiahuanaco Huari
Nach-Klassisch	ab 1000 n. Chr.	Chimú	
	um 1400		Inka

XIV Afrika

Wie in Kapitel II beschrieben, fand man in Afrika die ersten und bisher einzigen Reste und Zeugnisse des Urmenschen, des Australopithecus. Südlich der Sahara war während der Eiszeiten die Gletscherbildung auf wenige Vulkane beschränkt und von geringer Bedeutung. Da die Klimaschwankungen sich weniger auswirkten, waren die Lebensbedingungen wesentlich günstiger als in anderen Erdteilen. Der Nordrand der Sahara lag etwa 500 km weiter südlich als heute. Der Homo erectus (Archanthropus) ist durch Funde von Knochen und Faustkeilen des Acheuléen-Typs in Nord- und Mittelafrika, vor allem aber an zahlreichen Stätten Süd- und Ostafrikas nachzuweisen. Während den Neandertal-Menschen verwandte Paläanthropinen nur in Nordafrika (Algerien) gefunden wurden, war der Homo sapiens über den ganzen Kontinent verbreitet; schon aus früher Zeit sind die Merkmale von drei unterschiedlichen Menschentypen zu unterscheiden: die mediterranen Nordwestafrikaner, die negroiden Varianten Zentralafrikas und die Buschmänner sowie die Buschmännerartigen in Südostafrika. Die Entwicklung des Menschen auf dem Kontinent kennt man dank der Forschungen in den letzten Jahrzehnten hinreichend; über den Zeitraum, in dem in anderen Teilen der Welt die ersten Hochkulturen entstanden, weiß man sehr wenig. Vom archäologischen Standpunkt aus wurden in Afrika mit Ausnahme der

Küstengebiete, besonders im Norden, nur wenige Gebiete erschlossen. Landeinwärts, so nahm man lange an, schien es kaum Kultur gegeben zu haben; weil die Menschen ihre Geschichte nicht aufgeschrieben haben, glaubte man, daß sie auch keine gehabt haben. Großartige Zeugnisse früherer Kulturen waren durch die Zeit, die Witterung und bewußte oder unbeabsichtigte Zerstörung ausgelöscht. Den Erzählungen der Eingeborenen, die von großen verschwundenen Reichen berichteten, traute man nicht; man hielt sie für Legenden und übersah, daß jeder Legende eine Tatsache zugrunde liegt, ebenso wie jeder Mythos auf ein geistiges oder wirkliches Erlebnis zurückzuführen ist.

LEO FROBENIUS, einer der großen Pioniere der Erforschung afrikanischer Eingeborenenkulturen schrieb Anfang der dreißiger Jahre: »Wir wollen es nicht vergessen, daß noch vor einem Menschalter Afrika in der Vorstellung allgemein-gebildeter Europäer ein trostloses Land, ein Erdteil der Fieber und nur geeignet für Abenteurer und Missionare war. Und seine Eingeborenen halbtierische Barbaren, eine Sklavenrasse, ein Volk, dessen rohe Verkommenheit nur Fetischismus produziert hatte und sonst nichts . . . Es war die Anschauung Europas im vorigen Jahrhundert . . .« Die Wenigen, die trotz Mißachtung und Lebensgefahr in das Innere eingedrungen seien, hätten Einblick in erstaunliche Herrlichkeiten gewon-

Tanger○
Rabat○
Casablanca○
Mechta el-Arbi
Ternifine
△Bir el-Ater
△Gafsa
○Haua Fteah
○Asselar
Sebil△
Schaheinab△
○Diré
Kafu△
Magosi
Sango Bay
Kägera
○Kanjera
△○Oldowayschlucht
○Eyasisee
Bena-Tschitolo
△△Plateau
Tumba
△Kalambofälle
△Lupembe
Broken Hill○
○ Steinzeitliche Menschenfunde
△ Wichtige und namengebende Fundorte steinzeitl. Kulturen
Fauresmith
○Boskop
△○△Smithfield
Florisbad○
Stillbay△
△Wilton

654   *Vorgeschichtliche Fundorte in Afrika*

nen, aber es habe noch ein Menschalter ge-
dauert, bis Europa bereit gewesen wäre,
solche Erkenntnisse aufzunehmen.

Der Prozeß des Aufblühens und des Ver-
falls vollzog sich in den afrikanischen Reichen in gleicher Weise wie in den europäischen, asiatischen und amerikanischen.
Die Zerstörung von außen folgt dem Weg
des geringsten Widerstandes, der durch
den inneren Zerfall eines gesellschaftlichen
Organismus vorbereitet ist. Daß Afrika
sich nicht zu allen Zeiten in dem traurigen
Zustand befand, in dem es die Forscher des
19. Jahrhunderts antrafen, bestätigen die
alten Chroniken. Aus den Berichten der

Seefahrer vom 15. bis zum 17. Jahrhundert
geht hervor, daß das vom Sahara-Wüsten-
gürtel gen Süden sich erstreckende Neger-
afrika damals noch in voller Schönheit har-
monischer Kulturen blühte, die von den
europäischen Conquistadoren, soweit sie
vorzudringen vermochten, zerstört wurden. Das neue Land Amerika brauchte
Sklaven, und Afrika bot sie zu Tausenden,
schiffsladungsweise. Der Menschenhandel
erforderte eine Rechtfertigung und so
wurde der Neger zu einem Wilden, zu einer
Ware gestempelt. Man prägte abwertend
den Begriff Fetisch (aus dem portugiesischen *feitico* = Zaubermittel) als Symbol

427

der afrikanischen Religion. Heute werden
die Spuren der versunkenen Kulturen wissenschaftlich verfolgt, nachdem man erkannt hatte, daß die Vorstellung vom ›bar-
barischen Neger‹ eine Erfindung der westlichen Welt ist und die Afrikaner trotz
allem geistig und künstlerisch mehr oder
weniger ihre früheren Kräfte bewahrt haben. Zu leicht verfällt man in den Irrtum,
die Zivilisation anderer Völker nach dem
eigenen Wohlstand, dem industriellen Fortschritt, d.h. nach der materiellen Seite des
Lebens zu messen. Überall in Afrika trifft
man auf ausgeprägte geistige und seelische
Kräfte, die in den Vorstellungen, Mythen
und religiösen Riten ihren Niederschlag
finden. Das Besondere der afrikanischen
Kultur ist es, daß alle ihre Schöpfungen
den Stempel des Sakralen tragen. Frobenius schrieb, daß der Stil der Afrikaner
Ausdruck ihres Wesens ist und in ihren
Plastiken ebenso wie in ihren Masken und
Tänzen in Erscheinung tritt. Afrikas Völker seien heiter und lebensfreudig, ihre Äußerungen seien jedoch ernst und herb,
heute wie in früheren Zeiten.

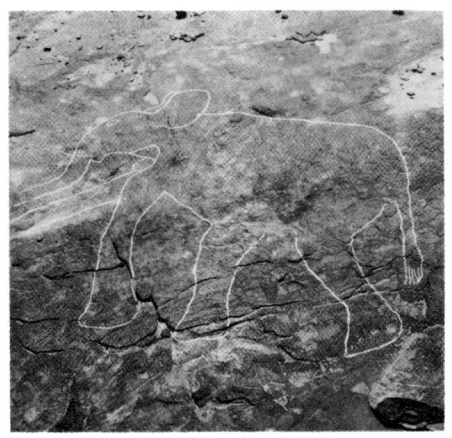

655   *Felsgravierung eines Elefanten, Timenzouzine*

656   *Jäger, Epoche der Viehzüchter, Adjefou*

Die Felsbilder der Sahara

Im Niltal entstand im 3. Jahrtausend v. Chr.
die ägyptische Hochkultur, die einzige auf
afrikanischem Boden in früher Zeit; sie
wurde ausführlich in Kapitel VI beschrieben. Ihre Entfaltung verdankt sie den besonders günstigen Lebensbedingungen, der
Fruchtbarkeit des Bodens durch die alljährlichen Überschwemmungen des Stromes
und der Verbindung mit den nahöstlichen
und Mittelmeer-Kulturen.

Im nördlichen Küstengebiet war am
Ende der Altsteinzeit eine Entwicklungsstufe verbreitet, das *Capsien,* genannt nach
dem Ort Gafsa (früher Capsa) in Tunesien,
die Jahrtausende bis ins Neolithikum un-

verändert bestand. Ihre Träger waren Steppenjäger, die vom Atlasgebirge aus auch
das Gebiet der heutigen Sahara-Wüste be-
völkerten. Dieses war in den Pluvial (Regen)-Zeiten, die den Eiszeiten im Norden
entsprechen, von Flußläufen durchzogen
und wildreich; von 15 000 v. Chr. an trock-
nete es aus, bis in der Nachregenzeit, dem
Subpluvial um 5 000 v. Chr., einem Zeitpunkt, an dem in diesem Bereich der Beginn der Jungsteinzeit anzusetzen ist, die
Wasserversorgung in den Tälern wieder die
Möglichkeit zur Besiedlung bot. Aus der
Zeit, in der die Menschen noch Elefanten,
Flußpferde, Büffel und anderes Großwild

657 *Fundorte in Afrika*
1 Fort Victoria
2 Simbabwe
3 Nalatale
4 Khami
5 Mapungubwe
6 Dhlo-Dhlo
7 Sofala
8 Matendere
9 Bulawayo
10 Bakuba
11 Benin
12 Timbuktu
13 Nok
14 Fort Lamy

jagten, stammen die ersten Felsbilder der Sahara; ihr Kerngebiet ist der *Tassili n'Ajjer,* ein schluchtenreiches Hochplateau in der zentralen Wüste. Hier und in anderen Bergoasen entfaltete sich im Neolithikum ein reiches Leben, dessen Niederschlag in den Felsgravuren und -malereien vom Nil bis zum Atlantik zu finden ist. Die wichtigsten Zentren sind *Ain Sefra* bei Thiout, *Hoggar* und *Tassili* (Algerien), *Fessan* und *Uweinat* (Libyen), *Tibesti* und *Ennedi* (Tschad) sowie *Darfur* (Sudan).

Die Bilder der Großwildjäger sind meist naturnahe Einzeldarstellungen des Wildes, die wie im Paläolithikum magische Bedeu-

tung hatten, außerdem rundköpfige Menschengestalten, die HENRI LHOTE, der Erforscher der nordafrikanischen Felskunst die »Têtes rondes« nannte. In den Arbeiten aus der Epoche der Viehzüchter, die nach Radiokarbonmessungen in die Zeit zwischen 4000 und 2000 v. Chr. zu datieren ist, herrscht das domestizierte Rind vor. Charakteristisch auf den meisten Arbeiten ist eine zunehmende Stilisierung; Szenen und Handlungen sind in knappen zeichnerischen Formen, oft in Miniaturgröße, wiedergegeben. Große Kompositionen von Rinderherden zeigen dagegen ausgeprägte künstlerische Sensibilität. Manche Darstel-

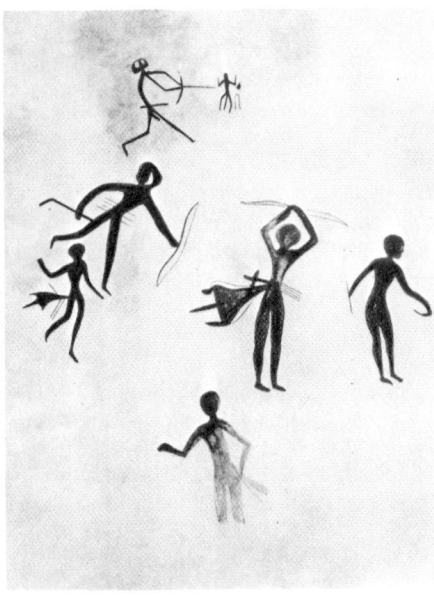

658 *Rundköpfige Bogenschützen, Jabbaren*

659 *Rinderherde, polychrome Malerei, Jabbaren*

lungen von Frauen erinnern in ihrer Anmut und Eleganz an ägyptische Werke. Aus dieser Phase stammen auch zylindrische oder ovalförmige Skulpturen aus Stein, die in den sechziger Jahren in Tassili und Hoggar gefunden wurden: Figuren und Köpfe von Rindern.

Um 1200 v. Chr. treten Bilder von einzelnen Pferden und Streitwagen auf. Schon Herodot berichtete im 5. Jahrhundert v. Chr. von einem Volk in Nordafrika, den Streitwagen fahrenden *Garamanten,* die dieser Periode der Felsbildkunst den Namen gaben. Pferd und Wagen hatten die Hyksos von den indoeuropäischen ›Bergvölkern‹ um 1700 v. Chr. nach Ägypten gebracht; sie veränderten damals die Kriegsführung völlig und wirkten sich auch auf das gesellschaftliche und wirtschaftliche Leben aus, vor allem nachdem die Ägypter selbst Pferde züchteten. In der Ramessiden-Zeit des 13. und 12. Jahrhunderts v. Chr. dienten im ägyptischen Heer zahlreiche Libyer und stiegen zu einflußreichen Söldnerführern auf. Zweifellos übernahmen die immer mächtiger werdenden Stämme von dort Pferd und Wagen und setzten sie auf ihren Kriegszügen nach dem Westen ein. So ist anzunehmen, daß die Darstellungen auf den Felswänden auf eine libysche Adelsschicht zurückgehen, die den Transsahara-Handel kontrollierte. Die monochromen Malereien geben den fliegenden Galopp der Pferde und die Geschicklichkeit der Lenker dynamisch und mit erstaunlicher Beobachtungsgabe wieder. Auffallend sind die Wiedergaben von Menschen aus dieser Zeit, schematisierte, doppeldreieckige Formen mit sog. Stabköpfen. Allein in Tassili, das wie die Berge von Hoggar ein Schnittpunkt von Völkerbewegungen in Ost-West- und Nord-Südrichtung war, wurden bisher annähernd 500 Bilder mit Wagen entdeckt. Gegen Ende der Periode um 500 v. Chr. erscheint der Reiter, vermutlich ein Zeichen für die zunehmende

660 Junge Mädchen, Jabbaren

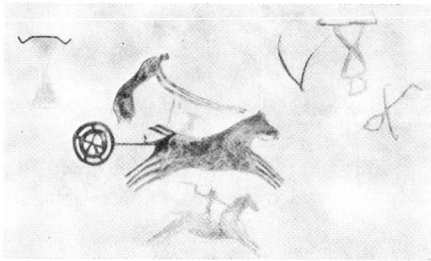

661 Streitwagen, Tin Abou Teka

662 Menschen mit Stabköpfen

Versandung der Wüste, die den Gebrauch des Wagens erschwerte. Um die Zeitenwende wurde das Kamel zum Hauptthema der Darstellungen.

Alle Felsbilder der Sahara befinden sich, ähnlich wie die in Ostspanien, nicht in Höhlen, sondern an freistehenden Felswänden oder unter Felsüberhängen. Obwohl sie seit Jahrtausenden der Verwitterung ausgesetzt sind, fand man viele in gutem Erhaltungszustand. Eingravierungen in Sandstein und Granit herrschen vor. Die Konturen der frühesten sind tief eingeschnitten mit V- oder U-förmigen Rillen, die manchmal geschliffen, manchmal punziert sind. Die großflächigen Malereien wurden in Rötel oder Weiß ausgeführt. Am schönsten sind die frühen Bilder; als der magische Symbolgehalt der Darstellungen und damit die Ausdruckskraft verschwanden, war ein langsamer Verfall dieser Kunst die Folge. Zahlreiche Übermalungen aus verschiedenen Zeiten erschweren an vielen Plätzen die Datierung und Deutung. Daß die Entwicklung vom naturnahen Bild zur stilisierten Szenenwiedergabe, welche derjenigen im franko-kalabrischen Raum bis zur ostspanischen Felsbildkunst entspricht, auf gegenseitigen Wechselbeziehungen beruht, ist anzunehmen; ob diese aber von Norden nach Süden oder umgekehrt erfolgt sind, ist eine offene Frage.

Felsbilder in Südafrika

Die Saharawüste und der tropische Regenwald des Zentralgebietes bildeten ein natürliches Hindernis zwischen dem Norden und dem Süden Afrikas. Wanderungen von Jägerstämmen fanden wohl in beiden Richtungen statt, aber die kulturgeschichtliche Entwicklung verlief infolge der anderen Lebensbedingungen verschieden. Im Süden herrschten klimatisch günstigere

Verhältnisse; er war, wie die zahlreichen Fundstellen aus der Altsteinzeit beweisen, damals dichter besiedelt. Im Norden wirkten sich seit dem Neolithikum die Verbindungen mit Vorderasien und Europa befruchtend aus.

Aus der Epoche des Jungpaläolithikums sind aus Ost- und Südafrika zwei Industrien von Steinwerkzeugen bekannt, der *Stillbay-Komplex* und das *Magosian,* etwa 20 000 bis 16 000 Jahre vor heute, mit Feuersteinspitzen und Klingen. Dem Vorneolithikum gehört im nördlichen Sambia, in Angola und im Kongo die *Nachikufan-Kultur* an mit teilweise polierten und durchbohrten Steingeräten, die von in den Wäldern lebenden Jägern stammen. Ihre Anfänge liegen im 8. Jahrtausend. Im südlichen Sambia, in Rhodesien, Natal, am Kap und in Südwestafrika unterscheidet man die *Wilton-Kultur* aus der Mitte des 6. Jahrtausends und den etwa gleichzeitigen *Smithfield-Komplex,* deren Träger vermutlich Buschmänner waren, die in Höhlen oder in Zelten und Grashütten hausten.

Afrika südlich des Regenwaldes war in früher Zeit vornehmlich von kleinwüchsigen Rassen bevölkert, den bis zu 1,40 m großen *Pygmäen,* wahrscheinlich den ältesten Stämmen, die bis heute auf der Stufe der Urwald- und Steppenjäger stehengeblieben sind, den etwas größeren und weiter entwickelten *Buschmännern* und den *Hottentotten,* einer Buschmann-Hamitenmischung. Die Buschmänner — so genannt, weil sie im Busch leben — sind im späten Jungpaläolithikum, etwa 13 000 Jahre vor heute, nachweisbar.

Die Zahl der zwischen Sambesi und dem Kap bisher entdeckten Felsbilder überschreitet bei weitem die Summe aller anderen in der ganzen Welt. Man bezeichnete sie verallgemeinernd als Buschmannkunst, ein Begriff, in den man auch die Arbeiten in der Sahara und sogar in Ostspanien ein-

663 *Felsgravur eines Warzenschweins, Transvaal*

bezog. Alle diese Malereien stammen zwar in der ersten Phase von Jägerstämmen, aber sicher nicht von Völkern der gleichen Rasse. Der Name ›Buschmannkunst‹ ist deshalb nur mit Einschränkung und Vorbehalt anzuwenden. Da die Motive jahrtausendelang dieselben blieben, bereitet die Datierung der Bilder, die sich überwiegend an Felswänden oder -überhängen befinden, infolge des Fehlens von meßbaren Substanzen große Schwierigkeiten; sie können nach den Themen ebenso gut in der Urgeschichte wie vor wenigen Jahrhunderten entstanden sein. Man hielt sie in der Mehrzahl für nicht älter als 2000 Jahre. Durch neue Untersuchungen konnte das Alter von vielen Arbeiten um Jahrtausende zurückdatiert werden.

664 *Toter König mit Maske, Felsmalerei in Rusape, Rhodesien*

handelt. Wie in der Sahara findet man Gravierungen und Malereien. Die Ritzzeichnungen wurden meist in flachliegende Steinplatten 1 bis 8 cm tief eingeschlagen. Die Mehrzahl stellt Tiere oder die Fährte von solchen dar; ein Drittel zeigt abstrakte Formen: Kreis, Spiralen, Schachbrettmuster und komplizierte Gebilde. Die Tierwiedergaben sind naturnah, wobei die Wesensmerkmale oft stark überbetont sind. Bisher wurden etwa 20 000 Bilder auf-

665 Elefantenmensch aus Natal

666 Felsgravur aus Twyfelfontein

Von Buschmännern, den Trägern der Wilton- und Smithfield-Kultur, die bis in die Gegenwart ihre eigenartige Mythenwelt bewahrten, stammen Felsgravierungen und Malereien in Transvaal, Tansanien, Rhodesien, Natal und anderen Gebieten. Der riesenhafte König inmitten kleiner Figuren von Kriegern und Jägern aus *Rusape* in Rhodesien, das seltsame Gefolge der ›Weißen Dame‹ vom *Brandberg* in Südwest-Afrika, die um 1200 v. Chr. datiert wird, oder die eigenartigen Kreaturen, wie der Elefantenmensch aus der *Clnyatl-Hohle* in Natal, zeugen von den phantastischen Schöpfungen dieser Kunst.

Systematisch erforscht werden seit den 60er Jahren die Felsbilder Südwest-Afrikas. Ihre Schöpfer sind bisher unbekannt; man bezweifelt, daß es sich um Buschmänner

667 Flötenspieler, Felsmalerei aus Klein Aukas

genommen; man glaubt, daß es etwa doppelt so viele gibt.

In den flächigen Malereien, meist in Rot, gelegentlich in Schwarz und Weiß ausgeführt, herrschen im Gegensatz zu den Gravierungen Menschendarstellungen vor, häufig Männer auf der Jagd, dem Marsch, beim Tanz oder sitzend. Unter den Tieren erscheinen Großwild wie Elefant, Nashorn, Giraffe u. a. Geometrische Zeichen sind selten, dagegen sind Stilisierung und Abweichungen von den natürlichen Formen häufig. Die Mischwesen, Geister und Tote, scheinen ihren Ursprung in der Traumwelt zu haben. Die Farbe aus getönten Steinen ist mit Kasein (Bluteiweiß) oder Fett verbunden. Dem deutschen Archäologen WENDT gelang 1971 die sensationelle Entdeckung von bemalten Steinplatten in der Aschenschicht einer Wohngrotte. Radiokarbon-Untersuchungen ergaben das hohe Alter von 14 000 Jahren vor heute, d. h. das Jungpaläolithikum. Weitere Überraschungen sind noch zu erwarten. Dieses Ergebnis verwirft die bisherigen Vorstellungen über die zeitliche Einstufung der südafrikanischen Felsbildkunst und die Buschmänner als ihre Träger. Vermutlich wird es auch für die Altersbestimmung in anderen Gebieten des Landes neue Untersuchungen zur Folge haben.

Afrikanische Reiche und Kunstzentren

Die afrikanische Kunst ist vor allem durch die Skulpturen des Sudans, der Guinea-Küste und des Kongo-Beckens bekannt und geschätzt, seitdem Picasso und andere Künstler unseres Jahrhunderts sie neu entdeckten. Es gibt so viele verschiedene Stile wie Negerstämme, und ihre Zahl ist so groß, daß eine eingehende Darstellung über den Rahmen dieses Buches weit hinausgeht.

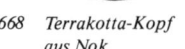

668   *Terrakotta-Kopf aus Nok*

669   *Yoruba-Gedenkfigur aus Bronze, Ife*

Die meisten Arbeiten sind aus Holz geschnitzt, das in dem feucht-tropischen Klima des Landes schnell vermodert. Deshalb sind auch die seltenen frühen Werke nur wenige Jahrhunderte alt. Ihre künstlerische Reife und Eigenart muß auf eine lange Tradition zurückgehen. Im Verhältnis zu den Skulpturen aus Holz sind solche aus Terrakotta, Stein und Metall selten. Diese Beispiele geben jedoch gewisse Aufschlüsse über die zeitliche Entwicklung, auch über die gesellschaftliche Struktur in früher Zeit. Wir beschränken uns deshalb auf diesen Zweig.

Die Verarbeitung von Eisen gelangte vom Norden über die Sahara um 500 v. Chr. in die Gegend des Tschad-Sees und nach Westafrika. Im zentralen Nigeria nördlich des Benue-Flusses wurden Gegenstände einer 4000 Jahre alten Zivilisation, der *Nok-Kultur* gefunden. Aus ihrer Blütezeit zwischen 500 v. Chr. bis 200 n. Chr. stammen Fragmente von zum Teil lebensgroßen Tonfiguren, Reste von Schmelzanlagen und Keramikgefäße mit reichem Dekor. Die außergewöhnliche, phantasievolle Qualität des abgebildeten Terrakotta-Kop-

670 *Yoruba-Kopf aus Terrakotta, Ife*

671 *Bronzekopf einer Königinmutter aus Benin*

fen für die verstorbenen Herrscher, die im Palastbezirk des OBA, des Königs, dessen Dynastie sich von den Yoruba ableitete, aufgestellt waren, tritt ein höfischer Stil besonders in Erscheinung, während die meisten im Halbrelief ausgeführten Holzschnitzereien einfach und grob sind. In der frühen Phase kann man trotz der Stilisierung naturalistische Züge erkennen. Aus der mittleren Periode (16. Jahrhundert) beweisen rechteckige bronzene Platten, mit denen der Palast ausgeschmückt war, sowie Tierfiguren eine hervorragende Technik des Gusses, die auch später erhalten blieb, als die phantasievolle Originalität der Formen verschwand.

Im heutigen Ghana bestand das Königreich der *Aschanti,* deren Metallarbeiten

fes ist ohne eine vorausgehende formative Phase nicht denkbar.

Die Nok-Werke betrachtet man als Vorläufer der etwa 1000 Jahre späteren Kunst von *Ife,* der alten heiligen Stadt der *Yoruba,* in der man prachtvolle Tonfiguren sowie Bronzeköpfe und -masken des Gottkönigs, des ONI, fand. Im Gegensatz zu den stilisierten Nok-Arbeiten zeigen die von Ife einen idealisierten Naturalismus, wie er sonst in Afrika unbekannt ist. Er entsprach wohl den Schönheitsvorstellungen des Hofes und der alleinigen Aufgabe, den Herrscher als personifizierte Gottheit zu repräsentieren. Ebenso großartig wie die Bronzeköpfe sind die aus Ton sowie die monolithischen Steinsitze mit Skulpturen. Die Nachwirkungen der Ife-Schule sind am deutlichsten in *Benin* zu erkennen, der befestigten Hauptstadt eines mächtigen Königreiches im südlichen Nigeria, das bis ins 12. Jahrhundert zurückverfolgt werden kann, und dessen Begründer der kriegerische Stamm der *Bini* (Sudanneger) war, die ihre Macht bis an den Niger im Osten und Dahomey im Westen ausdehnen konnten. In den Bronzearbeiten, meist Gedenkköp-

672 *Erinnerungsplatte eines Oba mit Gefolge, Benin*

Weltruhm erlangten, darunter die etwa 1,5 kg schwere Trophäenmaske eines besiegten Feindes aus reinem Gold und die aus Messing gegossenen Gewichte zum Wägen des Goldstaubes. Neben geometrischen Formen, den ältesten, zeigen diese

435

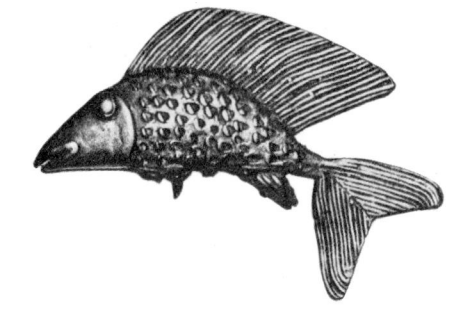

Darstellungen von Früchten, Insekten, Vögeln, Tieren und Menschen.

Im Kongobecken trafen die Portugiesen im 15. Jahrhundert auf mächtige hierarchisch regierte Königreiche, deren Entstehung vermutlich auf die Einwanderung sudanesischer Herrenschichten zurückgeht. Neben dem Kongo- und Bakuba-Reich ist das der *Buschongo* zu erwähnen, das nach mündlichen Überlieferungen etwa 1500 Jahre zurückreicht und dessen höfische Kunst freier als die von Benin, aber ebenso meisterhaft ist. Neben realistischen Königsstatuen sind geometrisch-rhythmische Ornamente an Bechern und anderen Gegenständen charakteristisch.

Eine rätselhafte Kultur ist die der *Sao* im Tschad, deren Existenz heute belegt ist, nachdem sie lange ins Reich der Legende verwiesen worden war. Die Herkunft des Wortes Sao ist noch ungeklärt. In den Mythen des Tschad-Gebietes gelten die Sao als eine Art übernatürliche, zumindest außergewöhnliche Wesen. Der Stamm soll zwischen dem 8. und 10. Jahrhundert aus dem oberen Nil-Tal eingewandert sein und sich südlich des Tschad-Sees am Chari-Fluß niedergelassen haben. Man grub in diesem Gebiet zahlreiche eiförmige Krüge aus, in denen die Leichen bestattet waren. Zusammen mit diesen Särgen fand man Schmuckstücke aus Gelbguß, Masken, Terrakotta-Tierfigürchen und groteske Tonstatuetten der Verstorbenen. Die Sao verschwanden mit dem Einbruch des Islams.

Frühe Ruinenstätten aus Stein gehören in Afrika zu den Seltenheiten. Die Wiederentdeckung der toten Stadt *Simbabwe* im Jahr 1868 gab deshalb den Archäologen viele Rätsel auf, von denen wohl manche nie gelöst werden können. Über den Ursprung Simbabwes wurden die absurdesten Hypothesen aufgestellt.

In Rhodesien, das einst zu den reichsten Goldzentren der Welt gehörte, wurden in-

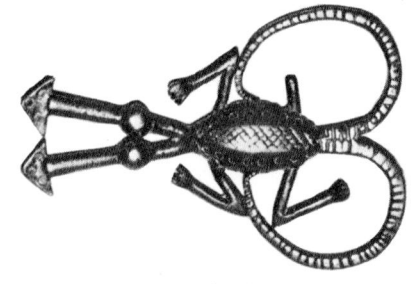

673 *Goldgewichte der Aschanti*

674 Unten:
Terrakotta-Kopf
der Sao

675 Hölzerne Königs-
statute der
Buschongo

zwischen mehrere hundert Stätten entdeckt, die verwandte Züge mit Simbabwe
aufweisen und alle im Zusammenhang mit
den Erzvorkommen entstanden. Die Forschung ergab, daß in dem Land schon
Jahrtausende v. Chr. Menschen lebten; bei
den Ausgrabungen von Simbabwe stieß
man auf eine unterste Schicht der Besiedlung um die Zeitenwende, in der Feldbau
und Keramik nachgewiesen wurden. In der
Mitte des 1. Jahrtausends begann die
II. Periode bis zum 11. Jahrhundert, aus
der stilisierte Tonfiguren von Menschen
und naturnahe Tierdarstellungen stammen.
Nach Radiokarbonmessungen dauerte die
Periode III von 1075 bis 1440, in der die
Steinumwallung des Hügels und die ersten
Bauten auf der sog. ›Akropolis‹ begonnen
wurden. Die Keramik ist aus feinem Ton
gebrannt und oft glänzend poliert. Die
Träger dieser Phase waren die Karanga, ein

Shona sprechender Bantustamm, der
vermutlich aus dem Kongogebiet am Ende
des 1. Jahrtausends in Rhodesien einwan-
derte. Nach 1400 übernahmen die Roswi
(Rotse), wahrscheinlich ein mächtiger Clan
der Karanga, die Herrschaft. Ihr König
MUTOTA gründete um 1440 das Reich Monomotapa, welches das Gebiet des heutigen
Rhodesiens und Moçambiques umfaßte
und den Erzbergbau um Simbabwe kontrollierte. Die Roswi übernahmen die Kultur ihrer Vorgänger, verbesserten die Technik der Steinarchitektur und entwickelten
eine rege Bautätigkeit, von der die zahlreichen Stätten in Rhodesien zeugen. Religiöses Zentrum und ein wichtiger Handels-
platz blieb Simbabwe, in dem die große
Einfriedung des sog. ›Tempelbezirks‹ eine
elliptische Anlage, der konische Turm und
die ›Akropolis‹ errichtet wurden. Die Mauern des ›Tempels‹, der wahrscheinlich
der Palast des MAMBU, des Königs, war,
sind bis zu 4,50 m breit und 10 m hoch aus
behauenen Quadern ohne Mörtel überein-
andergeschichtet und am oberen Rand mit
einem durchbrochenen Zickzackmuster
geschmückt. Sie und der konische Turm,
dessen Aufgabe unbekannt ist, sind die
technisch vollendetsten Bauwerke. Die
›Akropolis‹ liegt auf einem Granithügel,
der fast 100 m über die Ebene steil aufragt.
Riesige natürliche Felsblöcke sind durch
zahlreiche Mauern, die seltsamerweise an
den schwer zugänglichen Klippen am
höchsten sind, miteinander verbunden und
verleihen der Anlage eine unheimliche
Größe. Ein mächtiger Granitblock diente
vermutlich als Altar für Trankopfer. Daneben lagen Phalli aus gebranntem Ton
und Scherben von Gefäßen. Zu beiden
Seiten der Stufen zum Heiligtum standen
auf Pfosten die ›Simbabwevögel‹, Symbole
der verstorbenen Könige.
   Von den anderen Stätten in Rhodesien
war Khami auf einem flachen Hügel mit
drei Terrassen und verzierten Mauern ein

676 *Simbabwe, Tempelbezirk mit der großen Mauer*

bedeutender Sitz eines Häuptlings oder Priesters aus der Zeit der Roswi. *Mapungubwe* im nördlichen Transvaal stammt aus der Zeit der Shonas; es diente als Kultzentrum, in dem man unversehrte Gräber mit reichen Beigaben — einem goldenen Zepter, Goldvasen, -ketten und Tierstatuetten — fand. Erwähnung verdienen die Ruinen von *Dhlo-Dhlo* und *Naletale,* deren Mauern die gleiche schöne Ornamentik wie die in Simbabwe haben.

Das Reich Monomotapa verlor nach der Ankunft der Portugiesen nach und nach seine Bedeutung.

677 ›Simbabwevogel‹

Bibliographie

Karl Bruch, ›Felsgravuren in Sahara-Atlas‹ in: *Antike Welt* 1973/2
J. Desmond Clark, *The Prehistory of Africa,* London 1970
Eliot Elisofon und William Fagg, *Die Afrikanische Plastik,* Köln 1958
Brian Fagan, *Southern Africa,* London 1965
Leo Frobenius, *Kulturgeschichte Afrikas,* Zürich 1933

Jürgen Kunz, ›Neue Sahara-Felsmalereien‹ in: *Antike Welt* 1974/1
H. Lhote, *A la Découverte des Fresques du Tassili,* Paris 1958
Henri Lhote, ›Les rondes bosses néolithiques du Sahara‹ in: *Archeologia* 1970/37
Ernst R. Scherz, Anneliese Scherz, *Afrikanische Felskunst,* Köln 1974
Hans Strelocke, *Algerien,* Köln 1974.

Nachwort

Das Buch empfing seinen Anstoß von Marcel Brions ›Wiederentdeckung der toten Städte‹. Diese Schilderung einzelner versunkener Kulturzentren weckte den Wunsch, einen Gesamtüberblick über die frühen Kulturen der Welt vorzulegen. Ein Schritt auf diesem Wege war die deutsche Übersetzung des Buches im Jahr 1964, die schon eine Überarbeitung und wesentliche Erweiterungen brachte. Die vorliegende Arbeit — eine Geschichte der frühen Kulturen in Wort und Bild — ist zahlreichen Werken von Archäologen und anderen Wissenschaftlern verpflichtet. Ihre Erkenntnisse, die sie in jahrzehntelangen Forschungen und vielen Grabungskampagnen erarbeitet haben, sind hier zu einer Übersicht über den bisherigen Stand der Ergebnisse zusammengefaßt. Dankbar nenne ich den Namen Professor Anton Moortgats stellvertretend für alle. Seinen grundlegenden und beispielhaften Werken über die ›Geschichte Vorderasiens bis zum Hellenismus‹ und ›Die Kunst Alt-Mesopotamiens‹ verdankt dieses Buch die wichtigsten Gedanken und Anregungen.

Allen Mitarbeitern, die mir ihr Vertrauen, schenkten, danke ich herzlich, insbesondere Frau Sibylle v. Reden, die nicht nur die Aufgabe übernahm, selber einige Kapitel zu schreiben, sondern mich auch in freundschaftlicher Weise mit Rat und Kritik unterstützte. Frau Dr. Edith Dittrich gab mir neues Material über die Ostasiatischen Kulturen und überprüfte, korrigierte und ergänzte diesen Text. In gleicher Weise half mir Frau Dr. Ingeborg Bolz bei den schwierigen Kapiteln über die Amerikanischen Kulturen.

Die Mitarbeiter des Verlags, Siegfried Hagen und Werner Preuß im Lektorat sowie Peter Dreesen und Winfried Konnertz in der Herstellung, erfüllten mit allen Kräften die Wünsche des Autors. K. G.

Fotonachweis

G. Bosinski, Köln: 37—40
K. Gallas, München: 272, 274 Umschlag hinten (Kreta, Persepolis)
H. Strelocke, Berlin: Umschlag hinten (Gise)
M. Dohrn-Ihmig, Köln: 410—411
J. Gutbrod, Montana: 44 h, 413
H. Helfritz, Ibiza: Umschlag hinten (Chichén-Itzá)
H. E. Joachim, Bonn: 412, 414—420
L. v. Matt, Buochs: 357, 359, 365, 366, 376, Umschlag vorn (Krug aus Phaistos)
W. Matthes, Hamburg: 8
A. Moortgat, Berlin: 137—140, 144, 147, 148—152, 160, 161, 163—165, 169, 170, 173—189
Sibylle von Reden, Laren: 99, 100, 330, 332, 333, 334, 337, 339, 340—343
E. Brunner-Traut, *Die Alten Ägypter*, Stuttgart 1974: 227
H. G. Buchholz/V. Karageorghis, *Altägäis und Altkypros*, Tübingen 1974: 66, 331, 335, 336, 338, 345—347
H. Th. Bossert, *Altanatolien*, Berlin 1942: 44 e, 45 d, 280, 287, 288, 292, 297—300
R. Claiborne, *Die Besiedlung Amerikas* (Time-Life International): 485, 494, 495, 500, 502, 504, 506 rechts
N. Davies, *Die Azteken*, Düsseldorf 1974: 580, 585
H. D. Disselhoff, *Das Imperium der Inka*, Berlin 1974: 590, 593, 594, 596, 599, 601, 602, 605, 606, 611, 612, 616, 623, 626, 627, 630, 632, 633, 639, 642, 644, 645, 650, 652
C. T. E. Gay, *Xochipala, The Beginnings of Olmec Art*, Princeton/USA 1972: 514, 515
R. Grahmann/H. J. Müller-Beck, *Urgeschichte der Menschheit*, Stuttgart 1952: 3, 6, 9, 10, 27, 42
W. Hinz, *Das Reich Elam*, Stuttgart 1964: 247, 250, 254, 256
K. M. Kenyon, *Archaeology in the Holy Land*, London 1960: 316, 324, 326
Herbert Kühn, *Die Felsbilder Europas*, Stuttgart 1971: 30, 35, 391
H. Lhote, *A la découverte des fresques du Tassili*, Paris 1958: 655, 656, 658—662
E. Neumann, *Die große Mutter*, Zürich 1956: 45 i
A. Parrot, *Assur*, München 1961: 242, 269
A. Parrot, *Sumer*, München 1960: 130, 132, 146, 172
O. W. v. Vacano, *Die Etrusker*, Stuttgart 1955: 422
Bildarchiv Hirmer Verlag, München: 367
Bildarchiv Holle Verlag, Baden-Baden: 240, 249, 251, 252, 259, 266, 267, 321
Thames & Hudson, London: 52—65, 72—79, 264, 305, 307, 312, 314, 318, 531—534, 536, 541, 544 links, 548, 550, 568, 569, 572, 574, 575, 663
Prähistorische Sammlungen, Ulm: 22
Universität Köln, Institut für Ur- und Frühgeschichte: 407, 409
Württembergisches Landesmuseum, Stuttgart: 23

Alt-Peru, Ausst.-Kat., Münster 1972: 625, 628
Archäologische Funde der Volksrepublik China, Ausst.-Kat., Wien 1974: 450—452, 454, 455, 464, 469, 471
Kunst aus Mexiko, Ausst.-Kat. Villa Hügel, Essen 1974: 512, 516, 517, 523, 558, 560, 561, 562
Schätze aus Ecuador, Ausst.-Kat., Köln 1974: 603, 604, 608, 613—615
Trésors d'art chinois, Ausst.-Kat., Paris 1973: 449, 456

Antike Welt, Küsnacht/Zürich, Nr. 1, 1971: 607, 609, 610, 640; Nr. 4, 1974: 434; Sondernr. 1973: 549; Sondernr. 1974: 394, 397
Archéologia, Paris, Nr. 13, 1966: 643; Nr. 24, 1968: 258, 261; Nr. 25, 1968: 598; Nr. 27, 1969: 268; Nr. 29, 1969: 436; Nr. 33, 1970: 513; Nr. 36, 1970: 597
National Geographic, Washington, Dez. 1972: 498, 499, 501, 503, 505, 506 links, 507

Alle übrigen Abbildungen: M. DuMont Schauberg, Köln

Register

Kulturen und Völker